Springer-Lehrbuch

Springer
*Berlin
Heidelberg
New York
Barcelona
Budapest
Hongkong
London
Mailand
Paris
Santa Clara
Singapur
Tokio*

Peter Betge

Bankbetriebslehre

Mit 127 Abbildungen
und 54 Tabellen

 Springer

Professor Dr. Peter Betge
Universität Osnabrück
Fachbereich Wirtschaftswissenschaften,
Betriebswirtschaftslehre/Finanzierung
und Banken
Katharinenstraße 7
D-49069 Osnabrück

Die Deutsche Bibliothek - CIP-Einheitsaufnahme

Betge, Peter:
Bankbetriebslehre / Peter Betge. - Berlin ; Heidelberg ; New
York ; Barcelona ; Budapest ; Hongkong ; London ; Mailand ;
Paris ; Santa Clara ; Singapur ; Tokio : Springer, 1996
 (Springer-Lehrbuch)

ISBN-13: 978-3-540-61364-0   e-ISBN-13: 978-3-642-61470-5
DOI: 10.1007/978-3-642-61470-5

Dieses Werk ist urheberrechtlich geschützt. Die dadurch begründeten Rechte, insbesondere die der Übersetzung, des Nachdrucks, des Vortrags, der Entnahme von Abbildungen und Tabellen, der Funksendung, der Mikroverfilmung oder der Vervielfältigung auf anderen Wegen und der Speicherung in Datenverarbeitungsanlagen, bleiben, auch bei nur auszugsweiser Verwertung, vorbehalten. Eine Vervielfältigung dieses Werkes oder von Teilen dieses Werkes ist auch im Einzelfall nur in den Grenzen der gesetzlichen Bestimmungen des Urheberrechtsgesetzes der Bundesrepublik Deutschland vom 9. September 1965 in der jeweils geltenden Fassung zulässig. Sie ist grundsätzlich vergütungspflichtig. Zuwiderhandlungen unterliegen den Strafbestimmungen des Urheberrechtsgesetzes.

© Springer-Verlag Berlin Heidelberg 1996

Die Wiedergabe von Gebrauchsnamen, Handelsnamen, Warenbezeichnungen usw. in diesem Werk berechtigt auch ohne besondere Kennzeichnung nicht zu der Annahme, daß solche Namen im Sinne der Warenzeichen- und Markenschutz-Gesetzgebung als frei zu betrachten wären und daher von jedermann benutzt werden dürften.

SPIN 10540751   42/2202-5 4 3 2 1 0 - Gedruckt auf säurefreiem Papier

Vorwort

Das vorliegende Lehrbuch soll einen Überblick über den Aufbau und die Struktur des Kreditwesens in Deutschland geben. Einführende Grundlagen und vertieftes Wissen sollen Studenten und Bankkaufleuten differenzierte Einsichten in die Arbeitsweise von Bankbetrieben vermitteln und in die Lage versetzen, Bankprozesse mitzugestalten. Die aus dem Tagesgeschäft bekannten Einzelvorgänge und Arbeitsabläufe sollen aus der Perspektive der Unternehmensführung gesehen und aus einer Gesamtsicht heraus eingeordnet werden können. Die sehr große Bedeutung aufsichtsrechtlicher Regelungen rechtfertigt deren ausführliche Darstellung als Hintergrund, dessen Bekanntsein für das Verständnis bankbetrieblicher Geschäftspolitik Voraussetzung ist. Zahlenbeispiele und Übungsaufgaben dienen der Vertiefung verbal aufbereiteter Zusammenhänge und der Methodendarstellung und -analyse. Alle Zahlenbeispiele sind so konzipiert, daß mit dem erworbenen Wissen die meisten der in der Praxis durchgeführten DV-Rechnungen verstanden und beherrscht werden.

In dieser ersten Auflage wurde besonderer Wert auf die Grundlagen-Bearbeitung gelegt. Wünschenswerte Vertiefungen mußten aus Zeitgründen einer späteren Auflage vorbehalten bleiben. Ganz besonderen Dank für die Mitarbeit haben verdient: Frau Dipl.-Kff. P. Mechernich, Frau Dipl.-Math. S. Stubenrauch, Herr Dipl.-Kfm. W. Hamelmann und Herr Dipl.-Math. A. Schoo. Frau E. Krajewski hat mit großer Geduld für den überwiegenden Teil der Rohfassung die Schreibarbeiten neben ihrer sonstigen Sekretariatsarbeit übernommen. Dem Springer-Verlag danke ich ganz herzlich dafür, daß er das Erscheinen dieses Buches durch Aufnahme in sein Lehrbuchprogramm ermöglicht hat.

Peter Betge

Inhaltsverzeichnis

1	**Funktionen und Aufgaben des Kreditwesens in der Bundesrepublik Deutschland**	1
1.1	Allgemeiner Überblick	1
1.2	Elementarfunktionen	8
1.2.1	Umtauschfunktion	8
1.2.2	Depotfunktion	9
1.2.3	Transportfunktion	10
1.2.4	Finanzierungsfunktion	10
1.2.5	Zusammenfassung	10
1.3	Transformationsfunktionen	12
1.3.1	Losgrößentransformation	13
1.3.2	Fristentransformation	14
1.3.3	Risikotransformation	30
2	**Das Bankensystem**	34
2.1	Zentralbanksystem	36
2.1.1	Organisation	39
2.1.2	Funktion	42
2.1.3	Instrumente der Geldpolitik	49
2.1.4	Gesetz über die Deutsche Bundesbank	69
2.2	Universalbanken und Spezialbanken im deutschen Bankensystem	72
2.2.1	Universalbanken	73
2.2.1.1	Private Geschäftsbanken	74
2.2.1.2	Genossenschaftsbanken	76
2.2.1.3	Sparkassen	79
2.2.1.4	Deutsche Postbank AG	91
2.2.2	Kreditinstitute mit Sonderaufgaben	92
2.2.3	Öffentlich-rechtliche Sonderkreditinstitute	98

2.2.4	Spezialbanken	102
2.3	Einlagensicherungssysteme	110
2.3.1	Privatbankensektor	110
2.3.2	Sparkassensektor	112
2.3.3	Genossenschaftssektor	114
2.3.4	Kurzbewertung der Einlagensicherung	116
2.4	Das amerikanische Trennbankensystem	117
3	**Rechtliche Grundlagen**	**123**
3.1	Rechtliche Grundlagen des Kreditwesens im Überblick	123
3.2	Das Kreditwesengesetz	123
3.2.1	Zielsetzungen und Konzeption des KWG	124
3.2.2	Organisation des Bankgeschäfts	124
3.3	Frühere KWG-Novellen	125
3.4	Die Vierte KWG-Novelle	127
3.4.1	Ausgangslage	128
3.4.2	Umsetzung der Zweiten Bankrechtskoordinierungsrichtlinie	129
3.4.3	Umsetzung der Eigenmittelrichtlinie	132
3.4.4	Konsequenzen für die Kreditwirtschaft	137
3.5	Eigenkapital- und Liquiditätsgrundsätze und weitere Normen	145
3.5.1	Eigenkapitalgrundsätze	145
3.5.2	Liquiditätsgrundsätze	160
3.6	Die Fünfte KWG-Novelle	175
3.6.1	Umsetzung der Konsolidierungsrichtlinie	176
3.6.2	Umsetzung der Großkreditrichtlinie	178
3.7	Die Sechste KWG-Novelle	182
3.7.1	Grundlagen	183
3.7.2	Die Risiken des Handelsbuches	185
3.7.3	Die Risiken des Gesamtgeschäftes	194
3.7.4	Die Beurteilung der bankaufsichtsrechtlichen Entwicklung	196

3.8	Weitere Normen und gesetzliche Grundlagen	197
3.8.1	Normen für das Kreditgeschäft	197
3.8.2	Rechnungslegung	198
3.8.3	Grundlagen für das Finanzdienstleistungsgeschäft	200
3.9	Bankenaufsicht	205
3.9.1	Grundsätze	205
3.9.2	Entwicklungen	206
3.9.3	Analogien zur Versicherungsaufsicht	208
4	**Bankpolitik**	**209**
4.1	Institutionelle Entscheidungsbeschränkungen	209
4.2	Die Sonderstellung der Kreditwirtschaft in der Gesamtwirtschaft	213
4.2.1	Sicherung der Funktionsfähigkeit der Banken und Einlegerschutz	215
4.2.2	Beitrag der Liquiditätstheorien zur Existenzsicherung der Bank	216
4.2.2.1	Die goldene Bankregel	217
4.2.2.2	Die Bodensatztheorie	219
4.2.2.3	Realisationstheorie (Shiftability Theory)	224
4.2.2.4	Die Maximalbelastungstheorie (Insolvenztheorie)	226
4.2.2.5	Zusammenfassung	228
4.3	Bilanzstrukturnormen	229
4.3.1	Das Normensystem und seine Ausnutzung	229
4.3.2	Finanzierungsregeln	231
4.3.3	Allgemeine Eigenkapitalbelastungsregeln	233
4.3.4	Konsolidierung bei Kreditinstitutsgruppen	239
4.3.4.1	Konsolidierungkreis und Konsolidierungspflicht	241
4.3.4.2	Konsolidierungsverfahren	242
4.3.4.3	Aktivische Unterschiedsbeträge	248
4.3.4.4	Auswirkungen der Fünften KWG-Novelle	254

4.3.5	Limitierung der Großkreditvergabe	271
4.4	Risikopolitik	273
4.4.1	Risikobegriff und Bedeutung der Risikopolitik	273
4.4.2	Risikomanagementprozeß	274
4.4.3	Risiken im Betriebsbereich	276
4.4.4	Allgemeine Risikovorsorge im Wertbereich	279
4.4.5	Marktrisiko	284
4.4.5.1	Zinsänderungsrisiko	284
4.4.5.2	Währungsrisiko	296
4.4.5.3	Aufsichtsrechtliche Bestimmungen	298
4.4.6	Liquiditätsrisiko	304
4.4.7	Bonitätsrisiko	306
5	**Rechnungswesen**	**314**
5.1	Externe Rechnungslegung	314
5.1.1	Formen und Ziele externer Dokumentation	314
5.1.2	Gesetzliche Grundlagen der Rechnungslegung der Kreditinstitute	316
5.1.3	Der Jahresabschluß von Kreditinstituten	318
5.1.4	Die wichtigsten Kennzahlen zur Beurteilung der Ertragskraft von Banken	325
5.1.5	Fragen der Konzernrechnungslegung	334
5.1.6	Prüfung des Jahresabschlusses	335
5.2	Schichtenbilanzen	338
5.2.1	Verfahren der Zinsspannenrechnung	339
5.2.2	Gesamtzinsspannenrechnung	340
5.2.3	Teilzinsspannenrechnung	341
5.3	Marktzinsmethode	355
5.3.1	Marktzinsmethode im Rahmen der Pretialen Lenkung	357
5.3.2	Vorteilhaftigkeitsbestimmung im Grundmodell der Marktzinsmethode am Beispiel des Effektivzinskonzeptes	359

5.3.2.1	Problemstellung des Standardbeispiels	359
5.3.2.2	Konzept der Kapitalstrukturkongruenz	361
5.3.2.2.1	Konstruktion der Opportunität	361
5.3.2.2.2	Bestimmung der Konditionsbeiträge im Effektivzinskonzept	364
5.3.2.2.3	Vergleich von Opportunität und Kundengeschäft	365
5.3.2.2.4	Folgerungen aus der Effektivzinsbetrachtung	367
6	**Organisation**	**369**
6.1	Aufgaben und Systemgestaltung	370
6.2	Aufbau- und Ablauforganisation	371
6.3	Aufbauorganisation	372
6.3.1	Leitungsstellen	372
6.3.2	Grundkonzepte von Leitungssystemen	373
6.3.3	Eindimensionale Organisationsstrukturen	374
6.3.4	Mehrdimensionale Organisationsstrukturen	377
6.4	Besonderheiten der Aufbauorganisation bei Kreditinstituten	378
6.4.1	Grundtypen als Einliniensysteme	381
6.4.2	Bankfilialtypen	383
6.4.3	Traditionelle Linienorganisation und neuere Organisationsansätze	394
6.5	Ablauforganisation	400
6.5.1	Prinzip der Fließfertigung	401
6.5.2	Prinzip der Werkstattfertigung	411
6.5.3	Ablaufplanung bei komplexen Auftragsstrukturen	423
6.5.3.1	Grundlagen der Netzplantechnik	424
6.5.3.2	Strukturanalyse	426
6.5.3.3	Zeitanalyse	430
6.5.3.4	Projektsteuerung	437
6.6	Besonderheiten der Ablauforganisation bei Kreditinstituten	443
6.6.1	Grundsätze Sicherheit, Schnelligkeit, Wirtschaftlichkeit	443

6.6.2	Räumliche Ablaufgestaltung	449
6.6.3	Technisierung der Bankorganisation	451
6.6.4	Kontrolle durch die interne Revision	455
7	**Bankmanagement**	459
7.1	Zielsysteme von Kreditinstituten und deren bankpolitische Umsetzung	459
7.2	Begriffsbestimmung	467
7.3	Der Managementzyklus im Bankbetrieb	469
7.3.1	Bankbetriebliches Zielsystemdesign	470
7.3.2	Planungsfelder des Bankmanagements	472
7.3.2.1	Organisation	472
7.3.2.2	Rechnungswesen	473
7.3.2.3	Personalmanagement	473
7.3.2.4	Marketing	474
7.3.2.5	Controlling	474
7.3.3	Entscheidung, Durchsetzung und Realisation	475
7.3.4	Kontrolle und Abweichungsanalyse	475
7.4	Portfolio-Management	476
7.4.1	Grundlagen und strategischer Kontext	477
7.4.1.1	Portefeuille-Theorie	477
7.4.1.2	Erfahrungskurve und Lebenszyklus-Analyse	480
7.4.1.3	Portfolio-Management als Instrument strategischer Bankplanung	482
7.4.2	Darstellung und Kritik alternativer Portfolio-Konzepte	485
7.4.2.1	Marktwachstums-Marktanteils-Portfolio	485
7.4.2.2	Marktattraktivitäts-Wettbewerbsvorteils-Portfolio	487
7.4.2.3	Kritische Würdigung der Konzepte	489
7.4.3	Entscheidungsparameter zur Implementierung strategischer Optionen	491
7.4.3.1	Kontrahierungspolitik	491

7.4.3.2 Produkt- und Sortimentspolitik 493
7.4.3.3 Distributionspolitik 495
7.4.3.4 Kommunikationspolitik 498
7.4.4 Optimierung von Bankgeschäftsaktivitäten unter
Rendite- und Risikoaspekten 499

8 **Symbolverzeichnis** 508

Literatur 518

Stichwortverzeichnis 534

1 Funktionen und Aufgaben des Kreditwesens in der Bundesrepublik Deutschland

Die nun schon über einen längeren Zeitraum zu beobachtende Stärke der D-Mark hat ihre Ursache u.a. auch darin, daß politische Einflüsse auf das Banken- und Währungssystem zurückgedrängt werden konnten. So sind die deutsche Konzeption des Kreditwesens und die in der Bundesrepublik existierenden gesetzlichen Grundlagen im Ausland häufig analysiert worden, um hieraus Verbesserungen in anderen Staaten entwickeln zu können. Deshalb wird bei den Ausführungen dieses Lehrbuches in besonderer Weise auf die in Deutschland bewährten gültigen Regelungen und auf den deutschen Aufbau des Kreditwesens Bezug genommen. Zu behandeln sind zunächst die grundlegenden Funktionen von Kreditinstituten und deren Rahmenbedingungen.

1.1 Allgemeiner Überblick

Bei den Funktionen der Kreditinstitute[1] wird gemäß Abbildung 1.1. grundlegend zwischen Elementar- und Transformationsfunktionen unterschieden.

Zu den Elementarfunktionen werden die Umtauschfunktion, Depotfunktion, Transport- und Finanzierungsfunktion gezählt. Transformationsfunktionen umfassen die Losgrößen-, Fristen- und Risikotransformationsfunktion.

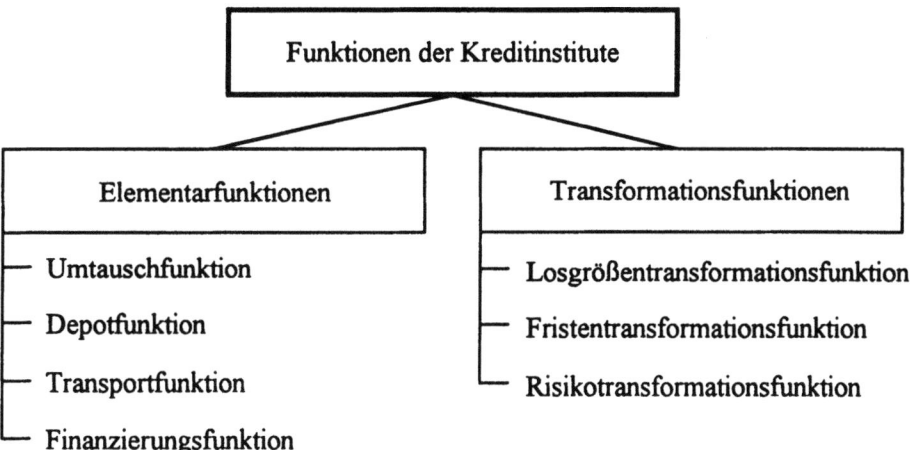

Abb. 1.1.: Übersicht über die Funktionen von Kreditinstituten in der Geldwirtschaft

---

[1] Vgl. Süchting, J.: Bankmanagement, 3. Auflage, Stuttgart 1992, S. 3-10.

2 Funktionen und Aufgaben des Kreditwesens

Das Kreditwesengesetz (KWG) hat für das gesamte Kreditwesen eine herausragende Bedeutung. In § 1 Abs. 1 KWG der novellierten 3. Fassung vom 20. Dezember 1984 werden neun Bankgeschäfte aufgezählt, die ein Unternehmen als Kreditinstitut charakterisieren. Sie können der Tabelle 1.1. entnommen werden.

Am Beispiel des Einlagengeschäftes kann die genauere Kennzeichnung aus dem Gesetzestext ersehen werden:

"Annahme fremder Gelder als Einlagen ohne Rücksicht darauf, ob Zinsen vergütet werden". Der Text enthält die Beschreibung einer speziellen Funktion innerhalb einer Geldwirtschaft; das KWG liefert somit Definitions- bzw. Tatbestandsmerkmale, die erfüllt sein müssen, wenn ein Unternehmen als Kreditinstitut gelten soll, so daß für dessen geschäftliche Betätigung die entsprechenden gesetzlichen und aufsichtsrechtlichen Rahmenbedingungen Gültigkeit erlangen.

Die Geschäfte müssen für den Fremdbedarf, also für Unternehmensexterne bestimmt sein bzw. mit diesen abgewickelt werden. Für die unternehmensinterne Geschäftsausübung (z.B. In House Banking) erlangt das KWG somit keine Geltung.

Geschäftsart	Beschreibung
1. Einlagenschäft	Annahme fremder Gelder als Anlagen
2. Kreditgeschäft	Gewährung von Darlehen
3. Diskontgeschäft	Ankauf von Wechseln und Schecks
4. Effektengeschäft	Anschaffung und Veräußerung von Wertpapieren für andere
5. Depotgeschäft	Verwahrung und Verwaltung von Wertpapieren für andere
6. Investmentgeschäft	Erwerb von Darlehensforderungen vor Fälligkeit
7. Darlehenserwerbsgeschäft	Erwerb von Darlehensforderungen vor Fälligkeit
8. Garantiegeschäft	Übernahme von Bürgschaften, Garantien und sonstigen Gewährleistungen für andere
9. Girogeschäft	Durchführung des bargeldlosen Zahlungsverkehrs und Abrechnungsverkehrs

Tabelle 1.1.: Beschreibung der Geschäftsarten von Kreditinstituten nach dem Kreditwesengesetz

Die dem Gesetzestext (KWG) a.F. zu entnehmende, inhaltlich bestimmte Definition der Kreditinstitute ist im Hinblick auf die Ausführlichkeit der Funktionsbeschreibung vor allem aus zwei Gründen unzureichend:

(1) Die Aufzählung beinhaltet zwar die wichtigsten Bankgeschäfte, ist aber unvollständig. Es werden nur diejenigen Geschäfte aufgeführt, die im Interesse eines funktionsfähigen Kreditwesens und des Schutzes der Bankgläubiger seit der Bankenkrise zu Beginn der 30er Jahre als aufsichtsbedürftig angesehen werden. Einige Geschäfte bleiben völlig unberücksichtigt, z.B. das Emissionsgeschäft, der Devisen- und Edelmetallhandel, die Verwahrung von Wertgegenständen im verschlossenen Depot, das Factoring und der Geldwechsel.

Auf diesen Mangel in der Definition geht der Gesetzgeber allerdings in § 1 Abs. 1 Satz 3 KWG ein. Danach kann der Bundeswirtschaftsminister nach Anhörung der Deutschen Bundesbank durch Rechtsverordnung weitere Bankgeschäfte als solche bezeichnen. Seit der 4. KWG-Novelle gelten weitere Geschäftsarten definitiv mit der Folge, daß zwischen Kreditinstituten und Finanzinstituten zu unterscheiden ist.[2]

(2) Aus der vom Gesetzgeber gewählten Reihenfolge der Bankgeschäfte ist keine Systematik zu erkennen. Deshalb lassen sich auch neuere, bisher nicht berücksichtigte sowie noch neu entstehende Geschäfte funktional nicht einordnen. Bei Anbietern von Finanzdienstleistungen werden near banks und non banks unterschieden, die durchaus als Konkurrenten der Kreditinstitute im Kundengeschäft und auf Kapitalmärkten anzusehen sind.

Zu den **near banks** zählen Versicherungen und Kreditkartengesellschaften. Die Versicherungsgesellschaften treten über die Vergabe von Hypothekarkrediten und Schuldscheindarlehen zweifellos in den Wettbewerb mit Kreditinstituten. Da sie allerdings keinen Zahlungsverkehr anbieten, sind sie definitionsgemäß nicht als Banken zu bezeichnen. Kreditkartengesellschaften dagegen führen zwar Zahlungsverkehr in besonderer Form durch, offerieren aber keine Geldanlagen. Sie sind deshalb als Spezialinstitute zu charakterisieren.

In die Kategorie der **non banks** fallen z.B. Warenhäuser wie das Versandhaus Quelle, das privaten Haushalten in umfassender Form Finanzdienstleistungen aus allen Elementarfunktionen anbietet. Diese werden dann allerdings von einer der Bankenaufsicht unterliegenden Tochter in eigener Rechtsform betrieben (Noris-Verbraucherbank).

Um dem Mangel unzureichender Erfassung von Bankgeschäften und unterschiedlicher oder gänzlich fehlender Beaufsichtigung abzuhelfen, wurde über

---

[2] Siehe hierzu unter Punkt 2 und 3.2.3.2.

§ 1 Abs. 3 KWG der Begriff 'Finanzinstitut' über die 4. KWG-Novelle vom 29.12.92 eingeführt.

Im Sprachgebrauch der Bankpraxis orientiert sich die Systematisierung der Bankgeschäfte häufig am Bilanzschema. **Aktiv-Geschäfte** sind z.B. Baufinanzierungen, Ratenkredite, Betriebsmittelkredite. **Passiv-Geschäfte** beinhalten u.a. die Entgegennahme von Spareinlagen, Termingeldern oder die Ausgabe von Schuldverschreibungen. **Dienstleistungsgeschäfte** umfassen beispielsweise die Durchführung des Zahlungsverkehrs oder die Verwahrung von Vermögenswerten in Depots.

Derartige Geschäftsbezeichnungen ermöglichen die Zuordnung der Einzelgeschäfte zu den regelmäßig aufgeführten Bilanzpositionen. Auch diese Einteilung ist unzureichend und teilweise irreführend. Geschäfte werden nur deshalb als Aktivgeschäfte bezeichnet, weil deren Stichtagsergebnisse als Aktiva oder Vermögensteile erfaßt werden, andere Geschäfte gehen als Schuldpositionen unter den Passiva in die Bilanz ein und werden damit als Passivgeschäfte bezeichnet.

Auch für den 'normal'-betriebswirtschaftlich Vorgebildeten könnte die Vermutung naheliegen, Aktivgeschäfte wiesen auf ein 'aktives' Verhalten der Bank hin, während auf der rechten Bilanzseite ausgewiesene Verpflichtungen 'passiv' hingenommen würden. Es ist jedoch falsch, aufgrund dieser Einteilung auf den Intensitätsgrad der Aktivitäten einer Bank zu schließen. Angesichts der wachsenden Konkurrenz der Banken untereinander sowie der zunehmenden Tätigkeit von Spezialbanken und anderen Finanzinstituten (Versicherungen, Bausparkassen etc.) bedarf es größerer Anstrengungen, um die für die Finanzierung benötigten Passivmittel zum Zwecke der Refinanzierung bereitzustellen. Auch die Gruppe der Dienstleistungsgeschäfte ist nicht eindeutig abzugrenzen. Beispielsweise erscheint es fraglich, ob nicht auch die Kreditvergabe und die Hereinnahme von Spareinlagen Dienstleistungen darstellen.

Mit Hilfe der Einteilung in Aktiv-, Passiv- und Dienstleistungsgeschäfte kann demnach keine Aussage über die Funktion der Bank gemacht werden. Sie beschreibt allenfalls unter finanzwirtschaftlichem Aspekt die Liquiditätssituation. Hinter der bilanzformalen Systematik steckt lediglich der Grundgedanke, daß auf der linken Bilanzseite die Verwendung von Liquidität durch die Bank als Gläubigerin ausgewiesen wird, während sich auf der rechten Bilanzseite die Quellen der erhaltenen Liquidität zeigen, aus denen für die Bank Schuldverhältnisse begründet wurden (der Einleger ist Gläubiger, die Bank wird mit der Entgegennahme einer Einlage Schuldner).

Werden Geschäftstätigkeiten von Kreditinstituten unter dem Gesichtspunkt einer arbeitsteiligen Wirtschaft betrachtet, so lassen sich daraus spezielle bankpolitische Aufgabenstellungen erkennen. Zunächst ist deshalb zu fragen:

- welche Funktionen die Banken in einer Volkswirtschaft übernehmen müssen und

- ob wegen des unbestreitbar vorhandenen Reglementierungsbedarfs diese Funktionen durch die Definition des KWG hinreichend beschrieben werden können.

Unter Funktionen sind alle Tätigkeiten zu verstehen, die bestimmte Wirtschaftsgruppen in einer Volkswirtschaft in der Urproduktion, Weiterverarbeitung etc. ausüben. Ausgedehnt auf das Leistungsobjekt erhält man als Ergebnis den leistungsbezogenen Funktionsbegriff.

Aus der leistungsbezogenen Funktionsbetrachtung folgt die Beobachtung, daß Banken nicht im Strom der Sachgüter und Dienstleistungen, sondern in dem diesem entgegengesetzten Geldstrom tätig werden. In naturalen Tauschwirtschaften werden Banken nicht benötigt; ihre Existenzberechtigung ergibt sich erst aus der Entstehung von Geld- und Kreditwirtschaften.

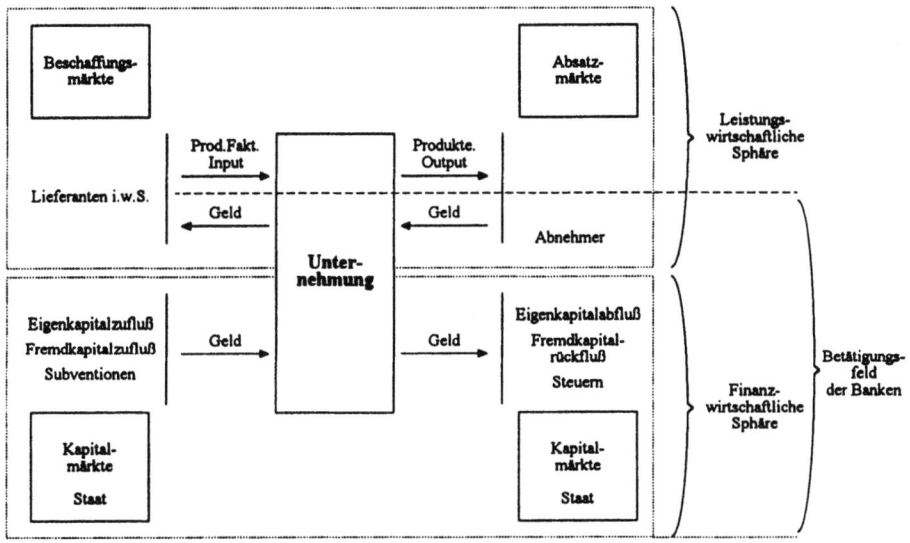

Abb. 1.2.: Geld- und Güterströme in der arbeitsteiligen Wirtschaft

Aus dem Charakter der Banken als Geldinstitute ergeben sich für deren Funktionsbestimmung zwei Folgerungen:

(1) die Leistungsobjekte von Banken bestehen aus Geld oder geldnahen Werten (= liquiden Mitteln) unterschiedlicher Formen und Qualitäten,

(2) diese Leistungsobjekte sind das Ergebnis einer arbeitsteiligen Wirtschaft. Sie haben die Aufgabe, den kompliziert gewordenen Güteraustausch zu rationalisieren. Liquide Mittel als Objekte bankbetrieblicher Tätigkeit bewirken und erleichtern dabei Verteilungsvorgänge. Da auch der Geldstrom selbst Tauschvorgänge repräsentiert, folgt daraus, daß auch die beteiligten Institutionen distributive Tätigkeiten ausüben. Über das Kreditwesen werden die Geldströme organisiert, deren reibungsloser Ablauf durch verschiedene Friktionen behindert wird. Als Friktionen unterschiedlicher Art werden unterschieden:

- **qualitative Friktionen:**
  bei Münzwährungen ergaben sich die qualitativen Friktionen aus unterschiedlichen Münzsystemen; heute existieren unterschiedliche Währungssysteme, deren Stabilität in den An- und Verkaufskursen zum Ausdruck kommt.

- **räumliche Friktionen:**
  der überregionale Zahlungsverkehr überbrückt z.T. beträchtliche räumliche Entfernungen zwischen Zahlendem und Zahlungsempfänger. Räumliche Friktionen wurden im Mittelalter durch die Weitergabe von sog. Wechselbriefen an Reisende ausgeglichen, deren Vorlage bei einem Korrespondenten zur Entgegennahme von Bargeld berechtigte.

- **zeitliche Friktionen:**
  Geldbedarf und Geldüberschuß fallen i.d.R. zeitlich auseinander. Schon im Mittelalter dienten Leihgeschäfte auf der einen und Anlagegeschäfte auf der anderen Seite dem Ausgleich zeitlicher Friktionen. Bei Investitionen treten Leih- und Anlagegeschäfte gemeinsam auf.

Zahlungsmittelengpässe werden durch Kreditgewährung ausgeglichen, für deren Rückführung und Verzinsung die später anfallenden Überschüsse verwendet werden. Zusammenfassend kann die gesamtwirtschaftliche Funktion der Banken im Liquiditätsausgleich inmitten von qualitativen, räumlichen und zeitlichen Friktionen des Geldstromes gesehen werden.

In der Literatur zeigen sich verschiedene Entwicklungsstufen innerhalb des Kreditwesens in dem Versuch, die Banken unter Hervorhebung ihrer auf liquide Mittel bezogenen Tätigkeiten zu charakterisieren. Die **Theorie der reinen Geldvermittlung** sieht die Bank als einen Handelsagenten für Bargeld. Diese auf Hübner zurückgehende Anschauung der Bank, die noch heute in der Zins-(Handels-)spannenbetrachtung wiederzufinden ist, ist gekennzeichnet durch den An- und Verkauf von Krediten mit Hilfe von Banknoten,

Wechseln, Aktien, Grundstücken etc..[3] Die **Transformationslehre** sieht die Bank als Weiterverarbeiter. Nach Bernicken[4] kauft die Bank wie ein Fabrikant Rohstoffe ein, die in der Kasse eingelagert, im Betrieb umgeformt und schließlich in so veredelter Form am Markt angeboten werden. Die Betrags- und Fristentransformation wird damit als produzierende Tätigkeit verstanden. Die neuere **Kredittheorie** stellt auf die Kreditschöpfung ab und sieht die Bank als 'Urproduzenten' von Kredit. Einlagen sind lediglich als Reflex auf Kreditaktivitäten zu verstehen. Entwickler dieser Anschauung sind Hahn[5], Schneider[6] und Mülhaupt[7]. Alle vorstehend genannten Theorien stellen nur Teilaspekte des Bankgeschäfts in den Vordergrund.

Etwas umfassender lassen sich die Funktionen der Banken vor dem Hintergrund der Liquiditätsausgleichsfunktion erklären. De Viti de Marco[8] sieht den Ursprung des Bankgeschäfts historisch beim Depotgeschäft. Das Depotgeschäft ermögliche die Durchführung von Zahlungen, die anfangs durch reine Umlagerung konkreter Geldbestände erfolgte. Die Einführung der Geldsurrogate 'Wechsel', 'Scheck' und 'Giro' (Überweisung) rationalisierte den Zahlungsverkehr und ermöglichte bargeldlose Zahlungen. Auf diese Weise fand auch im Kreditgeschäft eine Loslösung von den Bargeldbeständen statt. Die Bank entwickelte sich vom Geldinstitut zum Kreditinstitut, das Edelmetalle nur noch für den Ausgleich von Salden sowie für Rückforderungen von Einlegern benötigte, was eine Ausweitung der Umsätze zuließ. De Viti de Marco sieht schon 1898 eine Zusammengehörigkeit der einzelnen Bankgeschäfte. Die Existenz von Depots ermöglicht die Durchführung von Zahlungen und eine Ausnutzung des Kreditpotentials, die nur mit Hilfe des Zahlungsverkehrs in entwickelter Form möglich ist. Konstituierende Elemente der Bank sind hiernach das Depositum, die Zahlung und die (Umsatz-) Finanzierung. Die moderne Bank wird durch einen größeren Komplex von Geschäften charakterisiert, der sich in Elementar- und Transformationsfunktionen gliedern läßt.

---

[3] Hübner, O.: Die Banken, unveränderter Neudruck der Ausgabe Leipzig 1854, Frankfurt/M. 1968, S. 28.
[4] Bernicken, H.: Bankbetriebslehre, Stuttgart 1926, S. 9f., S. 62.
[5] Hahn, L.A.: Volkswirtschaftliche Theorie des Bankkredits, 3. Auflage, Tübingen 1930, S. 25f., 49-51.
[6] Schneider, E.: Einführung in die Wirtschaftstheorie, III. Teil, Geld, Kredit, Volkseinkommen und Beschäftigung, 8. Auflage, Tübingen 1964, S. 15-67.
[7] Mülhaupt, L.: Umsatz-, Kosten- und Gewinnplanung einer Kreditbank, in: ZfhF, N.F., 8. Jg., 1956, S. 7-74, hier S. 10.
[8] De Viti de Marco, A.: Die Funktion der Bank, aus dem italienischen übersetzt von Franz Ried, Wien 1935, Original: De Viti de Marco, A.: La funzione della banca, Rom 1898.

1.2 Elementarfunktionen

Aus den Überlegungen zur Überwindung der verschiedenen Friktionen im Geldstrom ergeben sich zusammenfassend als elementare Funktionen und geschäftliche Grundlage von Kreditinstituten die Umtauschfunktion, die Depotfunktion, die Transportfunktion und die Finanzierungsfunktion.

1.2.1 Umtauschfunktion

Bei der Umtauschfunktion werden liquide Mittel unterschiedlicher Formen bzw. unterschiedlicher Qualität umgetauscht. Unabhängig von der Qualität werden folgende Liquiditätsformen unterschieden: die Barliquidität (Münzen mit oder ohne Edelmetallgegenwert), die Buchliquidität (Debitoren), die Briefliquidität (z.B. Handelswechsel oder: Investoren geben ihr Kapital an die Bank und erhalten von der Bank emittierte Wertpapiere) und die Sachliquidität (z.B. Goldbarren).

Mit Ausnahme der Sachliquidität bestimmt sich die Qualitätsklasse der liquiden Mittel durch die Bonität des jeweiligen Schuldners. Die Qualität von frei konvertierbaren Währungen läßt sich aus deren An- und Verkaufskursen ersehen. Es sind am Markt objektivierte An- und Verkaufspreise, die die allgemeine Qualitätseinschätzung der Marktteilnehmer wiedergeben.

Weiterhin ist im Hinblick auf den Adressaten zwischen Ansprüchen zu unterscheiden, die an Unternehmen, Geschäftsbanken, Zentralbanken oder den internationalen Währungsfonds gerichtet sein können. Hieraus werden verschiedene Geldartenbezeichnungen abgeleitet, die in der Tabelle 1.2. wiedergegeben sind.

Adressat des Anspruches		Geldart
Unternehmen	→	Kaufmännisches Geld
Geschäftsbanken	→	Bankengeld
Zentralbanken	→	Zentralbankengeld
Internationaler Währungsfonds	→	Internationale Zahlungsrechte

Tabelle 1.2.: Adressaten von Zahlungsansprüchen und daraus abgeleitete Geldartenbezeichnungen

Alle Handelsgeschäfte im Devisen-, Sorten-, Effekten- und Edelmetallbereich sind demnach reine Umtauschoperationen, bei denen unterschiedlichste kurstragende liquide Mittel gegen Bankengeld erworben und veräußert werden. Diese Umtauschoperationen treten dabei nicht unbedingt in reiner Form auf, sondern können auch mit anderen Operationen und mehrfachem Wechsel der

Geldart gekoppelt sein. Dieses läßt sich beispielsweise aus den Operationen des Diskontkredites ersehen; hier wird ein Wechsel durch Diskontierung in Bankengeld umgetauscht. Wie die Abbildung 1.3. zeigt, ist diese Umtauschoperation bis zur Einlösung des Wechsels mit einer Finanzierungsoperation verbunden.

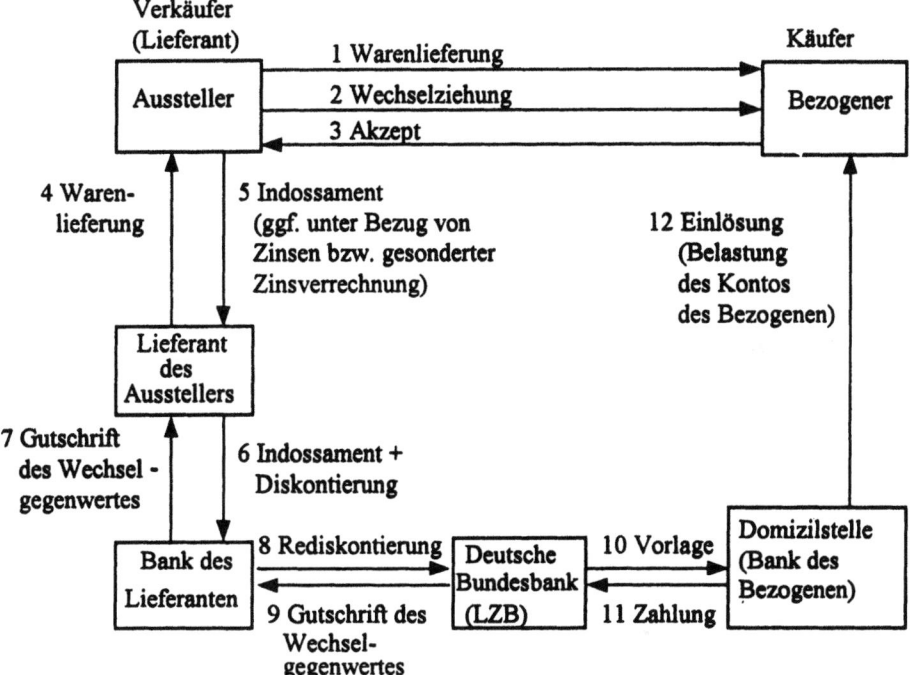

Abb. 1.3.: Wechseldiskontkredit und Beziehungen der Beteiligten[9]

1.2.2 Depotfunktion

Liquide Mittel oder andere Wertgegenstände können für den Kunden sicher und gegebenenfalls auch ertragbringend auf Zeit aufbewahrt werden; der Bankbetrieb erbringt eine Dienstleistung durch die Übernahme der Depotfunktion. Die Einlagerung von Bar-, Brief- und Sachliquidität wird dabei in konkreten Depots (Kassen, Tresoren, Schließfächern) vorgenommen; die Aufbewahrung von Buchliquidität erfolgt abstrakt auf Konten.

Reine Depotoperationen entstehen z.B. bei der Einlagerung von Wertpapierbeständen gegen Geld, während die Einlagerung von Bargeld auf einem Konto gleichzeitig auch mit einer Umtauschoperation von Zentralbankgeld in

---

[9] Quelle: Bieg, H.: Bankbetriebslehre in Übungen, München 1992, S. 9.

Geschäftsbankengeld gekoppelt ist (z.B. Giro-, Lohn- und Gehaltskonten, Privat- oder Firmenkonten).

1.2.3 Transportfunktion

Unter der Transportfunktion wird die Bewegung liquider Mittel im Raum verstanden. In reiner Form liegt eine Transportfunktion vor, wenn liquide Mittel bewegt werden, z.B. wenn effektive Wertpapierstücke durch Versand in ein anderes Depot übertragen werden. Dagegen ist eine Überweisung im Zahlungsverkehr zum einen mit einer Transportoperation verbunden, zum anderen hat wegen der Übertragung einer Buchforderung auf einen anderen Schuldner auch ein Umtausch stattgefunden. Mit dem Wechsel des Schuldners kann im Rahmen der Überweisung auch eine Veränderung der Qualitätsklasse bei den liquiden Mitteln verbunden sein, wenn Zahlender und Zahlungsempfänger von unterschiedlicher Bonität sind.

1.2.4 Finanzierungsfunktion

Im Rahmen der Finanzierungsfunktion werden von einem Kreditinstitut liquide Mittel auf Zeit zur Verfügung gestellt. In der Regel ist dieses Buchliquidität, es kann sich aber auch um eine Briefliquidität (z.B. beim Akzeptkredit) handeln. Unterschieden werden dabei

(1) die **'anonyme' Form** der Finanzierung, wie sie durch den Erwerb von Wertpapieren durch die Bank im Sekundärmarkt stattfindet (Offenmarktfinanzierung, open market lending) und

(2) die übliche, **individuelle Finanzierung** (Schalterfinanzierung, over the counter lending).

Im Fall (1) ist die Finanzierung mit einem Umtausch von Brief- in Buchliquidität verbunden; der Fall (2) kann eine Umtauschoperation enthalten (z.B. Inanspruchnahme der Kreditlinie durch Abheben von Bargeld).

1.2.5 Zusammenfasssung

Zusammenfassend ist festzuhalten, daß Banken Distributionsunternehmen sind, die zum Zwecke des Ausgleichs von Friktionen im Geldstrom eine Vielzahl von eng miteinander verzahnten Tätigkeiten übernehmen, deren wesentliche Elemente im Umtausch, in der Deponierung, dem Transport und in der Zurverfügungstellung von liquiden Mitteln für die Öffentlichkeit oder Dritte bestehen. Damit sind auch die Kreditinstitute mit vorwiegend kurzfristigem Geschäft als Banken anzusehen.

Innerhalb der Struktur des deutschen Kreditwesens bieten Banken Kontokorrentkonten als Basis für Kreditlinien und den Zahlungsverkehr an. Der außerordentlich große Umfang von Geldern, der auf derartige Konten insbesondere in Form von Sichteinlagen gelangt, hat zur Folge, daß diesen Banken zur Sicherstellung einer ungestörten Geldversorgung der Wirtschaft das vordringliche Kontrollinteresse der Deutschen Bundesbank gelten muß.

Prototyp der Bank in diesem Sinne und im deutschen Bankensystem ist damit die Universalbank. Institutionen, die nur eine oder einen Teil der genannten Funktionen anbieten (z.B. Wechselstuben, Wertpapiersammelbanken, Realkreditinstitute, Kapitalanlagegesellschaften etc.), werden als Spezialbanken bezeichnet.

Der Begriff der 'liquiden Mittel' ist nicht eindeutig abzugrenzen. Zunächst sind darunter alle Bestandteile des Geldstromes zu verstehen, die geldnahe Titel verkörpern (Emissionen des Staates, der Unternehmen) oder die Geld sind (Emissionen der Zentralbanken und Geschäftsbanken). Zweifel gibt es bei der Zuordnung der Sachliquidität. Gold ist zum einen ein Sachgut, zum anderen aber auch ein internationales Reserve-Zahlungsmedium. Andere Edelmetalle wie Silber sind zwar weniger fungibel, haben aber doch noch eine große Liquiditätsnähe. Darüberhinaus können in Zeiten von Mangel- und Inflationswirtschaft knappe, weitgehend standardisierte Sachgüter wie z.B. Zigaretten (deutsche Nachkriegsjahre) Geldfunktion übernehmen. Eine zentrale Position für das gesamte Kreditwesen nehmen aber die liquiden Mittel ein, ohne deren ausreichendes Vorhandensein hochentwickelte Industrie-Wirtschaften nicht funktionieren können. Die liquiden Mittel bilden auch den Ausgangspunkt der Geschäftstätigkeit von Bankbetrieben, ohne deren Vorhandensein die Übernahme der obengenannten ertragbringenden Funktionen, die noch einmal aus der Abbildung 1.4. ersichtlich sind, nicht möglich wäre.

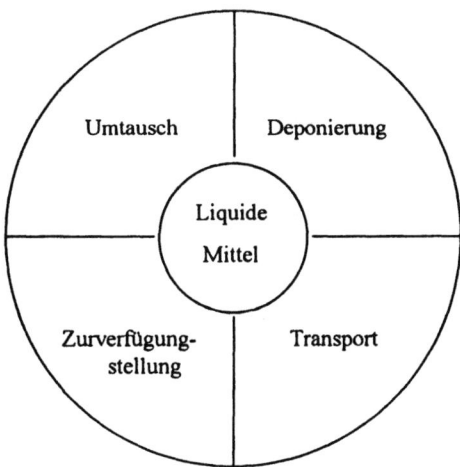

Abb. 1.4.: Elementarfunktionen der Bank

1.3 Transformationsfunktionen

Finanzmärkte und finanzwirtschaftliche Institutionen sind die wesentlichen Bestandteile des finanziellen Sektors der Volkswirtschaft. Im folgenden ist aus der Sicht von Transformationsprozessen zu klären, welche Zusammenhänge zwischen diesen beiden Komponenten bestehen und welche Funktionen die Kreditinstitute hierbei wahrnehmen. Die Aufgabe der Finanzmärkte besteht in der Zusammenführung von Angebot und Nachfrage nach Kapital. Über die Höhe des Zinses werden Überhänge bei Angebot und Nachfrage ausgeglichen. Ohne den Einsatz von Banken wäre dieses nur im Rahmen eines vollkommenen Marktes möglich.

Voraussetzungen für die Existenz eines vollkommenen Marktes sind, daß keine Unterscheidung zwischen Eigen- und Fremdkapital stattfindet, ein einheitlicher konstanter Marktzins (Sollzins = Habenzins) vorhanden ist, unbeschränkte Kapitalaufnahme- und -anlagemöglichkeiten gegeben sind und vollkommene Markttransparenz herrscht.

Der vollkommene Kapitalmarkt stellt die idealtypische Form des Kapitalmarktes dar. Er sichert modelltheoretisch die optimale Allokation finanzieller Ressourcen.[10] Natürlich existiert ein derartiger Finanzmarkt lediglich in der Theorie, der unvollkommene Markt ist Realität. Schon mit geringstem Beobachtungsaufwand ist festzustellen, daß verschiedene Zinssätze für Einlagen und Kredite existieren und regelmäßig Obergrenzen für die Kreditaufnahme festgelegt werden. Daneben variieren Guthaben- und Kreditzinsen häufig in Abhängigkeit von der Höhe der Kapitalbeträge, der Bonität des Kreditnehmers und dessen Verhandlungsmacht, der jeweiligen Konjunkturphase oder auch vom Kreditinstitut, an das eine Kreditanfrage gerichtet wird. Regelmäßig ist eine Zinsabhängigkeit von der Laufzeit einer Einlage oder Ausleihung gegeben.

Diese tatsächliche Unvollkommenheit der Finanzmärkte erfordert finanzwirtschaftliche Institutionen als Mittler zwischen den Anbietern und Nachfragern von Kapital. Deren Vorstellungen hinsichtlich der Anlagebedingungen für Anbieter auf der einen und den gewünschten Kreditkonditionen der Nachfrager von Kapital auf der anderen Seite weichen erheblich voneinander ab. Im Regelfall wollen Anleger kleine Beträge möglichst liquide und mit geringem Risiko hochverzinslich anlegen; Kreditsuchende verlangen dagegen größere Beträge zu niedrigen Zinssätzen mit festen Laufzeiten und damit einer erheblichen Beteiligung am Unternehmensrisiko. Den Ausgleich zwischen diesen unterschiedlichen Zielvorstellungen bei Anbietern und Nachfragern versuchen die Banken durch die Ausübung der Transformationsfunktion herbeizuführen. Entsprechend den differenzierten Motiven von Kapitalanbietern und Kapital-

---

[10] Süchting, J.: Finanzmanagement, Theorie und Politik der Unternehmensfinanzierung, 6. Auflage, Wiesbaden 1995, S. 415.

nachfragern werden von Kreditinstituten Losgrößen-, Fristen- und Risikotransformationen übernommen.

1.3.1 Losgrößentransformation

Unter Losgrößentransformation ist die Umwandlung unterschiedlich hoher Finanzbeträge in die von Angebot und Nachfrage gewünschten Volumina zu verstehen. Die betragsmäßigen Diskrepanzen können dabei grundsätzlich in zwei Formen auftreten:

(1) große Kreditpositionen stehen einer Vielzahl kleinerer Anlageleistungen gegenüber oder

(2) viele kleine Kreditbeträge werden durch eine große Einlage finanziert.

Ausgehend von der Unterteilung der Geschäftsarten von Kreditinstiuten läßt sich das Mittelaufkommen aus Passivgeschäften für die Kreditvergabe aus der nachfolgenden Abbildung 1.5. ersehen.

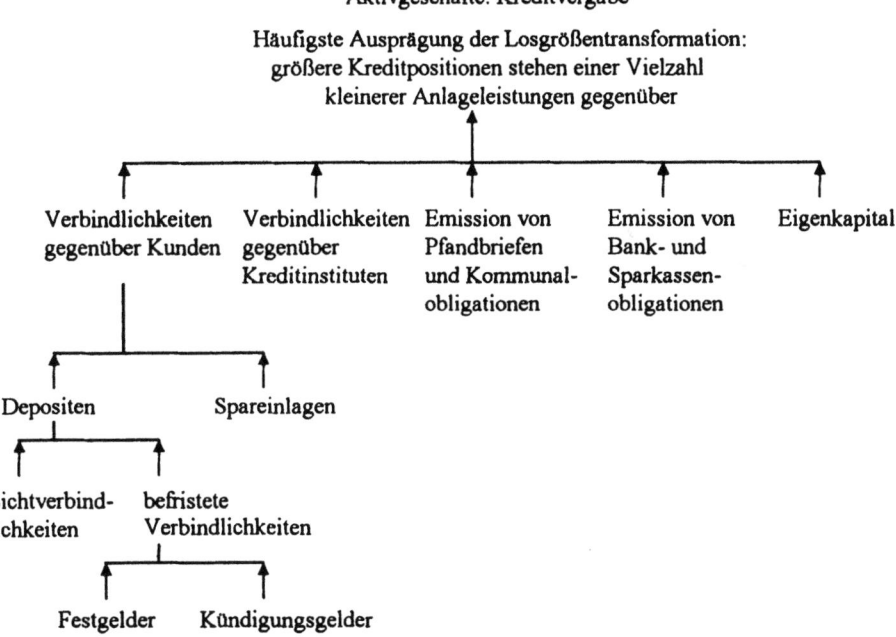

Abb. 1.5.: Mittelaufkommen aus Passivgeschäften für die Losgrößentransformation

Typisch für die Finanzmärkte und damit für die Losgrößentransformation der Kreditinstitute ist der oben **unter Punkt (1) genannte Fall.** Der Bank steht eine große Anzahl kleiner Einlagen zur Verfügung, die **gebündelt** als große oder mittelgroße Kredite für die Finanzierung von Investitionsprojekten bereitgestellt werden können. Nach Angaben des Niedersächsischen Sparkassen- und Giroverbandes stand den Kundeneinlagen bei weiter Fassung des Begriffs (Termineinlagen, Spareinlagen, Giroeinlagen) per 31.12.1995 eine weit höhere Kreditsumme je Kontoverbindung gegenüber:

durchschnittliche Kundeneinlage = DM 9.305
durchschnittliche Kreditsumme = DM 37.097.

1.3.2 Fristentransformation

Eine zweite finanzwirtschaftliche Aufgabe der Banken besteht in der Fristentransformation; sie umfaßt die Umwandlung formell kurzfristig angebotener Gelder in langfristig nachgefragte Kredite. Kreditinstitute werden damit (begrenzt) in die Lage versetzt, sowohl den Vorstellungen der Einleger nach hoher Liquidität ihrer Anlage als auch den Wünschen der Kreditnehmer nach mittel- und langfristigem Kapital Rechnung zu tragen.

Die Fristentransformation ist den Kreditinstituten jedoch nur im Rahmen ihrer Erfahrungswerte in bezug auf zwei Elemente des Anlegerverhaltens möglich, denn durch **Prolongationen** belassen Einleger ihre Gelder länger bei den Banken als rechtlich vereinbart und über **Substitutionen** werden abgezogene Mittel durch neue Einlagen ersetzt. Begrenzt werden die Fristentransformationsgeschäfte durch die Liquiditätsgrundsätze nach § 11 KWG, auf die später noch näher einzugehen sein wird. Das Zustandekommen bankbetrieblich relevanter Erträge und die Funktionsweise von Fristentransformationsgeschäften kann aus der nachfolgenden Übungsaufgabe ersehen werden.[11] Zu ermitteln ist der Erfolg aus der Fristentransformation aufgrund einer gegebenen Bankbilanz, der üblicherweise als Strukturergebnis bezeichnet wird.

Übungsaufgabe 1.1: Berechnung von Fristentransformationsergebnissen im Bankgeschäft

Gemäß vereinfachender erster Annahme betreibt die Bank ausschließlich Kapitalmarktgeschäfte, somit entsprechen die Habenzinsen immer den Geld- und Kapitalmarktzinsen.

Aus einer auf einige wesentliche Positionen verkürzten Bankbilanz lassen sich die folgenden Werte in 10^6 Geldeinheiten (GE) entnehmen:

A		Bilanz in Mio GE	P
3-Monatsgeld	30	Tagesgeld	40
4-Jahres-Kapitalmarktpapiere	45	1-Jahresgeld	20
10-Jahres-Kapitalmarktpapiere	25	2-Jahresgeld	40
	100		100

---

[11] Vgl. hierzu auch Schierenbeck, H.: Ertragsorientiertes Bankmanagement, Fallstudien mit Lösungen, Wiesbaden 1992, S. 7ff..

Aufgabe 1:
Als einzige Ergebnisart ist das Strukturergebnis zu ermitteln:

(1) als Zinsspanne (Strukturmarge) und
(2) als absoluter Überschuß (Strukturbeitrag).

Lösung:
Um die Ergebnisse unterschiedlicher Fristentransformationsmöglichkeiten verdeutlichen zu können, sollen Analysen ausgehend von (je) einer normalen und einer inversen Zinsstruktur durchgeführt werden, wobei GKMZ den Geld- und Kapitalmarktzins bezeichnet.

- Normale Zinsstruktur:

Fristigkeit	Zinssatz in % (GKMZ)
1 Tag	5
3 Monate	5,5
1 Jahr	6,1
2 Jahre	6,8
4 Jahre	7,5
10 Jahre	8,1

Bei normaler Zinsstruktur werden für langfristige Anlagen höhere Zinsen gezahlt als für kurzfristige.

- Inverse Zinsstruktur:

Fristigkeit	Zinssatz in % (GKMZ)
1 Tag	9
3 Monate	9,2
1 Jahr	9,5
2 Jahre	8,9
4 Jahre	8,4
10 Jahre	7,8

Bei inverser Zinsstruktur werden für kurzfristige Anlagen höhere Zinsen gezahlt als für langfristige.

Es lassen sich zwei Arten von Fristentransformation unterscheiden, die der nachfolgenden Abbildung 1.6. entnommen werden können.

16   Funktionen und Aufgaben des Kreditwesens

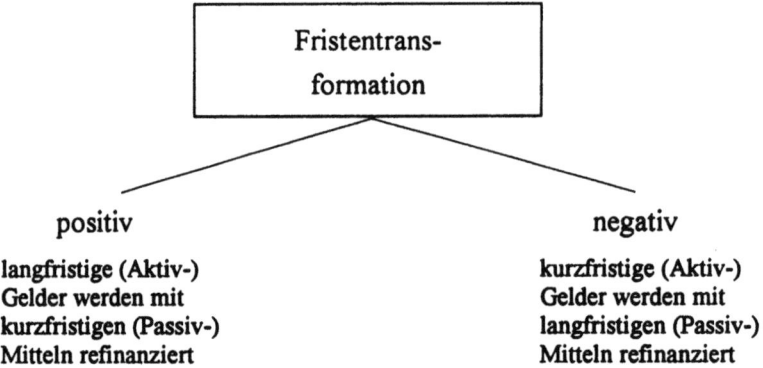

Abb. 1.6.: Arten der Fristentransformation

Bei positiver Fristentransformation nimmt eine Bank kurzfristige Gelder auf, die in langfristigen Aktiva wieder angelegt werden. Eine derartige Strategie kann aber nur solange zu einem positiven Ergebnis führen, wie eine normale Zinsstruktur herrscht, wenn also für langfristig ausgeliehene Gelder höhere Zinsen eingenommen werden, als für kurzfristig aufzunehmende Gelder Zinsen zu zahlen sind.

Zu ermitteln sind die Geschäftsergebnisse aus der Fristentransformation. Es folgt eine Gesamtbetrachtung unter Verwendung der mit dem Kapitalanteil an der Bilanzsumme gewichteten Zinssätze bei **normaler** Zinsstruktur:

Symbole:

$GKMZ_a$ = Geld- und Kapitalmarktzins für Aktivposition a in GE/(GE * PE) oder in %

GE = Geldeinheiten

PE = Periodeneinheiten, z.B. Jahre

DSZ_a = durchschnittlicher Soll-Zins für Aktivposition a in GE/(GE * PE) oder in %

TGZ = Tagesgeldzins in GE/(GE * PE) oder in %,
→ der Tagesgeldzins ist wichtige Ausgangsgröße für die positive Fristentransformation

V_a = Volumen, Betrag von Aktivposition a in GE/PE

B = Bilanzsumme in GE/PE

DZA = Durchschnittszins für gesamte Aktivseite bei gegebener Bilanzstruktur in GE/(GE * PE) bzw. in %

DZA = $\sum_a GKMZ_a * \frac{V_a}{B}$, falls ausschließlich Kapitalmarktgeschäfte getätigt werden

Die Aufgabenlösung kann über die nachfolgend dargestellten Rechenschritte ermittelt werden:

(1) Berechnung des Durchschnittszinssatzes der Aktivseite auf der Basis des GKM-Zinssatzes:

Aktiva a = 1,..., â	V_a 10^6 GE	$GKMZ_a$ %	DSZ_a %	TGZ %	gewichtete Zinsgrößen: $DZA = \sum_a GKMZ_a * \frac{V_a}{B}$
3-Monatsgeld	30	5,5	5,5	5,0	$5,5 * \frac{30}{100} = 1,65\%$
4-Jahres-Kapital-marktpapiere	45	7,5	7,5	5,0	$7,5 * \frac{45}{100} = 3,375\%$
10-Jahres-Kapital-marktpapiere	25	8,1	8,1	5,0	$8,1 * \frac{25}{100} = 2,025\%$
$\sum_a V_a$ = 100					DZA = 7,05 %

(2) Berechnung des Durchschnittszinssatzes der Passiv-Seite auf der Basis des GKM-Zinssatzes:

DHZ_p = durchschnittlicher Haben-Zins für Passivposition p in GE/(GE * PE) oder in %

DZP = Durchschnittszinssatz auf der Passiv-Seite bei gegebener Bilanzstruktur in GE/(GE * PE) bzw. in %

$DZP = \sum_p GKMZ_p * \frac{V_p}{B}$,

es werden ausschließlich Kapitalmarktgeschäfte getätigt, Anwendung der Marktzinsmethode

$GKMZ_p$ = Geld- und Kapitalmarktzins von Passivposition p in GE/(GE * PE)

V_p = Volumen, Betrag von Passivposition p in GE/PE

18 Funktionen und Aufgaben des Kreditwesens

Passiva $p = 1,..., \hat{p}$	V_p 10^6 GE	$GKMZ_p$ %	DHZ_p %	TGZ %	gewichtete Zinsgrößen: $DZP = \sum_p GKMZ_p * \dfrac{V_p}{B}$
Tagesgeld	40	5,0	5,0	5,0	$5,0 * \dfrac{40}{100} = 2,0\%$
1-Jahresgeld	20	6,1	6,1	5,0	$6,1 * \dfrac{20}{100} = 1,22\%$
2-Jahresgeld	40	6,8	6,8	5,0	$6,8 * \dfrac{40}{100} = 2,72\%$
$\sum_p V_p = 100$					DZP = 5,94%

⇒ vorausgesetzt wird eine kurzfristig angelegte Refinanzierung

Bei der oben genannten Marktzinsmethode handelt es sich um ein Verfahren zur einzelgeschäftsbezogenen Kalkulation von Zinsüberschüssen bzw. Margen. Maßgeblich ist die Grundidee, daß jedes einzelne Aktiv- bzw. Passivgeschäft einer Bank das Bankergebnis beeinflußt und daher als eigener Erfolgsfaktor isoliert werden kann. Zur Bewertung der einzelnen Geschäfte werden Bewertungsmaßstäbe der gleichen Bilanzseite herangezogen.

(3) Berechnung der Bilanz-Strukturmarge SM:

SM = (Bilanz-) Strukturmarge, Zinsdifferenz aufgrund Fristentransformation, bewertet mit GKM-Zinsen in GE/(GE * PE) bzw. %

SM = DZA   - DZP

  = relativierte   - relativierte
    Erlöse   Kosten

  = Zinseinnahmen - Zinsausgaben

⇒ somit wird ein Erfolg ermittelt, der auf eine Geldeinheit der Bilanzsumme und eine Periodeneinheit bezogen ist:

SM = (7,05 - 5,94) %
SM = 1,11% = 0,0111 $\dfrac{GE}{GE*PE}$

Das Beispiel zeigt, daß die Abrechnung des Fristentransformationsgeschäfts auf der Basis von 'Marktzinsen' bei gegebener Bilanzstruktur erfolgt; das Ergebnis kann als Brutto-Gesamterfolg, ausgedrückt in einer Zinsspanne, interpretiert werden.

Zusammenfassung von (1) bis (3):

Ausgangspunkt einer relativierten Ergebnisermittlung waren am Markt objektivierte und damit willkürfreie Kapitaleinstands- und Kapitalverwertungspreise (= GKMZ), d.h. das relativierte Ergebnis aus der Fristentransformation wurde auf der Basis von objektivierten Zinsgrößen berechnet; es entspricht damit einer **Brutto-Zinsspanne bei gegebener Bilanzstruktur.**

(4) Betrachtung absoluter Einzelergebnisgrößen aus der Fristentransformation bei normaler Zinsstruktur. Es werden die Strukturmargen für jede Aktivposition V_a und für jede Passivposition V_p berechnet.

Aktiv-Seite:

Symbole:

SM_a = 'Strukturmarge', Zinsspanne von Aktiv-Position a in GE/(GE * PE)

SM_a = $GKMZ_a$ - TGZ $\quad \forall\, a$

SB_a = Strukturbeitrag der Aktivposition a in GE/PE (Geldgröße)

SB_a = $V_a * SM_a$ $\quad \forall\, a$

SBA = Strukturbeitrag für die gesamte Aktivseite in GE/PE

SBA = $\sum_a V_a * SM_a$ = $\sum_a SB_a$

Aktiva a = 1,..., â	V_a 10^6 GE	$GKMZ_a$ $\frac{GE}{GE*PE}$	TGZ $\frac{GE}{GE*PE}$	SM_a $\frac{GE}{GE*PE}$	$SB_a = V_a * SM_a$ $10^6 \frac{GE}{PE}$
3-Monatsgeld	30	0,055	0,05	0,005	30 * 0,005 = 0,15
4-Jahres-Kapitalmarktpapiere	45	0,075	0,05	0,025	45 * 0,025 = 1,125
10-Jahres-Kapitalmarktpapiere	25	0,081	0,05	0,031	25 * 0,031 = 0,775
$\sum_a V_a$ = 100					$\sum_a SB_a$ = 2,05

$\Rightarrow$ SBA = 2,05 Mio $\frac{GE}{PE}$

⇒ Das Aktiv-Gesamtergebnis wurde aus der Bewertung von Einzelgeschäften auf der Grundlage der günstigsten Refinanzierungskosten gewonnen; es liegt der Fall positiver Fristentransformation vor.

Passiv-Seite:
Symbole:

SM_p = Strukturmarge, Zinsergebnis von Passivposition p in GE/(GE * PE) bzw. %

SM_p = TGZ - $GKMZ_p$ $\forall p$

SB_p = Strukturbeitrag der Passivposition p in GE/PE

SB_p = V_p * SM_p $\forall p$

SBP = Strukturbeitrag für die gesamte Passivseite in GE/PE

SBP = $\sum_p V_p * SM_p = \sum_p SB_p$

Anmerkung: ein 'Verlust' entsteht, wenn aufgrund positiver Fristentransformation z.B. trotz eines günstigeren TGZ für längerfristige Einlagen die höheren GKMZ als die durchschnittlichen Habenzinsen DHZ gezahlt werden (müssen).

Passiva p = 1,..., p̂	V_p 10^6 GE	$GKMZ_p$ $\frac{GE}{GE*PE}$	TGZ $\frac{GE}{GE*PE}$	SM_p $\frac{GE}{GE*PE}$	$SB_p = V_p * SM_p$ $10^6 \frac{GE}{PE}$
Tagesgeld	40	0,05	0,05	0,0	40 * 0,0 = 0
1-Jahresgeld	20	0,061	0,05	-0,011	20 * (-0,011) = -0,22
2-Jahresgeld	40	0,068	0,05	-0,018	40 * (-0,018) = -0,72
$\sum_p V_p$ = 100					$\sum_p SB_p$ = - 0,94

Die Zinszahlungen in Höhe von $GKMZ_p$ sind höher als sie zum TGZ wären, so daß eine Refinanzierung über Tagesgeld mit einem Verlust verbunden ist; die Differenz ist ein 'verschenkter Ertrag', $GKMZ_p = DHZ_p$ $\forall p$.

SBP = - 0,94 Mio $\frac{GE}{PE}$

In der obigen letzten Spalte erfolgt der Ausweis der Einzelergebnisbeiträge aus Passivgeschäften.

Die Errechnung des Strukturbeitrags entspricht generell der Ermittlung eines Zinsbeitrags:

'Zinsbeitrag' = 'Zinserlös' - 'Zinskosten'
= Erlös aus Aktivgeschäften - Kosten aus Passivgeschäften

In der Bankbetriebslehre ist die Margen- oder Zinsspannenbetrachtung als Ausgangspunkt der Berechnung eines Strukturbeitrages üblich, er dient zur Abbildung des Erfolges aus der Fristentransformation.

SB = Gesamtüberschuß, Strukturbeitrag in GE/PE
SB = SBA + SBP = [2,05 + (- 0,94)] * 10^6 GE/PE
SB = 1,11 Mio GE / PE

Einfacher zu berechnen ist der Strukturbeitrag aus den Ergebnissen von (1) bis (3) (Probe):

SB = B * SM
   = 100 * 10^6 GE * 0,0111 $\frac{GE}{GE*PE}$ = 1,11 * 10^6 GE/PE
SB = 1,11 Mio GE / PE

(5) Um einen Vergleich mit dem Ergebnis bei normaler Zinsstruktur vornehmen zu können, folgt nun eine Gesamtbetrachtung in Form einer Berechnung von Durchschnittszinssätzen für die inverse Zinsstruktur:

Aktiva a = 1,..., â	V_a 10^6 GE	$GKMZ_a$ %	DSZ_a %	TGZ %	gewichtete Zinsgrößen: $DZA = \sum_a GKMZ_a * \frac{V_a}{B}$
3-Monatsgeld	30	9,2	9,2	9,0	$9,2 * \frac{30}{100}$ = 2,76%
4-Jahres-Kapitalmarktpapiere	45	8,4	8,4	9,0	$8,4 * \frac{45}{100}$ = 3,78%
10-Jahres-Kapitalmarktpapiere	25	7,8	7,8	9,0	$7,8 * \frac{25}{100}$ = 1,95%
$\sum_a V_a$ = 100					DZA = 8,49 %

22 Funktionen und Aufgaben des Kreditwesens

Passiva $p = 1,..., \hat{p}$	V_p 10^6 GE	$GKMZ_p$ %	DHZ_p %	TGZ %	gewichtete Zinsgrößen: $DZP = \sum_p GKMZ_p * \frac{V_p}{B}$
Tagesgeld	40	9,0	9,0	9,0	$9,0 * \frac{40}{100} = 3,60\%$
1-Jahresgeld	20	9,5	9,5	9,0	$9,5 * \frac{20}{100} = 1,90\%$
2-Jahresgeld	40	8,9	8,9	9,0	$8,9 * \frac{40}{100} = 3,56\%$
$\sum_p V_p = 100$					DZP = 9,06%

Berechnung der Bilanzstrukturmarge:
SM = DZA - DZP = (8,49 - 9,06) %
SM = -0,57 %

⇒ Die Strukturmarge ist hier das Ergebnis bei positiver Fristentransformation und inverser Zinsstruktur in Form einer Zinsgröße.

(6) Betrachtung absoluter Einzelergebnisgrößen aus der Fristentransformation bei inverser Zinsstruktur. Es werden zunächst wieder getrennt die Strukturen auf der Aktivseite und der Passivseite für jede einzelne Position ausgewertet:

Aktiva $a = 1,..., \hat{a}$	V_a 10^6 GE	$GKMZ_a$ $\frac{GE}{GE*PE}$	TGZ $\frac{GE}{GE*PE}$	SM_a $\frac{GE}{GE*PE}$	$SB_a = V_a * SM_a$ $10^6 \frac{GE}{PE}$
3-Monatsgeld	30	0,092	0,09	0,002	30 * 0,002 = 0,06
4-Jahres-Kapitalmarktpapiere	45	0,084	0,09	-0,006	45 * (-0,006) = -0,27
10-Jahres-Kapitalmarktpapiere	25	0,078	0,09	-0,012	25 * (-0,012) = -0,30
$\sum_a V_a = 100$					$\sum_a SB_a = -0,51$

Das Tagesgeld ist aufgrund inverser Zinsstruktur nicht mehr günstigste Refinanzierungsquelle.

SBA = -0,51 Mio $\frac{GE}{PE}$

= aktivischer Zinsbeitrag, gegenüber Ergebnis bei normaler Zinsstruktur (= 2,05 Mio GE/PE) stark verschlechtert

Passiva p = 1,..., $\hat{p}$	V_p 10^6 GE	$GKMZ_p$ $\frac{GE}{GE*PE}$	TGZ $\frac{GE}{GE*PE}$	SM_p $\frac{GE}{GE*PE}$	$SB_p = V_p * SM_p$ $10^6 \frac{GE}{PE}$
Tagesgeld	40	0,09	0,09	0,0	40 * 0,0 = 0
1-Jahresgeld	20	0,095	0,09	-0,005	20 * (-0,005) = - 0,10
2-Jahresgeld	40	0,089	0,09	+0,001	40 * 0,001 = + 0,04
$\sum_p V_p$ = 100					$\sum_p SB_p$ = - 0,06

Es werden wiederum teilweise höhere Zinsen für Einlagen gezahlt, als bei der Refinanzierung über Tagesgeld (sehr kurzfristig!) notwendig wäre.

$SBP = - 0,06$ Mio $\frac{GE}{PE}$

⇒ gegenüber normaler Zinsstruktur hat sich das Ergebnis verbessert, vorher: SBP = - 0,94 Mio GE/PE

In der Bankbetriebslehre dient der 'Strukturbeitrag' zur Abbildung des Erfolges aus der Fristentransformation; die Zusammenführung von Aktiv- und Passivergebnis ergibt:

SB = SBA + SBP = [- 0,51 + (-0,06)] * 10^6 GE/PE
SB = - 0,57 Mio GE / PE

⇒ Der Strukturbeitrag hat sich aufgrund der inversen Zinsstruktur deutlich verschlechtert, die Gewinnreduzierung beträgt:

$$1,11 - (- 0,57) = 1,68 \text{ Mio } \frac{GE}{PE}.$$

(7) Ergebnisanalyse aus dem Vergleich von normaler mit inverser Zinsstruktur:

die positive Fristentransformation führt im Falle unveränderter Bilanzstruktur bei inverser Zinsstruktur zur Ergebnisverschlechterung für die Bank; das Rechenbeispiel zeigt die Bedeutung des Bilanzstrukturmanagements als Führungsaufgabe.

24 Funktionen und Aufgaben des Kreditwesens

Bei der ausschließlichen Betrachtung von Geschäften am Geld- und Kapitalmarkt entstehen nur Erfolgsgrößen, die das Fristentransformationsergebnis wiedergeben. Die Führungsaufgabe bei der Bank besteht in diesem Falle überwiegend in der Steuerung dieser einzigen Ergebnisart, was natürlich der Realität im Bankbetrieb nicht entspricht. Das Kundengeschäft verlangt marktstrategische, kunden- und risikopolitische Erwägungen, die in den Kundenkonditionen zum Ausdruck kommen. Folglich entsteht ein Konditionsergebnis, das den Erfolg der Dispositionen im Kundengeschäft getrennt vom Fristentransformationserfolg wiedergeben soll.

Übungsaufgabe 1.2: Fristentransformation und Konditionenpolitik

In der nachfolgenden Aufgabe ist die rechnerische Ermittlung der verschiedenen Ergebnisarten aus

(1) Fristentransformation und
(2) Konditionenpolitik

vorzunehmen. Der Gesamtüberschuß setzt sich nunmehr aus zwei Ergebniskomponenten zusammen:

$$\frac{\text{Fristentransformationsbeitrag} + \text{Konditionsbeitrag}}{= \text{Gesamtüberschuß}}$$

Die Bankgeschäfte werden in Annäherung an die Realität und zwecks Ergebnisverbesserung vom Geld- und Kapitalmarktgeschäft auf das Kundengeschäft verlagert. Die bisherigen Geld- und Kapitalmarktgeschäfte werden zur Verbesserung der Vergleichbarkeit in demselben Umfange durch Kundengeschäfte mit im **Durchschnitt gleicher Fristigkeit** und **gleicher Zinsbindung** ersetzt. Daraus ergibt sich die folgende Datensituation:

Geld- und Kapitalmarktgeschäfte nach Fristigkeit	Art der Kundengeschäfte	Kundenzins %	Bilanzvolumen 10^6 GE
Tagesgeld	Sichteinlagen	0,5	40
3-Monatsgeld	Wechselkredite	6,5	30
1-Jahresgeld	Termineinlagen	5,5	20
2-Jahresgeld	Spareinlagen	2,5	40
4-Jahreskapitalmarktpapiere	Betriebsmittelkredite	8,6	45
10-Jahreskapitalmarktpapiere	Hypothekendarlehen	8,8	25

Die aufgrund veränderter Geschäftstätigkeit entstehende neue Bilanz sieht wie folgt aus:

Aktiva	Bilanz in Mio GE	Passiva	
Wechselkredite	30	Sichteinlagen	40
Betriebsmittelkredite	45	Termineinlagen	20
Hypothekendarlehen	25	Spareinlagen	40
	100		100

Aufgabe 1:
Berechnen Sie die Strukturmargen, die Strukturbeiträge und die Zinsüberschüsse für die Aktiv- bzw. Passivgeschäfte und die Gesamtbilanz.

Lösung:
(1) Eine Zinsertragsbilanz, d.h. eine unkompensierte Bilanz, deren Bilanzpositionen nach verzinsungstypischen Merkmalen geordnet und gruppiert werden, ergibt sich für den Fall einer normalen Zinsstruktur wie folgt:

Aktiva	V_a 10^6 GE	$GKMZ_a$ %	DSZ_a %	TGZ %	Passiva	V_p 10^6 GE	$GKMZ_p$ %	DHZ_p %	TGZ %
Wechsel-kredite	30	5,5	6,5	5,0	Sicht-einlagen	40	5,0	0,5	5,0
Betriebs-mittel-kredite	45	7,5	8,6	5,0	Termin-einlagen	20	6,1	5,5	5,0
Hypo-theken-darlehen	25	8,1	8,8	5,0	Spar-einlagen	40	6,8	2,5	5,0
gewichtete Durchschnitte Aktiv	$\sum_a V_a$ = 100	7,05	8,02	5,0	gewichtete Durchschnitte Passiv	$\sum_p V_p$ = 100	5,94	2,3	5,0

$$SMA = \sum_a SM_a * \frac{V_a}{B} = 2,05\,\% \qquad SMP = \sum_p SM_p * \frac{V_p}{B} = -0,94\,\%$$

$$SM = SMA + SMP = 1,11\,\%$$

Die Ergebnisse der Rechnungen im einzelnen:

Symbole:

KMA = Konditionsmarge für die gesamte Aktivseite in GE/(GE * PE) bzw. in %

KMP = Konditionsmarge für die gesamte Passivseite in GE/(GE * PE) bzw. in %

GKMZA = Geld- und Kapitalmarktzins für die gesamte Aktivseite in GE/(GE * PE) bzw. in %

GKMZP = Geld- und Kapitalmarktzins für die gesamte Passivseite in GE/(GE * PE) bzw. in %

DSZA = durchschnittlicher Soll-Zins für die gesamte Aktivseite in GE/(GE * PE) bzw. in %

DHZP = durchschnittlicher Haben-Zins für die gesamte Passivseite in GE/(GE * PE) bzw. in %

$$\begin{aligned}
\text{KMA} &= \text{DSZA} - \text{GKMZA} & \text{KMP} &= \text{GKMZP} - \text{DHZP} \\
&= (8{,}02 - 7{,}05)\ \% & &= (5{,}94 - 2{,}3)\ \% \\
&= 0{,}97\ \% & &= 3{,}64\ \%
\end{aligned}$$

$$\begin{aligned}
\text{GKMZA} &= \sum_{a} \text{GKMZ}_a * \frac{V_a}{B} & \text{GKMZP} &= \sum_{p} \text{GKMZ}_p * \frac{V_p}{B} \\
&= 7{,}05\ \% & &= 5{,}94\ \%
\end{aligned}$$

$$\begin{aligned}
\text{DSZA} &= \sum_{a} \text{DSZ}_a * \frac{V_a}{B} & \text{DHZP} &= \sum_{p} \text{DHZ}_p * \frac{V_p}{B} \\
&= 8{,}02\ \% & &= 2{,}3\ \%
\end{aligned}$$

SM = Zinsspanne aus der Fristentransformation

SMA + SMP = [2,05 + (- 0,94)] %

SM = 1,11 %

KM = Zinsspanne aus der Konditionenpolitik

KMA + KMP = [0,97 + 3,64] %

KM = 4,61 %

Die rechnerische Auswertung der Bilanzdaten führt zur Aufspaltung des Erfolges in ein Strukturergebnis und ein Konditionenergebnis.

(2) Ermittlung des Gesamt-Zinsüberschusses aus der Zinsertragsbilanz:

GZÜ = Gesamtzinsüberschuß absolut in GE/PE

SB = Strukturbeitrag, Ergebnis aus der Fristentransformation absolut in GE/PE

KB = Konditionenbeitrag absolut in GE/PE

GZÜ = SB + KB = B * SM + B * KM

$$GZÜ = 100 \text{ Mio GE} * 0{,}0111 \frac{GE}{GE*PE}$$

$$+ 100 \text{ Mio GE} * 0{,}0461 \frac{GE}{GE*PE}$$

GZÜ = (1,11 + 4,61) Mio GE/PE = 5,72 Mio GE/PE

(3) Die Berechnung der Struktur- und Konditionsbeiträge aus dem Kundengeschäft kann auch für jede Position auf der Aktiv- und Passiv-Seite gesondert vorgenommen werden. Nachfolgend werden zunächst die Rechnungen für die Aktiv-Seite aufgeführt:

Aktiva $a = 1,...,\hat{a}$	V_a 10^6 GE	$GKMZ_a$ $\frac{GE}{GE*PE}$	DSZ_a $\frac{GE}{GE*PE}$	TGZ $\frac{GE}{GE*PE}$	SM_a $\frac{GE}{GE*PE}$	KM_a $\frac{GE}{GE*PE}$	SB_a $10^6 \frac{GE}{PE}$	KB_a $10^6 \frac{GE}{PE}$
Wechsel-kredite	30	0,055	0,065	0,05	0,005	0,01	0,150	0,300
Betriebs-mittel-kredite	45	0,075	0,086	0,05	0,025	0,011	1,125	0,495
Hypo-darlehen	25	0,081	0,088	0,05	0,031	0,007	0,775	0,175
gewichtete Durchschnitte in $\frac{GE}{GE*PE}$					0,0205	0,0097		
$\sum_a V_a$ in $10^6 \frac{GE}{PE} = 100$	absolute Einzelergebnisse						2,05	0,97

28 Funktionen und Aufgaben des Kreditwesens

Die Einzelrechnungen haben folgende Form:

- Strukturmarge, Zinsergebnis aus der Fristentransformation:

$$SM_a = GKMZ_a - TGZ \quad \forall\, a$$

$$SMA = \sum_a \frac{V_a}{B} * SM_a$$

$$\Rightarrow \quad SMA = 0{,}0205 \ \frac{GE}{GE*PE} \ \text{bzw. } 2{,}05\,\%$$

- Strukturbeitrag, absolutes Ergebnis aus der Fristentransformation:

$$SB_a = V_a * SM_a \quad \forall\, a$$

$$SBA = \sum_a V_a * SM_a = \sum_a SB_a$$

$$\underline{SBA = 2{,}05 \text{ Mio } \frac{GE}{PE}}$$

- Konditionsmarge, Zinsergebnis aus der Konditionenpolitik:

$$KM_a = DSZ_a - GKMZ_a \quad \forall\, a$$

$$KMA = \sum_a \frac{V_a}{B} * KM_a = 0{,}0097 \ \frac{GE}{GE*PE} = 0{,}97\,\%$$

- Konditionsbeitrag, absolutes Ergebnis aus der Konditionenpolitik:

$$KB_a = V_a * KM_a \quad \forall\, a$$

$$KBA = \sum_a V_a * KM_a = \sum_a KB_a$$

$$\underline{KBA = 0{,}97 \text{ Mio } \frac{GE}{PE}}$$

- Zinsüberschuß Aktiv-Seite:

$$ZÜA = \text{Zinsüberschuß Aktiv-Seite in GE/PE}$$

$$ZÜA = SBA + KBA = (2{,}05 + 0{,}97) \text{ Mio GE}$$

$$\underline{ZÜA = 3{,}02 \text{ Mio GE / PE}}$$

(4) Berechnung der Struktur- und Konditionsbeiträge aus dem Kundengeschäft für die Passiv-Seite:

Passiva p =1,...,p̂	V_p 10^6 GE	$GKMZ_p$ $\frac{GE}{GE*PE}$	DHZ_p $\frac{GE}{GE*PE}$	TGZ $\frac{GE}{GE*PE}$	SM_p $\frac{GE}{GE*PE}$	KM_p $\frac{GE}{GE*PE}$	SB_p $10^6 \frac{GE}{PE}$	KB_p $10^6 \frac{GE}{PE}$
Sichteinlagen	40	0,05	0,005	0,05	0	0,045	0	1,80
Termineinlagen	20	0,061	0,055	0,05	-0,011	0,006	-0,22	0,12
Spareinlagen	40	0,068	0,025	0,05	-0,018	0,043	-0,72	1,72
gewichtete Durchschnitte in $\frac{GE}{GE*PE}$					-0,0094	0,0364		
$\sum_p V_p$ in $10^6 \frac{GE}{PE}$ = 100				absolute Einzelergebnisse			-0,94	3,64

Die Einzelrechnungen haben wiederum die folgende Form:

$$SM_p = TGZ - GKMZ_p \qquad \forall\ p$$

$$SMP = \sum_p \frac{V_p}{B} * SM_p$$

$$SMP = -0{,}0094 \frac{GE}{GE*PE} \,\hat{=}\, -0{,}94\,\%$$

- Strukturbeitrag, absolutes Ergebnis aus der Fristentransformation:

$$SB_p = V_p * SM_p \qquad \forall\ p$$

$$SBP = \sum_p V_p * SM_p = \sum_p SB_p$$

$$\underline{\underline{SBP = -0{,}94 \text{ Mio GE}}}$$

30 Funktionen und Aufgaben des Kreditwesens

- Konditionsmarge, Zinsergebnis aus der Konditionenpolitik:

$$KM_p = GKMZ_p - DHZ_p \qquad \forall\, p$$

$$KMP = \sum_p \frac{V_p}{B} * KM_p$$

$$KMP = 0{,}0364 \frac{GE}{GE*PE} \ \widehat{=}\ 3{,}64\,\%$$

- Konditionsbeitrag, absolutes Ergebnis aus der Konditionenpolitik:

$$KB_p = V_p * KM_p \qquad \forall\, p$$

$$KBP = \sum_p V_p * KM_p = \sum_p KB_p$$

$$KBP = 3{,}64 \text{ Mio GE}$$

- Zinsüberschuß der Passiv-Seite:

$$Z\ddot{U}P = \text{Zinsüberschuß Passiv-Seite in GE/PE}$$

$$Z\ddot{U}P = SBP + KBP = (-\,0{,}94 + 3{,}64) \text{ Mio GE}$$

$$Z\ddot{U}P = 2{,}70 \text{ Mio GE}$$

- Gesamtzinsüberschuß (Kontrolle über 2. Teilaufgabe):

$$GZ\ddot{U} = Z\ddot{U}A + Z\ddot{U}P = (3{,}02 + 2{,}70) \text{ Mio GE}$$

$$GZ\ddot{U} = 5{,}72 \text{ Mio GE}$$

Zum Vergleich: ohne Einsatz des erst im Kundengeschäft möglichen absatzpolitischen Instrumentariums betrug der Erfolg ZÜ bei der Betätigung der Bank ausschließlich an den Geld- und Kapitalmärkten lediglich 1,11 Mio GE!

1.3.3 Risikotransformation

Durch die Risikotransformation werden von Kreditinstituten unterschiedliche Risikovorstellungen der Marktteilnehmer ausgeglichen.

Wie die Abbildung 1.7. zeigt, tritt bei der Risikotransformation das Kreditinstitut auf eigenes Risiko zwischen Einleger und Kreditnehmer, es wird zum Finanzintermediär, d.h. es übernimmt eine Intermediärhaftung. Aus dieser Position heraus kann es Risikodiversifikation betreiben.

Abb. 1.7.: Intermediärhaftung eines Kreditinstitutes

Selbst ohne Einsatz von Haftungskapital beim Finanzintermediär erlangt der Geldgeber eine günstigere Position als bei dem alternativ möglichen Abschluß eines unmittelbaren Kontraktes mit dem Kreditnehmer. Aufgrund unterschiedlicher Ausfallursachen bei verschiedenen Kreditnehmern wird die Gefahr eines völligen Ausfalls mit steigender Anzahl von Einzelengagements immer geringer. Hinzu kommt, daß der Finanzintermediär aufgrund seiner größeren Spezialisierung und Geschäftserfahrung wesentlich versierter in der Risikoeinschätzung ist; zugleich ist er Spezialist im Einsatz von Sicherungs- und Kontrollmaßnahmen, die dem originären Geldgeber institutionell nicht zur Verfügung stehen würden (Meldepflicht bei Millionenkrediten gegenüber der Bundesbank gemäß § 14 KWG, Zugang zum Schufa-Informationssystem, Standardsicherungsverträge u.a.).

Anleger bevorzugen sichere Vermögensanlagen wie Anleihen von Emittenten erstklassiger Bonität oder Sparguthaben bei Banken. Anteile oder Forderungen an Unternehmen sind dagegen mit dem Risiko verbunden, daß das Unternehmen einen Kredit nicht zurückzahlen kann. Die Einschaltung eines Kreditinstitutes vermindert dieses Bonitätsrisiko erheblich:

- durch die Transformationseigenschaft der Bank wird gegenüber dem Einleger zusätzliches Haftungsvermögen (haftendes EK der Banken) eingesetzt, das im Falle des Ausfalls der Forderung die entstehenden Verluste auffangen soll.

- Kreditinstitute verfügen über einen erfahrenen Apparat und Informationen über den Kreditnehmer, um die mit der Kreditvergabe verbundenen Risiken richtig zu bewerten, die erforderlichen Sicherungen vorzunehmen sowie den Kredit ständig sachgerecht zu überwachen und zu verwalten. Ein privater Kreditgeber wäre zu vertretbaren Kosten i.d.R. nicht in der Lage, eine derart umfangreiche Analyse der Solidität des Kreditnehmers und der Wirtschaftlichkeit des zu finanzierenden Projektes durchzuführen.

Das volle Risiko, daß das kreditnehmende Unternehmen den bereitgestellten Kredit nicht zurückzahlen kann, verbleibt beim Kreditinstitut. Bei aus der Kreditvergabe resultierenden Einzelrisiken wird deren Gefahrenpotential jedoch dadurch verringert, daß die Bank viele Einzelkredite nebeneinander vergibt. Durch Risikostreuung unterscheidet sich dann die Risikoposition der Gesamtstruktur erheblich von der Risikostruktur des einzelnen Kredites. Eine breite Streuung innerhalb der Kreditgewährung mit voneinander unabhängigen Einzelkrediten ermöglicht einen weitgehenden Risiko**ausgleich**.

Nachdem mit Ausnahme des Bonitätsrisikos lediglich allgemein vom Risiko gesprochen wurde, sollen nun kurz die Einzelrisiken erläutert werden, die im Rahmen der Kreditvergabe von einer Bank übernommen werden, ohne daß wenigstens teilweise eine Risikobegrenzung im Kreditvertrag möglich wäre.

Das Bonitätsrisiko besteht in dem vollständigen oder teilweisen Ausfall von Zins- und Tilgungszahlungen. Sehr eng zusammenhängend mit dem Bonitätsrisiko sind das Liquiditätsrisiko und das Kapitalstrukturrisiko. Das Liquiditätsrisiko umfaßt lediglich die Gefahr, daß Zahlungen aus dem Kreditverhältnis vom Schuldner nicht termingerecht erfolgen (Terminrisiko). Das Kapitalstrukturrisiko resultiert aus einem zu hohen Verschuldungsgrad. Wegen des hohen Fremdmittelanteils gegenüber den Eigenmitteln entsteht eine relativ hohe Zins- und Tilgungsverpflichtung, die in der Regel ohne Betriebseinschränkungen nur aus der Ertragskraft zu erfüllen ist. Abnehmende Erträge bewirken meistens schon in einem sehr frühen Stadium die Liquidation von Vermögenspositionen, so daß auch das Potential an verfügbaren Sachsicherheiten schnell reduziert wird, womit eine weitere Risikoerhöhung für die Bank verbunden ist.

Unternehmens- und branchenspezifisch kann weiterhin das Sicherungsrisiko auftreten, das darin besteht, daß die der Kreditsicherung dienenden Gegenstände Wertverluste erleiden (wirtschaftliche Überholung, Modewechsel, Alterung, Verderb u.a.). Nicht unternehmens- oder branchenspezifisch sind dagegen das Geldwert- und das Zinsänderungsrisiko. Bei dem Geldwertrisiko (auch als Inflationsrisiko bezeichnet) erhält der Geldgeber Tilgungs- und

Zinszahlungen mit im Zeitablauf abnehmender Kaufkraft zurück; die Kaufkraft der Summe der Tilgungsbeträge entspricht nicht der des ausgezahlten Kreditbetrages (der Nominalbetrag wird real entwertet). Das Zinsänderungsrisiko ergibt sich aus der Gefahr, daß vertraglich festgeschriebene Zinssätze nicht mehr dem allgemeinen höheren Zinsniveau, das von den Geld- und Kapitalmärkten mitbestimmt wird, entsprechen. Bei einer Festzinsvereinbarung trägt somit das Kreditinstitut gegenüber dem Einleger auch weitere Risiken, die von den unternehmerisch bestimmten Erfolgen des Kreditnehmers unabhängig sind.

2 Das Bankensystem

Das deutsche Bankensystem setzt sich aus dem Zentralbanksystem, den Kreditinstituten und den Finanzinstituten zusammen. Wesentliche Grundlage der Geschäftstätigkeit des Bankwesens in der Bundesrepublik Deutschland ist das 'Gesetz über das Kreditwesen' (KWG). Es beschreibt in § 1 KWG Kreditinstitute als Unternehmen, die Bankgeschäfte betreiben, soweit der Umfang dieser Geschäfte einen in kaufmännischer Weise eingerichteten Geschäftsbetrieb erfordert.

Die einleitend genannten Geschäftsarten des Kreditwesens nach § 1 KWG sollen nun dadurch vervollständigt werden, daß zwischen Kreditinstituten und Finanzinstituten unterschieden wird; die Tätigkeit der Finanzinstitute bewirkt eine Vervollständigung des Leistungsangebotes durch das Kreditwesen.

Geschäftsarten von Kreditinstituten nach § 1 Abs. 1 KWG	Geschäftsarten von Finanzinstituten nach § 1 Abs. 3 KWG
1. Einlagengeschäft 2. Kreditgeschäft 3. Diskontgeschäft 4. Effektengeschäft 5. Depotgeschäft 6. Investmentgeschäft 7. Darlehenserwerbsgeschäft 8. Garantiegeschäft 9. Girogeschäft	1. Beteiligungsgeschäft 2. Factoring-Geschäfte 3. Leasing-Geschäfte 4. Scheckkarten-Organisationen 5. Devisenhandel 6. Marketmaker-Geschäfte, Eigenhandel 7. Termingeschäfte 8. Emissionshilfe-Geschäfte 9. Finanzierungs- und Akquisitionsberatung 10. Geldmaklergeschäfte 11. Anlage- und Vermögensberatung

Abb. 2.1.: Geschäftsarten von Kredit- und Finanzinstituten der Bundesrepublik im Vergleich

Die von den Kreditinstituten angebotene Anzahl unterschiedlicher Geschäfte ist auch Grundlage für die Aufteilung des gesamten Bankwesens in Universal- und Spezialbanken. Die Unterstellung eines Universalbankensystems ist allerdings für die Finanzinstitute nicht zwingend; die zuordnungsbestimmenden Geschäftsarten für die eher als Spezialbanken anzusehenden Finanzinstitute zeigt die Abbildung 2.2..

Geschäftsart	Beschreibung
1. Beteiligungsgeschäft	Erwerb von Beteiligungen
2. Factoring-Geschäfte	Entgeltlicher Erwerb von Geldforderungen
3. Leasing-Geschäfte	Abschluß von Leasingverträgen
4. Scheckkarten-Organisationen	Ausgabe oder Verwaltung von Kreditkarten oder Reiseschecks
5. Devisenhandel	Handel oder Wechsel (Sortengeschäft) von ausländischen Zahlungsmitteln für eigene Rechnung oder im Auftrag von Kunden
6. Marketmaker-Geschäfte, Eigenhandel	Handel mit Wertpapieren für eigene Rechnung
7. Termingeschäfte	Handel mit Terminkontrakten, Optionen, Wechselkurs- oder Zinssatzinstrumenten für eigene Rechnung oder im Auftrag von Kunden
8. Emissionshilfe-Geschäfte	Teilnahme an Wertpapieremissionen und Erbringen der damit verbundenen Dienstleistungen
9. Finanzierungs- und Akquisitionsberatung	Beratung von Unternehmen über die Kapitalstruktur, die industrielle Strategie und die damit verbundenen Fragen sowie Beratung bei Zusammenschlüssen und Übernahmen von Unternehmen und Angebot von Dienstleistungen
10. Geldmaklergeschäfte	Vermittlung von Darlehen zwischen Kreditinstituten
11. Anlage- und Vermögensberatung	Verwaltung von in Wertpapieren oder in Instrumenten nach Nummer 7 angelegtem Vermögen für andere oder Beratung von anderen bei der Anlage in diesen Vermögenswerten

Abb. 2.2.: Geschäftsarten der Finanzinstitute

Während die Universalbanken grundsätzlich sämtliche Bankgeschäfte betreiben, beschränken die Spezialbanken ihr Angebotssortiment tendenziell auf einzelne Leistungsarten. In der Bundesrepublik überwiegt eindeutig der Typ der Universalbank. Anders ist es beispielsweise in den USA, wo der Typ der Spezialbank durch die Trennung von Kredit- und Einlagengeschäft einerseits sowie Wertpapiergeschäft andererseits (noch) gesetzlich vorgeschrieben ist.

Als weitere gesetzliche Grundlagen für das Bankensystem gelten neben dem Bundesbankgesetz zahlreiche Sondergesetze. Durch allgemeine Gesetze bei genehmigter Satzung und spezielle Errichtungsgesetze z.B. das 'Gesetz über die Errichtung der Kreditanstalt für Wiederaufbau' wird die Tätigkeit öffentlich-rechtlicher Kreditinstitute geregelt. Sondergesetze gelten für Hypothekenbanken (Hypothekenbankgesetz), Schiffspfandbriefbanken (Schiffsbankgesetz), Bausparkassen (Gesetz über Bausparkassen) usw..

2.1 Zentralbanksystem

An der Spitze aller Institutionen innerhalb des Bankensystems in der Bundesrepublik steht die Deutsche Bundesbank. Die Bundesbank ist über ihre derzeitigen 9 Hauptverwaltungen (Landeszentralbanken) in den meisten Bundesländern vertreten. Die ursprüngliche Präsenz in Form von je einer Landeszentralbank pro Bundesland wurde mit der Neufassung des Bundesbankgesetzes vom 22. Oktober 1992 verringert. Ab 1. November 1992 haben nun fünf Hauptverwaltungen einen Zuständigkeitsbereich, der sich auf zwei oder drei Bundesländer erstreckt. In den Landeshauptstädten, in denen keine Landeszentralbank angesiedelt ist, wird ersatzweise eine Hauptstelle unterhalten. Einen Überblick über die regionale Neugliederung gibt die Abbildung 2.3. Insgesamt sind rund 200 Haupt- und Zweigstellen über das gesamte Bundesgebiet verteilt.[12]

Zweck der Novellierung des Bundesbankgesetzes war die von der Bundesregierung gewünschte "Neu-Strukturierung unter Verringerung der Hauptverwaltungsbereiche mit dem Ziel einer Straffung der Organisation und des zentralen Entscheidungsgremiums der Bundesbank sowie der Herstellung annähernd gleichgewichtiger Hauptverwaltungsbereiche."[13] Vorbild war das ebenfalls regional gegliederte Federal Reserve System der USA. Bei 50 Bundesstaaten werden lediglich 12 Reservebanken unterhalten. Folglich besteht das die amerikanische Geldpolitik bestimmende Zentralbankgremium aus nur 12 stimmberechtigten Mitgliedern.[14]

Die Grundlage des Tätigwerdens der Bundesbank ist das 'Gesetz über die deutsche Bundesbank' vom 26 Juli 1957. Der durch die Eingliederung der neuen Bundesländer entstandene Anpassungsbedarf wurde zugleich auch dazu genutzt, u.a. einige geschäftspolitische Vorschriften den Entwicklungen auf den Finanzmärkten anzupassen; einengende kapitalmarkttechnische Begriffe wurden gegen rechtstechnische Begriffe ausgetauscht. In § 19 BBankG wurden die Begriffe 'Anleihen' und 'Schatzanweisungen' ersetzt bzw. ergänzt durch die Oberbegriffe 'Schuldbuchforderungen' und 'Schuldverschreibungen'. Der Kreis der lombardfähigen Wertpapiere mußte erweitert werden, so daß nun durch Verallgemeinerung auch variabel verzinsliche Schuldverschreibungen und Null-Kupon-Anleihen zur Refinanzierung über die Bundesbank verwendet werden können; die Lombardfähigkeit von unverzinslichen Schatzanweisungen des Bundes wurde auf die maximale Gesamtlaufzeit erweitert.

---

[12] Vgl. hierzu Deutsche Bundesbank, Monatsbericht, 8/1992, S. 48ff..
[13] Deutsche Bundesbank, 8/1992, a.a.O., S. 49.
[14] Vgl. Deutsche Bundesbank, 8/1992, a.a.O., S. 50.

Zentralbanksystem 37

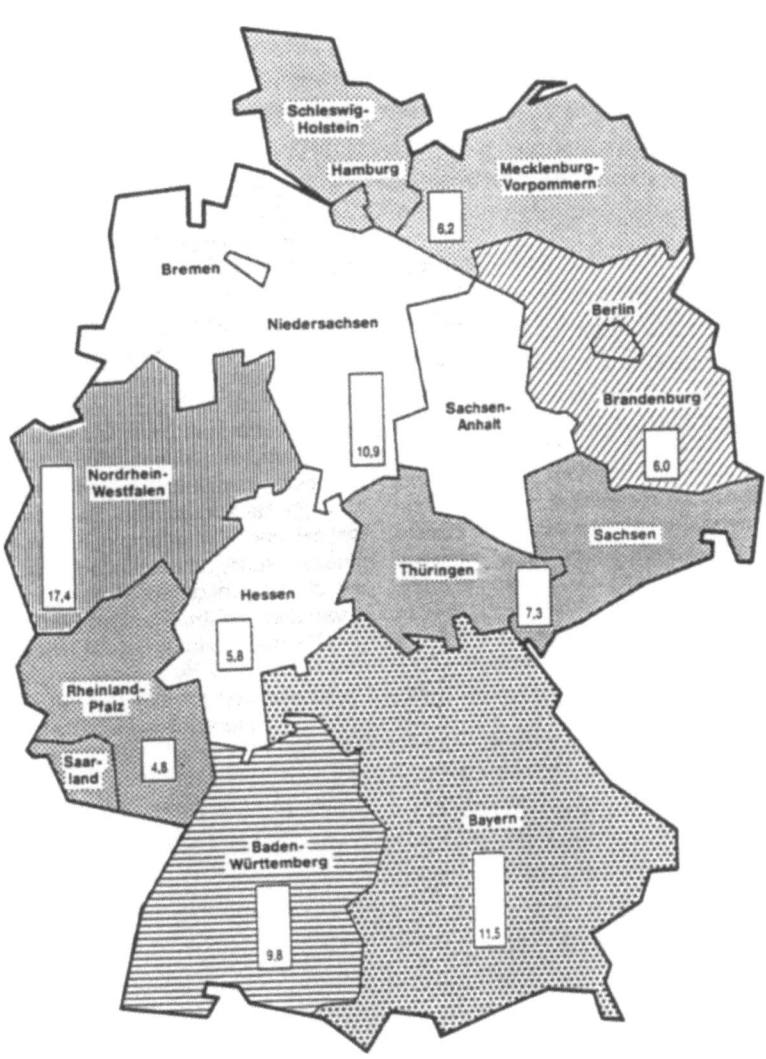

Abb. 2.3.: Regionale Gliederung der Hauptverwaltungen der Deutschen Bundesbank

Das Grundkapital der Bundesbank beträgt 290 Mio. DM. Kapitalgeber ist der Bund als Träger der Währungshoheit. Ihm fließt auch der Gewinn zu, soweit er nach gesetzlichen Vorschriften nicht zur Rücklagenbildung bzw. zum Ankauf von Ausgleichsforderungen verwendet werden muß. Trotzdem stehen dem Bund (theoretisch) keine Weisungsbefugnisse zu, die die Unabhängigkeit der Bundesbank auf dem Gebiet der Geld- und Währungspolitik berühren würden. Diese Unabhängigkeit stellt ein entscheidendes Charakteristikum der Deutschen Bundesbank dar und ist in § 12 Satz 2 BBankG wie folgt formuliert: "Sie ist bei der Ausübung der Befugnisse, die ihr nach diesem Gesetz zustehen, von den Weisungen der Bundesregierung unabhängig." In Verfolgung dieser Aufgabenstellung nimmt die Bundesbank als Notenbank im wesentlichen Hausbankfunktionen für den Staat und die Bankwirtschaft sowie Funktionen als Währungsbank wahr.

Die zunächst sehr weit gefaßte Autonomie wird allerdings in einigen Bereichen eingeschränkt. Aufgrund von § 12 Satz 1 BBankG wird die Bundesbank verpflichtet, die allgemeine Wirtschaftspolitik zu unterstützen, soweit sich dieses mit ihrer Hauptaufgabe, die Währung zu sichern, vereinbaren läßt. Über § 7 Abs. 3 BBankG hat sich die Bundesregierung das Vorschlagsrecht für die Mitglieder des Direktoriums der Bundesbank gesichert. Die Bundesregierung wirkt auf diese Weise bei der personellen Besetzung der obersten Organe der Bundesbank mit. Der § 13 BBankG verpflichtet die Bundesbank und die Bundesregierung zur Zusammenarbeit. Es soll eine gegenseitige Beteiligung bei der Meinungs- und Willensbildung (u.a. Beratungs- und Auskunftspflichten gegenüber der Bundesregierung, Teilnahmerechte für Mitglieder der Bundesregierung an Beratungen des Zentralbankrates) gewährleistet werden. Gemäß Art. 73 Satz 4 GG verbleibt das ausschließliche Recht, Gesetze über das Geld-, Währungs- und Münzwesen zu erlassen, beim Bund.

Hauptaufgabe der Deutschen Bundesbank ist die Sicherung der Währung. Diese wenig konkrete Formulierung kann unterschiedlich interpretiert werden; Grundlage der Interpretation ist jedoch das Ziel der Geldwertstabilität. Unter Geldwertstabilität ist dabei sowohl die Sicherung des Binnenwertes als auch des Außenwertes der Währung zu verstehen. Die Aufgabendefinition enthält der § 3 BBankG: "Die Deutsche Bundesbank regelt mit Hilfe der währungspolitischen Befugnisse, die ihr nach dem Gesetz zustehen, den Geldumlauf und die Kreditversorgung der Wirtschaft mit dem Ziel, die Währung zu sichern, und sorgt für die bankmäßige Abwicklung des Zahlungsverkehrs im Inland und mit dem Ausland."

Diese Aufgabe der Bundesbank stellt eines der vier in § 1 'Gesetz zur Förderung der Stabilität und des Wachstums der Wirtschaft' (Stabilitätsgesetz) formulierten allgemeinen Ziele der Wirtschaftspolitik dar: stabiles Preisniveau, hoher Beschäftigungsstand, außenwirtschaftliches Gleichgewicht sowie stetiges und angemessenes Wirtschaftswachstum. Die Sicherung der Geldwertstabilität als Hauptaufgabe der Deutschen Bundesbank charakterisiert damit auch die Aufgaben, die die einzelnen Organe dieser Institution zu erfüllen haben.

2.1.1 Organisation

Als Führungsgremien der Deutschen Bundesbank fungieren insgesamt drei Organe: der Zentralbankrat, das Direktorium und die Vorstände der Landeszentralbanken.

Der Zentralbankrat stellt gemäß § 6 BBankG das oberste Entscheidungsgremium der Bundesbank dar. Seine Mitglieder sind der Bundesbankpräsident, der Bundesbankvizepräsident, weitere Mitglieder des Direktoriums sowie die Präsidenten der Landeszentralbanken. Alle Mitglieder des Zentralbankrates werden vom Bundespräsidenten bestellt.

Dem föderativen Charakter der Bundesrepublik entsprechend kommt der Vorschlag für die Bestellung der Mitglieder des Direktoriums von der Bundesregierung nach Anhörung des Zentralbankrates, während der Bundesrat als Ländergremium das Vorschlagsrecht für die Präsidenten der Landeszentralbanken besitzt.

Die Vizepräsidenten der Landeszentralbanken und die weiteren Mitglieder der Vorstände werden vom Präsidenten der Deutschen Bundesbank auf Vorschlag des Zentralbankrates bestellt. Für alle Mitglieder der Führungsgremien besteht eine Amtsdauer von 8 Jahren. Die Bestellung für eine kürzere Zeit ist nur in Ausnahmefällen möglich und muß mindestens 2 Jahre betragen.

Als Aufgabe des Zentralbankrates werden entsprechend § 6 Abs. 1 BBankG festgelegt:

- die Bestimmung der Währungs- und Kreditpolitik der Bank,
- die Aufstellung der allgemeinen Richtlinien für die Geschäftsführung und Verwaltung,
- die Abgrenzung der Zuständigkeiten des Direktoriums und der Vorstände der Landeszentralbanken.

Im Einzelfall darf der Zentralbankrat Weisungen an das Direktorium und die Vorstände der Landeszentralbanken erteilen. Der § 13 BBankG betrifft die Beratungen des Zentralbankrates. Sie finden in der Regel vierzehntägig in Frankfurt am Main statt. Hier haben die Mitglieder der Bundesregierung Teilnahme- aber kein Stimmrecht. Sie können Anträge stellen und auf ihr Verlangen ist die Beschlußfassung bis zu zwei Wochen auszusetzen; außerdem soll die Bundesregierung den Präsidenten der Deutschen Bundesbank zu ihren Beratungen über Angelegenheiten von währungspolitischer Bedeutung hinzuziehen.

40 Das Bankensystem

Das Direktorium besteht gemäß § 7 Abs. 2 BBankG aus folgenden Mitgliedern: dem Bundesbankpräsidenten, dem Bundesbankvizepräsidenten und bis zu sechs weiteren Mitgliedern. Sämtliche Mitglieder müssen besondere fachliche Eignung besitzen. Die personelle Verflechtung zwischen Direktorium und Zentralbankrat gibt die Abbildung 2.4. wieder.

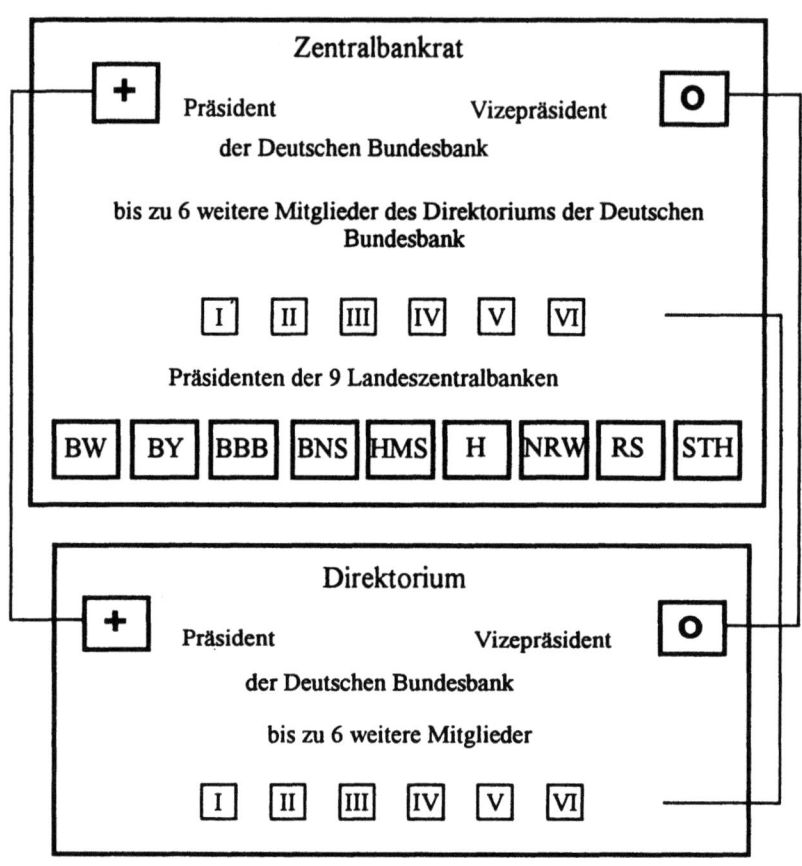

Abkürzungen:
BW   = Baden-Württemberg
BY   = Bayern
BBB = Berlin, Brandenburg
BNS = Bremen, Niedersachsen, Sachsen-Anhalt
HMS = Hamburg, Mecklenburg-Vorpommern, Schleswig-Holstein
H   = Hessen
NRW = Nordrhein-Westfalen
RS   = Rheinland-Pfalz, Saarland
STH = Sachsen, Thüringen

Abb. 2.4.: Personelle Verflechtung zwischen Zentralbankrat und Direktorium der Deutschen Bundesbank

Quelle: Material o.V., Deutsche Bundesbank, Abteilung Ausbildung und Prüfung, P3

Das Direktorium ist das oberste Exekutiv-Organ der Bundesbank und verantwortlich für die Durchführung der Beschlüsse des Zentralbankrates. Es leitet und verwaltet die Bank, soweit hierfür nicht die Vorstände der Landeszentralbanken zuständig sind (§ 7 Abs. 1 BBankG). Die Beschlüsse des Direktoriums werden wie die des Zentralbankrates mit einfacher Mehrheit gefaßt, bei Stimmgleichheit gibt allerdings hier die Stimme des Bundesbankpräsidenten den Ausschlag.

Dem Direktorium der Deutschen Bundesbank sind nach § 7 Abs. 1 BBankG insbesondere folgende Geschäfte vorbehalten:

- Geschäfte mit dem Bund und seinen Sondervermögen. Zum Beispiel können dieses sein: die Gewährung kurzfristiger Kassenkredite an die öffentliche Hand und die Annahme kurzfristiger unverzinslicher Sichteinlagen,
- Geschäfte mit Kreditinstituten, die zentrale Aufgaben im gesamten Bundesgebiet haben. Beispiele hierfür sind Geschäfte mit der Privat-Diskont AG, der Ausfuhr-Kredit-Gesellschaft und der Kreditanstalt für Wiederaufbau,
- Devisengeschäfte und Geschäfte mit dem Ausland. Als Beispiele hierfür seien die Bereitstellung von Devisen zur Abwicklung des Außenhandels, Interventionen an den Devisenbörsen und die Kreditgewährung an Drittländer genannt,
- Geschäfte am offenen Markt[15], Kauf und Verkauf von Schatzwechseln (Wechselverbindlichkeiten von Bund, Ländern und Banken des Bundes, Geldmarktpapiere mit Laufzeit von drei bis sechs Monaten) und unverzinslichen Schatzanweisungen (U-Schätze, kurz- und mittelfristige Schuldverschreibungen ohne Zinskupon, Laufzeit 6 Monate bis 2 Jahre).

Aufgrund von § 8 Abs. 3 BBankG sind der Präsident und der Vizepräsident Mitglieder des Vorstands einer Landeszentralbank. Jede Landeszentralbank besitzt einen Beirat mit höchstens 14 Mitgliedern, die besondere Kenntnisse auf dem Gebiet der Kreditwirtschaft besitzen sollen, um die sachgerechte Durchführung dieser Geschäfte zu gewährleisten. Dieser Beirat besteht mindestens zur Hälfte aus sachkundigen Vertretern der gewerblichen Wirtschaft, des Handels, der Landwirtschaft sowie der Arbeiter- und Angestelltenschaft. Höchstens zur Hälfte sollen die Vertreter aus den verschiedenen Zweigen des Kreditgewerbes kommen. Er hat beratende Funktion und dient der Bundesbank als Kontaktstelle zu den einzelnen Wirtschaftsgruppen.

Die Landeszentralbanken sind die regionalen Ausführungsorgane der Bundesbank. Sie führen die in dem Bereich ihrer Hauptverwaltung anfallenden Geschäfte und regeln die Verwaltungsangelegenheiten. Die Aufgaben der Landeszentralbanken beziehen sich dabei hauptsächlich auf die Geschäfte mit dem Land sowie mit öffentlichen Verwaltungen im Land und die Geschäfte mit den Kreditinstituten ihres Bereichs, soweit sie nicht dem Direktorium vorbehalten sind. Die Beziehungen zur öffentlichen Hand beschränken sich zu-

---

[15] Eine Darstellung der Offenmarkt-Geschäfte erfolgt im Rahmen der Beschreibung der geldpolitischen Instrumente der Bundesbank (2.1.3 Instrumente der Geldpolitik).

nächst auf die Gewährung kurzfristiger Kredite. Der An- und Verkauf von Schatzwechseln sowie das Diskont- und Lombardgeschäft wird mit den Kreditinstituten durchgeführt.

Folgende Geschäfte sind den Landeszentralbanken gemäß § 22 i.V.m. § 19 Nr. 4-9 BBankG mit jedermann möglich: die Annahme unverzinslicher Schatzanweisungen und Giroeinlagen, die Verwahrung und Verwaltung von Wertpapieren mit Ausnahme der Ausübung des Stimmrechts, das Inkassogeschäft, Auftragsgeschäfte (z.B. Scheckbestätigung), der An- und Verkauf von Devisen, Gold, Silber und Platin und alle Bankgeschäfte mit dem Ausland.

2.1.2 Funktion

Hauptaufgabe der Deutschen Bundesbank ist, wie bereits erwähnt, die im sogenannten 'Stabilitätsgesetz' formulierte Sicherung der Währung im In- und Ausland. Grundlage dafür ist zunächst die Geldordnung des Staates. Ohne ein geordnetes Geldwesen ist eine moderne arbeitsteilige Volkswirtschaft nicht denkbar. Der Wert einer Geldeinheit im Inland (Binnenwert) repräsentiert die Kaufkraft des Geldes. Sie kann als Anzahl der Gütereinheiten, die für diese Geldeinheit gekauft werden können, ausgedrückt werden und ist damit ein reziproker Wert des Preisniveaus. Der Wert des Geldes im Ausland (Außenwert) kommt im Umtauschverhältnis der inländischen zu einer ausändischen Währungseinheit zum Ausdruck und wird als Wechsel- oder Devisenkurs bezeichnet.

Die Sicherung der außenwirtschaftlichen Stabilität der Kaufkraft kann nicht ohne Zusammenarbeit der Bundesbank mit der Bundesregierung erfolgen, denn der Bundesregierung stehen zahlreiche Kompetenzen zur Sicherung des Außenwertes zu. Dazu zählen:

- Entscheidungen über das Wechselkurssystem,
- die Bestimmung der Paritäten bei Festkurssystemen sowie
- die Reglementierung des Geld- und Zahlungsverkehrs mit dem Ausland.

Auch die Aktivitäten zur Sicherung des Binnenwertes werden begrenzt durch die Verpflichtung der Bundesbank, die anderen wirtschaftspolitischen Ziele zu unterstützen. So orientiert sich beispielsweise ihre Leitzinspolitik nicht nur am Binnen- und Außenwert der D-Mark, d.h. an heimischer Inflationsrate und Wechselkursrelationen, sondern auch an anderen gesamtwirtschaftlichen Größen wie dem Bruttosozialprodukt. Die Abbildungen 2.5. und 2.6. verdeutlichen dieses.

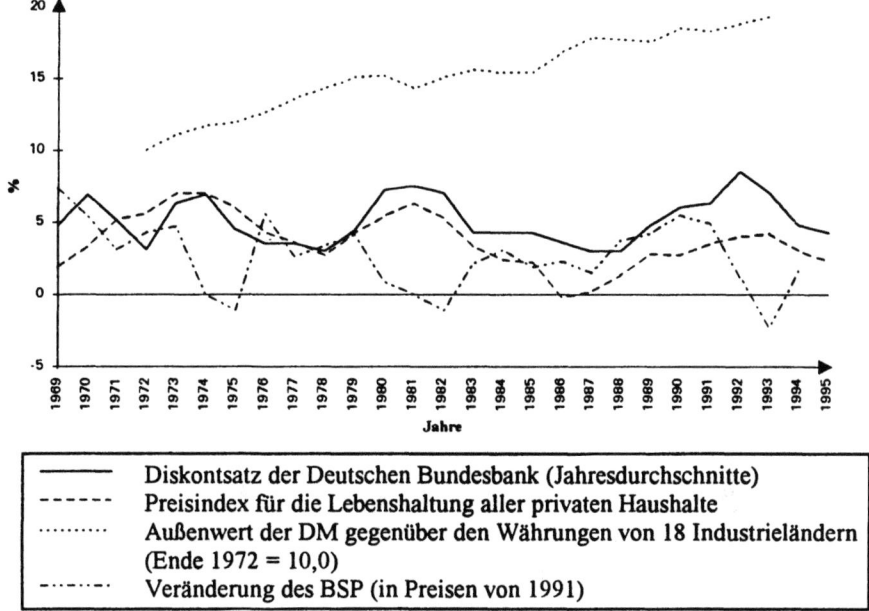

——— Diskontsatz der Deutschen Bundesbank (Jahresdurchschnitte)
- - - - - Preisindex für die Lebenshaltung aller privaten Haushalte
·········· Außenwert der DM gegenüber den Währungen von 18 Industrieländern
(Ende 1972 = 10,0)
-·-·-·- Veränderung des BSP (in Preisen von 1991)

Abb. 2.5.: Die Entwicklung von Diskontsatz, Preisniveau, absolutem DM-Außenwert und Bruttosozialprodukt[16]

Die Abbildung 2.5. zeigt zunächst, daß die Bundesbank den Diskontsatz seit etwa 1972 deutlich der Preissteigerungsrate anpaßt; Perioden mit relativ hoher Inflation zeichnen sich regelmäßig durch hohe durchschnittliche Diskontsätze aus.

Darüberhinaus korreliert die Entwicklung des Diskontsatzes negativ mit jener des Bruttosozialproduktes. In Rezessionsphasen wie beispielsweise den Jahren 1974/75, 1980-82 und 1992/93 erhöhte die Bundesbank ihren Leitzins auf Jahresdurchschnittswerte von über 6 %, während sie ihn in den folgenden konjunkturellen Wachstumsphasen wieder senkte.

Wie Abbildung 2.6. verdeutlicht, hängt die Leitzinspolitik zudem von der Entwicklung des Außenwertes der D-Mark ab. Aufwertungsschüben begegnet die Bundesbank normalerweise mit einer Politik niedriger Zinsen. Die Jahre 1976-78 und 1986-87 sind Beispiele dafür. Wertet sich die D-Mark dagegen im internationalen Vergleich ab, so reagiert die Zinspolitik eher restriktiv, wie z.B. in den Jahren 1980-82, 1988-89 und 1991.

---

[16] Deutsche Bundesbank, Monatsberichte, 8/1980, S. 68, 7/1987, S. 72, 6/1991, S. 72, 5/1995, S. 43,61,65,74,75; IFO Spiegel der Wirtschaft 1994/95 (hrsg. vom Institut für Wirtschaftsforschung, München), S. A2, D12.

44   Das Bankensystem

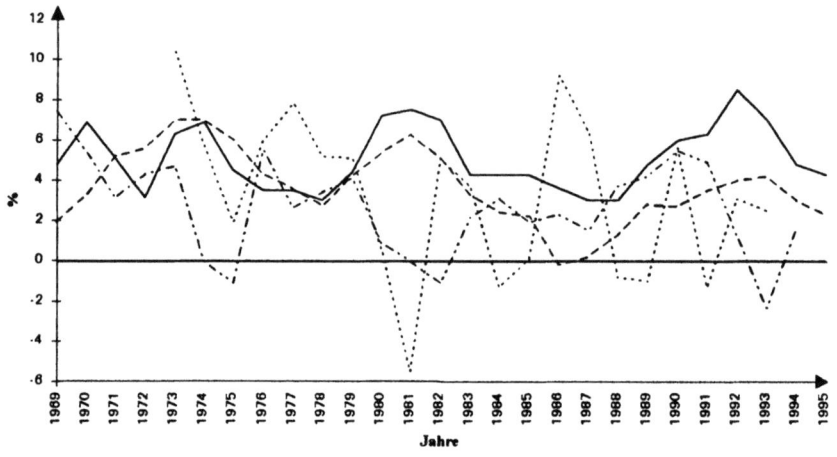

——— Diskontsatz der Deutschen Bundesbank (Jahresdurchschnitte)
- - - - - Preisindex für die Lebenshaltung aller privaten Haushalte
·········· Außenwert der DM gegenüber den Währungen von 18 Industrieländern
(Veränderung, d.h. Auf- bzw. Abwertung)
-·-·-·- Veränderung des BSP (in Preisen von 1991)

Abb. 2.6.: Die Entwicklung von Diskontsatz und relativem DM-Außenwert [17]

Die Ausrichtung der Geld- und Zinspolitik an mehreren, sich zum Teil widersprechenden Zielen kann zu Zielkonflikten führen. Beispielsweise verliert in einer Rezession das Ziel der Geldwertstabilität gegenüber den realwirtschaftlichen Zielen des angemessenen Wachstums und der Vollbeschäftigung an Bedeutung.

Nach § 3 BBankG soll die Währungssicherung über die Regelung des Geldumlaufs und die Kreditversorgung der Wirtschaft erfolgen:

"Die Deutsche Bundesbank regelt mit Hilfe der währungspolitischen Befugnisse, die ihr nach diesem Gesetz zustehen, den Geldumlauf und die Kreditversorgung der Wirtschaft mit dem Ziel, die Währung zu sichern, und sorgt für die bankmäßige Abwicklung des Zahlungsverkehrs im Inland und mit dem Ausland."

Der Ansatzpunkt für die unterstützende Funktion der Deutschen Bundesbank ist also die Kontrolle des Geldangebots und der Geld- und Kreditnachfrage, wodurch ein stabiler Geldwert gesichert werden soll. Zugleich sollen damit die Voraussetzungen dafür geschaffen werden, daß bei einem ausreichenden

---

[17] Deutsche Bundesbank, Monatsberichte, 8/1980, S. 68, 7/1987, S. 72, 6/1991, S. 72, 5/1995, S. 43,61,65,74,75; IFO Spiegel der Wirtschaft 1994/95, a.a.O., S. A2, D12.

Wirtschaftswachstum auf längere Sicht ein hoher Beschäftigungsstand erreicht wird. Die Kontrolle des zu beeinflussenden Faktors Geldwertstabilität ist jedoch in der Praxis problematisch, denn die Bundesbank kann die Wirkung ihrer Maßnahmen nur anhand von Zwischenzielen (z.B. Höhe der Kreditnachfrage) und monetären Indikatoren (z.B. die Geldmengen M1, M2, M3) messen. Auch auf dieser Ebene bleibt das Problem, daß Zwischenzielerreichungen nur mittelbar durch die Bundesbank gesteuert werden können. Die Höhe der Kreditnachfrage als Zwischenziel wird beispielsweise überwiegend durch Gewinnerwartungen der Investoren beeinflußt. Deshalb werden neben Zwischenzielvorgaben als Ergänzung Indikatoren herangezogen, die hauptsächlich durch die Aktivitäten der Bundesbank beeinflußt werden können. Als Indikatoren werden neben dem Zins, der allerdings auch zusätzlich von Fristigkeits- und Inflationserwartungen abhängt, insbesondere die Geldmenge als geeignet genannt.

Bezüglich der Bestimmung der Geldmenge als Indikator für den Geldumlauf müssen zweckabhängig unterschiedliche Definitionen verwendet werden. Deshalb ist es notwendig, auf die unterschiedlichen Arten von Geld und Geldschöpfung einzugehen, die für das Verständnis der einzelnen Indikatoren vorausgesetzt werden müssen.

(1) Geldarten:

das **Zentralbankgeld** wird durch die Notenbank geschaffen und entspricht dem umlaufenden Bargeld. Dabei werden in der Bundesrepublik Deutschland die Banknoten von der Deutschen Bundesbank und die Münzen von der Bundesregierung zur Verfügung gestellt. Das **Buch- und Giralgeld** existiert in Gestalt von Guthaben bei den Geschäftsbanken. Da es von seinen Inhabern jederzeit zu Zahlungen benutzt werden kann, wird dem Giralgeld die Eigenschaft als Zahlungsmittel zuerkannt (Sichtguthaben). Durch Geldschöpfungsmechanismen kann die Menge an Buch- und Giralgeld vom Bankensektor sehr stark beeinflußt werden.

(2) Arten der Geldschöpfung:

der Zentralbankgeldmenge steht eine erheblich größere Giralgeldmenge gegenüber. Dieses erklärt sich aus dem Prozeß der Entstehung des Buchgeldes, der sich in Form der aktiven und passiven Giralgeldschöpfung vollzieht:

bei **passiver Giralgeldschöpfung** wird aufgrund von Aktivitäten der Nichtbanken Zentralbankgeld in Buchgeld transformiert. Dieses geschieht entweder durch

- Einzahlung von Bargeld auf das Girokonto einer Nichtbank (da Kassenbestände von Geschäftsbanken kein Zentralbankgeld darstellen, wird die Zentralbankgeldmenge durch eine Bareinzahlung reduziert) oder durch

- Überweisung von einem Konto bei der Zentralbank auf das Girokonto einer Nichtbank.

Im Falle der **aktiven Giralgeldschöpfung** entsteht zusätzliches Buchgeld durch Initiativen der Bank. Dabei räumt ein Kreditinstitut einem Kunden einen Kredit ein und schreibt den Gegenwert auf seinem Girokonto gut. Durch die Erhöhung der Sichteinlagen entsteht zusätzliches Giralgeld, an dessen Entstehungsprozeß das Kreditinstitut aktiv beteiligt ist. Eine Umformung von Zentralbankgeld in Buchgeld findet hierbei nicht statt.

Sowohl bei der aktiven als auch bei der passiven Giralgeldschöpfung ist das Kreditinstitut verpflichtet, beim Abruf der Sichteinlagen Zentralbankgeld zur Verfügung zu stellen. Hieraus ergibt sich eine Begrenzung der aktiven Giralgeldschöpfung auf die Höhe des Vorrats an Zentralbankgeld aus der Kassenhaltung. Durch die Mindestreservevorschriften wird die Liquiditätsreserve der Geschäftsbanken und somit deren Giralgeldschöpfung reglementiert. Auf die Verpflichtung der Geschäftsbanken zur Haltung einer Mindestreserve bei der Bundesbank wird im folgenden noch eingegangen.

(3) Geldmengen:
die sachliche Unterscheidung zwischen Zentralbank- und Geschäftsbankengeld haben verschiedene Geldmengendefinitionen der Geldtheorie und Geldpolitik bewirkt. Zu unterscheiden sind zunächst drei international gebräuchliche Abgrenzungen für die Geldmenge:

- Geldmenge M1:   Bargeldumlauf
(ohne Kassenbestände der Kreditinstitute)
+ Sichteinlagen inländischer Nichtbanken (ohne Sichteinlagen öffentlicher Haushalte bei der Zentralbank)

= Geldmenge M1

Zu den Sichteinlagen zählen nach dieser Abgrenzung täglich fällige Einlagen sowie Einlagen mit einer Befristung von unter einem Monat.

- Geldmenge M2:   Geldmenge M1
+ Termineinlagen inländischer Nichtbanken bis zu einer Befristung von 4 Jahren

= Geldmenge M2

- Geldmenge M3:   Geldmenge M2
+ Spareinlagen mit dreimonatiger Kündigungfrist

= Geldmenge M3

Neben diesen Indikatoren verwendet die Bundesbank in den letzten Jahren eine zusätzliche monetäre Größe. Sie wird als Zentralbankgeldmenge (Bbk.) bezeichnet und setzt sich wie folgt zusammen:

Zentralbankgeldmenge (Bbk.): Bargeldumlauf
(ohne Kassenbestände der Kreditinstitute)

+ Mindestreservesoll der Kreditinstitute auf Inlandsverbindlichkeiten zu konstanten Reservesätzen[18]

= Zentralbankgeldmenge (Bbk.)

=> Die Geldmengendefinitionen geben in unterschiedlicher Weise Aufschluß über die Geldversorgung von Wirtschaft und Privaten, insbesondere aus der Höhe der Sichteinlagen können Schlüsse bezüglich der Geldschöpfungsaktivitäten der Banken gezogen werden.

Obwohl die Zentralbankgeldmenge (Bbk.) der oben beschriebenen monetären Basis M3 sehr ähnlich ist, unterscheidet sie sich dadurch, daß überschüssige Guthaben der Kreditinstitute auf Konten bei der Bundesbank und die ebenfalls bei der Bundesbank gehaltenen Mindestreserven auf Auslandsverbindlichkeiten nicht berücksichtigt werden. Aus dieser Zusammensetzung ergeben sich für die Eignung der Zentralbankgeldmenge als Steuergröße folgende Vorteile:

- Die Zentralbankgeldmenge (Bbk.) weist eine höhere Stabilität gegenüber Verlagerungseffekten aufgrund kurzfristiger Zinsbewegungen auf. Während M1 und M2 sich bei Umschichtungen zwischen Sicht- und Termineinlagen stark verändern, bleibt die Zentralbankgeldmenge (Bbk.) nahezu konstant.

- Weiterhin kann mit dieser Größe auf das Ausgabeverhalten der Einleger geschlossen werden, da von den Bankverbindlichkeiten nur der sich durch die angewandten Mindestreservesätze ergebende Bruchteil erfaßt wird. Der Mindestreservesatz und damit auch die Zentralbankgeldmenge (Bbk.) sinkt bei abnehmender Liquiditätsnähe der Einlagenkategorie. Damit werden im Gegensatz zu den Geldvolumina M1, M2 und M3 nicht alle Bankverbindlichkeiten, sondern nur die mit ihrem 'Geldgrad' gewichteten Einlagen erfaßt. Die Bundesbank benötigt für

---

[18] Konstante Reservesätze ermöglichen die Vergleichbarkeit einer von laufenden Änderungen der Reservesätze unverzerrten Zentralbankgeldmenge (Bbk.) zu verschiedenen Zeitpunkten. Die konstanten Reservesätze betragen im einzelnen: für Sichteinlagen von In- und Ausländern 5%, für Termineinlagen 2% und für Spareinlagen 2% (Reservesätze vom 01.03.1994). Die Anrechnung der Kassenhaltung auf die Mindestreserve wurde von 50 auf 25 % reduziert.

ihre Aktivitäten zur Zinsbeeinflussung und zur Regulierung der Kreditvergabe des Bankensektors Anhaltspunkte, die sich aus den Veränderungen der Geldmengen M1, M2 und M3 ergeben, die den Vorteil der internationalen Vergleichbarkeit bieten.

Als weitere Funktion der Bundesbank ist die Hausbankfunktion für den Staat zu nennen. Die Bundesbank ist **Hausbank des Staates**. Durch § 20 BBankG werden die Geschäfte mit öffentlichen Verwaltungen geregelt. Die Bundesbank kann öffentlichen Verwaltungen bis zu einer gewissen Grenze Kassenkredite gewähren. Des weiteren darf die Bundesbank mit dem Bund, den Sondervermögen und den Ländern bestimmte Dienstleistungsgeschäfte vornehmen.

Außerdem ist die Bundesbank auch **Hausbank der Banken**. Die Bedeutung der Bundesbank als 'Bank der Banken' zeigt sich in den diesbezüglichen Normen des BBankG, die die Haltung der Liquiditätsreserven der Banken, deren Refinanzierungsmöglichkeiten und -grenzen sowie die Abwicklung des Zahlungsverkehrs regeln.

Der § 16 BBankG schafft über die Mindestreserve-Politik Grundlagen zur Beeinflussung des Geldumlaufs und der Kreditgewährung. Die Deutsche Bundesbank kann verlangen, daß die Kreditinstitute in Höhe eines Vom-Hundert-Satzes ihrer Verbindlichkeiten aus Sichteinlagen, befristeten Einlagen und Spareinlagen sowie aus aufgenommenen kurz- und mittelfristigen Geldern mit Ausnahme der Verbindlichkeiten gegenüber anderen mindestreservepflichtigen Kreditinstituten Guthaben auf einem Girokonto bei ihr unterhalten (Mindestreserve).

In § 19 BBankG werden Geschäfte definiert, die die Bundesbank mit Kreditinstituten betreiben darf. Hierzu gehören u.a. An- und Verkauf von Wechseln, Kauf und Verkauf vom Bund oder seinen Sondervermögen ausgestellten Schatzwechseln mit Restlaufzeiten bis zu maximal drei Monaten und die Vergabe von Lombardkrediten, zu deren Abwicklung die Haltung von Liquiditätsreserven durch diese Kreditinstitute bei der Deutschen Bundesbank ebenfalls erforderlich ist. Im Rahmen der Beeinflussung der Geld- und Kapitalmärkte berechtigt der § 15 BBankG (Diskont-, Kredit- und Offenmarkt-Politik) ebenfalls zur Geschäftsabwicklung mit Kreditinstituten.

Einen weiteren Ansatzpunkt enthält § 24 BBankG. Beleihung und Ankauf von Ausgleichsforderungen von Banken und Versicherungsunternehmen bilden die Grundlage der Refinanzierungsmöglichkeiten von Kreditinstituten bei der Deutschen Bundesbank. Zu den einzelnen Instrumenten der Geldpolitik enthält der nachfolgende Gliederungspunkt (2.1.3 Instrumente der Geldpolitik) weitere Ausführungen.

Abschließend ist darauf hinzuweisen, daß die Bundesbank in begrenztem Umfang auch **Bank für jedermann** ist. In § 22 BBankG werden die Geschäfte mit jedermann geregelt. Die Bundesbank darf mit natürlichen und juristischen Personen im In- und Ausland die in § 19 Abs.1 Nr.4-9 bezeichneten Geschäfte betreiben (Annahme unverzinslicher Giroeinlagen, Wertgegenstände, Schecks, Wechsel, auf ausländische Währung lautende Zahlungsmittel, Bankgeschäfte im Verkehr mit dem Ausland).

2.1.3 Instrumente der Geldpolitik

Durch das Bundesbankgesetz werden der Deutschen Bundesbank im wesentlichen fünf verschiedene geldpolitische Instrumente zur Verfügung gestellt: Refinanzierungspolitik, Mindestreservepolitik, Offenmarkt-Politik, Devisenkurspolitik und Geld- und Kapitalverkehrspolitik. Abbildung 2.7. zeigt eine Unterteilung nach außen- und binnenwirtschaftlichen Einflußmöglichkeiten.

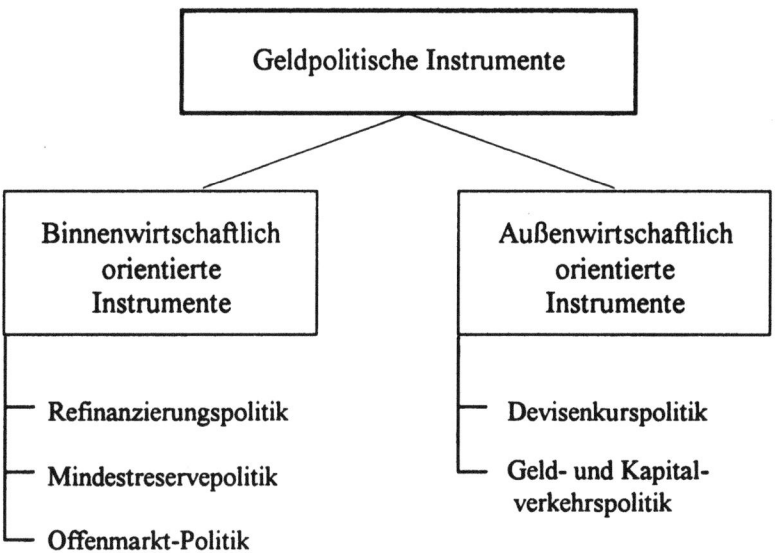

Abb. 2.7.: Geldpolitische Instrumente der Deutschen Bundesbank

Mit dem Einsatz der Instrumente sollen vor allem das Kreditangebot der Banken und die Geld- und Kreditnachfrage der Wirtschaftssubjekte im Sinne der währungspolitischen Ziele der Notenbank beeinflußt werden.

Die nachfolgend kurz zu behandelnden geldpolitischen Instrumente geben der Bundesbank mehr oder weniger wirksame Eingriffsmöglichkeiten in die Kreditwirtschaft. Dabei werden unterschiedliche Zielsetzungen verfolgt, die die Erreichung betriebswirtschaftlicher Ziele der Banken fördern oder beeinträchtigen können. Eine Mindestkenntnis dieses Instrumentariums ist somit unumgänglich, auch wenn von der Bundesbank überwiegend volkswirtschaftliche Anliegen mit dem Einsatz dieser Instrumente verbunden werden.

(1) Refinanzierungspolitik

Unter dem Begriff der Refinanzierung wird allgemein die Aufnahme von Fremdkapital verstanden, um Mittel für die eigene Kreditgewährung zur Verfügung zu haben. Gegenstand der Refinanzierungspolitik der Deutschen Bundesbank ist daher die laufende Modifikation der Rahmenbedingungen, zu denen Kreditinstitute den Bedarf an Zentralbankgeld durch Rückgriff auf die Bundesbank decken können. Die Bundesbank bietet den Geschäftsbanken über folgende Geschäfte die Möglichkeit zur Refinanzierung:

- Verkauf bundesbankfähiger Wechsel (Rediskontierung) oder
- Aufnahme verzinslicher Darlehen gegen Hingabe von Pfandgegenständen (Lombardierung).

Im Rahmen der Refinanzierungspolitik stehen der Bundesbank drei Aktionsparameter zur Verfügung, um diese Geschäfte geldpolitisch zu steuern. Der erste Aktionsparameter beinhaltet die Festlegung der qualitativen Anforderungen an die zur Refinanzierung verwendbaren Wechsel und Wertpapiere. Die Bestimmung dieser qualitativen Normen unterliegt weitgehend nicht konjunkturpolitischen Motiven, sondern ist das Ergebnis grundsätzlicher Entscheidungen bezüglich der Diskont- und Lombardfähigkeit bestimmter Papiere. Faktisch ist damit der Gestaltungsspielraum der Bundesbank in diesem Bereich beschränkt. Lediglich die wirtschaftliche Lage bestimmter Wirtschaftszweige kann dazu führen, daß die allgemeinen Anforderungen hier verschärft oder herabgesetzt werden.

Mit der Festlegung einer Obergrenze des Refinanzierungsspielraums durch die Bestimmung individueller Rediskont- und Lombardkontingente für jedes Kreditinstitut besitzt die Bundesbank einen zweiten Aktionsparameter. Die Kontingente bestimmen, in welchem Umfang sich ein einzelnes Kreditinstitut im Rahmen der Diskont- und Lombardpolitik bei der Deutschen Bundesbank refinanzieren kann. Sie bemessen sich individuell durch Heranziehung des haftenden Eigenkapitals in Verbindung mit dem Verhältnis von refinanzierungsfähigen Aktiva zum Geschäftsvolumen.

Als dritter Aktionsparameter ist die Festlegung des Diskont- und Lombardsatzes als Bestimmungsgröße der Refinanzierungskosten anzusehen. Dieser Parameter stellt den Mittelpunkt der Zinspolitik der Deutschen Bundesbank dar. Diskont- und Lombardsatz gelten als Leitgrößen für die Zinsbildung an den Finanzmärkten. Zinsveränderungen stellen hier häufig Signalwirkungen für die zukünftige Wirtschaftsentwicklung dar; der langfristige Durchschnitt des Lombardsatzes beträgt 8 %, der des Diskontsatzes 6 %.

(2) Mindestreservepolitik

Grundlage der Mindestreservepolitik der Deutschen Bundesbank ist die Verpflichtung der Kreditinstitute, zinslose Guthaben als Liquiditätsreserve auf einem Girokonto bei der Notenbank (Mindestreserve) zu unterhalten. Rechtliche Grundlage hierfür ist § 16 BBankG:

> "Zur Beeinflussung des Geldumlaufs und der Kreditgewährung kann die Deutsche Bundesbank verlangen, daß die Kreditinstitute in Höhe eines Vom-Hundert-Satzes ihrer Verbindlichkeiten aus Sichteinlagen, befristeten Einlagen und Spareinlagen sowie aus aufgenommenen kurz- und mittelfristigen Geldern mit Ausnahme der Verbindlichkeiten gegenüber anderen mindestreservepflichtigen Kreditinstituten Guthaben auf Girokonto bei ihr unterhalten (Mindestreserve)..." Darüber hinaus gelten die 'Anweisungen über die Mindestreserve' (AMR).

Mindestreservepflichtige Verbindlichkeiten sind Guthaben mit einer Befristung von unter vier Jahren von Nichtbanken, von nicht reservepflichtigen Kreditinstituten und von Banken im Ausland. Verbindlichkeiten gegenüber reservepflichtigen Kreditinstituten sind damit von der Mindestreservepflicht ausgenommen.

Die Bundesbank hat für einzelne Arten von Verbindlichkeiten unterschiedliche Mindestreservesätze festgelegt. Die einzelnen Einlagearten sind in § 3 AMR folgendermaßen eindeutig getrennt. Laut Beschluß des Zentralbankrates gelten mit Wirkung ab 01.03.1994 neue Mindestreservesätze:

- Sichtverbindlichkeiten (5 %), das sind täglich fällige Mittel oder solche mit einer Laufzeit oder Kündigungsfrist von weniger als einem Monat,

- befristete Verbindlichkeiten (2 %), alle Mittel mit der Laufzeit von einem Monat bis unter vier Jahren,

- Spareinlagen (2 %), unter die alle Verbindlichkeiten im Sinne der §§ 21 und 22 KWG a. F. (aufgehoben) fallen i.V.m. der Anrechnung der Kassenbestände in Höhe von jetzt 25 % als Abzug von der Mindestreserve.

Die vom Zentralbankrat festgelegten Mindestreservesätze sind anhand unterschiedlicher Kriterien strukturiert. Zunächst werden Verbindlichkeiten von Gebietsansässigen und Gebietsfremden unterschieden. Eine weitere Differenzierung wird nach dem Progressionsstaffelverfahren vorgenommen, wonach der jeweils geltende Mindestreservesatz auch vom Volumen abhängt, mit dem ein Kreditinstitut in der jeweiligen Einlageart arbeitet.

Aktionsparameter der Mindestreservepolitik der Bundesbank sind primär die Mindestreservesätze. Aufgrund der Unverzinslichkeit der Mindestreserven reduziert jede Erhöhung der Reservesätze die Rentabilität der Kreditinstitute. Geben die Kreditinstitute ihre zusätzliche Belastung an die Kreditnehmer

52 Das Bankensystem

weiter, so wird bei einer zinsabhängigen Kreditnachfrage mittelbar der Umfang der Kreditgeschäfte eingeschränkt.

Die Unterhaltung von Mindestreserven auf einem Girokonto der Bundesbank führt zu einem kalkulatorischen Problem in der Erfolgsrechnung, das mit Hilfe des nachfolgenden Zahlenbeispiels herausgearbeitet und gelöst werden soll. Zugleich werden hierdurch die geschäftlichen Auswirkungen der Mindestreservepflicht verdeutlicht.

Die Berücksichtigung der Mindestreserve in der Bankkalkulation kann auf unterschiedliche Weise erfolgen. Es soll von einer stark vereinfachten Bilanz ausgegangen werden:

A	Bilanz in Mio GE		P
Barreserve	10	Sichteinlagen	40
Kundenkredite	180	Termineinlagen	70
Wertpapiere	60	Spareinlagen	90
		Schuldverschreibungen	50
	250		250

Mindestreservepflichtig sind Sichtverbindlichkeiten, befristete Verbindlichkeiten und Spareinlagen. Es gelten die folgenden Daten:

p	Passiva $p = 1,..., \hat{p}$	Laufzeit L_p	DHZ_p in %	$GKMZ_p$ in %	Mindestreservesatz MRS_p in %
1	Sichteinlagen	1 Tag	0,5 %	6,5 %	12 %
2	Termineinlagen	3 Monate	6,8 %	7,2 %	10 %
3	Spareinlagen	1 Jahr	4,65 %	8,0 %	7 %
4	Schuldverschreibungen	5 Jahre	7,5 %	8,4 %	--

Zusätzliches Symbol:

MRS_p = Mindestreservesatz für Position p in GE/GE bzw. %

Die Darstellung des Kalkulationsproblems soll über fünf Bearbeitungsschritte erfolgen.

(1) Kalkulation der Konditionsbeiträge der Passivposition ohne Berücksichtigung der Mindestreservepflicht:

- relativiertes Ergebnis, Zinsspanne:

$$KM_p = GKMZ_p - DHZ_p \qquad \forall\, p$$

$$KMP = \sum_p \frac{V_p}{B} * KM_p$$

- absolutes Ergebnis, Konditionsergebnis:

$$KB_p = V_p * KM_p \qquad \forall p$$

$$KBP = \sum_p V_p * KM_p$$

p	Passiva $p = 1,...,\hat{p}$	V_p 10^6GE	$GKMZ_p$ $\frac{GE}{GE*PE}$	DHZ_p $\frac{GE}{GE*PE}$	KM_p $\frac{GE}{GE*PE}$	$\frac{V_p}{B}*KM_p$ $\frac{GE}{GE*PE}$	KB_p $10^6 \frac{GE}{PE}$
1	Sichteinlagen	40	0,065	0,005	0,060	0,0096	2,4
2	Termineinlagen	70	0,072	0,068	0,004	0,00112	0,28
3	Spareinlagen	90	0,080	0,0465	0,0335	0,01206	3,015
4	Schuldverschreibungen	50	0,084	0,075	0,009	0,0018	0,45
		$\sum_p V_p = 250$	\multicolumn{4}{c	}{$KMP = \sum_p \frac{V_p}{B}*KM_p = 0,02458 \frac{GE}{GE*PE}$}	
		\multicolumn{6}{c	}{$KBP = \sum_p KB_p = 6,145 * 10^6 \frac{GE}{PE}$}	

(2) Das Konditionsergebnis für Termineinlagen soll unter Berücksichtigung der erforderlichen Unterhaltung einer Mindestreserve bei der Bundesbank ermittelt werden.

Grundlage der folgenden Rechnungen ist die Überlegung, daß ein ohne Mindestreserve erzielbares Zinsergebnis sich aus der Sicht der Bank nicht verschlechtern (verändern) sollte. Die Konditionsmarge wird auf der Passivseite wie folgt berechnet:

$$KM_p = GKMZ_p - DHZ_p \qquad \forall p$$

Hieraus ergeben sich zwei Möglichkeiten für eine rechnerische Zinskorrektur:

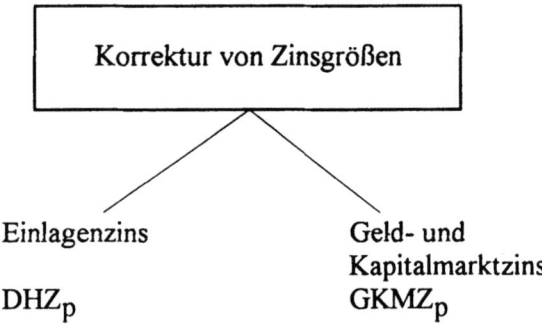

Die Plan-Margenkalkulation könnte demnach auf der Grundlage eines rechnerisch korrigierten Einlagenzinssatzes DHZ oder mit Hilfe eines korrigierten Geld- und Kapitalmarktzinses GKMZ vorgenommen werden.

Zusätzliche Symbole:

DHZ_p^{korr} = korrigierter durchschnittlicher Haben-Zins (Einlagenzins) für Passivposition p in GE/(GE * PE) oder in %

$GKMZ_p^{korr}$ = korrigierter Geld- und Kapitalmarktzins für Passivposition p in GE/(GE * PE) oder in %

KM_p^{korr} = korrigierte Konditionsmarge von Passivposition p in GE/(GE * PE) bzw. in %

- Plan-Margenkalkulation auf der Grundlage des Einlagenzinssatzes:

$$DHZ_p^{korr} = \frac{DHZ_p}{1 - MRS_p} \qquad \forall p$$

als Beispiel für p = 3:

$$DHZ_3 = 0{,}0465 \; \frac{GE}{GE*PE}$$

$$MRS_3 = 0{,}07 \; \frac{GE}{GE*PE}$$

$$DHZ_3^{korr} = \frac{0{,}0465}{1-0{,}07} = 0{,}05 \; \frac{GE}{GE*PE}$$

d.h. die Marge für Spareinlagen würde in diesem Falle betragen:

$$KM_3^{korr} = GKMZ_3 - DHZ_3^{korr} = (0{,}08 - 0{,}05) \; \frac{GE}{GE*PE}$$

$$KM_3^{korr} = 0{,}03 \; \frac{GE}{GE*PE}$$

- Plan-Margenkalkulation auf der Grundlage eines korrigierten Geld- und Kapitalmarktzinses:

$$GKMZ_p^{korr} = GKMZ_p * (1-MRS_p) \qquad \forall p$$

für p = 3:

$$GKMZ_3^{korr} = GKMZ_3 * (1 - 0{,}07) = 0{,}08 * 0{,}93$$

$$GKMZ_3^{korr} = 0{,}0744 \; \frac{GE}{GE*PE}$$

Die Marge für Spareinlagen beträgt nun:

$$KM_3^{korr} = (GKMZ_3^{korr} - DHZ_3)$$

$$KM_3^{korr} = (0{,}0744 - 0{,}0465) = 0{,}0279 \; \frac{GE}{GE*PE}$$

=> Die beiden Kalkulationsverfahren führen bei demselben Volumen der Passivposition 3, das durch die bei der Bundesbank zu unterhaltende Mindestreserve reduziert ist, zu unterschiedlichen Ergebnissen für die Konditionsmarge KM_3.

Eine der Zielsetzungen der schon im ersten Kapitel kurz angesprochenen Marktzinsmethode ist die **willkürfreie** Ermittlung von Ergebnissen aus bankbetrieblichen Transformationsprozessen. Eine umfassendere Darstellung dieser Methode befindet sich im sechsten Kapitel. Folglich stellt der Rechenansatz auf die Refinanzierung zu marktüblichen, d.h. durch das Geschäftsgebaren einzelner Kreditinstitute nicht zu beeinflussende Konditionen ab.

Somit ist ein Erfolgsergebnis auf Gesamtbankebene zu ermitteln, das die durch Mindestreserven reduzierten Passivvolumina bei bestimmten Zinskosten (Zinsaufwendungen) für eine Kundeneinlage berücksichtigt, denn unabhängig von der Höhe der zinsfreien Mindestreserve werden in vollem Umfang, d.h. zu 100 %, Zinskosten verursacht. Zusammenhänge hierzu zeigt die Abbildung 2.8..

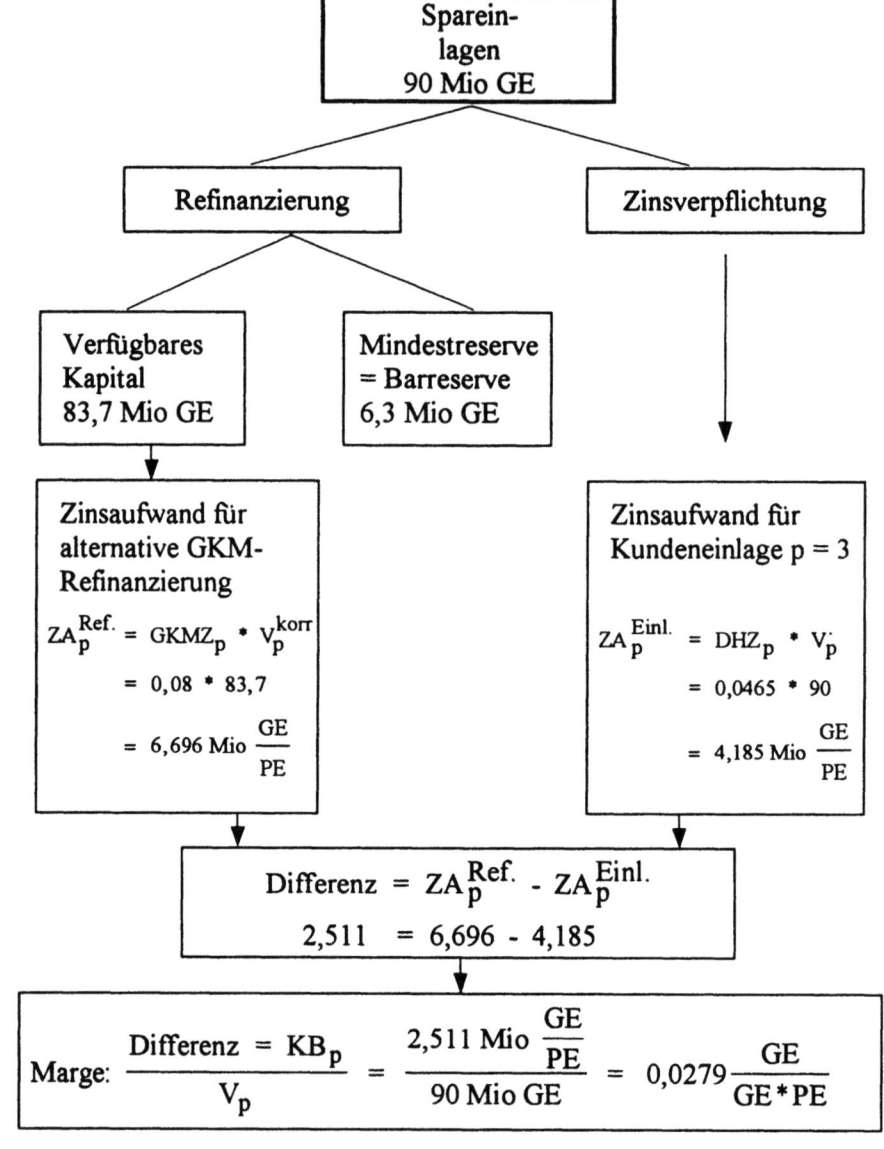

Abb. 2.8.: Kalkulatorische Wirkung der Mindestreservepflicht am Beispiel einer Spareinlage

Zusätzliche Symbole:

$ZA_p^{Ref.}$ = Zinsaufwand für die alternative Kapitalmarktrefinanzierung der Passivposition p in GE/PE

$ZA_p^{Einl.}$ = Zinsaufwand für die Einlage in Passivposition p in GE/PE

V_p^{korr} = korrigiertes, durch die Mindestreserve reduziertes Volumen von Passivposition p in GE/PE

Ergebnis: die auf der Basis der Marktzinsmethode entwickelte Margenberechnung bildet die kurzfristige Ergebnissituation der Bank auch bei Mindestreservepflicht richtig ab; der im Bankenbereich noch vorzufindende 1. Fall der Ergebniskorrektur über den Einlagezins führt zu einer fehlerhaften Margenberechnung, die deshalb abzulehnen ist. Zudem kann die Einlage eines Kunden nicht anders bedient werden, wenn sich Veränderungen in der Reservepflicht ergeben.

(3) Kalkulation des Konditionsbeitrages:

- Ermittlung der Korrekturfaktoren:

Zusätzliche Symbole:

KF_p = Korrekturfaktor für Passivposition p in GE/GE

KB_p^{korr} = korrigierter Konditionenbeitrag der Passivposition p in GE/PE

MR = Mindestreserve-Soll in GE/PE

MR_p = Mindestreserve-Soll der Passivposition p in GE/PE

KF_p = $1 - MRS_p$ $\forall p$

Passiva/ Einlagenart	durchschnittliche Mindestreservesätze GE/GE	Korrekturfaktor KF_p GE/GE
Sichteinlagen	0,12	1 - 0,12 = 0,88
Termineinlagen	0,1	1 - 0,1 = 0,90
Spareinlagen	0,07	1 - 0,07 = 0,93

58   Das Bankensystem

- Kalkulationsschema, Berechnungen erfolgen auf der Grundlage der Marktzinsmethode:

$$GKMZ_p^{korr} = GKMZ_p * KF_p \qquad \forall\, p$$

$$KM_p^{korr} = GKMZ_p^{korr} - DHZ_p \qquad \forall\, p$$

$$KB_p^{korr} = V_p * KM_p^{korr} \qquad \forall\, p$$

p	Passiva	V_p 10^6 GE	$GKMZ_p$ $\frac{GE}{GE*PE}$	KF_p $\frac{GE}{GE*PE}$	$GKMZ_p^{korr}$ $\frac{GE}{GE*PE}$	DHZ_p $\frac{GE}{GE*PE}$	KM_p^{korr} $\frac{GE}{GE*PE}$	KB_p^{korr} $*10^6\frac{GE}{PE}$
p = 1,..., $\hat{p}$								
1	Sicht-einlagen	40	0,065	0,88	0,0572	0,005	0,0522	2,088
2	Termin-einlagen	70	0,072	0,90	0,0648	0,068	-0,0032	-0,224
3	Spar-einlagen	90	0,080	0,93	0,0744	0,0465	0,0279	2,511
4	Schuld-verschrei-bungen	50	0,084	-	0,084	0,075	0,009	0,45
$\sum_p V_p =$		250	GKMZP 0,07616		GKMZP^{korr} 0,071776	DHZP 0,05158	KMP^{korr} 0,0193	
					$KBP^{korr} = \sum_p KB_p^{korr} = 4{,}825 * 10^6 \frac{GE}{PE}$			

=> Für das Kreditinstitut ergibt sich aus dem Zwang zur Unterhaltung einer Mindestreserve eine deutliche Ergebnisverschlechterung.

(4) Berechnung des Mindestreserve-Solls:

$$MR_p = MRS_p * V_p \qquad \forall\, p$$

$$MR = \sum_p MR_p$$

$$= (0{,}12 * 40 + 0{,}1 * 70 + 0{,}07 * 90)\, 10^6\, GE$$

$$\underline{\underline{MR = 18{,}1\ \text{Mio GE}}}$$

(5) Diskussion der Auswirkungen der Senkung der Mindestreservesätze auf die Bilanzstruktur, den Konditionsbeitrag und den Strukturbeitrag:

- Die Senkung der Mindestreservesätze erlaubt die Senkung der Barreserven, die bei der Bundesbank unterhalten werden, so daß die freiwerdenden Mittel in Aktivgeschäfte investiert werden können. Daraus folgt, daß der Anteil verzinslicher Aktiva an der Bilanzsumme steigt.

- Die Summe der aktivischen Konditionsbeiträge steigt an; die Konditionsmarge bleibt konstant, weil diese kurzfristig bzw. nicht unmittelbar von der Senkung der Mindestreservesätze beeinflußt wird. Auf der Passivseite steigen die korrigierten $GKMZ_p$-Beträge an, bei Konstanz der Kundenzinssätze erhöhen sich die Konditionsbeiträge bei unveränderter Passivstruktur.

- Die rückläufige Barreserve und ansteigende längerfristige Aktiva bewirken eine Verbesserung des Strukturbeitrages (= Zunahme der Fristentransformation).

- Abschließende Aussagen über den Netto-Effekt für den Strukturbeitrag sind nicht möglich, die Wirkung der Mindestreserve-Senkung kann nur in Abhängigkeit von der Zinsstruktur bei genauer Erfassung der Mindestreserven ermittelt werden.

(3) Offenmarkt-Politik

Zielsetzung der Offenmarkt-Politik ist die Beeinflussung des Anlage- und Kreditvergabeverhaltens der Geschäftsbanken durch Wertpapiergeschäfte der Bundesbank mit den Kreditinstituten. Die Kreditinstitute geben der Deutschen Bundesbank Kauf- oder Verkaufsaufträge. Bei Käufen tauschen die Banken Zentralbankgeld gegen Wertpapiere von der Bundesbank, so daß die angelegten Mittel während der Laufzeit der Anlage nicht zur Kreditgewährung verwendet werden können. Bei Verkäufen von Wertpapieren wird den Banken zeitlich begrenzt Zentralbankgeld zur Verfügung gestellt.

Die Offenmarkt-Geschäfte können grundsätzlich mit einer Vielzahl von Wertpapieren durchgeführt werden. In erster Linie kommen als Papiere mit kurzer Laufzeit in Frage:

- Schatzwechsel und
- unverzinsliche Schatzanweisungen (U-Schätze).

Aussteller sind der Bund, eines seiner Sondervermögen oder ein Bundesland. Papiere mit jederzeitiger Rückgabemöglichkeit gegen Zentralbankguthaben sind von Papieren, die nicht vor Fälligkeit von der Bundesbank angekauft werden ('N-Titel'), zu unterscheiden.

Zu den neueren Instrumenten zur Feinsteuerung der Bankenliquidität werden damit insbesondere die Offenmarkt-Geschäfte mit Rückkaufvereinbarung (Pensionsgeschäfte) gezählt, die der Bundesbank in erster Linie zur Regulierung des Zinsniveaus für Tagesgeld dienen. Der Ankauf lombardfähiger Wertpapiere erfolgt über ein Ausschreibungsverfahren unter der Bedingung, daß die Verkäufer die Wertpapiere gleichzeitig per Termin zurückkaufen

60 Das Bankensystem

(=Wertpapierpensionsgeschäfte). Die Pensionsgeschäfte werden von der Bundesbank sowohl mit Wechseln und lombardfähigen Wertpapieren, als auch mit Devisen abgeschlossen. Beim Abschluß dieser Geschäfte wird also festgelegt, wann und zu welchem Preis die Vermögenswerte vom Verkäufer wieder zurückzukaufen sind (= Geschäfte mit Rückkauf-Vereinbarung). Die Kreditinstitute erhalten damit für eine befristete Zeit Bankenliquidität. Daraus ergibt sich der geldpolitische Vorteil einer nur kurzfristigen Ausweitung der Geldmenge sowie einer ständigen Beeinflußbarkeit der Konditionen in bezug auf Zinssatz, Laufzeit und Gesamtbetrag. Unterschieden werden bei den Vergabeverfahren Mengentender und Zinstender.

Bei dem **Mengentender** legt die Bundesbank Volumen, Abgabezinssatz und Laufzeit fest. Die Kreditinstitute entscheiden frei, ob sie die Offenmarkt-Titel kaufen oder nicht. Diese Entscheidung ist primär abhängig von Renditeüberlegungen der Kreditinstitute.

Im Falle eines **Zinstenders** gibt die Bundesbank einen Mindestzins und die Laufzeit fest vor. Die Kreditinstitute geben dann Gebote ab und nennen je nach Liquiditätsbedarf auch höhere Zinssätze, zu denen sie zu einem Geschäftsabschluß bereit sind. Die von der Bundesbank festgelegte Angebotsmenge an Titeln wird dann zu einem einheitlichen Zins (= holländisches Verfahren) oder zum gebotenen Zins, im amerikanischen Verfahren, auf die Kreditinstitute verteilt. Die unterschiedlichen Wirkungs- und Verfahrensweisen lassen sich aus nachfolgenden Zahlenbeispielen ersehen.[19]

Zahlenbeispiele zu Pensionsgeschäften, **Mengentender**:

Beispiel 1 zum Mengentender:

Die Deutsche Bundesbank plant, den Kreditinstituten 10 Mrd. DM zur Verfügung zu stellen und bietet folgendes Pensionsgeschäft an:

Laufzeit 28 Tage, Einheitssatz 4,25 %.

Bietungstag ist der 21.6., Ankauftag der 22.6., der Rückkauf muß am 20.7. erfolgen.

Das Kreditinstitut X benötigt Bundesbankguthaben in Höhe von ca. 5 Millionen DM. Da das Kreditinstitut nicht mit einer Zuteilung in voller Höhe rechnet, wird ein Gebot über 12 Millionen DM abgegeben.

Es gehen von Kreditinstituten insgesamt Gebote für 20 Mrd. DM ein. Bei einem Mengentender mit festem Zinssatz werden die Einzelgebote repartiert, d.h. quotenmäßig zugeteilt. Insgesamt ergibt sich eine Quote von 50%. Das Kreditinstitut X erhält auf sein Gebot von 12 Millionen DM einen Zuteilungs-

---

[19] Vgl. Herling, E./Krapf, W.: Spezielle Betriebslehre Banken, Köln 1991, S. 227f..

betrag von 6 Millionen DM, die damit über dem benötigten Betrag von 5 Millionen DM liegen.

Beispiel 2 zum Mengentender:

Bei einem Angebot der Bundesbank von 101 Mio. DM seien Gebote von fünf Banken eingegangen (alle Werte in Mio. DM):

Bank	Gebotsbetrag in Mio. DM	Zuteilungsbetrag in Mio. DM
A	40,00	25,00
B	50,00	31,25
C	1,00	1,00
D	20,00	12,50
E	50,00	31,25
Summe	161,00	101,00

Tabelle 2.1.: Beispiel für die Zuteilung beim Mengentender

Das Kleingebot der Bank C wird voll zugeteilt. Die einheitliche Zuteilungsquote beträgt dann 100 Mio. DM / 160 Mio. DM = 0,625. Der Zuteilungsbetrag für die übrigen Banken ergibt sich aus der Multiplikation ihres Gebotsbetrages mit der einheitlichen Zuteilungsquote.

Zahlenbeispiele zu Pensionsgeschäften, **Zinstender:**

Beispiel 1 zum Zinstender, amerikanische Zuteilungsmethode:

Angebot der Bundesbank:

    Laufzeit: 35 Tage

    Bietungstag: 21.6.

    Ankauftag: 22.6.

    Rückkauftag: 27.7.

    Geplantes Ankaufvolumen: 10 Mrd. DM

Vergabebedingungen: Staffelungen der Zinsgebote in 0,05 % sind möglich, Billigstgebote nicht zugelassen.

Gebote des Kreditinstitutes X:

Da die Gebote nach der Reihenfolge der Höchstzinssätze zugeteilt werden, gibt die Bank X mehrere Gebote ab:

    2 Mio. DM zu 4,50 %

    5 Mio. DM zu 4,60 %

    3 Mio. DM zu 4,75 %

Das gesamte Bietungsvolumen über **alle** Kreditinstitute setzt sich wie folgt geordnet nach Zinsgeboten zusammen:

    10 Mrd. DM zu 4,50 %

    6 Mrd. DM zu 4,60 %

    4 Mrd. DM zu 4,70 %

    3 Mrd. DM zu 4,75 %

    1 Mrd. DM zu 4,80 %

Bei einem Zuteilungsvolumen von 10 Mrd. DM wird bei der amerikanischen Zuteilungsmethode zu absteigenden Zinssätzen zugeteilt:

    1 Mrd. DM zu 4,80 %

    3 Mrd. DM zu 4,75 %

    4 Mrd. DM zu 4,70 %

    2 Mrd. DM zu 4,60 % (Quote 1/3)

    = 10 Mrd. DM geplantes Ankaufvolumen

Das Kreditinstitut X erhält:

    100 % aus dem Gebot von 3 Mio. DM zu 4,75 % = 3,00 Mio. DM

    33,3 % aus dem Gebot von 5 Mio. DM zu 4,60 % = 1,67 Mio. DM

    Insgesamt: = 4,67 Mio. DM

Beispiel 2 zum Zinstender, amerikanische Zuteilungsmethode:

Das von der Bundesbank beabsichtigte Zuteilungsvolumen beträgt 200 Mio. DM.

Bank	Bietungssatz in %	Gebotsbetrag in Mio. DM	Zuteilungsbetrag in Mio. DM
A	7,99	40	0
B	8,03	40	20
C	8,03	80	40
D	8,04	60	60
E	8,05	80	80
Summe		300	200

Tabelle 2.2.: Beispiel für Zuteilung beim Zinstender

Die Gebote mit Zinssätzen über 8,03 % (= Mindestzins der Bundesbank) werden vollständig zugeteilt, während die Gebote von Bank B und C zum Zinssatz 8,03 % so repartiert werden, daß das gewünschte Zuteilungsvolumen von 200 Mio. DM erreicht wird. Das Gebot der Bank A bleibt unberücksichtigt, weil es unter dem notwendigen Zuteilungszinssatz von 8,03 % liegt, der für die Erreichung des von der Bundesbank geplanten Zuteilungsvolumens von 200 Mio DM vorgesehen ist.

Die hiermit vom Ablauf der Geschäfte und der Funktionsweise her beschriebenen Wertpapierpensionsgeschäfte werden in ähnlicher Form auch zunehmend unabhängig von der Bundesbank als 'Repurchase Agreements' (Repa-Geschäfte) betrieben; sie beinhalten den Verkauf von Wertpapieren, der gleichzeitig mit einer entsprechenden Rückkaufvereinbarung verknüpft wird. Der wesentliche Unterschied zu den traditionellen Wertpapierpensionsgeschäften besteht lediglich darin, daß diese Geschäfte unter Banken oder unter Banken und Nichtbanken abgewickelt werden. Wegen des mit Wertpapieren gesicherten kurzfristigen Liquiditätsausgleichs ist diese Form der Ausleihungen eigenkapitalschonender als die bislang überwiegend ungesicherte Form. Wenn als Folge der Umsetzung der EU-Kapitaladäquanz-Richtlinie die erhöhten Eigenkapitalanforderungen verbindlich werden, so darf vermutet werden, daß der Umfang von Repa-Geschäften nochmals zunehmen wird.

(4) Einlagenpolitik

Bund und Länder waren aufgrund von § 17 BBankG verpflichtet, ihre liquiden Mittel (Kassenbestände, Mittel für Anleihentilgung) auf Konten der Bundesbank zu unterhalten. Die Einlagenpolitik zählte zu den binnenwirtschaftlich orientierten Instrumenten. Das Ziel dieser Einlagenverpflichtung lag darin, das Kreditschöpfungspotential der Banken nicht durch i.d.R. hohe Beträge aus öffentlichen Einlagen zu steigern. Dadurch stand der Bundesbank die Möglichkeit offen, durch Verlagerung dieser Gelder in das Geschäftsbankensystem expansive Liquiditätswirkungen hervorzurufen bzw. im umgekehrten Fall Liquidität abzuschöpfen.

Das Instrument 'Einlagenpolitik' wurde allerdings zwischenzeitlich aufgegeben; der § 17 BBankG ist gestrichen worden. Die Einlagen erfolgen nunmehr auf freiwilliger Basis.

(5) Devisenkurspolitik

Mit den Maßnahmen der Devisenkurspolitik sollen Störungen der binnenwirtschaftlichen Entwicklung durch geldpolitisch unerwünschte Devisentransaktionen zwischen Inländern und Gebietsfremden vermieden werden. Neben dieser außenwirtschaftlichen Absicherung soll mit den Operationen an den Devisenmärkten gleichzeitig auch eine Feinsteuerung des Geldmarktes durch die zeitlich begrenzte Beeinflussung des Bestandes an Zentralbankgeld bewirkt werden. Spezielle außenwirtschaftliche Maßnahmen sind dabei die Swapsatzpolitik und die Devisenmarktinterventionen.

Swapsatzpolitik:

Bei einem Swapgeschäft werden von der Bundesbank Devisen per Kasse gekauft (verkauft) und gleichzeitig per Termin verkauft (gekauft). Es handelt sich somit um eine Kopplung von Kassa- und Termingeschäft, bei der der in Rechnung gestellte Swapsatz ein Zinsäquivalent darstellt. Dieses Instrument der Bundesbank beruht auf der Überlegung, daß aus einzelwirtschaftlicher Sicht 'Zinserwartung' und 'Kursrisiko' die Rentabilität des Geldexports oder -imports bestimmen. Beispielsweise wird Kapital aus dem Inland abgezogen, wenn das Zinsniveau im Ausland höher ist als im Inland. Auf diese Weise kann unkontrolliert die inländische Geldmenge in Form von abfließenden Devisen vermindert werden.

Die Bundesbank hat nun die Möglichkeit, die Vorteilhaftigkeit eines Kapitalimports oder Kapitalexports durch die Veränderung des Swapsatzes bei konstanten Zinsverhältnissen zu beeinflussen. Der Swapsatz ergibt sich, indem die Differenz zwischen Terminkurs und Kassakurs durch den Kassakurs geteilt wird:

$$\text{Swapsatz} = \frac{\text{Terminkurs} - \text{Kassakurs}}{\text{Kassakurs}}$$

Der Zähler stellt die Zinsarbitrage dar, die in etwa dem Zinsgefälle auf den Geldmärkten entspricht. Weist der Swapsatz ein positives Vorzeichen auf, so bezeichnet er einen Report, d.h. einen positiven Aufschlag auf den Kassakurs. Ist der Swapsatz hingegen negativ, so spricht man von einem Deport, d.h. einem Abschlag auf den Kassakurs. Neben der autonomen Festsetzung des Swapsatzes kann die Notenbank im Rahmen ihrer Devisenkurspolitik auch direkt als Käufer oder Verkäufer von Auslandswährung am Markt intervenieren. In einem System fester oder in festgelegten Bandbreiten schwankender Wechselkurse werden Interventionen zwingend erforderlich.

Bei freien Wechselkursen sind Interventionen von den Zielen der Notenbank abhängig. In beiden Fällen bringt der Eingriff erhebliche und teilweise auch unerwünschte Auswirkungen im Inland mit sich. Besteht beispielsweise zu einem festen Kurs ein Nachfrageüberhang nach einer Devisenart, so kann diese Parität nur durch ein zusätzliches Angebot der Bundesbank an Devisen befriedigt werden. Dadurch erhält die Notenbank als Gegenleistung Zentralbankgeld und die inländische Geldmenge sinkt. Folglich führt die Stützung eines abwertungsverdächtigen inländischen Wechselkurses zu einer kontraktiven Geldmengenentwicklung im Inland, während bei einer Aufwertungstendenz durch die Intervention eine expansive Liquiditätswirkung eintritt.

Zahlenbeispiel:

Beispiel 1 zum Swapgeschäft:

bei einer deutschen Bank soll ein Swapgeschäft über 1 Mio Dollar getätigt werden.[20]

Ausgangdaten:

Geldmarktsatz 3 Monate in Frankfurt   = 4 %

Geldmarktsatz 3 Monate in New York   = 8 %

Kassakurs am 15.3. Dollar   = 1,8000 DM/Dollar

Terminkurs für 3 Monate am 15.3., Deport = 0,0162 %

Die Abwicklung wird folgendermaßen vorgenommen:

Erfüllung des Kassageschäftes Wert 17.3, der Gegenwert wird am New Yorker Geldmarkt zu 8 % angelegt.

Die Geldanlage läuft am 15.6. aus. Dem Vertragspartner aus dem Termingeschäft werden gemäß Wert 17.6. die Dollar zum vereinbartem Kurs (= Terminkurs) von 1,7838 in DM/Dollar transferiert.

Das Geschäft bringt folgenden Gewinn:

Zinsdifferenz Frankfurt/New York 4,0 % p.a. $\hat{=}$ 1,0 % in 3 Monaten.

Nebenrechnung:

$$\text{Swapsatz} = \frac{\text{Terminkurs} - \text{Kassakurs}}{\text{Kassakurs}}$$

---

[20] Vgl. Herling, E./Krapf, W., 1991, a.a.O., S. 619f..

$$= \frac{1,7838 - 1,8}{1,8} = -0,009 \frac{\text{GE}}{\text{GE} * 3 \text{Monate}}$$

$\Rightarrow$ Deport = 0,9 %

Zinsdifferenz Frankfurt/New York 4,0 % p.a. $\hat{=}$ 1,0 % in 3 Monaten

./. Deport = 0,9 % in 3 Monaten

= 0,1 % in 3 Mon.

bzw. $0,001 \frac{\text{GE}}{\text{GE} * 3 \text{Monate}}$

Gewinn = $1,00 * 10^6$ Dollar $* 0,001 \frac{\text{Dollar}}{\text{Dollar} * 3\text{M.}} = 10^3 \frac{\text{Dollar}}{3\text{Mon.}}$

$= 1000 \frac{\text{Dollar}}{3\text{Mon.}}$

Beispiel 2 zum Swapgeschäft:

Angenommen, die deutschen Kreditinstitute könnten bei einer Geldanlage in US-$ 4% , bei einer Geldanlage im Inland nur 3,5 % Zinsen erzielen, das Kursrisiko sei vernachlässigt.[21]

Die Bundesbank will den Geldexport verhindern:

- Die Bundesbank wird dem Kreditinstitut einen Report von mehr als 0,5 % bieten, so daß Geldanlage im Inland günstiger wird.

Die Bundesbank will den Geldexport fördern:

- Die Bundesbank wird einen Report von weniger als 0,5 % bzw. einen Deport berechnen. Die Geldanlage im Ausland wird günstiger.

Devisenmarktinterventionen:

Bei Devisenmarktinterventionen greift die Bundesbank am Markt ein, indem sie D-Mark-Bestände oder Bestände an ausländischer Währung kauft bzw. verkauft. Durch diese Operationen beeinflußt sie die Wechselkurse. So kann es z.B. notwendig werden, auf spekulative Turbulenzen an den Devisenmärkten mit einer Interventionspolitik zu reagieren, die die Wechselkurse auf dem Niveau der langfristig als korrekt erachteten Paritäten zu stabilisieren ver-

---

[21] Vgl. Hartmann, F./Härter, G.: Allgemeine Wirtschaftslehre, Rinteln 1992, S. 387f..

sucht. Als Maß für 'korrekte' Paritäten dienen dabei vornehmlich die Kaufkraftparität, die das internationale Inflationsgefälle widerspiegelt, sowie die Zinsparität. Wird ein Wechselkurs daraufhin analysiert, ob er mit den 'fundamentalen' volkswirtschaftlichen Daten vereinbar ist oder ob er die Wettbewerbsfähigkeit beeinträchtigt, so ist der reale Außenwert einer Währung, d.h. der Kehrwert des realen Wechselkurses, von besonderer Bedeutung. Diesen Wert erhält man, indem der nominale Außenwert um die unterschiedliche Preisentwicklung im In- und Ausland z.b. auf Basis der Lohnstückkosten bereinigt wird.[22]

Die Bundesbank ist im Rahmen des Europäischen Währungssystems (EWS) unter bestimmten Bedingungen sogar zur Teilnahme an (international konzertierten) Devisenmarktoperationen verpflichtet, wenn die Wechselkurse der EWS-Währungen eine Bandbreite von (seit dem 2.8.1993) ± 15 % um die DM-Parität (Leitkurs) verlassen.[23]

Abgesehen davon, daß Interventionen dieser Art angesichts der Gesamtumsätze an den internationalen Devisenmärkten nur bedingt wirksam sind, sind ihnen jedoch grundsätzlich auf zweierlei Weise Grenzen gesetzt. Zum einen verfügt die Bundesbank nur über begrenzte Reserven an ausländischen Devisen,[24] die sie gegebenenfalls verkaufen kann. Andererseits bewirkt der Verkauf von inländischer Währung im Inland über die Erhöhung der Bankenliquidität eine Geldmengenausweitung und damit inflationären Druck im Inland, der mit dem Ziel der inneren Geldwertstabilität in Widerspruch geraten kann.[25] Dieser Expansion der Geldmenge kann die Bundesbank beispielsweise mit einer adäquaten Gestaltung ihrer Wertpapier- und Devisenpensionsgeschäfte oder weiteren zinspolitischen Maßnahmen begegnen.[26] Inflationäre Tendenzen werden aber auch dadurch eingedämmt, daß ausländische Notenbanken ihre Währungen relativ zur D-Mark abwerten, wie dieses z.B. im Gefolge der EWS-Krisen 1992 und 1993 geschehen ist.

---

[22] Vgl. Deutsche Bundesbank, Monatsberichte, 5/1994, S. 47-60, 8/1995, S. 19-40.
[23] Eine Ausnahme bildet die Parität zwischen D-Mark und niederländischem Gulden, für die die ursprüngliche EWS-Bandbreite von ± 2,25 % nach wie vor gilt.
[24] Ende November 1995 belief sich die Summe der Währungsreserven und sonstigen Auslandsaktiva auf (umgerechnet) 126,1 Mrd. DM; vgl. Deutsche Bundesbank, Monatsbericht, 12/1995, S. 14*. Weltweit hielten die Notenbanken Ende 1994 Währungsreserven im Wert von rund 1,108 Billionen US-Dollar; vgl. Bank für Internationalen Zahlungsausgleich, 65. Jahresbericht 1994/95, S. 139.
[25] Im Verlauf der Krise des EWS-Paritätengitters im September 1992 war die Bundesbank zu Stützungskäufen von EWS-Partnerwährungen im Wert von rund 92 Mrd. DM gezwungen.; vgl. Deutsche Bundesbank, Monatsberichte, 10/1992, S. 14-16, 8/1993, S. 19-27.
[26] D.h., sie 'sterilisiert' die Wirkungen ihrer Stützungskäufe oder -verkäufe; vgl. dazu Deutsche Bundesbank, Monatsbericht, 10/1992, S. 16.

(6) Geld- und Kapitalverkehrspolitik

Gesetzliche Grundlage für die Geld- und Kapitalverkehrspolitik ist das **Außenwirtschaftsgesetz (AWG)**. Der Bundesregierung wird damit das Recht eingeräumt, die Kapitalein- und -ausfuhr mit Beschränkungen zu belegen. Regelementiert werden können beispielsweise der Erwerb von Grundstücken, ausländischen Wertpapieren und Wechseln sowie die Unterhaltung von Guthaben bei Geldinstituten oder die Gewährung von Krediten an Gebietsfremde. Diese Reglementierungsmöglichkeiten bestehen im Bereich der Geld- und Kapitalexporte; analog können auch Regelungen bezüglich des Geld- und Kapitalimports getroffen werden.

Ergänzende Funktionen der Bundesbank sind als Voraussetzung für den Einsatz der Instrumente (1) bis (6) anzusehen:

- als **'Hausbank' der gesamten Kreditwirtschaft** ist sie als nationale und internationale Zahlungsverkehrszentrale und als Refinanzierungszentrale tätig. In ihrer Funktion als Refinanzierungszentrale führt die Bundesbank insbesondere das Diskont-, Lombard- und Offenmarktgeschäft durch. Neben der Ausgabe von Zahlungsmitteln führt die Bundesbank im Bereich des Zahlungsverkehrs insbesondere folgende Tätigkeiten aus: Barein- und -auszahlungen, Überweisungen aufgrund von Überweisungsaufträgen, Überweisungen im Lastschriftverfahren, Scheck- und Wechseleinzüge und An- und Verkauf von Devisen. Darüberhinaus führt die Deutsche Bundesbank das Kredit- und Einlagengeschäft mit den öffentlichen Verwaltungen durch sowie der damit im Zusammenhang stehenden Dienstleistungen,

- als **Bank der staatlichen Verwaltung** führt die Deutsche Bundesbank insbesondere die folgenden Geschäfte durch: Verwaltung der Einlagen des Staates, Gewährung von Krediten an den Staat und Durchführung von Dienstleistungsgeschäften für den Staat,

- zugleich fungiert die Deutsche Bundesbank als **Aufsichtsorgan für das Kreditwesen**. Der ordnungspolitische Auftrag erstreckt sich auf die Mitwirkung bei der Bankenaufsicht. Diese im § 7 KWG formulierte Aufgabe verpflichtet die Bundesbank und das Bundesaufsichtsamt für das Kreditwesen zur Zusammenarbeit.

In Ausfüllung dieser aufsichtsrechtlichen Funktion nimmt die Bundesbank von den Kreditinstituten regelmäßig Meldungen in Form von Monatsausweisen, Jahresberichten etc. entgegen. Weitere Aufgaben ergeben sich aus dem Kreditwesengesetz, das beispielsweise die Anzeigepflicht der Kreditinstitute über Millionenkredite (§ 14 KWG), die Anzeigen über die Geschäftsleitung, die Beteiligung, die Rechtsform etc. (§ 24 KWG) enthält. Neben dieser Kontrollfunktion kommt der Bundesbank eine nicht unerhebliche Rolle bei der Festlegung der Regelungen bezüglich der Eigenkapitalausstattung und Liquiditätsversorgung (§§ 10 und 11 KWG) der Banken zu, deren Grundsätze in Zusammenarbeit mit dem Bundesaufsichtsamt für das Kreditwesen aufzustellen sind.

2.1.4 Gesetz über die Deutsche Bundesbank

Die **Entstehung**[27] des Gesetzes geht auf die besonderen Umstände nach dem Kriegsende zurück. Von 1947 an gingen in den drei westlichen Besatzungszonen die Funktionen der nicht länger bestehenden Reichsbank auf die in den Ländern errichteten, rechtlich selbständigen Landeszentralbanken über. Ein Ordnungsrahmen, in dem sich ein funktionierendes Geld- und Kreditwesen entwickeln könnte, war damit jedoch nicht geschaffen.

Im März 1948 schufen die Landeszentralbanken die 'Bank Deutscher Länder' als von ihnen finanzierte und getragene Bank. Dieses zweistufige Zentralbanksystem bestand forthin bis 1957.

Die bisherigen Regelungen entsprachen allerdings nicht dem Wortlaut des Art. 88 Grundgesetz, in dem es heißt:„Der Bund errichtet eine Währungs- und Notenbank als Bundesbank."

Dieser formalen Verpflichtung wurde erst das am 26.07.1957 vom Bundestag verabschiedete Bundesbankgesetz (BGBl. I, S. 745) gerecht, das daraufhin am 01.08.1957 in Kraft trat. Das Grundkapital der neuen Notenbank von 290 Mio. DM, dessen Höhe sich aus der Summe des Grundkapitals des ehemals landeseigenen Zentralbanksystems ergibt, stellt Bundeseigentum dar.[28]

Zur **Intention** des Bundesbankgesetzes läßt sich sagen, daß die vordringliche Aufgabe des Bundesbankgesetzes sicherlich die Schaffung einer funktionsfähigen zentralen Notenbank war. Dazu bedurfte es einer Klärung des rechtlichen Status, einer Festlegung der Aufgaben sowie einer Regelung der zur Aufgabenerfüllung zur Verfügung stehenden Mittel.

Neben diesem Oberziel erscheinen aber im historischen Kontext wenigstens drei weitere **Ziele** von Bedeutung:

- Es galt **zum ersten** eine das Gesicht des neuen Staates prägende Regelung für die Notenbank zu finden. Denn wenn auch Geld allein noch keine Staatlichkeit verleiht, so ist doch ein funktionierendes Geldwesen zumindest Ausdruck derselben.

- **Zweitens** kam in diesem Erneuerungsprozeß den Erfordernissen der Kontinuität Zielcharakter zu. Organisatorisch wurde dies erreicht, indem zunächst die Lan-

---

[27] Vgl. Schieber, H.: Die Zentralnotenbank, in: Kloten, N./von Stein, J.H. (Hrsg.): Obst, G./Hintner, O.: Geld-, Bank- und Börsenwesen, 39. Auflage, Stuttgart 1993, S. 201-215, hier S. 201f..

[28] Vgl. Könneker, W.: Die Deutsche Bundesbank, 2. Auflage, Frankfurt am Main 1973, S. 21f..

70 Das Bankensystem

deszentralbanken mit der Bank Deutscher Länder verschmolzen, welche in der Folge zur Bundesbank wurde (wie es im übrigen § 1 BBankG vorsieht). Die Organe blieben unterdessen auch hinsichtlich ihrer Bezeichnungen dieselben.[29]

- **Drittens** hing der Erfolg des Bundesbankgesetzes maßgeblich davon ab, ob es gelänge, einen 'Dritten Weg' zwischen dem föderalen System der Landeszentralbanken und dem zentralistischen System der alten Reichsbank zu weisen. Nur durch Verbindung zentralistischer und föderaler Elemente war den Verfechtern widerstreitender Interessen schließlich eine Zustimmung zum Bundesbankgesetz möglich.[30]

Der **Aufbau** des Bundesbankgesetzes ergibt sich aus „einigen mehr oder weniger formellen Fragen, die hauptsächlich den Aufbau und den Aufgabenbereich der Bank betreffen."[31] Diese Formulierung schließt die Regelung des rechtlichen Status ein.

In dem Zitat deutet sich an, daß das Bundesbankgesetz kaum detaillierte und abschließende Regelungen enthält. Insbesondere in Bezug auf die währungspolitischen Befugnisse wird zwar die rechtliche Ermächtigung zu bestimmten Geschäften ausgesprochen, Anwendungsvoraussetzungen oder Wirkungen des Instrumenteneinsatzes werden jedoch nicht genannt. Ebenso bleibt der Begriff der Währung oder das Oberziel der Währungssicherung (§ 3 BBankG) einer detaillierten gesetzlichen Kodifizierung im Bundesbankgesetz vorenthalten.

Folgende Zusammenstellung der Abschnittsüberschriften gibt einen Überblick über die Regelungsinhalte des Bundesbankgesetzes:

erster Abschnitt:	Rechtsform und Aufgabe
zweiter Abschnitt:	Organisation
dritter Abschnitt:	Bundesregierung und Bundesbank
vierter Abschnitt:	Währungspolitische Befugnisse
fünfter Abschnitt:	Geschäftskreis
sechster Abschnitt:	Jahresabschluss, Gewinnverteilung und Ausweis
siebter Abschnitt:	Allgemeine Bestimmungen
achter Abschnitt:	Strafbestimmungen
neunter Abschnitt:	Übergangs- und Schlußbestimmungen

Zum **Rechtsverhältnis** der Bundesbank ist festzustellen, daß diese eine bundesunmittelbare juristische Person des öffentlichen Rechts ist. Ohne vorher-

---

[29] Vgl. Könneker, W., 1973, a.a.O., S. 11.
[30] Vgl. Schieber, H., 1993, a.a.O., S. 203.
[31] Vgl. Spindler, J.: Die Deutsche Bundesbank - Grundzüge des Notenbankwesens und Kommentar zum Gesetz über die Deutsche Bundesbank, Stuttgart 1957, S. VII.

gehende Änderung des Bundesbankgesetzes[32] ist die Bundesbank weder der Richtlinienkompetenz des Bundeskanzlers, noch der Aufsicht eines Ministers, noch parlamentarischer Kontrolle, sondern ausschließlich dem Gesetz unterworfen.[33] Für sie gilt nicht das Kreditwesengesetz, so daß sie auch nicht der Bankenaufsicht untersteht.[34]

Der für die Aufgabenerfüllung wichtigste Aspekt der Rechtsverhältnisse der Bundesbank liegt in § 12 BBankG. Dort wird die Weisungsunabhängigkeit der Notenbank von der Bundesregierung bei der Ausübung der ihr nach dem Bundesbankgesetz übertragenen Befugnisse festgelegt. Nach überwiegender Meinung ist die Unabhängigkeit der Bundesbank nicht uneingeschränkt durch das Grundgesetz garantiert, wenngleich diese Beurteilung für Kernbereiche des Notenbank-Wirkens streitig ist.[35]

Einigkeit besteht darüber, daß die Bundesbank in ihrer Tätigkeit nicht völlig frei, sondern zumindest nach dem Sinn des § 12 BBankG „unter Wahrung ihrer Aufgabe" auf die Inhalte des Stabilitätsgesetzes verpflichtet ist.[36] Zudem ergeben sich wichtige Rückwirkungen staatlicher Wirtschaftsgesetzgebung auf die Aufgabenerfüllung der Bundesbank beispielsweise aus dem Außenwirtschaftsgesetz, dem Kreditwesengesetz oder dem Gesetz gegen Wettbewerbsbeschränkungen.[37]

Die Deutsche Bundesbank ist Träger von hoheitlichen Befugnissen. Ihr öffentlich-rechtliches Handeln läßt sich nach Befugnissen aus dem Bundesbankgesetz und nach Kompetenzen, die der Bundesbank in anderen Rechtsvorschriften zugewiesen werden, unterscheiden.[38]

Nach dem KWG ist die Bundesbank an der Bankenaufsicht beteiligt. Dabei übernimmt die Bundesbank im Rahmen einer Arbeitsteilung mit dem Bundesaufsichtsamt für das Kreditwesen die materielle Bankenaufsicht, während hoheitlichen Akte auf diesem Gebiet dem Bundesaufsichtsamt zufallen.[39] Beim Erlaß von Rechtsvorschriften wirkt die Bundesbank mit, was im Einzelfall Anhörung, Benehmen oder Einvernehmen bedeuten kann (z.B. § 47 Abs. 2 oder § 48 Abs. 1 KWG).[40]

---

[32] Diese Einschränkung ist notwendig, da die einfach-gesetzlichen Regelungen des Bundesbankgesetzes prinzipiell zur Disposition des Gesetzgebers stehen.
[33] Vgl. Ketzel, E./Köser, R./Pfisterer, H.: Die Notenbank, 2. Auflage, Stuttgart 1976, S. 26.
[34] Vgl. Schieber, H., 1993, a.a.O., S. 203.
[35] Vgl. Kaiser, R.H.: Bundesbankautonomie - Möglichkeiten und Grenzen einer unabhängigen Politik, Frankfurt am Main 1980, S. 20; Gramlich, L.: Bundesbankgesetz, Währungsgesetz, Münzgesetz, Köln, Bonn, München 1988, S. 3.
[36] Vgl. Kaiser, R.H., 1980, a.a.O., S. 28f..
[37] Vgl. Ketzel, E./Köser, R./Pfisterer, H., 1976, a.a.O., S. 24f..
[38] Vgl. Gramlich, L., 1988, a.a.O., S. 5.
[39] Vgl. Schieber, H., 1993, a.a.O., S. 215.
[40] Vgl. Gramlich, L., 1988, a.a.O., S. 6.

72 Das Bankensystem

Eigene Verwaltungsakte erläßt die Bundesbank aufgrund einer Ermächtigung in anderen Gesetzen. Zu nennen ist hier das Außenwirtschaftsgesetz, das die Bundesbank für die Erteilung von Genehmigungen im Bereich des Kapital- und Zahlungsverkehrs als zuständig erklärt.[41] Aus dem Bundesbankgesetz (§ 16 BBankG) ergibt sich die Verpflichtung, Mindestreservesätze festzulegen, welche in der Anweisung über Mindestreserven (AMR) konkretisiert werden.

Im Zeitablauf gab es mehrere **Gesetzesänderungen**. Die Mehrzahl der Änderungen des Gesetzes über die Deutsche Bundesbank betraf in der Vergangenheit geschäftspolitische Einzelfragen oder Anpassungen an Rechtsänderungen außerhalb des eigentlichen Notenbankrechts.[42]

Der seit 1957 erste substantielle Eingriff in die Organisationsverfassung der Bundesbank war die Neustrukturierung der Bundesbank aus Anlaß der Einheit Deutschlands am 3. Oktober 1990. Die Eingliederung der neuen Länder in die Bundesbankstruktur wurde im 4. Gesetz zur Änderung des Gesetzes über die Deutsche Bundesbank (BGBl. 1992 I, S. 1287) vollzogen. Weitere Änderungsgesetze, die ausschließlich das Gesetz über die Deutsche Bundesbank zum Gegenstand hatten, waren

- das erste Änderungsgesetz vom 23.11.1967 (BGBl. 1967 I, Bd.2, S. 1157), das die Veränderung einiger in § 20 Abs. 1 Nr. 1 BBankG festgelegten Höchstgrenzen zum Inhalt hatte,
- das zweite Änderungsgesetz vom 24.07.1969 (BGBl. 1969 I, S. 877), durch das eine Ergänzung des § 16 Abs. 1 BBankG stattfand und
- das dritte Änderungsgesetz vom 20.02.1991 (BGBl. 1991 I, S. 481) betreffend die Festschreibung des Bundesbanksitzes auf Frankfurt am Main.

Die übrigen Änderungen (bis August 1992 insgesamt 23)[43] waren veranlaßt durch Regelungen in Gesetzen, die nicht die Bundesbank zum Gegenstand hatten. Beispiele sind etwa das Gesetz zur Einführung des Bundesrechts im Saarland (BGBl. 1959 I, S. 313) oder der Staatsvertrag mit der ehemaligen DDR (BGBl. 1990 II, S. 518), die jeweils auch Vorschriften zu Ergänzungen bzw. Änderungen im Bundesbankgesetz beinhalteten.

2.2 Universalbanken und Spezialbanken im deutschen Bankensystem

Als Arten von Kreditinstituten sind insbesondere Universalbanken von Spezialbanken zu unterscheiden. Im deutschen Bankensystem dominiert der Typ

---

[41] Vgl. Gramlich, L., 1988, a.a.O., S. 6.
[42] Vgl. o.V.: Die Neuordnung der Bundesbankstruktur, in: Monatsberichte der Deutschen Bundesbank, 8/1992, S. 48-54, hier S. 48.
[43] Vgl. ebenda, S. 48.

der Universalbank, es wird deshalb häufig auch vom Universalbanken-System gesprochen. Als Gegenbegriff wäre das Trennbanken-System zu nennen, das in den USA vorherrschend ist.

2.2.1 Universalbanken

Den Universalbanken können in der Bundesrepublik Deutschland drei Gruppen von Kreditinstituten, auch als Sektoren des Bankwesens bezeichnet, zugeordnet werden: private Geschäftsbanken, Genossenschaftsbanken und Sparkassen. Wird die Betrachtung der Kreditinstitute um den Sektor der Realkreditinstitute erweitert, so läßt sich am Beispiel Niedersachsens ein Überblick über Sektoranteile an den gesamten Geschäftsvolumina und die Zweigstellenverteilung gewinnen. Der Abbildung 2.9. kann entnommen werden, daß entgegen der üblichen Annahme eines Übergewichtes der Großbanken, die Sparkassen mit 49% Anteil fast die Hälfte der Geschäftsvolumina auf sich vereinigen.

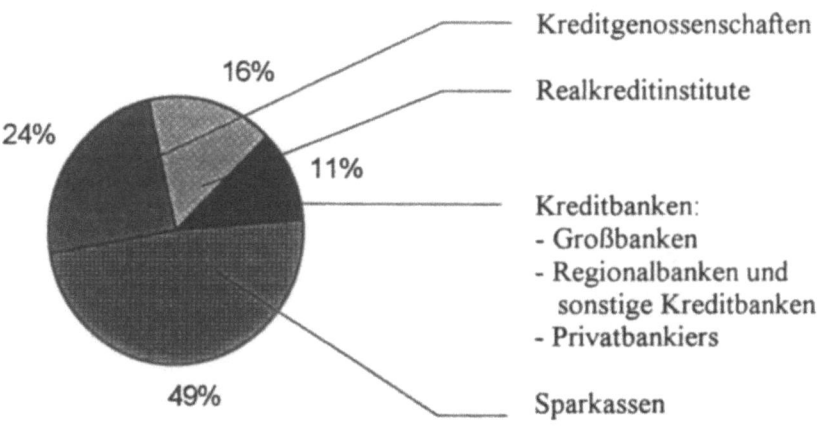

Abb. 2.9.: Geschäftsvolumen der Kreditinstitute mit Sitz in Niedersachsen im Landeszentralbankbereich[44]

Bei einer Betrachtung der Geschäftsstellendichte zeigt sich gemäß Abb. 2.10. die Stärke der Sparkassen und Volksbanken, die zusammen mit 85,2% der Bankstellen eine hohe Netzdichte und damit auch die mit Abstand höchste Kundennähe aufweisen.

---

[44] Ohne Aktiva und Passiva von Auslandsfilialen, Jahresbericht 1994 der Landeszentralbanken, S. 6.

74   Das Bankensystem

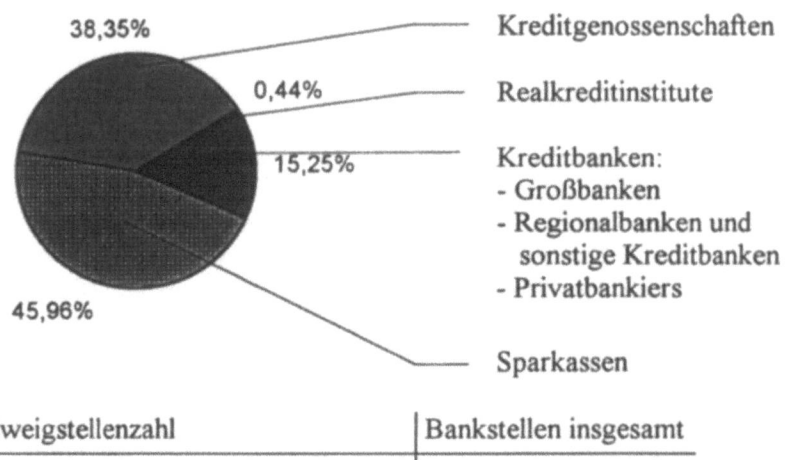

Zweigstellenzahl		Bankstellen insgesamt
Kreditbanken:	664	674
Sparkassen:	2001	2066
Kreditgenossenschaften:	1670	1959
Realkreditinstitute:	19	23

Abb. 2.10.: Zweigstellen[45] im Landeszentralbankbereich Niedersachsen

2.2.1.1 Private Geschäftsbanken

Private Geschäftsbanken sind im wesentlichen durch ihre Rechtsform charakterisiert. Sie firmieren in folgenden Formen des privaten Rechts:

- Einzelkaufmann,

- Personengesellschaft (OHG, KG) und

- Kapitalgesellschaft (GmbH, AG).

Der § 2 a KWG schränkt jedoch die Rechtsformwahl ein: für Kreditinstitute, die eine Erlaubnis nach § 32 Abs. 1 KWG benötigen, gilt der Ausschluß des Einzelkaufmanns als Rechtsform (u.a. Vieraugen-Prinzip, Geschäftsführerhaftung). Allerdings gibt es einen Bestandsschutz für bestehende Kreditinstitute.[46]

Die Rechtsform besitzt Einfluß auf die Möglichkeiten der Eigenkapitalaufbringung, der Haftung und der Geschäftsführung. Daneben ist sie relevant in

---

[45] Einschließlich Niederlassungen von Instituten mit Sitz außerhalb Niedersachsens, Jahresbericht 1994 der Landeszentralbanken, S. 3.
[46] Vgl. Eilenberger, G.: Bankbetriebswirtschaftslehre: Grundlagen, internationale Bankleistungen, Bank-Management, 5. Auflage, München 1993, S. 33.

bezug auf die Behandlung der Kreditinstitute nach dem KWG. Zu nennen ist hier vor allem die Ermittlung des haftenden Eigenkapitals nach § 10 KWG, die zum Teil rechtsformabhängig unterschiedliche Komponenten beinhaltet.

Die **Geschäftstätigkeit** der privaten Geschäftsbanken ist sowohl national als auch international ausgerichtet. Grundsätzlich werden alle vorkommenden Bankgeschäfte von ihnen ausgeführt, es bestehen keine prinzipiellen Einschränkungen hinsichtlich der Kundenstruktur und der Standorte. Sie nehmen Einlagen in jeder Höhe entgegen und vergeben Kredite aller Größenklassen, wobei allerdings das kürzerfristige Kreditgeschäft dominiert. Im Dienstleistungsbereich werden ebenfalls alle für eine Universalbank typischen Geschäfte erledigt: die Abwicklung des Zahlungsverkehrs, sämtliche Sparten des Wertpapiergeschäftes, Handel mit Devisen, Sorten, Münzen und Edelmetallen etc.. Die Gewichtung der einzelnen Geschäfte variiert je nach Bedeutung für die jeweiligen Institute.

Zu der Gruppe der privaten Geschäftsbanken zählen die Großbanken, Regionalbanken und sonstige Kreditbanken, die Privatbanken und die Zweigstellen ausländischer Kreditinstitute. Als **Großbanken** werden nach der Statistik der Deutschen Bundesbank die Deutsche Bank AG, die Dresdner Bank AG und die Commerzbank AG angesehen. Charakteristisch für die Großbanken ist ihre überregionale Bedeutung, die auch durch eine hohe Bilanzsumme und eine große Mitarbeiterzahl veranschaulicht wird. Neben den genannten Banken haben allerdings auch noch weitere Institute überregionale Bedeutung, so daß eine Abgrenzung hier nicht überschneidungsfrei erfolgen kann. Übliche Rechtsform ist die Aktiengesellschaft.

In ihren Geschäftstätigkeiten sind die typischen **Regionalbanken** mit den Großbanken vergleichbar. Sie besitzen jedoch den Vorteil, die speziellen Probleme ihres regional eingeschränkten Geschäftsgebietes genau zu kennen. Andererseits sind die Regionalbanken jedoch dem Nachteil ausgesetzt, daß sie von der Wirtschaftsstruktur ihres Niederlassungsbereiches abhängen, was mit erhöhten Risiken verbunden sein kann. Zu den größten und bedeutendsten Regionalbanken gehören die Bayerische Vereinsbank AG und die Bayerische Hypotheken- und Wechselbank AG. Regionalbanken und sonstige Kreditbanken firmieren in den Rechtsformen Aktiengesellschaft (AG), Kommanditgesellschaft auf Aktien (KGaA) oder Gesellschaft mit begrenzter Haftung (GmbH).

Den **Privatbanken** sind die ältesten Institute des Kreditgewerbes zuzuordnen. Sie sind von der Rechtsform her durch den privaten Eigenkapitalgeber gekennzeichnet. Sie werden durch einen Einzelkaufmann oder in der Rechtsform der OHG oder der KG geführt. Die Rechtsform der Privatbanken bedingt Unterschiede zu den als Kapitalgesellschaften geführten Großbanken zum einen in bezug auf die Geschäftsführung, denn hier wird die Geschäfts-

76 Das Bankensystem

führung durch den Eigentümer wahrgenommen. Zum anderen ist für die Haftungsregelung charakteristisch, daß der Privatbankier als Eigentümer haftet; das Haftungsvermögen geht über die Höhe der Einlage hinaus und umfaßt das Gesamtvermögen einschließlich Privatvermögen des Bankiers für Verbindlichkeiten des Kreditinstituts. Der Kundenkreis der Privatbanken, die sich auf bestimmte Geschäftsgebiete spezialisiert haben, besteht meist aus vermögenden Privatkunden und mittleren bis großen Unternehmen des Handels und der Industrie. Charakteristisch ist das weitgehende Fehlen eines Zweigstellennetzes und die Ausklammerung des Mengengeschäfts. Zu den größten Privatbanken zählt Sal. Oppenheim jr. & Cie. in Köln und Frankfurt.

Unter einer **Zweigstelle eines ausländischen Kreditinstitutes** ist ein im Inland arbeitendes Kreditinstitut zu verstehen, das sich in ausländischem Eigentum befindet. Damit verbunden liegt der Hauptsitz und der bankgeschäftliche Schwerpunkt im jeweiligen Heimatland. Die Zweigstellen haben jedoch am Niederlassungort den Charakter einer Inlandsbank und sind nach § 53 KWG so gestellt, als ob sie rechtlich selbständige Kreditinstitute wären. Neben der Filiale gibt es als weitere Erscheinungsformen einer Auslandsbank die Repräsentanzen und Tochtergesellschaften. Die **Repräsentanz** nimmt nicht direkt am Geschäftsleben teil und tätigt keine Bankgeschäfte. Sie beobachtet vielmehr den Markt des Gastlandes und versucht, Geschäfte zu vermitteln. Sie pflegt bestehende Beziehungen, knüpft neue Kontakte und ist behilflich bei der Anbahnung von Geschäften. Die Bedeutung der Repräsentanz im Auslandsgeschäft der Kreditinstitute ist groß. Mit der Gründung eines **Tochterinstituts** einer ausländischen Bank entsteht eine rechtlich selbständige Gesellschaft. Statistisch werden die Tochtergesellschaften als Regionalbanken geführt. Sie stehen mit den inländischen Banken in vollem Wettbewerb, da sie ebenso wie die Zweigstellen ausländischer Banken keinen besonderen Geschäftsbeschränkungen unterliegen.

2.2.1.2 Genossenschaftsbanken

Das Wesen einer Kreditgenossenschaft läßt sich aus dem Genossenschaftsgesetz ableiten. Der § 1 GenG legt als generellen Gesellschaftszweck "die Förderung des Erwerbes oder der Wirtschaft ihrer Mitglieder" fest. Kreditgenossenschaften sind Gesellschaften mit einer nicht geschlossenen Mitgliederzahl, die durch den gemeinschaftlichen Geschäftsbetrieb und die Abwicklung aller üblichen bankmäßigen Geschäfte den Erwerb und die Wirtschaft ihrer Mitglieder fördern wollen. Den Genossenschaften liegen drei grundlegende Prinzipien zugrunde:

(1) die Selbsthilfe: die Eigenwirtschaft der Mitglieder soll gefördert werden,

(2) die Selbstverantwortung: die Mitglieder tragen das Risiko für ihr Handeln selbst,

(3) die Selbstverwaltung: Genossenschaften lassen sich nicht durch den Staat oder andere verwalten, sondern verwalten sich selbst.

Der Sektor der Genossenschaftsbanken läßt sich historisch betrachtet in Volksbanken und Raiffeisenbanken differenzieren. Die Entwicklung beider Institutsgruppen setzte Mitte des vorigen Jahrhunderts ein und ist im wesentlichen durch die beginnende Industrialisierung begründet. Die Veränderungen der wirtschaftlichen und politischen Rahmenbedingungen führten zu schwerwiegenden Strukturwandlungen, die Handwerk, Handel und Landwirtschaft stark beeinflußten. Insbesondere in Handwerk und Gewerbe entstanden große Kreditprobleme. Das Handwerk bekam durch die schnell wachsenden industriellen Betriebe starke Konkurrenten, die sich ausreichendes Kapital durch die Ausgabe und den Verkauf von Aktien beschaffen konnten, das es erlaubte, neue und billigere Produktionsmethoden einzuführen sowie durch große Serienproduktionen und das wachsende Eisenbahnnetz ständig neue Absatzmärkte zu erschließen.

Der durch diese Entwicklungen entstandene Kapitalbedarf konnte von den kleinen Betrieben nicht gedeckt werden, da sich zudem insbesondere die Privatbankiers an den Bedürfnissen des Handels und die neuen Aktienbanken an dem Kapitalbedarf der aufsteigenden Industrie orientierten. Aus dieser Notwendigkeit heraus entstanden die ersten Kreditgenossenschaften, deren Tätigkeit noch heute nicht darauf ausgerichtet sein darf, möglichst hohe Gewinne zu erzielen. Der im Gesetz verankerte Zweck der Genossenschaft liegt vielmehr in der Förderung der Mitglieder. Dieser Förderauftrag kann dreifach interpretiert werden:

- den Genossen sollen Leistungen geboten werden, die sie anderweitig nicht bekommen können,
- qualitative Überlegenheit der Leistungen und
- konditionsmäßige Überlegenheit der Leistungen gegenüber den Angeboten der Konkurrenz.

Gegenwärtig kann jedoch dem Förderauftrag in dieser Form nicht mehr nachgekommen werden. Begründung dafür ist die Verwischung des Unterschiedes zwischen Mitgliedern und 'Nurkunden' und die für alle Kreditinstitute gleichermaßen geltenden aufsichtsrechtlichen Bestimmungen.

Die Mitgliedschaft in einer Genossenschaft ist an den Kauf mindestens eines Geschäftsanteils gebunden. Zwar ist es den Mitgliedern erlaubt, mehrere in ihrer Höhe gesetzlich nicht festgelegte Anteile zu erwerben, jedoch hat dieses im Gegensatz zur Aktiengesellschaft keinen Einfluß auf die Stimmenverhältnisse in der Generalversammlung. Jedes Mitglied hat grundsätzlich unabhängig von der Beteiligungshöhe nur eine Stimme.

Die **Generalversammlung** ist zuständig für die Beschlußfassung zu grundsätzlichen Fragen der Kreditgenossenschaft. In ihr erfolgt auch die Wahl der Aufsichtratsmitglieder, deren Aufgabe in der Überwachung des Vorstandes besteht. Der **Vorstand** ist das geschäftsführende Organ der Genossenschaft. Er leitet das Unternehmen in eigener Verantwortung und hat nur die Beschränkungen zu beachten, die durch die Satzung und andere Gesetze vorgegeben sind.

Eine Besonderheit der Genossenschaft liegt in dem Umfang der **Haftung** der einzelnen Mitglieder. Genossenschaften können beschränkte oder unbeschränkte Haftung mit ihren Mitgliedern vereinbaren. Besonderheiten der Haftung ergeben sich aus den §§ 2 und 23 GenG. Deshalb kann infolge zusätzlicher Haftung neben dem Geschäftsguthaben und den angesammelten Rücklagen auch ein Haftsummenzuschlag zum haftenden Eigenkapital der Kreditgenossenschaft gezählt werden. Jedes Mitglied ist mit der Zeichnung eines Geschäftsanteils zur Übernahme der satzungsgemäß festgelegten zusätzlichen Haftung verpflichtet. Geschäftsanteil und Haftsumme bilden zusammen die Gesamtbeteiligung jedes einzelnen Mitglieds. In der Höhe der Haftsummenverpflichtung kann die Genossenschaft in den im Genossenschaftsgesetz vorgesehenen Fällen auf das Vermögen ihrer Mitglieder zurückgreifen. Der Sektor der genossenschaftlichen Kreditinstitute ist dreistufig aufgebaut, wie die Abbildung 2.11. zeigt.

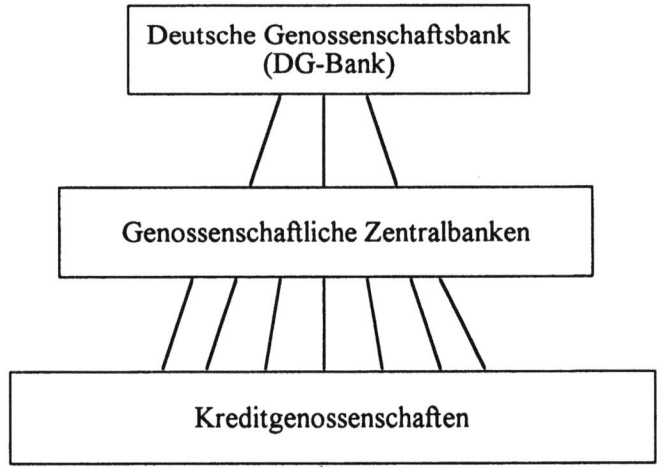

Abb. 2.11.: Das System der Genossenschaftsbanken

Die einzelnen **Kreditgenossenschaften**, also die Volksbanken und Raiffeisenbanken, tragen die genossenschaftliche Bankengruppe als Basis. Die Kreditgenossenschaften können ihren Kunden inzwischen ein universelles Leistungsangebot bieten, das durch die Angebote der genossenschaftlichen Verbandsunternehmen wie z.B. die Bausparkasse Schwäbisch-Hall AG oder die R + V Versicherungsgruppe ergänzt wird.

Die genossenschaftlichen **Zentralbanken** (z.B. Westdeutsche Genossenschaftszentralbank) sind die regionalen Spitzeninstitute als zweite Stufe des Genossenschaftsbankensektors. Sie besitzen im allgemeinen die Rechtsform der Aktiengesellschaft, wobei die Kapitalanteile in der Regel von den angeschlossenen Kreditgenossenschaften gehalten werden. Das Geschäft der häufig kleineren Kreditgenossenschaften wird durch die Zentralbanken der jeweiligen Region mit den folgenden Aufgaben unterstützt und ergänzt: die Zentralbank fungiert als Giroverkehrszentrale im Rahmen des Zahlungsverkehrs, als Liquiditätsausgleichsstelle, als Zentrale für das Dienstleistungsgeschäft oder auch als Durchlaufstelle für zentrale Kreditaktionen.

Die **Deutsche Genossenschaftsbank** (DG-Bank) ist das Spitzeninstitut der genossenschaftlichen Bankengruppe. Sie ist eine international arbeitende Geschäftsbank, der als Körperschaft des öffentlichen Rechts die Förderung des gesamten Genossenschaftswesens obliegt. Die Deutsche Genossenschaftbank ist zugleich das größte Institut der genossenschaftlichen Zentralbanken.

2.2.1.3 Sparkassen

Sparkassen sind Kreditinstitute, deren Grundgedanke in der Förderung des Sparsinns und der Vermögensbildung breiter Bevölkerungsgruppen liegt. Sie dienen damit zum einen der sicheren Geldanlage, zum anderen haben sie die Kreditversorgung für die Bevölkerung des Geschäftsgebiets sicherzustellen und dabei insbesondere die Kreditausstattung des Mittelstandes und der wirtschaftlich schwächeren Bevölkerungskreise zu berücksichtigen.[47]

Zu unterscheiden sind öffentlich-rechtliche und freie Sparkassen. Die öffentlich-rechtlichen Sparkassen (z.B. Kreissparkasse und Stadtsparkasse Osnabrück) sind als Anstalten des öffentlichen Rechts mit eigener Rechtspersönlichkeit ausgestattet. Träger dieser Sparkassen sind Gemeinden, Ämter, Kreise und Gemeindeverbände. Bei den freien Sparkassen (z.B. Hamburger Sparkasse, Die Sparkasse in Bremen) handelt es sich um Vereine des bürgerlichen Rechts oder Stiftungen. Sie unterliegen damit nicht öffentlichem, sondern privatem Recht. Die Geschäftstätigkeit beider Formen stimmt bei unterschiedlicher Verfassung und Verwaltung überein. In der Bundesrepublik dominiert eindeutig der Typ der öffentlich-rechtlichen Sparkasse.

Gegenwärtig zählen sieben Sparkassen zu den 'Freien Sparkassen'. Sie bilden unter dem Gesichtspunkt der Rechtsform die wenigen Ausnahmen von der großen Mehrheit öffentlich-rechtlicher Sparkassen. Sechs dieser freien Sparkassen werden als juristische Personen des Privatrechts betrieben. Eine wei-

---

[47] Vgl. hierzu § 4 des Niedersächsischen Sparkassengesetzes.

tere, die Landesgirokasse Stuttgart, ist zwar als Anstalt öffentlichen Rechts organisiert, verfügt aber über keinen öffentlichen Gewährträger. Sie wird von dem Land Baden-Württemberg und der Stadt Stuttgart lediglich getragen (Anstaltsträger; § 32 SpkG Baden-Württemberg) und deshalb zu den freien Sparkassen gezählt.[48] Einen Überblick über die gewählten Rechtsformen enthält die Tabelle 2.3..

Mittelholstein AG	Aktiengesellschaft
Hamburger Sparkasse (HaSpa)	Juristische Person alten hamb. Rechts (mit Stiftungscharakter)
Sparkasse zu Lübeck	Stiftung gemäß § 80 ff. BGB
Die Sparkasse in Bremen	Verein gemäß § 22 BGB
Frankfurter Sparkasse	Verein gemäß § 22 BGB
Spar-und Leihkasse der früheren Ämter Bordesholm, Kiel u. Cronshagen	Verein gemäß § 22 BGB mit den Rechten einer juristischen Person
Landesgirokasse Stuttgart	Anstalt öffentlichen Rechts

Tabelle 2.3.: Rechtsformen der 'Freien Sparkassen'[49]

Einen letzten Ausnahmefall von der Regel der Anstalt öffentlichen Rechts in kommunaler Gewährträgerschaft (den sogenannten kommunalen Sparkassen) bildet schließlich die Nassauische Sparkasse. Sie kann am ehesten mit der Bezeichnung 'Staatssparkasse' belegt werden, denn ihr Gewährträger ist nicht eine kommunale Gebietskörperschaft, sondern das Land Hessen.[50]

Da die Sparkassengesetze der Länder Sparkassenneugründungen nur in öffentlich-rechtlicher Rechtsform zulassen und die Gründung privater Institute aufgrund des Bezeichnungsschutzes durch § 40 KWG nicht als 'Sparkasse' erfolgen darf, ist allenfalls eine 'bilanzielle' Vergrößerung der freien Sparkassen durch Fusionen mit öffentlich-rechtlichen Instituten zu erwarten, nicht aber ihre zahlenmäßige Zunahme.

Die Entwicklung der Sparkassen begann in der zweiten Hälfte des 18. Jahrhunderts. Das Problem der sozialen Sicherheit der armen Bevölkerungs-

---

[48] Vgl. Claussen, B.: Teilprivatisierung kommunaler Sparkassen?, Baden-Baden 1990, S. 21/22.
[49] Vgl. Geiger, H.: Die deutsche Sparkassenorganisation, Frankfurt am Main 1991, S. 34/35; Hoppenstedt Verlag (Hrsg.): Handbuch der Großunternehmen, Frankfurt am Main 1994.
[50] Vgl. Claussen, B., 1990, a.a.O., S. 21; § 30 und § 30a Sparkassengesetz Hessen.

schichten der damaligen Zeit war Ausgangspunkt für die Sparkassengründungen. Zentrales Anliegen war, daß sich die ärmeren Bevölkerungsschichten über das Zurücklegen kleinerer Beträge einen finanziellen Rückhalt für Notzeiten schaffen sollten. Diesem Ziel entspricht die Gemeinnützigkeit der Sparkassen, die bis heute offiziell keine Gewinnmaximierung, sondern lediglich eine Deckung der mit ihrer Geschäftstätigkeit entstehenden Kosten anstreben sollen.

Aus diesem Grunde gelten für die Geschäftstätigkeit der Sparkassen zahlreiche Einschränkungen:

- Grundsätzlich sind alle Geschäfte verboten, die nicht ausdrücklich durch die Satzung erlaubt sind.
- Spekulative Devisen- und Wertpapiergeschäfte sind grundsätzlich nicht gestattet.
- Beteiligungen außerhalb des Sparkassensektors sind grundsätzlich nicht gestattet.
- Kredite dürfen nur an Privatpersonen oder Unternehmen vergeben werden, die in dem in der Satzung festgelegten Gebiet ihren Wohnsitz oder eine gewerbliche Niederlassung haben.

Rechtsgrundlage für die Tätigkeit der Sparkassen sind die Sparkassengesetze, die von den jeweiligen Bundesländern erlassen werden. Sie enthalten die grundsätzlichen Vorschriften für die Sparkassen, Girozentralen und ihre Verbände. Festgelegt wird in den Sparkassengesetzen (z.B. Hessisches SpkG) neben den Aufgaben, der Rechtsnatur und den Organen der Sparkasse auch die Haftung des Gewährträgers, die in unbeschränktem Umfange für alle Verbindlichkeiten der Sparkasse gilt. Diese Gewährträgerhaftung erhält dadurch große Bedeutung für die Sparkassen, daß sich bei ihnen aufgrund formal nicht zulässiger Gewinnerzielung eine von den anderen Kreditinstituten wesentlich abweichende Eigenmittelstruktur ergibt. Grund- oder Stammkapital kann deshalb nicht ausgewiesen werden. Das nach dem KWG erforderliche Eigenkapital kann ausschließlich über Rücklagen nachgewiesen und damit aus den jährlichen Überschüssen gebildet werden. Die Eigenkapitalbasis der Sparkassen ist häufig wegen fehlender Grund- oder Stammkapitalausstattung verhältnismäßig gering. Durch die Haftung des Gewährträgers wird dieser Nachteil in bezug auf die Sicherheit der Einlagen jedoch vollständig ausgeglichen. Sparkassen sind darüberhinaus explizit für die Anlage von Mündelgeld geeignet.[51] Für das Land Niedersachsen gilt beispielsweise eine Dreiteilung des (niedersächsischen) Sparkassenrechts. Die rechtlichen Grundlagen der Tätigkeit ihrer Sparkassen sind verteilt über (1) Niedersächsisches Sparkas-

---

[51] Vgl. hierzu § 1807 Ziffer 5 BGB.

sengesetz, (2) Niedersächsische Sparkassen Verordnung und (3) Mustersatzung für die Sparkassen in Niedersachsen.

Die **Organe** der Sparkasse sind Verwaltungsrat und Vorstand. Das Aufsichts- und Kontrollorgan der Sparkasse ist der Verwaltungsrat. Ihm gehören Mitglieder der Vetretung des Gewährträgers sowie in manchen Bundesländern Arbeitnehmer der Sparkasse an. Der Verwaltungsrat beschränkt sich nicht allein auf seine Überwachungsfunktion, sondern er beschließt auch über die Richtlinien der Geschäftspolitik und erläßt Geschäftsanweisungen für den Vorstand. Der Vorstand wird als Leitungsgremium auf Vorschlag des Verwaltungsrats bestellt. Die Mitglieder des Vorstandes leiten die Sparkasse selbständig und in eigener Verantwortung.

Die **Sparkassenorganisation** ist im Bundesgebiet ebenso wie der Genossenschaftssektor dreistufig aufgebaut, wie die Abbildung 2.12. zeigt.

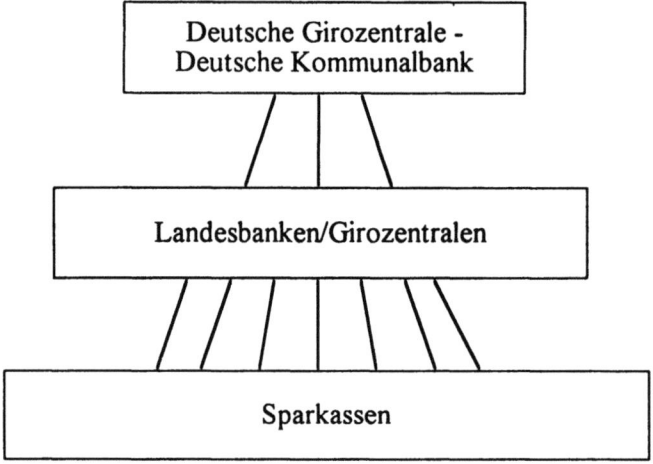

Abb. 2.12.: Aufbau der Sparkassenorganisation

Die Sparkassenorganisation wird durch die einzelnen **Sparkassen** getragen, deren Geschäftstätigkeit noch heute wesentlich durch die historischen Aufgaben der Ansammlung von Spargeldern und des Realkreditgeschäfts geprägt ist. Trotzdem haben sich die Sparkassen zu universal tätigen Geschäftsbanken entwickelt. Hervorzuheben ist für den Sparkassensektor das große Girosystem, das sie mit den Girozentralen bilden und über das der bargeldlose Zahlungsverkehr abgewickelt wird. Die Geschäftstätigkeit konnte unter Einbeziehung von Tochtergesellschaften erheblich ausgeweitet werden. Einen Überblick über die Sparkassenaktivitäten, die Beteiligungsverhältnisse und Leistungsstruktur zeigt hierzu die Abbildung 2.13.. Der Abbildung ist auch das Bestreben nach regionaler Eigenständigkeit in den Landesteilen Baden und Württemberg zu entnehmen.

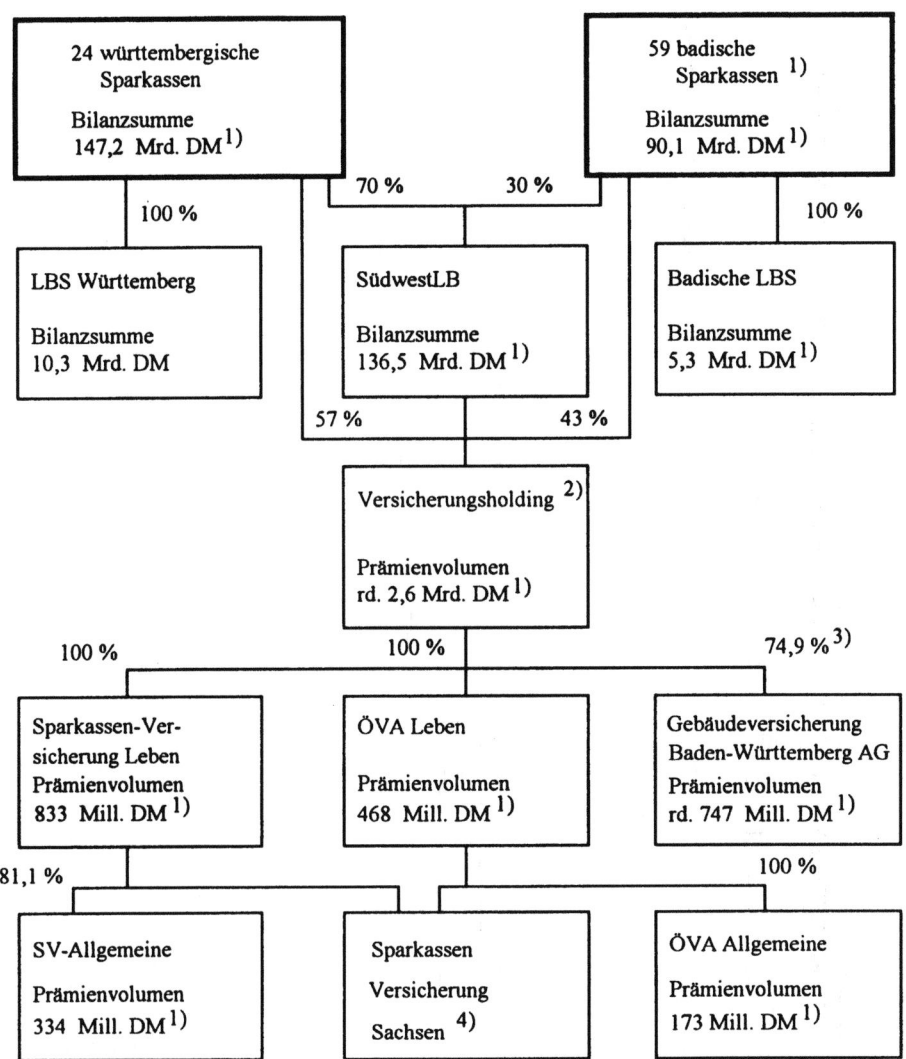

1) alle Angaben von Ende 1994; 2) inzwischen gegründet; 3) bis Ende 1996 bleiben 25.1 % beim Land Baden-Württemberg; 4) Sächsische Sparkasse 51 %, SV; ÖVA und Bayern-Versicherung 49 %, hat am 1.10.92 ihre Geschäftstätigkeit aufgenommen

Abb. 2.13.: Sparkassenorganisation Baden-Württemberg

Die **Landesbanken/Girozentralen** stellen die Zentralinstitute des Sparkassensektors dar. Die ihnen obliegenden Aufgaben lassen sich durch die nachfolgenden Stichworte umreißen:

'Staatsbank für das Bundesland', 'Kommunalbank für die Gemeinden', 'Zentralinstitut für die Sparkassen' und 'Geschäftsbank im Privat- und Firmenkundengeschäft'.

Die Zentralbanken sind insbesondere in der Verwaltung der Liquiditätsguthaben der Sparkassen und der Abwicklung des Zahlungsverkehrs tätig. In zunehmendem Maße haben sich die Girozentralen auch dem industriellen Großgeschäft und dem Auslandgeschäft zugewandt. Eine starke Position besitzen die Landesbanken auf dem Geldmarkt, da sie als Sammelbanken für die Sparkassen über erhebliche liquide Mittel verfügen, die sich noch dadurch erhöhen, daß die Girozentralen als Kommunalbank oder Hausbank einzelner Bundesländer fungieren. Die Anteilseigner unterscheiden sich je nach Bundesland; die Landesbanken werden überwiegend von den Ländern, häufig dabei in Zusammenarbeit mit den Sparkassen- und Giroverbänden bzw. mit den einzelnen Sparkassen getragen.

Historisch läßt sich die Entstehung der Landesbanken bis in die Anfänge zurückverfolgen. Als im Jahre 1908 eine Zusammenarbeit der Sparkassen immer dringlicher wurde, bildeten sich regionale Sparkassenverbände.[52] Mit der Verabschiedung des Preußischen Zweckverbandsgesetzes im Jahre 1911 erhielten auch die Kommunen die institutionelle Möglichkeit, rechtsfähige juristische Personen zu gründen. Es wurden Giroverbände geschaffen, die als Träger je einer Girozentrale auftraten. Die Girozentralen wurden dabei als rechtlich und wirtschaftlich unselbständige Abteilungen der Giroverbände geführt. Das Betriebskapital der Sparkassen- und Giroverbände brachten die angeschlossenen Sparkassen auf, die Haftung übernahmen die entsprechenden Kommunen oder Kommunalverbände. Die Girozentralen entstanden teils neben den rechtlich selbständigen Landesbanken, teils übernahmen die Landesbanken die Girofunktion (Land Hessen; Preußische Provinzen: Rheinland, Westfalen, Hessen-Nassau). Als Reaktion auf die Gründung des Deutschen-Zentral-Giroverbandes 1916 erfolgte die Gründung des Verbandes deutscher öffentlich-rechtlicher Kreditanstalten e.V. als eigene Interessenvertretung der Landes- bzw. Staatsbanken.

Nach der Gründung des Deutschen Sparkassen- und Giroverbandes (DSGV) im Jahre 1924 erfolgte in Pommern die erste Gründung einer Gemeinschaftsbank mit paritätischer Beteiligung des Giroverbandes und des Provinzialverbandes; bis 1935 vollzog sich in allen Ländern/Provinzen die Schaffung von Landesbanken/Girozentralen in der Rechtsform der Anstalt öffentlichen Rechts. Die folgende Aufstellung der Tabelle 2.4. zeigt die Beteiligungsverhältnisse an den zur Zeit zwölf Landesbanken/Girozentralen; es wird deutlich, daß die paritätische Beteiligung von Land und regionalem Sparkassen- und Giroverband keineswegs die Regel darstellt.

---

[52] Vgl. zur Historie: Langschied, J.: Der Sparkassenverbund, Wiesbaden 1993, S. 49 und S. 56-61.

INSTITUT	Gewähr-/Anstaltsträger	Gesetzesbestimmungen
Bayerische Landesbank - Girozentrale -	50% Freistaat Bayern, 50% Bayerischer Sparkassen- und Giroverband	Gewährträger: Art.3 LBankG Grundkapital : Art.5 LBankG
Bremer Landesbank Kreditanstalt Oldenburg - Girozentrale -	25% Freie und Hansestadt Bremen, 75% Norddeutsche Landesbank	Gewährträger: §3 , Stammkapital §4 StaatsV (Bremen/ Niedersachsen)
Hamburgische Landesbank - Girozentrale -	100% Freie und Hansestadt Hamburg	
Norddeutsche Landesbank - Girozentrale - (Angaben gemäß Satzung der NORD/LB)	40% Land Niedersachsen; 10% Land Sachsen-Anhalt; 10% Land Mecklenburg/ Vorpommern; 26,66% Niedersächsischer Sparkassen-und Giroverband; 6,66% Spk.-Beteiligungsverb. Mecklenburg/Vorpommern; 6,66% Spk.-Zweckverband Sachsen-Anhalt	ursprüngliche Regelungen in: - §5 und §6 NordLBG - §2 und §3 StaatsV (Niedersachsen/Sachsen-Anhalt)
Sächsische Landesbank - Girozentrale -	50% Freistaat Sachsen; 50% Beteiligungszweckverband Sächsischer Sparkassen	Gewährträger: §4, Stammkapital: §5 SächsLBG
Landesbank Berlin - Girozentrale -	100% Land Berlin	Gewährträger: §5, Grundkapital : §6 LBankG
Landesbank Hessen-Thüringen - Girozentrale-	100% Sparkassen-und Giroverband Hessen-Thüringen	unbeschränkte Gewährträgerhaftung des Landes Hessen nach §11 NeuOG (Hessen)
Landesbank Rheinland-Pfalz - Girozentrale-	50% Land Rheinland-Pfalz; 50% Sparkassen-und Giroverband Rheinland-Pfalz	Gewährträger und Stammkapital: §26 SpkG
Landesbank Saar - Girozentrale -	23,5% Saarland; 76,5% Sparkassen und Giroverband Saar	Haftung: §33 SpkG
Landesbank Schleswig-Holstein -Girozentrale-	50% Land Schleswig-Holstein; 50% Sparkassen	Haftung: §40 SpkG
Südwestdeutsche Landesbank - Girozentrale -	100% (30% badische, 70% württembergische) Sparkassen	Sparkassen sind Kapitalhalter und Gewährträger: §39b SpkG
Westdeutsche Landesbank - Girozentrale -	43,16% Land Nordrhein-Westfalen; 11,75% Landschaftsverband Rheinland; 11,75% Landschaftsverband Westfalen-Lippe; 16,67% Rheinische Sparkassen 16,67 % Westfälisch-Lippische Sparkassen	Gewährträgerhaftung: §37 SpkG

Tabelle 2.4.: Beteiligungsverhältnisse an den Landesbanken/Girozentralen

Quelle: Hoppenstedt Verlag (Hrsg.), 1994, a.a.O.

Gewährträgerhaftung und Kapitalbeteiligung sind bei den Landesbanken/Girozentralen also eindeutig und meistens parallel geregelt. Auch bei Betrachtung der historischen Entwicklungslinie dürfte sich kein großer Zweifel daran erheben, daß das Eigentum an den Landesbanken/Girozentralen formal durch die Kapitalbeteiligungen dargestellt wird. Die Frage des Eigentums an den Landesbanken/Girozentralen wird allerdings auch nicht diskutiert, ganz im Gegensatz zu der Frage des Eigentums an den Sparkassen, auf die später noch einzugehen sein wird. Mit der Abbildung 2.14. soll eine vereinfachte Darstellung des Sparkassenverbundes gegeben werden:[53]

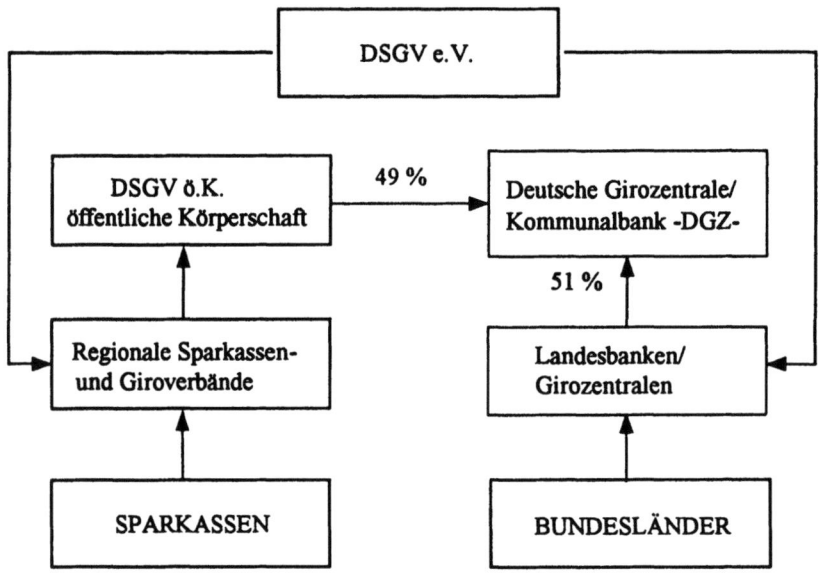

Abb. 2.14.: Träger- und Gewährträgerschaft im Sparkassenverbund

Die **Deutsche Girozentrale/Kommunalbank** (DGZ) ist formal das Spitzeninstitut der deutschen Sparkassenorganisation.[54] Sie wird von den regionalen Girozentralen getragen. Die Bank refinanziert sich in erster Linie durch die Emission von Schuldverschreibungen; bei der Mittelverwendung steht eindeutig der Kommunalkredit im Vordergrund. Wesentliche Aufgaben liegen in der Beteiligung am nationalen und internationalen Konsortialgeschäft, dem Kreditgeschäft mit den Ländern und den Sondervermögen des Bundes sowie in der Trägerschaft der Deutschen Terminbörse. Die DGZ betreibt demnach eine Art Nischenpolitik gegenüber den Landesbanken/Girozentralen, denn die Tätigkeitsfelder der DGZ stehen nicht in Konkurrenz zu denen der Landes-

---

[53] Vgl. Langschied, J., 1993, a.a.O., S. 11.
[54] Vgl. ebenda, S. 141f. und 155f..

banken/Girozentralen. An dem **DSGV ö.K.** sind allein die Sparkassen- und Giroverbände beteiligt, der Verband wird aber in Personalunion mit dem DSGV e.V. geführt. Die Kapitalanteile der DGZ liegen zu 51% bei den Landesbanken/Girozentralen und zu 49% beim DSGV ö.K.. Der DSGV ö.K. übernimmt jedoch alleine die Gewährträgerschaft, so daß die unbeschränkte Haftung letztlich auf die Sparkassen und damit auf die sie tragenden Kommunen übergeht. Die Länder haften nur mit den von ihnen an den Landesbanken/Girozentralen gehaltenen Kapitalanteilen.

Die Frage nach dem **Eigentum an den Sparkassen** wird im Zusammenhang mit Privatisierungsforderungen recht kontrovers diskutiert. Der Frage, ob die Sparkassen möglicherweise den Sparern gehören könnten, wird in der Literatur dagegen keine Beachtung geschenkt. Ein denkbarer Grund für die Nichtbeachtung dieser Fragestellung mag darin liegen, daß die Ansprüche der Einleger mit der Rückzahlung des Guthabens und der Zahlung von Zinsen abgegolten sind. Weiter müßte bei Verneinung einer Eigentümerstellung der Sparer die Annahme gemacht werden, daß, wie bei jeder anderen Geschäftsbeziehung auch, kein Anspruch der Sparer auf den Gewinn des Geschäftspartners 'Sparkasse' besteht. Es ist also letztlich die Frage zu beantworten, ob die kommunalen Sparkassen sich selbst oder der Kommune gehören. Argumente, die zwar wenig justitiabel sein dürften, insgesamt aber geeignet sind, die eine oder die andere Ansicht zu stärken, sollen im folgenden dargestellt werden.

Unter Bezugnahme auf die geschichtliche Entwicklung der Sparkassen wird darauf verwiesen, daß die ersten Sparkassen als rechtlich unselbständige Einrichtungen entstanden, die Platz in Räumen der Kommune fanden, von Behördenvertretern geführt wurden und mit der Gewährträgerhaftung der Kommune ausgestattet waren. Durch Notverordnungen des Reichspräsidenten wurden die Sparkassen 1931 in Anstalten öffentlichen Rechts umgewandelt. Hinsichtlich der Privatisierungsdiskussion stehen sich zwei Thesen gegenüber.

These 1: Die Sparkassen gehören sich selbst.

Die Verfechter der These, daß sich die Sparkassen selbst gehören, bestreiten zwar nicht, daß die Kommunen bedeutende Aufbauhilfe geleistet haben; umso mehr wird aber betont, daß die Kommunen keine Kapitalausstattung beibrachten. Die rechtliche Verselbständigung 1931 eröffnete die Möglichkeit zur Bildung eigenen Anstaltsvermögens. Die nach der Verselbständigung erwirtschafteten Eigenmittel würden demnach als Vermögen der Sparkassen anzusehen sein und nicht der Kommune.[55]

---

[55] Vgl. Brandt, H.-D.: Wem gehören die Sparkassen?, in: Sparkasse, 110. Jg., 2/1993, S. 54-55.

These 2 als Gegenthese: Die Sparkassen sind kommunales Eigentum.

Die historische Entwicklung wird aber auch zur Stützung der Gegenthese, daß es sich bei den Sparkassen um Unternehmen in kommunalem Eigentum handeln muß, herangezogen. Von Beginn an war die Sparkassentätigkeit mit dem öffentlichen Auftrag verknüpft, der auch heute noch in allen Sparkassengesetzen festgeschrieben ist. Die Sparkassen entwickelten sich weiterhin in enger kommunaler Anbindung in organisatorischer und funktionaler Hinsicht. Deutliche Zeichen sind beispielsweise:[56]

- Ermächtigung des Anstaltsträgers zur Entscheidung über Errichtung, Verschmelzung oder Auflösung der Sparkasse und die Änderung der Sparkassensatzung.

- Mitwirkung der Kommune bei der Organbestellung und Anspruch der Kommune auf einen Teil des Jahresüberschusses, der allerdings ebenso gemeinnützig verwendet werden muß, wie der Erlös aus der Auflösung einer Sparkasse, der der Kommune gegebenenfalls zufallen würde.

- Reste hoheitlicher Vollmachten, beispielsweise das Führen eines Siegels mit dem Wappen des Gewährträgers (vgl. §9 bw SpkG, §2 LBankG Berlin u.a.) und die Kraftloserklärung von Sparkassenbüchern (vgl. § 31 bw SpkG u.a.).

- Verpflichtung der Kommune zur Aufrechterhaltung der Funktionsfähigkeit der Sparkasse, sog. Anstaltslast.

- Die Sparkassen unterliegen bestimmten Geschäftsbeschränkungen; so gilt zum Beispiel für Sparkassen das Enumerationsprinzip, um die Gewährträgerhaftung der Kommunen kalkulierbar zu machen. Nach diesem Prinzip dürfen nur die in der Satzung ausdrücklich aufgeführten Geschäfte betrieben werden. Die Geschäftstätigkeit wird zusätzlich auf das Gebiet des Gewährträgers beschränkt. Zugleich gilt die Verpflichtung zur Gemeinnützigkeit und Erfüllung sonstiger öffentlicher Aufgaben.

- Nach herrschender Ansicht ist die sozialwirtschaftlich ausgerichtete kreditwirtschaftliche Betätigung der Kommunen ein (Kern-)Bereich der kommunalen Selbstverwaltung nach Art. 28 II Grundgesetz.[57]

- In den Sparkassenbilanzen setzt sich das Eigenkapital aus den Rücklagen und dem Dotationskapital zusammen, wenn auch die Zahl der Fälle, in denen tatsächlich Dotationskapital eingezahlt wurde, gering ist. Als Dotationskapital wird dabei das von Staat und Gemeinden zur Verfügung gestellte Betriebskapital der staatlichen und kommunalen Anstalten bezeichnet. Interessant ist allein die Existenz dieses Postens und die Tatsache, daß das Dotationskapital bei den Sparkassen entgegen der Regelung des §10 Abs.2 Nr.5 KWG doch als haftendes Eigenkapital anzuerkennen ist.[58]

- Die sogenannten 'Freien Sparkassen' unterschieden sich von den öffentlich-rechtlichen nicht durch den Gründungsauftrag, sondern vielmehr durch den Gründer, den Träger, der sie mit den notwendigen Voraussetzungen zur Führung des Geschäftsbetriebes ver-

---

[56] Vgl. Claussen, B., 1990, a.a.O., S. 29-40; Geiger, H., 1991, a.a.O., S. 24f.; Langschied, J., 1993, a.a.O., S. 135.
[57] Vgl. Claussen, B., 1990, a.a.O., S. 118ff..
[58] Vgl. ebenda, S. 85.

sah.⁵⁹ Gemäß dieser Differenzierung wäre es folgerichtig, die Kommunen als Eigentümer der kommunalen Sparkassen zu bezeichnen.

- Die Sparkassen erfüllen gegenüber den Kommunen eine Hausbankfunktion, die satzungsmäßig vorgegeben ist.

Die soeben unter These 2 aufgeführten Einzelaspekte stehen nicht in einem stringenten Argumentationszusammenhang. Sie tragen lediglich zu einem Gesamtbild der Sparkasse bei, das zwar Ansätze für eine Entkommunalisierung im Sinne fortschreitender Eigenständigkeit der Sparkassen erkennen läßt, andererseits aber auch den kommunalen Einfluß betont, der folgendermaßen genutzt wird: Mit Schaffung einer neuen Organisations- bzw. Führungsstruktur sowie die Gewährung der Personalhoheit "wurde die Tendenz einer Emanzipation der Sparkasse als kommunales Unternehmen von ihrem Eigentümer fortgesetzt, die schon die Sparkassenreform 1931/32 eingeleitet hatte".⁶⁰

Von demselben Verfasser wird hinsichtlich der rechtlichen Verselbständigung der Sparkassen (1931) auch die folgende Auffassung vertreten:"Die bisherigen Träger sollten zwar weiterhin Eigentümer bleiben und die Haftung übernehmen, dabei waren aber die engen personellen und organisatorischen Verbindungen zu den kommunalen Gebietskörperschaften zu lösen".⁶¹ Ähnliche Äußerungen, die keinen Zweifel an der Eigentumsfrage lassen, werden häufig gemacht, ohne daß sie allerdings eine unmittelbare Begründung erfahren. Somit muß auf die oben dargestellte historische Entwicklungslinie der Sparkassen verwiesen werden, die gewisse Anhaltspunkte dafür gibt, daß ein möglicher Privatisierungserlös zunächst der Kommune zustehen könnte. Ähnlich wie der Erlös aus der Auflösung einer Sparkasse wäre wohl auch ein Privatisierungserlös gemeinnützig zu verwenden, so daß aus der Sparkassenprivatisierung keine allgemeine Haushaltssanierung finanziert werden könnte.

Im Zuge der Diskussion um die Veräußerung der Sparkassen wurden auch die verschiedenen Privatisierungsmodelle entwickelt, von denen die drei wichtigsten unabhängig von der Rechtsauffassung zur Eigentumsfrage kurz vorgestellt werden sollen.

Modell 1: Beteiligung über Genußscheinkapital⁶²

In vielen Sparkassengesetzen bzw. Mustersatzungen ist die Aufnahme von Genußscheinkapital bereits vorgesehen (vgl. für Niedersachsen: §21a niedersächsische Mustersatzung), so daß der Genußschein als rechtlich

---

⁵⁹ Vgl. Hafke, H.C.: "Freie" und öffentlich-rechtliche Sparkassen, in: Kreditwesen, 38. Jg., 5/1988, S. 174-180, hier S. 174f..
⁶⁰ Langschied, J., 1993, a.a.O., S. 100.
⁶¹ Ebenda, S. 92.
⁶² Vgl. Claussen, B., 1990, a.a.O., S. 167-185.

zulässiges Finanzierungsinstrument unter Wahrung des öffentlich-rechtlichen Auftrags schon zur Verfügung steht. Um eine vollständige Zurechnung zum haftenden Eigenkapital zu gewährleisten, muß das Genußrechtskapital die Vorschriften des §10 Abs. 5 KWG erfüllen, vor allem aber in voller Höhe am Verlust teilnehmen.

Modell 2: Aufnahme Privater als Stille Gesellschafter[63]

Interessant für die Klärung der Eigentumsfrage ist in diesem Zusammenhang auch, ob das für die bundeseigene Deutsche Siedlungs- und Landesrentenbank (DSL-Bank) entwickelte Teilprivatisierungsmodell auf Sparkassen grundsätzlich übertragen werden könnte. Es sieht nämlich vor, daß unter Wahrung des öffentlich-rechtlichen Status 49% des neuen Grundkapitals auf eine Holding AG übertragen werden, die dann als stiller Gesellschafter an der DSL-Bank - Anstalt öffentlichen Rechts - beteiligt ist, deren Aktien aber in privaten Streubesitz kommen sollen. Ein ähnliches Modell könnte auch für die Sparkassenprivatisierung entwickelt werden. Wesentlich für die Sparkassenfrage ist, ob in der Satzung einer Sparkasse ein Grundkapital vereinbart werden könnte (analog zu den Regelungen betreffend Landesbanken/Girozentralen). Im Falle der DSL-Bank hätte der Bund ein Entnahmerecht bezüglich des vereinbarten Grundkapitals. Demnach wäre die Eigentumsfrage bei den Sparkassen zugunsten der Kommunen zu entscheiden, falls eine der DSL-Bank-Privatisierung vergleichbare Regelung bei den Sparkassen zulässig wäre.

Modell 3: Umwandlung in eine Sparkassen-AG[64]

Weder der öffentliche Auftrag der Sparkassen, noch die kommunale Bindung, das Regionalprinzip oder sonstige Geschäftsbeschränkungen sind an die öffentliche Rechtsform gebunden. Alle bisher geltenden Grundsätze könnten auch in der Satzung einer AG verankert werden. Die eigentliche Umwandlung hätte sich nach der Vorschrift des § 385a AktG zu richten, worin die Umwandlung einer Anstalt öffentlichen Rechts in eine AG geregelt ist. Für die Umwandlung wäre eine landesrechtliche Ermächtigungsnorm nötig (§ 385a Abs. 2 Satz 1), die durch eine Änderung des Sparkassengesetzes des betreffenden Landes geschaffen werden müßte. Im Sinne des § 385a Abs. 3 müßte dort auch geregelt werden, daß die Kommune als Gründer der AG das Grundkapital der Gesellschaft und somit zunächst die alleinige privatrechtliche Eigentümerstellung mit allen Rechtsfolgen übernehmen kann.

Zusammenfassend kann zu den vorgenannten Privatisierungsmodellen festgestellt werden, daß sie zur Beantwortung der Frage nach dem Eigentum an den

---

[63] Vgl. Claussen, B., 1990, a.a.O., S. 187-204; Schmidt, O.: Das DSL-Bank-Modell, Berlin 1992, S. 72ff..
[64] Vgl. Claussen, B., 1990, a.a.O., S. 186-192.

Sparkassen nicht viel beitragen, denn ihre Durchführbarkeit bzw. Zulässigkeit wird je nach Interessenlage unterschiedlich beurteilt. Teilweise müßten die für die Privatisierung notwendigen gesetzlichen Bestimmungen erst geschaffen werden. Würde der Landesgesetzgeber z.b. die Veräußerung von Sparkassen gesetzlich regeln und den Veräußerungserlös analog zum Auflösungserlös der Kommune unter Beachtung der Zweckbestimmung zuschreiben, so wäre die Rechtslage eindeutig. Dieses würde der Auffassung entsprechen, daß in modernen Volkswirtschaften Eigentumsrechte vorwiegend über Märkte oder durch direkte politische Entscheidungen übertragen oder zugewiesen werden.[65] Zur Beurteilung der Interessenlage der jeweils auftretenden Diskutanten sei ergänzend noch einmal auf die für alle anderen Banksektoren interessanten hohen Marktanteile der Sparkassen, die den Abbildungen 2.9. und 2.10. zu entnehmen sind, hingewiesen.

2.2.1.4 Deutsche Postbank AG

Die Deutsche Postbank AG ist gegenwärtig weder dem öffentlich-rechtlichen Bereich noch dem Privatbankensektor zuzurechnen. Die Umorientierung zu einem privatwirtschaftlich orientierten Unternehmen darf als abgeschlossen angesehen werden. Die erste Postsparkasse wurde 1938 mit dem Anschluß Österreichs an das Deutsche Reich errichtet. In Österreich war diese Institution bereits seit 1883 etabliert, während in Deutschland bis dahin alle Versuche der Errichtung eines Postsparkassenwesens gescheitert waren.

Rechtliche Grundlage für das später von der Deutschen Bundespost betriebene Kreditinstitut bildet heute die Postgiro- und Postsparkassenordnung. Die Post unterlag nur eingeschränkt den Normen des KWG.[66] Auf dieser Grundlage bot die Bundespost lediglich zwei Bankgeschäfte für den Massenverkehr an: das Spareinlagengeschäft und die Haltung von Spareinlagen für den Zahlungsverkehr. Seit einiger Zeit ist schon die Gewährung von Kontokorrentkrediten an Nichtbanken möglich.

Hauptaufgabe war damit die Abwicklung des Zahlungsverkehrs. Gegenwärtig findet eine Erweiterung der Geschäftstätigkeit bei Konzentration auf Basisprodukte statt. Schwerpunkte dieser Ausweitung waren 1994 das Electronic-Banking, Investmentgeschäfte über die Deutsche Postbank International S.A. in Luxemburg, ec- und Eurocard-Angebote, Sparbriefe und Lebensversicherungen. Vertrieb und Geschäftsabwicklung werden weiterhin über die Räumlichkeiten der Deutschen Post AG erfolgen; Schalter werden in Form von 'Zweigstellen A' und 'Zweigstellen B' ein unterschiedlich umfangreiches

---

[65] Vgl. Willgerodt, H.: Eigentumsordnung, in: Handwörterbuch der Wirtschaftswissenschaften, Bd. 2, Stuttgart, Tübingen, Göttingen 1980, S. 175-189, hier S. 175.
[66] Vgl. Hahn, O.: Die Postbank, Ihre Stellung in der Bankwirtschaft, Wiesbaden 1978, S. 25f..

Leistungsspektrum betreuen. Der im Ausbau befindliche Zweigstellentyp A soll das gesamte Spektrum an Leistungen einschließlich Schnellservice anbieten, wohingegen der Zweigstellentyp B Beratung und Bedienung bei eingeschränktem (Standard-) Leistungsspektrum übernimmt.

2.2.2 Kreditinstitute mit Sonderaufgaben

Innerhalb des deutschen Bankwesens bilden die **Kreditinstitute mit Sonderaufgaben** eine besondere Gruppe. Obwohl die Aufgaben der Institute sehr heterogen sind, nehmen sie doch jeweils eine Ergänzungsfunktion im kreditwirtschaftlichen Bereich wahr, die von anderen Kreditinstituten nicht oder nur unzureichend wahrgenommen wird. Zu den Kreditinstituten mit Sonderaufgaben zählen 18 Gesellschaften mit einer Bilanzsumme von 756,39 Mrd. DM (Jan.1995) inkl. Deutsche Postbank AG.

Die folgende Tabelle 2.5. zeigt eine Zusammenstellung der wichtigsten Kreditinstitute mit Sonderaufgaben, von denen zunächst nur die privatrechtlich organisierten Kreditinstitute näher behandelt werden sollen.

Kreditinstitute mit Sonderaufgaben	Bilanzsumme Mio.DM	Geschäftsstellen	Mitarbeiter	Sitz der Gesellschaft
1.Privatrechtl. Kreditinsitute				
(1) AKA-Ausfuhrkredit GmbH	26,637	1	116	Ffm
(2) Deutsche Bau- u. Bodenbank AG	20.259	30	905	Ffm
(3) Deutsche Verkehrs-Bank AG	8.200	82	917	Berlin/Ffm
(4) IKB - Deutsche Industriebank	40.350	7	1.053	Düsseldorf
(5) Liquiditäts-Konsortialbank GmbH	417	1	--	Ffm
(6) Privatdiskont AG	0,1	1	--	Ffm
2. Öffentlich-rechtliche Kreditinstitute				
(1) Deutsche Siedlungs- und Landesrentenbank	64.001	18	779	Berlin/Bonn
(2) Kreditanstalt für Wiederaufbau	256.212	2	1.615	Ffm
(3) Landwirtschaftliche Rentenbank	51.200	1	177	Ffm
(4) Deutsche Ausgleichsbank	64,9	1	685	Bonn

Tabelle 2.5.: Die Kreditinstitute mit Sonderaufgaben, Datenstand 1994

Trotz der Heterogenität der Institute weist die Bilanzstruktur der Kreditinstitute mit Sonderaufgaben ein einheitliches Bild auf. Bei der Kapitalbeschaffung überwiegen die Einlagen von Kreditinstituten sowie die von Nichtbanken entgegengenommenen Termineinlagen. Ein großer Teil des langfristigen Geschäfts wird über Schuldverschreibungen refinanziert. Im Rahmen der

Mittelverwendung ist der Anteil der an Kreditinstitute vergebenen Kredite besonders groß. Bei der Kreditvergabe an Nichtbanken dominiert das langfristige Geschäft. Kreditinstitute mit Sonderaufgaben lassen sich in bezug auf die Organisationsform in privatrechtlich und öffentlich-rechtlich organisierte Institute unterscheiden.

Zu den **privatrechtlich organisierten Instituten** zählen die AKA Ausfuhrkreditgesellschaft mbH, die Deutsche Bau- und Bodenbank AG, die Deutsche Verkehrs-Kredit-Bank AG, Industriekreditbank AG/Deutsche Industriebank, Liquiditäts-Konsortialbank GmbH, Privatdiskont AG.

Die **AKA Ausfuhrkreditgesellschaft mbH** ist ein Spezialinstitut für die mittel- und langfristige Exportfinanzierung, dessen Gründung 1952 zunächst als Aktiengesellschaft durch ein Bankenkonsortium vorgenommen wurde. Die Umwandlung in eine Gesellschaft mit begrenzter Haftung erfolgte, damit alle Anteilseigner im Aufsichtsrat vertreten sein konnten. Die Konsortialbanken stammen aus allen Bereichen des Kreditwesens. Gegenstand der Finanzierung der AKA sind hauptsächlich Investitionsgüterexporte. Die Aufgaben der AKA bestehen in der Gewährung von Lieferantenkrediten an deutsche Exporteure zur Refinanzierung der Produktionskosten bzw. der kreditierten Exportforderungen sowie Bestellkredite an ausländische Abnehmer oder deren Banken zur Bezahlung von Lieferantenverbindlichkeiten gegenüber deutschen Exporteuren. Kredite an Abnehmer in Entwicklungs- und Staatshandelsländern (22 % und 76 % der Gesamtkreditzusagen und Reservierungen in 1994) sind dabei in der Mehrheit. Die Refinanzierung erfolgt über die Kreditplafonds A, B, C und D, die von den Konsortialbanken und der Deutschen Bundesbank bereitgestellt werden.

Die **Deutsche Bau- und Bodenbank AG** wurde 1923 durch Institutionen der unternehmerischen Wirtschaft gegründet. Zwischenzeitlich ist die Bank mehrheitlich in Bundesbesitz gelangt; seit 1978 im Besitz der Deutschen Pfandbriefanstalt. Hauptaufgaben sind die Vergabe von Zwischenkrediten und Vorfinanzierungen in der Bauphase von Objekten, die Mitwirkung bei staatlichen Förderungsmaßnahmen wie der des sozialen Wohnungsbaus und im Rahmen des Lastenausgleichs und die Vergabe und Verwaltung von langfristigen Wohnungsbaudarlehen in eigenem und im fremden Namen für Treugeber. Die Bau- und Bodenbank ist Treuhänder im Rahmen öffentlicher wohnungswirtschaftlicher Aufgaben und von Immobilienfonds. Kreditnehmer sind hauptsächlich Bauherren als Privat- oder Firmenkunden sowie private Erwerber von Eigenheimen und Eigentumswohnungen; Geschäftspartner ist außerdem die unternehmerische Wohnungswirtschaft.

Die Gründung der **Deutschen Verkehrs-Bank AG** (ehemals Deutsche Verkehrs-Kredit-Bank AG) geht auf das Jahr 1923 zurück. Nach Übernahme der Mehrheit des Aktienkapitals durch die Deutsche Reichsbahn 1924 wurde sie deren Hausbank, später gehörte sie zur Deutschen Bundesbahn. In dieser Zeit verwaltete sie die Finanzmittel der Deutschen Bundesbahn und wickelte deren Zahlungsverkehr im In- und Ausland ab. Gleichzeitig ist die Verkehrs-Bank Geschäftsbank von Wirtschaftsunternehmen jeder Art. Durch den Kontakt zur Bundesbahn wurde insbesondere die Finanzierung von Frachtkosten, von Lieferungen an die Deutsche Bundesbahn und von Produktionsanlagen und sonstigen Einrichtungen auf dem Gelände der Bahn durchgeführt. Mit der Bahnprivatisierung wurde die Deutsche Verkehrs-Bank zum Jahreswechsel '94/'95 veräußert. Seit 1.1.1995 halten vom Aktienkapital 55,4 % die DG-Bank, 15,6 % die Sparda-Bank und einen Anteil von 10 % die Bahn AG; der Rest der Aktien ist gestreut. Die 19 Filialen werden durch 63 Wechselstuben in großen Bahnhöfen, auf Flugplätzen und an wichtigen Grenzübergängen ergänzt.

Die **Industriekreditbank AG - Deutsche Industriebank** wurde als 'Bank für deutsche Industrie-Obligationen' 1924 im Zuge einer Gemeinschaftsaktion der gewerblichen Wirtschaft zur Mitwirkung bei der Abwicklung der Reparationsverpflichtungen gegründet. Die Bank mußte 1945 ihre Geschäftstätigkeit einstellen und wurde erst 1954 wieder für das Berlingeschäft zugelassen. In der heutigen Struktur existiert die Bank seit 1974 durch Verschmelzung der Deutschen Industriebank, Berlin mit der Industriekreditbank, Düsseldorf. Eigentümer der Industriebank sind heute die 'Stiftung zur Förderung der Forschung für die gewerbliche Wirtschaft', über die sich die mittelständischen Unternehmen an dem Institut beteiligen, die drei Großbanken sowie große Versicherungsgesellschaften und private Anleger mit in etwa gleich großen Anteilen. Hauptaufgabe ist die Versorgung der gewerblichen Wirtschaft mit mittel- und langfristigen Krediten. Die Kredite werden in der Mehrzahl für industrielle und gewerbliche Investitionen vergeben. Es wird ein breites Spektrum mittel- und langfristiger Kredite für kleine und mittlere Unternehmen angeboten, die sich im allgemeinen durch eine feste Zinsbindung über die gesamte Laufzeit auszeichnen. Insbesondere Aktivitäten deutscher Unternehmen in Osteuropa wurden in letzter Zeit verstärkt durch Kredite gefördert. Die Refinanzierung erfolgt grundsätzlich laufzeitkongruent durch die Emission von Anleihen und Kassenobligationen sowie aus Darlehen von Banken und Kapitalsammelstellen. Weiterhin verbindet die Industriebank private Wirtschaft und staatliche Wirtschaftsförderung durch die Weiterleitung öffentlicher Kredite. Sonst übliche Geschäfte des Spar- oder Giroverkehrs fehlen; die Industriebank vergibt auch keine kurzfristigen Kontokorrent- oder Konsumentenkredite. Internationalisierung wird über die Kooperation mit der Crédit National in Frankreich und über IKB International in Luxemburg betrieben.

Die **Liquiditäts-Konsortialbank GmbH** (Liko-Bank) wurde 1974 auf Veranlassung der Bundesbank unter Mitwirkung der drei Gruppen des Kreditgewerbes gegründet.[67] Sie ist als Folgeerscheinung des Zusammenbruchs der Herstatt-Bank anzusehen. Zweck der Gründung ist die Vermeidung von Zusammenbrüchen solcher Kreditinstitute, die sich trotz einwandfreier Bonität in vorübergehenden Zahlungsschwierigkeiten befinden. Die Liquiditäts-Konsortialbank vergibt Kredite an bedrohte Banken, legt Gelder bei ihnen ein oder kauft Wechsel der Kreditinstitute an. Sie betreibt keine Geschäfte mit Nichtbanken. Antragsberechtigt sind Kreditinstitute, die den folgenden Verbänden angehören:

- Bundesverband deutscher Banken e.V.
- Deutscher Sparkassen- und Giroverband e.V.
- Bundesverband der Deutschen Volksbanken und Raiffeisenbanken e.V.
- Wirtschaftsverband Teilzahlungsbanken e.V.
- Verband der Gemeinwirtschaftlichen Geschäftsbanken.

Das Stammkapital i. H. v. 372 Mio. DM wird von der Deutschen Bundesbank, den meisten antragsberechtigten Verbänden und als Mitglied des Verbandes der Gemeinwirtschaftlichen Geschäftsbanken von der Bank für Gemeinwirtschaft aufgebracht. Die genaue Verteilung der Anteile am Stammkapital der Bank zeigt die Abbildung 2.15..

Der Gesellschaftsvertrag sieht eine Einschußverpflichtung um weitere 1860 Mio. DM vor, der von den Gesellschaftern im Verhältnis ihrer Geschäftsanteile zu leisten ist.[68] Somit beträgt die Gesamthaftung der Bank aus eigenen Mitteln rund 2,2 Mrd. DM. Zur Erweiterung des Finanzierungsvolumens hat die Deutsche Bundesbank darüber hinaus eine Rediskontlinie von 1100 Mio. DM eröffnet.[69]

Die einzelwirtschaftliche Aufgabe der Liquiditäts-Konsortial-Bank besteht darin, „...bonitätsmäßig einwandfreien Kreditinstituten bei vorübergehenden Liquiditätsschwierigkeiten zu helfen..." und zwar mit der gesamtwirtschaftlichen Zielsetzung „...die bankmäßige Abwicklung des Zahlungsverkehrs im Inland und mit dem Ausland zu gewährleisten"[70].

---

[67] Vgl. Deutsche Bundesbank, Pressenotiz vom 12.9.1974, in: Zeitschrift für das gesamte Kreditwesen, 27. Jg., 19/1974, S. 896f.; Fischer, O.: Funktion und Wirkungsweise der Liquiditäts-Konsortialbank GmbH, in: Österreichisches Bankarchiv, 23. Jg., 1/1975, S. 3. Die Liko-Bank besaß in der Zeit der großen Bankenkrise eine Vorläuferin, die 'Akzept-Bank'. Sie wurde 1931 errichtet und 1936 nach der Erfüllung ihrer Aufgaben liquidiert.
[68] Vgl. Liquiditäts-Konsortialbank GmbH, Frankfurt/Main, Bericht über das 21. Geschäftsjahr vom 1. Januar bis 31. Dezember 1994, 1995, S. 13.
[69] Vgl. Liquiditäts-Konsortialbank GmbH, Frankfurt/Main, Antwortschreiben an den Verfasser vom 15.5.1995.
[70] Liquiditäts-Konsortialbank GmbH, Frankfurt/Main, Gesellschaftsvertrag, § 2 Abs. 1; vgl. auch Samm, C.-T.: Zur Novellierung des Kreditwesengesetzes, in: Österreichisches

96 Das Bankensystem

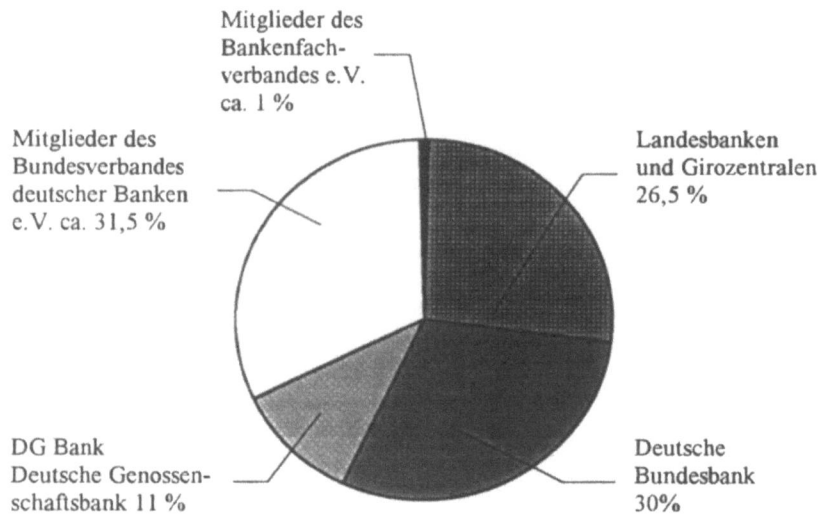

Abb. 2.15.: Die Verteilung der Anteile am Stammkapital der Liquiditäts-Konsortialbank GmbH
Quelle: Datenangaben der Liquiditäts-Konsortialbank GmbH

Somit scheidet die Hilfe der Liquiditäts-Konsortial-Bank bei Überschuldung oder sonstigen Bonitätsproblemen eines Instituts aus (z.B. Bankhaus Fischer, Hamburg 1995).[71]

Die Organe der Bank[72] sind:

1. der Geschäftsführer;

2. die Gesellschafterversammlung;

3. der Verwaltungsrat; bestehend aus 9 Mitgliedern, darunter 2 Vertreter der Deutschen Bundesbank; den Vorsitz führt ein Vertreter der öffentlich-rechtlichen Kreditinstitute;

4. der Kreditausschuß; bestehend aus 4 Mitgliedern, jeweils einem der Deutschen Bundesbank, des privaten Bankgewerbes (der auch den

---

Bankarchiv, 24. Jg., VIII/1976, S. 311. Der zweite Teil ist dem § 3 des Gesetzes über die Deutsche Bundesbank ähnlich.

[71] Vgl. Fischer, R.: Einlagensicherung - Institutssicherung, in: Deutscher Sparkassenverlag GmbH (Hrsg.): HWS - Handwörterbuch der Sparkassen, Bd. 2, Stuttgart 1982, S. 33; Hahn, O.: Struktur der Bankwirtschaft, 2. Auflage, Berlin 1989, S. 93.

[72] Vgl. Liquiditäts-Konsortialbank GmbH, Gesellschaftsvertrag, § 8; Fischer, O., 1975, a.a.O., S. 4.

Vorsitz führt), des öffentlich-rechtlichen Sektors und der genossenschaftlichen Institute.

Für die Kreditvergabe ist ein Antrag notwendig, in dem u.a. die Gründe für die Liquiditätsschwierigkeiten und wesentliche Positionen der Bilanz dargestellt werden. Die Kreditbewilligung erfolgt durch den Kreditausschuß, der aus den Repräsentanten aller beteiligten Bankengruppen besteht. Dem Kreditausschuß kommt besondere Bedeutung zu, weil er über das Ersuchen eines Kreditinstituts um Liquiditätshilfe entscheidet. Dieser Beschluß muß einstimmig gefaßt werden. Ist dieses nicht der Fall (d.h. ist strittig, ob ein Liquiditäts- oder ein Bonitätsfall vorliegt), kann der Vertreter der betroffenen Institutsgruppe durch eine Patronatserklärung eine positive Entscheidung herbeiführen. Dabei übernimmt die betroffene Institutsgruppe das Risiko aus dem Kreditgeschäft der Liquiditäts-Konsortial-Bank mit dem antragstellenden Kreditinstitut.[73]

Die Finanzierung der Liquiditätshilfe erfolgt zunächst über die eingezahlten Eigenmittel. Ein darüberhinausgehender Betrag kann über eine Sonderrediskontlinie der Deutschen Bundesbank abgedeckt werden. Die Liquiditätshilfe erfolgt dann in der Weise, daß das gefährdete Kreditinstitut Wechsel auf die Liquiditäts-Konsortial-Bank zieht, die diese im Wege des Selbstdiskonts ankauft und der Bundesbank zum Rediskont einreicht.[74]

Außerdem ist es noch möglich, Kredite an Kreditinstitute zu gewähren und Gelder bei ihnen einzulegen. Andere Geschäfte, ausgenommen Investmentgeschäfte und sonstige Bankgeschäfte mit Nicht-Kreditinstituten, dürfen betrieben werden, „...soweit sie der Erreichung des Gesellschaftszwecks dienen"[75]. Diese Geschäfte werden über die Ausfuhrkreditgesellschaft mbH, Frankfurt/Main, mit der sie in Personalunion geführt wird, abgewickelt.[76]

Die Anlagen der Liquiditäts-Konsortial-Bank werden in hoch liquider Form gehalten (z.B. am Tagesgeldmarkt). Die in diesem Falle entstehenden Überschüsse (1994 ein Bilanzgewinn von 10,414 Mio. DM), werden an die Gesellschafter der Liquiditäts-Konsortial-Bank ausgeschüttet.[77]

Die **Privatdiskont AG** wurde im Jahre 1959 von überwiegend privaten Kreditinstituten zur Pflege des Privatdiskontmarktes und zur technischen Abwicklung aller damit zusammenhängenden Geschäfte gegründet. Seit dem 1.1.1992 handelt es sich um eine ruhende Gesellschaft ohne aktive Ge-

---

[73] Vgl. Fischer, O., 1975, a.a.O., S. 5.
[74] Vgl. Samm, C.-T., 1976, a.a.O., S. 311f.; Fischer, O., 1975, a.a.O., S. 5.
[75] Liquiditäts-Konsortialbank GmbH, Geschäftsbericht, 1995, a.a.O., S. 13.
[76] Vgl. Starke, O.-E.: Bankaufsichtsnovelle 1976 - Eilreform als Teilreform, in: Wertpapier Mitteilungen IV: Zeitschrift für Wirtschafts- und Bankrecht, 30. Jg., 15/1976, S. 367.
[77] Vgl. Liquiditäts-Konsortialbank GmbH, Geschäftsbericht, 1995, a.a.O., S. 18.

schäftstätigkeit. Privatdiskonten sind Bankakzepte der zum Privatdiskontenmarkt zugelassenen Akzeptbanken, die der Finanzierung von Einfuhr-, Ausfuhr- oder Transithandelsgeschäften dienen und eine Laufzeit von mindestens 10 und höchstens 90 Tagen aufweisen. Die Privatdiskont AG stellte die alleinige Verbindungsstelle zwischen dem Markt und der Deutschen Bundesbank dar. Ihre Aufgabe war die Abwicklung der börsenmäßigen Umsätze der Privatdiskonten sowie der Ausgleich zwischen Angebot und Nachfrage durch Gestaltung der Privatdiskontsätze. Die Privatdiskonten besitzen wegen der einwandfreien Bonität des Wechselverpflichteten, der Bildung eines speziellen Marktes, des Charakters als Geldmarktpapiere und der Eignung als hochliquide Geldanlage eine Sonderstellung. Allerdings wurden die Möglichkeiten der Liquiditätsbeschaffung dadurch begrenzt, daß als Akzeptbanken nur Kreditinstitute mit einem haftendem Eigenkapital von mindestens 20 Mio. DM zugelassen waren und die Aussteller der Privatdiskonten Firmen mit unzweifelhafter Bonität und einem haftendem Eigenkapital von mehr als 1 Mio. DM sein mußten.

2.2.3 Öffentlich-rechtliche Sonderkreditinstitute

Die **Deutsche Siedlung- und Landesrentenbank (DSL-Bank)** ist 1966 durch die Vereinigung der Deutschen Landesrentenbank und der Deutschen Siedlungsbank entstanden. Die DSL-Bank ist eine Anstalt des öffentlichen Rechts und wird hauptsächlich vom Bund und einigen Bundesländern getragen. Über die 1989 gegründete DSL Holding AG, die sich als atypischer stiller Gesellschafter am Geschäftsbetrieb der DSL-Bank beteiligt, wurde durch Erwerb von börsennotierten Holding-Aktien nunmehr auch die Beteiligung privaten Kapitals möglich. Ihre langjährige öffentliche Aufgabe war die Eingliederung der aus der Landwirtschaft stammenden Vertriebenen und Flüchtlinge und der gesamte Bereich der Agrarstrukturverbesserung. Mit der Erfüllung bzw. zunehmenden Bedeutungslosigkeit dieser Aufgaben für das Bankgeschäft begann eine tiefgreifende Änderung in der Geschäftsstruktur, die 1981 eine Novellierung des Errichtungsgesetzes der Bank zur Folge hatte. Heute finanziert das Institut Projekte jeglicher Art im In- und Ausland. Schwerpunkt des Privatkundengeschäfts ist die Baufinanzierung. Bei Firmenkunden steht nach Restrukturierungsmaßnahmen die Finanzierung von Gewerbeimmobilien im Vordergrund. Mit der öffentlichen Hand werden Kreditgeschäfte abgewickelt. Gegenüber Banken und Bausparkassen steht die DSL-Bank als bedeutender Refinanzierer zur Verfügung. Sie gewährt Kredite zur Strukturverbesserung in ländlichen Gebieten, die durch treuhänderisch zur Verfügung stehende öffentliche Mittel finanziert werden. Weiterer Inhalt der Geschäftstätigkeit der DSL-Bank ist die Aufnahme von Kapitalmarktmitteln, die nach der Gesetzesnovelle zwar nicht mehr durch die Bundesrepublik Deutschland garantiert sind, aber dennoch als mündelsicher gelten.

Die **Kreditanstalt für Wiederaufbau (KfW)** ist ebenfalls eine Kreditanstalt des öffentlichen Rechts. Das Grundkapital in Höhe von 1 Mrd. DM wird zu 80% vom Bund und zu 20% von den Ländern getragen. Ihre wirtschaftspolitische Aufgabe ist heute die Förderung der deutschen Wirtschaft durch die Vergabe von Krediten und die Übernahme von Bürgschaften sowie die Vergabe von Krediten und Zuschüssen im Rahmen der finanziellen Zusammenarbeit mit Entwicklungsländern.

Die KfW hatte im Zuge des 'Marshall-Plans' zum Wiederaufbau Europas (European Recovery Program - ERP) die Aufgabe übertragen bekommen, die Wirtschaft mit Darlehen für Wiederaufbauvorhaben zu versorgen, soweit andere Kreditinstitute dazu nicht in der Lage waren. Die Kreditanstalt für Wiederaufbau übernahm damit eine wichtige Verbindungsfunktion zwischen den amerikanischen Behörden und den deutschen Investoren. Kern der Hilfsmaßnahmen des Marshall-Plans war die Bereitstellung von Dollar-Beträgen, mit denen dringend erforderliche Warenimporte nach Europa finanziert werden sollten. Die von den Importeuren dann in Höhe des inländischen Warenwertes abzuführenden Gelder wurden wieder für die Finanzierung dringlicher Investitionen eingesetzt.

Die Aufgaben der KfW änderten sich mit der sukzessiven Rückzahlung der ERP-Mittel. Bereits 1953 wurden die Mittel des inzwischen geschaffenen ERP-Sondervermögens zur langfristigen Exportfinanzierung eingesetzt und Kredite an inländische Lieferanten oder ausländischer Besteller industrieller Anlagen vergeben. Die Mittel wurden zudem Ende der 50er Jahre verstärkt in die Strukturpolitik des Bundes eingegliedert.

Schwerpunkte sind sowohl bei der inländischen als auch bei der ausländischen Kreditvergabe gesetzt. Die **inländische Kreditgewährung** konzentriert sich heute insbesondere auf die langfristige, strukturpolitisch ausgerichtete Investitionsfinanzierung und auf die Exportfinanzierung von Lieferungen an Entwicklungsländer. Die Investitionsfinanzierung ist darauf ausgerichtet, durch die Kreditvergabe spezifische Finanzierungsprobleme kleiner und mittlerer Unternehmen zu mildern, den sektoralen Strukturwandel zu erleichtern sowie Maßnahmen in den Bereichen des Umweltschutzes, des Energiesektors und des Wohnungsbaus zu fördern.

Im Rahmen der **ausländischen Kreditgewährung** werden Vorhaben, für die ein Darlehen beantragt wird, auf ihre entwicklungspolitische Förderungswürdigkeit geprüft. Nach positiver Entscheidung durch die Bundesregierung wird der Darlehensvertrag abgeschlossen und die Abwicklung übernommen. Die Mittel der KfW werden in erster Linie projektgebunden als Kredite zur Verfügung gestellt; nur zu einem geringen Teil werden Mittel nicht projektgebunden zur Deckung des laufend notwendigen zivilen Einfuhrbedarfs zur Verfügung bereitgestellt. Förderungswürdige Vorhaben werden primär in den

Wirtschaftsbereichen Verkehr-, Land- und Energiewirtschaft unterstützt. In den letzten Jahren konzentrierte sich die Kreditvergabe insbesondere auf die armen Entwicklungsländer. Daraus resultiert, daß die Hilfe für die Länder Afrikas eine immer größere Bedeutung erlangte und mit diesen Ländern die meisten Verträge abgeschlossen wurden.

Zur langfristigen Finanzierung ihrer Vorhaben greift die KfW auf Mittel, die vom Bund und vom ERP-Sondervermögen, durch die Ausgabe von Inhaberschuldverschreibungen und die Aufnahme von Darlehen auf dem Kapitalmarkt bereitgestellt werden, zurück. Kurzfristige Kredite werden auf dem Geldmarkt und durch die Bundesbank finanziert. Die KfW betreibt auch alle übrigen Bankgeschäfte mit Ausnahme des Depotgeschäftes, das ihr nur soweit gestattet ist, als es sich um Einlagen des Bundes, seiner Sondervermögen oder um Einlagen zentraler agrarwirtschaftlicher Organisationen handelt.

Mit Wirkung vom 1. Oktober 1994 hat der Bundesminister für Finanzen das Vermögen der Staatsbank Berlin auf die KfW übertragen. Die KfW hat damit die Gesamtrechtsnachfolge der Staatsbank Berlin angetreten; diese wird als Niederlassung Berlin der KfW weitergeführt.

Die **Deutsche Ausgleichsbank** existierte, zunächst als **Lastenausgleichsbank** gegründet, seit 1950 als öffentlich-rechtliches Sonderinstitut. Die Aufgabenstellung ergab sich aus der wirtschaftspolitischen Situation in den Jahren der Gründung. Die durch den Krieg und seine Folgen geschädigten Vertriebenen und Flüchtlinge mußten eingegliedert und gefördert werden. Die Lastenausgleichsbank fungierte neben entsprechenden Behörden als Kreditinstitut, das bei den außergewöhnlichen wirtschaftlichen Schwierigkeiten und insbesondere bei der Versorgung der gewerblichen Wirtschaft mit Aufbaukrediten Hilfestellung leisten sollte. Daraus resultieren auch die folgenden ursprünglichen Geschäfte der Bank:

- Übernahme von Bürgschaften und Vergabe von Krediten an Vertriebene, Flüchtlinge und Kriegsgeschädigte,
- Durchführung bankmäßiger Aufgaben für das Bundesausgleichsamt im Rahmen des Lastenausgleichs,
- Beschaffung von Kapitalmitteln zur Vorfinanzierung des Lastenausgleichs.

Anfang der 60er Jahre weitete die Lastenausgleichsbank ihr Geschäft auf neue Kundenkreise aus. Aus einer vorher vorwiegend personenbezogenen Förderung wurde eine stark objektbezogene Förderung, bei der aber auch weiterhin individuelle und soziale Aspekte bei der Kreditentscheidung berücksichtigt wurden. So vergibt die Deutsche Ausgleichsbank heute auch Kredite an kleine und mittlere Unternehmen (u.a. ERP-Existenzgründungsprogramm, Eigenkapitalhilfeprogramm) zu besonders günstigen Konditionen sowie an gewerbliche und freiberufliche Nachwuchskräfte (u.a. DtA-Existenzgründungsprogramm, Darlehen für berufliche Fortbildungen, Beteiligungskapital für junge Technologieunternehmen). Ihr wurden Programme übertragen, deren Förderungsziel in der Gründung selbständiger gewerblicher und freiberuflicher Unternehmen liegt.

Weiterhin ist die Ausgleichsbank tätig für einige Bundesministerien und andere Bundesbehörden. Sie übernimmt im Rahmen des Auftragsgeschäfts einzelne Bank- oder bankähnliche Geschäfte wie die Kapitalisierung von Kriegsopferrenten, Geschäftsbesorgungen für öffentlich-rechtliche Stiftungen und Vermögensverwaltung sowie Treuhändertätigkeiten.

Die Deutsche Ausgleichsbank betreibt nicht die üblichen Geschäfte einer Universalbank, insbesondere nimmt sie keine Termin- oder Spareinlagen entgegen. Die zur Finanzierung ihrer Geschäfte notwendigen Mittel bezieht die Lastenausgleichsbank von den öffentlichen Haushalten, so dem ERP-Sondervermögen, dem Bundeshaushalt oder sonstigen Ausgleichsfonds oder sie erfolgt über den Kapitalmarkt. Einige Kreditprogramme sowie die zahlreichen anderen Aufgaben werden von der Bank auf dem Kapitalmarkt zu den üblichen Konditionen refinanziert und zu Lasten des eigenen Ertrages oder mit Zinssubventionen aus dem Bundeshaushalt zur Erfüllung der angestrebten wirtschafts- und sozialpolitischen Förderung zu teilweise sehr günstigen Konditionen bereitgestellt. Dabei vergibt die Ausgleichsbank die Kredite nicht direkt an die Empfänger, sondern leitet sie an ein vom Kreditnehmer gewähltes Institut, üblicherweise die Hausbank, weiter.

Die **Landwirtschaftliche Rentenbank** geht auf eine Gründung von 1949 als Anstalt öffentlichen Rechts zurück. Als staatliches Institut war es als Selbsthilfeeinrichtung der deutschen Land- und Forstwirtschaft gedacht, denn die in diesem Wirtschaftszweig nach Beendigung des letzten Krieges eingetretene Leistungsminderung konnte nicht aus eigenen Kräften überwunden werden. Das Grundkapital wurde von den land- und forstwirtschaftlichen Betrieben selbst aufgebracht, indem jeder Betrieb über 10 Jahre jährlich 0,15% des Einheitswertes seiner Grundstücke als Rentenbankgrundschuldzinsen abführen mußte. Die so gesammelten Mittel bildeten den Grundstock für das Eigenkapital und stehen der Bank auch heute noch als Stiftungsvermögen der deutschen Land- und Forstwirtschaft zur Verfügung.

Die Geschäftstätigkeit ist auf die Kreditbedürfnisse der gesamten Agrarwirtschaft ausgerichtet. Die Rentenbank fungiert dabei als Zentralbank und vergibt die Kredite in der Regel nicht direkt an die Kreditnehmer sondern über andere Kreditinstitute. Während in der Anfangszeit der Geschäftstätigkeit insbesondere Maschinenkäufe und die Aufstockung der Viehbestände u.ä. finanziert wurden, werden heute zunehmend Kredite für wasserwirtschaftliche und bodenkulturelle Maßnahmen sowie Investitionskredite in den verschiedenen Sparten der Ernährungswirtschaft vergeben. Im kurzfristigen Kreditgeschäft werden vornehmlich Mittel zur Finanzierung der öffentlichen Lagerhaltung von Nahrungsmitteln sowie im privatwirtschaftlichen Bereich zur Finanzierung der Aufnahme, Einlagerung, Verarbeitung und des Absatzes land- und ernährungswirtschaftlicher Erzeugnisse und Betriebsmittel vergeben.

2.2.4 Spezialbanken

Vom zusammengefaßten Geschäftsvolumen aller Banken i.S. der **Bundesbankstatistik** entfallen auf den Typ der Universalbank 76 % und auf den Typ der Spezialbank 24 % (Stand Ende 1992). Unter dem Begriff 'Spezialbank' werden gemäß Bundesbankstatistik aber lediglich die Realkreditinstitute (private Hypothekenbanken sowie öffentlich-rechtliche Grundkreditanstalten) und die Kreditinstitute mit Sonderaufgaben einschließlich der Postbank subsumiert. Die bankähnlichen Finanzinstitute bzw. Institute des paramonetären Bereichs (Bausparkassen, Kapitalanlagegesellschaften, Versicherungen, Leasing-, Factoring- und Forfaitierungsgesellschaften, Kapitalbeteiligungsgesellschaften, Bürgschaftsbanken) sind über Kapitalbeteiligungen bzw. Kooperationsverträge zumeist mit dem Geschäftsbereich der Universalbanken verbunden; ihre genaue Abgrenzung ist daher auf der Grundlage des vorliegenden statistischen Materials nur zum Teil möglich.[78]

Der Spezialbankensektor läßt sich untergliedern in Investitionsbanken, Spezialbanken des kurzfristigen Geldkredits, Spezialbanken der Kreditleihe, Spezialbanken des Handels- und Dienstleistungsgeschäfts, Bausparkassen, Hypothekenbanken, Kreditinstitute mit Sonderaufgaben, Kapitalanlagegesellschaften, Versicherungen, Kapitalbeteiligungsgesellschaften und Bürgschaftsbanken. Mit der nachfolgenden Kurzübersicht soll ein einführender Überblick über die Vielfalt der Spezialbanken und deren Aufgabenbereiche gegeben werden.

Unter die **Investitionsbanken** fallen:

- Realkreditinstitute (Gewährung grundpfandrechtlich gesicherter Kredite), bei denen Hypothekenbanken (Refinanzierung durch Ausgabe von Pfandbriefen, Kommunalobligationen) von Bausparkassen und Versicherungsunternehmen zu unterscheiden sind.

- Entwicklungsbanken (Kreditinstitute mit Sonderaufgaben) und

- Fondsgesellschaften (Eigenfinanzierung) mit investitionsorientierten Fonds (Vorhabenfinanzierung) und anlageorientierten Fonds (Risikostreuung).

---

[78] Quellen: Schierenbeck, H. (Hrsg.): Bank- und Versicherungslexikon, 2. Auflage, München 1994 (a); Hahn, O., 1989, a.a.O.; Hein, M.: Einführung in die Bankbetriebslehre, 2. Auflage, München 1993, S. 13-17, 228-234; Priewasser, E.: Bankbetriebslehre, 4. Auflage, München 1994, S. 140-165; Deutsche Bundesbank, Kapitalmarktstatistik, März 1995, S. 52ff., Bankenstatistik, April 1995.

Spezialbanken des kurzfristigen Geldkredits umfassen:

- Refinanzierungsinstitute und

- Teilzahlungsbanken, zu denen wiederum Konsumentenbanken, Refinanzierungsinstitute des Handels (Factoring, Forfaitierung) und Werksfinanzierer (besonders Kfz-Bereich) gerechnet werden.

Bei den **Spezialbanken der Kreditleihe** handelt es sich um:

- Akzeptbanken

- Avalbanken (Kreditgarantiegemeinschaften) und

- Kreditkarten-Aussteller.

Spezialbanken des Handels- und Dienstleistungsgeschäfts sind:

- Effektenbanken mit Emissionsbanken, Brokern (Effektenhandel) und Wertpapiersammelbanken (Kassenvereine an Börsen),

- Wechselstuben (Deutsche Verkehrs-Bank AG),

- Postbank und

- Finanzmakler.

Bausparkassen umfassen 22 private Institute mit einer Bilanzsumme von 155,345 Mrd. DM und 13 öffentlich-rechtliche Gesellschaften mit einer Bilanzsumme von 64,46 Mrd. DM (Feb.1995). Auch bei den **Hypothekenbanken** existieren private und öffentlich-rechtliche Institute. Die 28 privaten und die 5 öffentlich-rechtlichen haben eine Gesamtbilanzsumme von 828,512 Mrd. DM (Jan.1995). Diese **Realkreditinstitute** betreiben vornehmlich das langfristige Kreditgeschäft, das durch die Emission von Schuldverschreibungen über den Kapitalmarkt finanziert wird. Dabei werden die Mittel zur Finanzierung von Krediten an Private über die Emission von Pfandbriefen beschafft. Die Refinanzierung von Krediten an Gemeinden oder Gemeindeverbände erfolgt über die Ausgabe von Kommunalobligationen. Beide Formen von Bankschuldverschreibungen sind zum Zwecke des Gläubigerschutzes durch das Hypothekenbankgesetz (HypBankG) mit besonderen Auflagen versehen. Folgende wesentliche Auflagen sind zu nennen:

Zwecke der Ausgabe von Pfandbriefen:

Die Beschaffung von langfristigen Mitteln ist mit der Beleihung inländischer Grundstücke (§ 1 Nr. 1 HypBankG) zu verbinden. **Kommunalobligationen** dienen der langfristigen Beschaffung finanzieller Mittel zur Vergabe von Darlehen an inländische Körperschaften und Anstalten des öffentlichen Rechts oder gegen Übernahme der vollen Gewährleistung einer solchen Körperschaft oder Anstalt (Kommunaldarlehen; § 1 Nr. 2 HypBankG).

Kongruenz- oder Deckungsprinzip:

Der Gesamtbetrag der im Umlauf befindlichen Pfandbriefe in Höhe des Nennwertes muß jederzeit durch Hypotheken in mindestens gleicher Höhe und mit mindestens gleichem Zinssatz gedeckt sein (ordentliche Deckung, § 6 Abs. 1 HypBankG). Gleiches gilt laut § 41 HypBankG auch für Kommunalobligationen.

Umlaufgrenze:

Der Gesamtbetrag der im Umlauf befindlichen Pfandbriefe und Kommunalschuldverschreibungen einer Hypothekenbank darf den sechzigfachen Betrag des haftenden Eigenkapitals nicht übersteigen (§ 7 HypBankG).

Weitere Regelungen enthält das Hypothekenbankgesetz u.a. bezüglich der Haftung, des Konkursvorrechts, der Bewertung der Beleihungsobjekte sowie der Eintragung der zur Deckung verwendeten Hypotheken in ein Deckungsregister.

Im Bereich der Realkreditinstitute wird zwischen privaten Hypothekenbanken und öffentlich-rechtlichen Grundkreditanstalten unterschieden. **Private Hypothekenbanken** sind Spezialkreditinstitute des langfristigen Kredits. Während die Entwicklung des Hypothekenbankengeschäfts mit der Vergabe von Krediten an die Landwirtschaft begann, ist das heutige Geschäft gekennzeichnet durch die Finanzierung des Wohnungsbaus durch die öffentliche Hand, durch gemeinnützige Siedlungsgesellschaften oder durch Private. Das Wachstum der Städte insbesondere zu Beginn dieses Jahrhunderts ist ohne die Finanzierung von Hypothekenbanken nicht denkbar.

Mit Hilfe der oben angeführten Mittel ist das Hauptgeschäft der Hypothekenbanken darauf ausgerichtet, inländische Grundstücke zu beleihen und aufgrund der erworbenen Hypotheken Schuldverschreibungen sowie Kommunaldarlehen bei Übernahme der vollen Gewährleistung durch eine Körperschaft oder Anstalt des öffentlichen Rechts zu gewährleisten und aufgrund der erworbenen Forderungen Schuldverschreibungen auszugeben. Über dieses Hauptgeschäft hinaus sind den Hypothekenbanken weitere risikobehaftete Geschäfte nur in sehr engem Rahmen gestattet. Die Restriktionen aus dem Hypothekenbankengesetz resultieren aus der Sensibilität der Hypothekenbanken in bezug auf konjunkturelle Schwankungen. In der Geschichte der privaten Hypothekenbanken hat es erhebliche Krisenzeiten gegeben. Insbesondere die Inflation der zwanziger Jahre führte dazu, daß Hypothekendarlehen, mit denen große Wohnkomplexe errichtet wurden, inflationsbedingt mit geringfügigem Gegenwert zurückgezahlt werden konnten.

Neben den privaten Hypothekenbanken gibt es heute noch 12 **öffentlich-rechtliche Grundkreditanstalten**. Sie unterliegen dem 'Gesetz über die Pfandbriefe und verwandte Schuldverschreibungen öffentlich-rechtlicher Kreditanstalten'. Vier verschiedene Erscheinungsformen werden unterschieden, von denen die drei zuerst genannten heute nur noch von geringerer Bedeutung sind: Landschaften, Ritterschaften, Stadtschaften und sonstige öffentlich-rechtliche Grundkreditanstalten.

Die Entstehungsgeschichte der **Landschaften** geht bis zum Siebenjährigen Krieg zurück. Die schwierige Lage des preußischen Grundbesitzes in der damaligen Zeit gab Anlaß zu der Gründung einer 'Generallandschaftskasse', die in ganz Preußen Beleihungen durchführen und zu diesem Zweck Pfandbriefe ausgeben sollte.

Ritterschaften hatten die gleiche Aufgabenstellung wie Landschaften, jedoch handelt es sich hierbei um einen Zwangsverband. Nur solche Rittergüter, die auch tatsächlich Pfandbriefkredit erhalten hatten, waren Mitglied in dem Institut. Nach erfolgter Tilgung schieden sie wieder aus dem Verband aus.

Die Errichtung von **Stadtschaften** resultiert aus dem starken Wachstum der Städte am Ende des vergangenen Jahrhunderts. Die Errichtung großer Mietshäuser sowie die Finanzierung von Eigenheimen wurde zunehmend schwieriger und konnte nur mit relativ teuren Privatdarlehen durchgeführt werden. In dieser Lage wurden Pfandbriefinstitute für den städtischen Bodenkredit auf der Grundlage des Zusammenschlusses der Darlehensnehmer gegründet, um sichere, langfristige und unkündbare Hypotheken aufnehmen zu können. Im Gegensatz zu den Land- und Ritterschaften sind die Stadtschaften aus dem heutigen Erscheinungsbild der öffentlich-rechtlichen Bodenkreditinstitute verschwunden. Doch auch erstere sind im Vergleich zu den sonstigen öffentlich-rechtlichen Grundkreditanstalten von geringer Bedeutung.

Zur **Gruppe der öffentlich-rechtlichen Grundkreditanstalten** gehören als weitere Spezialkreditinstitute die Landeskreditanstalten und die überregionalen Bodenkreditinstitute. Im Gegensatz zu den privaten Hypothekenbanken gelten für die öffentlich-rechtlichen Grundkreditanstalten keine Regelungen über den zulässigen Geschäftsbereich. Auch schreibt das für sie geltende 'Gesetz über die Pfandbriefe und verwandten Schuldverschreibungen öffentlich-rechtlicher Kreditinstitute' keinen maximal zulässigen Umlauf an Schuldverschreibungen vor. Gleichermaßen gilt jedoch auch hier das Prinzip der kongruenten Deckung zwischen im Umlauf befindlichen Pfandbriefen und Hypotheken mindestens gleicher Höhe und gleichen Zinsertrags. Die Bilanzstruktur öffentlich-rechtlicher und privater Institutsarten ist ähnlich; es liegt eine Spezialisierung auf Hypotheken- und Kommunalkredite vor. Sie macht bei den öffentlich-rechtlichen Kreditinstituten mehr als 70% der Mittelverwendung aus.

Die **Teilzahlungskreditinstitute** vergeben kurz- oder mittelfristige Kredite an Privatpersonen oder Gewerbetreibende. Diese Kredite sind häufig zweckgebunden und dienen der Anschaffung von Konsumgütern oder sonstigen Waren sowie zur Bezahlung von Dienstleistungen. Die bankmäßig betriebene Teilzahlungsfinanzierung stellt einen relativ jungen Zweig des deutschen

Kreditgewerbes dar. Obwohl schon Mitte des vorigen Jahrhunderts Käufe gegen planmäßige Ratenzahlungen in ähnlicher Form wie heute erfolgten, führten Inflation und Kriege dazu, daß die Bedeutung des Teilzahlungsgeschäfts erst mit der Währungsreform des Jahres 1948 wieder zunahm. Das Warenangebot war erheblich erhöht und die Bevölkerung konnte aufgrund des Verlustes ihrer Ersparnisse nur in geringem Umfang Barkäufe tätigen. Auf dieser Basis mußten die Verkäufer Finanzierungsmöglichkeiten suchen, um ihre Waren absetzen zu können. Der Teilzahlungskredit ist Instrument der Absatzfinanzierung. Es wird häufig unter Einschaltung des Verkäufers eingesetzt. Rechtliche Grundlage für die Geschäftstätigkeit der Teilzahlungskreditinstitute ist zunächst das Kreditwesengesetz (KWG) sowie das 'Gesetz betreffend die Abzahlungsgeschäfte'.

Die häufigsten Rechtsformen im Teilzahlungskreditgewerbe sind die GmbH und die KG, besonders in Form der GmbH & Co. KG. Die Zielsetzung der Teilzahlungsbanken läßt sich weitgehend aus dem Kreis ihrer Eigentümer ableiten; diese sind in der Regel Kreditinstitute, Produzenten und Händler oder Privatpersonen.

Kreditinstitute sind aus mehreren Gründen wichtigster Eigenkapitalgeber der Teilzahlungsbanken. Durch die Beteiligung an Teilzahlungsinstituten wird den Bedürfnissen der Kunden nach Ratenkäufen Rechnung getragen. Die Abwicklung des Ratengeschäfts außerhalb des eigenen Hauses bietet sich an, da Ratenkredit-Käufe und Kreditvergaben eine vom normalen Bankgeschäft verschiedene Organisationsstruktur erfordern. Die über lange Zeit herrschende geringe Anerkennung des Teilzahlungsgeschäfts infolge einer größeren Anzahl notleidender Kredite resultiert aus den rechtlichen Folgen für den Kreditnehmer. Die Rückabwicklung von Kaufverträgen und häufig stattfindende Verwertungen von Sicherheiten haben einen so hohen Aufmerksamkeitswert, daß die Kreditinstitute einen Imageverlust befürchten müssen.

Produzenten und Händler gründen aus primär absatzwirtschaftlichen Gründen Teilzahlungsbanken. Mit ihnen soll der Absatz in einem bestimmten Industriezweig, in besonderen Marktsegmenten oder bei sonst eher finanzschwächeren Zielgruppen forciert werden. Als typische Beispiele sind hier die Finanzierungsgesellschaften von Automobilkonzernen zu nennen oder die Teilzahlungsbanken von Kauf- und Versandhäusern. Von Privatpersonen errichtete Teilzahlungsbanken besitzen keine spezielle Bindung an einen Wirtschaftsbereich. Die eher kleinen oder mittleren Institute in örtlich begrenztem Rahmen sind von unternehmerischen Persönlichkeiten gegründet worden, die über das Betreiben des Teilzahlungsgeschäfts Gewinnchancen wahrnehmen wollen. Die Gewährung von Ratenkrediten kann auf unterschiedliche Weise erfolgen. Es wird zwischen A-, B- und C-Geschäft unterschieden.[79]

---

[79] Vgl. Betge, P.: Konsumentenkredite, in: Diller, H. (Hrsg.): Vahlens Großes Marketinglexikon, München 1994, S. 561; Betge, P.: Absatzförderung durch Finanzierungsmaß-

Das **A-Geschäft** ist wie folgt gekennzeichnet:
- Gewährung des Geschäfts erfolgt ohne Vermittlung oder Mithaftung des Händlers.
- Das Teilzahlungsinstitut händigt dem Kreditnehmer Kreditschecks (Zahlungsanweisungen über den Kreditbetrag) zur Vorlage zur Zahlung bei allen angeschlossenen Unternehmen aus.
- Das Vertragsunternehmen löst die Schecks beim Teilzahlungsinstitut ein und erhält den Kaufpreis gegen Abzug des Skonto gutgeschrieben.

Das A-Geschäft ist aufgrund der eingeschränkten Möglichkeiten hinsichtlich Objekt- und Händlerwahl in den Hintergrund getreten. Mit Variationen, den Kreditbetrag bar auszuzahlen, findet dieses Geschäft allerdings z.B. über Kreditkartenorganisationen wieder zunehmend Verbreitung.

Das **B-Geschäft** wird wie folgt abgeschlossen:
- Der Verkäufer vermittelt das Geschäft und haftet im Falle von Zahlungsausfällen für den gesamten ausstehenden Kreditbetrag.
- Er nimmt den Antrag auf Kreditvermittlung entgegen, leitet ihn an das Teilzahlungsinstitut weiter und verrechnet den bereitgestellten Buchkredit mit dem Kaufpreis.
- Die anschließenden Ratenzahlungen des Konsumenten erfolgen direkt an das Kreditinstitut.
- Bei Abschluß des Vertrags hat der Kreditnehmer eine Anzahlung zu leisten.
- Kreditinstitut und Käuferfirma sind durch einen Globalvertrag verbunden, der u.a. das Kreditvolumen des Käufers regelt.
- Der Verkäufer erhält zum Zeitpunkt des Vertragsabschlusses nur einen Teil des kreditierten Betrages; der Restbetrag wird ihm nach Eingang der letzten Rate gutgeschrieben.

Das **C-Geschäft** ist dem B-Geschäft sehr ähnlich. Es unterscheidet sich lediglich dadurch, daß zur Sicherung der einzelnen Raten vom Verkäufer Wechsel ausgestellt werden, die der Kunde zu akzeptieren hat. Sie werden der Teilzahlungsbank zum Diskont weitergeleitet. Am jeweiligen Fälligkeitstermin werden die Wechsel zur Einlösung und damit Rückzahlung des Ratenkredites dem Konsumenten vorgelegt.

Der geschäftliche Schwerpunkt der Teilzahlungsbanken zeigt sich auch in der Bilanzstruktur. Die Gewährung von Ratenkrediten nimmt im Rahmen der Mittelverwendung den wichtigsten Platz ein. In den letzten Jahren zeichnete sich jedoch auch hier ein Wandel von den mittel- zu den langfristigen Krediten ab. Die Ursache hierfür liegt in der verstärkten Nachfrage nach langlebigen Konsumgütern. Auf der Passivseite der Bilanz wird die Problematik der Kapitalbeschaffung aus einem hohen Anteil an Einlagen und aufgenommenen Krediten von anderen Kreditinstituten ersichtlich. Durch intensive Kundenan-

---

nahmen, in: WISU, Zeitschrift für Ausbildung, Examen und Weiterbildung, 19. Jg., 1/1990, S. 38-43, hier S. 38ff.; Schierenbeck, H., 1994 (a), a.a.O., S. 157f..

sprache und günstige Konditionen konnte in vergangenen Jahren allerdings auch der Anteil der Spareinlagen gesteigert werden. Verhältnismäßig hoch ist bei den Teilzahlungskreditinstituten meistens das Eigenkapital, das zu einem großen Teil von anderen Banken und sonstigen Gesellschaftern zur Verfügung gestellt wird.

Zur Zeit gibt es 64 **Kapitalanlagegesellschaften** (inländische Investmentfonds, Jan. 1995), 561 Publikumsfonds mit 225,594 Mrd. DM und 2511 Spezialfonds (institutionelle Anleger) mit 259,299 Mrd. DM Bilanzsumme.

Bei den **Versicherungen** besteht ein Wettbewerbsverhältnis zum Leistungsprogramm der Banken, falls bei Abschluß einer Versicherung die Vermögensbildung im Vordergrund steht. Dieses ist bei gemischten Lebensversicherungen (Erlebens- und Todesfallversicherung) und bei Todesfallversicherungen der Fall. Im Jahre 1990 erreichten die Beitragseinnahmen der Lebensversicherer rund 26 % der jährlichen Geldvermögensbildung der privaten Haushalte, d.h. die Lebensversicherung ist zum ernsthaften Konkurrenten innerhalb des Einlagengeschäfts der Banken geworden. Entsprechend groß sind Ausleihungen und Anlagepositionen, so daß sich auch im Aktivgeschäft im Rahmen der gesetzlichen Zulässigkeit für das Versicherungswesen Konkurrenzverhältnisse zum Bankenbereich ergeben.

Ende 1994 waren in der Bundesrepublik 1757 **Leasing-Gesellschaften** registriert, von denen 316 über ein Eigenkapital von über 1 Mio. DM (einschließlich der Tochterunternehmen; ohne Rücklagen) verfügten.[80] Von letzteren wiesen wiederum 22 Institute, besonders Leasingtöchter der Fahrzeughersteller und Immobilien-Gesellschaften, ein Eigenkapital in der Größenordnung zwischen 20 und 100 Mio. DM auf.

Der Anteil der Leasinginvestitionen an den gesamtwirtschaftlichen Anlageinvestitionen (ausgenommen den Wohnungsbau) betrug 1994 10,9 % gegenüber 10,2 % im Jahre 1990. Ende 1993 wurden Leasinggüter zu Anlagewerten von 210 Mrd. DM genutzt. Davon entfielen 160 Mrd. DM auf herstellerunabhängige Vermieter und 50 Mrd. DM auf das sogenannte Hersteller-Leasing.

Tabelle 2.6. verdeutlicht die Entwicklung der Bruttoanlage-Neuinvestitionen der Leasingbranche von 1987-1994 (in jeweiligen Preisen).

Der für 1994 verzeichnete Rückgang der Leasinginvestitionen von insgesamt 2 % erklärt sich aus den rückläufigen Vertragsabschlüssen beim Mobilien-Leasing (- 3,6 %), die durch den Zuwachs im Immobilien-Sektor (+ 5 %) nicht kompensiert wurden. Von den 316 großen Leasingunternehmen haben sich derzeit 268 auf den Mobilienmarkt, insbesondere das Kraftfahrzeuglea-

---

[80] Vgl. Wassermann, H.: Leasing 1994, in: Finanzierung Leasing Factoring, 42. Jg., 3/1995 (b), S. 83-88.

sing[81], spezialisiert. Nur 13 Institute betreiben ausschließlich Immobilien-Leasing.

Jahr	Herstellerun-abhängiges Leasing: Investitionen in Mrd. DM	Veränderung gegenüber Vorjahr in %	Hersteller-Leasing: Investitionen in Mrd. DM	Veränderung gegenüber Vorjahr in %	Leasing-Investitionen insgesamt in Mrd. DM	Veränderung gegenüber Vorjahr in %
1987	17,4	+ 16,9	11,0	+ 14,0	28,4	+ 15,8
1988	20,1	+ 15,0	11,9	+ 8,4	31,9	+ 12,4
1989	22,9	+ 14,2	13,1	+ 10,1	36,0	+ 12,7
1990	25,5	+ 11,2	15,7	+ 19,7	41,1	+ 14,3
1991	32,0	+ 25,6	20,3	+ 29,4	52,2	+ 27,0
1992	34,7	+ 8,4	21,8	+ 7,6	56,5	+ 8,1
1993	35,3	+ 1,7	21,6	- 1,2	56,8	+ 0,6
1994	33,6	- 4,6	22,0	+ 2,3	55,7	- 2,0

Tabelle 2.6.: Zeitliche Entwicklung der Leasinginvestitionen

Der Gesamtumsatz der deutschen **Factoringwirtschaft** betrug 1994 19,4 Mrd. DM, von denen 16,1 Mrd. DM (= 83 %) auf das Inland entfielen. Der Auslandsanteil von 3,3 Mrd. DM verteilte sich zu 55 % auf das Export- und zu 45 % auf das Importfactoring.[82]

Nach Schätzungen entfielen 1994 über 90 % der Gesamtumsätze auf die zwölf im Deutschen Factoring-Verband zusammengeschlossenen Unternehmen.[83] Die Umsätze verteilten sich zu 24 % auf die Institute des Sparkassensektors (Deutsche Factoring Bank, SüdFactoring), zu 21,2 % auf ausländische, insbesondere niederländische und französische Banken (CL Factoring, De Lage Landen, Heller, IFN, UFB), zu 16,7 % auf Großbanken (Disko Factoring zu 50 %, GEFA), zu 14,6 % auf Versicherungen (DG Diskontbank und Disko Factoring je zu 50 %, Procedo), zu 12 % auf den Dienstleister

---

[81] Der Gesamtbestand geleaster Kraftfahrzeuge betrug Ende 1993 rund 2,0 Mio. Einheiten. Bei 1,18 Mio. Einheiten traten herstellereigene Tochtergesellschaften als Leasinggeber auf. An der Spitze stand dabei die Volkswagen-Leasing mit 404.000 Einheiten.
[82] Vgl. Wassermann, H.: Factoring in Deutschland 1994, in: Finanzierung Leasing Factoring, 42. Jg., 5/1995 (a), S. 175-181.
[83] Die Mitglieder des Verbandes sind, geordnet nach Höhe des Eigenkapitals (Stand 1994): GEFA Gesellschaft für Absatzfinanzierung mbH, Procedo International GmbH, UFB Kredit Bank AG, Heller Bank AG, Bertelsmann Distribution GmbH, Deutsche Factoring Bank, Disko Factoring Bank GmbH, CL Factoring GmbH, SüdFactoring GmbH, De Lage Landen Factors GmbH, IFN Factors Gesellschaft für Factoring mbH.

110 Das Bankensystem

Bertelsmann sowie zu 11,5 % auf den genossenschaftlichen Sektor (DG Diskontbank zu 50 %). Darüberhinaus boten 1994 weitere 58 weniger bedeutende Institute sowie neun Teilzahlungsbanken und Spezialinstitute u.a. Factoring-Dienstleistungen an.

Tabelle 2.7. gibt einen Überblick über die Umsatzentwicklung der im Factoring-Verband zusammengeschlossenen Anbieter seit 1987.

Jahr	Umsätze (in Mrd. DM)	Veränderung gegenüber Vorjahr (in %)
1987	11,5	+ 8,5
1988	12,4	+ 7,4
1989	13,3	+ 7,6
1990	15,5	+ 16,7
1991	16,7	+ 8,0
1992	18,9	+ 13,4
1993	19,1	+ 1,0
1994	19,4	+ 1,5

Tabelle 2.7.: Zeitliche Entwicklung der Faktoringumsätze

Die **Kapitalbeteiligungsgesellschaften** haben im volkswirtschaftlichen Rahmen vom Finanzierungsvolumen her noch "keine nennenswerte Rolle" spielen können.[84] Anders sieht es bei den **Bürgschaftsbanken (Kreditgarantiegemeinschaften)** aus, von denen die Hermes Kreditversicherungs-AG die bedeutendste Gesellschaft ist. Zusätzlich existieren rund 40 Kreditgarantiegemeinschaften (für Handel, Handwerk, mittelständische Industrie usw.).

2.3 Einlagensicherungssysteme

Jeder Bankensektor verfügt in Deutschland über ein eigenes Einlagensicherungssystem. Die Einlagensicherungssysteme sind mehrstufig konzipiert und aus unterschiedlichen 'Bausteinen' zusammengesetzt.

2.3.1 Privatbankensektor

Der Einlagensicherungsfonds des Bundesverbandes deutscher Banken e.V. (BdB) besteht als unselbständiges Sondervermögen innerhalb des Verbandes. Der Fonds kann laut BdB-Statut bei "drohenden oder bestehenden finanziel-

---

[84] Vgl. Priewasser, E., 1994, a.a.O., S. 159.

len Schwierigkeiten von Banken, insbesondere bei drohender Zahlungseinstellung"[85] vor allem folgende Hilfsmaßnahmen ergreifen:

1. unmittelbar Zahlungen an die betroffenen Einleger leisten,
2. Leistungen an das betroffene Kreditinstitut erbringen,
3. Garantien übernehmen,
4. Verpflichtungen im Rahmen von Maßnahmen gemäß § 46a KWG eingehen.

Das Primärziel besteht jedoch nicht in der Institutssicherung (Punkte 2,3,4), sondern im unmittelbaren Einlegerschutz.[86]

Die Mitglieder des Fonds müssen nicht im BdB organisiert sein; sie müssen aber bestimmten Bedingungen, z.B. hinsichtlich ihrer Eigenkapitalausstattung und ihrer wirtschaftlichen Lage genügen. Im Oktober 1994 zählte der Fonds 289 Mitgliedsinstitute.

Der Fonds wird von den angeschlossenen Banken mit einer Jahresumlage von 0,03 % der Bilanzposition 'Verbindlichkeiten gegenüber Kunden' des jeweils letzten Jahresabschlusses finanziert. Reichen die Mittel des Fonds für konkrete Hilfsmaßnahmen nicht aus, so kann diese Jahresumlage bis auf 0,06 % angehoben werden.

Der Einlagensicherungsfonds sichert alle in der Bilanzposition 'Verbindlichkeiten gegenüber Kunden' ausgewiesenen Verbindlichkeiten ab und zwar im Einzelfall bis zu einer Sicherungsgrenze von 30 % des haftenden Eigenkapitals der betroffenen Bank.

Gesichert sind auch die sich bis zur Rückzahlung ergebenden marktüblichen Zinsansprüche der Einleger. Ausgeschlossen von der Sicherung sind Forderungen von anderen Kreditinstituten und Einlagen eines bestimmten, der Bank persönlich eng verbundenen Personenkreises sowie Forderungen aus Schuldverschreibungen (z.B. Sparbriefe).

In der Praxis können zwei Verfahren unterschieden werden, nach denen der Fonds gehandhabt wird:

- beim **Auszahlungsverfahren** leistet der Fonds direkt Zahlungen an die Einleger, die ihm im Gegenzug ihre Forderungen gegenüber dem betroffenen Kreditinstitut abtreten[87],

- beim **Übernahmeverfahren** übernehmen interessierte Kreditinstitute ausgewählte Aktiva und/oder Passiva der betroffenen Bank und

---

[85] Vgl. BdB-Statut des Einlagensicherungsfonds, Stand Mai/1993, § 2, Abs. 1.
[86] Vgl. BdB-Jahresbericht 1974/75, S. 18.
[87] Dieses Verfahren wurde z.B. bei der Insolvenz der Pfalz-Kreditbank GmbH & Co. KG 1976 angewandt.

führen die Kundeneinlagen entweder zu bisherigen Konditionen weiter oder zahlen die Guthaben auf Wunsch der Einleger zu Lasten des Fonds aus.[88]

Exakte Daten über die Zahlungen der Mitgliedsinstitute an den Fonds sowie über das seit Gründung des Fonds 1976 aufgebaute Haftungsvolumen sind nicht verfügbar. Schätzungen zufolge leisteten die Mitglieder 1995 insgesamt 242,1 Mio. DM an den Fonds, der demzufolge seit seinem Bestehen ca. 2,4 Mrd. DM aus Mitgliedsbeiträgen akkumuliert haben dürfte.

2.3.2 Sparkassensektor

Als Einrichtungen öffentlichen Rechts zeichnen sich Sparkassen und Landesbanken/Girozentralen durch zwei wesentliche, als Sicherungsgrundlagen fungierende Rechtsinstitute aus:

Die **Anstaltslast** verpflichtet den Träger eines öffentlich-rechtlichen Kreditinstituts, "die wirtschaftliche Basis der Anstalt zu sichern, die Anstalt für die gesamte Dauer ihres Bestehens funktionsfähig zu erhalten und etwaige finanzielle Lücken (Unterbilanz) durch Zuschüsse oder auf andere geeignete Weise auszugleichen."[89]

Falls eine Sparkasse oder eine Landesbank/Girozentrale einer Verbindlichkeit nicht nachkommt, so räumt die **Gewährträgerhaftung** jedem Gläubiger einen Anspruch in unbegrenzter Höhe gegenüber dem Anstaltsträger ein.

Darüberhinaus sind die speziellen Beschränkungen des Landessparkassenrechts, die Prüfungen durch die regionalen Sparkassenverbände im Auftrag der Länder sowie die neben der Bankenaufsicht bestehende Landessparkassenaufsicht weitere Sicherheitsfaktoren für Kundeneinlagen.

Aufgrund der durch diese Faktoren sichergestellten hohen Bonitäten im Sparkassensektor zählt nicht die 'überflüssig' gewordene Einlagensicherung, sondern vielmehr die Unternehmenssicherung zur Hauptaufgabe des Fondssystems der Institute der Sparkassenorganisation. Die Institutssicherung ist unproblematisch, da infolge des weitgehend beachteten Regionalprinzips unter Sparkassen der Wettbewerb eingeschränkt ist.

Über Stützungsmaßnahmen entscheiden die regionalen Sparkassenstützungsfonds mit 2/3-Mehrheit der jeweiligen Mitglieder. Reichen die Mittel des Regionalfonds für den Stützungsfall nicht aus, so ist ein überregionaler Ausgleich möglich. Darüber entscheidet ein gemeinsamer Ausschuß beim Deutschen Sparkassen- und Giroverband (DSGV).

---

[88] Die drohende Insolvenz des Bankhauses Schröder, Münchmeyer, Hengst & Co. KG erforderte 1983 die Anwendung dieses Verfahrens.
[89] Vgl. Bundestagsdrucksache V/3500, S. 47.

Jeder der zwölf regionalen Sparkassen- und Giroverbände ist Träger eines Stützungsfonds "zur Sicherung der Mitgliedssparkassen"[90]. Kreditausfälle sind nur intern auszugleichen. Das Gesamtvolumen der Regionalfonds beträgt 0,3 % der Summe der in den jeweiligen Vorjahresbilanzen ausgewiesenen 'Forderungen der Mitgliedssparkassen an Kunden'. 50 % dieser Gesamtsumme besteht im Barbestand, dessen Höhe durch eine 'Auffüllungspflicht' der Mitgliedssparkassen garantiert wird. Eine Nachschußpflicht über diese Summe hinaus besteht nur im Bedarfsfall eines überregionalen Ausgleichs.

Ein Stützungsfall wird für eine Sparkasse angenommen, falls sie "aus eigener Kraft nicht mehr in der Lage ist, einen Verlustausweis zu vermeiden, der geeignet ist, den Bestand der Sparkasse zu gefährden oder ihre Entwicklung wesentlich zu beeinträchtigen."[91] Die wirtschaftlichen Schwierigkeiten müssen dabei in den Verhältnissen der betroffenen Sparkasse selbst begründet sein.

Bevor der Fonds Hilfsmaßnahmen ergreift, müssen seitens der betroffenen Sparkasse sämtliche Möglichkeiten zur Behebung der Schwierigkeiten ausgenutzt worden sein, besonders die Optionen zur Inanspruchnahme des Gewährträgers und zur Fusion mit einer anderen Sparkasse. Auf die Hilfsmaßnahmen des Fonds besteht kein Rechtsanspruch.

Als Stützungsmaßnahmen kann der Fonds Darlehen, verlorene Zuschüsse und unbare Bilanzhilfen einsetzen. Zweck des Stützungsfonds ist es, den Gewährträger bei der Erfüllung seiner Anstaltslast zu unterstützen.

Neben den regionalen Stützungsfonds bilden die Landesbanken/Girozentralen eine eigene **Sicherungsreserve**. Ihre Bemessungsgrundlage sind die Einlagen von Nichtbanken der jeweiligen Vorjahresabschlüsse (ausgenommen sind Bausparkasseneinlagen). Das Gesamtvolumen der Sicherungsreserve soll 1 % dieser Bemessungsgrundlage betragen. Wie bei den regionalen Fonds besteht auch hier eine 'Auffüllungspflicht' der Mitgliedsinstitute von höchstens 0,1 % der Bemessungsgrundlage, falls der Barbestand der Reserve unter die 50 %-Marke des Gesamtvolumens sinkt.

Im Rahmen des **Haftungsverbundes** zwischen den regionalen Stützungsfonds und der Sicherungsreserve der Landesbanken/Girozentralen können die Mittel des einen Systems für Stützungs- und Sicherungsmaßnahmen im Be-

---

[90] Vgl. Deutscher Sparkassen- und Giroverband e.V., Mustersatzung für die Sparkassenstützungsfonds der Regionalverbände v. 11.12.1975, Stand 9/1987, Anhang 7, Ziffer 1.
[91] Vgl. ebenda, Ziffer 2.

114   Das Bankensystem

reich des anderen Systems eingesetzt werden[92], falls für eine Hilfsmaßnahme nicht ausreichende Mittel zur Verfügung stehen.

Für besondere Krisenfälle steht dem DSGV ein zentrales Verfügungsrecht von höchstens 15 % des Gesamtvolumens der regionalen Fonds und der Sicherungsreserve jährlich zur Verfügung. Die Ausübung dieses Rechts bedarf der Zustimmung einer 3/4-Mehrheit des gemeinsamen Ausschusses, der aus dem DSGV-Präsidenten, den Verbandsvorstehern sowie den Landesobmännern besteht.

2.3.3 Genossenschaftssektor

Über die genossenschaftlichen Sicherungssysteme - die ältesten ihrer Art in Deutschland - hinaus schreibt das Genossenschaftsgesetz eine zusätzliche Haftung der Genossen vor.

Die 'Sicherungseinrichtung des Bundesverbandes der Deutschen Volksbanken und Raiffeisenbanken e.V. (BVR)' gewährt den ihr angeschlossenen genossenschaftlichen Banken einen 'modifizierten Bankenschutz'; das heißt, daß eine Bank durch "bewußtes Fehlverhalten"[93] vom vollen Bankenschutz ausgenommen werden kann. Sofern die Sorgfaltspflichten nicht verletzt wurden, schützt die Sicherungseinrichtung ihren Bestand durch rechtzeitige Sanierung. Sie greift bereits dann, wenn ein Institut nach Aufzehrung seiner stillen Reserven Verluste ohne Auflösung der offenen Rücklagen nicht mehr ausgleichen kann. Ein Rechtsanspruch auf Hilfsmaßnahmen besteht jedoch nicht.[94] Die Sicherungseinrichtung besteht aus einem Garantiefonds und einem Garantieverbund.

Der **Garantiefonds** soll "drohende oder bestehende wirtschaftliche Schwierigkeiten bei den (angeschlossenen) Banken abwenden oder (...) beheben"[95]. Ihm gehören alle BVR-Mitgliedsinstitute an. Der Fonds wird gebildet durch eigene Vermögenswerte, Beiträge der Institute, Zinsen aus der Anlage von Fondsmitteln und Rückflüsse aus Stützungsmaßnahmen.

An Beiträgen entrichten Kreditgenossenschaften und sonstige an Prüfungsverbände angeschlossene Banken 0,05 % der in ihrer Vorjahresbilanz ausgewiesenen Summe aus

---

[92] Vgl. DSGV, Satzung für den Haftungsverbund zwischen den Sparkassenstützungsfonds und der Sicherungsreserve der Landesbanken/Girozentralen, v. 11.12.1976, Stand 4/1987, Anhang 11.
[93] Vgl. BVR, Tagungsbericht, Außerordentlicher Verbandstag, Bonn, 1977, S. 9f., Präsident Dr. Viehoff, zit. nach D. Schmidt: Einlagensicherung im deutschen Kreditgewerbe, Sparkassenheft, 60/1977, S. 35.
[94] Vgl. BVR, Statut, § 30.
[95] BVR, Statut, § 3.

- Wechseln[96],
- Forderungen an Kunden,
- eigenen Ziehungen im Umlauf,
- Indossamentverbindlichkeiten aus weitergegebenen Wechseln,
- Verbindlichkeiten aus Bürgschaften und Garantien jeder Art.

Diese Beiträge können gegebenenfalls bis auf das Vierfache erhöht werden. Die genossenschaftlichen Zentralbanken leisten einen Jahresbeitrag von 0,05 % ihrer in der Vorjahresbilanz ausgewiesenen Forderungen an Kunden. Die Deutsche Genossenschaftsbank zahlt 50 % der Jahresbeiträge der genossenschaftlichen Zentralbanken in den Fonds ein.

Der Fonds leistet Hilfsmaßnahmen, falls eine Bank nicht mehr in der Lage ist, ihre wirtschaftlichen Schwierigkeiten aus eigener Kraft zu überwinden.[97] Benötigt eine Bank, die einem Prüfungsverband angeschlossen ist, Fondsmittel, so entscheidet darüber bis zu einer Höhe von 2 Mio. DM der jeweils zuständige Prüfungsverband. Er darf dabei jährlich eine Grenze von 90 % des vorjährigen Beitragssolls der Mitglieder nicht überschreiten. Oberhalb der 2 Mio. DM-Marke entscheidet der Vorstand des BVR.

Auf die vom BVR und von anderen Prüfungsverbänden treuhänderisch verwalteten Fonds wird im Rahmen eines überregionalen Ausgleichs erst zurückgegriffen, wenn die Mittel des zuständigen Prüfungsverbandes nicht mehr ausreichen. Grundsätzlich können Sonderumlagen bei den Mitgliedsinstituten erhoben werden, falls der Bedarf einer Sicherungsmaßnahme die vorhandenen Mittel übersteigt.

Benötigen Banken, die keinem Prüfungsverband angehören, Stützungsmaßnahmen, so wird nach einer Entscheidung des BVR-Vorstandes zunächst auf die zentral vom BVR verwalteten Fondsmittel zurückgegriffen.

Der Garantiefonds gewährt Hilfsleistungen in Form von Zuschüssen, Darlehen, Bürgschaften und Garantien.[98] Die Fondsmittel entnehmende Bank ist verpflichtet, einen Besserungsschein abzugeben. Möglich ist auch eine Wiederauffüllung durch die Institute des betroffenen Verbandes.

Unter der Voraussetzung, daß er von ihnen zuvor fünf Jahre lang nicht beansprucht wurde, gewährt der **Garantieverbund** den in Schwierigkeiten geratenen Banken Bilanzierungshilfen in Form von Bürgschaften oder Garantien. Die Mitgliedsinstitute übernehmen in diesem Fall durch entsprechende Erklä-

---

[96] Ausgenommen Zentralbank-gerierte und DG-Bank-gerierte Wechsel.
[97] Vgl. BVR, Verfahrensregeln zum Statut der Sicherungseinrichtung, Fassung 11/1989, Ziffer III. 1.
[98] Vgl. BVR, Verfahrensregeln, Ziffer III. 2.

116 Das Bankensystem

rungen Garantien in Höhe von maximal 60 % ihrer zum 31.12.1987 gebildeten Sammelwertberichtigungen. Jeder Prüfungsverband bildet aus diesen Garantieerklärungen ein treuhänderisch verwaltetes Garantievolumen. Der BVR verwaltet zentral ein von den Bürgschaften der überregionalen Institute gebildetes Garantievolumen.

Die Bilanzierungshilfen sind von der Höhe her auf das vom jeweiligen Prüfungsverband verwaltete Garantievolumen beschränkt.[99] Die Entscheidung über Hilfsmaßnahmen verläuft analog zur Entscheidung zum Einsatz von Garantiefondsmitteln. Auch hier gilt die Grenze von 2 Mio. DM.

Banken können vom BVR-Vorstand aus der Sicherungseinrichtung insbesondere dann ausgeschlossen werden, wenn sie sich mit Zahlungen im Verzug befinden, ihre Sorgfalts- oder Informationspflichten verletzt oder den Prüfungsverband ungenügend unterstützt haben.

Die Kundeneinlagen sowie die Schuldverschreibungen einer aus der Sicherungseinrichtung ausscheidenden Bank bleiben in vollem Umfang geschützt, falls sie vor Bekanntgabe des Ausschlusses begründet waren oder innerhalb eines Monats nach Bekanntgabe begründet werden.

2.3.4 Kurzbewertung der Einlagensicherung

Eine Kurzbewertung der Einlagensicherungssysteme erlaubt Aussagen zu folgenden zwei Punkten:

(1) Einlegeransprüche

Alle drei vorgestellten Sicherungssysteme schließen einen Rechtsanspruch der Mitgliedsinstitute auf Gewährung von Stützungsmaßnahmen ausdrücklich aus. Die Privatbanken schließen auch Ansprüche von Nichtbanken-Gläubigern explizit aus.[100]

Das System der **Privatbanken** leistet, falls Hilfsmaßnahmen eingeleitet werden, unmittelbar Einlegerschutz im Gegensatz zu den Sparkassen und Genossenschaftsbanken, die Institutsschutz bzw. 'mittelbaren Einlegerschutz' betreiben.

Die Kundeneinlagen sind im System der **Sparkassen** unbegrenzt gesichert. Jeder Gläubiger kann Ansprüche in unbeschränkter Höhe, notfalls gegenüber dem Träger der Anstalt, geltend machen.

---

[99] Vgl. BVR, Statut, § 15 Abs. 1,2,3.
[100] Vgl. BdB, Statut, § 6 Abs. 10, § 10; BVR, Statut, § 30; DSGV, Sparkassenstützungsfonds, Ziffer 1; ders., Sicherungsreserve, § 2 Abs. 2.

Im genossenschaftlichen System besteht über die Haftungszusagen der Mitglieder der angeschlossenen Institute faktisch ebenfalls eine unbegrenzte Einlagensicherung.

(2) Funktionsfähigkeit im Falle größerer Insolvenzen

Im Falle größerer Insolvenzen können die Jahresbeiträge bei allen drei Sicherungssystemen erhöht werden oder der zuständige Verband kann Sonderumlagen erheben. Allerdings ist der Umfang der kumulierten Mittel begrenzt. Ende 1988 standen den von allen Bankengruppen aufgenommenen Einlagen von rund 2 Billionen DM nur rund 145 Mrd. DM an haftendem Eigenkapital[101] gegenüber.[102]

Der Sicherungsfonds der **Privatbanken** ist vom Volumen her allenfalls in der Lage, die Insolvenzen mehrerer mittelgroßer Institute abzudecken. Seit seinem Bestehen 1976 flossen dem Fonds aus Beiträgen ca. 2,4 Mrd. DM zu.

Im System der **Sparkassen** geben Anstaltslast und Gewährträgerhaftung die erforderliche Rechtssicherheit für Leistungen im Insolvenzfall. Es wird frühzeitig versucht, Insolvenzen zu verhindern (Primat der Institutssicherung). Gleiches gilt für das System der **Genossenschaftsbanken.** Über das tatsächliche Volumen der Sicherungsfonds aber erteilen Sparkassen- und Genossenschaftsverbände keine Auskunft.

2.4 Das amerikanische Trennbankensystem

In den USA ist die arbeitsteilige Trennung von Einlagen- und Kreditgeschäft (commercial banking) einerseits und Effektengeschäft (investment banking) andererseits gesetzlich vorgeschrieben. Grundlage dieser Regelung ist auf Bundesebene der **Glass-Steagall-Act** (bzw. auch 'Banking Act') vom 16.6.1933. Vor dem Hintergrund der Erfahrungen während der Weltwirtschaftskrise von 1929, als rund 40 % der US-amerikanischen Banken Konkurs anmelden mußten und in der Öffentlichkeit zumindest als mitschuldig am Ausbruch der 'Depression' galten, verbot dieses Gesetz den Kreditbanken, Investment Banking zu betreiben. Konkret hieß das, daß sie Wertpapiere nicht **auf eigene Rechnung** emittieren durften (underwriting). Erlaubt war den Commercial Banks neben dem Kredit- und Einlagengeschäft die Abwicklung des Zahlungsverkehrs, treuhänderische Vermögensverwaltung und der Erwerb von Wertpapieren auf Kundenrechnung, der Handel mit Emissionen der öffentlichen Hand (bank-eligible securities) sowie der Handel mit bestimmten, von der Aufsichtsbehörde (in diesem Fall dem Comptroller of the Currency) zugelassenen Papieren. Zudem untersagte das Gesetz Verbindun-

---

[101] Kapital einschließlich offener Rücklagen gem. § 10 KWG.
[102] Vgl. Keller, C.-A.: Strategische Grundlagen zur Einlagensicherung durch den Garantieverbund der deutschen Kreditbanken, Diss., Göttingen 1991, S. 78.

gen von Commercial Banks mit Investment Banks, d.h. sowohl das Halten einer Kapital- oder Stimmenmehrheit am jeweils anderen Institut als auch die personelle Verflechtung und die Verbindung durch gemeinsame Großaktionäre. Der **Bank Holding Act** von 1956 beschränkte die Tätigkeit auch von Bankholdinggesellschaften weitgehend auf das 'commercial banking' und damit 'eng verbundene' Bereiche. Das Gesetz verbot ihnen, im Versicherungsgeschäft tätig zu werden, und es untersagte privaten Unternehmen, Banken zu besitzen.[103]

Das arbeitsteilige Trennbankensystem wurde von seinen Begründern vor allem damit legitimiert, daß es den Commercial Banks verwehrt werden sollte, durch die vermeintlich günstigere Refinanzierung ihrer Aktivitäten mit versicherten Einlagen Wettbewerbsvorteile auszunutzen. Zudem sollte verhindert werden, daß Kundeneinlagen zu spekulativen Wertpapiergeschäften verwendet würden.

Seit den 70er Jahren besteht auf dem US-Bankenmarkt die Tendenz, daß Commercial Banks und Investment Banks unter Ausnutzung von Gesetzeslücken, beispielsweise durch Gründung von Bank-Holding Companies (BHCs), in den Geschäftsbereich der jeweils anderen Institute eindringen. Sie diversifizieren ihre Angebote und stehen zunehmend im Wettbewerb gegeneinander. Zudem kam es vor allem im Nichtbanken-Bereich zur Bildung von Finanzkonglomeraten (Trend zu einer Art 'Allfinanz').

Mit dem 1980 verabschiedeten 'Depository Institutions Deregulation and Monetary Act' kam es zur Gleichstellung der geschäftspolitischen Möglichkeiten der Banktypen[104]; es setzte infolgedessen die **Reform des Trennban-**

---

[103] Vgl. Link, T.J./Hartung, A.R.: Vorstoß der US-Regierung zur Bankreform, in: Die Bank, o. Jg., 3/1991, S. 132-137; Link, T.J.: US-Reform benachteiligt Auslandsbanken, in: Die Bank, o. Jg., 6/1991, S. 300-303; Baas, V./Bolck, C.: US-Bankreform vor weiteren Hürden, in: Die Bank, o. Jg., 8/1991, S. 421-424; Link, T.J.: Allfinanz in den USA durch Gerichtsbeschluß, in: Die Bank, o. Jg., 3/1992, S. 175-176; Werner, W.: Späte Reform der amerikanischen Filialgesetzgebung, in: Die Bank, o. Jg., 12/1994, S. 712-716; The Economist v. 15.4.1995 ('Survey on Wall Street'); Frankfurter Allgemeine Zeitung v. 6.4.1995, Nr. 82, S. 15, 16; Hein, M., 1993, a.a.O., S. 13-17; Schierenbeck, H., 1994 (a), a.a.O.; Hahn, O., 1989, a.a.O., S. 96ff.; Stammer, K.: Nichtbanken als Substitutionskonkurrenten auf dem Bankleistungsmarkt - Eine vergleichende Analyse für das deutsche und das US-amerikanische Bankensystem, Frankfurt a. M. 1987, S. 30-67; Hütz, G.: Die Bankenaufsicht in der Bundesrepublik Deutschland und in den USA, Berlin 1990; Engels, W. (Hrsg.): Organisation der Banken und des Bankenmarktes, Frankfurt a. M. 1988.

[104] Dieses Gesetz gestattete es den Commercial Banks (und den Sparkassen) auch, Privatpersonen und Non-Profit-Gesellschaften verzinsliche Spareinlagen als sogenannte 'NOW-Accounts' (Negotiable Order of Withdrawal) anzubieten, was die bis dahin geltende, die Wettbewerbsposition der Kreditbanken beeinträchtigende Zinsregulierung für Sichteinlagen faktisch aufhob.

kensystems ein, die bis heute andauert und ihren Abschluß möglicherweise in der für 1996/97 erwarteten Abschaffung des Glass-Steagall-Acts finden wird. Umfassende Reformvorschläge des US-Finanzministeriums vom Februar 1991 ('Financial Institutions Safety and Consumer Choice Act') wurden vom Kongreß zunächst abgelehnt. Danach hätte es Kreditbanken erlaubt werden sollen, sich mit Nichtbanken, also insbesondere Investment Banks und Versicherungsunternehmen, unter dem Dach einer gemeinsamen Holding zu verbinden. Das Commercial Banking, Wertpapier-, Fonds- und Versicherungsgeschäfte sollten darin durch 'fire walls' streng voneinander getrennt sein, um Interessenkonflikte zu vermeiden.

Der Ruf nach einer Reform des arbeitsteiligen Trennbankensystems wurde insbesondere lauter, nachdem das Federal Reserve System als Bundesaufsichtsbehörde der Banken seit den 80er Jahren zahlreichen Commercial Banks mit Ausnahmegenehmigungen die Ausweitung ihrer Produktpalette gestattet hatte.[105]

Eine weitere Tendenz ist das Vordringen der sogenannten 'Non-banks', die entweder nur Einlagen annehmen oder nur Geschäftskredite vergeben und somit nicht als Bank i.S. des Bank Holding Company Acts gelten. Der Konsolidierungsdruck auf dem US-Bankenmarkt ist somit derzeit beträchtlich, und eine Reihe von Commercial Banks bereiten sich auf die Übernahme von bzw. die Fusion mit Investmenthäusern vor.

Konnten ursprünglich Commercial Banks von Investment Banks nach der Überlassungsdauer der den Kreditnehmern gewährten Finanzmittel unterschieden werden (Commercial Banks: kurz- und mittelfristige Kreditgewährung, Investment Banks: langfristig über den Kapitalmarkt zur Verfügung gestellte Mittel), so bietet sich dies heute nicht mehr an. Die beiden Gruppen lassen sich vielmehr nach der Wertpapierunterlegung ihrer Anlage- und Finanzierungsfazilitäten differenzieren.

Die arbeitsteilige Trennung von Kredit- und Effektenbanken ist Hauptcharakteristikum des US-Trennbankensystems, das mit dem **Regionalbankenprinzip** noch eine weitere Eigenart aufweist. Die regionale Beschränkung der Geschäftstätigkeit wurzelt im 'National Banking Act' von 1863 und im 'McFadden Act' von 1927. Das damit einhergehende Verbot des 'Interstate Banking' (Betreiben von Tochterinstituten außerhalb des eigenen Bundesstaates) wurde allerdings im vom Präsident Clinton am 30.9.1994 unterzeichneten 'Riegle-Neal Interstate Banking and Branching Efficiency Act of 1994' auf

---

[105] Unter den elf größten Emissionshäusern der USA befinden sich heute (April 1995) bereits drei Institute, die ursprünglich dem Commercial Bank-Sektor entstammen, nämlich J.P. Morgan & Co. Inc., die Chase Manhattan Bank und die First Tennessee National Corp.

Bundesebene aufgehoben.[106] Commercial Banks dürfen nun in den gesamten USA **rechtlich selbständige** Tochterinstitute betreiben. Ab dem 1.7.1997 wird es ihnen darüberhinaus gestattet, in anderen Bundesstaaten durch rechtlich unselbständige Filialen vertreten zu sein. Diese Möglichkeit des 'Interstate branching' ist aber von der entsprechenden Zulasssung der Einzelstaaten abhängig. Die meisten Bundesstaaten haben das geographische Trennungsprinzip wegen der damit verbundenen prohibitiv hohen Transaktionskosten jedoch bereits seit Jahren gelockert. Die Neugründung von Filialen bzw. Tochterinstituten ist grundsätzlich nicht erlaubt, und die Marktanteile von Commercial Banks werden auf 10 % auf Bundes- bzw. 30 % auf einzelstaatlicher Ebene begrenzt. Die Bankenaufsicht verbleibt wie bislang vorwiegend bei den bundesstaatlichen Behörden.

Als Gründe für diese geographische Marktsegmentierung werden in der Literatur der Schutz einzelstaatlicher Kompetenzen[107] und der Washingtoner Lobbyismus seitens der kleinen und mittelgroßen Commercial Banks, der Investment Banks und der Versicherungswirtschaft, die um ihre Marktnischen fürchten, genannt. Von aktueller Relevanz ist dieser Lobbyismus z.B. im Widerstand gegen die Gesetzesinitiative des Vorsitzenden des Bankausschusses im US-Repräsentantenhaus, Jim Leach, zur Reform des Glass-Steagall-Acts. So drängen beispielsweise die Versicherungen darauf, die Banken aus dem Versicherungssektor weitmöglichst auszuschließen, indem es den einzelstaatlichen Aufsichtsbehörden überlassen werden soll, zu definieren, welche Produkte in diesen Sektor fallen. Die Investment Banks fordern, daß es Banken nur über separat mit Kapital ausgestattete Filialen, die den gleichen Regeln unterliegen wie sie selbst, erlaubt sein soll, im Wertpapiergeschäft tätig zu werden. Außerdem solle die in der 'Leach Bill' vorgesehene Liste der Ausnahmebereiche, in denen Banken direkt ins Effektengeschäft einsteigen können, gekürzt werden.[108] Der Widerstand gegen Reformen der Bankengesetzgebung wird häufig mit der Absicht gerechtfertigt, Konzentrationsprozesse vermeiden zu wollen.

Als Folge des Regionalbankenprinzips existiert in den USA eine Vielzahl von zumeist kleinen und mittelgroßen Banken auf lokal begrenzten Märkten. Anfang der 80er Jahre wiesen mehr als die Hälfte der damals rund 14.000 Banken ein Bilanzvolumen von weniger als 50 Mio. US-Dollar auf. Nach den

---

[106] Vgl. Hirte, H./Otte, K.: Die Rechtsentwicklung im Bankrecht in den Vereinigten Staaten im Jahre 1994, in: Zeitschrift für Bankrecht und Bankwirtschaft, 7. Jg., 3/1995, S. 312-314.
[107] Eine wesentliche Eigenart des US-Bankensystems wird als 'dual banking' bezeichnet: Sowohl der Bund als auch die Einzelstaaten haben das Recht, Kreditinstitute zu konzessionieren, zu beaufsichtigen und die Kreditwirtschaft zu reglementieren.
[108] Vgl. dazu The Economist v. 24.6.1995, S. 81-82.

Bankenkrisen zwischen 1985 und 1991 existieren heute noch rund 11.000 Banken.

Die Bankenlandschaft in den Vereinigten Staaten besteht im wesentlichen aus den Commercial Banks, Thrift Institutions, Investment Banks und weiteren Spezialinstituten.

Zu den **Commercial Banks** zählen:

- Money Center Banks (Konzernbilanzsumme über 30 Mrd. US-Dollar, z.B. Chase Manhattan Corp., Citicorp, Bankamerica Corp.),
- Regional Banks (Konzernbilanzsumme zwischen 1 und 30 Mrd. US-Dollar),
- Local Banks (rechtlich unabhängige sonstige Banken) und
- Foreign Banks (Repräsentanzen, Filialen, Beteiligungen, Tochterinstitute ausländischer Banken, deren Tätigkeit durch den 'International Banking Act' von 1978 geregelt ist).

Üblicherweise werden Commercial Banks auch danach unterschieden, ob sie der Aufsicht einer Bundesbehörde (National Banks) oder einer einzelstaatlichen Behörde (State Banks) unterliegen und ob sie Mitglied im Federal Reserve System sind (Member Banks) oder nicht (Non Member Banks). Für die Aufsicht der Commercial Banks sind gegenwärtig neben den einzelstaatlichen Behörden, denen die Kontrolle der State Banks obliegt, noch drei Bundesbehörden zuständig: das 'Board of Governors of the Federal Reserve System', der 'Comptroller of the Currency' (Aufsicht der National Banks) sowie die 'Federal Deposit Insurance Corporation' (FDIC), die Bundeseinlagenversicherung.

Die **Thrift Institutions (Sparkassen)** umfassen:

- Savings Associations,
- Mutual Savings Banks (genossenschaftlich organisiert) und
- Credit Unions (gemeinnützige Institutionen).

Die Aufgabenbereiche der Savings Associations und der Mutual Savings Banks sind heute weitgehend identisch. Sie umfassen das Spar- und Hypothekendarlehengeschäft mit privaten Haushalten, die Hereinnahme von Sichteinlagen sowie die Vergabe von Konsumentenkrediten und zum Teil gewerblichen Krediten.

Investment Banks (i.w.S.; i.e.S. nur Emissionshäuser) betreuen die Aufgabenbereiche:

- Broker (Makler),
- Dealer (Eigenhändler),

- Emissionsbank (underwriter) für kapitalsuchende Kunden bei der Aufnahme von Fremd- und Eigenkapital,

- Unternehmensberatung bzgl. Fusion oder Übernahme (Mergers & Acquisition),

- Beratung von anlagesuchendem Publikum,

- Gewährung von Effektenkrediten und

- Verwaltung von Wertpapieren.

Die Investment Banks unterliegen auf Bundesebene der Aufsicht der 'Securities and Exchange Commission' (SEC) sowie ihrer eigenen 'Standesvertretung', der 'National Association of Securities Dealers' (NASD).

Als **weitere Spezialbanken** sind zu nennen:

- Investment Companies/Money Market Funds,

- Finance Companies (Teilzahlungsinstitute, Factoring- und Leasingfinanzierungen),

- Kreditkartenemittenten,

- Versicherungen und Pensionsfonds und

- Mortgage Companies (Ausgabe von und Handel mit Hypothekardarlehen).

Wie die vorangehende Kurzübersicht über die Institutionsarten zeigt, findet zur Zeit noch eine weitgehende Arbeitsteilung über den gesamten Bankensektor hinweg statt, obwohl es auch im amerikanischen Bankensystem, wie oben angedeutet, Bestrebungen zum Übergang auf ein Universalbankensystem gibt.

3 Rechtliche Grundlagen

In diesem Kapitel sollen im wesentlichen die für die Führung eines Bankbetriebes relevanten rechtlichen Grundlagen, angereichert mit Zahlenbeispielen, dargestellt und behandelt werden. Hierzu gehören neben gesellschaftsrechtlichen und öffentlich-rechtlichen Regelungen insbesondere das Kreditwesengesetz mit seinen inzwischen zahlreichen Novellierungen, deren Ende leider noch nicht abzusehen ist. Die an geeigneter Stelle eingefügten Zahlenbeispiele verdeutlichen die bankbetrieblichen Folgewirkungen gesetzlicher Vorgaben im Zusammenhang mit der laufenden Geschäftstätigkeit.

3.1 Rechtliche Grundlagen des Kreditwesens im Überblick

Aktivitäten von Bankbetrieben und Bankkonzernen unterliegen einer erheblichen Zahl von einzel- und gesamtwirtschaftlich orientierten rechtlichen Regelungen und Beschränkungen. Als wesentliche gesetzliche Grundlagen geschäftlicher Betätigung von Kredit- und Finanzinstituten gelten:

- BGB, HGB, AktG, GmbHG, GenG, KWG, BBankG,
- landesrechtliche Regelungen für Sparkassen,
- Errichtungsgesetze für Körperschaften des öffentlichen Rechts und
- spezialgesetzliche Regelungen für Realkreditinstitute, Investmentgesellschaften, Bausparkassen.

Bankbetriebe haben die Vorschriften des Kreditwesengesetzes (KWG) ebenso zu beachten wie bundeseinheitliche Vorschriften zur Abwicklung bestimmter Bankleistungen im Rahmen des Zahlungsverkehrs, des Effektenverkehrs und ggf. der Teilzahlungskreditleistungen sowie des Geschäftsverkehrs insgesamt durch das AGB-Gesetz. Darüber hinaus gelten auch grundlegende Normen, die fortlaufend weiterentwickelt und im Bundesbankgesetz (BBankG) verankert werden.

3.2 Das Kreditwesengesetz

Grundlage der heutigen Form des Kreditwesengesetzes ist die Fassung von 1961. Vorläufer waren das KWG von 1934 und das diesem weitgehend entsprechende KWG von 1939. Vom Gesetzgeber jeweils als dringend erforderlich angesehene Änderungen spiegeln sich in den verschiedenen KWG-Novellen wider. Mit dem konzeptionellen Aufbau des KWG werden verschiedene Zielsetzungen verfolgt.

3.2.1 Zielsetzungen und Konzeption des KWG

Mit dem KWG werden insbesondere drei Zielsetzungen verfolgt:

(1) die Gewährleistung der Ordnung im Kreditwesen,

(2) die Erhaltung der Funktionsfähigkeit der Kreditwirtschaft und

(3) der Schutz der Gläubiger der Banken (insbesondere Einleger) vor Verlusten.

Die genannten Zielsetzungen sollen mit marktwirtschaftlichen Mitteln erreicht werden. Das hat zur Folge, daß den Bankbetrieben einerseits die unternehmerische Verantwortlichkeit weitestgehend erhalten bleibt, andererseits Einschränkungen dieser unternehmerischen Autonomie nur im Allgemeininteresse unter Beachtung der angeführten Zielsetzungen erfolgen (z.B. hinsichtlich Eigenkapital, Liquidität, Kreditgewährung, Spareinlagen). Aus dieser Auffassung resultieren die nicht unerheblichen Informations-, Anzeige- und Duldungspflichten, die das KWG z.B. in den §§ 13, 14 oder 44 den Bankbetrieben auferlegt. Hinzu kommt die Schaffung einer zentralen Kontrollinstanz in Form des Bundesaufsichtsamtes für das Kreditwesen (BAK) in Berlin, dessen Kosten dem Bund von den Bankbetrieben nach § 51 Abs. 1 KWG zu 90% zu erstatten sind.

Über § 7 KWG wird die Zusammenarbeit von Bundesbank und Bundesaufsichtsamt für das Kreditwesen institutionalisiert. So sollen Ortskenntnis und Sachkunde der Landeszentralbanken mit Hilfe der Bundesbank dem BAK zugänglich gemacht werden.

Das KWG gewährt der Bundesregierung Eingriffsrechte in die Kreditwirtschaft, falls wirtschaftliche Schwierigkeiten bei Kreditinstituten zu befürchten sind, die Gefahren für die Gesamtwirtschaft erwarten lassen. In derartigen Krisensituationen kann die Bundesregierung nach § 47 KWG Aufschub für die Erfüllung von Verbindlichkeiten gewähren und eine vorübergehende Schließung des Bank- und Börsenverkehrs anordnen. Diese Anordnungen treten gemäß § 48 KWG spätestens 3 Monate nach ihrer Verkündung außer Kraft.

3.2.2 Organisation des Bankgeschäfts

Die nachfolgend kurz anzusprechenden Vorschriften des KWG enthalten Regelungen, die die **Organisation der Kreditinstitute sowie der Kreditinstitutsgruppen** unter bankbetriebswirtschaftlichen Gesichtspunkten betreffen. Insbesondere die folgenden Paragraphen des KWG sind von Bedeutung:

- § 1 KWG: Begriff des Kreditinstituts.

- § 2 KWG: Ausnahmen von § 1 (betrifft z.B. die Deutsche Bundesbank, die KfW u.a.m.).
- § 3 KWG: Verbotene Geschäfte (z.B. Verbot von Werkssparkassen).
- §§ 39-42 KWG: Schutz der Bezeichnungen 'Bank' und 'Sparkasse'.
- §§ 53 und 53a KWG: Regelung der Verhältnisse der Zweigstellen und Repräsentanzen ausländischer Banken.
- §§ 10a und 13a KWG: Eigenkapitalausstattung und Großkreditvergabe von Kreditinstitutsgruppen.
- § 24 KWG: Anzeigepflichten der Kreditinstitute und der Geschäftsleiter (betreffen personelle Veränderungen in der Geschäftsleitung, Veränderungen der Rechtsform und des Firmensitzes und von gravierenden wirtschaftlichen Sachverhalten).
- § 2a KWG: Einschränkung der Rechtsformwahl.

Hieraus ergeben sich Auswirkungen auf Eigenkapital- und Liquiditätsnachweise und eine von der handelsrechtlichen abweichende Rechnungslegung gegenüber der Bankenaufsicht.

3.3 Frühere KWG-Novellen

Mit der ersten Novellierung durch die Fassung von 1961 ist am 1.1.96 mittlerweile, nach den Novellen von 1976, 1984 und 1993 die 5. KWG-Novelle in Kraft getreten. Auf den Inhalt und die Auswirkungen der letzten Novellen wird in eigenen Gliederungspunkten eingegangen. Zunächst erfolgt eine Kurzdarstellung der vorherigen Änderungen unter Bezugnahme auf die Änderungsanlässe.

Die **Zweite KWG-Novelle von 1976** brachte Verbesserungen, die dem Gesetzgeber dringend erforderlich schienen, weil 1974 vor allem Probleme im Bereich der Devisenhandelstätigkeit von Bankbetrieben eintraten, die auf die Freigabe der Wechselkurse und insbesondere auf den Wegfall der Interventionspflicht der Bundesbank im Jahre 1973 zurückzuführen waren. Dazu kamen Liquiditätskrisen bei einigen kleineren Privatbanken, die zu deren Schließung führten. Zur Verbesserung des Gläubigerschutzes und der Liquiditätssicherung wurden vor allem folgende Vorkehrungen getroffen:

- Verschärfung der Strukturnormen: Durch § 13 KWG wird bezweckt, die Risiken aus der Vergabe von Großkrediten zu verringern. Im Rahmen dieser Gesetzesnovelle wurde das Volumen der Großkredite auf 50% des haftenden Eigenkapitals begrenzt.
- Verminderung der möglichen Risiken bankbetrieblicher Betätigung: der § 18 KWG sieht eine Verschärfung der Anforderungen an Kreditunterlagen, ein Verbot des Einzelbankiers durch § 2a KWG und über § 33 Abs. 1 Nr. 4 KWG die Einführung des Vieraugenprinzips vor.

126　Rechtliche Grundlagen

- Erweiterung der Einblicks- und Eingriffsmöglichkeiten von BAK und Bundesbank: Die Erweiterung der Anzeigepflichten der Kreditinstitute und der Pflichten der Prüfer wurden erreicht über die §§ 44 und 29 Abs. 2 KWG. Weiterhin wurden Möglichkeiten zur Rücknahme der Erlaubnis des Betreibens eines Kreditinstituts und zu Prüfungen durch das BAK sowie durch Vorschriften über Maßnahmen zur Vermeidung des Konkurses verändert. Insbesondere die Maßnahmen bei Konkursgefahr in § 46a KWG und Stellung des Konkursantrages in § 46b KWG wurden neu geregelt.

Bereits im Vorfeld dieser KWG-Novelle war als Reaktion auf den Konkurs der Herstatt-Bank mit Wirkung zum 1.10.1974 eine Ergänzung der 'Grundsätze über das Eigenkapital und die Liquidität der Kreditinstitute' in Form des Grundsatzes Ia erfolgt, der die offenen Devisenpositionen eines Kreditinstitutes beschränkt.

Um weiteren Maßnahmen des Gesetzgebers zur präventiven Sicherung der Bankgläubiger zuvorzukommen, erfolgte auf freiwilliger Basis und Initiative der Kreditwirtschaft die Gründung der Liquiditätskonsortialbank[109] und die Verbesserung des Einlegerschutzes bei Bankbetrieben durch drei Einlagensicherungssysteme:[110]

(1) Sicherungssystem des Sparkassensektors:
Zur Entlastung der öffentlichen Gewährträger sowie Träger der Anstaltslast, die voll für ihre Banken haften, und aus Gründen der Wettbewerbsangleichung an privatrechtlich organisierte Bankbetriebe wurde ein differenziertes Sicherungssystem auf lokaler, regionaler und überregionaler Ebene errichtet.

(2) Genossenschaftliches Sicherungssystem:
Obwohl gemäß Genossenschaftsgesetz grundsätzlich Nachschußpflicht der Genossen im Konkursfall vorgesehen ist, kann die Nachschußpflicht durch das Statut der Genossenschaft ausgeschlossen werden. Dieser Umstand begründete die Notwendigkeit der Errichtung eines ergänzenden genossenschaftlichen Sicherungssystems.

(3) Garantieverband der Deutschen Volksbanken und Raiffeisenbanken:
Der Verband beschränkt sich auf Bilanzhilfen zugunsten angeschlossener Institute durch Übernahme von Bürgschaften für wertberichtigungsbedürftige Kredite.

Die Finanzierung der Einlagensicherungsfonds des Bundesverbandes deutscher Banken erfolgt durch Umlage bei den beteiligten Banken. Das Ziel besteht in der reinen Einlagensicherung, die pro Einleger bis zu 30 % des haftenden Eigenkapitals betragen kann, nicht aber in der Sicherung des Bankbetriebs selbst.

Die Notwendigkeit der **Dritten KWG-Novelle** von 1984 entstand zum einen aus der veränderten Risikosituation der Banken aufgrund von Wachstum, Verflechtung und Internationalisierung der Finanzmärkte sowie aus den zunehmenden Bonitäts- und Liquiditätsrisiken im Bankgeschäft, zum anderen aus der gebotenen Umsetzung der Richtlinie des Rates der Europäischen Ge-

---

[109] Siehe dazu auch Kapitel 2 unter 'Kreditinstitute mit Sonderaufgaben'.
[110] Vgl. Eilenberger, G., 1993, a.a.O., S. 219f..

meinschaft vom 13.6.1983 über die Beaufsichtigung der Kreditinstitute auf konsolidierter Basis in nationales Recht.[111]
Dementsprechend liegen die Schwerpunkte der Änderungen dieser Novelle in folgenden Bereichen:

- § 10 Abs. 4 und 5 KWG, Eigenkapitalausstattung: Verbesserung der Eigenkapitalausstattung von Einzelinstituten, insbesondere durch die Aufnahme von 'Genußrechtskapital'.

- § 12a KWG, Begründung von Unternehmensbeziehungen: Überwachung des Gesamtkreditrisikos in Bankkonzernen mittels Zusammenfassungsverfahren in Form der Quotenkonsolidierung. Zu diesem Zweck wurden die §§ 10a und 13a KWG (Eigenkapitalausstattung und Großkredite von Kreditinstitutsgruppen) neu eingeführt.

- § 12 KWG, Begrenzung von Anlagen: Objektivierung des Beteiligungsbegriffs.

- § 13 Abs. 4 KWG, Großkredite: Herabsetzung der Großkreditgrenze auf maximal 50% des haftenden Eigenkapitals.

- § 15 KWG, Organkredite: Verschärfung der Vorschriften über den Kreditbegriff und die Kreditnehmereinheit (§ 19 KWG) sowie über den Organkredit.

- § 44a KWG, Grenzüberschreitende Auskünfte und Prüfungen: Erweiterung bankaufsichtlicher Eingriffs- und Erkenntnismöglichkeiten, insbesondere hinsichtlich internationaler Banktätigkeit.

Auf die Vierte KWG-Novelle wird im anschließenden Gliederungspunkt 3.4 eingegangen.

3.4 Die Vierte KWG-Novelle

Da diese Novelle teilweise auf EG-Harmonisierungsbestrebungen zurückzuführen ist, sollen hier die wesentlichen EG-Richtlinien[112] und deren Konsequenzen für den Bankbetrieb behandelt werden. Für den Raum der EU sollten einheitliche Standards zur Ausstattung mit haftenden Eigenmitteln für Kreditinstitute und Kreditinstitutsgruppen, zum Eigenmittelnachweis bei Konzernstrukturen und zur Risikobegrenzung eingeführt werden.

---

[111] Vgl. BT-Drucksache 10/1441, S. 18.
[112] Anmerkung: aus der Zeit der EG stammende Regelungen werden weiterhin als EG-Vorschriften, EG-Richtlinien bezeichnet. Alle Regelungen, die nach der Umbenennung der EG in EU erarbeitet wurden, sind EU-Vorschriften und EU-Richtlinien.

3.4.1 Ausgangslage

Das Gebiet der Bankenaufsicht war in den vergangenen Jahren durch vielfältige Gesetzgebungsaktivitäten auf nationaler und supranationaler Ebene gekennzeichnet. Nachdem in den achtziger Jahren unterschiedliche Deregulierungen der europäischen Bankenmärkte Wettbewerbsverzerrungen verursacht hatten, wurde es erforderlich, das Bankaufsichtsrecht EG-weit zu vereinheitlichen.[113] Aus diesem Grund hat die Europäische Gemeinschaft mehrere Richtlinien erlassen, die zu unterschiedlichen Zeitpunkten in nationales Recht der Mitgliedsstaaten umgesetzt werden müssen.[114] Im einzelnen handelt es sich um:

- die Zweite Bankrechtskoordinierungsrichtlinie[115],
- die Eigenmittelrichtlinie[116],
- die Solvabilitätsrichtlinie[117],
- die Großkreditrichtlinie[118],
- die Konsolidierungsrichtlinie[119],
- die Kapitaladäquanzrichtlinie[120] sowie
- die Wertpapierdienstleistungsrichtlinie[121].

---

[113] Vgl. Wiebke, H.: Internationale Aktivitäten zur Harmonisierung bankaufsichtlicher Eigenkapitalvorschriften: Eine Zwischenbilanz (Teil 1), in: Kredit und Kapital, 25. Jg., 3/1992, S. 428-457, hier S. 457.

[114] Vgl. Geiger, W.: Die 4. KWG-Novelle und der neue Grundsatz I, in: Sparkasse, 109. Jg., 12/1992, S. 562-563, hier S. 562.

[115] Richtlinie 89/646/EWG des Rates vom 15.12.1989 zur Koordinierung der Rechts- und Verwaltungsvorschriften über die Aufnahme und Ausübung der Tätigkeit der Kreditinstitute und zur Änderung der Richtlinie 77/780/EWG, ABl Nr. L 386/1-13.

[116] Richtlinie 89/299/EWG des Rates vom 17.4.1989 über die Eigenmittel von Kreditinstituten, ABl Nr. L 124/16-20; Richtlinie 91/633/EWG des Rates vom 3.12.1991 zur Durchführung der Richtlinie 89/299/EWG über die Eigenmittel von Kreditinstituten, ABl Nr. L 399/33-34 und Richtlinie 92/16 EWG des Rates vom 16.3.1992 zur Änderung der Richtlinie 89/299/EWG über die Eigenmittel von Kreditinstituten, ABl Nr. L 75-50.

[117] Richtlinie 89/647/EWG des Rates vom 18.12.1989 über einen Solvabilitätskoeffizienten für Kreditinstitute, ABl Nr. L 386/14-22.

[118] Richtlinie 92/121/EWG des Rates vom 5.2.1993 über die Überwachung und Kontrolle der Großkredite von Kreditinstituten, ABl Nr. L 29/1-8.

[119] Richtlinie 92/30/EWG des Rates vom 28.4.1992 über die Beaufsichtigung von Kreditinstituten auf konsolidierter Basis, ABl Nr. L 110/52-58.

[120] Richtlinie 93/6/EWG des Rates vom 15.3.1993 über die angemessene Eigenkapitalausstattung von Wertpapierfirmen und Kreditinstituten, ABl Nr. L 141/1-26.

[121] Richtlinie 93/22/EWG des Rates vom 10.5.1993 über Wertpapierdienstleistungen, ABl Nr. L 141/27-46.

Mit der Vierten KWG-Novelle wurden die 2. Bankrechtskoordinierungsrichtlinie sowie die Eigenmittelrichtlinie mit Wirkung vom 1. Januar 1993 bzw. die Solvabilitätsrichtlinie durch Neufassung des Grundsatz I zum 30. Juni 1993 in deutsches Bankaufsichtsrecht transformiert. Während die 2. Bankrechtskoordinierungsrichtlinie in erster Linie die Niederlassungsfreiheit der EU-Banken gewährleistet, wird mit der Umsetzung der Eigenmittelrichtlinie die Definition des haftenden Eigenkapitals novelliert.

Die Solvabilitätsrichtlinie legt fest, in welchem Umfang Aktivgeschäfte und bilanzunwirksame Geschäfte zur Begrenzung der damit verbundenen Risiken mit Eigenkapital unterlegt werden müssen. Im folgenden werden die daraus resultierenden Neuerungen vorgestellt. Dabei wird zunächst in den nachfolgenden Punkten die Umsetzung der Zweiten Bankrechtskoordinierungsrichtlinie und der Eigenmittelrichtlinie besprochen. Anschließend werden die Konsequenzen der 4. KWG-Novelle auf das deutsche Kreditwesen erläutert.

3.4.2 Umsetzung der Zweiten Bankrechtskoordinierungsrichtlinie

Im einzelnen wurden im KWG folgende neue Sachverhalte verankert: Herkunftslandprinzip, Anteilseignerkontrolle, Begriff des Finanzinstituts, Begrenzung von Aktivbeteiligungen, modifizierte Definition des 'haftenden Eigenkapitals' und die Novellierung der 'risikogewichteten Aktiva' im Grundsatz I.

Für deutsche Kreditinstitute gibt es mit der Einführung des **Herkunftslandprinzips** den 'europäischen Paß'. Dieser bewirkt eine Liberalisierung der grenzüberschreitenden Tätigkeiten. Sowohl die deutschen Kreditinstitute als auch die Institute der anderen EU-Staaten erhalten nunmehr die Möglichkeit, sich EU-weit zu betätigen. Um Zweigstellen in der Bundesrepublik Deutschland zu errichten, mußten ausländische Kreditinstitute in der Vergangenheit die Anforderungen des KWG erfüllen. Dies bedeutete insbesondere, daß ihre Zweigstellen selbst mit ausreichendem Eigenkapital ausgestattet werden mußten. Durch das mit der KWG-Novelle eingeführte Herkunftslandprinzip reicht heute allein die Zulassung durch die Aufsichtsbehörde des Herkunftslandes aus, um sich in einem beliebigen EU-Staat niederzulassen.

Damit ist zu erwarten, daß sich mittelfristig der Wettbewerb auf dem Bankensektor erheblich verschärfen wird, was auch das erklärte Ziel der EU-Kommission darstellt, die auf diese Weise eine verbesserte Konkurrenzfähigkeit europäischer Banken erreichen will.[122] Insbesondere ist bereits jetzt abzusehen, daß neben den in Deutschland primär anzutreffenden Universalbanken künftig auch Spezialinstitute, die aus dem Trennbanksystem anderer EU-Län-

---

[122] Vgl. Kessel, H.: Das neue Bankaufsichtsrecht, in: Genossenschafts-Kurier, o. Jg., 1/1993, S. 10-12, hier S. 10.

130 Rechtliche Grundlagen

der (z.B. Großbritannien) resultieren, mit geschäftsfeldbezogenem Know-how und niedrigeren Kosten auf den deutschen Markt drängen. Hier ist mit einem Verdrängungswettbewerb zu rechnen, der zu einem verstärkten Druck auf die Margen führen wird.

Um in anderen europäischen Ländern tätig zu werden, haben deutsche Kreditinstitute künftig ihre Absicht an das Bundesaufsichtsamt für Kreditwesen zu melden (§ 24a KWG). Erfüllen sie die Voraussetzungen des europäischen Passes, insbesondere in bezug auf ein angemessenes Eigenkapital[123], so wird dieses vom Bundesaufsichtsamt den Aufsichtsbehörden des Gastlandes mitgeteilt. Die Errichtung einer Zweigstelle bedarf dann keiner weiteren Genehmigung mehr.

Unregelmäßigkeiten, die bei einer Zweigstelle auftreten, können grundsätzlich nur durch Maßnahmen der Aufsichtsbehörden des Herkunftslandes reguliert werden. Nur in Ausnahmefällen darf die Aufsichtsbehörde des Gastlandes eingreifen. Um einen reibungslosen Ablauf zu gewährleisten, müssen die Aufsichtsbehörden eng zusammenarbeiten. Einzelheiten der Zusammenarbeit werden gegenwärtig in bilateralen Verträgen festgelegt.

Die Niederlassungsfreiheit stellt aber kein automatisches Recht zur europäischen Betätigung dar. So können die Länder die Tätigkeitsbereiche ihrer Kreditinstitute oder einzelner Institutsgruppen weiterhin beschränken, was in der Bundesrepublik z.B. bei der Sparkassengesetzgebung der Fall ist.

Nach § 53c KWG werden die Vorzüge des europäischen Passes auch Zweigstellen von Kreditinstituten aus Drittländern gewährt, wenn die EG mit diesen nicht dem EG-Verbund angehörenden Staaten entsprechende Verträge geschlossen hat. Dieses ist z.B. durch das Abkommen über den Europäischen Wirtschaftsraum mit den EFTA-Staaten geschehen.[124]

Vom Herkunftslandprinzip gibt es drei explizit erwähnte Abweichungen. Das Aufnahmeland hat für die Zweigstelle auch weiterhin:

(1) die Liquidität der Institute nach seinen eigenen nationalen Bestimmungen zu überwachen,

(2) die ausschließliche Verantwortung für geldpolitische Maßnahmen sowie

(3) die Befugnis, Bestimmungen zur Überwachung der Marktrisiken aus offenen Wertpapierpositionen für alle auf seinem Territorium arbeitenden Kreditinstitute bis zur Koordinierung durch die EU-Kapitaladäquanz-Richtlinie zu erlassen.[125]

---

[123] Diese Voraussetzungen sind in der neuen Eigenmittelrichtlinie formuliert, siehe Kap. 3.4.3 'Umsetzung der Eigenmittelrichtlinie'.
[124] Vgl. o.V.: Die Vierte Novelle des Kreditwesengesetzes - ein weiterer Schritt zum europäischen Bankenmarkt, in: Monatsberichte der Deutschen Bundesbank, 45. Jg., 1/1993, S. 35-42, hier S. 36f..
[125] Vgl. Arnold, W./Boos, K.-H.: Vierte KWG-Novelle schafft Basis für gemeinsamen EG-Bankenmarkt, in: Die Bank, o. Jg., 7/1991, S. 364-368, hier S. 365.

Als Konsequenz des Zusammenbruchs der Bank of Credit and Commerce International (BCCI) in London im Jahr 1991 wurde die **Anteilseignerkontrolle** eingeführt. So wird bestimmt, daß das BAK zukünftig auch die Gesellschafterstrukturen der Banken überwacht. Nach § 2b KWG werden Inhaber bedeutender Beteiligungen, d.h. Gesellschafter, die mehr als 10% des Kapitals oder der Stimmrechte halten oder einen maßgeblichen Einfluß auf die Geschäftsführung ausüben (z.B. über einen Beherrschungsvertrag), zukünftig auf ihre Zuverlässigkeit überprüft. Befürchtet das BAK einen schädlichen Einfluß auf die Geschäftsführung, kann es die Ausübung der Stimmrechte untersagen oder einen Treuhänder einsetzen.

Beabsichtigt jemand, eine bedeutende Beteiligung an einem Kreditinstitut zu erwerben oder seine bestehende Beteiligung über die Schwellen von 20%, 33% oder 50% der Stimmrechte oder des Kapitals zu erhöhen, so hat er dieses dem BAK mitzuteilen. Das BAK kann dann einen Erwerb wegen mangelnder Zuverlässigkeit untersagen. Damit wird die bereits in der Vergangenheit praktizierte Überprüfung der Geschäftsleiter auf die bedeutenden Gesellschafter ausgeweitet. Zusätzlich kann das BAK die Erlaubnis zur Aufnahme der Geschäfte verweigern oder zurückziehen, wenn eine wirksame Beaufsichtigung aufgrund undurchschaubarer kapitalmäßiger Verflechtungen nicht möglich erscheint. Die Bestimmungen sind in den neu eingeführten §§ 2b und 44b KWG fixiert.

In den Beratungen auf der EG-Ebene ist es nicht gelungen, die enge **Definition des Kreditinstitutsbegriffs** zu erweitern (vgl. hierzu Tabelle 2.1.). Da bei Übernahme der alten, engeren Definition in die EG-Richtlinien der § 1 KWG nicht auf alle im Finanzsektor tätigen Unternehmen Anwendung gefunden hätte, mußte die Anwendung auch auf im Bankensektor tätige Nichtkreditinstitute übertragen werden. Deshalb wurde in der neuen Fassung des § 1 KWG der Begriff 'Finanzinstitut' geschaffen. **Finanzinstitute** sind Unternehmen, die keine Kreditinstitute sind und deren Haupttätigkeit darin besteht, Beteiligungen zu erwerben oder zumindest eines der in § 1 Abs. 1 Nr. 1-5, 8, 9 KWG genannten Bankgeschäfte zu betreiben. Diese Finanzinstitute können ebenfalls die EU-weite Anerkennung erlangen, wenn sie zu 90 % Tochterunternehmen eines Kreditinstitutes sind und andere strenge Bedingungen erfüllen. So muß das Mutterunternehmen sie u.a. in die eigene konsolidierte Beaufsichtigung einbeziehen und für sie eine gesamtschuldnerische Haftung übernehmen. Anderenfalls gelten für sie die bisherigen Bestimmungen des KWG (Zulassungsbeschränkung, Kontrolle durch das BAK usw.) weitestgehend fort.

Mit der **Begrenzung von Aktivbeteiligungen** wurden die Beteiligungsmöglichkeiten an Unternehmen außerhalb des Banksektors für Kreditinstitute im Sinne der EG-Definition durch die Novelle stark eingeschränkt. Nach § 12 Abs. 5 KWG dürfen Einzelbeteiligungen von mehr als 10% des Kapitals des

Beteiligungsunternehmens (bedeutende Beteiligung) wertmäßig 15% des haftenden Eigenkapitals des Kreditinstitutes nicht überschreiten. Alle bedeutenden Beteiligungen dürfen höchstens 60% des haftenden Eigenkapitals betragen. Allerdings können die Quoten überschritten werden, wenn der übersteigende Betrag vollständig mit Eigenkapital unterlegt ist. Dieses Eigenkapital darf dann aber für andere Zwecke (z.B. zur Erfüllung der Grundsätze des BAK) nicht herangezogen werden. Um den Kreditinstituten die Möglichkeit zu geben, die Beteiligungsquoten nicht überstürzt abbauen zu müssen, besteht in diesem Bereich eine Übergangsfrist bis zum Jahr 2000. Über diese Begrenzung hinaus bleibt die Vorschrift des §12 Abs. 1 KWG bestehen, die eine Begrenzung der Anlagen eines Kredit- wie auch eines Finanzinstituts in Grundstücken, Gebäuden, Geschäftsausstattung und Unternehmensbeteiligungen auf die Höhe des haftenden Eigenkapitals festschreibt.

Für Kreditinstitute, die Einlagen und andere rückzahlbare Gelder des Publikums entgegennehmen und das Kreditgeschäft betreiben, gelten neue **Mindestkapitalgrenzen**. Nach § 33 KWG müssen diese Kreditinstitute zukünftig mit einem Mindestkapital von 5 Millionen ECU (derzeit ca. 10 Millionen DM) ausgestattet sein. Bereits zugelassene Institute genießen Bestandsschutz, dürfen aber ihr am 31.12.1990 festgestelltes Eigenkapital nicht unterschreiten. Bei den übrigen Finanzinstituten, die nicht Kreditinstitute im Sinne der EG-Richtlinie sind (z.B. Teilzahlungsbanken ohne Einlagengeschäft), setzt das BAK wie bislang das Mindesteigenkapital fest.

3.4.3 Umsetzung der Eigenmittelrichtlinie

Mit der Umsetzung der Eigenmittelrichtlinie wird der bislang gültige Eigenkapitalbegriff deutlich erweitert. Erstmals erfolgt eine Unterteilung des Eigenkapitals in Kernkapital und Ergänzungskapital. Der § 10 KWG ist aus diesem Grunde ergänzt worden.

Das **Kernkapital** besteht ausschließlich aus Eigenmitteln in Form von Finanz- und Sachmitteln, die dem Kreditinstitut uneingeschränkt und sofort für die Risiko- und Verlustabdeckung zur Verfügung stehen, sobald sich Risiken abzeichnen oder Verluste ergeben. An diesem Grundsatz sind insbesondere alle als Sacheinlage in das Kernkapital eingebrachten Vermögensgegenstände zu messen. Gemäß § 10 Abs. 4a, Satz 2 KWG hat das Kernkapital folgende Bestandteile:

1. Eingezahltes Kapital
./. eigene Aktien / Geschäftsanteile
./. Vorzugsaktien mit Nachzahlungsverpflichtung
+ 2. Offene Rücklagen
+ 3. Beschlossene Rücklagen
+ 4. Vermögenseinlagen stiller Gesellschafter
+ 5. Sonderposten für allg. Bankrisiken gem. § 340g HGB

= 6. Kernkapital (brutto)
./. Verluste
./. immaterielle Vermögensgegenstände

= 7. Kernkapital (netto)

Bei dem **Ergänzungskapital** handelt es sich um Eigenmittelbestandteile, die im Vergleich zum Kernkapital von 'minderer' Qualität sind, weil sie entweder nicht in der Bilanz ausgewiesen oder als nachrangig haftendes Kapital zurückzuzahlen sind. Die Bestandteile des Ergänzungskapitals müssen dem Institut frei zur Verfügung stehen, sie sind in der Summe auf die Höhe des Kernkapitals beschränkt.

Die Zusammensetzung des Ergänzungskapitals ist im Anhang offenzulegen. Zudem müssen die Komponenten von einem unabhängigen Wirtschaftsprüfer geprüft sein. Das Ergänzungskapital enthält:

1. Vorsorgeaufwendungen nach § 340f HGB
+ 2. Vorzugsaktien mit Nachzahlungsverpflichtung
+ 3. Nicht realisierte Reserven
+ 4. Rücklagen gem. § 6b EStG
+ 5. Genußrechtskapital
+ 6. Nachrangige Verbindlichkeiten
+ 7. Haftsummenzuschlag der Genossenschaften

= 8. Ergänzungskapital

Die Positionen 6 und 7 sind auf 50% des Kernkapitals beschränkt; es wird deshalb auch von Ergänzungskapital zweiter Klasse gesprochen.

Gesetzliche Neuregelungen beziehen sich auch auf **nicht realisierte Reserven** nach § 10 Abs. 4a Nr. 4 KWG. Während des Gesetzgebungsverfahrens war insbesondere die Zurechnung der stillen Reserven (börsennotierte Wertpapiere und Grundvermögen) zum Ergänzungskapital umstritten. Ursprünglich sollte eine Zurechnung stiller Reserven erst bei Vorhandensein eines Mindestkernkapitals in Höhe von 5% der gewichteten Risikoaktiva möglich sein und der Gesamtanteil der Neubewertungsreserven auf maximal 1% der Risikoaktiva beschränkt werden. Die Banken haben in diesem Zusammenhang immer wieder auf Wettbewerbsverzerrungen hingewiesen, die entstehen wür-

134 Rechtliche Grundlagen

den, wenn die in der Eigenmittel-Richtlinie formulierten Spielräume in den EU-Staaten unterschiedlich stark in nationales Recht umgesetzt würden.

Aufgrund des massiven Widerspruchs aus dem gesamten Bankensektor sieht der § 10 Abs. 4a KWG jetzt eine Kernkapitaluntergrenze von 4,4% und eine Höchstgrenze der stillen Reserven von 1,4% der risikogewichteten Aktiva vor. Stille Reserven sind vornehmlich in Wertpapieren und im Grundvermögen begründet. Zudem werden auch stille Reserven in Beteiligungen an Verbundunternehmen der Kreditgenossenschaften und Sparkassen sowie im Bestand an Investmentzertifikaten anerkannt. Bei der Feststellung der stillen Reserven ist im Bereich der Wertpapiere und des Grundvermögens jeweils vom Gesamtbestand auszugehen. Von den festgestellten Reserven sind dann für zukünftige mögliche Steuerbelastungen Abschläge in Höhe von 55% (Grundstücke und Gebäude) bzw. 65% (Wertpapiere) vorzunehmen. Abgezogen werden die nicht vorgenommenen Abschreibungen, die aufgrund der Anwendung des gemäßigten Niederstwertprinzips bei Wertpapieren im Anlagevermögen vermieden wurden. Rücklagen gem. § 6b EStG (Gewinn aus der Veräußerung bestimmter Anlagegüter) werden ebenfalls bis zur Höhe von 45% anerkannt, soweit der Gewinn aus der Veräußerung von Grundstücken, Gebäuden oder grundstücksgleichen Rechten entstanden ist.

Im § 10 Abs. 5 KWG ist die Einbringung von **Genußrechtskapital** in das haftende Eigenkapital weitgehend erhalten geblieben. Dieses Kapital muß wie bislang

- in voller Höhe am Verlust teilnehmen,
- im Falle des Konkurses oder der Liquidation erst nach Befriedigung aller Gläubiger zurückzuzahlen sein,
- dem Kreditinstitut für eine Dauer von mindestens 5 Jahren zur Verfügung stehen, eine Restlaufzeit von mindestens 2 Jahren haben und nicht vorzeitig zurückzuzahlen sein.

In der Novelle ist lediglich klargestellt worden, daß das Kreditinstitut verpflichtet ist, im Falle eines Verlustes Zinszahlungen an die Genußscheininhaber aufzuschieben. Zusätzlich wurde die Begrenzung auf 25% des sonstigen haftenden Eigenkapitals gestrichen, so daß zukünftig das Genußrechtskapital bis zur Höhe des Kernkapitals (Obergrenze für das gesamte Ergänzungskapital) angerechnet werden kann.

Im Gegensatz zum Genußrechtskapital stellt die **Position der nachrangigen Verbindlichkeiten** eine neue Eigenkapitalkomponente dar (§ 10 Abs. 5a KWG). Wesentliche Unterschiede zu den Genußrechten bestehen darin, daß die nachrangigen Verbindlichkeiten, die in der Praxis als Inhaberschuldverschreibungen oder Sparbriefe mit Nachrangabrede ausgestaltet sind, erst bei Konkurs oder Liquidation (nicht schon für den laufenden Verlust) haften und während der Restlaufzeit von zwei Jahren noch zu 40% anrechenbar sind (Genußrechte 0%).[126]

Um eine Mehrfachbelegung des Eigenkapitals und den Ausweis nicht vorhandenen Eigenkapitals auszuschließen, wurden in § 10 Abs. 6a KWG **Eigenkapitalabzüge** festgelegt. Vom festgestellten Eigenkapital sind folgende fünf Positionen abzuziehen:

(1) Verluste,

(2) immaterielle Vermögensgegenstände,

(3) Beteiligungen an Kredit- und Finanzinstituten (ausgenommen Kapitalanlagegesellschaften),

(4) Forderungen aus nachrangigen Verbindlichkeiten und Genußrechten sowie Vorzugsaktien an Instituten gem. Nr. 3 und

(5) der 10% des haftenden Eigenkapitals des Kreditinstitutes übersteigende Gesamtbetrag aus Beteiligungen in Höhe von maximal 10% des Kapitals sowie aus nachrangigen Forderungen und Genußrechten an Instituten gem. Nr. 3 dieser Aufzählung.

Ein Abzug bei den Beteiligungen kann vom Kreditinstitut allerdings dadurch vermieden werden, daß es die Tochterunternehmen in die Konsolidierung nach § 10a KWG einbezieht, auch wenn dieses nach den gesetzlichen Voraussetzungen nicht nötig wäre. Dem Abzug von Beträgen aus überschrittenen Beteiligungsgrenzen kommt die vollständige Unterlegung mit Eigenkapital gleich.

Mit der Vierten KWG-Novelle hat das BAK durch Neufassung des Grundsatzes I einen neuen **Solvabilitätskoeffizienten** in das deutsche Recht eingeführt. Neben einer Modifizierung der risikogewichteten Aktiva wurde die neue Eigenkapitalunterlegung dieser Aktiva mit mindestens 8% ab dem 01.01.1993 festgesetzt. Die Prüfung dieser neuen Eigenkapitalforderung erfolgte jedoch erstmals am 30.6.1993. Die neu definierten gewichteten Risikoaktiva dürfen demnach das 12,5-fache des neu definierten haftenden Eigenkapitals nicht überschreiten. Die Abb. 3.1. weist für die einzelnen Kreditinstitutsgruppen mehr oder weniger deutliche Sicherheitsabstände zur geforderten Mindestausstattung mit haftenden Eigenmitteln aus. Dieses gilt auch seit Einführung der Neuregelung. Die Rangfolge bei der Einhaltung der Sicherheitsabstände zur geforderten Mindestausstattung mit haftenden Eigenmitteln hat sich allerdings umgekehrt. Der Abstand zwischen den Kreditbanken und den Sparkassen hat sich verringert.

---

[126] Vgl. Lehnhoff, J.: Kreditwesengesetz ist jetzt europäisch ausgerichtet, in: Handelsblatt, 47. Jg., 10/15.u.16.01.1993, S. 15.

136 Rechtliche Grundlagen

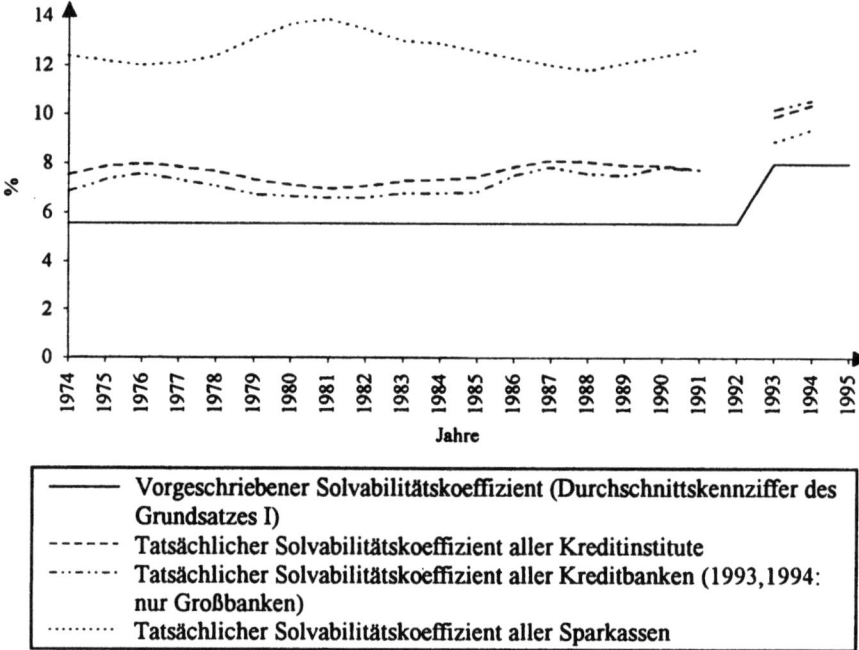

—— Vorgeschriebener Solvabilitätskoeffizient (Durchschnittskennziffer des Grundsatzes I)
----- Tatsächlicher Solvabilitätskoeffizient aller Kreditinstitute
······· Tatsächlicher Solvabilitätskoeffizient aller Kreditbanken (1993, 1994: nur Großbanken)
········ Tatsächlicher Solvabilitätskoeffizient aller Sparkassen

Abb. 3.1.: Mit Hilfe der Solvabilitätskoeffizienten gemessene Eigenkapitalausstattung der Kreditinstitute[127]

Der Abb. 3.1. ist zu entnehmen, daß die Kreditinstitute im Durchschnitt den ihnen gewährten Spielraum nicht vollständig nutzen; die Eigenkapitalunterlegung ihrer Risikoaktiva im Zeitablauf weist jedoch Schwankungen auf. Diese Schwankungen sind besonders ausgeprägt in Perioden mit gesamtwirtschaftlicher Rezession, wie z.B. den Jahren 1980-82. Dabei wird das gegenläufige Verhalten von Sparkassen und Kreditbanken sichtbar: während erstere ihre Risikoaktiva im Verhältnis zum Eigenkapital deutlich verringern, erhöhen letztere sie geringfügig und nähern sich somit dem gesetzlichen Limit. Bei der Betrachtung der Werte ab 1993 ist zu beachten, daß Eigenkapital und Risikoaktiva eine Neudefinition erfahren haben. Die Solvabilitätskoeffizienten sind somit nicht mit jenen der Jahre 1974 bis 1991 vergleichbar.

Zu den **weiteren Neuregelungen** sind einige kurze Anmerkungen zu machen.

Im § 14 KWG wurde die Meldegrenze für Millionenkredite von 1 Million DM auf 3 Millionen DM heraufgesetzt. Hierdurch wird der in den vergangenen Jahren erheblich gestiegene Verwaltungsaufwand durch die Ausweitung des Geschäftsbetriebes der Kreditinstitute wieder zurückgeführt.

---

[127] Deutsche Bundesbank, Geschäftsberichte, 1981, S. 92, 1991, S. 81, 1993, S. 126-128, 1994, S. 136-139.

Mit Streichung der §§ 21 - 22a KWG entfielen die Vorschriften über den Sparverkehr im KWG. Auf Drängen der Kreditwirtschaft blieb aber eine weitgehend unveränderte Definition der Spareinlage in der Verordnung über die Rechnungslegung der Kreditinstitute gültig.

Schließlich haben Kreditinstitute, die keinem Einlagensicherungssystem angehören, ihre Einleger ausdrücklich darauf hinzuweisen (§ 23a KWG). Eine Zugehörigkeitspflicht zu einem Einlagensicherungsfonds und Regelungen zu dessen Ausgestaltung gibt es derzeit EU-weit noch nicht.

3.4.4 Konsequenzen für die Kreditwirtschaft

Durch die Umsetzung der Zweiten Bankrechtskoordinierungsrichtlinie sind die **Zulassungsbefugnisse des BAK** eingeschränkt worden. So muß es eine Erlaubnis zukünftig zwingend versagen, wenn die Anforderungen des § 33 KWG nicht erfüllt werden. Der § 33 KWG enthält folgende Zulassungsanforderungen:

- bei Aufnahme der Geschäftstätigkeit müssen mindestens 5 Mio. ECU Grundkapital vorhanden sein,
- die Vorschriften zum 'haftenden Eigenkapital' müssen erfüllt werden,
- die Antragsteller oder betroffenen Gesellschafter müssen zuverlässig sein,
- die Geschäftsleiter müssen die 'Geschäftsleiterqualifikation' erfüllen,
- das Kreditinstitut muß zwei Geschäftsleiter haben, die nicht nur ehrenamtlich tätig sind und
- der Antrag muß alle begründenden Unterlagen enthalten.

Der bislang übliche, zusätzliche Ermessensspielraum entfällt. Die Zweite Bankrechtskoordinierungsrichtlinie gilt jedoch ausschließlich für Institute im Sinne der engen EG-Kreditinstitutsdefinition. Eine Ausweitung auf andere Institute, z.B. rechtlich selbständige Wertpapierhandelshäuser, hat es trotz Vorschlags der deutschen Seite nicht gegeben, so daß sich der EU-Binnenmarkt für Finanzdienstleistungen erst über die Verabschiedung der Wertpapierdienstleistungsrichtlinie und der Kapitaladäquanzrichtlinie verwirklichen läßt.

Die Tatsache, daß sich die EG-Kommission nicht darauf einigen konnte, von den Kreditinstituten eine Zugehörigkeit zu einem Sicherungsfonds zu fordern, führt dazu, daß unterschiedliche Bonitätsmerkmale für die auf dem deutschen Bankenmarkt tätigen Kreditinstitute gelten. Es bleibt abzuwarten, inwieweit deutsche Banken, die fast alle einem Einlagensicherungsfonds angehören, diese Tatsache zu einem Wettbewerbsvorteil bei den Einlegern nutzen können.

Den verschärften Kapitalanforderungen steht die Erweiterung der haftenden Eigenmittel durch Berücksichtigung des Ergänzungskapitals gegenüber, weil mit der Einführung des Begriffs 'Ergänzungskapital' die Definition des haftenden Eigenkapitals erheblich ausgeweitet worden ist. Umstritten bleibt dabei aber, inwieweit die einzelnen Positionen eine sinnvolle bankgeschäftliche Haftungsbasis darstellen. Die Bundesbank hat mehrfach bekräftigt, daß sie eine wie auch immer ausgestaltete Anrechnung nicht realisierter stiller Reserven aufgrund der darin enthaltenen erheblichen Unsicherheit ablehnt. Zudem sieht die Bundesbank negative gesamtwirtschaftliche Tendenzen, sollten die Neubewertungsreserven in Zeiten eines drastischen Preisverfalls zu einer schrumpfenden Eigenkapitalbasis bei den Kreditinstituten und damit zu einer zwangsweisen Kreditverknappung führen.[128]

Aber auch innerhalb des Kreditinstituts ist die Einbeziehung stiller Reserven nicht unproblematisch, da sich die Möglichkeiten des Verlustausgleichs und anderer bilanzpolitischer Maßnahmen durch Auflösung stiller Reserven drastisch verringern, falls die Reserven zur Beibehaltung des Geschäftsvolumens in der nächsten Rechnungslegungsperiode benötigt würden. Entsprechendes gilt für verdeckte Rücklagen (z.B. Pauschalwertberichtigungen), die in anrechnungsfähige Positionen der §§ 340f und 340g HGB umgewandelt werden. Sie stehen dann zur unmittelbaren Deckung des Ausfallrisikos faktisch nicht mehr zur Verfügung.[129] Größeres Augenmerk sollte statt dessen auf die Bildung von Genußrechtskapital und nachrangigen Verbindlichkeiten gelegt werden.

Der Gesetzgeber hat die Gestaltungsspielräume, die die EG-Eigenmittelrichtlinie bei der Umsetzung in nationales Recht gelassen hat, eher konservativ genutzt. Dadurch besteht die von der deutschen Kreditwirtschaft vielfach benannte Gefahr, daß sie einerseits die gleichen Anforderungen der Solvabilitätsrichtlinie wie die übrigen europäischen Mitbewerber erfüllen muß, andererseits dafür aber geringere Möglichkeiten der Eigenkapitalbeschaffung hat, woraus Kosten- und damit Wettbewerbsnachteile entstehen. Da die Gründe für die konservative Umsetzung der Eigenmittelrichtlinie durchaus nachvollziehbar sind, entsteht die Frage, ob sie nicht durch die EG-Kommission selbst wesentlich schärfer hätte gefaßt werden müssen. Grundsätzlich erscheint es nicht sinnvoll, die Eigenkapitalunterlegungen der risikobehafteten Aktiva zu verschärfen, sie aber dabei mit Eigenkapital zu sichern, dessen Existenz (wie z.B. bei stillen Reserven) aufgrund erheblicher Unwägbarkeiten gar nicht

---

[128] Vgl. o.V.: Die Vierte Novelle des Kreditwesengesetzes, 1993, a.a.O., S. 40.
[129] Vgl. Geiger, W., 1992, a.a.O., S. 563.

feststeht. Eine genaue Beobachtung der Marktentwicklung im Bankensektor wird in jedem Fall notwendig sein.

Neben der Erweiterung der Eigenkapitaldefinition sind die **Gewichtungen der bilanzwirksamen** und **-unwirksamen Risikoaktiva** verändert worden. Erleichterungen ergeben sich aus der Gleichstellung der inländischen Kreditinstitute mit denen der OECD-Staaten. Interbankenkredite in OECD-Ländern sind nunmehr wie inländische Interbankengelder mit 20% Eigenkapital zu unterlegen. Zusätzliche Erleichterungen können Umschichtungen in Wertpapiere öffentlicher Emittenten ergeben, die keine Eigenkapitalunterlegung verlangen. Verschärfungen ergeben sich unter anderem bei den gewerblichen Realkrediten, die ab 1995 gemäß EU-Richtlinie durchweg mit 100% anzusetzen sind.

Aus den aufgeführten Gründen ist nicht eindeutig festzulegen, ob die Geschäftstätigkeit der Kreditinstitute mit den neuen Bestimmungen zu den bilanzwirksamen Geschäften erleichtert oder erschwert wird. Zusätzliche Kosten, die die Risikogeschäfte durch die Eigenkapitalunterlegung verursachen, werden in den Kreditinstituten eine zunehmende Beachtung finden müssen. Eine vollständige Aufstellung der Gewichtungen der Risikopositionen ist in der Tabelle 3.1. mit den aktuellen Bonitätsgewichtungen im Vergleich zur alten Regelung abgebildet.

Bilanzaktiva (Bonitätsgewichtungssätze in Prozent)	Grundsatz I (alt)	Grundsatz I (neu)
1. Barreserve		
1.1 Kassenbestand	0	0
1.2 Guthaben bei Zentralbanken		
1.2.1 Deutsche Bundesbank	0	0
1.2.2 Zentralbanken der Zone A (OECD-Länder)	50	0
1.2.3 Zentralbanken der Zone B (sonstige Länder)		
1.2.3.1 in der Währung des Schuldnerlandes und in dieser refinanziert	50	0
1.2.3.2 andere Guthaben	50	100
1.3 Giroguthaben bei der Deutschen Bundespost[130]	0	0
2. Forderungen an Kreditinstitute		
2.1 Kreditinstitute im Inland (incl. Postbank)	20	20[131]
2.2 Kreditinstitute der Zone A	50	20[132]
2.3 Kreditinstitute der Zone B		
2.3.1 Ursprungslaufzeit der Forderung bis einschließlich 1 Jahr	50	20
2.3.2 Ursprungslaufzeit der Forderung von mehr als 1 Jahr	50	100
2.4 Spezialkreditinstitute		

Tabelle 3.1.: Bonitätsgewichtungsfaktoren für Bilanzaktiva

---

[130] Die Postbank AG wird noch als Sondervermögen des Bundes geführt, die aufsichtsrechtliche Behandlung orientiert sich an den inländischen Kreditinstituten.
[131] Sofern es sich nicht um Eigenkapital des Instituts handelt.
[132] Siehe Fußnote 131.

140 Rechtliche Grundlagen

2.4.1	Europäische Investitionsbank (EIB)	20	20
2.4.2	Multilaterale Entwicklungsbanken (incl. Weltbank)	50	20
3. Schatzwechsel, unverzinsliche Schatzanweisungen			
3.1	des Bundes, der Länder und Gemeinden (Inland)	0	0
3.2	von Zentralregierungen		
3.2.1	der Zone A	0	0
3.2.2	der Zone B		
3.2.2.1	in Währung des Schuldnerlandes und in dieser refinanziert	0	0
3.2.2.2	andere Forderungen	0	100
3.3	von Regionalregierungen und Gebietskörperschaften		
3.3.1	der Zone A	0	0/20[133]
3.3.2	der Zone B	0	100
4. Anleihen und Schuldverschreibungen			
4.1	des Bundes, der Länder und Gemeinden (Inland)	0	0
4.2	von Zentralregierungen		
4.2.1	der Zone A	0	0
4.2.2	der Zone B		
4.2.2.1	in der Währung des Schuldnerlandes und in dieser refinanziert	0	0
4.2.2.2	andere Forderungen	0	100
4.3	von Regionalregierungen und Gebietskörperschaften		
4.3.1	der Zone A	0	0/20[134]
4.3.2	der Zone B	0	100
4.4	von Kreditinstituten		
4.4.1	Pfandbriefe, Hypothekenpfandbriefe und Schiffspfandbriefe	0	10[135]
4.4.2	sonstige	0	wie 2.
4.5	von sonstigen Nichtbanken	0	100
5. Wertpapiere, soweit sie nicht unter anderen Posten auszuweisen sind. (z.B. Aktien, Investmentanteile, Genußrechte) - jedoch ohne Beteiligungen -		0	100
6. Forderungen an Kunden (incl. Namensschuldverschreibungen)			
6.1	Bund, Länder und Gemeinden (Inland) incl. Sondervermögen sowie Eigen- und Regiebetriebe	0	0
6.2	Zentralregierungen		
6.2.1	der Zone A	100	0
6.2.2	der Zone B		
6.2.2.1	in der Währung des Schuldnerlandes und in dieser refinanziert	100	0
6.2.2.2	andere Forderungen	100	100
6.3	Regionalregierungen und Gebietskörperschaften		
6.3.1	der Zone A	100	0/20[136]
6.3.2	der Zone B	100	100
6.4	Juristische Personen des öffentlichen Rechts		
6.4.1	im Besitz der öffentl. Hand (ohne Erwerbscharakter)	0	20
6.4.2	im Besitz der öffentl. Hand (Wirtschaftsunternehmen)	0	100

Tabelle 3.1.: Bonitätsgewichtungsfaktoren für Bilanzaktiva, Fortsetzung

---

[133] 0%-Gewichtung nur für Mitgliedstaaten der EU, sofern der Mitgliedstaat die Risikoaktiva entsprechend einstuft.
[134] Siehe Fußnote 133.
[135] 10%-Gewichtung nur für vor dem 1.1.1998 begebene Wertpapiere.
[136] Siehe Fußnote 133.

6.4.3 sonstige (z.B. Kirchen, Versicherungsunternehmen)	0	100
6.5 Europäische Gemeinschaft	0[138]	0
6.6 Realkredite		
6.6.1 Wohnungsbaukredite		
6.6.1.1 Kreditbetrag bis zur Beleihungsgrenze	50	50
6.6.1.2 die Beleihungsgrenze übersteigender Kreditbetrag	100	100
6.6.2 sonstige (gewerbliche) Realkredite		
6.6.2.1 Kreditbetrag bis zur Beleihungsgrenze[137]	50	100
6.6.2.2 die Beleihungsgrenze übersteigender Kreditbetrag	100	100
6.6.3 Schiffshypothekarkredite	50	100
6.7 Bauspardarlehen der Bausparkassen	70	70
6.8 Darlehen zur Deckung von Kommunalschuldverschreibungen	50	_[139]
6.9 sonstige Forderungen	100	100
Einstufung von garantierten oder besicherten Risikoaktiva nach der Bonitätskategorie des Garanten oder Sicherungsgebers?	nein	ja
7. Ausgleichs- und Deckungsforderungen an die öffentliche Hand	0	0
8. Eigene Schuldverschreibungen	0	0
9. Durchlaufende Kredite	0	0
10. Beteiligungen		
10.1 konsolidierte Beteiligungen	0	0
10.2 nicht konsolidierte Beteiligungen, sofern nicht vom Eigenkapital abgezogen	100	100
11. Sachanlagen (Grundstücke, Gebäude, Betriebs- und Geschäftsausstattung)	0	100
12. Im einzug befindliche Werte (entsprechende Zahlungen wurden bevorschußt)	0	20
13. Gegenstände aus Leasingverträgen	-	_[140]
14. Sonstige Vermögensgegenstände (soweit nicht unter Nr. 12 und 13 erfaßt)	0	100
15. Rechnungsabgrenzungsposten	0	50[141]

Tabelle 3.1.: Bonitätsgewichtungsfaktoren für Bilanzaktiva, Schluß
Quelle: abgewandelt entnommen aus Boos, K.-H./Schulte-Mattler, H.: Neuer Eigenkapitalgrundsatz vorgelegt, Die Bank, 11/1992, S. 640

Bei den **nicht bilanzwirksamen** traditionellen Geschäften werden im Gegensatz zu den Bilanzaktiva nicht die Kreditausfallrisiken erfaßt, sondern die Kreditrisiken aus den möglichen Rückgriffsforderungen.[142] Die einzubeziehenden Geschäfte werden in Absatz 4 des Grundsatzes I aufgeführt und nach ihrem spezifischen Risikogehalt in vier Risikoklassen von 0%, 20%, 50% und

---

[137] Die Beleihungsgrenze beträgt 60% des Beleihungswertes.
[138] Vgl. Schreiben des BAK vom 25.06.1970 und 22.09.1976, in: Consbruch/Möller/Bähre/Schneider, Kreditwesengesetz, Loseblattsammlung, Nr. 3.10 und 3.28.
[139] Je nach Bonitätsgewicht des Schuldners.
[140] Je nach Bonitätskategorie des Leasingnehmers.
[141] Sofern Gegenpartei feststellbar, gilt deren geringeres Bonitätsgewicht.
[142] Vgl. Boos, K.-H./Schulte-Mattler, H.: Neuregelungen des Eigenkapitalgrundsatzes I, in: Die Bank, o. Jg., 6/1993, S. 361.

100% eingeteilt.[143] Ein hohes Kreditrisiko wird z.B. bei den Kreditsubstituten in Form von Bürgschaften oder Garantien für Bilanzaktiva sowie unwiderruflichen Kreditsicherungsgarantien angenommen. Sie werden mit 100% gewichtet. Weniger risikobehaftet (mittleres Risiko) sind beispielsweise ausgestellte und bestätigte Dokumentenkredite oder durch Frachtpapiere gesicherte Dokumentenakkreditive. Die Gewichtung beträgt 50% bzw. 20%. Niedriges Risiko wird mit einer Gewichtung von 0% berücksichtigt. Nachstehend sind die wichtigsten außerbilanziellen Geschäfte mit ihren Risikoklassen in der Tabelle 3.2. aufgelistet.

Nicht bilanzwirksame Geschäfte (Risikoklassen in Prozent)	Grundsatz I alt	Grundsatz I neu
1. Bürgschaften und Garantien für Bilanzaktiva	100[144]	100
2. Terminkäufe auf Aktiva mit fester Abnahmeverpflichtung	0	100
3. Plazierung von Einlagen auf Termin (z.B. Verkauf eines Forward Forward Deposits)	0	100
4. Indossamentsverbindlichkeiten aus weitergegebenen Wechseln	100	100
5. Den Kreditnehmern abgerechnete eigene Ziehungen im Umlauf	100	100
6. Unbedingte Verpflichtung einer Bausparkasse zur Ablösung fremder Vorfinanzierungs- und Zwischenkredite an Bausparer	100[145]	100[146]
7. Beim Pensionsgeber vom Bestand abgesetzte Aktiva, die dieser mit einer Rücknahmeverpflichtung auf einen Dritten übertragen hat	100	100
8. Erfüllungsgarantien und -bürgschaften sowie andere als die unter Nr. 1 genannten Garantien (z.B. Garantien für Finanz-Swaps, Termingeschäfte und Optionsrechte)	100[147]	50
9. Eröffnung und Bestätigung von Akkreditiven (Kreditbriefe)	100[148]	50
10. Euronote-Fazilitäten, v.a. Verpflichtungen aus „Note Issuance Facilities" (NIF) und „Revolving Underwriting Facilities" (RUF)	100[149]	50
11. Noch nicht in Anspruch genommene Kreditzusagen und Kreditlinien mit einer Ursprungslaufzeit von mehr als 1 Jahr, die nicht fristlos und vorbehaltlos vom Kreditinstitut gekündigt werden können	0	50
12. Eröffnung und Bestätigung von Dokumentenakkreditiven, die durch Warenpapiere gesichert werden	100[150]	20

Tabelle 3.2.: Risikoklassen für nicht bilanzwirksame Geschäfte
   Quelle: Boos,K.H./Schulte-Mattler, H.: Neuregelungen, a.a.O., S. 362; Deutsche Bundesbank, Monatsbericht 3/93, S. 49-63

---

[143] Bekanntmachung über die Änderung und Ergänzung der Grundsätze über das Eigenkapital und die Liquidität der Kreditinstitute vom 29.12.1992, Abschnitt 2, Absatz 4.
[144] Maximaler Bonitätsgewichtungssatz in Höhe von 50 %.
[145] Bonitätsgewichtungssatz in Höhe von 70 % für Bausparer, von 50 % für ausländische Kreditinstitute und von 20 % für inländische Kreditinstitute.
[146] Bonitätsgewichtungssatz in Höhe von 70 % für Bausparer, von 100 % für Kreditinstitute aus der Zone B und von 20 % für Kreditinstitute aus der Zone A.
[147] Siehe Fußnote 144.
[148] Siehe Fußnote 144.
[149] Siehe Fußnote 144.
[150] Siehe Fußnote 144.

Um die Nominalbeträge der betrachteten Geschäfte mit den herkömmlichen Risikoaktiva vergleichbar zu machen, müssen sie auf der Grundlage der risikobeeinflussenden Faktoren zunächst in sog. Kreditäquivalenzbeträge umgerechnet werden.[151] Zu diesem Zweck sind die Nominalbeträge mit den geschäftsspezifischen Umrechnungsfaktoren ihrer Risikoklasse zu multiplizieren. Die anschließende Multiplikation der Kreditäquivalenzbeträge mit den jeweiligen Bonitätsgewichtungsfaktoren der Vertragspartner führt in der Summe zu dem nach Grundsatz I anrechnungspflichtigen Betrag aus dem nicht bilanzwirksamen traditionellen Geschäft.[152]

Auch die nicht bilanzwirksamen **innovativen** Geschäfte wurden bisher schon erfaßt. Bei den nicht bilanzwirksamen innovativen Geschäften bezieht sich das Ausfallrisiko auf einen möglichen Eindeckungsverlust, der dann entsteht, wenn der Vertragspartner ausfällt und sich die Konditionen zur Schließung der nun wieder offenen Marktposition gegenüber dem ursprünglichen Geschäft für das Kreditinstitut verschlechtert haben. Die Höhe des potentiellen Risikos bestimmt sich daher nicht nur nach der Bonität des Vertragspartners, sondern auch nach der Schwankungsbreite der in Frage kommenden Preise in Form von Zinsen, Wechseln oder Aktienkursen und nach der Vertragslaufzeit.[153] Aus diesem Grund sind auch hier zunächst Kreditäquivalenzbeträge zu ermitteln. Zur Berechnung dieser Beträge stehen den Kreditinstituten die Laufzeit- oder die Marktbewertungsmethode zur Verfügung (Abs. 6 und 7 GS I). Während sich der Kreditäquivalenzbetrag bei der Laufzeitmethode als Produkt aus dem Nominalbetrag der Geschäfte und einem laufzeitabhängigen Gewichtungsfaktor errechnet (Abs. 6 S. 2 GS I), wird dieser Betrag bei der Marktbewertungsmethode aus der Summe der Wiederbeschaffungskosten und eines Zuschlags für künftige mögliche Zins- und Wechselkursschwankungen ermittelt (Abs. 6 S. 3 GS I).

Die Risikoumrechnungsfaktoren für Finanz-Swaps, Finanz-Termingeschäfte und Optionsrechte sind in Tabelle 3.2. im Falle von Erfüllungsgarantien und -bürgschaften und in der nachfolgenden Tabelle 3.3. enthalten.

Schließlich sind die Kreditäquivalenzbeträge mit den Bonitätsgewichtungsfaktoren der Vertragspartner zu multiplizieren, die bei diesen Geschäften nur zwischen 0%, 20% und 50% variieren. Die Summe der einzelnen gewichteten Geschäfte ergibt den nach Grundsatz I anrechnungspflichtigen Betrag aus dem nicht bilanzwirksamen innovativen Geschäft.

---

[151] Vgl. Deutsche Bundesbank (Hrsg.): Die neuen Grundsätze I und Ia über das Eigenkapital der Kreditinstitute, in: Monatsberichte der Deutschen Bundesbank, 42. Jg., 8/1990, S. 39-46, hier S. 40.
[152] Vgl. Boos, K.-H./Schulte-Mattler, H., 1993, a.a.O., S. 361.
[153] Vgl. Deutsche Bundesbank (Hrsg.): Die neuen Grundsätze, a.a.O., S. 40.

144 Rechtliche Grundlagen

Derivative OTC-Geschäfte (Risikoumrechnungsfaktoren in %)	Grundsatz I alt	Grundsatz I neu
I. Bei der Berechnung des Kreditäquivalenzbetrages dieser OTC-Geschäfte gibt es ein Wahlrecht zwischen der „Laufzeitmethode" (SolvRL: Ursprungsrisikoansatz) und der „Marktbewertungsmethode". Die Wahl muß jedoch einheitlich für alle einbezogenen Geschäfte erfolgen. Nach erstmaliger Anwendung einer Methode ist ein Übergang zur anderen Methode nur als Wechsel von der Laufzeit- zur Marktbewertungsmethode zulässig, nicht aber die umgekehrte Reihenfolge. **Laufzeitmethode:** Bei diesem Verfahren ist der auf den Nennbetrag anzuwendende Risikoumrechnungsfaktor laufzeitabhängig ausgestaltet. Bei zinsabhängigen Geschäften stellt die SolvRL es in das Belieben der nationalen Behörden, die Ursprungs- oder die Restlaufzeit heranzuziehen. Der derzeitige und der neue Grundsatz I gehen von der Restlaufzeit aus.		
1. Geschäfte mit Zinsrisiko (z.B. Zins-Swaps und Zinsterminkontrakte) 1.1 Restlaufzeit bis einschl. 1 Jahr 1.2 Restlaufzeit bis einschl. 2 Jahre 1.3 für jedes weitere Jahr 2. Geschäfte mit ausschließlichem oder teilweisem Wechselkursrisiko (z.B. Devisenterminkontrakte) 2.1 Ursprungslaufzeit von 14 Kalendertagen und weniger 2.2 Ursprungslaufzeit bis einschl. 1 Jahr 2.3 für jedes weitere Jahr 3. Geschäfte mit sonstigen Risiken (z.B. Aktientermin- und -optionsgeschäfte und Indextermin- und -optionsgeschäfte) 3.1 Ursprungslaufzeit bis einschl. 1 Jahr 3.2 für jedes weitere Jahr	0,5 1,0 1,0 0 2,0 3,0 2,0 3,0	0,5 1,0 1,0 0 2,0 3,0 2,0 3,0
Marktbewertungsmethode: Anhand der Bemessungsgrundlage (bei Finanz-Swaps = Kapitalbetrag / bei Termingeschäften und Optionen = tatsächlicher Lieferungs- oder Abnahmeanspruch) wird der potentielle Eindeckungsaufwand (= zusätzlicher Aufwand für die Begründung einer gleichwertigen Position zum Bewertungsstichtag) ermittelt. Zum potentiellen Eindeckungsaufwand wird ein Betrag für das künftige Risiko addiert (= Bemessungsgrundlage laufzeitabhängiger Risikoumrechnungsfaktor). Die Summe ist der Äquvalenzbetrag.		
1. Geschäfte mit Zinsrisiko 1.1 Restlaufzeit bis 1 Jahr 1.2 Restlaufzeit von mehr als 1 Jahr 2. Geschäfte mit ausschließlichem oder teilweisem Wechselkursrisiko 2.1 Ursprungslaufzeit von 14 Kalendertagen und weniger 2.2 Restlaufzeit bis 1 Jahr 2.3 Restlaufzeit von mehr als 1 Jahr 3. Geschäfte mit sonstigen Risiken 3.1 Restlaufzeit bis 1 Jahr 3.2 Restlaufzeit von mehr als 1 Jahr	0 0,5 0 1,0 5,0 1,0 5,0	0 0,5 0 1,0 5,0 1,0 5,0
II. Zur Ermittlung des mit 8 % Eigenkapital zu unterlegenden anrechnungspflichtigen Betrages wird der Kreditäquivalenzbetrag mit dem Bonitätsgewicht des Geschäftspartners gewichtet. Hierbei gilt ein maximaler Satz in Höhe von 50 % (50 Prozent-Cap).		

Tabelle 3.3.: Risikoumrechnungsfaktoren für Finanz-Swaps, Termingeschäfte und Optionsrechte - einschl. diesbezüglicher Garantien -[154]

---

[154] Abgewandelt entnommen aus Boos, K.H., Schulte-Mattler, H., 1993, a.a.O., S. 363.

Von der Anrechnung befreit sind alle unmittelbar über eine Börseneinrichtung abgeschlossenen Geschäfte sowie kurzfristige Währungsverträge mit einer Laufzeit von bis zu 14 Tagen, weil die Erfüllung dieser Geschäfte weitgehend sichergestellt bzw. das Ausfallrisiko während solcher kurzen Fristen gering ist.[155]

Abschließend sei an dieser Stelle ergänzend auf die Ausführungen zur Risikopolitik und die Rechenbeispiele zur Anwendung der entsprechenden Tabelleninhalte im Punkt 4.4 zur Risikopolitik im vierten Kapitel hingewiesen.

3.5 Eigenkapital- und Liquiditätsgrundsätze und weitere Normen

Weitgehende Neuregelungen zur Ausstattung mit haftenden Eigenmitteln haben sich insbesondere aus der Vierten KWG-Novelle ergeben. Hieraus resultieren die bereits angesprochenen Auswirkungen auf Umfang und Struktur von Aktivgeschäften, für die Finanzierungsregeln in Form von Liquiditätsgrundsätzen vorgegeben sind. Die vertiefende Behandlung dieser für das Bankgeschäft wichtigen Grundsätze soll deshalb im Anschluß an die Ausführungen zur Vierten KWG-Novelle erfolgen.

3.5.1 Eigenkapitalgrundsätze

Regeln bezüglich der **Eigenkapitalausstattung** enthalten die §§ 10 und 10a KWG.

- § 10 KWG: Kreditinstitute sollen über ein angemessenes haftendes Eigenkapital verfügen, damit sie ihre Verpflichtungen gegenüber ihren Gläubigern erfüllen können. Dem Eigenkapital kommt demnach eine Haftungs- bzw. Pufferfunktion zu. Diese Norm definiert die Komponenten des Eigenkapitals, um die Bankkontrolle auch für unterschiedliche Institutsgruppen realisierbar zu machen.
- § 10a KWG regelt die Eigenkapitalausstattung von Kreditinstitutsgruppen, um Umgehungen der Anforderungen des § 10 KWG zu vermeiden.

Eigenkapitalausstattung und Liquidität der Kreditinstitute sind in den 'Grundsätzen über das Eigenkapital und die Liquidität der Kreditinstitute' konkretisiert. Die in ihnen enthaltenen Normwerte sind ursprünglich mittels umfangreicher Modellrechnungen auf empirisch-statistischem Wege gewonnen worden. Insbesondere die Überwachung der Marktrisiken offener Wertpapierpositionen hat das BAK in den im Jahre 1990 neu formulierten Grundsätzen I und Ia an die derzeitigen Verhältnisse bei Finanzinnovationen bzw. bilanzunwirksamen Geschäften angepaßt. Sie sind zudem Ende 1992 an die Solvabilitätsrichtlinie angepaßt worden.

---

[155] Vgl. Deutsche Bundesbank (Hrsg.): Die neuen Grundsätze, a.a.O., S. 41.

146 Rechtliche Grundlagen

Die **Eigenmittelausstattung** von Kreditinstituten ist damit über § 10 KWG durch die Grundsätze I und Ia geregelt.

Grundsatz I:

> Mit der Neufassung des Grundsatzes I im Rahmen der Vierten KWG-Novelle aufgrund der Solvabilitätsrichtlinie dürfen die Kredite (K) und Beteiligungen (B) das 12,5-fache des haftenden Eigenkapitals EK_h nicht übersteigen:[156]
>
> $$K + B \leq 12,5 * EK_h$$
>
> Die Begrenzungsregelung gilt entsprechend für Bankkonzerne. Nach dem Verfahren der quotalen Zusammenfassung oder der Vollkonsolidierung darf das ermittelte Verhältnis des gesamten haftenden Eigenkapitals zu den Krediten, den gruppenfremden Beteiligungen und den aktivischen Unterschiedsbeträgen aus der Eigenkapitalzusammenfassung den obengenannten Maximalwert von 12,5 nicht übersteigen. Mit Hilfe der Vollkonsolidierung als Normalverfahren, unter bestimmten Bedingungen ist auch die Quotenkonsolidierung noch möglich, wird dabei das Eigenkapital des untergeordneten Instituts entsprechend der Quote, mit der das übergeordnete Institut bei ihm beteiligt ist, mit den entsprechenden Positionen der Mutterbank zusammengefaßt.[157]

Grundsatz Ia:[158]

> Der Grundsatz Ia begrenzt die Preisrisiken auf insgesamt 60 % des haftenden Eigenkapitals. In diesem Rahmen gibt es mit Inkrafttreten der Vierten KWG-Novelle auf das haftende Eigenkapital bezogene Limits:
>
> (1) Preisänderungsrisiken ≤ 21 % für Währungen und Edelmetalle aus bilanziellen und nicht bilanziellen Geschäften,
>
> (2) Zinsänderungsrisiken ≤ 14 % für außerbilanzielle Geschäfte und
>
> (3) sonstige Preisänderungsrisiken ≤ 7 % insbesondere für Termin- und Optionsgeschäfte mit Aktien und Aktienindizes.

Aus nachfolgender Abb. 3.2. ist zu ersehen, daß hier die Kreditinstitute ihre risikopolitischen Möglichkeiten bislang nicht ausgeschöpft haben. Im einzelnen zeigt Abb. 3.2., inwiefern die Kreditinstitute im Zeitablauf die gesetzliche Obergrenze zum Grundsatz Ia Abs. 2, Nr. 1, der Fremdwährungs- und Edelmetallpositionen betrifft, einhielten. Dabei fällt der seit etwa 1988 anhaltende Trend auf, die Obergrenze noch deutlicher zu unterschreiten, als dieses in den vergangenen 15 Jahren ohnehin stets der Fall gewesen ist. Private Kreditbanken und Sparkassen gleichen sich zudem in der Auslastung des Grundsatzes Ia seit 1988 deutlich einander an.

---

[156] Siehe dazu genauer Position 3.4.3 'Umsetzung der Eigenmittelrichtlinie'.
[157] Berechnungsbeispiele hierzu enthält das 4. Kapitel.
[158] Vgl. auch Monatsbericht der Deutschen Bundesbank, 03/1993, S. 56f..

Eigenkapital- und Liquiditätsgrundsätze 147

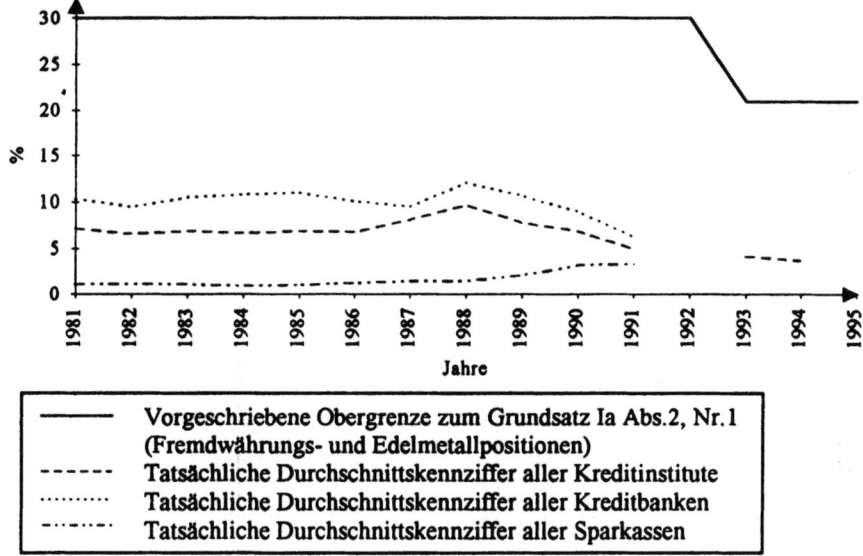

Abb. 3.2.: Einhaltung des Grundsatzes Ia zur Begrenzung der Preisrisiken[159]

Wie im früheren Grundsatz Ia werden offene Positionen aus Forderungen und Verbindlichkeiten in Währungen und bestimmten Edelmetallpositionen begrenzt. Seit 1990 wird jedoch eine Ausdehnung dieser Aktiv- und Passivkomponenten auf weitere, nicht bilanzwirksame Fremdwährungsgeschäfte vorgenommen. Dabei handelt es sich um Liefer- und Zahlungsansprüche bzw. Liefer- und Zahlungsverpflichtungen aus

- Kassa- und Termingeschäften sowie Ansprüche auf bzw. Verpflichtungen zur Zahlung von Kapitalbeträgen aus Finanzswaps (Currency Swaps) sowie
- Stillhalterpositionen im Falle der Ausübung fremder Optionsrechte.

Die im Grundsatz I geforderte Eigenmittelausstattung enthält zahlreiche Wirkungen auf die Geschäftsstruktur und Restriktionen insbesondere bei der Realisierung von Wachstumszielen, die in nachfolgender Übungsaufgabe im Zusammenhang mit Rechenbeispielen verdeutlicht werden sollen.

---

[159] Deutsche Bundesbank, Geschäftsberichte, 1981, S. 92, 1991, S. 81, 1993, S. 126-128, 1994, S. 136-139.

Rechtliche Grundlagen

Übungsaufgabe 3.1.: Rechnerische Bestimmung der betriebsnotwendigen Eigenmittel-Mindestausstattung

Eine unbefriedigende Ertragslage einer Bank soll durch ein verstärktes Wachstum und eine Umstrukturierung verbessert werden. Das angestrebte Wachstum im Kundenkreditgeschäft ist zwangsläufig mit höheren Risiken verbunden. Angesichts der geringen Ausfälle soll das höhere Risiko getragen werden. Der vom Gesetzgeber vorgeschriebene Mindestwert von 8% für den Solvabilitätskoeffizienten gilt unter Einbeziehung des vorhandenen Ergänzungskapitals.

Die Ist-Datensituation ergibt sich aus den nachfolgenden Tabellen 3.4. bis 3.6., die Bilanz für das Geschäftsjahr 1994 enthält Istwerte in Mio. GE:

Aktiva		Bilanz	Passiva	
Barreserve	35	Gezeichnetes Kapital	15
Forderungen an KI		Kapitalrücklage	25
OECD-Staaten	300		
Nicht OECD-Staaten	20	Gewinnrücklage	20
Wertpapiere		Verbindlichkeiten	340
öffentl. Hand (Inland)	220	gegenüber KI	
sonstige	5	Verbindlichkeiten	950
Forderungen an Kunden		gegenüber Kunden	
öffentl. Hand (Inland)	20	Schuldverschreibungen	250
Realkredite	380		
sonstige	550		
Beteiligungen	50		
Sachanlagen	20		
Summe	1600	Summe	1600

Tabelle 3.4.: Bilanz für das Geschäftsjahr 1995, Ist-Werte in Mio GE

Anmerkungen zur Bilanz:

- Außerbilanzielle Risikoaktiva existieren nicht.
- Bei den Beteiligungen handelt es sich ausschließlich um Beteiligungen an Industrieunternehmen.

Ergänzungskapital	Volumen in Mio. GE
Genußrechte	1,0
nachrangige Verbindlichkeiten	5,0
Stille Reserven im - Immobilienbestand - Wertpapierbestand	0,5 5,5
Summe	12,0

Tabelle 3.5.: Vorhandenes Ergänzungskapital im Geschäftsjahr 1995

Risikoaktiva	Anrechnungsfaktoren
Sachanlagen	100 %
Beteiligungen	100 %
Forderungen an Kunden - öffentl. Hand (Inland) - Realkredite - sonstige	 0 % 50 % 100 %
Wertpapiere - öffentl. Hand (Inland) - sonstige	 0 % 100 %
Forderungen an Kreditinstitute - OECD-Staaten - Nicht-OECD-Staaten	 20 % 100 %

Tabelle 3.6.: Relevante Anrechnungsfaktoren für den Solvabilitätskoeffizienten

Aufgabe 1:

Ermitteln Sie auf der Basis der aktuellen Bilanz (= Istwerte) die derzeitige bilanzielle Eigenkapitalquote und überprüfen Sie, ob der Solvabilitätskoeffizient den gegenwärtig gültigen Anforderungen entspricht, wenn die Angaben zur Bilanz, zum Ergänzungskapital und zu den Anrechnungsfaktoren für Risikopositionen Berücksichtigung finden.

Lösung:

Symbole:

EK_{bil} = bilanzielles Eigenkapital (Kernkapital) in GE

ErgK = Ergänzungskapital in GE

EK_{anr} = anrechenbare Eigenmittel in GE

B = (Gesamt-) Bilanzsumme in GE

EKQ = Eigenkapitalquote in GE/GE oder in %

$$EKQ = \frac{\text{bilanzielles Kernkapital}}{\text{Bilanzsumme}} = \frac{EK_{bil}}{B}$$

(1) Ermittlung des bilanziellen Eigenkapitals (Kernkapitals):

	Gezeichnetes Kapital	15 Mio. GE
+	Kapitalrücklage	25 Mio. GE
+	Gewinnrücklage	20 Mio. GE
=	EK_{bil}	= 60 Mio. GE

(2) Berechnung der Eigenkapitalquote (Anteil des Kernkapitals an der Bilanzsumme):

$$EKQ = \frac{EK_{bil}}{B} = \frac{60 \text{ Mio GE}}{1600 \text{ Mio GE}} = 0{,}0375 \text{ GE/GE} \; \widehat{=} \; 3{,}75\%$$

(3) Ermittlung der anrechenbaren Eigenmittel:

	bilanzielles Eigenkapital	60 Mio. GE
+	Ergänzungskapital	12 Mio. GE
=	EK_{anr}	= 72 Mio. GE

Zusätzliche Symbole:

RV_a = Risikovolumen der Aktivposition a in GE

RVA = Risikovolumen der gesamten Aktivseite in GE

ANF_a = Anrechnungsfaktor für Risikoaktivposition a in GE/GE oder in %

ANFA = gewichteter durchschnittlicher Anrechnungsfaktor für die gesamten Risikoaktiva in GE/GE oder in %

Eigenkapital- und Liquiditätsgrundsätze 151

V_a = angerechnete Risikoaktiva der Position a in GE

BRA = Bilanzsumme der Risikoaktiva in GE

BRA = $\sum_a V_a$

s = Solvabilitätskoeffizient in GE/GE oder in %

(4) Ermittlung des anzurechnenden Risikovolumens:

$RV_a = V_a * ANF_a$ $\forall$ a

$RVA = \sum_a V_a * ANF_a = \sum_a RV_a$

$ANFA = \sum_a \frac{V_a}{BRA} * ANF_a = \frac{RVA}{BRA}$

$BRA = \sum_a V_a$

angerechnete Risikoaktiva	V_a in Mio GE	Anrechnungs-faktor ANF_a in GE/GE oder %	Anrechnungs-volumen RV_a i. Mio GE	RV_a/BRA
Beteiligungen	50	1,0 (100%)	50	50/1325 = 0,0377
Sachanlagen	20	1,0 (100%)	20	20/1325 = 0,0151
Forderungen an Kunden				
- Realkredite	380	0,5 (50%)	190	190/1325 = 0,1434
- sonstige	550	1,0 (100%)	550	550/1325 = 0,4151
Wertpapiere				
- sonstige	5	1,0 (100%)	5	5/1325 = 0,0038
Ford. an KI				
- OECD	300	0,2 (20%)	60	60/1325 = 0,0453
- Nicht OECD	20	1,0 (100%)	20	20/1325 = 0,0151
BRA = 1325			RVA = 895	ANFA = 0,6755

Tabelle 3.7.: Berechnung von Bilanzsumme, Anrechnungsvolumen und Anrechnungsfaktoren für die Risikoaktiva

BRA = 1325 Mio GE

RVA = 895 Mio GE

ANFA = 0,6755 GE/GE = 67,55 %

Probe: BRA * ANFA = RVA

1325 * 0,6755 = 895 Mio GE

(5) Berechnung des (Ist-) Solvabilitätskoeffizienten:

$$s = \frac{EK_{bil} + ErgK}{RVA} = \frac{EK_{anr}}{RVA}$$

$$= \frac{72 \text{ Mio GE}}{895 \text{ Mio GE}} = 0,08045 \text{ GE} / \text{GE} \stackrel{\wedge}{=} 8,045\%$$

Ergebnis: Eigenkapitalrichtlinie ist eingehalten.

Aufgabe 2:

Auf der Basis der bekannten Plandaten ist der ggf. zusätzliche (bilanzielle) Eigenkapitalbedarf für das Geschäftsjahr 1996 zu ermitteln.

Für die Aktivseite der Bank gelten für das kommende Geschäftsjahr die folgenden Planwerte in Mio GE:

Aktiva (-Planwerte)	Volumen in Mio GE
Barreserve	39
Forderungen an Kreditinstitute	
- OECD-Staaten	250
- Nicht-OECD-Staaten	0
Wertpapiere	
- öffentl. Hand (Inland)	215
- sonstige	5
Forderungen an Kunden	
- öffentl. Hand (Inland)	10
- Realkredite	430
- sonstige	730
Beteiligungen	55
Sachanlagen	26
Summe	1.760

Tabelle 3.8.: Planwerte der bilanziellen Aktiva für das kommende Geschäftsjahr

Als Prämissen gelten:

- Es sollen weitere 5 Mio GE Industriebeteiligungen erworben werden.
- Der Anteil des Ergänzungskapitals am bilanziellen Eigenkapital wird von 20% auf 18% reduziert.
- Angesichts der zahlreichen, bislang nicht ausgenutzten Kreditlinien soll der Solvabilitätskoeffizient vorsichtshalber einen Wert von 8,25 % nicht unterschreiten.

Lösung:

(1) Grundüberlegungen zur Bestimmung der notwendigen Eigenkapitalquote:

- die Risikoaktiva sollen durch risikotragende Eigenmittel unterlegt sein,
- der Solvabilitätskoeffizient bestimmt das Ausmaß, mit dem risikotragende Eigenmittel vorzuhalten sind.

Betrachtung auf der Grundlage der bisherigen Ist-Werte der Aufgabe 1:

Für das haftende Eigenkapital EK_h als absoluter Größe gilt:

$$EK_h = EK_{bil} + ErgK = EK_{anr}$$

$$\Rightarrow \quad s = \frac{EK_h}{RVA}$$

$$\Leftrightarrow \quad EK_h = RVA \cdot s$$

Für die erfolgsnotwendige Eigenkapitalquote als relativer Maßgröße für die Eigenkapitalausstattung soll im folgenden eine Formel entwickelt werden.

Zusätzliche Symbole:

h = Anteil des bilanziellen Ergänzungskapitals am Kernkapital in GE/GE

$$h = \frac{ErgK}{EK_{bil}} \quad (h \leq 0,5 \text{ GE/GE nach KWG})$$

b = Anteil der angerechneten Risikoaktiva an der Bilanzsumme in GE/GE

$$b = \frac{\text{angerechnete Risikoaktiva}}{\text{Bilanzsumme}} = \frac{BRA}{B}$$

Weil für die Berechnung des erfolgsnotwendigen Eigenkapitals grundsätzlich eine Reihe von Abhängigkeiten zu berücksichtigen ist, soll in mehreren Schritten eine allgemeine Formel entwickelt werden. Zunächst gilt:

154 Rechtliche Grundlagen

$$EKQ = f\left(\frac{RVA}{B}\right)$$

Aufgrund von Aufgabe 1 gilt:

$$BRA * ANFA = RVA$$

$$\Leftrightarrow \frac{BRA}{B} * ANFA * B = RVA$$

$$\Leftrightarrow b * ANFA * B = RVA \quad \Big| * \frac{1}{B}$$

(1) $\Leftrightarrow \dfrac{RVA}{B} = \dfrac{b * ANFA * B}{B} = b * ANFA$

außerdem:

$$s = \frac{EK_{anr}}{RVA} = \frac{EK_{bil} + ErgK}{RVA} = \frac{EK_{bil}(1+h)}{RVA}$$

$$\Leftrightarrow RVA = \frac{EK_{bil}(1+h)}{s} \quad \Big| * \frac{1}{B}$$

(2) $\Leftrightarrow \dfrac{RVA}{B} = \dfrac{\frac{EK_{bil}}{B}(1+h)}{s} = \dfrac{EKQ(1+h)}{s}$

Durch Gleichsetzen von (1) und (2) ergibt sich:

$$\frac{EKQ(1+h)}{s} = b * ANFA$$

$$\Leftrightarrow EKQ = \frac{b * ANFA * s}{1+h}$$

Eine Probe mit den Ist-Daten ergibt:

$$EKQ = \frac{60}{1600} = 0{,}0375 \text{ GE} / \text{GE}$$

$$\frac{b * ANFA * s}{1+h} = \frac{\frac{1325}{1600} * 0{,}6755 * 0{,}08045}{1+0{,}2} = 0{,}0375 \text{ GE} / \text{GE}$$

Da die Probe rechnerische Übereinstimmung zeigt, kann der auf einigen Grundüberlegungen basierende Rechenansatz als fehlerfrei angesehen werden und zur Errechnung der ggf. zu bestimmenden Eigenkapitalquote dienen, die für die Realisierung eines geplanten Geschäftsvolumens auf der Aktivseite notwendig ist.

(2) Berechnung der Einzelwerte zur Ermittlung der notwendigen Eigenkapitalquote für die **Plan**-Aktivgeschäfte

- anzurechnende Risikoaktiva:

zusätzliche Symbole:

b^{Plan} = Anteil der angerechneten Risikoaktiva an der Bilanzsumme als Planwert in GE/GE

BRA^{Plan} = Summe der Risikoaktiva als Planwert in der Bilanz in GE

Aktiva	Volumen in Mio GE
Forderungen an Kreditinstitute - OECD-Staaten	250
Wertpapiere - sonstige	5
Forderungen an Kunden - Realkredite - sonstige	430 730
Beteiligungen	55
Sachanlagen	26
BRA^{Plan}	= 1.496

Tabelle 3.9.: Planwerte der Bilanzsumme der Risikoaktiva für das kommende Jahr

Die anzurechnenden Risikoaktiva sind noch mit den Anrechnungsfaktoren zu gewichten. Die Anrechnungsfaktoren entsprechen den Bonitätsgewichtungsfaktoren der Tabelle 3.1., sie können dieser Tabelle entnommen werden. Zunächst soll der Anteil der Risikoaktiva an der Gesamt-Bilanzsumme ermittelt werden. Die nachfolgende Rechnung ist in einzelne Bearbeitungsschritte zerlegt.

- Anteil der Risikoaktiva an der Bilanzsumme:

$$b^{Plan} = \frac{BRA^{Plan}}{B^{Plan}} = \frac{1496 \text{ Mio GE}}{1760 \text{ Mio GE}} = 0,85 \text{ GE / GE} \triangleq 85\%$$

156 Rechtliche Grundlagen

- Berechnung des durchschnittlichen Anrechnungsfaktors:

angerechnete Risikoaktiva	V_a in Mio GE	Anrechnungs-faktor ANF_a in GE/GE	Anrechnungs-volumen RV_a i. Mio GE	RV_a / BRA
Beteiligungen	55	1,0 (100%)	55	55/1496 = 0,0368
Sachanlagen	26	1,0 (100%)	26	26/1496 = 0,0174
Ford. an Kunden - Realkredite - sonstige	430 730	0,5 (50%) 1,0 (100%)	215 730	215/1496 = 0,1437 730/1496 = 0,4880
Wertpapiere - sonstige	5	1,0 (100%)	5	5/1496 = 0,0033
Ford. an KI - OECD	250	0,2 (20%)	50	50/1496 = 0,0334
BRA = 1496		RVA = 1081		ANFA = 0,7226

Tabelle 3.10.: Berechnung des Gesamtanrechnungsfaktors ANFA

$$BRA^{Plan} = 1496 \text{ Mio GE}$$
$$RVA^{Plan} = 1081 \text{ Mio GE}$$
$$ANFA^{Plan} = 0,7226 \text{ GE/GE} = 72,26\%$$

oder:

$$ANFA^{Plan} = \frac{RVA}{BRA} = \frac{1081 \text{ Mio GE}}{1496 \text{ Mio GE}} = 0,7226 \text{ GE / GE}$$

- Solvabilitätskoeffizient als Planwert (lt. Aufgabenstellung):

$$s^{Plan} = 0,0825 \text{ GE / GE} \stackrel{\wedge}{=} 8,25\%$$

- Anteil des Ergänzungskapitals bezogen auf das Kernkapital (lt. Aufgabenstellung):

$$h^{Plan} = \frac{ErgK}{EK_{bil}} = 0,18 \text{ GE / GE} \stackrel{\wedge}{=} 18\%$$

- notwendige Eigenkapitalquote gemäß Plan:

$$EKQ^{Plan} = \frac{b^{Plan} * ANFA^{Plan} * s^{Plan}}{1 + h^{Plan}}$$

$$= \frac{0,85 * 0,7226 * 0,0825}{1 + 0,18} = 0,0429 \text{ GE / GE} \hat{=} 4,29\%$$

- Ermittlung des zusätzlich zu beschaffenden Eigenkapitals ΔEK:

$$\Delta EK = EK^{Plan} - EK^{Ist}$$

$$= EKQ^{Plan} * B^{Plan} - EKQ^{Ist} * B^{Ist}$$

$$\Delta EK = 0,0429 * 1760 - 0,0375 * 1600 = 75,504 - 60$$

$$\underline{\underline{\Delta EK = 15,504 \text{ Mio GE}}}$$

Aufgabe 3:

Angesichts fehlender Möglichkeiten für eine externe Eigenkapitalaufnahme soll aus dem Gewinn **nach** Dividendenzahlung und Steuern ein Betrag von 14,2 Mio GE den (Gewinn-) Rücklagen zugeführt werden.

Berechnen Sie exemplarisch die Planansätze für

(1) die Wachstumsrate,

(2) den durchschnittlichen Anrechnungsfaktor im Solvabilitätskoeffizienten,

(3) den Anteil des Ergänzungskapitals am bilanziellen Eigenkapital,

damit das notwendige Eigenkapital den oben genannten Zielwert erreicht.

Lösung:

(1) Wachstumsraten für das bilanzielle Eigenkapital und die Bilanzsumme:

w_1 = Wachstumsrate der Bilanzsumme in GE/GE

$$= \frac{B^{Plan}}{B^{Ist}} - 1 = \frac{1760 \text{ Mio GE}}{1600 \text{ Mio GE}} - 1$$

$$w_1 = 0,1 \hat{=} 10\%$$

Die Berechnung des notwendigen bilanziellen Eigenkapitals ist somit für eine 10%ige Bilanzsummenverlängerung bei gegebener Bilanzstruktur (Kontrolle des Ergebnisses aus Aufgabe 2) vorzunehmen:

$$EK_{bil}^{Plan} = EKQ^{Plan} * B^{Plan}$$

158 Rechtliche Grundlagen

$$B^{Plan} = B^{Ist}(1+w_1)$$

$$EKQ^{Plan} = \frac{b^{Plan} * ANFA^{Plan} * s^{Plan}}{1+h^{Plan}}$$

$$\Rightarrow \quad EK_{bil}^{Plan} = \frac{b^{Plan} * ANFA^{Plan} * s^{Plan}}{1+h^{Plan}} * B^{Ist}(1+w_1)$$

$$EK_{bil}^{Plan} = \frac{0{,}85 * 0{,}7226 * 0{,}0825}{1+0{,}18} * 1600(1+0{,}1)$$

$$= 0{,}0429 * 1760$$

$$EK_{bil}^{Plan\ 1} = 75{,}504 \text{ Mio GE}$$

Der Ansatz ist somit richtig, denn aus Aufgabe 2 ergibt sich:

$$EK_{bil} + \Delta EK = 60 + 15{,}504 = 75{,}504 \text{ Mio GE}$$

Das Kernkapital kann jedoch lediglich um 14,2 Mio GE aus Selbstfinanzierung per Gewinnrücklage erhöht werden:

$$EK_{bil}^{Plan\ 2} = 74{,}2 \text{ Mio GE}$$

Das bedeutet, daß ein Bilanzsummenwachstum um 10% nicht realisiert werden kann. Daher ist die bei gegebener Bilanzstruktur und vorhandenem geringeren Kernkapital mögliche Wachstumsrate w_2 für die Bilanzsumme bei unverändertem Ergänzungskapitalanteil zu bestimmen.

$$EK_{bil}^{Plan} = \frac{b^{Plan} * ANFA^{Plan} * s^{Plan}}{1+h^{Plan}} * B^{Ist}(1+w_2)$$

$$\Leftrightarrow \quad 1+w_2 = EK_{bil}^{Plan} * \frac{1+h^{Plan}}{b^{Plan} * ANFA^{Plan} * s^{Plan}} * \frac{1}{B^{Ist}}$$

$$\Leftrightarrow \quad w_2 = EK_{bil}^{Plan} * \frac{1+h^{Plan}}{b^{Plan} * ANFA^{Plan} * s^{Plan} * B^{Ist}} - 1$$

$$w_2 = 74{,}2 \text{ Mio GE} \frac{1+0{,}18}{0{,}85 * 0{,}7226 * 0{,}0825 * 1600 \text{ Mio GE}} - 1$$

$$= 1{,}08 - 1$$

$$w_2 = 0{,}08 \text{ GE/GE} \triangleq 8\%$$

Der maximal zu realisierende Eigenkapitalzuwachs von 14,2 Mio GE bedeutet eine Beschränkung des Bilanzsummenwachstums auf maximal 8%. Die notwendige Eigenkapitalquote von 4,29% bleibt bei einem lediglich 8%igen Bilanzsummenwachstum unverändert gültig.

(2) Berechnung des gewichteten durchschnittlichen Anrechnungsfaktors für die geplante Bilanzsumme bei gegebener Bilanzstruktur:

Das bilanzielle Eigenkapital wird um 14,2 Mio GE Gewinnrücklage erhöht.

$$EKQ = \frac{EK_{bil}^{Plan}}{B} = \frac{Kernkapital}{B} = \frac{74,2 \text{ Mio GE}}{1760 \text{ Mio GE}} = 0,04216 \text{ GE / GE}$$

Der durchschnittliche Anrechnungsfaktor kann nun berechnet werden:

$$EKQ = \frac{b * ANFA * s}{1 + h}$$

$$ANFA = \frac{EKQ * (1 + h)}{b * s}$$

$$ANFA = \frac{0,04216 * (1 + 0,18)}{0,85 * 0,0825} = 0,7094 \text{ GE / GE} \triangleq 70,94\%$$

(3) Berechnung des Anteils des Ergänzungskapitals am bilanziellen Eigenkapital:

$$EKQ = \frac{b * ANFA * s}{1 + h}$$

$$1 + h = \frac{b * ANFA * s}{EKQ}$$

$$h = \frac{b * ANFA * s}{EKQ} - 1$$

$$h = \frac{0,85 * 0,7226 * 0,0825}{0,04216} - 1$$

$$h = 0,2019 \text{ GE / GE} \triangleq 20,19\%$$

Zur Realisierung der Bilanzsumme von 1.760 Mio GE müßte bei gegebenem bilanziellen Eigenkapital von 74,2 Mio GE das Ergänzungskapital auf 20,19% des Kernkapitals erhöht werden.

3.5.2 Liquiditätsgrundsätze

Zur Aufrechterhaltung der jederzeitigen Zahlungsfähigkeit sind Refinanzierungsregeln für lang- und mittelfristige Aktivgeschäfte der Kreditinstitute vorgegeben worden. Der § 11 KWG verpflichtet die Kreditinstitute, jederzeit über eine ausreichende Liquidität zu verfügen. Die Refinanzierungsalternativen der Bank werden durch eine gesetzliche Norm, die Liquiditätsengpässe oder Illiquiditäten nach Möglichkeit auszuschließen versucht, strukturell eingeschränkt. Die in § 11 KWG geforderte ausreichende Zahlungsbereitschaft wird in den Grundsätzen II und III über die Liquidität der Kreditinstitute konkretisiert.

Die Ausgestaltung der Liquiditätsgrundsätze basiert im wesentlichen auf der modifizierten Bodensatztheorie von Adolph Wagner. Diese Theorie geht davon aus, daß dem Bankbetrieb immer ein 'Bodensatz' unberührt bleibender kurzfristiger Einlagen verbleibt und für längerfristige Aktivgeschäfte gewinnbringend genutzt werden kann.[160]

Die Grundsätze zur Liquidität beinhalten folgende Regelungen:[161]

Grundsatz II:

Die längerfristige, strukturelle Liquiditätssicherung soll durch Begrenzung der Relationen zwischen der Gesamtheit bestimmter (längerfristiger) Anlagen eines Kreditinstituts und den mit unterschiedlichen Anrechnungssätzen multiplizierten Beständen an langfristigen Finanzierungsmitteln gewährleistet werden. Einen Überblick über die zeitliche Entwicklung der Grundsatzeinhaltung durch die Kreditinstitute gibt die Abb. 3.3..

Grundsatz III:

Der aktuelle Liquiditätsaspekt findet durch Gegenüberstellung von ausgewählten kurzfristigen Aktiva und bestimmten, gewichteten Passiva Berücksichtigung, denen ein Finanzierungsüberschuß/Finanzierungsfehlbetrag aus Grundsatz II zuzurechnen ist. Die Abb. 3.4. zeigt, wie sich die zeitliche Entwicklung der Grundsatzeinhaltung durch die Kreditinstitute darstellt.

---

[160] Vgl. Eilenberger, G., 1993, a.a.O., S. 107 sowie konkreter zur Bodensatztheorie im 4. Kapitel.
[161] Vgl. Eilenberger, G., 1993, a.a.O., S. 38.

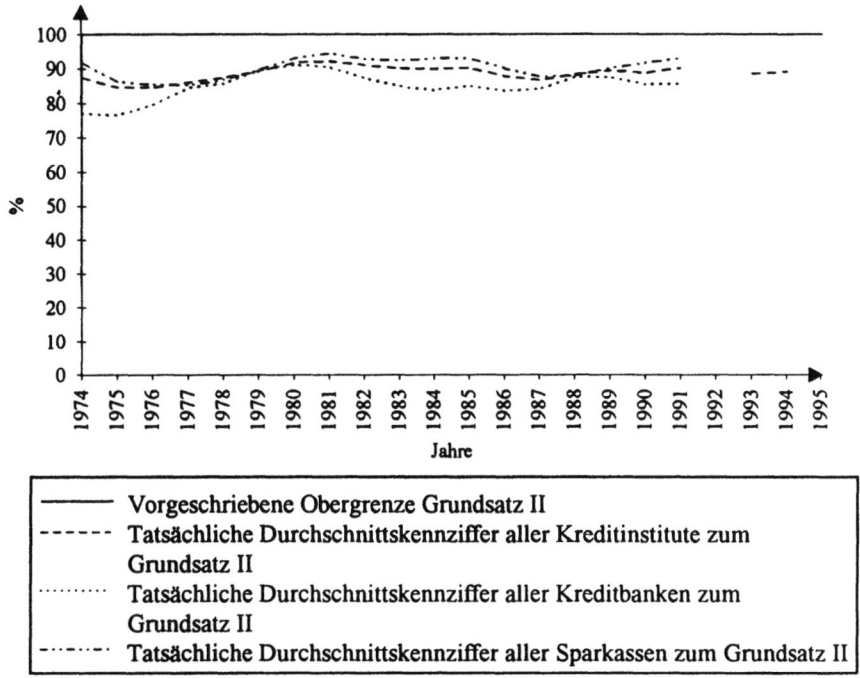

Abb. 3.3.: Grundsatz II-Auslastung im Zeitablauf[162]

Die Abb. 3.3. und 3.4. zeigen, inwiefern die Kreditinstitute im Zeitablauf die gesetzlichen Obergrenzen der Grundsätze II und III einhalten. Dabei wird deutlich, daß insbesondere die Kennzahlen zur kurzfristigen Liquidität (Grundsatz III) größeren Schwankungen unterliegen. In Rezessionsphasen erhöhen sich die kurzfristigen Risikoaktiva im Verhältnis zu den entsprechenden Finanzierungsmitteln, was vor dem Hintergrund antizyklischer Zinspolitik z.B. mit einer geringeren Sparneigung zu erklären ist. Vor allem bei den Kreditbanken führt dieses dazu, daß sich ihre Liquiditätskennzahlen dem gesetzlichen Limit nähern. Die von den Sparkassen ausgewiesenen Kennzahlen weisen größere Schwankungsbreiten auf.

---

[162] Vgl. Deutsche Bundesbank, Geschäftsberichte, 1981, S. 92, 1991, S. 81, 1993, S. 126-128, 1994, S. 136-139.

162 Rechtliche Grundlagen

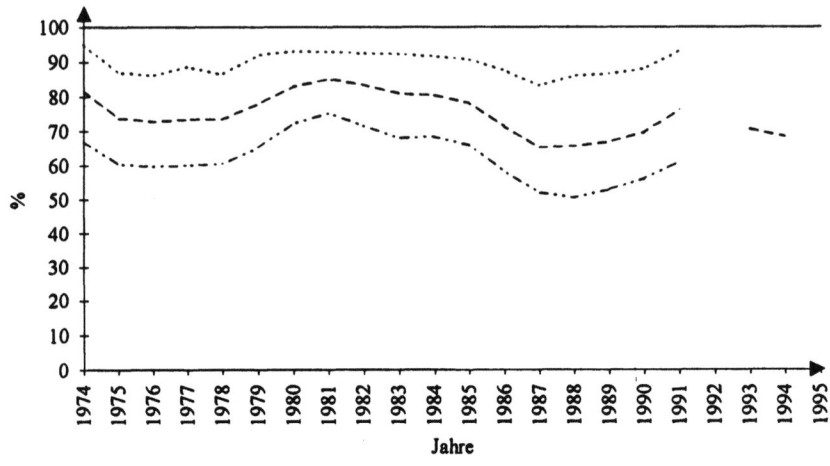

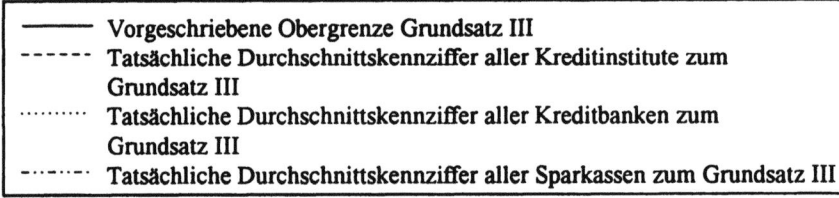

Abb. 3.4.: Grundsatz III-Auslastung im Zeitablauf[163]

Neben der grundsätzlichen Problematik der an stichtagsbezogenen Bestandsgrößen und nicht an Zahlungsströmen orientierten Liquiditätsbeurteilung sowie der Anrechnungsmöglichkeit von Finanzierungsüberschüssen von Grundsatz II in Grundsatz III, deren unmittelbare Liquidierbarkeit nicht gegeben sein muß, ist auf Gestaltungsmöglichkeiten bei Grundsatz III im Sinne des Ausweises fiktiver Liquidität durch gegenseitige Kreditgewährung zwischen Banken (Ringgeschäfte) hinzuweisen:

Beispiel:[164]

- Bank A begründet bei Bank B eine 6-Monatseinlage von 100.000 DM (= Forderung),

---

[163] Vgl. Deutsche Bundesbank, Geschäftsberichte, 1981, S. 92, 1991, S. 81, 1993, S. 126-128, 1994, S. 136-139.
[164] Vgl. Eilenberger, G., 1993, a.a.O., S. 38.

- gleichzeitig nimmt Bank A von Bank B eine 6-Monatseinlage i.H.v. 100.000 GE (= Verbindlichkeit) entgegen.

Grundsatz III	Anrechnungsfaktor in $\frac{GE}{GE}$	angerechneter Absolutbetrag in GE
Anlage (Nr. 1)	0,20	20.000
Finanzmittel (Nr. 2)	0,50	50.000
Finanzierungsüberschuß:		+ 30.000

Tabelle 3.11.: Entstehung von Grundsatz III-Finanzierungsüberschüssen aus Interbankengeschäften

Wie aus Tabelle 3.11. ersichtlich ist, entsteht ein fiktiver Liquiditätsüberschuß, obwohl keine tatsächliche Erhöhung der Liquidität stattgefunden hat.

Obwohl die Grundsätze II und III keinen grundsätzlichen Änderungen unterworfen worden sind, ergeben sich aus der Vierten KWG-Novelle Auswirkungen, weil **Zweigstellen von Banken aus EU-Staaten** kein Dotationskapital mehr benötigen. Bisher konnte dieses in voller Höhe als Finanzierungsmittel im (langfristigen) Grundsatz II eingesetzt werden. Außerdem konnten diese Institute bisher 50% des mit ihrer ausländischen Zentrale bestehenden passivischen Verrechnungsaldos als Finanzierungsmittel im Grundsatz III verwenden. Nähmen die Filialen zum Ausgleich des bankenaufsichtlich nicht mehr erforderlichen Dotationskapitals entsprechende langfristige Gelder von ihrer Filiale entgegen, bliebe der Status Quo in den Liquiditätsgrundsätzen nicht erhalten, weil diese Mittel nicht im Grundsatz II, sondern lediglich zu 50% im Grundsatz III (Erhöhung des passivischen Verrechnungssaldos) berücksichtigt werden könnten. Die Neufassung der Grundsätze II und III hat zur Folge, daß die genannten Zweigstellen für Zwecke der Liquiditätsgrundsätze Aktiv- und Passivpositionen gegenüber der Zentrale künftig nicht mehr saldieren, sondern die Positionen laufzeitgerecht brutto in die Grundsätze II und III einstellen. Dadurch ist sichergestellt, daß die einzelnen Posten laufzeitgerecht erfaßt werden.[165]

Einen abschließenden Überblick über die Struktur der Grundsätze II und III geben die Abb. 3.5. und 3.6..

---

[165] Vgl. Monatsbericht der Deutschen Bundesbank, 03/1993, S. 57.

164 Rechtliche Grundlagen

Anlagen abzgl. Wertberichtigungen (A_1) in:	Langfristige Finanzierungsmittel (LF):		
1. Forderungen ab 4 Jahre 2. nicht börsengängige Wertpapiere	1. Eigenkapital 2. Verbindlichkeiten ab 4 Jahre gegenüber Kreditinstituten u.a. Gläubigern (ohne Spareinlagen) 5. Schuldverschreibungen über 4 Jahre	LF_1	100 %
3. Beteiligungen 4. Anteile an einer herrschenden oder mit Mehrheit beteiligten Gesellschaft	4. Spareinlagen 6. Schuldverschreibungen bis 4 Jahre 7. Pensionsrückstellungen	LF_2	60 %
5. Grundstücke und Gebäude 6. Betriebs- und Geschäftsausstattung	8. Für Girozentralen und Zentralkassen: Verbindlichkeiten gegenüber angeschlossenen Kreditinstituten von 6 - 48 Monaten	LF_3	20 %
	3. Verbindlichkeiten gegenüber Nichtbanken unter 4 Jahren (ohne Spareinlagen)	LF_4	10 %
$A_1 \leq 1 * LF_1 + 0{,}6 * LF_2 + 0{,}2 * LF_3 + 0{,}1 * LF_4$			

Abb. 3.5.: Struktur von Grundsatz II (Beurteilung der strukturellen Liquidität)

Bei der sogenannten strukturellen Liquidität geht es also darum, eine fristenkongruente Refinanzierung langfristiger Aktiva zur erreichen, um Risiken aus einer anderenfalls notwendigen Anschlußfinanzierung für die Bank möglichst gering zu halten. Eine völlige Risikovermeidung ist mit der Grundsatz II-Vorschrift allerdings nicht möglich. Dasselbe gilt analog für die Sicherstellung der situativen Liquidität durch den Grundsatz III.

Aktiva abzügl. Wertberichtigungen (A_2)	Finanzierungsmittel (F)		
1. 20 % der Forderungen an Kreditinstitute ab 3 bis unter 48 Monate	1. Verbindlichkeiten gegenüber Kreditinstituten unter 3 Monate (ohne 3.)	F_1	10 %
2. Forderungen an Kunden unter 4 Jahre	4. Spareinlagen 7. Schuldverschreibungen bis 4 Jahre	F_2	20 %
3. Abgerechnete eigene Ziehungen und Solawechsel im Bestand sowie die Eventualforderungen aus solchen Wechseln im Umlauf	2. Verbindlichkeiten gegenüber Kreditinstituten ab 3 bis unter 48 Monaten	F_3	50 %
	5. Verbindlichkeiten gegenüber Nichtbanken unter 4 Jahren (ohne Spareinlagen)	F_4	60 %
4. Börsengängige Aktien und Investmentanteile 5. Sonstige Aktiva	3. Verbindlichkeiten gegenüber Kreditinstituten aus von der Kundschaft bei Dritten benutzten Krediten 6. Verpflichtungen aus Warengeschäften und aufgenommenen Warenkrediten 8. Eigene Akzepte und Solawechsel, agberechnete eigene Ziehungen im Umlauf	F_5	80 %
	9. Finanzierungsüberschuß/ Finanzierungsfehlbetrag im GS II	F_6	100 %
$A_2 \leq 0{,}1 * F_1 + 0{,}2 * F_2 + 0{,}5 * F_3 + 0{,}6 * F_4 + 0{,}8 * F_5 + 1 * F_6$			

Abb. 3.6.: Struktur von Grundsatz III (Beurteilung der situativen Liquidität)

Um die bankbetriebliche Umsetzung der Liquiditätsgrundsätze veranschaulichen zu können, wurde die nachfolgende Übungsaufgabe 3.2. konzipiert.

Übungsaufgabe 3.2.: Steuerung von Liquiditätsrisiken durch die Grundsatzvorschriften

Gegeben ist die folgende Bilanz für das Geschäftsjahr 1995:

166 Rechtliche Grundlagen

Aktiva		Bilanz in Mio GE	Passiva	
Barreserve	5,0	Verbindlichkeiten ggü. Kreditinstituten davon:		75,0
Schecks	1,0	$t < 3$ Mon.		16,0
Wechsel	3,5	3 Mon. $\leq t < 48$ Mon.		20,0
		$t \geq 48$ Mon.		39,0
Forderungen an Kreditinstitute davon:	79,0	Verbindlichkeiten ggü. Kunden davon:		172,0
$t < 3$ Mon.	19,5	tägl. fällig		29,0
3 Mon. $\leq t < 48$ Mon.	47,5			
$t \geq 48$ Mon.	12,0	Termineinlagen davon:		102,0
Anleihen und Schuldverschreibungen	8,5	$t < 48$ Mon.		75,0
		$t \geq 48$ Mon.		27,0
Andere Wertpapiere	15,0	Spareinlagen		41,0
Forderungen an Kunden davon:	169,0	Schuldverschreibungen		16,0
$t < 48$ Mon.	78,0	Eigene Akzepte und Solawechsel im Umlauf		3,5
$t \geq 48$ Mon.	91,0			
Beteiligungen	20,0	Pensionsrückstellungen		15,0
Grundstücke und Gebäude	2,0	Gezeichnetes Kapital		4,0
Betriebs- und Geschäftsausstattung	2,5	Rücklagen		20,0
	305,5			305,5

Abb. 3.7.: Verkürzte Bilanz eines Kreditinstitutes

Zusätzliche Angaben:

- Bei den Anleihen und Schuldverschreibungen handelt es sich ausschließlich um börsengängige festverzinsliche Wertpapiere.
- Die Position 'Andere Wertpapiere' setzt sich wie folgt zusammen:

    50 % börsengängige Aktien und Investmentanteile,

    50 % nicht börsengängige Wertpapiere.

- Die vom Kreditinstitut emittierten Schuldverschreibungen haben ausschließlich Ursprungslaufzeiten von mehr als 4 Jahren. Eine Gliederung nach Restlaufzeiten zum Bilanzstichtag ergibt:

60 % Restlaufzeit ≤ 4 Jahre.

40 % Restlaufzeit > 4 Jahre.

- Alle aktivischen Wertansätze sind wertberichtigt.

Aufgabe 1:

Prüfen Sie, ob die aufsichtsrechtlichen Liquiditätsvorschriften eingehalten werden.

Lösung:

Vorbemerkung: Die Liquiditätsgrundsätze beschränken zugleich das Refinanzierungsrisiko, indem sie mittels zweier sich rechnerisch ergänzender Finanzierungsregeln die Verwendungsmöglichkeiten der Passiva für lang-, mittel- und kurzfristige Aktivgeschäfte begrenzen.

Die Aufgabenlösung soll in mehreren Schritten erarbeitet werden.

(1) Rechnerische Ermittlung der Grundsatz II-Auslastung:

Der Grundsatz II enthält für das langfristige Geschäft der Kreditinstitute die Regel:

"Langfristige Aktiva müssen langfristig finanziert werden."

In Abweichung von der 'goldenen Bankregel' werden auch die in den kurz- und mittelfristigen Passivpositionen enthaltenen **Bodensätze als langfristige Finanzierungsmittel** anerkannt (Fristentransformation in begrenzter Form). Die Anrechnung der Bodensätze beinhaltet rein formal eine Abweichung von der 'goldenen Bankregel'. Da die Bodensätze aber in der Realität, wenn keine Störungen auftreten, langfristig zur Verfügung stehen, wird auch hier dem Grundsatz der fristenkongruenten Finanzierung entsprochen.

Die Grundsatz II-Auslastung in Zahlen:

- langfristige Aktiva

Forderungen an Kreditinstitute, t ≥ 4 Jahre	12,0 Mio GE
Forderungen an Kunden, t ≥ 4 Jahre	91,0 Mio GE
Andere Wertpapiere - nicht börsengängig	7,5 Mio GE
Beteiligungen	20,0 Mio GE
Grundstücke und Gebäude	2,0 Mio GE
Betriebs- und Geschäftsausstattung	2,5 Mio GE
	__135,0 Mio GE__

- langfristige Passiva (= langfristige Finanzierungsmittel)

Eigenkapital	24,0 Mio GE
Verbindlichkeiten ggü. Kreditinstituten, $t \geq 4$ Jahre	39,0 Mio GE
Verbindlichkeiten ggü. Kunden, $t \geq 4$ Jahre	27,0 Mio GE
Verbindlichkeiten ggü. Kunden, $t < 4$ Jahre $LF_4 = 10\ \% \rightarrow$ Anr.-Vol.$= (29+75)\cdot 0,1$	10,4 Mio GE
Spareinlagen $LF_2 = 60\ \% \rightarrow$ Anr.-Vol. $= 41\cdot 0,6$	24,6 Mio GE
Schuldverschreibungen, $t > 4$ Jahre	16,0 Mio GE
Pensionsrückstellungen $LF_2 = 60\ \% \rightarrow$ Anr.-Vol. $= 15\cdot 0,6$	9,0 Mio GE
	150,0 Mio GE

Bedingung Grundsatz II:

langfristige Finanzierungsmittel $\geq$ langfristige Aktiva

Errechnung des Finanzierungsüberschusses:

Grundsatz II-Passiva	150,0 Mio GE
- Grundsatz II-Aktiva	135,0 Mio GE
= Finanzierungsüberschuß($=FÜ^{II}$)	15,0 Mio GE

Berechnung der 'Grundsatz II-Auslastung':

$$\text{Grundsatz II - Auslastung} = \frac{\text{langfristige Aktiva}}{\text{langfristige Passiva}}$$

$$\text{Grundsatz II - Auslastung} = \frac{135\,\text{Mio GE}}{150\,\text{Mio GE}}$$

$$= 0,9\ \text{GE}/\text{GE} \triangleq 90\%$$

Ergebnis: die Finanzierungsregel des Grundsatzes II ist eingehalten.

Eigenkapital- und Liquiditätsgrundsätze

(2) Rechnerische Ermittlung der Grundsatz III-Auslastung:

Der Grundsatz III regelt die Finanzierung der kurz- und mittelfristigen Aktiva, die nicht ohne weiteres liquidierbar sind. Ziel ist die Sicherstellung der Finanzierung von Aktivpositionen durch laufzeitkongruente Passiva.

Ein möglicherweise vorhandener Grundsatz II-Finanzierungsüberschuß kann zur Finanzierung der Grundsatz III-Aktiva herangezogen werden. Der oben als Finanzierungsüberschuß ermittelte Betrag von 15,0 Mio GE ergibt sich aus langfristigen Passiva, die zur Finanzierung kurz- und mittelfristiger Aktivgeschäfte eingesetzt werden dürfen, weil sie bei traditioneller Betrachtungsweise das Refinanzierungsrisiko mindern.

Die Grundsatz III-Auslastung in Zahlen:

- kurz- und mittelfristige Aktiva

  Forderungen an Kreditinstitute,
  3 Mon. ≤ t < 4 Jahre
  $ANF_a = 20\%$ → Anr.-Vol. = 47,5·0,2   9,5 Mio GE

  Forderungen an Kunden, t < 4 Jahre   78,0 Mio GE

  Andere Wertpapiere - börsengängig   7,5 Mio GE
  ───
                                               95,0 Mio GE

- kurz und mittelfristige Passiva

  Verbindlichkeiten ggü. Kreditinstituten,
  t < 3 Mon.
  $F_1 = 10\%$ → Anr.-Vol. = 16·0,1   1,6 Mio GE

  Verbindlichkeiten ggü. Kreditinstituten,
  3 Mon. ≤ t < 4 Jahre
  $F_3 = 50\%$ → Anr.-Vol. = 20·0,5   10,0 Mio GE

  Spareinlagen
  $F_2 = 20\%$ → Anr.-Vol. = 41·0,2   8,2 Mio GE

  Verbindlichkeiten ggü. Kunden, t < 4 Jahre
  $F_4 = 60\%$ → Anr.-Vol. = (29+75)·0,6   62,4 Mio GE

  Eigene Akzepte und Solawechsel im Umlauf
  $F_5 = 80\%$ → Anr.-Vol. = 3,5·0,8   2,8 Mio GE
  ───
                                               85,0 Mio GE

Bedingung Grundsatz III:

kurz- und mittelfristige Finanzierungsmittel	$\geq$	kurz- und mittelfristige Aktiva

Errechnung des Finanzierungsüberschusses:

Grundsatz III-Passiva	85,0 Mio GE
+ Grundsatz II-Finanzierungsüberschuß FÜ^{II}	15,0 Mio GE
= Grundsatz III-Finanzierungsmittel	100,0 Mio GE
− Grundsatz III-Aktiva	95,0 Mio GE
= Finanzierungsüberschuß	5,0 Mio GE

Berechnung der 'Grundsatz III-Auslastung':

$$\text{Grds. III - Ausl.} = \frac{\text{kurz - und mittelfristige Aktiva}}{\text{kurz - und mittelfr. Passiva + Grds. II - Überschuß}}$$

$$= \frac{95 \text{ Mio GE}}{100 \text{ Mio GE}} = 0{,}95 \text{ GE/GE} \; \hat{=} \; 95\%$$

Ergebnis: Auch die Finanzierungsregel des Grundsatzes III ist eingehalten.

(3) Analyse der anrechnungsfreien Positionen:

Bei den verbleibenden anrechnungsfreien Positionen handelt es sich um liquide Anlagen eines Kreditinstitutes und deren Finanzierung. Struktur und Umfang dieser Positionen werden implizit durch die Grundsätze II und III festgelegt.

- liquide Aktiva:

Barreserve	5,0 Mio GE
Schecks	1,0 Mio GE
Wechsel	3,5 Mio GE
Anleihen und Schuldverschreibungen	8,5 Mio GE
Forderungen an Kreditinstitute, 3 Mon. $\leq$ t < 4 Jahre (1-ANF$_t$) = 80 % $\rightarrow$ Anr.-Vol. = 47,5·0,8	38,0 Mio GE
Forderungen an Kreditinstitute, t < 3 Mon.	19,5 Mio GE
	75,5 Mio GE

Eigenkapital- und Liquiditätsgrundsätze

- liquide Passiva:

Verbindlichkeiten ggü. Kreditinstituten, $t < 3$ Mon. $(1-F_1) = 90\,\% \rightarrow$ Anr.-Vol. $= 16 \cdot 0{,}9$	14,4 Mio GE
Verbindlichkeiten ggü. Kreditinstituten, 3 Mon. $\leq t < 4$ Jahre $(1-F_3) = 50\,\% \rightarrow$ Anr.-Vol. $= 20 \cdot 0{,}5$	10,0 Mio GE
Spareinlagen $(1-LF_2-F_2) = 20\,\% \rightarrow$ Anr.-Vol. $= 41 \cdot 0{,}2$	8,2 Mio GE
Verbindlichkeiten ggü. Kunden, $t < 4$ Jahre $(1-LF_4-F_4) = 30\,\% \rightarrow$ Anr.-Vol. $= (29+75) \cdot 0{,}3$	31,2 Mio GE
Pensionsrückstellungen $(1-LF_2) = 40\,\% \rightarrow$ Anr.-Vol. $= 15 \cdot 0{,}4$	6,0 Mio GE
Eigene Akzepte und Solawechsel im Umlauf $(1-F_5) = 20\,\% \rightarrow$ Anr.-Vol. $= 3{,}5 \cdot 0{,}2$	0,7 Mio GE
	__70,5 Mio GE__

Kontrollrechnung:

- liquide Anlagen:

Bilanzsumme	305,5 Mio GE
- langfristige Anlagen	135,0 Mio GE
- kurz- und mittelfristige Anlagen	95,0 Mio GE
= liquide Anlagen	__75,5 Mio GE__

- liquide Passiva:

Bilanzsumme	305,5 Mio GE
- langfristige Finanzierungsmittel	150,0 Mio GE
- kurz- und mittelfristige Finanzierungsmittel	85,0 Mio GE
= liquide Passiva	__70,5 Mio GE__

172 Rechtliche Grundlagen

Aufgabe 2:

Es soll allgemein aufgezeigt werden, in welcher Weise die Bilanzstruktur verändert werden müßte, wenn Auslastungsengpässe auftreten.

Lösung:

Gesucht sind Maßnahmen zur Verringerung des Auslastungsgrades bei Auslastungsengpässen (sogenannte Strukturlücken).

Die Bilanz ist umzustrukturieren. Aufzunehmen sind somit

'grundsatzentlastende Passiva', d.h. Passiva mit hohen Anrechnungsfaktoren und Aktiva mit geringer Grundsatzanrechnung:

Aktiva mit geringer Grundsatzanrechnung		Passiva mit hoher Grundsatzanrechnung	
mittelfristige Interbankenforderungen	0,2	Schuldverschreibungen	0,8 - 1,0
		Spareinlagen	0,8
kurzfristige Interbankenforderungen	0,2	kurz- und mittelfristige Kundeneinlagen	0,7
Schecks, Kundenwechsel, Schatzwechsel, festverzinsliche Wertpapiere	0,0	langfristige Verbindlichkeiten (Kunden + Kreditinstitute)	1,0
Barreserve	0,0	eigene Akzepte und Solawechsel im Umlauf	0,8

Aufgabe 3:

Befreundete Banken schlagen ein 'Ringgeschäft' vor. Bei ansonsten gleicher Bilanzstruktur sollen gegenüber der bisherigen Bilanzierung

Termineinlagen mit Befristung von 12 Monaten   = 40 Mio GE

gegen

revolvierende 3-Monats-Interbankengelder   = 40 Mio GE

ersetzt werden. Berechnen Sie die Grundsatz III-Auslastung unter Berücksichtigung der veränderten Bilanzdatensituation.

Um das Ringgeschäft in vollem Umfang abschließen zu können, sollen mittelfristige Interbankengelder (3 Mon. $\leq$ t $\leq$ 4 Jahre) zum Zweck der Regulierung der Grundsatzauslastung aufgenommen und wiederangelegt werden. Berechnen Sie das notwendige Volumen, um die gesetzlich zulässige Grundsatz III-Auslastung zu erreichen.

Eigenkapital- und Liquiditätsgrundsätze 173

Lösung:

(1) Ermittlung der Grundsatz II-Auslastung bzw. des Finanzierungsüberschusses:

ursprüngliche Grundsatz II-Passiva	150,0 Mio GE
- Grundsatz II-Anrechnung der entfallenen Termineinlagen $LF_4 = 10\% \rightarrow$ Anr.-Vol. = 40·0,1	4,0 Mio GE
+ Grundsatz II-Anrechnung der altern. Refinanzierung	0,0 Mio GE
= neue Grundsatz II-Passiva	146,0 Mio GE
- ursprüngliche Grundsatz II-Aktiva	135,0 Mio GE
= Grundsatz II-Finanzierungsüberschuß	11,0 Mio GE

$$\text{Grundsatz II - Auslastung} = \frac{135 \text{Mio GE}}{146 \text{Mio GE}}$$

$$= 0,9247 \, \text{GE} / \text{GE} \stackrel{\wedge}{=} 92,47\%$$

Ergebnis: zulässige Grundsatz II-Auslastung.

(2) Ermittlung der Grundsatz III-Auslastung

ursprüngliche Grundsatz III-Passiva	85,0 Mio GE
- Grundsatz III-Anrechnung der entfallenen Termineinlagen $F_4 = 60\% \rightarrow$ Anr.-Vol. = 40·0,6	24,0 Mio GE
+ Grundsatz III-Anrechnung der altern. Refinanzierung $F_1 = 10\% \rightarrow$ Anr.-Vol. = 40·0,5	20,0 Mio GE
= neue Grundsatz III-Passiva	81,0 Mio GE
+ Grundsatz II-Finanzierungsüberschuß	11,0 Mio GE
	92,0 Mio GE
- ursprüngliche Grundsatz III-Aktiva	95,0 Mio GE
= Grundsatz III-Finanzierungs**fehlbetrag**	3,0 Mio GE

174   Rechtliche Grundlagen

Grundsatz III - Auslastung

$$= \frac{95 \text{ Mio GE}}{92 \text{ Mio GE}} = 1,0326 \text{ GE / GE} \; \hat{=} \; 103,26\%$$

Ergebnis: unzulässige Grundsatz III-Auslastung, es muß somit eine aus der unzulässigen Grundsatzauslastung resultierende Maßnahme ergriffen werden.

(3) Berechnung des notwendigen Volumens von mittelfristigen Interbankengeldern:

Ziel der zusätzlichen Ringgeschäfte ist die Herbeiführung der Einhaltung von Grundsatz III.

Anrechnungssaldo (= Finanzierungsfehlbetrag)	ANS	= 3,0 Mio GE
Anrechnungsfaktor für Interbankenverbindlichkeiten (Verb. ggü. Kreditinstituten, 3 Mon. < t ≤ 4 Jahre):	F_3	= 0,5 GE/GE
Anrechnungsfaktor für Interbankenforderungen (Ford. an Kreditinstitute, 3 Mon. < t ≤ 4 Jahre):	ANF	= 0,2 GE/GE
gesuchtes Volumen des Interbankengeschäftes:	Vol_{RG}	= x GE

$$ANS = x * F_3 - x * ANF = x * (F_3 - AF)$$

$$x = \frac{ANS}{(F_3 - AF)} = \frac{3 \text{ Mio GE}}{(0,5 - 0,2) \text{ GE / GE}} = \underline{10 \text{ Mio GE}} = Vol_{RG}$$

Zur Einhaltung des Grundsatz III müßten 10 Mio GE bei anderen Kreditinstituten aufgenommen und wiederangelegt werden. Dadurch wird die Grundsatz III-Relation bei unveränderter Liquiditätslage verbessert.

Aufgabe 4:

Ermitteln Sie, in welchem Umfang die vorgeschlagenen Geschäfte abgeschossen werden können, wenn für zusätzliche Interbankengeschäfte keine Partner zur Verfügung stehen.

Lösung:

Berechnung des zulässigen Volumens der vorgeschlagenen Geschäfte:

Es ist die notwendige Einschränkung des Ringgeschäfts zu berechnen, um die Einhaltung von Grundsatz III zu erreichen.

Anrechnungssaldo (= Finanzierungsfehlbetrag)	ANS	= 3,0 Mio GE
Anrechnungsfaktor für Interbankenverbindlichkeiten (Verb. ggü. Kreditinstituten, 3 Mon. < t ≤ 4 Jahre):	F_3	= 0,5 GE/GE
Anrechnungsfaktoren für Termineinlagen (Ford. an Kunden, 3 Mon. < t ≤ 4 Jahre)	F_4 LF_4	= 0,6 GE/GE = 0,1 GE/GE
notwendige Reduzierung des Ringgeschäftes	RG_{red}	= x GE

$$ANS = x * F_4 + x * LF_4 - x * F_3 = x * (F_4 + LF_4 - F_3)$$

$$x = \frac{ANS}{(F_4 + LF_4 - F_3)}$$

$$x = \frac{3 \text{ Mio GE}}{(0,6 + 0,1 - 0,5) \text{ GE/GE}} = \underline{15 \text{ Mio GE}} = RG_{red}$$

Wenn keine Geschäftspartner für mittelfristige Interbankengelder gefunden werden können, muß das Ringgeschäft von 40 Mio um 15 Mio GE auf 25 Mio GE beschränkt werden.

3.6 Die Fünfte KWG-Novelle

Im Juli 1994[166] wurden mit der Verabschiedung der Fünften KWG-Novelle weitere Richtlinien der Europäischen Gemeinschaft, namentlich die Richtlinie über die Beaufsichtigung von Kreditinstituten auf konsolidierter Basis vom 06. April 1992 (Konsolidierungsrichtlinie)[167] und die Richtlinie über die Überwachung und Kontrolle der Großkredite von Kreditinstituten vom 21. Dezember 1992 (Großkreditrichtlinie)[168] in nationales Recht transformiert.

---

[166] Vgl. BGBl. I vom 07.10.1994, S. 2735ff..
[167] Vgl. Amtsblatt der EG Nr. L 110/52; dazu insb. Boos, K.-H.: EG-Richtlinie über die Beaufsichtigung von Kreditinstituten auf konsolidierter Basis, in: EuZW, 3. Jg., 13/1992, S. 406-407.
[168] Vgl. Amtsblatt der EG 1993 Nr. L 29, S. 1.

3.6.1 Umsetzung der Konsolidierungsrichtlinie

Um eine Umgehung von an das Eigenkapital anknüpfenden bankaufsichtsrechtlichen Regelungen und Geschäftsbegrenzungen durch die Gründung von Tochtergesellschaften (Kreditpyramiden) zu vermeiden, wurde das Erfordernis eines angemessenen Eigenkapitals nach der Vierten KWG-Novelle nicht nur auf einzelne Kreditinstitute, sondern auf ganze Institutsgruppen bezogen (§ 10a KWG). Im Sinn des KWG gehören Kreditinstitute einer Kreditinstitutsgruppe an, sofern ein Kreditinstitut (übergeordnetes Kreditinstitut) bei einem anderen Institut (nachgeordnetes Kreditinstitut) mindestens 40% der Kapital- bzw. Stimmanteile hält oder anderweitig einen beherrschenden Einfluß ausüben kann. Nachgeordnete Institute können sowohl in- als auch ausländische Kreditinstitute, einschließlich Factoring- und Leasinggesellschaften, sein. Unberücksichtigt blieben lediglich Unternehmensgruppen, bei denen dem übergeordneten Unternehmen nicht die Klassifizierung als Kreditinstitut i.S.d. KWG zuteil geworden ist, wenngleich ihm ausschließlich oder hauptsächlich Kredit- oder Finanzinstitute nachgeordnet sind (Finanzholding-Gruppen). Im Interesse der Stabilisierung des Konsolidierungssystems wurde der Konsolidierungskreis in der Fünften KWG-Novelle entsprechend den Regelungen der Konsolidierungsrichtlinie auf Finanzholding-Gruppen ausgedehnt (§ 1 KWG); ebenso sind in Zukunft Unternehmen mit bankbezogenen Hilfsleistungen (Rechenzentren, Immobilienverwaltungsgesellschaften etc.) in das Konsolidierungsverfahren einzubeziehen, so daß nunmehr alle Kredit- und Finanzgruppen im Konsolidierungskreis erfaßt sind.[169]

Bezüglich der Konsolidierungsgrenzen ergaben sich im Zuge der Fünften KWG-Novelle nur geringfügige Veränderungen. Entsprechend der bisherigen Rechtslage ist eine Konsolidierung im Fall der Mehrheitsbeteiligung und des beherrschenden Einflusses zwingend. Hinzugekommen ist lediglich die Konsolidierungspflicht sogenannter qualifizierter Minderheitsbeteiligungen. Unter qualifizierten Minderheitsbeteiligungen versteht man Beteiligungen eines gruppenangehörigen Unternehmens an Kreditinstituten, Finanzinstituten oder Unternehmen mit bankbezogenen Hilfsleistungen in Höhe von mindestens 20%, bei denen das gruppenangehörige Unternehmen das Beteiligungsunternehmen gemeinsam mit anderen, nicht gruppenangehörigen Unternehmen leitet und für Verbindlichkeiten des Beteiligungsunternehmens quotal haftet. In diesem Zusammenhang ergibt sich nun noch insofern eine Ausdehnung des Konsolidierungskreises, als aufgrund der Zulässigkeit einer analogen Anwendung des § 16 AktG eigene Anteile und Stimmrechte aus eigenen Anteilen von der Basisgröße zur Ermittlung der Beteiligungshöhe abzuziehen sind (§ 10a KWG). Neben den genannten Konsolidierungsbestimmungen wurden

---

[169] Vgl. Emmerich, V.: Die 5. KWG-Novelle, in: FLF, 41. Jg., 1/1994, S. 22-24; Schroeter, J./Maes, U.: Die wichtigsten Neuerungen durch die 5. KWG-Novelle, in: Sparkasse, 111. Jg., 8/1994, S. 370-374, hier S. 372.

noch weitere, recht komplizierte Zurechnungsvorschriften zur Vermeidung von Umgehungen der Konsolidierungspflicht durch entsprechenden Konzernaufbau in das KWG aufgenommen; auf deren Darstellung soll jedoch unter Verweis auf die einschlägige Fachliteratur verzichtet werden.[170] Erwähnt sei an dieser Stelle lediglich, daß zur Vermeidung von Mehrfachkonsolidierungen übergeordnete Kreditinstitute von der Konsoliderungspflicht befreit werden, wenn sie abgesehen vom Sonderfall der wechselseitigen Beteiligung einem anderen Kreditinstitut mit Sitz im Inland über eine Beteiligung in Höhe von mindestens 75% nachgeordnet sind (§ 10a KWG).[171]

In der umstrittenen Frage der Durchführung der Konsolidierung des Eigenkapitals der Institutsgruppe sah das Gesetz vor Inkrafttreten der Fünften KWG-Novelle im Unterschied zur handelsrechtlichen Vollkonsolidierung eine Quotenkonsolidierung vor. Bei der Quotenkonsolidierung werden vor dem Hintergrund der Annahme eines fallenden Haftungsrisikos mit fallendem Beteiligungsgrad Aktiva und Passiva der nachgeordneten Institute dem übergeordneten Institut nach Maßgabe der Beteiligungsquote zugeordnet, bevor das Eigenkapital des übergeordneten Instituts um die Buchwerte entsprechender Beteiligungen korrigiert wird.[172] In Abweichung von dieser Regelung schreiben die Regelungen des KWG fortan im Grundsatz eine Vollkonsolidierung vor (§ 10a KWG). Bei der Vollkonsolidierung ist das Eigenkapital des übergeordneten Instituts aus der Summe aller Aktiva und Passiva der gruppenangehörigen Unternehmen einschließlich des übergeordneten Instituts abzüglich der Buchwerte der Kapitalanteile des übergeordneten Instituts an den gruppenangehörigen Unternehmen zu ermitteln; etwaiger Fremdbesitz ist in diesem Zusammenhang in Ausgleichsposten zu erfassen. Eine vertiefende Behandlung der Konsolidierungsproblematik befindet sich, ergänzt durch ein umfangreicheres Rechenbeispiel, im 4. Kapitel.

Vom Grundsatz der Vollkonsolidierung sind unter Berufung auf das Wahlrecht, das die Konsolidierungsrichtlinie den Mitgliedstaaten bezüglich des Konsolidierungsverfahrens bei Minderheitsbeteiligungen einräumt, alle nachgeordneten Unternehmen ausgenommen, die nicht als Tochterunternehmen im genannten Sinne zu klassifizieren und keinem beherrschenden Einfluß ausgesetzt sind. Demnach bleibt es bei Beteiligungen in Höhe von 40% bis 50% und qualifizierten Minderheitsbeteiligungen beim Quotenkonsolidierungsverfahren.[173]

---

[170] Vgl. Rohmann, H.V.: Aspekte der Umsetzung der EG-Konsolidierungsrichtlinie im Rahmen der Fünften Novelle des Kreditwesengesetzes, in: FLF, 40. Jg., 6/1993, S. 214-217.
[171] Vgl. Emmerich, V., 1994, a.a.O., S. 22f.; Schroeter, J./Maes, U., 1994, a.a.O., S. 372.
[172] Vgl. Emmerich, V., 1994, a.a.O., S. 22; Panowitz, R./Jung, H.: Kreditwesengesetz, Frankfurt am Main 1988, § 10a a.F. Rdnr. 5.
[173] Vgl. Emmerich, V., 1994, a.a.O., S. 22f.; Schroeter, J./Maes, U., 1994, a.a.O., S. 372.

3.6.2 Umsetzung der Großkreditrichtlinie

Neben generellen Fragen der angemessenen Eigenkapitalausstattung nehmen die Regelungen der Fünften KWG-Novelle auf spezielle Fragen des Kreditrisikos Bezug. Um das Risiko von Bankenzusammenbrüchen infolge eines Kreditausfalls und die Begründung von Abhängigkeiten des Kreditinstituts von einzelnen Kreditnehmern zu reduzieren, unterliegen Kredite, die gemessen am Gesamtgeschäft und am Eigenkapital des Kreditgebers unverhältnismäßig groß sind, schon nach bisheriger Rechtslage besonderen gesetzlichen Regelungen.[174] Nach § 13 KWG in der Fassung von 1984 liegt ein Großkredit vor, sofern an einzelne Kreditnehmer bzw. Kreditnehmergruppen vergebene Kredite i.S.d. § 19 KWG in ihrer Summe 15% des haftenden Eigenkapitals übersteigen. Im Zuge der Umsetzung der Großkreditrichtlinie mit der Fünften KWG-Novelle wurde die Schwelle, ab der ein Kredit als Großkredit zu behandeln ist, auf 10% des haftenden Eigenkapitals gesenkt. Zudem wurde die Obergrenze für den einzelnen Großkredit von 50% auf 25% des Eigenkapitals, bei konzerninternen Krediten sogar auf 20% reduziert; bezüglich der Obergrenze für alle Großkredite des Kreditinstituts bleibt es beim Achtfachen des haftenden Eigenkapitals (§ 13 KWG).

In Umsetzung der Ausnahmebestimmungen der Großkreditrichtlinie sind konzerninterne Großkredite an Mutter- und Tochtergesellschaften von der Einhaltung der genannten Obergrenzen für Großkredite befreit, sofern sie in die Konsolidierung einbezogen sind. Nach § 13a KWG sind Obergrenzen von Großkrediten entsprechend der Begründung der Eigenkapitalkonsolidierung auf konsolidierter Basis zu ermitteln, wobei die Konsolidierung im Grundsatz analog den Regelungen zur Eigenkapitalausstattung erfolgt. Unterschiede bestehen lediglich in den Konsolidierungsgrenzen.[175] So ist eine Konsolidierung nach § 13a KWG erst vorzunehmen, wenn das nachgeordnete Institut über eine unmittelbare oder mittelbare Beteiligung von mindestens 50% im Eigentum des übergeordneten Kreditinstituts steht oder Tochterunternehmen des übergeordneten Kreditinstituts i.S.d. § 1 KWG ist. Abgesehen von Sonderregelungen im Zusammenhang mit Krediten an nachgeordnete Unternehmen, deren anteilige Kapital- und Rücklagenpositionen den Buchwert der Beteiligung unterschreiten (§ 13a KWG i.V.m. § 10a KWG), besteht eine Befreiung von der Einhaltung der Großkreditgrenzen nach § 13a KWG noch für Kredite, die bei keinem gruppenangehörigen Unternehmen 5% des haftenden Eigenkapitals erreichen bzw. übersteigen.

Neben den Beschränkungen der Großkreditvergabe durch die Senkung der Obergrenzen resultieren aus der Neufassung des den §§ 13 und 14 KWG

---

[174] Vgl. Emmerich, V., 1994, a.a.O., S. 23f..
[175] Vgl. Boos, K.-H./Klein, U.: Die neuen Großkredit- und Millionenkreditbestimmungen, in: Die Bank, o. Jg., 1995, S. 535-541, hier S. 537f..

zugrundeliegenden Kreditbegriffs (§ 19 KWG) weitere Verschärfungen. Bei Vernachlässigung verschiedener Ausnahmetatbestände (§ 20 KWG) umfaßt der Kreditbegriff in Anlehnung an entsprechende Definitionen des Grundsatzes I neben den bislang berücksichtigten Aktiva fortan auch außerbilanzielle Geschäfte mit derivativen Finanzinstrumenten sowie alle Formen von verbrieften Forderungen, Anteilswerten und sonstigen Vermögensgegenständen, die einem Adressenausfallrisiko unterliegen. Die Erfassung von Derivaten und anderen Geschäften mit Adressenausfallrisiken als Risikopotential wurde notwendig, weil der Umfang dieser Geschäftsarten schon längere Zeit hohe Steigerungsraten aufweist und an Volumen wesentlich zugenommen hat, wie die Abb. 3.8. für einen Teil des Derivategeschäfts zeigt.

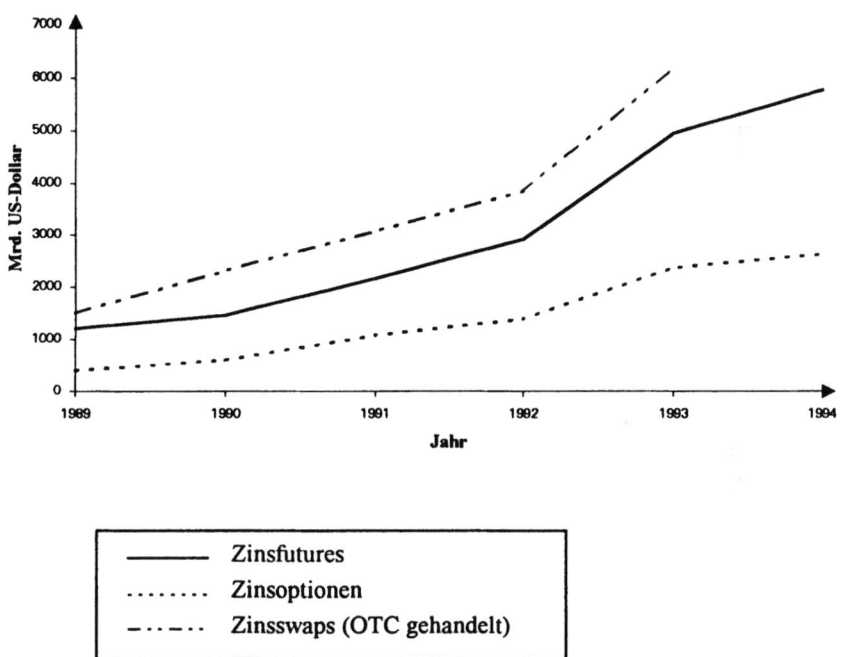

Abb. 3.8.: Zinsbezogene derivative Instrumente: ausstehende Nominalbeträge 1989-1994

Obschon die anzuzeigenden Kredite grundsätzlich auf der Grundlage der Buchwerte ohne Berücksichtigung der Einzelwertberichtigungen zu ermitteln sind, ist infolge der Erfassung von Derivaten im Kreditbegriff zukünftig eine Berechnung von Kapitaläquivalenzbeträgen erforderlich. Nach § 2 KredBestV-E, der dem Grundsatz I nachgebildet ist, können Kreditäquivalenzbeträge im Zusammenhang mit Großkreditvorschriften unabhängig von

180 Rechtliche Grundlagen

der Ermittlung der Grundsatz-I-Auslastung wahlweise nach der Laufzeit- oder der Marktbewertungsmethode ermittelt werden.[176]

Bei oberflächlicher Betrachtung erscheint der Kreditnehmerbegriff durch die Fünfte KWG-Novelle ebenfalls erheblich erweitert worden zu sein. Unter Zugrundelegung einer wirtschaftlichen Betrachtungsweise sind Personen nach § 19 KWG als ein Kreditnehmer zu betrachten, wenn zwischen ihnen Abhängigkeiten bestehen, die Rückwirkungen von finanziellen Schwierigkeiten einer Person auf eine andere Person erwarten lassen. Diese sehr umfassende Definition ist unter Rückgriff auf die Gesetzesbegründung im Wege der teleologischen Auslegung insofern einzuschränken, als die bisherige Zuordnungspraxis fortgeführt werden kann.[177] Ob die Gesetzesbegründung eine Interpretation des § 19 KWG als Wahlrecht rechtfertigt, so daß Kreditnehmerzusammenfassungen, die aus Risikoaspekten geboten sind, aber nach bisheriger Rechtslage nicht zugelassen waren, in Zukunft vorgenommen werden können, nicht aber müssen, erscheint angesichts des Wortlauts zweifelhaft. Unbestritten ist dagegen, daß Lieferanten und Zulieferer entsprechend der bisherigen Rechtslage nicht mit ihren Hauptabnehmern zu Krediteinheiten zusammenzufassen sind. Von der Kreditnehmerzusammenfassung ebenfalls ausgenommen sind gruppeninterne Kredite bei Vollkonsolidierung der Institutsgruppe sowie verschiedene Kredite an öffentlich-rechtliche Gebietskörperschaften, Institutionen und Sondervermögen.[178]

Die Erhöhung der gesetzlichen Anforderungen an Großkreditvergaben sind aufgrund der Erweiterung des Eigenkapitalbegriffs entsprechend den Bestimmungen der Vierten KWG-Novelle allerdings erheblich zu relativieren. Indem der Begriff des haftenden Eigenkapitals bankaufsichtsrechtlich fortan wieder einheitlich zu interpretieren ist, bleiben Neubewertungsreserven und nachrangige Verbindlichkeiten bei der Ermittlung der Obergrenzen für Großkreditvergaben nicht mehr unberücksichtigt. In welchem Maße einzelnen Kreditinstituten aus diesen Bestimmungen Vorteile erwachsen, hängt nicht zuletzt von ihrer Eigenkapitalstruktur ab. Insofern können Kreditinstitute ungeachtet der Relativierung der Verschärfungen der Aufsichtsstandards durch den erweiterten Eigenkapitalbegriff bei entsprechend ungünstiger Eigenkapitalstruktur zu erheblichen Anpassungen gezwungen sein. Vor diesem Hintergrund finden sich weitreichende Übergangsregelungen (§ 64d KWG), so daß ein kontinuierlich verlaufender Übergang zur unbeschränkten Anwendung der Großkreditbestimmungen am 1. Januar 2002 gewährleistet sein dürfte.[179]

---

[176] Vgl. Boos, K.-H./Klein, U., 1995, a.a.O., S. 536; Schroeter, J./Maes, U., 1994, a.a.O., S. 371.
[177] Vgl. ebenda, S. 537; ebenda.
[178] Vgl. ebenda; ebenda; Emmerich, V., 1994, a.a.O., S. 24.
[179] Vgl. Schroeter, J./Maes, U., 1994, a.a.O., S. 371.

Bezüglich des Meldeverfahrens ergeben sich aus der Fünften KWG-Novelle nur geringe Gesetzesänderungen. Entsprechend der bisherigen Rechtslage liegt die Verantwortung für die Einhaltung der Großkreditvorschriften einschließlich der in diesem Zusammenhang bestehenden Meldepflichten auch fortan beim übergeordneten Institut, sofern es nicht selbst einem Kreditinstitut im Inland, an dem es keine Beteiligung unterhält, über eine Beteiligung von mindestens 75% nachgeordnet ist. Gestrichen wurden lediglich die Meldepflicht bei Erhöhung von Großkrediten sowie die Pflicht zur Einreichung von Sammelaufstellungen auf Verlangen des Aufsichtsamtes. Um trotz dieser Erleichterungen des Meldeverfahrens eine ordnungsgemäße Ermittlung und Erfassung aller Großkredite und ihrer späteren Veränderungen sicherzustellen, wurde jedes Kreditinstitut in § 13 KWG verpflichtet, eine ordnungsgemäße Organisation und Buchführung sowie ein angemessenes internes Kontrollverfahren einzurichten.[180]

Neben der Neufassung der Großkreditbestimmungen sind im Rahmen der Fünften KWG-Novelle verschiedene Gesetzänderungen bezüglich der Millionenkredite erfolgt, die ihre Begründung in dem Wunsch der Bankenaufsicht nach einem besseren Einblick in die Risikokonzentrationen beim Geschäft mit Derivaten und verbrieften Forderungen finden.[181]

Entsprechend der bisherigen Rechtslage müssen Kreditinstitute der Deutschen Bundesbank die Kreditnehmer melden, deren Verschuldung innerhalb der dem Meldetermin vorangegangenen drei Kalendermonate zu irgendeinem Zeitpunkt mindestens 3 Millionen DM betragen hat. Dabei steht dem Einzelkredit der Gemeinschaftskredit gleich, selbst wenn der Anteil des einzelnen Kredits 3 Millionen DM nicht erreicht (§ 14 KWG). Im Unterschied zum Kreditnehmerbegriff, der für Großkredit- und Millionenkreditbestimmungen übereinstimmend definiert ist, zeigt der Kreditbegriff bei Großkredit- und Millionenkreditbestimmungen aufgrund des Ausnahmetatbestandes in § 20 KWG in Einzelaspekten Definitionsunterschiede, auf deren Darstellung aber im Rahmen eines Lehrbuches verzichtet werden kann.[182] Von größerer Bedeutung ist, daß mit der Geltung der Fünften KWG-Novelle die Meldungen über die Verschuldung des Kreditnehmers bei den beteiligten Kreditgebern vereinfachend in

- Bilanzaktiva,
- Finanzswaps, Finanztermingeschäfte und Optionsrechte,
- Bürgschaften, Garantien und andere Sicherheitsinstrumente,
- öffentlich verbürgte Kredite,

---

[180] Vgl. Boos, K.-H./Klein, U., 1995, a.a.O., S. 538.
[181] Vgl. ebenda, S. 539.
[182] Siehe hierzu ebenda, S. 539f..

182 Rechtliche Grundlagen

- Realkredite und
- Interbankenkredite mit Laufzeiten bis zu einem Jahr

aufzugliedern sind.

Der Anzeigepflicht nach § 14 KWG unterliegen Kreditinstitute i.S.d. §§ 1 und 53 KWG sowie inländische Zweigstellen ausländischer Kreditinstitute, sofern sie unter die Regelung des Europäischen Passes fallen. Unabhängig von der Klassifizierung als Kreditinstitut sind die Sozialversicherungsträger, die Bundesanstalt für Arbeit, Versicherungsgesellschaften und Unterbeteiligungsgesellschaften ebenfalls meldepflichtig. Von der Meldepflicht sind nachgeordnete Kreditinstitute grundsätzlich befreit. Unter nachgeordneten Kreditinstituten versteht man entsprechend der Neuregelung des § 13a KWG Kreditinstitute, Finanzinstitute und Unternehmen mit bankbezogenen Hilfsdiensten, die über unmittelbare oder mittelbare Beteiligungen von mindestens 50% im Eigentum eines übergeordneten Unternehmens stehen oder als Tochterunternehmen i.S.d. § 1 KWG zu klassifizieren sind. Sofern ein nachgeordnetes Kreditinstitut nach den Bestimmungen des KWG nicht ausnahmsweise einer selbständigen Anzeigepflicht unterliegt, muß das übergeordnete Kreditinstitut die Millionenkreditanzeige für das nachgeordnete Unternehmen einreichen, unabhängig ob das nachgeordnete Unternehmen seinen Sitz im In- oder Ausland hat.[183]

Mit dem Inkrafttreten der Fünften KWG-Novelle zum 31. Dezember 1995 wurde die Harmonisierung bankaufsichtsrechtlicher Bestimmungen in der Europäischen Union fortgesetzt, aber nicht abgeschlossen. Schon jetzt besteht aufgrund der Verabschiedung der Richtlinien der Europäischen Union über Wertpapierdienstleistungen (Wertpapierdienstleistungsrichtlinie) und über die angemessene Eigenkapitalausstattung von Wertpapierfirmen und Kreditinstituten (Kapitaladäquanzrichtlinie) die Notwendigkeit einer weiteren, der Sechsten KWG-Novelle.

3.7 Die Sechste KWG-Novelle

Wenn im folgenden ein Überblick über geplante Gesetzesänderungen im Zuge der Sechsten KWG-Novelle gegeben wird, ist zu beachten, daß die Regelungen im weiteren Gesetzgebungsverfahren noch Veränderungen erfahren können. In den Grundzügen ist der Inhalt der Sechsten KWG-Novelle freilich durch die vorrangigen Richtlinien der Europäischen Union über Wertpapierdienstleistungen (Wertpapierdienstleistungsrichtlinie)[184] und über die ange-

---

[183] Vgl. Boos, K.-H./Klein, U., 1995, a.a.O., S. 540.
[184] Vgl. Richtlinie 93/22/EWG des Rates vom 10.05.1993, abgedruckt in: ABL. EG Nr. L 141, S. 27-46.

messene Eigenkapitalausstattung von Wertpapierfirmen und Kreditinstituten (Kapitaladäquanz-Richtlinie)[185] vorgezeichnet, so daß dem Gesetzgeber allenfalls Randkorrekturen möglich sind.

3.7.1 Grundlagen

Nach den Regelungen der Wertpapierdienstleistungsrichtlinie dürfen selbständige Wertpapierhäuser entsprechend den Kreditinstituten bei Erhalt des Europa-Passes durch die Zulassungsbehörden im Herkunftsland Geschäfte in allen Mitgliedstaaten der Europäischen Union tätigen. Mit Umsetzung der Wertpapierdienstleistungsrichtlinie in nationales Recht treten folglich Kreditinstitute und Wertpapierhäuser auf dem europäischen Bankenmarkt in Konkurrenz. Da Kreditinstitute und Wertpapierhäuser gegenwärtig unterschiedlichen bankaufsichtsrechtlichen Verpflichtungen unterliegen, war die Anpassung von bankaufsichtsrechtlichen Bestimmungen für Kreditinstitute und Wertpapierhäuser unerläßlich, wenn Wettbewerbsverzerrungen vermieden werden sollten. Vor diesem Hintergrund legen die Regelungen der Kapitaladäquanz-Richtlinie einheitliche Eigenkapitalanforderungen für verschiedene Geschäfte von Kreditinstituten und Wertpapierhäusern fest.[186]

Zur Ermittlung der Eigenkapitalanforderungen kann nach den Bestimmungen der Kapitaladäquanz-Richtlinie neben dem Eigenkapitalbegriff der Eigenmittelrichtlinie ein erweiterter Eigenkapitalbegriff zugrundegelegt werden. Im Unterschied zum engen Eigenkapitalbegriff, nach dem sich das Eigenkapital aus dem Kern- und dem Ergänzungskapital zusammensetzt, sind nach der erweiterten Eigenkapitaldefinition kurzfristige nachrangige Verbindlichkeiten und Nettogewinne aus bestimmten Geschäften in begrenztem Umfang ergänzend als Eigenkapital zu berücksichtigen. Daß eine Beaufsichtigung der Einhaltung der Eigenkapitalbestimmungen im Grundsatz auf konsolidierter Basis zu erfolgen hat, mag angesichts des Stellenwertes der Konsolidierung in vorangegangenen Richtlinien nicht verwundern.[187]

Unter Zugrundelegung dieser modifizierten Eigenkapitaldefinition legt die Kapitaladäquanz-Richtlinie bankaufsichtsrechtliche Regelungen für Wertpapiereigengeschäfte sowie Geschäfte mit derivativen Finanzprodukten und

---

[185] Vgl. Richtlinie 93/6/EWG des Rates vom 15.03.1993, abgedruckt in: ABL. EG Nr. L 141, S. 1-26.
[186] Vgl. Gröschel, U.: Von der 4. zur 7. KWG-Novelle, in: Sparkasse, 110. Jg., 5/1993, S. 225-230, hier S. 225; Rudolph, B.: Kapitaladäquanz-Richtlinie: Zielsetzung und Konsequenzen der bankaufsichtsrechtlichen Regulierung im Wertpapierbereich, in: ZBB, 6. Jg., 2/1994, S. 117-130, hier S. 117f..
[187] Vgl. Boos, K.-H./Höfer, B.: Kapitaladäquanz-Richtlinie, in: Die Bank, o. Jg., 1995, S. 285-291 und S. 359-367, hier S. 362; Maes, U.: Inhaltliche Regelungen der Kapitaladäquanz-Richtlinie, in: Sparkasse, 109. Jg., 11/1992, S. 527-530, hier S. 528.

Fremdwährungen fest, indem Positions-, Abwicklungs- und Adressenausfallrisiken sowie Großkredit- und Fremdwährungsrisiken speziellen Eigenkapitalerfordernissen unterworfen werden. Da Positions-, Abwicklungs- und Adressenausfallrisiken für verschiedene Geschäftsbereiche schon über Regelungen der Solvabilitätsrichtlinie bankaufsichtsrechtlich erfaßt wurden, haben lediglich die Regelungen bzgl. der Großkredit- und Fremdwährungsrisiken allgemeine Gültigkeit. Bei den Positions-, Adressenausfall- und Abwicklungsrisiken beschränken sich die Regelungen der Kapitaladäquanz-Richtlinie auf Geschäfte des Handelsbuches (Trading-Book). Das Handelsbuch umfaßt den gesamten Wertpapierhandelsbestand eines Institutes, also alle Finanzinstrumente, die zum Zwecke der Erzielung von Kursgewinnen oder zur Absicherung anderer Teile des Handelsbuches gehalten werden. Zur Erfassung von Positions-, Adressenausfall- und Abwicklungsrisiken anderer Geschäftsbereiche bleibt entsprechend der bisherigen Rechtslage die Solvabilitätsrichtlinie maßgebend.[188]

Da die Kapitaladäquanz-Richtlinie unterschiedliche Verfahren zur Ermittlung der Eigenkapitalunterlegung der genannten Risikobereiche festschreibt, sind die Eigenkapitalanforderungen zwangsläufig getrennt nach Risikobereichen zu bestimmen. So müssen in jedem Risikobereich die einbeziehungspflichtigen Geschäfte bewertet zum Marktpreis gegenübergestellt und die Nettopositionen als Saldo aktivischer und passivischer Beträge (offene Positionen) ermittelt werden. Für jede Nettoposition sind im nächsten Schritt die Eigenkapitalanforderungen nach dem jeweiligen Verfahren und Eigenkapitalunterlegungssatz zu berechnen, bevor nach dem Baukastenprinzip die Eigenmittelanforderungen aller Risikobereiche addiert werden.[189]

In der nachfolgenden Abb. 3.9. wird ein Schema vorgestellt, nach dem die Berechnung des gesamten Eigenkapitalbedarfes für die mit verschiedenen Risikoarten verbundenen Bankgeschäfte vorgenommen werden kann. Jede Risikoart erfordert einzeln oder entsprechend gruppiert (vgl. Eintragungen mit Spiegelstrichen) u.U. in Abhängigkeit vom Berechnungsverfahren die Unterlegung mit einem bestimmten Betrag an haftenden Eigenmitteln. Die Summe der Einzelbeträge ergibt die aufsichtsrechtlich geforderte Eigenmittel-Mindestausstattung.

---

[188] Vgl. Boos, K.-H./Höfer, B., 1995, a.a.O., S. 285f.; Maes, U., 1992, a.a.O., S. 528; Rudolph, B., 1994, a.a.O., S. 122; Schulte-Mattler, H.: Kapitaladäquanz-Richtlinie schafft neue Aufsichtsregeln, in: Die Bank, o. Jg., 1995, S. 460-467, hier S. 460f.; ders.: Preisrisiken im Mittelpunkt der Sechsten KWG-Novelle, in: WM, 48. Jg., 2/1994, S. 1412-1417, hier S. 1413.

[189] Vgl. Boos, K.-H./Höfer, B., 1995, a.a.O., S. 287; Schulte-Mattler, H., 1994, a.a.O., S. 1413.

Eigenkapitalanforderung für Positionsrisiken (Zinsänderungs- und Aktienkursrisiken) für Geschäfte des Handelsbuches	

spezifisches Risiko
- Zinsänderungsrisiko
  - Eigenkapitalunterlegung mit Bonitätsberücksichtigung
- Aktienkursrisiko
  - einfache Eigenkapitalunterlegung
	allgemeines Risiko
	- Zinsänderungsrisiko
	  - Laufzeitmethode
	  - Durationsmethode
	  - Sensitivitätsmethode
	  - Matched-Pairs-Ansatz
	- Aktienkursrisiko
	  - einfache Eigenkapitalunterlegung

+

Eigenkapitalanforderung für Abwicklungs- und Adressenausfallrisiken der Geschäfte des Handelsbuches
- Abwicklungsrisiko
  - einfache Eigenkapitalunterlegung in Abhängigkeit vom Liefertermin
- Adressenausfallrisiko
  - Eigenkapitalunterlegung mit Bonitätsberücksichtigung

+

Eigenkapitalanforderung für Großkreditrisiko-
überschreitungen im Gesamtgeschäft

+

Eigenkapitalanforderung für das Fremdwährungsrisiko im Gesamtgeschäft
- Standardmethode
- interne Modelle (Benchmark-Verfahren, Simulationsmodelle)

+

Eigenkapitalanforderung der übrigen Geschäfte gemäß Solvabilitätsrichtlinie

=

gesamte Eigenkapitalanforderung

Abb. 3.9.: Baukastenprinzip zum Berechnungsaufbau[190]

3.7.2 Die Risiken des Handelsbuches

Im Mittelpunkt der Kapitaladäquanz-Richtlinie steht das Positionsrisiko, das sich in das Zinsänderungs- und das Aktienkursrisiko differenzieren läßt. Beide Risikoarten sind in Fortführung des Gedankens des Baukastenprinzips in ein spezifisches, von der Bonität des Emittenten abhängiges Risiko und ein all-

---

[190] Vgl. Boos, K.-H./Höfer, B., 1995, a.a.O., S. 287.

gemeines, von der allgemeinen Marktentwicklung abhängiges Risiko zu unterteilen.[191]

Über das **Zinsänderungsrisiko** werden alle Gefahren von Kursverlusten aus offenen Positionen von zinsabhängigen Instrumenten, eingeschlossen zinsbezogene Derivate (Zins-Swaps etc.) und andere Instrumente, die sich entsprechend verhalten, (Vorzugsaktien mit fester Dividende etc.) erfaßt.[192]

Um das spezifische Zinsänderungsrisiko differenziert zu quantifizieren, sind die Emittenten der Wertpapiere in Zentralstaaten, qualifizierte Emittenten und sonstige Emittenten zu unterscheiden. Entsprechend den Regelungen im Grundsatz I sind Emissionen von Zentralstaaten, zu denen nach nationalem Ermessen auch Regionalregierungen und Gebietskörperschaften unterhalb der Zentralregierungen gezählt werden können, von der Eigenmittelunterlegung über einen Unterlegungssatz von 0% ausgenommen. Bei qualifizierten Emittenten, zu denen Kreditinstitute aus OECD-Mitgliedstaaten sowie börsennotierte bzw. von den nationalen Behörden als qualifiziert eingestufte Unternehmen gehören, schwanken die Unterlegungssätze abhängig von der Restlaufzeit der Papiere zwischen 0,25% und 1,6% des Saldos der Kauf- und Verkaufspositionen derselben Emission (offene Positionen). Für alle anderen Emittenten ist ein Unterlegungssatz von 8% zugrundezulegen. Daß gegenläufige Positionen derselben Emission miteinander verrechnet werden können (Netting), ist unter Risikogesichtspunkten unproblematisch, da geschlossene Positionen keinem spezifischen Zinsänderungsrisiko unterliegen. Indem die Anrechnungsbeträge für betreffende Emissionen des Kreditinstituts durch Gewichtung der Nettoposition mit den jeweiligen Unterlegungssätzen ermittelt und summiert werden, ergibt sich die Eigenkapitalanforderung für das spezifische Zinsänderungsrisiko, das sich nach dem Baukastenprinzip mit der Eigenkapitalanforderung für das allgemeine Zinsänderungsrisiko zur Eigenkapitalanforderung für das gesamte Zinsänderungsrisiko ergänzt.[193]

Beispiel 1: Ermittlung der Eigenkapitalanforderung für das Zinsänderungsrisiko

Zum 31.12.1995 bestehe das Portefeuille eines Kreditinstituts aus folgenden Wertpapieren:

Position 1: Bundesanleihe
- Nominalwert: 35 Millionen DM
- Nominalzins: 6,45%
- Kurswert: 40 Millionen DM
- Fälligkeit: 31.12.1997 (Restlaufzeit von 2 Jahren)

---

[191] Vgl. Boos, K.-H./Höfer, B., 1995, a.a.O., S. 287.
[192] Vgl. Schulte-Mattler, H., 1994, a.a.O., S. 1414.
[193] Vgl. ebenda.

Position 2: Bankschuldverschreibung
Nominalwert: 100 Millionen DM
Nominalzins: 9%
Kurswert: 102 Millionen DM
Fälligkeit: 01.12.1998 (Restlaufzeit von 2,92 Jahren)

Position 3: Terminkauf inländischer Industrieobligationen
Betrag: 100 Millionen DM
Nominalzins: 2,5%
Erfüllungszeitpunkt: 01.02.1997 (Laufzeit von 1,083 Jahren)
Fälligkeit der Obligation: 01.02.2000 (Laufzeit von 4,003 Jahren)

Position 4: Terminverkauf inländischer Industrieobligationen
Betrag: 50 Millionen DM
Nominalzins: 2,5%
Erfüllungszeitpunkt: 01.02.1997 (Laufzeit von 1,083 Jahren)
Fälligkeit der Obligation: 01.02.2000 (Laufzeit von 4,003 Jahren)

(1) Ermittlung der Nettopositionen:

lfd. Nr.	Portefeuille-Position	Emittent des Geschäftsgegenstandes	Kaufposition in Mio. DM	Verkaufposition in Mio. DM	Nettoposition in Mio. DM
1	1	Staat	40	-	40
2	2	inländische Bank t > 24 Mon.	102	-	102
3	3 und 4	Industrie 6 Mon. < t < 24 Mon.	100	50	50
4	3 und 4	Industrie t > 24 Mon.	50	100	- 50

Aus der Saldierung von Kauf- und Verkaufposition ergibt sich die jeweilige Nettoposition.

(2) Ermittlung der Eigenkapitalanforderung für das spezifische Zinsänderungsrisiko:

188 Rechtliche Grundlagen

Emittent	Laufzeit	Eigenkapital-unterlegungs-satz	Nettoposition in Mio DM 1 2 3 4	Eigenkapital-unterlegung in Mio DM
Staat	unabhängig	0 %	40	0
qualifizierte Emittenten	0 Mon. < t ≤ 6 Mon.	0,25 %		0
	6 Mon. < t ≤ 24 Mon.	1,00 %	50	0,5
	t > 24 Mon.	1,60 %	102 -50	2,432
sonstige	unabhängig	8,00 %		0
				<u>2,932</u>

Zur Quantifizierung des allgemeinen Zinsänderungsrisikos stehen verschiedene Methoden zur Verfügung, deren Grundlage die Jahresband-Methode ist. Zur Ermittlung der Eigenkapitalanforderung nach der Jahresband-Methode sind offene Positionen nach ihrer Zinsbindungsfrist in Laufzeitbänder einzustellen, wobei sich die Zinsbindungsfrist bei variabel verzinslichen Positionen mit regelmäßiger Zinsfestsetzung nach Maßgabe des nächsten Zinsfestsetzungstermins, bei festverzinslichen Positionen nach Maßgabe der Restlaufzeit ergibt. Entsprechend den erwarteten Kursveränderungen infolge von vorgegebenen Zinsveränderungen sind den Laufzeitbändern verschiedene Eigenkapitalunterlegungssätze zugeordnet. Da Kursveränderungen infolge von Zinsveränderungen bei hoch- und niedrigverzinslichen Wertpapieren unterschiedliche Entwicklungen zeigen, ist zwischen einem Laufzeitband für höherverzinsliche Papiere (Verzinsung von 3% und mehr) mit Unterlegungssätzen zwischen 0% und 6% und einem Laufzeitband für niedrigverzinsliche Papiere (Verzinsung unter 3%) mit Unterlegungssätzen zwischen 0% und 12,5% zu differenzieren. Durch Multiplikation der Gewichte mit den offenen Positionen ergibt sich die Eigenkapitalunterlegung für das allgemeine Zinsänderungsrisiko offener Positionen.[194]

Um das allgemeine Zinsänderungsrisiko insgesamt zu quantifizieren, ist aber nicht nur das allgemeine Zinsänderungsrisiko von offenen Positionen, sondern auch das allgemeine Zinsänderungsrisiko von geschlossenen Positionen zu erfassen, da geschlossene Positionen ungeachtet ihrer Gegenläufigkeit ebenfalls gewissen Positionsrisiken unterliegen. So sind gegenläufige Positionen, die innerhalb desselben Laufzeitbandes verrechnet wurden (vertikales Hedging), weiterhin dem Risiko nicht gleichgerichteter Entwicklungen der Differenzen zwischen Kassa- und Terminkurs bei Abschluß und Erfüllung des gehedgten Geschäftes (Basisrisiko) ausgesetzt. Infolgedessen bleiben 10% der gewichteten geschlossenen Positionen unterlegungspflichtig. Erfolgt die

---

[194] Vgl. Boos, K-H./Höfer,B., 1995, a.a.O., S. 288; Schulte-Mattler, H., 1994, a.a.O., S. 1413.

Verrechnung der offenen Positionen auf nachfolgender Stufe mit gegenläufigen Positionen anderer Laufzeitbänder (horizontales Hedging), besteht neben dem Basisrisko zudem das Risiko nicht paralleler Zinssatzveränderungen in unterschiedlichen Laufzeitbereichen (Zinsstrukturrisiko). Um das Zinsstrukturrisiko sachgerecht zu erfassen, war es erforderlich, die Laufzeitbänder in einem kurz-, einem mittel- und einem langfristigen Hedge-Block zusammenzufassen. Bei horizontalem Hedging innerhalb eines Hedge-Blocks sind 30% bis 40% der gewichteten geschlossenen Positionen mit Eigenkapital zu unterlegen; bei einem Hedging außerhalb des Hedge-Blocks schwanken die Unterlegungsfaktoren zwischen 40% und 150%. Die Summe der Eigenkapitalanforderungen über offene und anzurechnende geschlossene Positionen ergibt die gesamte Eigenkapitalanforderung für das allgemeine Zinsänderungsrisiko.[195]

Beispiel 2: Ermittlung der Eigenkapitalanforderung für das allgemeine Zinsänderungsrisiko[196], Fortsetzung von Beispiel 1

(1) Die vertikale Ausgleichsrechnung

Zone	Laufzeitbänder (Mind.-verzins. von 3%)	Laufzeitbänder (Verzinsung unter 3%)	Gewicht in %	offene Nettopositionen in Mio DM		gewichtete offene Nettopositionen in Mio DM		geschl. gewichtete Nettopos. in Mio DM	verbleibende, gewichtete offene Nettopositionen in Mio DM	
				Kaufpositionen	Verkaufpositionen	Kaufpositionen	Verkaufpositionen		Kaufpositionen	Verkaufpositionen
1	...									
				Σ						
2	1 J. < t ≤ 2 J.	1 J. < t ≤ 1,9 J.	1,25	40	50	0,5	0,625	0,5		0,125
	2 J. < t ≤ 3 J.		1,75	100		1,75			1,75	
	...									
				Σ				0,5	1,75	0,125
3	3,6 J. < t ≤ 4,3 J.		2,75	50		1,375			1,375	
	...									
				Σ					1,375	

---

[195] Vgl. Boos, K.-H./Höfer, B., 1995, a.a.O., S. 288.
[196] Vgl. ebenda, S. 289.

(2) Die horizontalen Ausgleichsrechnungen

- zoneninterne Ausgleichsrechnungen

Zone	verbleibende offene Nettopositionen in Mio DM		geschlossene Nettopositionen in Mio DM	endgültige offene Nettopositionen in Mio DM	
	Kaufpositionen	Verkaufpositionen		Kaufpositionen	Verkaufpositionen
1	-	-	-	-	-
2	1,75	0,125	0,125	1,625	-
3	1,375	-	-	1,375	-
				3	-

- zonenübergreifende Ausgleichsrechnungen

→ Mangels offener Verkaufspositionen sind zonenübergreifende Ausgleichsrechnungen im vorliegenden Beispiel nicht möglich.

(3) Ermittlung der Eigenkapitalunterlegung

	Volumen in Mio DM	Eigenkapitalunterlegungssatz in %	Eigenkapitalunterlegung in Mio DM
vertikale Ausgleichsrechnung	0,5	10	0,05
horizontale Ausgleichsrechnung a) zonenintern - Zone 1 - Zone 2 - Zone 3 b) zonenübergreifend - Zone 1/2 - Zone 2/3 - Zone 1/3	0,125	40 30 30 40 40 150	0,0375
endgültige offene Nettopositionen	3	100	3
			3,0875

(4) Eigenkapitalunterlegung für das gesamte Zinsänderungsrisiko:

Eigenkapitalunterlegung für das spezifische Risiko	2,932 Mio DM
+ Eigenkapitalunterlegung für das allgemeine Risiko	3,0875 Mio DM
= Eigenkapitalunterlegung für das Gesamtrisiko	6,0195 Mio DM

Neben der Jahresbandmethode lassen die Regelungen der Kapitaladäquanz-Richtlinie die Durationsmethode als weitere Methode zur Berechnung der Eigenkapitalanforderung für das allgemeine Zinsänderungsrisiko zu, sofern die Methode durchgängig angewendet wird. Bei der Durationsmethode werden offene Positionen nach Maßgabe der mit dem Renditefaktor diskontierten, durchschnittlichen Bindungsdauer eines Wertpapiers, modifizierte Duration (vgl. 4. Kapitel), drei Hedge-Blöcken zugeordnet, die unter Rückgriff auf die Terminologie im Zusammenhang mit der Jahresband-Methode allgemein als Zonen bezeichnet werden. In Analogie zu den Zeitzonen der Jahresband-Methode wurde für jeden Hedge-Block ein Gewichtungsfaktor zur Erfassung der erwarteten Kursveränderungen bei Veränderungen des allgemeinen Zinsniveaus festgelegt. Somit ergibt sich die Eigenkapitalanforderung für das allgemeine Zinsänderungsrisiko offener Positionen, wie folgt:

Zusätzliche Symbole:

AB = Anrechnungsbetrag (offene Positionen) in GE

MD = modifizierte Duration in GE/GE

ANF = Anrechnungs- bzw. Gewichtungsfaktor in GE/GE

EKA = Eigenkapitalanforderung in GE

Formalismus:

$AB * MD * ANF = EKA$

Entsprechend den Überlegungen im Zusammenhang mit der Jahresband-Methode ergänzt sich die Eigenkapitalanforderung für das allgemeine Zinsänderungsrisiko offener Positionen mit der Eigenkapitalanforderung für bestimmte geschlossene Positionen zur gesamten Eigenkapitalanforderung für das allgemeine Zinsänderungsrisiko. Da die Hedge-Blöcke bzw. Zonen bei der Durationsmethode im Unterschied zur Jahresband-Methode allerdings nicht in Laufzeitbänder unterteilt wurden, können sich geschlossene Positionen lediglich über ein horizontales Hedging ergeben. Bei Vernachlässigung der Reduzierung des Anrechnungsvolumens der geschlossenen Positionen auf 2% im Fall des Hedgings innerhalb eines Hedge-Blocks unterliegt das horizontale Hedging bei Anwendung der Durationsmethode gegenüber dem horizontalen Hedging bei Anwendung der Jahresband-Methode keinen Besonderheiten. Indem die anzurechnenden geschlossenen Positionen mit dem betreffenden Unterlegungssatz gewichtet werden, ergibt sich im nächsten Schritt die Eigenkapitalanforderung für die geschlossenen Positionen, die, wie gesagt, mit den Eigenkapitalanforderungen für offene Positionen zur gesamten Eigenkapitalanforderung für das allgemeine Zinsänderungsrisiko zu addieren ist.[197]

Für derivative Finanzprodukte wurde es den nationalen Gesetzgebern überlassen, zur Einstellung der Positionen in die Laufzeitbänder auf die Sensitivitätsmethode oder den Matched-Pairs-Ansatz zurückzugreifen. Bei der Sensitivitätsmethode werden offene Positionen durch Umrechnung von zeitlich zusammenliegenden Zahlungsströme über institutsinterne Sensitivitätsmodelle in äquivalente Nullkupon-Positionen zerlegt, bevor über die Jahresband- oder die Durationsmethode die Eigenkapitalunterlegung ermittelt wird. Gegenüber der Sensitivitätsmethode hat der Matched-Pairs-Ansatz den Vorteil stärkerer Objektivierung, da auf einen Rückgriff auf unternehmensinterne Verfahren verzichtet wird. Nach dem Matched-Pairs-Ansatz, der als spezielles Nettingverfahren zu charakterisieren ist, bleiben gegenläufige Zahlungsströme, die im Wert, im Referenzzinssatz oder Kupon und in der Währung übereinstimmen und annähernd zu gleichen Zeitpunkten erfolgen, bei der Eigenmittelberechnung unberücksichtigt. Im übrigen stimmt das Vorgehen bei der Sensitivitätsmethode und dem Matched-Pairs-Ansatz mit dem Vorgehen bei der Jahresband-Methode überein.[198]

Im Unterschied zum Zinsänderungsrisiko, bei dem infolge der Vielzahl zulässiger Methoden die Chance einer Vereinheitlichung der bankaufsichtsrechtlichen Regelungen in der Europäischen Union vertan wurde, ist die Erfassung des **Aktienkursrisikos** einheitlich geregelt. Über das Aktienkursrisiko sollen alle Gefahren von Preisänderungen bei offenen Positionen von Aktien und deren Derivaten erfaßt werden. Zur Berücksichtigung des spezifischen Aktienkursrisikos ist die Bruttogesamtposition, also die vorzeichenunabhängige Summe aller Nettopositionen des Instituts, mit 4% Eigenkapital zu unterlegen. Dieser Unterlegungssatz darf auf 2% gesenkt werden, sofern die Emittenten der Aktien guter Bonität sind, die Aktien hochliquide beurteilt werden und das gesamte Portefeuilles des Instituts bestimmten Diversifikationskriterien genügt. Für das allgemeine Aktienkursrisiko ist ein Eigenkapitalunterlegungssatz von 8% auf die Nettogesamtpositionen zugrundezulegen.

Bei Vernachlässigung von Besonderheiten bzgl. des Positionsrisikos von Derivaten ergibt sich die Eigenkapitalanforderung für das Positionsrisiko von Aktien und deren Derivate nach dem Baukastenprinzip wiederum als Summe

---

[197] Vgl. Schulte-Mattler, H., 1992, a.a.O., S. 463f..
[198] Vgl. ebenda, S. 463; Schulte-Mattler, H., 1994, a.a.O., S. 1415.

der Eigenkapitalanforderungen für das spezifische Aktienkursrisiko und das allgemeine Aktienkursrisiko.[199]

Beispiel 3: Ermittlung der Eigenkapitalanforderung für das Aktienkursrisiko[200]

Zum 31.12.1995 bestehe das Portefeuille eines Kreditinstitutes aus folgenden Wertpapieren:

Aktie A	Kaufpositionen (K)	0,5 Mio DM
	Verkaufpositionen (V)	0,8 Mio DM
Aktie B	Kaufpositionen	1 Mio DM

(1) Ermittlung des spezifischen Risikos:

Aktie	Positionen in Mio DM		Nettopositionen in Mio DM	
	K	V	K	V
Aktie A	0,5	0,8	-	0,3
Aktie B	1,0	-	1,0	-
			1,3	

Eigenkapitalunterlegung
= Bruttogesamtposition * Eigenkapitalunterlegungssatz

Eigenkapitalunterlegung = 1,3 * 0,04 = 0,052 Mio DM

(2) Ermittlung der Eigenkapitalanforderung für das allgemeine Risiko:

Aktie	Nettopositionen in Mio DM	
	K	V
Aktie A		0,3
Aktie B	1,0	
	0,7	

Eigenkapitalunterlegung
= Nettogesamtposition * Eigenkapitalunterlegungssatz

Eigenkapitalunterlegung = 0,7 * 0,08 = 0,056 Mio DM

---

[199] Vgl. Boos, K.-H./Höfer, B., 1995, a.a.O., S. 290f.; Rudolph, B., 1994, a.a.O., S. 124.
[200] Vgl. Boos, K.-H./Höfer, B., 1995, a.a.O., S. 291.

(3) Ermittlung der gesamtem Eigenkapitalanforderung:

Eigenkapitalanforderung für das spezifische Risiko	0,052 Mio DM
+ Eigenkapitalanforderung für das allgemeine Risiko	0,056 Mio DM
= gesamte Eigenkaptalanforderung	0,108 Mio DM

Die Geschäfte des Handelsbuches unterliegen aber nicht nur Zinsänderungs- und Aktienkursrisiken, sondern auch **Abwicklungs- und Adressenausfallrisiken**. Unter den Begriff der Abwicklungs- und Adressenausfallrisiken werden Gefahren von Verlusten aus noch nicht vollständig abgewickelten Handelsgeschäften zusammengefaßt.

Bei zweiseitig nicht erfüllten Handelsgeschäften liegt das Risiko in möglichen Verlusten infolge verspäteter Geschäftsabwicklung (Abwicklungsrisiko). Zur Quantifizierung der Abwicklungsrisiken sind die Differenzbeträge zwischen dem vertraglichen Abrechnungspreis und dem schlechteren aktuellen Marktwert der Papiere mit Eigenkapitalunterlegungsfaktoren zu gewichten, die abhängig vom vereinbarten Liefertermin zwischen 8% und 100% schwanken. Zudem ist alternativ ein vereinfachtes Verfahren zugelassen, bei dem der vertragliche Abrechnungspreis unmittelbar mit einem Faktor multipliziert wird.

Ist das Kreditinstitut in Vorleistung getreten, erhöht sich die Gefahr von Verlusten aufgrund der Möglichkeit des Ausfalls der anderen Vertragspartei (Adressenausfallrisiko). Zur Quantifizierung des Adressenausfallrisikos ist der Marktwert der Wertpapiere bzw. des dem Institut geschuldeten Geldbetrages mit den Adressengewichten aus der Solvabilitätsrichtlinie und dem Eigenkapitalunterlegungssatz von 8% zu multiplizieren.[201]

3.7.3 Die Risiken des Gesamtgeschäftes

Neben den Eigenkapitalanforderungen für besondere Risiken der Geschäfte des Handelsbuches legt die Kapitaladäquanz-Richtlinie **generelle Eigenkapitalanforderungen** zur Erfassung von **Großkredit- und Fremdwährungsrisiken** fest. Diese Regelungen waren insofern notwendig, als über die Eigenkapitalanforderungen für Geschäfte des Handelsbuches eine vollständige Gleichstellung von Kreditinstituten und Wertpapierhäusern noch nicht erreicht war.

Unter anderem mußten die Bestimmungen der Großkredit-Richtlinie auch für Geschäfte der Wertpapierhäuser verpflichtend werden. Infolge dieser Überlegungen beschränkt die Kapitaladäquanz-Richtlinie die Summe der Risiken aus

---

[201] Vgl. Boos, K.-H./Höfer, B., 1995, a.a.O., S. 360f..

Geschäften eines Wertpapierhauses mit Kunden im Sinn der Großkredit-Richtlinie ungeachtet der Erfassung der Geschäfte im Handelsbuch auf 25% der Eigenmittel, es sei denn, es handelt sich um Geschäfte des Handelsbuches und für den übersteigenden Teil der Geschäfte wird in Abhängigkeit von der Überschreitungsdauer und der Höhe der Überschreitung eine zusätzliche Eigenmittelunterlegung nachgewiesen.[202]

Um die **Gleichstellung von Kreditinstituten und Wertpapierhäusern** zu erreichen, galt es zudem, die bankaufsichtsrechtlichen Regelungen zur Erfassung von Risiken aus offenen Positionen in fremder Währung anzugleichen. Bei offenen Positionen in fremder Währung besteht das Risiko von unvorteilhaften Veränderungen der Kursrelation zwischen den Währungen (Fremdwährungsrisiko). Zur Quantifizierung des Fremdwährungsrisikos sieht die Kapitaladäquanz-Richtlinie mit der Standard-, der Benchmark- und der Simulationsmethode unterschiedliche Verfahren vor, wobei jeweils der Nettogesamtbetrag aller Devisenpositionen aus dem Kassa- und Terminbereich, soweit er 2% des Gesamtbetrags der Eigenmittel des Instituts übersteigt, (Freigrenze) unterlegungspflichtig ist.[203]

Nach der Standardmethode werden die offenen Nettopositionen in allen Währungen umgerechnet zum aktuellen Kassakurs ermittelt und getrennt als Nettokauf- und Nettoverkaufpositionen summiert. Der höhere Betrag der Kauf- oder Verkaufpositionen entspricht dem Nettogesamtbetrag der Devisenpositionen eines Instituts, der zu 8% mit Eigenkapital zu unterlegen ist. Für gegenläufige Positionen in hoch positiv korrelierten Währungen können geringere Kapitalanforderungen zugrundegelegt werden.[204]

Neben der Standardmethode sind interne Modelle zugelassen, die auf statistischen Verfahren aufbauen. Interne Modelle, die auf statistische Verfahren aufbauen, sind das Benchmark-Verfahren, bei dem die Höhe der Eigenmittelunterlegung aus den Wechselkursschwankungen der letzten drei bis fünf Jahre abgeleitet wird, oder die Simulationsmethode, bei der sich die Eigenkapitalunterlegung nach dem Verlust, den das Unternehmen mit 99%iger Wahrscheinlichkeit in den letzten drei Jahren bzw. 95%iger Wahrscheinlichkeit in den letzten fünf Jahren erlitten hätte, bemißt. Obschon beide Verfahren eine konservative Haltedauer zugrundelegen, verlangen die Regelungen der Kapitaladäquanz-Richtlinie eine Mindesteigenkapitalanforderung von 2% der Nettogesamtpositionen nach dem Standardverfahren, so daß bei Rückgriff auf interne Methoden eine Doppelrechnung zur Ermittlung der Eigenkapitalunterlegung für Fremdwährungsrisiken erforderlich wird.[205]

---

[202] Vgl. Boos, K.-H./Höfer, B., 1995, a.a.O., S. 361f..
[203] Vgl. ebenda, S. 359.
[204] Vgl. ebenda, S. 359f..
[205] Vgl. ebenda, S. 360.

3.7.4 Die Beurteilung der bankaufsichtsrechtlichen Entwicklung

Mit der Kapitaladäquanz-Richtlinie wurde die Intention verfolgt, die bankaufsichtsrechtlichen Regelungen bzgl. der Eigenkapitalunterlegung der Geschäfte von Kreditinstituten und Wertpapierhäusern zu vereinheitlichen und insofern eine Gleichstellung von Kreditinstituten und Wertpapierhäusern zu erreichen. Dieses Ziel wurde zweifellos erreicht, obschon eine Vereinheitlichung der bankaufsichtsrechtlichen Regelungen in der Europäischen Union nicht realisiert wurde. Denn abgesehen von den Regelungen zur Erfassung des Aktienkursrisikos, das über pauschale Unterlegungssätze zu quantifizieren ist, ist die Richtlinie angesichts der Zulässigkeit der Ermittlung der Eigenkapitalunterlegung nach den unterschiedlichsten Verfahren der Harmonisierung der bankaufsichtsrechtlichen Regelungen in der Europäischen Union eher abträglich. Der Widerspruch der Regelungen zur übergeordneten Zielsetzung aller Richtlinien des Rates der Europäischen Union dürfte vorallem in dem Bestreben nach einer sachgerechten Risikoermittlung begründet sein, die über pauschale Unterlegungssätze schwerlich möglich ist. Bei Zugrundelegung pauschaler Unterlegungssätze werden diversifizierte und nicht diversifizierte Aktienportefeuilles derselben Eigenkapitalunterlegung unterworfen, obwohl das Risiko eines diversifizierten Portefeuilles nahezu ausschließlich im Marktrisiko liegt und insofern durch Addition der Einzelrisiken erheblich überschätzt wird.[206] Ob aber andererseits über die internen Verfahren mit Zulässigkeit nach der Kapitaladäquanz-Richtlinie eine sachgerechtere Erfassung der Risiken gewährleistet werden kann, darf bezweifelt werden, da es sich bei den zugelassenen Verfahren sämtlich um approximative Risikoverfahren handelt.[207] Eine sachgerechte Erfassung der Risiken erscheint, wie die Forderungen des Baseler Ausschusses für Bankenaufsicht zeigen, lediglich durch den globalen Einsatz interner Modelle möglich. Eine globale Zulassung interner Modelle stößt allerdings auf erhebliche praktische Probleme; denn es ist neben der periodischen Überprüfung der Einhaltung der aufsichtsrechtlichen Regelungen in jedem Einzelfall von den Aufsichtsbehörden oder unabhängigen Gutachter zu prüfen, ob das interne Modell eine sachgerechte Risikoerfassung gewährleistet.

Wenn die Regelungen der Kapitaladäquanz-Richtlinie im Rahmen der Sechsten KWG-Novelle vollständig in nationales Recht umgesetzt worden sind, werden deutsche Kreditinstitute und Wertpapierhäuser höhere Eigenkapitalanforderungen zu erfüllen haben, da Positions- und Fremdwährungsrisiken im Unterschied zur derzeitigen Fassung des Grundsatzes Ia mit Eigenkapital unterlegt werden müssen, und nicht mehr lediglich durch Obergrenzen regle-

---

[206] Vgl. Rudolph, B., 1994, a.a.O., S. 125f..
[207] Vgl. ebenda, S. 126.

mentiert werden. Darüber hinaus werden sich die Eigenkapitalanforderungen infolge der Neufassung des Grundsatzes I, die angesichts der Erfassung von Abwicklungs- und Adressenausfallrisiken über die Regelungen der Kapitaladäquanz-Richtlinie notwendig wird, in begrenztem Umfang erhöhen. Infolge der Erhöhung der Eigenkapitalanforderungen werden deutschen Instituten zusätzliche Eigenkapitalkosten entstehen.[208] Die Höhe der zusätzlichen Eigenkapitalkosten hängt davon ab, inwieweit der nationale Gesetzgeber die Regelungen der Richtlinie in ihren Wahlrechten nutzt bzw. durch weitere Vorschriften ergänzt. Von zentraler Bedeutung ist in diesem Fall die Definition des Eigenkapitals und des Handelsbuches.

Wie die Defizite der Kapitaladäquanz-Richtlinie bereits erkennen ließen, ist mit der Verabschiedung der Sechsten KWG-Novelle die Harmonisierung des Bankrechts in der Europäischen Union nicht abgeschlossen. Da aber die Regelung der künftiger Harmonisierungsvorhaben lediglich in vagen Zügen dargestellt werden können,[209] soll der Überblick über die KWG-Novellen an dieser Stelle mit der Sechten-KWG-Novelle beendet werden.

3.8 Weitere Normen und gesetzliche Grundlagen

Im folgenden soll durch eine Kurzdarstellung weiterer wesentlicher Regelungen, die Rahmenbedingungen für die Tätigkeit von Kreditinstituten darstellen, einige Ergänzungen zu den bisherigen Ausführungen vorgenommen werden. Hierunter fallen Normen für das Kreditgeschäft, die Rechnungslegung und wichtige Bestimmungen zum Finanzdienstleistungsgeschäft.

3.8.1 Normen für das Kreditgeschäft

Die folgenden Normen des KWG regeln das Kreditgeschäft; an dieser Stelle soll nur auf die wesentlichsten gesetzlichen Grundlagen Bezug genommen werden.

Der § 13 KWG betrifft die Großkredite. Kredite an einen Kreditnehmer, die insgesamt 10% des haftenden Eigenkapitals des Kreditinstituts übersteigen (Großkredite) sind unverzüglich der Deutschen Bundesbank anzuzeigen (vgl. Fünfte KWG-Novelle). Eine Beschränkung der Großkreditvergabe erfolgt in folgender Weise:

- Alle Großkredite zusammen dürfen das 8-fache und
- der einzelne Großkredit darf 25% des haftenden Eigenkapitals
  (gemäß § 10 Abs. 2 KWG) nicht übersteigen.

---

[208] Vgl. Rudolph, B., 1994, a.a.O., S. 120.
[209] Vgl. Gröschel, U., 1993, a.a.O., S. 229.

Die Norm benennt weiterhin Kreditformen und Kreditnehmer, bei denen die Norm nur eingeschränkt gültig ist.

Aus § 18 KWG ergibt sich, daß der Kreditnehmer seine wirtschaftlichen Verhältnisse gegenüber der Bank offenlegen muß. Für Kreditgewährungen über 100.000 DM ist die Durchführung einer Kreditwürdigkeits- oder auch Bonitätsprüfung durch die Bank gefordert ('Offenlegung der wirtschaftlichen Verhältnisse'). Ausnahmen sind möglich, wenn die Prüfung der geforderten Kreditunterlagen im Hinblick auf die gestellten Sicherheiten unnötig ist.

Mit § 19 KWG wird der Begriff des Kredits und des Kreditnehmers festgelegt. Mit § 19 Abs. 1 KWG wird bestimmt, welche Leistungen von Bankbetrieben als Kredite im Sinne der §§ 13-18 KWG anzusehen sind. Der § 19 Abs. 2 KWG präzisiert, wer als **ein** Kreditnehmer gilt (z.B. Konzernunternehmungen, Personenhandelsgesellschaften und ihre persönlich haftenden Gesellschafter u.a.).

Die Vergabe von Krediten an Organe des Kreditinstituts im Rahmen einer 'Selbstbedienung' muß gerade bei Unternehmen der Kreditwirtschaft streng geregelt werden. Danach ist die Vergabe von Organkrediten über § 15 KWG an bestimmte Voraussetzungen gebunden. Kredite an Geschäftsleiter einer Bank, an Mitglieder der Aufsichtsorgane der Bank und weitere, in § 15 Abs. 1 KWG genannte Personen bzw. Institutionen dürfen nur aufgrund eines einstimmigen Beschlusses aller Geschäftsleiter der Bank und nur mit ausdrücklicher Zustimmung des Aufsichtsorgans gewährt werden. Eine diesbezügliche Anzeigepflicht regelt § 16 KWG. Der § 17 KWG enthält Haftungsbestimmungen bei Pflichtverletzung.

3.8.2 Rechnungslegung[210]

Das Recht der Rechnungslegung der Kreditinstitute ist seit Verabschiedung des Bankbilanzrichtlinie-Gesetzes (BGBl. 1990 I, S. 2570) im HGB geregelt.

Die handelsrechtlichen Vorschriften zur Rechnungslegung der Kreditinstitute bilden eine von aufsichtsrechtlichen Regelungen getrennte Normenhierarchie. Den höchsten Rang in dieser Normenhierarchie nehmen die durch das Bankbilanzrichtlinie-Gesetz als vierter Abschnitt in das dritte Buch des HGB eingefügten ergänzenden Vorschriften für Kreditinstitute ein.[211] Für die handelsrechtliche Rechnungslegung der Kreditinstitute sind gemäß § 340a Abs.1 HGB die für alle Kapitalgesellschaften geltenden Vorschriften des HGB von grundlegender Bedeutung. Zudem sind rechtsformabhängig Vorschriften aus dem AktG zu beachten.

---

[210] Vgl. Bankrecht, 21., neubearbeitete Auflage, München 1993, S. 105.
[211] Vgl. Krumnow, J. et al.: Rechnungslegung der Kreditinstitute - Kommentar zum Bankbilanzrichtlinie-Gesetz und zur RechKredV, Stuttgart 1994, S. 13, Tz. 31.

Der § 330 Abs. 2 HGB bildet die Rechtsgrundlage für den Erlaß von Rechtsverordnungen, die in der Normenhierarchie eine Stufe unter den branchenspezifischen gesetzlichen Vorschriften liegen. Gegenüber den nicht branchenspezifischen Vorschriften des HGB sind sie jedoch vorrangig.[212] Auf der Ermächtigungsgrundlage des § 330 Abs. 2 HGB ist beispielsweise die für die Rechnungslegung der Kreditinstitute bedeutende Verordnung über die Rechnungslegung der Kreditinstitute (RechKredV)[213] ergangen.[214]

Neben die handelsrechtlichen Rechnungslegungsvorschriften, die der Information und der Bemessung von Gewinnausschüttungen dienen, treten als zweiter Zweig die aufsichtsrechtlichen Regelungen. Sie üben Einfluß auf die Rechnungslegung der Kreditinstitute aus, zumal das BAK mit zahlreichen Eingriffsbefugnissen ausgestattet ist.[215] Die Aufgabe der Bankenaufsicht liegt darin, die Funktionsfähigkeit der Kreditwirtschaft im Sinne des § 6 KWG zu überwachen. Um zu einer Einschätzung der wirtschaftlichen Lage der Kreditinstitute zu kommen, bedient sich die Bankaufsicht nicht eines eigenen Prüfapparates, sondern stützt sich auf die Ergebnisse der handelsrechtlichen Abschlußprüfung (dies gilt auch für die Prüfberechtigung nach § 44 Abs. 1 KWG).[216]

Ziel des § 29 KWG ist es, die Prüfberichte für Zwecke der Bankaufsicht aussagefähig zu gestalten. Bedeutend für diesen zweiten, aufsichtsrechtlichen Zweig der Rechnungslegungsvorschriften ist die Rechtsgrundlage des § 29 Abs. 3 KWG zum Erlaß von Rechtsvorschriften betreffend den Inhalt von Prüfberichten. Auf dieser Grundlage ist (i.V.m. der Verordnung zur Übertragung der Befugnis zum Erlaß von Rechtsverordnungen auf das BAK)[217] beispielsweise die Prüfberichtsverordnung (PrüfBerV)[218] erlassen worden. Ergänzt wird die Rechnungslegung durch zahlreiche Meldepflichten, die eine zwischenzeitliche Kontrolle u.a. der Eigenkapitalausstattung und des Finanzierungsverhaltens erlauben, was der Bereitstellung zusätzlicher Informationen für Externe unabhängig vom Jahresabschluß entspricht.

---

[212] Vgl. Krumnow, J. et al., 1994, a.a.O., S. 13, Tz. 32.
[213] Verordnung über die Rechnungslegung der Kreditinstitute vom 10.02.1992, BGBl. I, S. 203.
[214] Vgl. Krumnow, J. et al., 1994, a.a.O., S. 6, Tz. 10.
[215] Vgl. Bankrecht, 1993, a.a.O., S. 17.
[216] Vgl. Krumnow, J. et al., 1994, a.a.O., S. 15, Tz. 37.
[217] Verordnung zur Übertragung der Befugnis zum Erlaß von Rechtsverordnungen auf das BAKred vom 28.06.1985, BGBl. I, S. 1255. Ermächtigungsgrundlage in § 25 Abs. S. 3 KWG.
[218] Prüfberichtsverordnung vom 21.07.1994, BGBl. I, S. 1803.

3.8.3 Grundlagen für das Finanzdienstleistungsgeschäft

Über die Regelungen des KWG hinaus gelten noch verschiedene Vorschriften zur Abwicklung bestimmter Dienstleistungen. So können Einzelheiten der Abwicklung von Zahlungsverkehr und anderen Bankdienstleistungen insbesondere durch das Scheckgesetz vom 14.8.1933, das Wechselgesetz vom 21.6.1933 und das Gesetz über Wechsel- und Scheckzinsen vom 3.7.1925 (einschließlich der jeweiligen Bekanntmachungen zum Diskontsatz) bestimmt werden.

Das **Gesetz betreffend die Abzahlungsgeschäfte** vom 16.5.1894 findet auf die Vertragsgestaltung und die Durchführung von Teilzahlungskreditleistungen (Ratenkreditleistungen) Anwendung. Ergänzend dazu bestehen Richtlinien des BAK (z.B. "Regeln für das Teilzahlungsfinanzierungsgeschäft", "Kreditkosten im Ratenkreditgeschäft", "Rückerstattung von Kosten bei vorzeitiger Ablösung von Teilfinanzierungskrediten").

Aktivitäten der Bankbetriebe im Bereich des Effektenwesens werden durch das **Börsengesetz** vom 27.5.1908, das Gesetz über die staatliche Genehmigung für die Ausgabe von Inhaber- und Orderschuldverschreibungen vom 26.6.1954 sowie das Depotgesetz vom 4.2.1937 geregelt.

Die **Allgemeinen Geschäftsbedingungen der Banken** (AGB-Banken) sollen auf Vertragsbasis möglichst den gesamten Geschäftsverkehr zwischen der Bank und ihrer Kundschaft erfassen. Bei der Vielgestaltigkeit der Geschäftsverbindungen muß sich daher ihr Inhalt auf die verschiedensten Sparten bankgeschäftlicher Tätigkeiten erstrecken. Neben den AGB bestehen Sonderbedingungen, die sich auf Sparkonten, den Scheckverkehr u.v.m. beziehen.

Die AGB sind in einen **allgemeinen Teil**, der die für alle Geschäftsarten gültigen allgemeinen Grundsätze enthält, und in einen **besonderen Teil**, der Regelungen für bestimmte Geschäftsarten vorgibt, gegliedert. Der besondere Teil umfaßt Abschnitte zum Handel in Wertpapieren, zum Devisen- und Sortengeschäft, zum Verwahrungsgeschäft, zum Einzugs- und Diskontgeschäft und zum Wechsel- und Scheckverkehr. Die AGB finden innerhalb des gesamten privaten Bankgewerbes Anwendung. Die Sparkassen und Girozentralen, die Kreditgenossenschaften, die Bank für Gemeinwirtschaft, die Staatsbanken sowie die Deutsche Bundesbank haben für ihren Geschäftsbereich eigene AGB erlassen.

Die AGB bilden neben den gesetzlichen Bestimmungen die rechtliche Grundlage für den gesamten Geschäftsverkehr zwischen Bankbetrieben und ihrer Kundschaft. Die Geltung der AGB tritt nach der Rechtsprechung auch ohne ausdrückliches Anerkenntnis ein, sofern sie ordnungsgemäß zustande gekommen sind und die Kunden die Möglichkeit haben, von ihrem Inhalt Kenntnis zu nehmen. In der Praxis wird in der Regel zu Beginn der Geschäftsverbindung auf die Existenz und Geltung der AGB ausdrücklich hingewiesen; deren Gültigkeit wird durch Unterschrift im Kontoeröffnungsantrag vom Kunden ausdrücklich schriftlich bestätigt. Auch in den Bankformularen für sonstige Geschäftsvorgänge (z.B. Einräumung von Krediten) wird immer wieder auf die Gültigkeit der AGB hingewiesen, damit diese Vertragsbestandteil werden.

Um die Attraktivität der europäischen Finanzmärkte durch Gewährleistung eines Mindeststandards beim Anlegerschutz zu stärken, erließ der Rat der Europäischen Gemeinschaft am 13.11.1989 eine "Richtlinie zur Koordinierung der Vorschriften betreffend Insidergeschäfte"[219], die in der Bundesrepublik Deutschland mit der Einführung des **Wertpapierhandelsgesetzes (WpHG)** vom 26.07.1994 umgesetzt wurde.[220]

Ziel dieses Gesetzes, über dessen Regelungen nachfolgend ein kurzer Überblick gegeben werden soll, ist die Begrenzung von Insidergeschäften. So wird in § 14 WpHG bei Strafandrohung untersagt, die Kenntnis einer kursrelevanten, nicht öffentlich bekannten Tatsache (Insidertatsache)

- zum Erwerb bzw. zur Veräußerung an staatlich reglementierten, öffentlichen Märkten des europäischen Wirtschaftsraums handelbarer Wertpapiere, Derivate oder Finanzterminkontrakte (Insiderpapiere) auf eigene oder fremde Rechnung auszunutzen,
- Dritten mitzuteilen bzw. zugänglich zu machen oder
- bei Empfehlungen bzgl. des Erwerbs bzw. der Veräußerung von Insiderpapieren zugrundezulegen.

Diesem Verbot der Nutzung kursrelevanter Informationen unterliegen allerdings lediglich Insider, d.h. Personen, denen kursrelevante Tatsachen infolge eines besonderen Zugangs aufgrund organschaftlicher, beteiligungsrechtlicher oder berufs-, tätigkeits- bzw. aufgabenspezifischer Beziehungen zum Unternehmen bestimmungsgemäß vor dem breiten Publikum bekannt werden (§ 13 Abs.1 WpHG). Bei Personen, die ihr Wissen unter anderen Umständen erlangt haben, beschränkt sich das Insiderverbot auf eine Ausnutzung zum Erwerb bzw. zur Veräußerung von Insiderpapieren auf eigene oder fremde Rechnung.

Daß diese Regelung nicht ohne Einfluß auf das Bankgeschäft bleibt, läßt sich u.a. an der Position des Anlageberaters zeigen. Nach seinem Berufsbild versucht der Anlageberater, aufgrund von Daten und Fakten Empfehlungen zum Erwerb bzw. zur Veräußerung von Wertpapieren zu geben. Solange entspre-

---

[219] Vgl. Richtlinie 89/592 EWG, veröffentlicht in ABl. EG vom 18.11.1989 Nr. L 334/30.
[220] Vgl. "Gesetz über den Wertpapierhandel und zur Änderung der börsen- und wertpapierrechtlichen Vorschriften (Zweites Finanzmarktförderungsgesetz)", veröffentlicht in BGBl. II 1994 Nr. 48, S. 1749 vom 30.07.1994.

202 Rechtliche Grundlagen

chende Empfehlungen ausschließlich auf Informationen aus öffentlichen Quellen, insbesondere Jahres- und Quartalsabschlüssen, basieren, lassen sie sich nach ausdrücklicher Klarstellung in § 13 WpHG unbedenklich verwerten. Sollte der Anlageberater allerdings Insiderinformationen in seine Analyse einfließen lassen, wäre er angesichts seines besonderen Zugangs aufgrund aufgabenspezifischer Beziehungen zu dem Unternehmen, dessen Papiere Gegenstand der Empfehlung sind, als Insider zu behandeln, so daß entsprechende Analysen weder genutzt noch weitergegeben werden dürften. Insofern sollten Kreditinstitute ungeachtet konkreter gesetzlicher Verpflichtungen bereits über ihre Organisationsstruktur gewährleisten, daß der Anlageberater keine Informationen von Mitarbeitern der Kreditabteilung, Aufsichtsratsmitgliedern oder ähnlichen Personen erhält. Denn wenngleich derartige Informationsblockaden nicht als Freibrief für rechtlich unbeeinträchtigte Aktivitäten des Anlageberaters zu verstehen sind, bleibt der Beweis des ersten Anscheins, daß der Anlageberater seine Empfehlungen ausschließlich aufgrund allgemein zugänglicher Informationen erstellt hat.[221]

Neben den Beweisschwierigkeiten ergeben sich zudem tatbestandliche Probleme, wenn der Anlageberater vor der Weitergabe einer aufgrund allgemein zugänglicher Informationen erstellten Empfehlung zum Erwerb von Wertpapieren entsprechende Papiere selbst kauft und nach dem Kursanstieg infolge der gestiegenen Nachfrage wieder verkauft (front-running). Entgegen einem Dritten, aus dessen Sicht die Information über die Anlageempfehlung eines Anlageberaters an einen größeren Kundenkreis offensichtlich eine Insiderinformation darstellt, nutzt der Anlageberater beim front-running Informationen **vorzugsweise auf engen Märkten**, die von ihm selbst stammen. Da **vielen** Wertpapiergeschäften zwangsläufig gleichlautende Dispositionsentscheidungen zugrundeliegen, werden infolge der Umsetzung persönlicher Entscheidungen unstrittig keine Insiderinformationen verwendet. Beim front-running des Anlageberaters liegt die Situation allerdings insofern anders, als nicht aufgrund einer selbständigen Dispositionsentscheidung, sondern auch aufgrund der bevorstehenden Empfehlung gehandelt wird. Infolge dieser Überlegungen erscheint es zumindest vertretbar, das Bevorstehen der Anlageempfehlung als Insiderinformation des Empfehlenden und folglich das front-running des Anlageberaters als Insidergeschäft zu behandeln.[222]

Im Unterschied zum front-running des Anlageberaters verstößt ein entsprechendes Vorgehen des Wertpapierhändlers aufgrund vorliegender Kundenaufträge offensichtlich gegen das Insiderverbot. Da Insidertatsachen nicht nur durch unternehmensbezogene Informationen, sondern auch durch Marktinformationen begründet werden können, handelt es sich bei Kundenaufträgen

---

[221] Vgl. Clausen, C.: Das neue Insiderrecht, in: DB, 47. Jg., 1/1994, S. 27-32, hier S. 28.
[222] Vgl. Hopt, K.J.: Insiderwissen und Interessenkonflikte im europäischen und deutschen Bankrecht, in: Festschrift für Heinsius, Berlin 1991, S. 289-322, hier S. 294ff..

aus der Sicht des Wertpapierhändlers zweifelsohne um Insiderinformationen. Sollte der Wertpapierhändler diese Erkenntnisse in Form des front-runnings nutzen, fällt er unabhängig von negativen Auswirkungen auf den Kunden unter das Insiderverbot.[223]

Die Insiderregelung führt allerdings zu praktischen Schwierigkeiten. Um Insidergeschäfte umfassend vermeiden zu können, mußte der Insidertatbestand angesichts der Vielgestaltigkeit in Betracht kommender Sachverhalte weit formuliert werden. Da aber das Wertpapierhandelsgesetz nach seiner Intention weder die Anlageberatung mit anschließender Auftragsabwicklung noch den Bankeneigenhandel unter Strafe stellen will, bleibt ungeachtet des Gesetzeswortlauts der Erwerb bzw. die Veräußerung von Wertpapieren bei Insiderwissen erlaubt, sofern lediglich Kundenaufträge ausgeführt werden, Wissen und Erfahrung entsprechende Dispositionen nahelegen oder die Insiderinformationen rechtskonform verwendet werden.[224] So steht dem Insiderverbot nicht entgegen, wenn der Mitarbeiter eines Kreditinstituts seine Kunden aufgrund von Insiderinformationen über große Betrügereien oder Kursmanipulationen unter Berufung auf die Informationspflicht nach allgemeinem Zivil- und Bankrecht vor bestimmten Geschäften warnt.[225] Ungeachtet weiterer Möglichkeiten, den Insidertatbestand im Einzelfall über eine teleologische Reduktion oder einen Rückgriff auf zivilrechtliche Verpflichtungen zu beschränken, wird eine Rechtsunsicherheit verbleiben, die durch die aufgezeigten Beweisschwierigkeiten noch verstärkt wird. Wie schwierig die Beweissituation beim Insiderverbot ist, zeigt sich vor allem bei insiderintendierten Unterlassungen, die zwar tatbestandlich unstritig ein Insiderdelikt darstellen, allerdings mangels Beweisen regelmäßig ungeahndet bleiben dürften.[226]

Ob angesichts dieser Probleme bei der praktischen Umsetzung eine systematische Überwachung des Insiderverbots gewährleistet werden kann, erscheint ungeachtet der Einrichtung des Bundesaufsichtsamtes für den Wertpapierhandel als eigenständige Kontrollbehörde fraglich. Abgesehen von den Schwierigkeiten bei der Kompetenzabgrenzung, die die Einrichtung einer zweiten aufsichtführenden Bundesoberbehörde neben dem Bundesaufsichtsamt für das Kreditwesen zwangsläufig begründen wird,[227] dürfte eine systematische Überwachung des Insiderverbots vor allem an Informationsproblemen scheitern. Neben Hinweisen, Anzeigen und anderen Informationen, de-

---

[223] Vgl. Clausen, C., 1994, a.a.O., S. 29f., Hopt, K.J., 1991, a.a.O., S. 294f..
[224] Vgl. Clausen, C., 1994, a.a.O., S. 29; Möller, A.: Das neue Insiderrecht - Eckpfeiler funktionsfähiger Wertpapiermärkte, in: BFuP, 46. Jg., 2/1994, S. 99-113, hier S. 106f..
[225] Vgl. Hopt, K.J., 1991, a.a.O., S. 301ff.; ders.: Rechtsprobleme des europäischen und deutschen Insiderrechts, in: BFuP, 46. Jg., 2/1994, S. 85-98, hier S. 93.
[226] Vgl. Clausen, C., 1994, a.a.O., S. 31.
[227] Vgl. Hopt, K.J., 1994, a.a.O., S. 95.

nen von Amts wegen nachzugehen ist, soll die Überwachung des Insiderverbots gemäß den Regelungen des Wertpapierhandelsgesetzes nämlich ausschließlich auf der Grundlage der laufenden Meldungen über Geschäfte mit Insiderpapieren erfolgen. Nach § 9 WpHG sind alle Geschäfte mit Insiderpapieren, die von Kreditinstituten, Zweigstellen oder anderen an einer deutschen Börse zur Teilnahme am Handel zugelassenen Unternehmen als Wertpapierleistung oder Eigenhandel abgeschlossen werden, dem Bundesaufsichtsamt für den Wertpapierhandel unverzüglich unter Angabe der Auftraggeber, des Kurses und der Stückzahl der gehandelten Papiere sowie des Datums und der Uhrzeit des Abschlusses mitzuteilen. Sofern das Bundesaufsichtsamt für den Wertpapierhandel aufgrund dieser Informationen begründete Anhaltspunkte bzgl. eines Insiderverstoßes besitzt, kann es nach dem Auskunfts- und Vorlagerecht in § 16 WpHG weitere Informationen von dem meldepflichtigen Unternehmen, den Auftraggebern sowie den berechtigten und verpflichteten Personen verlangen, wobei ihm insbesondere das Recht eingeräumt wird, nachzuprüfen, ob weitere Personen von der Insidertatsache Kenntnis hatten. Vor dem Hintergrund solcher, aus der Natur der Sache zwangsläufig allgemeinen Kompetenzumschreibungen bleibt die Frage, ob Insidergeschäften mit gesetzlichen Verboten überhaupt wirksam begegnet werden kann. Indem aber im Wertpapierhandelsgesetz neben dem Insiderverbot zusätzliche Informations- und Publizitätspflichten der Marktteilnehmer begründet wurden (§ 15 WpHG), ist mehr als ein Schritt auf dem Weg zur effektiven Wertpapier- und Börsenaufsicht getan.[228]

Um die Risiken aus dem seit 1990 stark anwachsenden Derivatgeschäft besser zu überwachen, hat das BAK 1995 die 'Verlautbarung über Mindestanforderungen an das Betreiben von Handelsgeschäften der Kreditinstitute' herausgegeben. Hiernach liegt die Verantwortung für eine ordnungsgemäße Organisation und Überwachung der Handelsgeschäfte - unabhängig von der internen Organisation - bei der gesamten Geschäftsleitung. Täglich hat sich die Geschäftsleitung über die aktuelle Gesamtrisikoposition zu informieren.

Voraussetzung für diese Informationspflicht ist der Aufbau eines Risikocontrollings, das die Risikopositionen mißt, überwacht und das damit verbundene Verlustpotential analysiert. Um objektivere Informationen zu erhalten, ist das Risikocontrolling einer vom Handel weisungsunabhängigen Stelle zu übertragen. Zur Steuerung der Risiken ist ein Risikomanagement einzurichten. Nach dieser Verlautbarung soll auch die Bezahlung der Händler nicht zu stark von der Entwicklung der Handelsergebnisse abhängen.

---

[228] Vgl. Schäfer, A.: Meinungen zum Thema Insider-Regelungen im Spannungsfeld der Praktikabilität, in: BFuP, 46. Jg., 2/1994, S. 136-151, hier S. 149.

3.9 Bankenaufsicht

Neben der Darstellung von Grundsätzen sollen die neuesten Entwicklungen zur Bankenaufsicht und Analogien zur Versicherungsaufsicht herausgestellt werden.

3.9.1 Grundsätze

Grundlage der laufenden Bankenaufsicht ist das Kreditwesengesetz in seiner Grundkonzeption von 1934 bzw. 1961, das ursprünglich mit dem Ziel etabliert wurde, Bankeninsolvenzen vorzubeugen, ohne jedoch Bestandsgarantien zu geben. Die Auslesefunktion des Marktes sollte auch unter staatlicher Reglementierung wirksam bleiben.

Mit Ausnahme der Regelungen, die die Aufnahme des Geschäftsbetriebs einer Bank betreffen (Konzessionsvergabe, § 33 KWG), setzen die wesentlichen aufsichtsrechtlichen Bestimmungen bei der Kreditvergabe in Verbindung mit den Offenlegungspflichten der Kreditnehmer (§ 18 KWG), der Eigenkapitalausstattung (§ 10 KWG, Grundsätze I und Ia) und der Liquidität der Banken (§ 11 KWG, Grundsätze II und III) an.

Die Durchsetzung dieser detaillierten Verhaltensregelungen obliegt dem Bundesaufsichtsamt für das Kreditwesen in Berlin. Ihm steht zunächst eine Reihe von Instrumenten zur **Beobachtung** der Banken zur Verfügung:

- Die Banken sind verpflichtet, der Aufsichtsbehörde Großkredite (nach § 13 KWG) und Organkredite (nach § 15 KWG) anzuzeigen.
- Aufgrund von § 29 KWG sind sie zudem verpflichtet, ihre Jahresabschlüsse von eigens bestimmten Wirtschaftsprüfern u.a. dahingehend kontrollieren zu lassen, ob sie den Anzeigepflichten genügen und ob ihre Bonität gesichert ist.
- Das BAK ist nach § 44 KWG befugt, von den Kreditinstituten alle für erforderlich erachteten Auskünfte und Dokumente zur Einsicht zu verlangen und gegebenenfalls Prüfungen ohne besonderen Anlaß vorzunehmen.

Verstößt ein Kreditinstitut gegen eine dieser Vorschriften, so kann das Aufsichtsamt, falls diskrete Einwirkung auf die Geschäftsführung nicht zum Ziel führt, diverse Zwangsmaßnahmen bis hin zur Schließung der Bank verhängen. Ferner enthält das KWG in den §§ 45-48 und §§ 54-60 einen Katalog von Strafvorschriften.

Die nachfolgende Abb. 3.10. zeigt in einem Überblick die Ansatzpunkte der Bankenaufsicht und deren Durchsetzungsmöglichkeiten.

206 Rechtliche Grundlagen

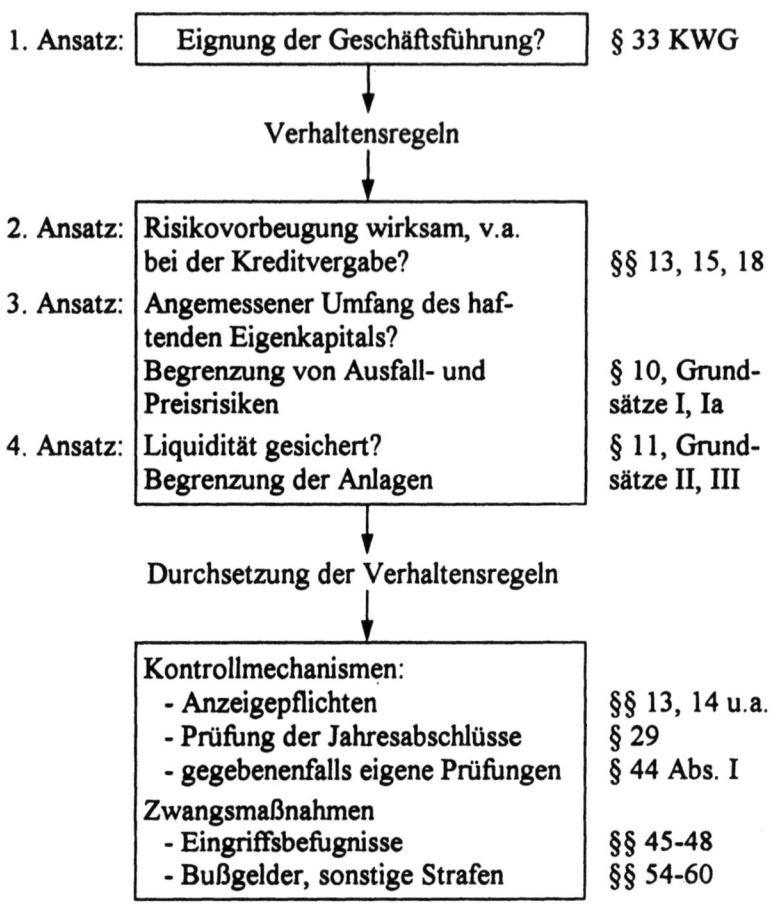

Abb. 3.10.: Ansätze der Bankenaufsicht nach dem Kreditwesengesetz
Quelle: abgewandelt nach Hein, M., 1993, a.a.O., S. 106

3.9.2 Entwicklungen

Von besonderer Bedeutung für die Bankenaufsicht ist die mit der 3. KWG-Novelle zum 1.1.1985 für Kreditinstitutsgruppen nach § 10a KWG eingeführte Konsolidierungspflicht. Sie sollte verhindern, daß Muttergesellschaften durch den Erwerb von Tochterbanken oder eine entsprechende Beteiligungspolitik an der Aufsicht vorbei ihr haftendes Eigenkapital mehrfach belegen, um damit unter Umgehung der Eigenkapitalvorschriften sogenannte 'Kreditpyramiden' aufzubauen.

Im Zuge der 4. KWG-Novelle wurden zum 1.1.1993 die Regelungen zur Zulassung und laufenden Aufsicht von Kreditinstituten[229] sowie die Bestimmungen zur Eigenkapitalausstattung[230] geändert, um eine EU-weite Rechtsangleichung und damit i.V.m. aufsichtsrechtlicher Gleichstellung auch gleiche Wettbewerbsbedingungen für europäische Banken zu ermöglichen.[231] Insbesondere wurde der Grundsatz I in Anlehnung an die EU-Solvabilitätsrichtlinie verschärft. Andererseits wurde der Eigenkapitalbegriff erweitert.[232]

Mit der 5. KWG-Novelle fanden zum 1.1.1996 zwei weitere wichtige Richtlinien der EU-Kommission zur Bankenaufsicht Eingang in deutsches Recht.[233] Zum einen wurden die Bestimmungen zu Großkrediten verschärft. Unter diese Bestimmungen fallen nun bereits Kredite, die 10 % (bisher: 15 %) des haftenden Eigenkapitals des kreditgewährenden Instituts übersteigen.[234] Außerdem wurde der Kreditbegriff um eine Reihe von Risikoaktiva erweitert (§§ 19 Abs. 1, 20 KWG).

Ferner dehnte die 5. KWG-Novelle die Konsolidierungspflicht auf alle Unternehmensgruppen aus, zu denen ein Kreditinstitut gehört.[235] Diese Vorschrift erfaßt auch Finanzholdings, bei denen die Muttergesellschaft z.B. ein Versicherungsunternehmen ist. An die Stelle der Quotenkonsolidierung trat die Methode der Vollkonsolidierung; unter bestimmten Bedingungen ist die Quotenkonsolidierung auch weiterhin anwendbar. Der Gesetzgeber trug damit der Entwicklung auf den Märkten für Finanzdienstleistungen Rechnung; im Zuge von Allfinanz-Strategien dringen Versicherungen, die von den aufsichtsrechtlichen Bestimmungen des KWG nicht berührt werden, verstärkt in die traditionellen Geschäftsfelder der Banken ein.[236]

---

[229] Mit der hier angesprochenen zweiten Bankrechtskoordinierungs-Richtlinie (ABl EG L 386/14 vom 30.12.1989) wurde u.a. der 'europäische Paß' eingeführt, mit dem deutsche Banken EU-weit Dienstleistungen anbieten und Zweigstellen errichten können. Diese ausländischen Zweigstellen unterliegen dabei der deutschen Bankenaufsicht ('Heimatlandkontrolle').
[230] Vgl. Eigenmittel-Richtlinie (ABl EG L 124/16 vom 5.5.1989).
[231] Im Zuge der europäischen Rechtsangleichung gilt das Prinzip der gegenseitigen Anerkennung nationaler Vorschriften bei gleichzeitiger Mindestharmonisierung. Der deutsche Gesetzgeber kann also bei der Bankenaufsicht gegebenenfalls strengere Normen beibehalten.
[232] Vgl. Deutsche Bundesbank, Monatsbericht, 1/1993, S. 35-42; o.V.: EG-Vorhaben zum Bankaufsichtsrecht, in: Die Bank, o. Jg., 4/1993, S. 250-251.
[233] Vgl. Deutsche Bundesbank, Monatsbericht, 11/1994, S. 59-67; Büschgen, H.-E.: Bankbetriebslehre, 3. Auflage, Stuttgart 1994, S. 118-119.
[234] Vgl. Großkredit-Richtlinie (ABl EG L 29/1 vom 5.2.1993).
[235] Vgl. Konsolidierungs-Richtlinie (ABl EG Nr. C 332/6 vom 21.12.1991).
[236] Vgl. Büschgen, H.-E., 1994, a.a.O., S. 101-104.

Im Rahmen der 6. KWG-Novelle ist im wesentlichen geplant, die EU-Richtlinien zu Wertpapierdienstleistungen[237] sowie zur Eigenkapitalausstattung von Wertpapierfirmen und Kreditinstituten (Kapitaladäquanz-Richtlinie[238]) in deutsches Recht umzusetzen, was zusätzliche Kontroll- und Aufsichtsmaßnahmen zur Folge hat.

3.9.3 Analogien zur Versicherungsaufsicht

Analog zur Bankenaufsicht ist die Aufsicht der Versicherungsunternehmen gestaltet. Ihre Begründung findet sie im Versicherungsaufsichtsgesetz (VAG), das sich an dem Ziel orientiert, die Versicherungsnehmer weitestmöglich zu schützen und ihre Ansprüche zu sichern.[239] Ähnlich wie das KWG versucht das VAG mit seinen aufsichtsrechtlichen Bestimmungen Konkurse mit ihren Folgen für die Versicherten und die Gesamtwirtschaft zu vermeiden, ohne aber verhindern zu wollen, daß die betroffenen Versicherungsunternehmen aus dem Markt ausscheiden.

Erst wenn bestimmte Zulassungsbedingungen erfüllt sind, erhält nach § 8 VAG ein Versicherungsunternehmen vom Bundesaufsichtsamt für das Versicherungswesen die Genehmigung zur Aufnahme des Geschäftsbetriebes. Außerdem sieht der Gesetzgeber eine detaillierte laufende Aufsicht vor: so wird die Solvabilität in Relation zur Eigenkapitalausstattung kontrolliert: § 81b i.V.m. §§ 53c, 156a VAG. Die Versicherungsunternehmen müssen darüber hinaus bestimmten Publizitätsvorschriften genügen (§§ 5, 13 VAG) sowie ihre interne Rechnungslegung gemäß § 55 VAG an gesetzlichen Vorgaben ausrichten. Ferner ist eine Reihe von Tarifen genehmigungspflichtig (§§ 11, 12 VAG). Über die Prüfung der Einheitlichkeit der Allgemeinen Versicherungsbedingungen (AVB aufgrund von § 5 VAG) findet eine indirekte Produktkontrolle statt. Die Einheitlichkeit der AVB hat eine wettbewerbspolitische Dimension, indem sie in gewissem Maße eine Produktkontrolle erlaubt und Preisvergleiche erleichtert - aufgrund von Deregulierungsbemühungen seit 1995 allerdings mit abnehmender Tendenz. Insgesamt kann festgestellt werden, daß durch die Versicherungsaufsicht ein weiterer wesentlicher, am Geldsystem der Volkswirtschaft partizipierender Marktteilnehmer erfaßt und bankähnlichen Kontrollmechanismen unterworfen wird.

---

[237] Amtsblatt der EG (C 43/7 vom 22.2.1989).
[238] Kapitaladäquanz-Richtlinie (ABl EG C 152/6 vom 21.6.1990).
[239] Vgl. zu den folgenden Ausführungen: Heinrich, S.: Versicherungsaufsicht und Wettbewerb, Schriftenreihe Versicherung und Risikoforschung, Wiesbaden 1991, S. 83-144.

4 Bankpolitik

Die Bankpolitik muß von zahlreichen institutionellen Entscheidungsbeschränkungen (u.a. EU-Reglementierungen, Meldepflichten, Beaufsichtigungen durch das BAK) und der Sonderstellung der Kreditwirtschaft in der Gesamtwirtschaft ausgehen.[240]

4.1 Institutionelle Entscheidungsbeschränkungen

Interne und externe Datenkonstellationen bestimmen den Bedingungsrahmen, innerhalb dessen die Bank ihre Ziele verfolgt. Daten sind alle Tatbestände, die von den Entscheidungsträgern nicht beeinflußt werden können oder auf deren Beeinflussung sie bewußt verzichten.

Interne Daten charakterisieren innerbetriebliche Ausgangssituationen für Entscheidungen, z.B. in bezug auf Kapazitätsgrenzen bei Mitarbeitern oder bei EDV-Anlagen im Betriebsbereich sowie bei geschäftspolitischen Limits für Devisenanlagen. Externe Daten der Bank ergeben sich aus Umweltbedingungen; Preise wie der Diskontsatz der Deutschen Bundesbank gehören zu den externen Daten.

Teile des Bedingungsrahmens weisen für unterschiedlich lange Planungszeiträume Datencharakter auf. Im internen Bereich ist es möglich, Mitarbeiter- und Maschinenkapazitäten in Abhängigkeit von der Arbeitsmarktlage und den Kündigungsfristen für Arbeits- und Mietverträge kurzfristig, z.B. in Zeiträumen von drei Monaten bis sechs Monaten oder einem Jahr zu variieren. Der Marktanteil bei Spareinlagen kann weitgehend als externes Datum angesehen werden, denn er läßt sich häufig erst mit der Gründung neuer Zweigstellen innerhalb eines Zeitraumes von 2-3 Jahren verändern. Bei gesetzlichen Normen, die z.B. einer Sparkasse etwa die Ausgabe eigener Akzepte untersagen, werden Rahmenbedingungen definiert, die über die gesamte Gültigkeitsdauer des Gesetzes unveränderliches Datum bleiben. Damit ist auch im Rahmen bankpolitischer Handlung zwischen kurz-, mittel- und langfristiger Planung zu unterscheiden.

Der Umstand, daß institutionelle Entscheidungsbeschränkungen den Aktionsspielraum der Geschäftsleitungen stärker als bei Unternehmen anderer Wirtschaftsbereiche einengen, ist auf das gesamtwirtschaftliche Interesse an der Funktionsfähigkeit des Geschäftsbankensystems zurückzuführen. Die aus Elementarfunktionen abgeleiteten Aufgaben der Geld- und Kreditversorgung geben dem Geschäftsbankensystem den Charakter einer 'regulierenden' Branche; zugleich handelt es sich aufgrund der zahlreichen Normen und aufsichts-

---

[240] Vgl. auch Süchting, J., 1992, a.a.O., S. 320ff..

rechtlicher Eingriffe bei deren Nichteinhaltung um einen mit anderen Branchen nicht vergleichbaren Wirtschaftssektor.

Die wichtigsten institutionellen Entscheidungsbeschränkungen für die Geschäftsbanken ergeben sich aus dem Bundesbankgesetz; folgende Vorschriften enthalten das zur Steuerung verfügbare Instrumentarium. Die Wirkungsweise der Instrumente wurde bereits im zweiten Kapitel dargestellt. Über § 3 BBankG erhält die Deutsche Bundesbank die Aufgabe, die Währung zu sichern, zugewiesen. Der § 15 BBankG bildet die Grundlage für den Einsatz der Diskont-, Kredit- und Offenmarktpolitik zur Beeinflussung des Geldumlaufs und der Kreditgewährung. Auch der § 16 BBankG dient diesem Ziel, zu dessen Erreichung die Kreditinstitute im Rahmen der Mindestreservepolitik zur Unterhaltung zinsloser Guthaben bei der Bundesbank verpflichtet werden können. Mit Hilfe des § 12 BBankG wird die Beziehung zur Bundesregierung über die folgende Formulierung geregelt: "Die Deutsche Bundesbank ist bei der Ausübung der Befugnisse unabhängig von den Weisungen der Bundesregierung, ist aber verpflichtet, unter Wahrung ihrer Aufgabe die allgemeine Wirtschaftspolitik der Regierung zu unterstützen."

Insbesondere die als Mindestreserve zu haltenden Bestände an Primärliquidität sowie der Umfang der bundesbankfähigen Wechsel- und Wertpapiere in Verbindung mit Rediskont- und ggf. Lombardkontingenten sind als aus der monetären Konjunkturpoltik resultierende Restriktionen bei bankpolitischen Entscheidungen zu berücksichtigen.

Die **Rediskontkontingentpolitik** der Bundesbank wird im wesentlichen auf der Grundlage des §15 BBankG betrieben, für Festlegungen ist der Zentralbankrat zuständig. Im Jahre 1974 wurde die Einführung eines einheitlichen Bemessungsverfahrens vorgenommen.[241] Das Rediskontkontingent wird für jedes Kreditinstitut individuell in zwei Schritten festgelegt:

(1) Für jedes Kreditinstitut wird nach objektiven Kriterien ein sog. Normkontingent ermittelt, Grundlage für die Berechnung bilden die haftenden Mittel des Kreditinstituts.

(2) Kürzung des Normkontingents durch Festlegung eines Maximalrahmens. Das den Kreditinstituten nicht bekannte Berechnungsverfahren berücksichtigt weiter wesentliche Beteiligungen an anderen Kreditinstituten mit eigenem Kontingent, eine Strukturkomponente, die sich aus der individuellen Geschäftsstruktur des Kreditinstituts ergibt (Anteil des kurz- und mittelfristigen Kreditgeschäfts mit Nichtbanken am Gesamtvolumen) und die Summe der rediskontfähigen Wechsel des Kreditinstituts. Weiter geht in die Berechnung des Refinanzierungsrahmens ein, wie das Kreditinstitut die Grundsätze des Bundesaufsichtsamtes für das Kreditwesen über das Eigenkapital und die Liquidität beachtet und ob auch sonst das Geschäftsgebaren völlig ohne Bedenken ist. Ferner enthält das Berechnungsverfahren

---

[241] Vgl. Sonderdrucke der Deutschen Bundesbank, Nr. 7: Die Deutsche Bundesbank, Frankfurt/M. 1985, 3. Auflage, S. 47.

einen einheitlichen Multiplikator, dessen Höhe sich nach dem vom Zentralbankrat global festgelegten Gesamtbetrag der Rediskontkontingente richtet.

Eine Änderung des Rediskontkontingents erfolgt je nach geldpolitischen Erfordernissen, wodurch jederzeit die Beschränkung der Nutzung der Kontingente möglich ist.

Es gibt generell drei Möglichkeiten der Kontingentierung:[242]

(1) **Mengenmäßige Kontingentierung** (Ankaufbeschränkung):

Hierbei setzt die Bundesbank für jedes Kreditinstitut bestimmte Kontingente fest, gleichgültig, um welche Art von Wechseln es sich handelt. Die Höhe dieser sog. Normkontingente richtet sich nach dem haftenden Kapital (vor allem Eigenkapital und Rücklagen) des Kreditinstituts.

(2) **Qualitätsmäßige Kontingentierung**:

Hier werden die formellen Anforderungen an die Wechsel verschärft (z.B.: Zahl der Unterschriften, Laufzeit, Betrag)

(3) **Selektive Kontingentierung**:

Die Bundesbank beschränkt die Rediskontierung von Wechseln, denen eine bestimmte Art von Geschäften zugrunde liegt (z.B. Wechsel zur Finanzierung von Bauvorhaben, Teilzahlungswechsel). Der Grund: unerwünschten Entwicklungen auf besonders genannten Gebieten soll Einhalt geboten werden.

Für das Kreditinstitut ergeben sich Restriktionen durch die **Diskontpolitik**[243] aus der gesetzlichen Grundlage des § 15 BBankG i.V.m. § 19 Abs. 1 BBankG:

d = Diskontfaktor in GE/GE

EK = Eigenkapital in GE

K_D = Rediskontkontingent (= Normkontingent) einer Bank in GE ($K_D = d \cdot EK$)

L_D = Maximalrahmen der Refinanzierungsmöglichkeiten auf Wechselbasis bei der Deutschen Bundesbank in GE

A_D = Bestand an bundesbankfähigen Wechseln in GE

Es folgt:

$$L_D \leq A_D \leq K_D = d \cdot EK$$

Zahlenbeispiel:

d = 2 GE/GE

---

[242] Vgl. Hartmann, G./Härter, F.: Allgemeine Wirtschaftslehre für kaufmännische Auszubildende, Rinteln 1980, S. 385.
[243] Vgl. Sonderdrucke der Deutschen Bundesbank, Heft 7.

haftendes EK = 48 Mio GE

K_D = d · EK = 2 · 48

K_D = 96 GE = Obergrenze für den Bestand an refinanzierungsfähigen Wechseln

L_D = Obergrenze für die Refinanzierung
(1992: 62 Mrd. DM lt. Angabe Bundesbank)

$L_D \leq A_D \leq K_D$

Die Kürzung von L_D wird gemäß eingangs erläuterter folgender Einflußfaktoren vorgenommen:

- Bilanzstruktur Aktiv-Seite,
- Anteil wesentlicher Beteiligungen an anderen Kreditinstituten (keine Mehrfachinanspruchnahme),
- Summe bundesbankfähiger Wechsel,
- einheitlicher Multiplikator und
- Grundsatzeinhaltung.

Beispiel:

L_D = 60 Mio GE

$\Rightarrow 60 \leq A_D \leq 96$ Mio GE

↓ Nicht verwertungsfähige Wechsel aus Überschreitung des Maximalrahmens.

Die Größe L_D ist i.d.R. nicht im voraus bekannt, nach Aussage von Sparkassen erfahren diese den Wert über die für sie zuständige Landeszentralbank.

Die Restriktionen über das **Lombardkontingent** resultieren aus derselben gesetzlichen Grundlage des § 15 BBankG i.V.m. § 19 Abs. 1 BBankG. Die Laufzeit der Refinanzierungskredite ist auf 3 Monate beschränkt.

l = Lombardfaktor in GE/GE

K_L = Lombardkontingent (l · EK = K_L) in GE

L_L = Einzahlungsstrom, Obergrenze der Refinanzierung in GE

A_D = Lombardfähige Wechsel in GE $\left.\begin{matrix}\end{matrix}\right\}$ laut 'Lombard-
A_L = Lombardfähige Wertpapiere in GE   verzeichnis'

Daraus folgt:

$$L_L \leq A_D + A_L \leq K_L = 1 \cdot EK$$

Hinzu kommen Restriktionen durch Anwendung des **Kreditplafonds**:

A_{it} = Bestand einer Kreditart i im Zeitpunkt t in GE

$A_{it=0}$ = Anfangsbestand der verschiedenen Kreditarten
i = 1,...., n in GE

$A_{it=1}$ = Gesamtbestand am Ende der Referenzperiode t=1
der verschiedenen Kreditarten i = 1,...., n in GE

f = Zulässiger Faktor (im Falle eines erlaubten Wachstums der Kredite um 5 % beträgt entsprechend f = 1,05)
in GE/GE

Demnach gilt:

$$\sum_{i=1}^{n} = A_{it=1} \leq \sum_{i=1}^{n} f \cdot A_{it=0}$$

Bei den übrigen gesetzlichen Vorschriften im Rahmen der Offenmarkt- und Diskontabsatzpolitik handelt es sich im wesentlichen um Preisofferten, zu denen sich die Bundesbank bereiterklärt, mit den Geschäftsbanken zu kontrahieren, also nicht um mengenmäßige Beschränkungen.

4.2 Die Sonderstellung der Kreditwirtschaft in der Gesamtwirtschaft

In hochentwickelten Industrie-Staaten übt der Staat einen starken Einfluß auf die Kreditwirtschaft aus; dieses hat wirtschafts- und sozialpolitische Gründe. In der Bundesrepublik und den Vereinigten Staaten ist diese Regulierung zudem Ergebnis der Bankenkrise und der weltweiten Wirtschaftsdepression zu Beginn der 30er Jahre. Im Rahmen der Wirtschafts- und Sozialpolitik erfolgt die Beeinflussung durch den Staat unter drei Aspekten:[244]

(1) Das Kreditgewerbe wird als **Kredit**versorgungsapparat gesehen. Banken werden hierbei nicht als konkurrierende Unternehmen betrachtet, sondern als Glieder einer Verteilerorganisation. Staatliche

---

[244] Vgl. Stützel, W.: Bankpolitik - heute und morgen, 3. Auflage, Frankfurt/M. 1983, S. 9ff..

214 Bankpolitik

Einschränkungen erscheinen deshalb als Schalthebel der Kreditversorgung und damit der zentralen Steuerung von Wirtschaftsstruktur und Wirtschaftswachstum.

(2) Das Kreditgewerbe wird als **Geld**versorgungsapparat verstanden. Staatliche Einschränkungen der Dispositionen in Banken erscheinen als Installation von Schalthebeln zur Steuerung der Geldversorgung und damit der Beschäftigung sowie des Preisniveaus.

(3) **Forderungen gegen Kreditinstitute** werden als Forderungen 'sui generis' angesehen. Bankgläubiger gelten als schutzwürdiger als Inhaber anderer Forderungen im Wirtschaftsleben.

Entsprechend dieser Anschauung steht in der Bundesrepublik die Einbeziehung der Kreditinstitute in die monetäre Konjunkturpolitik und die Sicherung der Funktionsfähigkeit der Banken und der Schutz der Einleger als Formen staatlicher Einflußnahme im Mittelpunkt.

Rechtsgrundlagen für die monetäre Konjunkturpolitik sind das Gesetz zur Förderung der Stabilität und des Wachstums der Wirtschaft von 1967 (sog. 'Stabilitätsgesetz'), das Außenwirtschaftsgesetz von 1961 und das Gesetz über die Deutsche Bundesbank von 1957.

Das **Stabilitätsgesetz** geht von der Keynes'schen These aus, daß die Effizienz des marktwirtschaftlichen Systems nur gewährleistet werden kann, wenn es durch eine globale Steuerung der wichtigsten Aggregate des gesamtwirtschaftlichen Kreislaufs ergänzt wird. Das Stabilitätsgesetz schafft die institutionellen Voraussetzungen für die Globalsteuerung. Beispiel hierfür ist die Beeinflussung der staatlichen Nachfrage durch Bildung und Auflösung von Konjunkturausgleichsrücklagen bei der Bundesbank. Mit Hilfe des **Außenwirtschaftsgesetzes** kann zugunsten binnenwirtschaftlicher Ziele Einfluß auf die außenwirtschaftlichen Beziehungen genommen werden. Dies ist insbesondere in Zeiten der Liberalisierung des internationalen Güter- und Kapitalverkehrs von großer Bedeutung.

Das **Gesetz über die Deutsche Bundesbank**[245] bestimmt die Sicherung der Währung durch die Regelung des Geldumlaufs und der Kreditversorgung zur Hauptaufgabe der Zentralbank. Darüber hinaus nimmt die Bundesbank gemäß § 7 KWG zusammen mit dem BAK Aufgaben der Bankenaufsicht wahr. Das BAK erlangt damit letztlich durch seine Überwachungsaufgabe eine Hilfsfunktion, die die Erreichung der im BBankG festgelegten Ziele absichern soll. Bei der Erfüllung ihrer Aufgaben ist die Bundesbank zwar unabhängig von Weisungen der Bundesregierung, jedoch ist sie gleichzeitig verpflichtet, die Wirtschaftspolitik der Bundesregierung zu unterstützen, sofern dieses mit den genannten Hauptaufgaben vereinbar ist. Das Ziel der Währungssicherung ist

---

[245] Siehe hierzu auch Kapitel 2.

hierbei kompatibel mit dem im Stabilitätsgesetz formulierten Ziel der Preisniveaustabilität.

Mit Hilfe der im Bundesbankgesetz genannten geldpolitischen Instrumente nimmt die Bundesbank Einfluß auf die Geldversorgung und die Geldnachfrage. Hierdurch soll neben der Preisniveaustabilität auch die Erreichung der Ziele des Stabilitätsgesetzes (hoher Beschäftigungsstand, stetiges und angemessenes Wirtschaftswachstum sowie außenwirtschaftliches Gleichgewicht) gefördert werden. Der Zielerreichungsgrad wird vor allem durch die Erreichung von Zwischenzielen (bspw. der Höhe der Kreditnachfrage) und durch Indikatoren kontrolliert. Als derartige Indikatoren werden insbesondere Zinssätze (für Diskont- und Lombardkredite sowie für Wertpapierpensionsgeschäfte) und Geldmengenaggregate (M1, M2, M3 sowie die Zentralbankgeldmenge) verwendet. Die Zusammensetzung des Zentralbankrates, oberstes Entscheidungsgremium der Bundesbank, soll die Berücksichtigung der wirtschaftlichen Interessen der Bundesländer dadurch gewährleisten, daß dem Zentralbankrat auch die Präsidenten der Landeszentralbanken angehören.

4.2.1 Sicherung der Funktionsfähigkeit der Banken und Einlegerschutz

Die Entwicklung von allgemeingültigen Bonitätsnormen für Kreditinstitute und ihre Überwachung durch die Bankenaufsicht haben das Ziel der Verhinderung von Kettenreaktionen unter den Geschäftsbanken als Folge von Einzelinsolvenzen. Grundlage der bundeseinheitlichen Bankenaufsicht ist das Kreditwesengesetz im Zusammenhang mit den Grundsätzen über das Eigenkapital und die Liquidität.[246] Die rechtliche Norm findet ihren Ausdruck im § 6 Abs. 2 KWG: "Das Bundesaufsichtsamt hat Mißständen im Kreditwesen entgegenzuwirken, die die Sicherheit der den Kreditinstituten anvertrauten Vermögenswerte gefährden, die ordnungsmäßige Durchführung der Bankgeschäfte beeinträchtigen oder erhebliche Nachteile für die Gesamtwirtschaft herbeiführen können."

Die Begründung der Bundesregierung zum Entwurf des Gesetzes über das Kreditwesen in der Bundestagsdrucksache 3/1114 vom 25.05.1959 enthält den Kerngedanken der Kontrolle der Banken:

"Die gesetzliche Regelung soll die Ordnung im Kreditwesen sichern, dazu beitragen, die Krisenanfälligkeit der Kreditinstitute zu vermindern und insbesondere Gefahren ausschließen, die sich aus der Verletzung der gesetzlich verankerten allgemeingültigen Bankregeln ergeben können. Grundlegende Voraussetzungen für die innere Gesundheit sind neben der soliden

---

[246] Zu den Grundsätzen über das Eigenkapital und die Liquidität vgl. die entsprechenden Abschnitte im Kapitel 3.

Anlagepolitik ein angemessenes haftendes Eigenkapital und eine ausreichende Liquidität. Die Grundsätze sollen die Erfahrungen festlegen, die sich im Kreditgewerbe und bei der Bankenaufsicht für eine angemessene Eigenkapitalausstattung und Liquiditätshaltung im Laufe der Zeit herausgebildet haben."

Die Bemühungen der Bankenaufsicht setzen folglich bei der Existenzsicherung der Einzelbank an; sie stützen sich auf Liquiditätstheorien, die als Dispositionsregeln einen Beitrag zur Existenzsicherung der Bank leisten sollen. Der Darstellung und Diskussion der Leistungsfähigkeit solcher Dispositionsregeln schließt sich eine Darstellung der gesetzlichen Bonitätsnormen als externe Rahmenbedingungen für bankbetriebliche Entscheidungen an.

4.2.2 Beitrag der Liquiditätstheorien zur Existenzsicherung der Bank

Der Begriff der Liquidität wird unterschiedlich verwendet, je nachdem, ob eine objektive oder subjektive Betrachtungsweise vorherrscht. Liquidität ist bei objektbezogener Betrachtungsweise die Eigenschaft von Vermögensobjekten, direkt oder indirekt (d.h. nach Umtausch in Zahlungsmittel) für Zahlungszwecke verwendbar zu sein. Dieser Liquiditätsbegriff findet Ausdruck in einer Ordnung von Vermögensgegenständen nach Liquiditätsgraden z.B. in Bilanzen.

Bei subjektbezogener Betrachtungsweise ist Liquidität die Fähigkeit eines haftenden Rechtssubjekts, Auszahlungsansprüche jederzeit befriedigen zu können. Das ist der Fall, wenn die folgende Bedingung zu jedem Zeitpunkt erfüllt ist:

$$L_t + e_t - a_t \geq 0 \qquad \forall\, t$$

Symbole:

e_t = Einzahlungen im Zeitpunkt t in GE

L_t = Anfangsbestand an Zahlungsmitteln im Zeitpunkt t in GE

a_t = Auszahlungsverpflichtungen im Zeitpunkt t in GE

Die Vermögensgegenstände einschließlich Kredite sind bei objektbezogener Betrachtungweise als Finanzierungsquellen im Hinblick auf vier Merkmale zu überprüfen:

(1) ihre Ergiebigkeit (= Volumen),

(2) die Zeit, die bis zur Umwandlung in Zahlungsmittel vergeht (= Liquidationsdauer),

(3) bei der Liquidation auftretende Verluste und sonstige Aufwendungen (= Transaktionskosten) sowie

(4) sonstige Auswirkungen auf das Kreditinstitut (= Verlust von Kundenverbindungen, Imagebelastungen)

Zwischen den genannten Qualitätsmerkmalen (1) bis (4) der Liquiditätsquellen bestehen Interdependenzen. Wenn eine Bank unter Zwang steht, Wertpapiere mit einer Restlaufzeit von drei Jahren umgehend (Merkmal 2) zu verkaufen, so können dabei Kursverluste auftreten (Merkmal 3), die die Ergiebigkeit der Liquiditätsquelle beeinträchtigen (Merkmal 1).

Ist andererseits die Bank wegen Zahlungsunfähigkeit eines Kreditnehmers vor die Notwendigkeit gestellt, zedierte Forderungen zu liquidieren, und kann sie sich dabei Zeit lassen (Merkmal 2), so können bei Rücksichtnahme auf den Geschäftsgang der Drittschuldner die Ergiebigkeit der Liquiditätsquelle erhöht (Merkmal 1), die endgültigen Kreditausfälle gesenkt (Merkmal 3) und eine Belastung des Bankimages infolge von 'Exekutionen' der Drittschuldner (Merkmal 4) vermieden werden. Unter Berücksichtigung dieser Zusammenhänge ist davon auszugehen, daß die im folgenden zu behandelnden Liquiditätstheorien eine Basis liefern, auf der Dispositionsregeln für die Sicherung der Zahlungsfähigkeit der Bank abgeleitet werden können.

4.2.2.1 Die goldene Bankregel

Nach der von Hübner[247] 1854 entwickelten Theorie bestehen Bankgeschäfte in gewinnbringendem Handel mit Leihgeldern. Das Leihen von Geld gründet sich auf das Vertrauen in die Rückzahlungsfähigkeit der Bank. In der vertraglichen Überlassungsdauer der Einlagen kommt der Wille des Deponenten auf zeitlich begrenzten Liquiditätsverzicht zum Ausdruck, den die Bank zu respektieren hat. Insolvenzen von Banken entstehen aber häufig aus dem (falschen) Glauben ihrer Leitungen, daß Leihgelder bei Fälligkeit nicht abgezogen würden. Aus dieser Anschauung heraus formulierte Hübner seine **klassische ('goldene') Dispositionsregel**, die eine vollständige betrags- und laufzeitmäßige Kongruenz von Passiv- und Aktivgeschäften fordert.

Auf diese Weise können die Auszahlungsforderungen der Gläubiger gedeckt werden. Diese Auszahlungsforderungen bestimmen sich nach den auf vertraglichen Vereinbarungen beruhenden Restlaufzeiten der Depositen.

Übertragen in die Form einer Bilanz, wäre die Dispositionsregel nach Hübner gemäß Abb. 4.1. zu strukturieren:

---

[247] Vgl. Hübner, O., 1968, a.a.O., S. 28.

Aktiva	Bilanz	Passiva
Kasse		Sichteinlagen und andere täglich fällige Gelder
(risikoarme) kurzfristige Anlagen, geordnet nach entsprechender Selbstliquidationsdauer		befristete Einlagen, geordnet nach Restlaufzeiten
(risikoreiche) langfristige Anlagen		Eigenkapital

Abb. 4.1.: Bilanzstruktur bei Anwendung der goldenen Bilanzregel

Es gibt Bilanzbereiche, in denen die Zahlungsströme sich an den vertraglich festgelegten Daten orientieren, weil die Vertragspartner von ihren Rechtsansprüchen Gebrauch machen. Dieses gilt auf der Einzahlungsseite etwa bei den Rückzahlungsmodalitäten für Konsumenten- und Hypothekendarlehen, auf der Auszahlungsseite bei Wertpapiertilgungen und den Dispositionen mancher Termingeldeinleger.

Bei vollständiger Betrachtung ist von mindestens drei in Gleichungsform gefaßten Liquiditätsbedingungen auszugehen. Die Dispositionsregel Hübners ist jedoch für die Liquiditätssicherung weder hinreichend noch zwingend notwendig, weil sie sich

(1) bei den Einzahlungen allein auf vertragliche Kreditrestlaufzeiten bezieht und nicht berücksichtigt, daß Kredite tatsächlich auch einfrieren, sowie

(2) bei den Auszahlungen nur auf Einlegeransprüche, nicht aber bei Auszahlungsanforderungen aus vertraglich zugesagten Kreditlinien abstellt.

Sie ist andererseits notwendig, da

(1) der gesamte Refinanzierungsspielraum der Bank bei Dritten für die Einzahlungen nicht berücksichtigt und

(2) allein unter de jure-Aspekten unterstellt wird, daß die Einleger bei Fälligkeit ihrer Einlagen sich diese auch auszahlen lassen, während doch aus ökonomischer Sicht viele Einlagen prolongiert und/oder substituiert werden.

Praktisch ist diese Dispositionsregel in ihrer strengen Form niemals verwirklicht worden, was dem Verzicht auf Betrags- und Fristentransformation gleichkommen würde. Dennoch hat die Dispositionsregel in modifizierter Form als Denken in Kapitalüberlassungs- und Kapitalverwendungsfristen sowohl in der Finanztheorie als auch in der Finanzierungspraxis von Banken und Nichtbanken bis heute nachgewirkt.

4.2.2.2 Die Bodensatztheorie

Die Bodensatztheorie geht davon aus, daß erfahrungsgemäß die zu einem bestimmten Zeitpunkt (z.B. täglich) fälligen Einlagen nicht alle gleichzeitig von den Gläubigern gekündigt werden.[248] Es gibt unterschiedliche Motive von Bankkunden, Einlagen zu halten: das Transaktionsmotiv, das Sicherheitsmotiv oder das Spekulationsmotiv.

Das **Transaktionsmotiv** ergibt sich aus der Notwendigkeit, für regelmäßig wiederkehrende Zahlungen (bspw. Miete und Lebensmittel) Guthaben bei einer Bank vorzuhalten. Das **Sicherheitsmotiv** findet seine Grundlage in der teilweisen Unsicherheit der zukünftigen Zahlungsanforderungen an den Einleger. Obwohl die Beträge vieler Zahlungen fixiert sind, existieren auch Zahlungsverpflichtungen, die entweder hinsichtlich ihres Betrages (z.B. Telefonrechnungen) oder bezüglich ihres Bestehens (z.B. Spontankäufe) unsicher sind. Beim **Spekulationsmotiv** ist der Wunsch ausschlaggebend, mit der Reservehaltung zukünftig erwartete Gewinnchancen wahrnehmen zu können. Den unstetigen Verlauf der Einlagenentwicklung auf dem Konto einer Geschäftsstelle oder Gesamtbank zeigt die Abb. 4.2..

Symbole:

$E(t)$ = Einlagenbestand im Zeitpunkt t in GE

$E(t)_{min}$ = minimaler Einlagenbestand in GE

$E(t)_{max}$ = maximaler Einlagenbestand in GE

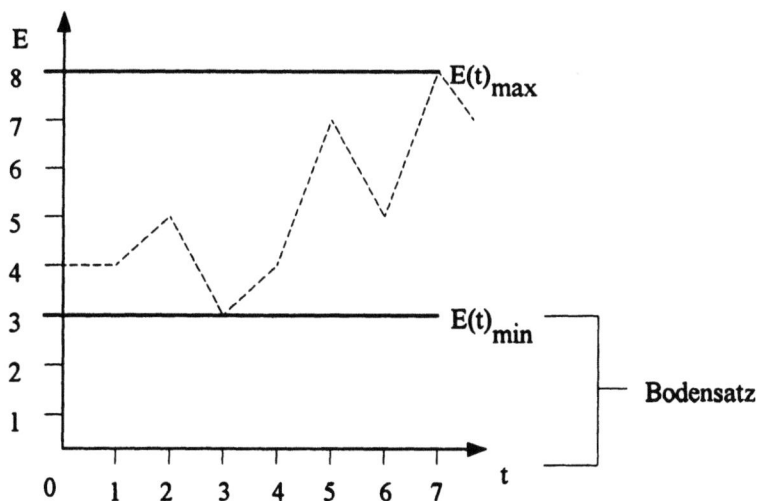

Abb. 4.2.: Zeitliche Einlagenentwicklung und Bodensatz der Einlagen

---

[248] Vgl. dazu z.B. Wagner, A.: Beiträge zur Lehre von Banken, Leipzig 1857, S. 162ff..

Dementsprechend kann bei der Betrachtung von Gesamtheiten der Depositen die Wahrscheinlichkeitstheorie Anwendung finden, wobei die Kontobewegungen einzelner Einleger als voneinander unabhängige Zufallsvariablen angesehen werden können. Nach dem Gesetz der großen Zahl gleichen sich Auszahlungen und Einzahlungen bei normalverteilten Schwankungen aus, wodurch sich ein stabiler Einlagen-Sockel (sog. Bodensatz) bildet. Eine betriebswirtschaftliche Optimierung kann über Lagerhaltungsmodelle erfolgen.

Angesichts der innerhalb des Depositenbestands auftretenden Prolongations- und Substitutionsprozesse kommt es darauf an, daß die Bank Barvorräte hält, die dem über dem Bodensatz liegenden Schwankungsbereich entsprechen. Daneben sollten die Fristen im Aktiv- und Passivgeschäft möglichst wenig voneinander abweichen. Kredite müßten auf der Grundlage des Bodensatzes prinzipiell kurzfristig kündbar sein.

Sieht man von diesen letzten 'Relikten' der Goldenen Bankregel ab, so liegt der Fortschritt der Bodensatztheorie Wagners in der Erkenntnis, daß sich in ökonomischer Betrachtung aus de jure kurzfristigen Einlagen ein langfristiger Bodensatz bildet, der ertragbringend angelegt werden kann. Die Dispositionsregel Wagners läßt sich in der Bilanzstruktur der Abb. 4.3. erfassen.

Aktiva	Bilanz	Passiva
Kasse		Nichtbodensatz der Einlagen
kurzfristige Anlagen		Bodensatz der Einlagen
langfristige Anlagen		Eigenkapital

Abb. 4.3.: Bilanzstruktur nach Bodensatztheorie

Obgleich die Liquiditätstheorie Wagners der Realität eher gerecht wird, als die juristische Betrachtungsweise Hübners, die durch eine auf die ökonomische Bestandsbildung der Einlagen abstellende Analyse abgelöst wird, bleiben andere Mängel bestehen:

(1) Es ist inkonsequent, daß Bodensatzbildungen wohl bei den Einlagen, nicht aber bei den Krediten berücksichtigt werden.

(2) Im übrigen übersieht auch Wagner noch eine denkbare Belastung der Auszahlungsströme durch zugesagte, bisher nicht in Anspruch genommene Kreditlinien sowie eine mögliche Verstärkung der Einzahlungsseite durch den Refinanzierungsspielraum, den die Bank bei potentiellen Geldgebern (neben Einlegern) besitzt.

Bei der Planung der Ein- und Auszahlungen und der daraus resultierenden Einlagenbestände kann nicht grundsätzlich davon ausgegangen werden, daß diese Zahlungsbewegungen voneinander unabhängig sind. Das wird deutlich, wenn der Einlagenbestand nach Einlegergruppen und den entsprechend ihren Motiven unterhaltenen Einlagenkategorien geordnet wird. Die Anordnung in der folgenden Abbildung 4.4. zeigt dieses in verallgemeinernder Form unter Berücksichtigung abnehmender Liquiditätsvorsorgebedürftigkeit.

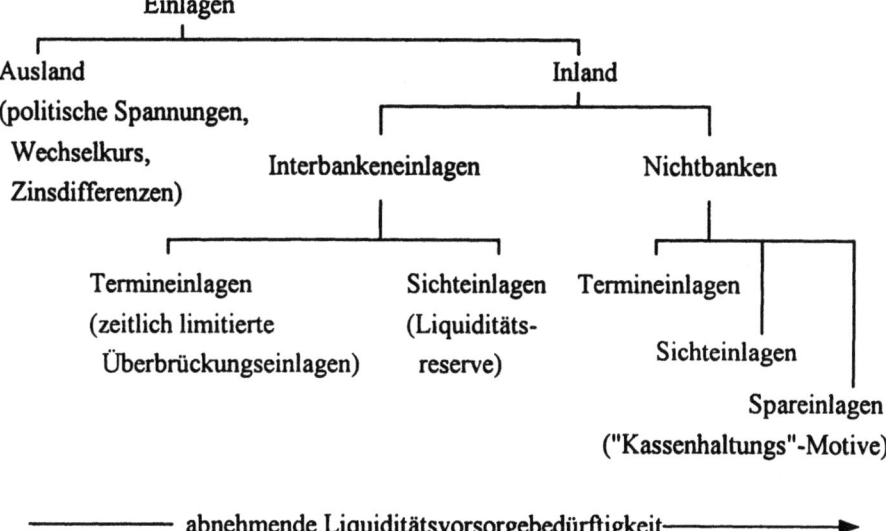

Abb. 4.4.: Unterschiedliche Vorsorgebedürftigkeit der einzelnen Einlagekategorien

Quelle: Hoffmann, H.: Dispositionsregeln zur Solvenzsicherung von Depositenbanken, Diss., Saarbrücken 1967, S. 30

Bei der Unterstellung von Unterschieden in der Liquiditätsvorsorge wird von folgenden Annahmen ausgegangen:

- Ausländer unterhalten ihre Einlagen vorwiegend aus Ertragsmotiven. Sie nutzen das zwischen den Ländern bestehende Gefälle von politischer Stabilität und Wechselkurs-Stabilität sowie Unterschiede im Zinsniveau kurzfristig aus, so daß es zu starken Einlagenschwankungen kommen kann.

- Ähnlich verhält es sich bei Termineinlagen von Banken untereinander. Sie sind in hohem Maße zinsempfindlich und werden entsprechend schnell umdisponiert.

- Rasche Umdispositionen gibt es auch bei (niedrig verzinslichen) Sichteinlagen unter Kreditinstituten, andererseits gewinnt diese Einlagenkategorie an Stabilität, wenn es sich um solche bei befreundeten Banken handelt, über die u.U. ein Teil des Zahlungsverkehrs abgewickelt wird.

- Die am stärksten schwankenden Bestände finden sich bei den Termineinlagen von Nichtbanken-Einlegern, vor allem bei Unternehmen, wenn sie in Zeiten der Unterbeschäftigung als ertragsbringendes 'Auffanglager' dienen und bis zur Vornahme von Investitionen vorgehalten werden.

- Deutlich weniger Schwankungen weisen Sichteinlagen auf, die zur Abwicklung des allgemeinen Zahlungsverkehrs von Wirtschaftssubjekten gehalten werden.

- Spareinlagen der privaten Haushalte gehören als Bildung von Reserven für unvorhersehbare Beanspruchungen der Liquidität ('Notgroschen') einer stabilen Einlagenkategorie an.

Aus Darstellung 4.4. folgt, daß innerhalb homogener Einlegergruppen entsprechend den dort dominanten Motiven (entgegen Wagner) durchaus eine regelmäßig positive Korrelation der Einlagenbewegungen besteht. Andererseits kann es zwischen mehreren Einlegergruppen auch negative Korrelationen geben, so daß Einlagenzuflüsse einer Gruppe tendenziell durch Einlagenabflüsse einer anderen Gruppe kompensiert werden. Aus dieser ungleichen Stabilität der Bestände braucht jedoch nicht der Schluß gezogen werden, daß Liquiditätsvorsorge in unterschiedlichem Umfange für jede Einlagenkategorie zu betreiben ist. Für die Liquiditätsentwicklung der Bank kommt es auf die Relation der Gesamtkasse zu dem Nichtbodensatz der gesamten Einlagen an, nicht auf die Zuordnung von Einzelkassen zu einzelnen Einlagekategorien. Dieses würde auf eine unwirtschaftliche, weil dezentralisierte Kassenhaltung hinauslaufen, die den Ausgleichseffekten zwischen einzelnen Kategorien von Einlagen nicht gerecht werden würde. Die Möglichkeiten der Kompensation aus gegenläufiger Kassenhaltungsentwicklung durch Zentralisierung der Kassenhaltung lassen sich aus der Abbildung 4.5. ersehen.

Aus der idealtypischen Abbildung wird ersichtlich, daß im Fall I bei dezentraler Kassenhaltung zwei Einheiten Kasse unterhalten werden müßten. Bei zentralisierter Kassenhaltung in Fall II kommt die Bank mit einer Kasse von Null aus, weil die durchschnittliche Höhe der Einlagenkategorien A und B sowie das Ausmaß ihrer Schwankungen gleich sind, die Richtung ihrer Schwankungen im Zeitverlauf aber entgegengesetzt ist (Korrelation von -1). In der Realität wird man allerdings auch in diesem Fall II einen Sicherheitsbestand an Kasse halten, weil selbst bei Kenntnis negativer Korrelationen eine genaue Vorhersage der Entwicklung des Gesamtbestands an Einlagen nicht möglich ist.

Die Erweiterung der Liquiditätstheorie um Bodensatzüberlegungen hat bis heute Gültigkeit behalten, wie die im dritten Kapitel behandelten Liquiditätsgrundsätze gezeigt haben. Auf solche Bodensatzüberlegungen stützt sich aber auch die Kritik der Wissenschaft an den goldenen Finanzierungsregeln, die in der Aussage gipfelt, daß eine fristenkongruente Finanzierung von Unternehmensinvestitionen nicht erforderlich sei, weil innerhalb kurzfristiger Fremdkapitalbestände mit Prologationen und Substitutionen insbesondere der Banken und Lieferanten gerechnet werden könne.[249]

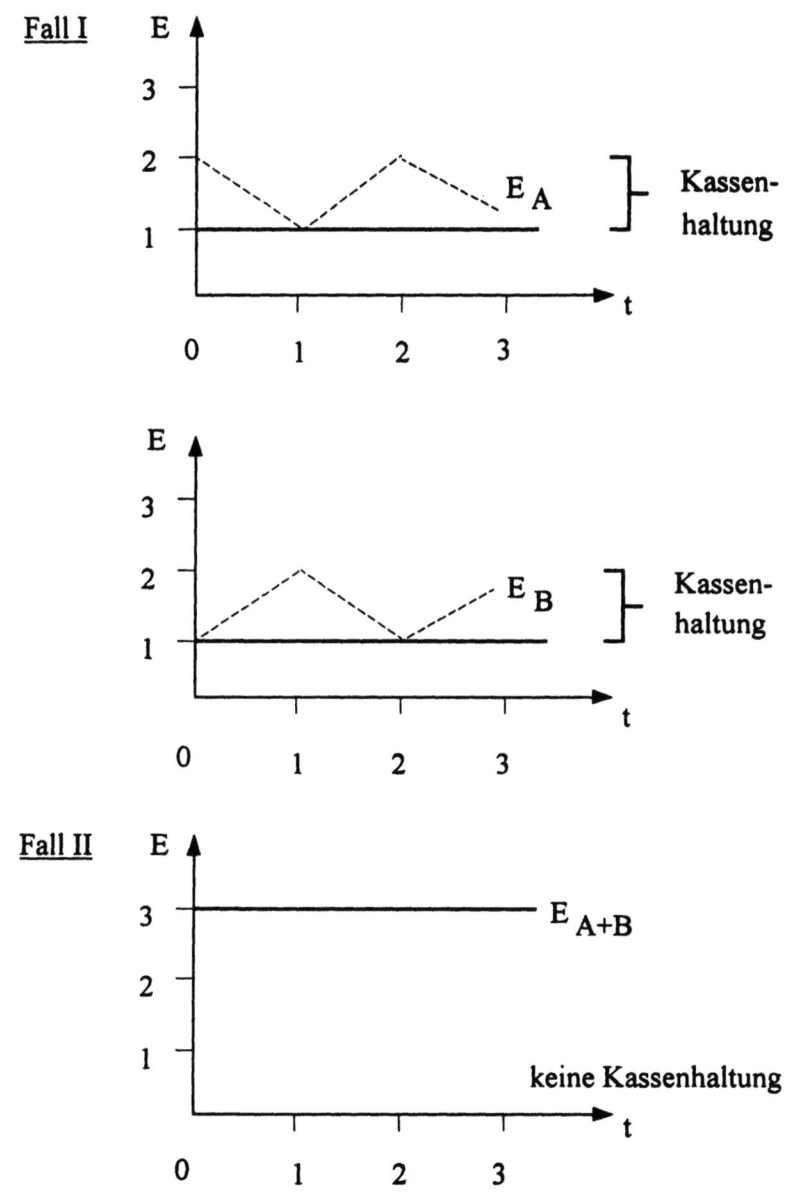

Abb. 4.5.: Unwirtschaftlichkeit dezentraler Kassenhaltung

---

[249] Vgl. Härle, D.: Finanzierungsregeln und ihre Problematik, Wiesbaden 1961, S. 59f..

4.2.2.3 Realisationstheorie (Shiftability Theory)

Grundlage der Theorie von Moulton[250] ist die Erkenntnis, daß die aus der Liquidation von Positionen des Umlaufvermögens in kreditnehmenden Handels- und Industriebetrieben gewonnenen Zahlungsmittel in der Regel für Zwecke der Kreditrückführung nicht verwandt werden können, weil sie zur Auffüllung der Läger und zur Aufrechterhaltung der Produktion benötigt werden. Aus der betriebswirtschaftlichen Notwendigkeit des Durchhaltens derartiger 'eiserner' Bestände als Bodensätze im Umlaufvermögen der Unternehmen resultieren demnach an die Banken herangetragende Prolongationen von Kreditpositionen (= Bodensätze von Kontokorrentkrediten bei Kreditinstituten). Moulton hielt Vertretern der Bodensatztheorie entgegen, daß der Einzahlungsstrom für die Begleichung von Auszahlungsverpflichtungen nicht nur aus fälligen Anlagen resultiert, sondern daß es im Bedarfsfalle auf die vorzeitige Abtretung der Bankaktiva ankomme. Dieses bedeutet, daß bei Abtretbarkeit der Vermögenspositionen der Kreditinstitute vor Fälligkeit und einer dadurch erzielten vorzeitigen Verflüssigung die Einhaltung traditioneller Liquiditätsregeln nicht erforderlich ist.

Als Voraussetzungen für die Abtretbarkeit von Bankaktiva sind zu nennen:

(1) Die Bonität der Kreditnehmer,

(2) die Existenz von Märkten für den Handel betreffender Bankaktiva,

(3) das Fehlen allgemeiner Marktstörung für den Handel in Bankaktiva.

Dieses kann mit dem Beispiel der Stadt New York veranschaulicht werden, die im November 1975 wegen jahrelangen Mißmanagements und bei wachsenden Budgetdefiziten zahlungsunfähig zu werden drohte. Drei Sachverhalte charakterisierten die damalige Problemsituation:

(1) Die Zahlung der Löhne und Gehälter für die öffentlichen Bediensteten war in Frage gestellt.

(2) Die Kurse der Anleihen sanken auf weniger als die Hälfte ihres Nominalwertes.

(3) Der Handel in diesen Anleihen geriet ins Stocken. Es fanden sich keine Anleger mehr, die bereit waren, Kredit zu geben, indem sie neue Anleihen zeichneten.

Die Kreditbereitschaft der Öffentlichkeit konnte erst wieder hergestellt werden, als Washington auf der Grundlage drastischer Budgetkürzungen, Steuererhöhungen und Bankmoratorien mit Zwischenfinanzierungen aushalf.

---

[250] Vgl. Moulton, H.G.: Commercial banking and capital formation, in: Journal of Political Economy, Vol. 26, 1918, S. 484-508, 638-663, 705-731 und insbesondere S. 849-881.

Mit den drei vorgenannten Qualifikationsmerkmalen ist eine Kategorie von Bankaktiva beschrieben, die infolge der durch Abtretbarkeit gegebenen künstlichen Liquidität als Sekundärreserve bezeichnet werden. Solche Sekundärreserven sind verzinsliche Anlagen, die sich im Bedarfsfalle ohne zeitliche Verzögerung und ohne bzw. mit nur geringfügigen Verlusten in Primärreserven umwandeln lassen. Konkret fallen darunter neben Einlagen bei anderen Banken vor allem die mit einer Ankauf- bzw. Lombardzusage der Bundesbank versehenen Handelswechsel und Geldmarktpapiere.

Den Aufbau von Primär- und Sekundärreserven im Zeitablauf als Liquiditätsgrundlage zeigt die Abb. 4.6..

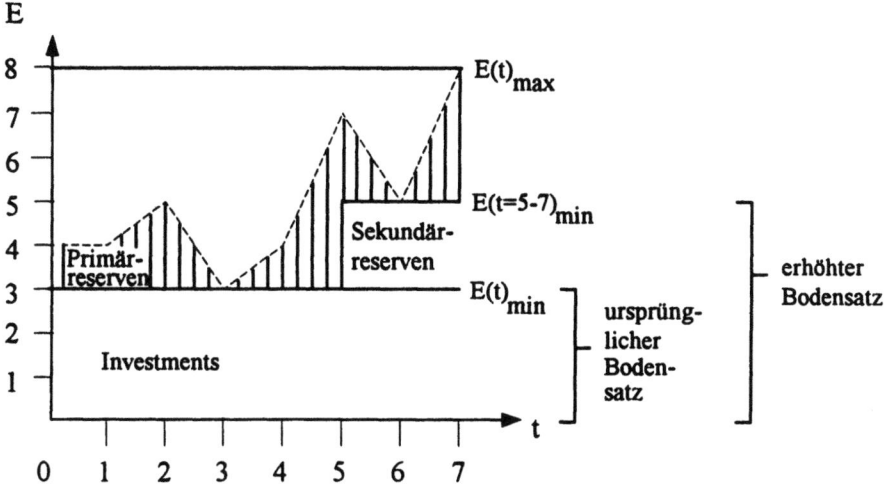

Abb. 4.6.: Erhöhter Bodensatz der Einlagen aufgrund von Sekundärreserven

Unter heutigem Erkenntnisstand ist es sinnvoll, Bodensatzüberlegungen mit Ergebnissen der Shiftability Theory zusammenzuführen. Dann lassen sich Bilanzstrukturnormen ableiten, die zu dem Bilanzbild der Abb. 4.7. führen.

Aktiva	Bilanz	Passiva
Kasse (Primary Reserves) und 'verlustlos' liquidierbare Anlagen (Secondary Reserves)	Nichtbodensatz der Einlagen	
ggf. mit Verlust sowie nicht abtretbare, für die nachhaltige Ertragserzielung bestimmte Anlagen (Investments)	Bodensatz der Einlagen	
der Betriebsbereitschaft dienende Anlagen	Eigenkapital	

Abb. 4.7.: Bilanzstruktur nach Shiftability Theory

Erst eine Liquiditätstheorie, die neben Elementen der Bodensatztheorie die Erkenntnisse der Shiftability Theory berücksichtigt, vermag zu erklären, warum die Banken den veränderten Finanzierungsbedürfnissen ihrer Kundschaft entsprechen konnten, ohne illiquide zu werden.

Dem Schwankungsbereich der Einlagen und damit dem Liquiditätsrisiko wird Rechnung getragen durch Sicherheitsreserven, die nicht nur aus Primary Reserves, sondern vor allem auch aus Secondary Reserves bestehen. Die Sekundärreserven beschreiben Aktiva, die entweder im Markt verkauft oder zur Grundlage von Refinanzierungen (Wechsel-Rediskont) gemacht werden können. Mit der Einführung der Sekundärreserve wird somit auch der Refinanzierungsspielraum sichtbar, den eine Bank bei der Notenbank in Form von Rediskont- und Lombardkrediten sowie bei ihren Partnern am Geldmarkt genießt. Eine Zusatzverschuldung gegenüber anderen Banken kann indessen auch ohne Verwertung der Sekundärreserven vorgenommen werden. Bezieht man darüber hinausgehende Kreditlinien bei den Geldpartnern wie auch mögliche Auszahlungsverpflichtungen aus selbst zugesagten Kreditlinien in die Betrachtung ein, so sind die denkbaren Zahlungsströme aus der Liquiditätsbedingung im finanziellen Bereich der Bank vollständig erfaßt.

4.2.2.4 Die Maximalbelastungstheorie (Insolvenztheorie)

Die bisher betrachteten Liquiditätstheorien stellten auf mehr oder weniger große Liquiditätsbelastungen im Zuge des laufenden Geschäfts einer Bank ab, wie sie in unterschiedlich hohen Bodensätzen der Einlagen zum Ausdruck kommen. Die Liquiditätstheorie von Stützel[251] stellt auf den 'Maximalbelastungsfall' einer Run-Situation ab, in der alle Einleger ihre Guthaben aus der ins Gerede gekommenen Bank abziehen wollen und der Bodensatz somit insgesamt gegen Null tendiert. In diesem Falle müssen alle Passivfälligkeiten durchaus ernst genommen werden. Die Einlagenabzüge sind nicht mehr als voneinander unabhängige Zufallsvariablen anzusehen. Mit termingerechten Rückflüssen der Liquidität aus den Bankanlagen ist nicht mehr zu rechnen. Die Maximalbelastungstheorie würde zu dem Ergebnis führen, daß unter solchen Umständen für die Sicherheit der Existenz eines Kreditinstituts neben der Zinskonstellation die Bonität der Anlagentitel entscheidend sei, da diese vor Fälligkeit durch Abtretung in Zahlungsmittel umgewandelt werden könnten. Dabei muß entsprechend der Unterteilung von Bilanzpositionen in Primärreserven, Sekundärreserven und Investments zwar mit Liquiditätsverlusten gerechnet werden, einer Gefahr, der allerdings vorgebeugt werden kann.

In diesem Zusammenhang rückt Stützel die Pufferfunktion (Garantiefunktion) des Eigenkapitals in den Vordergrund. Solange die Summe der Verluste, die

---

[251] Vgl. Stützel, W., 1983, a.a.O., S. 20ff..

bei vorzeitiger Abtretung der Aktiva hingenommen werden muß, das Eigenkapital nicht übersteigt, liegt keine Überschuldung vor. Die Existenz der Bank wäre damit gesichert.

Die Summe der Abtretungsverluste aus der Verwertung von Aktiva kann andererseits um so kleiner gehalten werden, je mehr es gelingt,

- das Bonitätsrisiko über eine Risikostreuung nach Kreditgrößen,
- eine Diversifikation der Kredite z.b. nach Branchen und
- das Zinsänderungsrisiko durch Zinsgleitklauseln

einzuschränken. Für die Ermittlung möglicher Vermögensverluste ist eine Belastungsrechnung in Form einer sogenannten 'Einlegerschutzbilanz' zu erstellen. Dieses geschieht unter der Annahme, daß die Einlagen zum nächstmöglichen Kündigungstermin abgezogen werden und daß sich für die Anlagen Liquidationswerte ermitteln lassen, die sich aus den Buchwerten abzüglich Abschreibungen zwecks Erfassung von Abtretungsverlusten ergeben.

Eine aufgrund der bisherigen Überlegungen zu strukturierende Bilanz, die auch als Einlegerschutzbilanz bezeichnet wird, hätte die in der Abb. 4.8. gezeigte Struktur.

Aktiva	Bilanz	Passiva
ohne Liquiditätsverluste verwertbare Anlagen (Primär- und Sekundärreserven)	fällige Verbindlichkeiten	
um Liquiditätsverluste berichtigte Anlagen (Investments und Anlagen der Betriebsbereitschaft)	noch nicht fällige Verbindlichkeiten	
Liquidationsverluste	Eigenkapital	

Abb. 4.8.: Struktur einer Einlegerschutzbilanz nach Maximalbelastungstheorie

Die Maximalbelastungstheorie sieht die Existenzbedrohung einer Bank mit Blick auf den Zusammenhang von hauptsächlich zwei unterschiedlichen Ebenen der Liquiditäts- und der Eigenkapitalebene. In einer Situation, in der eine Bank anormal hohe Einlagenabzüge erleidet, ist sie gezwungen, Anlagen vorzeitig und unter Hinnahme von Verlusten zu liquidieren, die das Eigenkapital mindern.

Die Bedeutung der daraus resultierenden Bilanzstrukturrregel wird von Stützel aus den folgenden drei Gründen allerdings überschätzt:

(1) In einer Extremsituation wird das Management einer Bank den Umfang des durch die Maximalbelastungssituation auftretenden Liquiditätsverlustes kaum abschätzen können, so daß auch die Angemessenheit der Höhe des Eigenkapitals nicht eingeschätzt werden kann.

(2) Schätzgrößen für Verluste und der daraus resultierende Eigenkapitalbedarf müssen externen Adressaten glaubhaft gemacht werden können, wenn eine derartige Einlegerschutzbilanz eine wirkliche Schutzfunktion ausüben soll.

(3) Gläubiger noch nicht fälliger Verbindlichkeiten werden darüber hinaus im Run-Fall versuchen, ihre Ansprüche vorzeitig geltend zu machen. Dadurch wäre eine 'ruhige' Abwicklung der Engagements gefährdet, so daß der Verlustumfang deutlich ansteigen würde.

Unter Extrembedingungen ist es nicht ausreichend, bei der Betrachtung des Liquiditätsproblems einer Bank ausschließlich auf die Frage einer ausreichenden Solvabilität abzustellen. Ein Blick auf die nominale Eigenkapitalausstattung der Kreditinstitute dürfte ausreichen, um zu erkennen, daß wesentlich höhere Eigenkapitalquoten erforderlich wären, um der Maximalbelastungstheorie Rechnung tragen zu können.

Daraus ergibt sich wiederum die Bedeutung von Diversifikationsüberlegungen für die Solvenzsicherung einer Bank. Damit hat Stützel den Kerngedanken der Portfolio Selection Theorie für eine Liquiditätstheorie der Banken verfügbar gemacht. Das Risiko der Gesamteinlagen einer Bank hängt demnach nicht nur von der Summe der Risiken aus den Einzelengagements ab, sondern auch von der Korrelation zwischen den Risiken des Einzelengagements.

4.2.2.5 Zusammenfassung

Keine der dargestellten Theorien kann in vollem Umfange befriedigen. Bei der Entwicklung einer Dispositionsregel zur Existenzsicherung einer Bank sollten folgende Elemente Berücksichtigung finden:

(1) die Bodensätze von Einlagen- und Anlagenbeständen einschließlich ggf. 'unsichtbarer' Kreditlinien der Kunden, die durch ökonomische Zielsetzungen oder Motive zu bestimmten Halteperioden beitragen,

(2) die für den Schwankungsbereich von Einlagen- und Anlagebeständen gehaltenen Liquiditätspuffer in Form von Primär- und Sekundärreserven einschließlich des darüber hinaus vorhandenen Refinanzierungsspielraums und

(3) die Qualität der Investments unter Berücksichtigung der Streuung der Anlagen sowie die risikotragenden Eigenkapitalvorräte.

Vor diesem Hintergrund sollen die gesetzlichen Vorschriften für die Bonitätssicherung von Kreditinstituten geprüft werden.

4.3 Bilanzstrukturnormen

Die bankpolitischen Spielräume werden begrenzt durch die Eingriffsmöglichkeiten der Bankenaufsicht. Das Bundesaufsichtsamt ist mindestens für alle im KWG direkt genannten Kreditinstitute zuständig. Ziel der Aufsicht ist die Vermeidung von Turbulenzen am Kapitalmarkt, die insbesondere durch Konkurse von Kreditinstituten ausgelöst werden können und zum Verlust von Kundeneinlagen führen, was das Vertrauen in das deutsche Bankensystem nachhaltig beeinträchtigen würde. Die Konsequenzen für die Geldversorgung der Volkswirtschaft sind in diesem Falle eindeutig. Zur Vermeidung von 'Schieflagen' bei Kreditinstituten wurden geschaffen:

- ein Normensystem, das an Bilanzpositionen anknüpft,
- Eigenkapitalrichtlinien und
- Regeln zur Erfassung von Liquiditätsrisiken.

4.3.1 Das Normensystem und seine Ausnutzung

Das Bundesaufsichtsamt stellt im Einvernehmen mit der Bundesbank und nach Anhörung der Spitzenverbände der Kreditinstitute Grundsätze auf, die im Bundesanzeiger zu veröffentlichen sind (vgl. § 10 Abs. 1 KWG).

Die Bilanzstrukturnormen der Bankaufsicht bestehen aus einem System von Finanzierungsregeln und Regeln zur Einhaltung einer Eigenkapitalmindestausstattung.[252] Die Regeln sind Restriktionen für das Bankgeschäft. Sie lassen sich als mathematische Nebenbedingungen für das Ziel der Gewinnmaximierung formulieren. Die Gesamtheit der Nebenbedingungen zeigt, daß die gewinnmaximale Gestaltung von Unternehmensergebnissen auch im Kreditwesen ein komplexes Simultanplanungsproblem darstellt - mit zahlreichen Interdependenzen und programmabhängigen Engpässen.

(1) Die Summe der gewichteten Risikoaktiva darf das 12,5-fache des haftenden EK nicht übersteigen (vgl. § 10 Abs. 1 KWG i.V.m. Grundsatz I):

$$\sum \text{Risikoaktiva} \leq 12{,}5 \, EK_h$$

(2) Begrenzung des Ergänzungskapitals auf die Höhe des Kernkapitals unter Bezugnahme auf die risikogewichtete Bilanzsumme (§ 10 KWG, G I)

(3) Preisänderungsrisiken von Währungen und Edelmetallen aus bilanziellen und außerbilanziellen Geschäften $\leq 0{,}21 \, EK$

---

[252] Vgl. auch Süchting, J., 1992, a.a.O., S. 337ff..

230 Bankpolitik

Zinsrisiken aus außerbilanziellen Geschäften   ≤ 0,14 EK

sonstige Preisänderungsrisiken, insbesondere aus Termin- und Optionsge-
geschäften mit Aktien und Aktienindizes
(§ 10 KWG i.V.m. G I a)   ≤ 0,07 EK

(4) Aufgrund von § 13 Abs. 3, 4, 6 i.V.m. § 20 KWG wird die Vergabe von Großkrediten begrenzt:

    alle Großkredite (≥ 15% des EK)   ≤ 8 EK_h und

    einzelner Großkredit   ≤ 0,5 EK_h

(5) Langfristige Anlagepositionen müssen durch langfristige Finanzierungsmittel abgedeckt sein (§ 11 KWG i.V.m. G II):

    langfristige Anlagen   ≤ langfr. Finanzierungsmittel

(6) Kurz- und mittelfristige Anlagepositionen sind kurz- und mittelfristig zu refinanzieren (§ 11 KWG i.V.m. G III):

    kurz- und mittelfristige Anlagen   ≤ kurz- und mittelfristige Finanzierungsmittel

(7) Der Gesamtbetrag bedeutender Beteiligungen an anderen Kreditinstituten wird grundsätzlich begrenzt (§ 12 Abs. 5 KWG):

    Beteiligungen   ≤ 0,6 EK

(8) Außerdem gilt für die Gesamtheit des Anlagevermögens eine weitere Begrenzung (§ 12 Abs. 1 KWG):

    Grundstücke, Gebäude, Betriebs-
    und Geschäftsausstattung, Beteili-
    gungen an Kreditinstituten und
    anderen Unternehmen und For-
    derungen an Kapitalgeber   ≤ 1,0 EK_h

Die Kreditinstitute haben ferner einzuhalten: Finanzierungsregeln, Eigenkapitalbelastungsregeln, Konsolidierungsregeln für gruppenzugehörige Kreditinstitute und Risikobegrenzungsregeln

Die Grundsätze über das Eigenkapital und die Liquidität der Kreditinstitute sind, wie bereits im 3. Kapitel ausführlich dargestellt, zuletzt zum 1. Januar 1993 angepaßt worden, um zum einen die Richtlinie des Rates der Europäischen Gemeinschaft vom 18. Dezember 1989 über einen Solvabilitätskoeffizienten für Kreditinstitute (Solvabilitätsrichtlinie) in nationales Recht umzusetzen. Zum anderen war eine Anpassung der Grundsätze an die mit der vierten KWG-Novelle geänderte Eigenkapitaldefinition erforderlich.[253]

4.3.2 Finanzierungsregeln

Als Konkretisierung des § 11 KWG, "Kreditinstitute müssen ihre Mittel so anlegen, daß jederzeit eine ausreichende Zahlungsbereitschaft gewährleistet ist", hat der Gesetzgeber in Anlehnung an wesentliche Aussagen der Liquiditätstheorien Liquiditätsgrundsätze aufgestellt. Der **Grundsatz II** regelt das langfristige Geschäft der Kreditinstitute. Langfristige Aktiva abzüglich der Wertberichtigungen sollen langfristig finanziert werden (Goldene Bankregel). Ergänzt werden die langfristigen Finanzierungsmittel um die in den mittel- und kurzfristigen Passiva enthaltenen Bodensätze (Bodensatztheorie).

Symbole:

V_l = Volumen der anrechenbaren langfristigen Aktivposition l gemäß Grundsatz II in GE

WB_l = Wertberichtigung für Aktivposition l in GE

LF_l = anrechenbare Passivposition l (= langfristig) gemäß Grundsatz II in GE

ANF_l = Anrechnungsfaktor Grundsatz II für langfristige Aktivposition l in GE/GE

(9) $\sum_l (V_l - WB_l) \leq \sum_l ANF_l \cdot LF_l$

Der **Grundsatz III** regelt die Finanzierung derjenigen Aktivgeschäfte, die eine kurz- oder mittelfristige Laufzeit (unter 4 Jahren) aufweisen:

Die relevanten Grundsatz III-Aktiva sollen mit Passiva entsprechender Laufzeiten und ggf. mit dem 'nichtverbrauchten' Überschußbetrag aus Grundsatz II finanziert werden.

Symbole:

V_k = Volumen der anrechenbaren Aktivposition k in GE

WB_k = Wertberichtigung für Aktivposition k in GE

F_k = anrechenbare Passivposition k (= kurzfristig) gemäß Grundsatz III in GE

ANF_k = Anrechnungsfaktor für die Passivposition k Grundsatz III in GE/GE

---

[253] Siehe Deutsche Bundesbank, Monatsbericht, 03/1993, S. 49.

232 Bankpolitik

$FÜ^{II}$ = Finanzierungsüberschuß oder -fehlbetrag aus Grundsatz II in GE

(10) $\sum_k (V_k - WB_k) \leq \sum_k F_k \cdot ANF_k + FÜ^{II}$

An den Grundsätzen II und III hatte sich mit der Vierten KWG-Novelle grundsätzlich nichts geändert. Trotz der Einführung des Prinzips der Heimatlandkontrolle gelten die Grundsätze auch für Zweigstellen von Banken aus EU-Staaten weiter, allerdings benötigen diese kein Dotationskapital mehr als Eigenkapital. Das Dotationskapital konnte bisher in voller Höhe als Finanzierungsmittel im Grundsatz II berücksichtigt werden. Die teilweise Neufassung der Grundsätze II und III hat zur Folge, daß die genannten Zweigstellen in Beachtung der Liquiditätsgrundsätze Aktiv- und Passivpositionen gegenüber der Zentrale künftig nicht mehr saldieren dürfen, sondern die Positionen laufzeitgerecht brutto in die Grundsätze II und III einstellen müssen. Dadurch ist sichergestellt, daß die einzelnen Posten laufzeitgerecht erfaßt werden.[254]

Die nicht in den Grundsätzen II und III enthaltenen Finanzierungsmittel stellen diejenigen Passiva dar, die als Mindestmaß an Liquiditätsvorsorge in liquiden oder leicht verwertbaren Aktiva angelegt werden müssen. Analysen im Kapitel 3 hatten gezeigt, daß mit den Grundsätzen auch die kurzfristig angelegte Liquiditätsvorsorge vollständig determiniert ist. Als liquide (Mittel) werden angesehen (Realisationstheorie):

- Primärreserven (Kasse),
- Sekundärreserven, die sich im Bedarfsfalle ohne zeitliche Verzögerungen und weitgehend verlustlos in Primärreserven überführen lassen (Geldmarktpapiere und insbesondere Forderungen an Kreditinstitute unter drei Monaten, darüber hinaus solche mit weniger als vierjähriger Laufzeit, nicht indessen der Wechselbestand),
- börsengängige festverzinsliche Wertpapiere (also auch Investments), obwohl sie nicht zu 100% bei der Bundesbank beliehen und bei Verkauf vor Fälligkeit Kursverluste nicht ausgeschlossen werden können.

In der zugrundeliegenden Annahme, daß diese Vermögenspositionen unabhängig von ihrer natürlichen Liquidität bei Fälligkeit jederzeit und relativ verlustlos zu liquidieren sind, werden hier Elemente der Shiftability Theory sichtbar.

Als weitere Finanzierungsregel ist § 12 Abs. 1 i.V.m. Abs. 2 KWG anzusehen (vgl. Nebenbedingung (8)). Danach dürfen Anlagen eines Kreditinstitutes in Grundstücken, Gebäuden, Schiffen, Betriebs- und Geschäftsausstattung, Anteilen an Kreditinstituten und an sonstigen Unternehmen, Forderungen aus Vermögenseinlagen als stiller Gesellschafter und aus Genußrechten das haf-

---

[254] Siehe Deutsche Bundesbank, Monatsbericht 03/1993, S. 57.

tende Eigenkapital grundsätzlich nicht überschreiten. Ausgenommen ist Anteilsbesitz, wenn er nicht mehr als 10 % des haftenden Eigenkapitals beträgt.

Bei den Finanzierungsregeln handelt es sich um grundsätzlich auf vertraglich vereinbarte Laufzeiten (nicht Restlaufzeiten) abstellende, horizontale Finanzierungsregeln, die allerdings statistisch ausgewertete Erfahrungen in der Kreditwirtschaft über unterschiedlich hohe Bodensätze bei verschiedenen Passivpositionen berücksichtigen und im Schwankungsbereich der Passivpositionen die Unterhaltung einer kurzfristig fälligen bzw. verwertbaren Sekundärreserve erzwingen.

4.3.3 Allgemeine Eigenkapitalbelastungsregeln

Genau definierte Eigenkapitalbestandteile dienen der Begrenzung des Adressenausfallrisikos. Von zentraler Bedeutung ist hierbei der Grundsatz I.

Vom Konzept her beinhaltet er die Gegenüberstellung von gesetzlich definierter Haftungsmasse und Aktivpositionen, für die Risikoklassen vorgegeben sind, denen diese Positionen zuzuordnen sind.

Als Konkretisierung der Forderung nach einem angemessenen haftenden Eigenkapital im § 10 KWG nimmt der Gesetzgeber über Grundsatz I auf die Struktur des Kreditportfolios Einfluß, indem verschiedene Anrechnungssätze für die mit unterschiedlichem Risiko behafteten Aktiva (Bilanzaktiva, 'traditionelle' außerbilanzielle Geschäfte wie zum Beispiel Bürgschaften, Akkreditive und Kreditzusagen, Finanz-Swaps, Finanz-Termingeschäfte und Optionsrechte über einen vertretbaren Geschäftsgegenstand) vorgegeben werden. Diese katalogisierten Risikoaktiva abzüglich Wertberichtigungen sind in ihrer Summe mit mindestens 8% Haftungskapital zu unterlegen;[255] das haftende Eigenkapital besteht wie bereits gesagt aus Kern- und Ergänzungskapital, wobei das Kernkapital mindestens 50% des Haftungskapitals zu betragen hat. Die Risikoposition wird also gerade noch als zulässig angesehen, wenn die Summe der Risikoaktiva geringer als das 12,5fache des haftenden Eigenkapitals ist:

Symbole:

$V_{a'}$ = im Grundsatz I anzurechnendes Aktivum der Risikoaktivposition a' in GE

$WB_{a'}$ = Wertberichtigung der Aktivposition a' in GE

$ANF_{a'}$ = Anrechnungsfaktor der Risikoaktivposition a' in GE/GE

---

[255] Siehe Deutsche Bundesbank, Monatsbericht 03/1993, S. 50.

EK$_h$ = haftendes Eigenkapital, Kernkapital + Ergänzungskapital in GE

$$\sum_{a'} (V_{a'} - WB_{a'}) \cdot ANF_{a'} \leq 12{,}5 \, EK_h$$

Die frühere Meßgröße des Grundsatz I für ein ausreichendes Eigenkapital besagte, daß die gewichteten Risikoaktiva abzüglich der Wertberichtigungen 'im Regelfall' höchstens das 18fache des haftenden Eigenkapitals ausmachen durften, ohne Unterscheidung in Kern- und Ergänzungskapital. Die neue Regelung wirkt also restriktiver, denn im Gegensatz zur früheren Regelung darf der Mindestkoeffizient zu keinem Zeitpunkt überschritten werden.

Die Neufassung des Eigenkapitalgrundsatzes I in der Vierten KWG-Novelle sollte in erster Linie der Schaffung eines einheitlichen EG-Binnenmarktes zum 1. Januar 1993 Rechnung tragen. Ausgangspunkt war die Empfehlung des Baseler Eigenkapitalkomittees (Cooke-Empfehlungen) von 1988. Auf dieser Eigenkapitalempfehlung basieren die EG-Eigenmittel- und die EG-Solvabilitätsrichtlinie.[256] Der Grundsatz I ist damit von einem bisher das Kreditrisiko begrenzenden Grundsatz zu einem generellen, nunmehr auch bilanzunwirksame Geschäfte umfassenden Grundsatz für das Ausfallrisiko erweitert worden. Nachfolgende Ausführungen ergänzen das Rechenschema im Punkt 3.4.3.

Definierten Risikoklassen werden seit der Vierten KWG-Novelle die folgenden Eigenkapitalbestandteile als Risikoträger gegenübergestellt:[257]

Zum **Kernkapital** zählen im wesentlichen die Komponenten:
- eingezahltes Kapital,
- offene Rücklagen,
- beschlossene Zuweisungen zum Eigenkapital oder zu den Rücklagen,
- der Sonderposten für allgemeine Bankrisiken (versteuerte Mittel, die über die GuV in die neue Bilanzposition einfließen und gemäß § 340g HGB zur Akdeckung allgemeiner Bankrisiken eingesetzt werden),
- Vermögenseinlagen stiller Gesellschafter sowie
- unter gewissen Voraussetzungen das nachgewiesene, freie Vermögen des haftenden Bankinhabers oder der persönlich haftenden Gesellschafter.[258]

Zum **Ergänzungskapital erster** Klasse zählen:
- die versteuerten Pauschalwertberichtigungen / Vorsorgeaufwendungen gemäß § 340f HGB,
- die nicht realisierten Reserven (Neubewertungsreserven) bei Grundstücken, Gebäuden, Wertpapieren und Investmentanteilen werden bei einer Kernkapital-

---

[256] Vgl. Deutsche Bundesbank, Monatsbericht 03/1993, S. 49f..
[257] Im folgenden siehe Genossenschafts-Kurier 1/93, S. 11.
[258] Vgl. Emmerich, V.: Die vierte KWG-Novelle Teil 1, in: FLF, 40. Jg., 2/1993, S. 48.

quote von mindestens 4,4% als Ergänzungskapital anerkannt und können dem haftenden Eigenkapital bis zu 1,4% der nach ihrem Risiko gewichteten Gesamtaktiva zugerechnet werden. Vom Unterschiedsbetrag zwischen Buchwert und Beleihungswert werden gemäß § 10 Abs. 4a KWG bei Grundstücken 45% und bei Wertpapieren 35% berücksichtigt,

- das Genußrechtskapital wird bis zur Höhe des Kernkapitals anerkannt und
- Rücklagen nach § 6b EStG sind zu 45% unter bestimmten Bedingungen berücksichtigungsfähig.

Zum **Ergänzungskapital zweiter Klasse** gehören:

- nachrangige Verbindlichkeiten, wenn sie gemäß § 10 Abs. 5a KWG hinsichtlich ihrer aufsichtlichen Anforderungen entsprechend den Genußrechten ausgestaltet sind. Allerdings haften nachrangige Verbindlichkeiten nur im Falle des Konkurses oder der Liquidation. Während der Restlaufzeit von zwei Jahren werden sie noch zu 40% anerkannt,
- der Haftsummenzuschlag.

Die gesamten ergänzenden Eigenkapitalkomponenten werden nur bis zur Höhe des Kernkapitals als haftendes Eigenkapital anerkannt, das Ergänzungskapital zweiter Klasse nur bis zu 50% des Kernkapitals.

Seit der Rechtswirksamkeit der Vierten KWG-Novelle sind Abzüge vom Eigenkapital vorzunehmen bei Beteiligungen, Genußrechten und nachrangigen Verbindlichkeiten an Kredit- und Finanzinstituten, wenn:

- die Beteiligungsquote an den Instituten mehr als 10% beträgt und eine Konsolidierung nach § 10a KWG nicht durchgeführt wird, in Höhe des Buchwertes,
- die Beteiligungsquoten sich auf höchstens 10% belaufen, soweit der Gesamtbuchwert höher als 10% des Kernkapitals und Ergänzungskapitals des Institutes ist.

Die Risikoaktiva werden in unterschiedlicher Weise auf die Kreditgewährungsmöglichkeiten in Abhängigkeit vom haftenden Eigenkapital angerechnet. Von der Bankenaufsicht werden die Risikoaktiva entsprechend dem Adressenausfallrisiko nach der Bonitätskategorie des Garanten oder Sicherungsgebers **Risikoklassen** zugeordnet. Die auch bisher schon im Grundsatz I enthaltenen Adressengewichtungssätze 0%, 20%, 50% und 100% sind beibehalten worden. Da die Adressengewichtung aber nicht mehr nur auf Bilanzaktiva und Termingeschäfte, sondern auch auf 'traditionelle' außerbilanzielle Geschäfte angewandt wird, kann es im Falle von nur mit 50% oder 20% gewichteten Geschäften bei gleichzeitig niedrigem Adressengewichtungssatz zu geringeren 'durchgerechneten' Anrechnungssätzen kommen;[259] es sind fünf Risikoklassen vorgesehen:

---

[259] Siehe Deutsche Bundesbank, Monatsbericht, 03/1993, S. 52.

Risikoklasse I mit einem Anrechnungssatz von 0% (kein 'Verbrauch' von Eigenkapital):

- Forderungen (auch aus Swap-, Termin- und Optionsgeschäften) an den Bund und gegenüber den Ländern und Gemeinden einschließlich der kommunalen Zweckverbände mit hoheitlichen Aufgaben sowie die jeweiligen Sondervermögen, die Bahn AG und die Postbank AG,

- Forderungen (auch aus Swap-, Termin- und Optionsgeschäften) an rechtlich unselbständige Wirtschaftsunternehmen der öffentlichen Hand (nicht dagegen nachgeordnete staatliche Verwaltungseinrichtungen der genannten Gebietskörperschaften sowie Forderungen an nicht erwerbswirtschaftliche Unternehmen im Besitz inländischer Gebietskörperschaften),

- Forderungen (auch aus Swap-, Termin- und Optionsgeschäften) an Zentralregierungen und Zentralnotenbanken der (Präferenz-) Zone A (OECD-Staaten) und von diesen gewährleistete Risikopositionen (auch Swaps, Terminkontrakte und Optionen),

- Forderungen gegenüber dem eigentlichen Auslandsbereich der (Präferenz-) Zone B, wenn die ausländischen Aufsichtsbehörden von ihrem Wahlrecht einer 0%-Anrechnung Gebrauch gemacht haben sowie

- Forderungen die im vollem Umfang durch die folgenden Sicherheiten gedeckt sind:

    -- Wertpapiere einer Zentralregierung oder Zentralnotenbank der Zone A sowie der EU

    -- Einlagenzertifikate oder ähnliche Papiere, die vom kreditgewährenden Institut ausgegeben wurden und bei diesem hinterlegt sind,

    -- Bareinlagen beim kreditgewährenden Institut und

- nicht in Anspruch genommene Kreditfazilitäten, wie z.B. Kreditzusagen und Ankaufzusagen, die eine Ursprungslaufzeit von höchstens einem Jahr haben oder jederzeit widerrufen werden können.[260]

Risikoklasse II mit einem Anrechnungsatz von 20%:

- Risikoaktiva, die von nicht erwerbswirtschaftlich tätigen Unternehmen im Besitz inländischer Gebietskörperschaften geschuldet oder garantiert werden,

---

[260] Siehe Deutsche Bundesbank, Monatsbericht, 03/1993, S. 52f..

- Risikoaktiva, deren Erfüllung von ausländischen Regionalregierungen und örtlichen Gebietskörperschaften von Nicht EU-Ländern der Zone A sowie von EU-Ländern, die nicht von ihrem Wahlrecht der 0%-Gewichtung Gebrauch gemacht haben, geschuldet und vorbehaltslos garantiert werden,

- Risikoaktiva, deren Erfüllung durch Wertpapiere ausländischer Regionalregierungen und örtlicher Gebietskörperschaften der Zone A gesichert werden,

- Forderungen (auch aus Swap-, Termin- und Optionsgeschäften) an inländische Banken, multilaterale Entwicklungsbanken und ausländische Kreditinstitute (Institute mit Sitz in EU-Staaten, wenn sie nach den dort geltenden Vorschriften als Kreditinstitut zugelassen sind bzw. mit Sitz in Nicht-EU-Staaten, wenn sie das Einlagen- und Kreditgeschäft betreiben) mit Sitz in einem Land der Zone A,

- Risikoaktiva, die durch Sicherheiten in Form von Bareinlagen, die bei einem anderen Kreditinstitut der Zone A hinterlegt sind, und durch Einlagenpapiere eines anderen Kreditinstituts der Zone A gesichert sind,

- Eventualforderungen für unbestätigte Akkreditive,

- Pfandbriefe, Hypothekenbriefe und Schiffspfandbriefe (ab dem 1. Januar 1998 ist ein reduzierter Anrechnungssatz von 10% zur Entlastung der Märkte dieser Papiere vorgesehen),

- Forderungen an Kreditinstitute der Zone B mit einer Laufzeit unter einem Jahr sowie

- durch Warenpapiere gesicherte Dokumentenakkreditive.[261]

Risikoklasse III mit einem Anrechnungsatz von 50%:

- Realkredite, die gewerblich oder für Wohnzwecke genutzt werden,

- Bietungs- und Erfüllungsgarantien,

- die Eröffnung und Bestätigung von Akkreditiven,

- Kreditzusagen mit einer Laufzeit von mehr als einem Jahr, welche nicht vorbehaltlos von der Bank gekündigt werden können,

- Verpflichtungen aus **Euronotes**-Fazilitäten (Revolving Underwriting Facilities, RUF's und Note Issuance Facilities, NIF's) an Nichtbanken und Kreditinstitute der Zone B und

---

[261] Siehe Deutsche Bundesbank, Monatsbericht, 03/1993, S. 52, 57.

- Gewährleistungen für Swaps, Finanzterminkontrakte und Optionen von Nichtbanken.[262]

Risikoklasse IV mit einem Anrechnungsatz von 70% ist für Bausparkredite der Bausparkassen vorgesehen, wenn der Darlehensbestand mit mindestens 60% durch Grundpfandrechte unter Einhaltung der Beleihungsgrenze von 80% gesichert ist.[263]

Risikoklasse V mit einem Anrechnungsatz von 100% gilt für Risikoaktiva, für die ein niedriger Anrechnungssatz nicht ausdrücklich vorgesehen ist, z.B.:

- Schuldtitel von Unternehmen und Privatpersonen,
- Aktien und Investmentzertifikate,
- Beteiligungen,
- Forderungen an Zentral-, Regionalregierungen und örtliche Gebietskörperschaften der Zone B,
- Forderungen an Kreditinstitute der Zone B mit einer Laufzeit von über einem Jahr,
- Bürgschaften und Garantien für Bilanzaktiva (werden zusätzlich mit der Adresse gewichtet),
- Terminkäufe auf Bilanzaktiva,
- Aktivaverkäufe mit einer Rücknahmepflicht des Verkäufers und
- unechte Pensionsgeschäfte mit einer Rücknahmepflicht des Pensionsgebers.[264]

In diesem Zusammenhang sei nochmals auf die Übersichtstabelle zu den neuen Bonitätsgewichtungsfaktoren im dritten Kapitel verwiesen.

Eine Bank, die an der Kapazitätsgrenze ihres Eigenkapitals operiert, kann demnach Wachstum nur noch erreichen, wenn sie eine Kapitalerhöhung vornimmt oder in risikoarme bzw. risikofreie Aktiva investiert, wie in der Übungsaufgabe 3.1. im 3. Kapitel rechnerisch belegt wurde.

Der Gesetzgeber zwingt dadurch die Kreditinstitute zu einer Politik der Risikokompensation über die verschiedenen Geschäftsarten. Steigt das Investitionsrisiko einer Bank, weil als Folge einer Umstrukturierung der Aktiva in schlechtere Risikoklassen, gegebenenfalls mit erhöhtem Wertberichtigungsbedarf, das Kapitalstrukturrisiko zunimmt, so muß dieses Risiko durch Erhöhung des Eigenkapitalanteils wieder gesenkt werden. Erhöht sich das Kapitalstrukturrisiko infolge Zurückbleibens des Eigenkapitalanteils gegenüber

---

[262] Siehe Deutsche Bundesbank, Monatsbericht, 03/1993, S. 51, 54.
[263] Siehe ebenda, S. 55.
[264] Siehe ebenda, S. 51, 55.

dem Wachstum des Gesamtkapitals, so ist eine Umstrukturierung der Bankanlagen in diejenigen Risikoklassen anzustreben, die mit weniger Eigenkapital zu unterlegen sind. Hieraus zeigt sich das Interdependenzproblem, über das die zahlreichen Bankgeschäfte miteinander verknüpft sind.

Da Fragen der Eigenkapitalausstattung eines Einzelkreditinstitutes im dritten Kapitel bei der Kurzbehandlung der Eigenkapitalgrundsätze im Rahmen der Darstellung der rechtlichen Grundlagen des Bankgeschäftes aufgegriffen und in der Übungsaufgabe 3.1. vertieft worden sind, sollen nun Besonderheiten der Eigenkapitalausstattung von Kreditinstituts**gruppen** aufgegriffen werden.

4.3.4 Konsolidierung bei Kreditinstitutsgruppen

Im § 10a KWG ist der Gesetzgeber der Forderung nachgekommen, daß auch Kreditinstitutsgruppen entsprechend den für das Einzelinstitut gültigen Regelungen ein angemessenes haftendes Eigenkapital nachweisen müssen. Diese Norm wurde im Grundsatz I insbesondere über Absatz 2 konkretisiert.

In der Vergangenheit veränderte sich die Risikosituation der Kreditinstitute als Folge der nationalen und internationalen Verflechtungen untereinander mit der Entstehung von Bankkonzernen. Innerhalb dieser Bankkonzerne konnte die o.g. Eigenkapitalbelastungsregel in Form von sogenannten Mehrfachbelegungen des Eigenkapitals, die den Aufbau von Kreditpyramiden zuließen, umgangen werden. Folgendes Beispiel soll dieses verdeutlichen, für die A-Bank gilt folgende vereinfachte Bilanz:

Bilanz A-Bank	
Kasse 100	Einlagen 1200
Kredite 1200	EK_h 100
1300	1300

Grundsatz I: $K \leq 12{,}5 \cdot EK_h$

A - Bank: $1200 < 12{,}5 \cdot 100$

$\Rightarrow$ Grundsatz I ist erfüllt.

Im Rahmen von Expansionsbestrebungen der A-Bank gründet diese die B-Bank und stattet sie mit haftendem Eigenkapital in Höhe von 50 GE aus, so daß letztere eine 100 %-ige Tochter der A-Bank ist. Innerhalb einer einheitlich ausgerichteten Kreditpolitik kann sowohl die Muttergesellschaft A-Bank als auch die Tochtergesellschaft B-Bank einzeln betrachtet den Grundsatz I erfüllen:

Bilanz A-Bank			Bilanz B-Bank		
Kasse	50	Einlagen 1200	Kasse	25	Einlagen 600
Kredite	1200	EK_h 100	Kredite	625	EK_h 50
Bet. B	50				
	1300	1300		650	650

Grundsatz I: $B + K \leq 12{,}5 \cdot EK_h$

A - Bank: $50 + 1200 = 12{,}5 \cdot 100$ B - Bank: $625 = 12{,}5 \cdot 50$

$\Rightarrow$ Grundsatz I ist erfüllt. $\Rightarrow$ Grundsatz I ist erfüllt.

Unter Risikogesichtspunkten muß allerdings bedacht werden, daß das haftende Eigenkapital der B-Bank aus finanziellen Mitteln der A-Bank stammt und somit haftendes Eigenkapital des Mutterunternehmens A-Bank darstellt. Konsequenterweise sind die Kredite der B-Bank durch originäres Eigenkapital der A-Bank zu unterlegen. Somit müssen für eine Berechnung der Auslastung von Gundsatz I bezogen auf die A-Bank statt der Beteiligung an der B-Bank, die von B vergebenen Kredite berücksichtigt werden. Die Risikoaktiva beider Banken sind daher zu summieren und um den Beteiligungsbuchwert zu korrigieren (§ 10 Abs. 3 KWG). Gleiches gilt für das haftende Eigenkapital.

Eine erneute Berechnung der Grundsatz I-Auslastung setzt die Erstellung einer konsolidierten Bankbilanz voraus. Es zeigt sich, daß A- und B-Bank als Einheit betrachtet nicht über ein angemessen haftendes Eigenkapital verfügen, da auf der Basis des originären Eigenkapitals eine Kreditpyramide mit der Folge der Überschreitung des zulässigen Kreditvolumens nach Grundsatz I aufgebaut wurde:

konsolidierte Bilanz A+B			
Kasse	75	Einlagen A	1200
Kredite A	1200	Einlagen B	600
Kredite B	625	EK_h	100
	1900		1900

Grundsatz I: $K_A + K_B \leq 12{,}5 \cdot EK_{hA}$

A und B konsolidiert: $1200 + 625 = 18{,}25 \cdot 100$, demnach $> 12{,}5 \cdot 100$

$\Rightarrow$ Grundsatz I ist nicht erfüllt.

Um eine solche Mehrfachbelegung des ursprünglich vorhandenen Eigenkapitals zu vermeiden, wird die Einhaltung der Eigenkapitalbelastungsregeln durch die Kreditinstitute auf der Basis konsolidierter Zahlen durch das BAK und die Deutsche Bundesbank überwacht. Rechtsgrundlage bezüglich Einhaltung der Eigenkapitalbelastungsregeln ist der § 10a KWG, durch welchen auch für Kreditinstitutsgruppen ein angemessenes Eigenkapital verlangt wird.

4.3.4.1 Konsolidierungskreis und Konsolidierungspflicht

Die Pflicht zur Konsolidierung wurde eingeführt, um die Angemessenheit des haftenden Eigenkapitals auch für Kreditinstitutsgruppen kontrollieren zu können. Betroffen von dieser Verpflichtung ist stets das übergeordnete Institut, das die Verantwortung für die Zusammenfassung und die angemessene Eigenkapitalausstattung der Gruppe trägt.

Bis zum 31.12.95 wurden lediglich nachgeordnete Kreditinstitute sowie Leasing- und Factoringunternehmen in die Konsolidierung einbezogen. Seit Inkrafttreten der Fünften KWG-Novelle umfaßt der Konsolidierungskreis zusätzlich auch nachgeordnete Finanzinstitute wie z.B. Beteiligungsgesellschaften oder Kreditkartengesellschaften. Darüber hinaus sind seitdem auch Unternehmen, die bankbezogene Hilfsdienste leisten, einzubeziehen. Solche Hilfsunternehmen sind beispielsweise Rechenzentren und Immobilienverwaltungsgesellschaften. Eine Ausnahme besteht für Kapitalanlagegesellschaften, weil sie nach EG-Recht weder Kredit- noch Finanzinstitute sind. Eine Konsolidierungspflicht entfällt, wenn alle nachgeordneten Unternehmen Hilfsunternehmen sind.

In die Konsolidierung einzubeziehen sind alle nachgeordneten Unternehmen, an denen eine unmittelbare oder mittelbare Beteiligung (über Zwischengesellschaften) von mindestens 40% besteht (erhebliche Beteiligung). Des weiteren müssen alle Unternehmen berücksichtigt werden, auf die ein beherrschender Einfluß ausgeübt werden kann. Dies kann insbesondere bei mittelbaren Beteiligungen, deren durchgerechnete Quote unter 40% liegt, der Fall sein. Eine Ausnahme besteht für nachgeordnete Unternehmen von untergeordneter Bedeutung. Dieses kann bei einer Bilanzsumme von bis zu 10 Mio. ECU oder weniger als 1% der Bilanzsumme des übergeordneten Unternehmens angenommen werden.

Nachgeordnete Unternehmen, die in die Konsolidierung eines übergeordneten Unternehmens einbezogen werden, sind ihrerseits von der Pflicht zur Konsolidierung befreit, sofern die entsprechende Untergruppe mindestens zu einem Anteil von 75% in den zusammengefaßten Abschluß des Mutterinstituts eingeht. Die Fünfte KWG-Novelle führte zu einer Sonderregelung für den Fall, daß an der Spitze einer Kreditinstitutsgruppe eine Finanzholding (Nichtbank) steht, um der Möglichkeit, auf diese Weise die Bestimmungen zur Eigenmittelausstattung zu unterlaufen, vorzubeugen. Da die Beaufsichtigung einer Holding rechtlich nicht möglich ist, trifft die Pflicht zur Konsolidierung der gesamten Gruppe in diesem Fall das der Finanzholding nachgeordnete Institut mit der größten Bilanzsumme.

4.3.4.2 Konsolidierungsverfahren

Vor dem Hintergrund der bankrechtlichen Beaufsichtigung ist lediglich eine Konsolidierung der Bilanz, nicht aber der GuV-Rechnung erforderlich. Da ein Mindestmaß an Haftungs- und Pufferfunktion des Eigenkapitals gewährleistet werden soll, reicht eine Überprüfung des Risikoverbundes mit Hilfe der konsolidierten Gesamtbilanz aus.

Unter Konsolidierung wird üblicherweise die Zusammenfassung einzelner Jahresabschlüsse von Konzernunternehmen zu einem Konzernabschluß verstanden. Unternehmensinterne Forderungen, Verbindlichkeiten und Zwischengewinne werden bei der Konsolidierung weggelassen, so daß Konzern-Bilanz und Konzern-Gewinn- und Verlustrechnung das auf die Schnittstellen zur konzernexternen Umwelt bezogene nach § 264 HGB für Kapitalgesellschaften geforderte Bild der Vermögens-, Finanz- und Ertragslage vermittelt. Die aufsichtsrechtlich vorgeschriebene Konsolidierung dient dagegen nur dem Eigenkapitalnachweis im Sinne der Grundsatzeinhaltung. Die Aufstellung einer Konzern-Gewinn- und Verlustrechnung erübrigt sich damit. Aufsichtsrechtlich relevant sind lediglich die Vollkonsolidierung und die Quotenkonsolidierung. Bei der **Vollkonsolidierung** werden alle konsolidierungspflichtigen Positionen mit ihren in den Einzelbilanzen stehenden Nominalwerten in die Konzernrechnung übernommen. Bei der **Quotenkonsolidierung** werden die relevanten Bilanzpositionen anteilig entsprechend den Gesellschaftsanteilen übergeordneter Gesellschaften übernommen. Insbesondere bei der Ergänzungskapitalzusammenfassung sind zusätzlich Höchstgrenzen zu beachten, auf die noch speziell Bezug zu nehmen ist.

Verfahrenstechnisch bewirkt die Konsolidierung von Einzelbilanzen zur Konzernbilanz, daß die Beteiligungen des übergeordneten Kreditinstituts am Eigenkapital der nachgeordneten Unternehmen gegen den Buchwert seiner Beteiligung aufgerechnet werden. Zur Ermittlung des haftenden Eigenkapitals einer Kreditinstituts- oder Finanzholding-Gruppe sind die verschiedenen Eigenkapitalkomponenten der gruppenangehörigen Unternehmen einschließlich der Anteile fremder Gesellschafter zusammenzufassen und um gruppeninterne Kapitalanteile und Eigenkapitalsurrogate zu bereinigen (§ 10a Abs. 6 S. 3 Hs. 1 KWG-N). Dabei wird explizit klargestellt, von welchen Eigenkapitalkomponenten die jeweiligen Buchwerte abzuziehen sind. Der Abzug erfolgt von den (konsolidierten) Komponenten, denen sie bei der Ermittlung des haftenden Eigenkapitals auf der Ebene des Einzelinstituts zugerechnet wurden.

Um die vorgeschriebene Mindestausstattung einer Kreditinstitutsgruppe mit Eigenmitteln zweifelsfrei feststellen zu können, ist das Konsolidierungsverfahren, nach dem zusammengefaßt werden muß, festgelegt worden. Die Art des anzuwendenden Verfahrens hängt dabei von der Höhe der jeweiligen Beteiligung ab.

Für Mehrheitsbeteiligungen (> 50%) ist das Verfahren der Vollkonsolidierung vorgesehen. Nach §10a Abs. 6 S. 1 Hs. 1 KWG-N verlangt dieses die Zusammenfassung des gesamten haftenden Eigenkapitals einschließlich der Anteile anderer Gesellschafter und der gewichteten Risikoaktiva der gruppenangehörigen Unternehmen. Für Mehrheitsbeteiligungen unter 100% bedeutet dieses aus der Sicht des Mutterinstituts, daß einem in Höhe der Anteile im Fremdbesitz zu hoch ausgewiesenen haftenden Eigenkapital Risikoaktiva gegenüberstehen, die das Haftungspotential in Höhe der Differenz zwischen der Anrechnung zu 100% und der tatsächlichen Beteiligungsquote belasten. Bei mittelbaren Beteiligungen, die jeweils durch Mehrheitsbeteiligungen vermittelt werden, ist das Verfahren der Vollkonsolidierung auch dann anzuwenden, wenn die durchgerechnete Quote unter 50% liegt. In diesen Fällen kann von einem beherrschenden Einfluß des konsolidierungspflichtigen Mutterinstituts ausgegangen werden.

Für erhebliche Beteiligungen (≥ 40%), die keine Mehrheitsbeteiligungen darstellen, ist die Quotenkonsolidierung vorgeschrieben (§10a Abs. 7 KWG-N). Das übergeordnete Kreditinstitut hat in diesen Fällen den seiner Beteiligungsquote entsprechenden Anteil an den risikotragenden Aktiva und an den als haftendes Eigenkapital anerkannten Passiva der gruppenangehörigen Unternehmen bei sich zusammenzufassen. Bei der Quotenkonsolidierung wird nur auf Kapitalanteile abgestellt, Stimmrechte bleiben außer Betracht. Die quotale Zusammenfassung war bis zum 31.12.95 für alle erheblichen Beteiligungen, also auch für Mehrheitsbeteiligungen, als Regelverfahren vorgeschrieben.

Unmittelbare Beteiligungen von wenigstens 10% bis unter 40%, für die keine Pflicht zur Zusammenfassung besteht, können nach §10 Abs. 6a S. 3 KWG-N auf freiwilliger Basis konsolidiert werden. Anderenfalls findet das Abzugsverfahren Anwendung. Hierbei wird vereinfachend bei dem übergeordneten Kreditinstitut allein der Buchwert der Beteiligung vom Eigenkapital abgezogen. Die Entscheidung über Abzug oder Konsolidierung kann seit Inkrafttreten der Fünften KWG-Novelle einzelfallbezogen getroffen werden. Die Anwendung des Abzugsverfahrens ist in den Fällen zweckmäßig, in denen die notwendigen Informationen für eine Zusammenfassung nicht beschafft werden können. In allen anderen Fällen ist die Quotenkonsolidierung zu bevorzugen, da sonst erhebliche Nachteile durch die stärkere Beschränkung des Aktivgeschäftsvolumens entstehen können.

Sofern das Zehnfache der Summe aller unmittelbaren Beteiligungen von weniger als 10% das haftende Eigenkapital des übergeordneten Instituts nicht übersteigt, bleiben diese Beteiligungen bei der Zusammenfassung unberücksichtigt (§10 Abs. 6a S. 1 Nr. 5 KWG-N). Anderenfalls wird das Abzugsverfahren angewendet.

Das folgende Beispiel der Abb. 4.9. soll die Anwendung der Konsolidierungsvorschriften verdeutlichen:

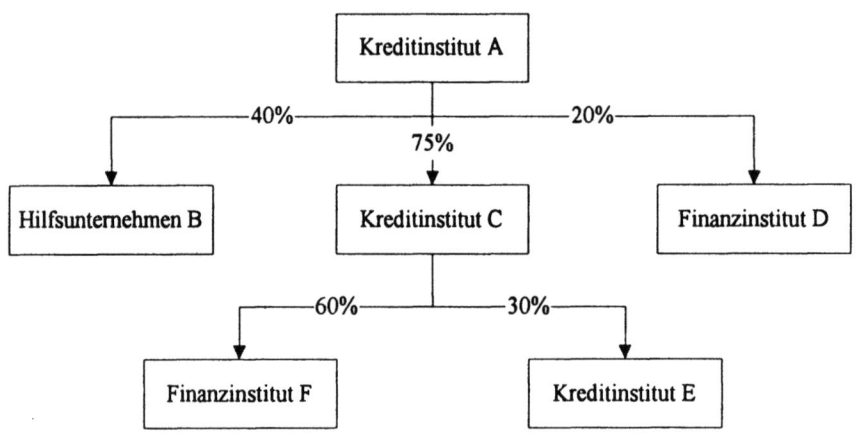

Abb. 4.9.: Konzernbeispiel

Kreditinstitut A ist aufgrund seiner Beteiligungen an B und C konsolidierungspflichtig (§ 10a Abs. 2 KWG-N). Kreditinstitut C ist gemäß § 10a Abs. 10 KWG-N von der Pflicht zur Unterkonsolidierung befreit, weil es als nachgeordnetes Unternehmen von Kreditinstitut A bei dessen Konsolidierung zu berücksichtigen ist. In die pflichtweise Zusammenfassung bei A geht neben den unmittelbaren Beteiligungen an B und C auch die mittelbare Beteiligung an F ein, da die durchgerechnete Quote 45% beträgt und somit eine erhebliche Beteiligung vorliegt. Aus diesem Grund braucht weder A seine Beteiligungen an B und C, noch C seine Beteiligung an F vom haftenden Eigenkapital abzuziehen (§ 10 Abs. 6a S. 2 KWG-N). Kreditinstitut A kann den Abzug der Beteiligung an D nun dadurch vermeiden, daß es diese freiwillig in die ohnehin erforderliche Zusammenfassung einbezieht. Kreditinstitut C kann dagegen den Abzug der Beteiligung an E nur dann vermeiden, wenn es diese Beteiligung trotz Befreiung freiwillig nach den Bestimmungen des § 10a KWG-N konsolidiert (§ 10 Abs. 6a S.3 KWG-N).

Die Ermittlung des konsolidierten haftenden Eigenkapitals in der nach § 10a Abs. 6 KWG-N vorgesehenen staffelmäßigen Berechnung ist in Abb. 4.10. dargestellt.

Konsolidiertes haftendes Eigenkapital
Kernkapital des übergeordneten Kreditinstituts
+ Kernkapital bzw. dem Kernkapital nach § 10 Abs. 4a S.2 KWG-N entsprechende Bestandteile der übrigen gruppenangehörigen Unternehmen (je nach Beteiligungsanteil quotal oder voll)
- Bei gruppenangehörigen Unternehmen ausgewiesene Buchwerte der Kapitalanteile gruppenangehöriger Unternehmen
- Bei gruppenangehörigen Unternehmen ausgewiesene Buchwerte der Vermögenseinlagen gruppenangehöriger Unternehmen als stiller Gesellschafter nach § 10 Abs. 4 S.1 KWG-N
= **Konsolidiertes Kernkapital**
Ergänzungskapital erster Klasse des übergeordneten Kreditinstiuts
+ Ergänzungskapital erster Klasse bzw. dem Ergänzungskapital erster Klasse nach § 10 Abs. 6b S.1 KWG-N entsprechende Bestandteile der übrigen gruppenangehörigen Unternehmen (je nach Beteiligungsanteil quotal oder voll)
- Bei gruppenangehörigen Unternehmen ausgewiesene Buchwerte der Forderungen aus Genußrechten nach § 10 Abs. 5 S.1 KWG-N gruppenangehöriger Unternehmen
- Bei gruppenangehörigen Unternehmen berücksichtigte nicht realisierte Reserven nach § 10 Abs. 4a S.1 Nr. 4 KWG-N
= **Konsolidiertes Ergänzungskapital erster Klasse**
Ergänzungskapital zweiter Klasse des übergeordneten Kreditinstituts
+ Ergänzungskapital zweiter Klasse bzw. dem Ergänzungskapital zweiter Klasse nach § 10 Abs. 6b S.2 KWG-N entsprechende Bestandteile der übrigen gruppenangehörigen Unternehmen (je nach Beteiligungsanteil quotal oder voll)
- Bei gruppenangehörigen Unternehmen ausgewiesene Buchwerte der Forderungen aus nachrangigen Verbindlichkeiten nach § 10 Abs. 5a S.1 KWG-N gruppenangehöriger Unternehmen
+ = **Konsolidiertes Ergänzungskapital zweiter Klasse (Anrechnung bis max. 50 % des konsolidierten Kernkapitals)**
+ = **Konsolidiertes Ergänzungskapital (Anrechnung bis max. 100 % des konsolidierten Kernkapitals)**
= **Konsolidiertes haftendes Eigenkapital**

Abb. 4.10.: Schema zur Ermittlung des konsolidierten haftenden Eigenkapitals

Durch den Abzug der auf gruppenangehörige Unternehmen entfallenden Buchwerte der Vermögenseinlagen stiller Gesellschafter und des Genußrechtskapitals wird den Kreditinstituts- bzw. Finanzholding-Gruppen nahegelegt, derartige Einlagen möglichst von dritter Seite hereinzuholen.[265] Dieses gilt insbesondere für die Vermögenseinlagen stiller Gesellschafter, da diese vom konsolidierten Kernkapital abzuziehen sind und ihr Abzug somit auch die Höhe des anrechenbaren Ergänzungskapitals reduziert. Die bei gruppenangehörigen Unternehmen berücksichtigten nicht realisierten Reserven (sog. Neubewertungsreserven) und bei diesen ausgewiesene Buchwerte der nachrangigen Verbindlichkeiten sind vom konsolidierten Ergänzungskapital erster bzw. zweiter Klasse abzuziehen, soweit sie auf gruppenangehörige Unternehmen entfallen und bei diesen als haftendes Eigenkapital anerkannt wurden.[266] Werden Beteiligungen durch nicht konsolidierungspflichtige Unternehmen wie z.B. Handels- oder Versicherungsunternehmen vermittelt, so sind die Buchwerte der in Frage kommenden Bestandteile des haftenden Eigenkapitals nur in Höhe ihrer durchgerechneten Kapitalanteilsquote in das vorstehende Berechnungsschema einzubeziehen (§ 10a Abs. 6 S. 3 Hs. 2 KWG-N).[267] Das gleiche gilt für die in die Zusammenfassung einzubeziehenden erheblichen Beteiligungen, für die das Verfahren der Quotenkonsolidierung vorgesehen ist (§ 10a Abs. 7 KWG-N).

Die Ermittlung des konsolidierten haftenden Eigenkapitals soll abschließend anhand eines Zahlenbeispiels verdeutlicht werden. Dazu wird von folgender Datenlage ausgegangen:

Das inländische Kreditinstitut A ist am Grundkapital eines anderen inländischen Kreditinstituts B mit 60% und am Grundkapital eines inländischen Finanzinstituts C mit 40% unmittelbar beteiligt. Darüber hinaus hält A bei B eine stille Vermögenseinlage. An dem von C ausgegebenen Genußrechtskapital hält B einen Anteil in Höhe von 20%.

Für die gruppenangehörigen Unternehmen, die Kreditinstitute A und B sowie das Finanzinstitut C, sind folgende Bilanzen[268] gegeben:

---

[265] Vgl. Deutscher Bundestag: BT-Drucks. 10/1441, a.a.O., Begr., Bes.T., Ausf. zu Art. 1 Nr. 7. Die genannten Kapitalarten werden darin gegenüber dem engeren, gesellschaftsrechtlichen Eigenkapital als eine Hilfslösung bezeichnet.

[266] Der Abzug dieser Positionen folgt aus der Erweiterung der Definition des haftenden Eigenkapitals durch die Vierte Änderung des Kreditwesengesetzes.

[267] Vgl. Deutscher Bundestag: BT-Drucks. 12/6957, a.a.O., Begr., Bes.T., Ausf. zu Art. 1 Nr. 9.

[268] Der Aufbau und Inhalt der in diesem und den folgenden Beispielen verwendeten Bilanzen entspricht aus Vereinfachungsgründen bzw. zur besseren Nachvollziehbarkeit nicht demjenigen im Formblatt 1 der RechKredV vom 10.02.92.

Aktivseite in GE		Kreditinstitut A	Passivseite in GE
Beteiligung an B (60%)	150	Eingezahltes Kapital	400
Beteiligung an C (40%)	80	Genußrechtskapital	100
Stille Vermögenseinlage an B (100%)	100	Nachrangige Verbindlichkeiten	500
Sonstige Aktiva	8.170	Sonstige Passiva	7.500
	__8.500__		__8.500__

Aktivseite in GE		Kreditinstitut B	Passivseite in GE
Genußrechte an C (20%)	60	Eingezahltes Kapital	250
Sonstige Aktiva	8.740	Stille Vermögenseinlage	100
		Genußrechtskapital	200
		Nachrangige Verbindlichkeiten	300
		Sonstige Passiva	7.950
	__8.800__		__8.800__

Aktivseite in GE		Finanzinstitut C	Passivseite in GE
Genußrechte an Handelsunternehmen	500	Eingezahltes Kapital	200
Sonstige Aktiva	9.500	Stille Vermögenseinlage	50
		Genußrechtskapital	300
		Nachrangige Verbindlichkeiten	1.000
		Sonstige Passiva	8.450
	__10.000__		__10.000__

Bei der Ermittlung des konsolidierten haftenden Eigenkapitals ist entsprechend des Berechnungsschemas in Abb. 4.10. in folgenden Teilschritten vorzugehen:

(1) Ermittlung des konsolidierten Kernkapitals:

Eingezahltes Kapital A	400
+ Eingezahltes Kapital B	250
+ Stille Vermögenseinlagen B	100
+ Eingezahltes Kapital C (40%)	80
+ Stille Vermögenseinlagen C (40%)	20
- Beteiligungsbuchwert A an B	150
- Beteiligungsbuchwert A an C	80
- Stille Vermögenseinlagen A an B	100
= **konsolidiertes Kernkapital**	**520**

(2) Ermittlung des konsolidierten Ergänzungskapitals:

	Genußrechtskapital A	100
+	Genußrechtskapital B	200
+	Genußrechtskapital C (40%)	120
−	Genußrechtskapital B an C	60

=	**Konsolidiertes Ergänzungskapital erster Klasse**	360	360
	Nachrangige Verbindlichkeiten A	500	
+	Nachrangige Verbindlichkeiten B	300	
+	Nachrangige Verbindlichkeiten C (40%)	400	

=	**Konsolidiertes Ergänzungskapital zweiter Klasse**	1.200	
+	Davon max. als haftendes Eigenkapital anrechenbar (50% von 520)		260

=	**Konsolidiertes Ergänzungskapital**	620
	Davon max. als haftendes Eigenkapital anrechenbar (100% von 520)	**520**

(3) Ermittlung des konsolidierten haftenden Eigenkapitals:

	Konsolidiertes Kernkapital	520
+	Konsolidiertes Ergänzungskapital	520

=	**Konsolidiertes haftendes Eigenkapital**	1.040

4.3.4.3 Aktivische Unterschiedsbeträge

In §10a Abs. 3 S. 3 KWG-N wird bestimmt, daß die bei gruppenangehörigen Unternehmen ausgewiesenen und auf diese entfallenden Buchwerte der Kapitalanteile vom zusammenzufassenden Eigenkapital der Kreditinstituts- oder Finanzholding-Gruppe abzuziehen sind. Der Abzug der Beteiligungsbuchwerte kann dazu führen, daß das konsolidierte haftende Eigenkapital der Gruppe infolge aktivischer Unterschiedsbeträge im Ergebnis geringer ist als das haftende Eigenkapital des übergeordneten Kreditinstituts.[269] Ein solcher aktivischer Unterschiedsbetrag entsteht, wenn ein in die Konsolidierung einzubeziehendes Unternehmen erworben wird und der Kaufpreis und damit der Buchwert beim konsolidierungspflichtigen Kreditinstitut höher ist als das in der Bilanz des erworbenen Unternehmens ausgewiesene eingezahlte Kapital und die Rücklagen. Ein solches Aufgeld wird in der Regel für die im erworbenen Unternehmen vorhandenen stillen Reserven und den Geschäfts- oder

---

[269] Vgl. Deutscher Bundestag: BT-Drucks. 10/1441, a.a.O., Begr., Bes.T., Ausf. zu Art. 1 Nr. 7.

Firmenwert gezahlt,[270] oder wenn interessante Geschäftsaussichten gegeben sind. Das übergeordnete Kreditinstitut hat den aktivischen Unterschiedsbetrag, wie er sich bei erstmaliger Einbeziehung der Beteiligung in die Zusammenfassung ergibt, mit haftendem Eigenkapital zu unterlegen (§ 10a Abs. 6 S. 4 KWG-N). Der sofortige volle Abzug des aktivischen Unterschiedsbetrages vom Kernkapital der Gruppe[271] würde aber nicht nur dessen Aktivgeschäftsvolumen reduzieren, das aufgrund der Vorgaben des Grundsatzes I durch die Höhe der vorhandenen Eigenmittel bestimmt wird. Zudem würden die inländischen Kreditinstituts- bzw. Finanzholding-Gruppen auch gegenüber ihren ausländischen Wettbewerbern erheblich benachteiligt werden, da diese weniger einschneidenden Regelungen unterliegen.[272] Aus diesem Grund werden die Modalitäten der Kapitalunterlegung beim Abzug des aktivischen Unterschiedsbetrages vom haftenden Eigenkapital der Gruppe entsprechend der verschiedenen Bestandteile des aktivischen Unterschiedsbetrages differenziert. Die Qualität der zur Unterlegung heranzuziehenden Kapitalkomponenten wird danach bestimmt, ob und inwieweit das im aktivischen Unterschiedsbetrag von dem übergeordneten Kreditinstitut entrichtete Entgelt für tatsächlich vorhandene stille Reserven oder nur für Ertragserwartungen des nachgeordneten Unternehmens gezahlt wurde. Zu diesem Zweck ist der aktivische Unterschiedsbetrag in drei Komponenten zu zerlegen (§ 10a Abs. 6 S. 5 KWG-N), und zwar

(1) in den Anteil, der auf die nach § 10 Abs. 4a S. 1 Nr. 4 KWG-N anerkennungsfähigen nicht realisierten Reserven des nachgeordneten Unternehmens entfällt,

(2) in den Anteil, der auf sonstige nicht realisierte Reserven des nachgeordneten Unternehmens entfällt, und

(3) den Restbetrag, der den Geschäfts- oder Firmenwert darstellt.

Der Geschäfts- oder Firmenwert ist entsprechend den zwingenden Vorgaben in der Eigenmittelrichtlinie sofort vom konsolidierten Kernkapital abzuziehen (§ 10a Abs. 6 S. 6 KWG-N i.V.m. Art. 5 Nr. 2 EMRL). Die auf die nicht realisierten Reserven entfallenden Anteile bleiben unterdessen im Rahmen der Erstkonsolidierung unberücksichtigt. Sie sind auch weiterhin mit einem jährlich um mindestens ein Zehntel abnehmenden Betrag wie eine Beteiligung an einem gruppenfremden Unternehmen zu behandeln (§ 10a Abs. 6 S. 9 Hs. 1 KWG-N), d.h. die entsprechenden Beträge werden als Aktivwerte in die konsolidierte Grundsatzberechnung einbezogen. Die Kapitalunterlegung bzw. der Abzug vom haftenden Eigenkapital erfolgt in diesen Fällen in den sich anschließenden Folgeperioden sukzessiv ansteigend, wobei die Höhe des Ab-

---

[270] Vgl. Deutsche Bundesbank (Hrsg.): Fünfte Novelle, a.a.O., S. 63.
[271] Diese Behandlung war im Gesetzestext des Regierungsentwurfs vorgesehen.
[272] Vgl. Deutscher Bundestag: Finanzausschuß, a.a.O., Bericht der Abgeordneten Eike Ebert, Dr. Karl H. Fell und Hermann Rind, Allgemeines, 5. Ausschußempfehlung, erster Gedankenstrich.

zugs jeweils dem Gegenwert der ratierlich abnehmenden Beträge des Aktivwertes entspricht. Da die nach § 10 Abs. 4a S. 1 Nr. 4 KWG-N ermittelten nicht realisierten Reserven bei Wertpapieren und Liegenschaften im Zeitpunkt des Erwerbs einen hohen Grad an Bestandssicherheit aufweisen, kann der auf diese entfallende Anteil des aktivischen Unterschiedsbetrages in vollem Umfang mit ergänzenden Eigenmitteln unterlegt werden. Hierfür darf auch das überschüssige Ergänzungskapital herangezogen werden, das nach den Kappungsvorschriften des § 10 Abs. 6b S. 1 und 2 KWG-N nicht als haftendes Eigenkapital der Gruppe berücksichtigt wird (§ 10a Abs. 6 S. 8 Hs. 2 KWG-N). Der auf die sonstigen, beim nachgeordneten Unternehmen vorhandenen nicht realisierten Reserven entfallende Anteil ist aufgrund des erheblich höheren Maßes an Unsicherheit hälftig mit Kernkapital und Ergänzungskapital abzudecken, das dann nicht mehr zur Unterlegung anderer Risiken, insbesondere solcher des Grundsatzes I, verwendet werden darf (§ 10a Abs. 6 S. 7 und 8 KWG-N). Der Abzug des aktivischen Unterschiedsbetrages vom haftenden Eigenkapital der Gruppe erfolgt somit vollumfänglich erst nach zehn Jahren, was für die inländischen Kreditinstitute im Hinblick auf den internationalen Wettbewerb eine erhebliche Erleichterung beim Neuerwerb von Kredit- und Finanzinstituten bedeutet.[273]

Für die Dauer des Abzugs unterliegen die als haftendes Eigenkapital berücksichtigungsfähigen nicht realisierten Reserven des nachgeordneten Unternehmens jedoch der Beschränkung, daß sie bei der Berechnung der konsolidierten Eigenmittel nur insoweit anzurechnen sind, als sie den entsprechenden Betrag der ratierlich abnehmenden Aktivposition übersteigen (§ 10a Abs. 6 S. 9 Hs. 2 KWG-N).[274]

Diese Vorschrift soll anhand eines Beispiels verdeutlicht werden. Dabei wird von folgenden Daten ausgegangen: Das inländische Kreditinstitut A hat ein anderes Kreditinstitut B zum Kaufpreis von 350 GE neu erworben. Für die beiden Kreditinstitute sind folgende Bilanzen gegeben:

Aktivseite in GE		**Kreditinstitut A**	Passivseite in GE
Beteiligung an B (100%)	350	Eingezahltes Kapital	400
Sonstige Aktiva	7.400	Genußrechtskapital	450
		Sonstige Passiva	6.900
	7.750		7.750

---

[273] Vgl. Deutscher Bundestag: Finanzausschuß, a.a.O., Bericht der Abgeordneten Eike Ebert, Dr. Karl H. Fell und Hermann Rind, Allgemeines, 5. Ausschußempfehlung, erster Gedankenstrich.

[274] Vgl. Boos, Karl-Heinz/Klein, Ulrike: Die neuen Bestimmungen des KWG, in: Die Bank, o. Jg., 9/1994, S. 529-535, hier S. 533

Aktivseite in GE		Kreditinstitut B	Passivseite in GE
Sonstige Aktiva	600	Eingezahltes Kapital	50
		Sonstige Passiva	550
	600		600

Da das in der Bilanz von Kreditinstitut B ausgewiesene eingezahlte Kapital nur 50 GE beträgt, entsteht ein aktivischer Unterschiedsbetrag in Höhe von 300 GE. Kreditinstitut B besitzt jedoch mehrere Grundstücke, in denen nicht realisierte Reserven in Höhe von 200 GE enthalten sind, die in Höhe von (200 * 45/100 =) 90 GE als haftendes Eigenkapital anrechenbar sind.[275] Darüber hinaus sind in der Betriebs- und Geschäftsausstattung stille Reserven in Höhe von 80 GE vorhanden. Der Restbetrag in Höhe von 20 GE wurde für den Firmenwert gezahlt. Im Jahr des Erwerbs ist folgende Berechnung durchzuführen:

Eingezahltes Kapital A	400	
+ Eingezahltes Kapital B	50	
- Beteiligungsbuchwert A an B	350	
+ Aktivischer Unterschiedsbetrag aus der Beteiligung A an B	300	
= **Konsolidiertes Kernkapital brutto**	400	
- Anteil des aktivischen Unterschiedsbetrages, der auf den Firmenwert entfällt	20	
= **Konsolidiertes Kernkapital netto**	380	380
Genußrechtskapital A	450	
= **Konsolidiertes Ergänzungskapital erster Klasse**	450	
+ Davon als haftendes Eigenkapital anrechenbar		380
= **Konsolidiertes haftendes Eigenkapital**		760

Die auf die stillen Reserven entfallenden Anteile des aktivischen Unterschiedsbetrages sind in den Folgejahren mit Eigenkapital zu unterlegen. Nach den Vorschriften des § 10a Abs. 6 KWG-N ist dabei in zwei Schritten wie folgt vorzugehen:

(1) Behandlung des Anteils, der auf die nach § 10 Abs. 4a S. 1 Nr. 4 KWG-N

---

[275] Nicht realisierte Reserven bei Grundstücken können dem haftenden Eigenkapital in Höhe von 45% zugerechnet werden (§ 10 Abs. 4a S. 1 Nr. 4 KWG-N).

252 Bankpolitik

anerkennungsfähigen nicht realisierten Reserven des nachgeordneten Unternehmens entfällt:

Jahre nach Erwerb der Beteiligung	Aktivwert (jährlich um 1/10 abnehmend)	Mit Eigenkapital zu unterlegender Anteil	Berücksichtigungsfähige nicht realisierte Reserven	Ergänzungskapital vor Kappung
1	180	20	(90 - 180<) 0	(450 - 20 + 0=) 430
2	160	40	(90 - 160<) 0	(450 - 40 + 0=) 410
3	140	60	(90 - 140<) 0	(450 - 60 + 0=) 390
4	120	80	(90 - 120<) 0	(450 - 80 + 0=) 370
5	100	100	(90 - 100<) 0	(450 -100 + 0=) 350
6	80	120	(90 - 80=) 10	(450 -120 +10=) 340
7	60	140	(90 - 60=) 30	(450 -140 +30=) 340
8	40	160	(90 - 40=) 50	(450 -160 +50=) 340
9	20	180	(90 - 20=) 70	(450 -180 +70=) 340
10	0	200	(90 - 0=) 90	(450 -200 +90=) 340

(2) Behandlung des Anteils, der auf sonstige nicht realisierte Reserven des nachgeordneten Unternehmens entfällt:

Jahre nach Erwerb der Beteiligung	Aktivwert (jährlich um 1/10 abnehmend)	Mit Eigenkapital zu unterlegender Anteil	Konsolidiertes Kernkapital	Konsolidiertes Ergänzungskapital
1	72	8	(380 - 4=) 376	(376 - 4=) 372
2	64	16	(380 - 8=) 372	(372 - 8=) 364
3	56	24	(380 - 12=) 368	(368 - 12=) 356
4	48	32	(380 - 16=) 364	(364 - 16=) 348
5	40	40	(380 - 20=) 360	(350 - 20=) 330
6	32	48	(380 - 24=) 356	(340 - 24=) 316
7	24	56	(380 - 28=) 352	(340 - 28=) 312
8	16	64	(380 - 32=) 348	(340 - 32=) 308
9	8	72	(380 - 36=) 344	(340 - 36=) 304
10	0	80	(380 - 40=) 340	(340 - 40=) 300

Das Beispiel zeigt, daß die berücksichtigungsfähigen nicht realisierten Reserven des nachgeordneten Kreditinstituts B den ratierlich abnehmenden Betrag der Aktivposition im sechsten Jahr nach dem Erwerb übersteigen (siehe unter (1) Spalte 4). Da die Aktivposition jährlich um 10% abnimmt, können die nicht realisierten Reserven des nachgeordneten Unternehmens den konsolidierten Eigenmitteln im sechsten Jahr nach Erwerb der Beteiligung in Höhe von (45%-40%=) 5% zugerechnet werden. Dieser Anteil steigt in den folgenden Jahren aufgrund der abnehmenden Aktivposition jeweils um 10% bis zur vollen Anrechnung in Höhe von 45% im zehnten Jahr nach dem Erwerb der Beteiligung.

Durch die Anerkennung der nicht realisierten Reserven des nachgeordneten Unternehmens ergibt sich, daß die Unterlegung des Anteils des aktivischen Unterschiedsbetrages, der auf die stillen Reserven entfällt, maximal zu 55% mit konsolidiertem Ergänzungskapital erfolgt. Die Eigenkapitalunterlegung wird in der nachfolgenden Abb. 4.11. graphisch dargestellt.

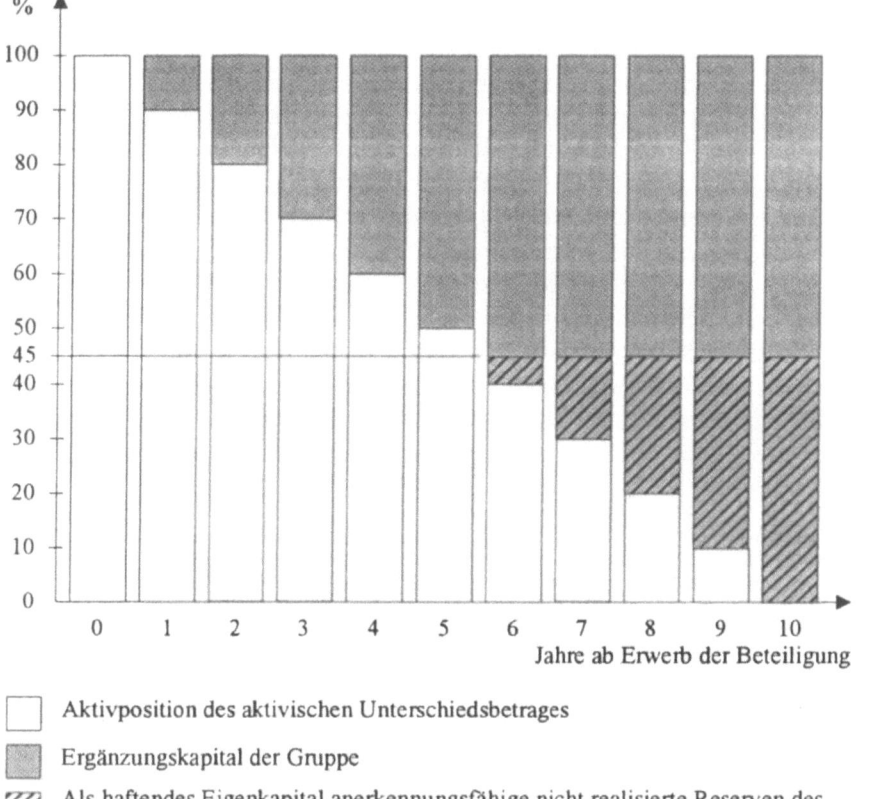

☐ Aktivposition des aktivischen Unterschiedsbetrages

▨ Ergänzungskapital der Gruppe

▨ Als haftendes Eigenkapital anerkennungsfähige nicht realisierte Reserven des nachgeordneten Unternehmens

Abb. 4.11.: Unterlegung des aktivischen Unterschiedsbetrages mit Ergänzungskapital

Im Falle von Wertpapierreserven, die zu 35% als haftendes Eigenkapital berücksichtigungsfähig sind (§ 10 Abs. 4a S. 1 Nr. 4 Buchstabe b KWG-N), erfolgt die Anerkennung erst im siebten Jahr nach Erwerb der Beteiligung. Die maximale Unterlegung mit Ergänzungskapital beträgt dann 65%.

4.3.4.4 Auswirkungen der Fünften KWG-Novelle

Es wurde bereits im vorangegangenen Abschnitt 3.6.1 darauf hingewiesen, daß seit Inkrafttreten der Fünften KWG-Novelle am 31.12.95 veränderte Bestimmungen für die Konsolidierung von Kreditinstitutsgruppen gelten. Die gewichtigsten Veränderungen für die betroffenen Unternehmen ergeben sich zweifellos aus der zusätzlichen Beaufsichtigung von Holdinggesellschaften und der Einbeziehung von Finanzinstituten und Hilfsunternehmen.

Anhand des nachfolgenden Beispiels soll dargestellt werden, inwieweit die neuen gesetzlichen Grundlagen zu Veränderungen in der Eigenmittelausstattung und damit verbunden zu Veränderungen in den Expansionsmöglichkeiten im Aktivgeschäftsvolumen von konsolidierungspflichtigen Unternehmen führen können. Zu diesem Zweck wird das bankaufsichtliche Zusammenfassungsverfahren für die nachfolgend dargestellte Konzerngruppe durchgeführt. Zunächst soll die Konsolidierung nach den alten Bestimmungen erfolgen. Um die Folgen der Fünften KWG-Novelle für konsolidierungspflichtige Kreditinstitute deutlich werden zu lassen, wird zwischen zwei Fallgruppen unterschieden. Die erste Gruppe ist betroffen von der Umstellung des Konsolidierungsverfahrens auf die Vollkonsolidierung als Regelverfahren. Daher werden erst die bereits nach altem Recht zu konsolidieren Unternehmen nach den neuen Bestimmungen zusammengefaßt. Für eine zweite Gruppe von Unternehmen ergeben sich weitreichende Veränderungen durch die Neuregelungen, die den Konsolidierungskreis betreffen. Abschließend wird aus diesem Grund die konsolidierte Bilanz des Konzerns nach neuem Recht mit den konsolidierten Zahlen nach altem Recht verglichen.

Dem nachstehenden Beispiel liegen folgende Annahmen zugrunde:

(1) Die gruppenangehörigen Unternehmen haben keine bestimmte Rechtsform. Diese Annahme dient der Übersichtlichkeit des Beispiels dahingehend, daß keine rechtsformabhängigen Sondervorschriften wie z.B. Behandlung des Haftsummenzuschlags bei Genossenschaften zu beachten sind. Außerdem entfallen auf diese Weise die verschiedenen rechtsformabhängigen Bezeichnungen der Kapitalbestandteile.

(2) Die gruppenangehörigen Unternehmen halten Beteiligungen ausschließlich über Kapitalanteile. Damit wird klargestellt, daß alle angegebenen Beteiligungsverhältnisse auf Kapitalanteilen und nicht auf Anteilen an Stimmrechten beruhen. Letztere bleiben nämlich für die quotale Zurechnung der maßgeblichen Aktiv- und Passivposten unberücksichtigt (§ 10a Abs. 3 S. 2 KWG und § 10a Abs. 7 KWG-N).

(3) Zwischen den gruppenangehörigen Unternehmen bestehen über die in § 10a Abs. 6 S. 3 KWG-N genannten Vermögenswerte hinaus keine sonstigen Forderungen und Verbindlichkeiten. Die sonstigen gruppenin-

ternen Forderungen und Verbindlichkeiten, die nicht in die Verrechnung nach § 10a Abs. 6 S. 3 KWG-N eingehen, sind bei der Zusammenfassung wegzulassen (§ 10a Abs. 6 S. 10 KWG-N). Aus diesem Grund werden sie im nachfolgenden Beispiel von vornherein nicht berücksichtigt.

(4) Den Vorschriften über die Vergabe von Großkrediten wird immer entsprochen. Diese Annahme soll gewährleisten, daß die Veränderungen in der Eigenkapitalausstattung und dem Aktivgeschäftsvolumen ausschließlich auf neue Konsolidierungsbestimmungen zurückgeführt werden können.

(5) Die gruppenangehörigen Unternehmen tätigen keine außerbilanziellen Geschäfte und haben keine als haftendes Eigenkapital anrechnungsfähigen stillen Reserven. Außerbilanzielle Geschäfte und stille Reserven werden, worauf die Begriffe auch hinweisen, nicht in der Bilanz ausgewiesen. Die Einschränkung dient allein der vereinfachten und übersichtlicheren Darstellung.

(6) Alle ausgewiesenen Risikoaktiva sind für die Grundsatzberechnung mit 100% zu gewichten. Auch diese Annahme dient ausschließlich der übersichtlicheren Darstellungsweise, da eine zusätzliche Aufgliederung der Risikoaktiva in verschiedene Risikogruppen die Berechnungen nur komplexer erscheinen lassen würde.

(7) Die Beteiligungsverhältnisse bestehen schon seit mehreren Jahren. Auf diese Weise wird ausgeschlossen, daß bei der Zusammenfassung etwaige aktivische Unterschiedsbeträge aus Neuerwerbungen zu berücksichtigen sind. Deren Behandlung wurde bereits in einem Beispiel dargestellt und soll aus Vereinfachungsgründen hier nicht erneut aufgegriffen werden.

Der Aufbau des Konzerns entspricht dem der Abbildung 4.12..[276] Bei diesem Konzern sind dem an der Spitze stehenden Finanzinstitut zwei Kreditinstitute als Tochterunternehmen nachgeordnet. Die Beteiligungsgesellschaft A ist demnach als Finanzholding-Gesellschaft i.S.v. § 1 Abs. 3a KWG-N zu qualifizieren. Da sie keinem anderen Unternehmen nachgeordnet ist, handelt es sich bei diesem Konzern im Hinblick auf die neuen Konsolidierungsbestimmungen um eine Finanzholding-Gruppe i.S.v. § 10a Abs. 3 S. 1 KWG-N.

Das nachgeordnete Kreditinstitut B hält unmittelbare Beteiligungen an den Kreditinstituten C und D und ist über diese mittelbar an den Kreditinstituten E und G sowie der Leasinggesellschaft F beteiligt. Es erfüllt angesichts der Beteiligungsquoten und den ihm nachgeordneten Unternehmen den Definitionstatbestand der Kreditinstitutsgruppe sowohl nach altem als auch nach neuem Recht (§ 10a Abs. 2 KWG bzw. KWG-N). Die Kreditinstitute C und

---

[276] Die Prozentzahlen geben die unmittelbaren Kapitalanteilsquoten an.

256　Bankpolitik

D sind von der Pflicht zur Unterkonsolidierung befreit, da die Kapitalanteile von B jeweils mindestens 75% betragen.

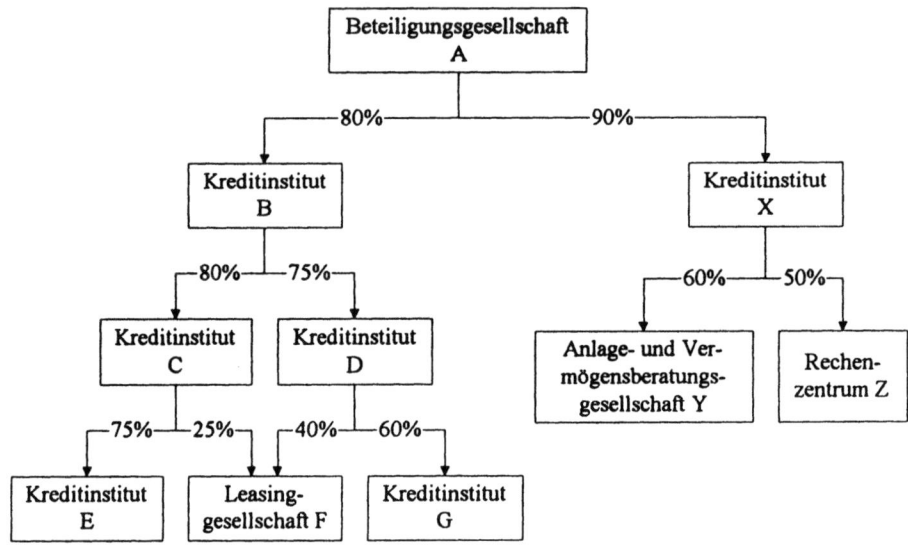

Abb. 4.12.: Konzernstruktur mit mehreren zu konsolidierenden Kreditinstitutsgruppen und einer Finanzholding-Gesellschaft als Spitzeninstitut

Das Kreditinstitut X hält Anteile an der Anlage- und Vermögensberatungsgesellschaft Y und dem Rechenzentrum Z. Diese Unternehmen bilden aufgrund der Beteiligungsverhältnisse zwar eine Kreditinstitutsgruppe i.S.v. § 10a Abs. 2 KWG-N, waren nach bisherigem Recht aber nicht konsolidierungspflichtig.

Für die **nach altem Recht** zu konsolidierenden Institute B bis G seien folgende Einzelbilanzen gegeben. Die Ermittlung des haftenden Eigenkapitals und des Solvabilitätskoeffizienten zeigt jeweils an, daß den Anforderungen des § 10 KWG über die Eigenkapitalausstattung einzelner Kreditinstitute von allen Kreditinstituten entsprochen wird. Lediglich die Leasinggesellschaft F, die in ihrer Eigenschaft als Finanzinstitut auch nicht der Beaufsichtigung auf individueller Basis unterliegt, erfüllt diese Anforderung nicht.

Aktivseite in GE		**Bilanz Kreditinstitut B**	Passivseite in GE
Beteiligung an C (80%)	240	Eingezahltes Kapital	200
Beteiligung an D (75%)	300	Rücklagen	500
Forderungen aus nachrangigen		Rücklagen nach § 6b EStG	100
Verbindlichkeiten an D (55%)	110	Genußrechtskapital	200
Risikoaktiva	4.000	Sonstige Passiva	4.000
Sonstige Aktiva	350		
	5.000		5.000

Bilanzstrukturnormen

Ermittlung des haftenden Eigenkapitals und des Solvabilitätskoeffizienten		
Eingezahltes Kapital	200	
+ Rücklagen	500	
= **Kernkapital**	**700**	700
Rücklagen nach § 6b EStG	100	
+ Genußrechtskapital	200	
= **Ergänzungskapital erster Klasse**	**300**	
+ = Anrechenbares Ergänzungskapital		300
= **Haftendes Eigenkapital brutto**		**1.000**
- Beteiligungsbuchwert an C		240
- Beteiligungsbuchwert an D		300
- Nachrangige Verbindlichkeiten D		110
= **Haftendes Eigenkapital netto**		**350**

$$\text{Solvabilitätskoeffizient } s_B: \frac{\text{Haftendes Eigenkapital}}{\text{Risikoaktiva}} = \frac{350}{4.000} = 0{,}0875 = \mathbf{8{,}75\%}$$

Aktivseite in GE		Bilanz Kreditinstitut C	Passivseite in GE
Beteiligung an E (75%)	225	Eingezahltes Kapital	200
Beteiligung an F (25%)	25	Rücklagen	100
Risikoaktiva	3.500	Genußrechtskapital	300
Sonstige Aktiva	250	Sonstige Passiva	3.400
	4.000		**4.000**

Ermittlung des haftenden Eigenkapitals und des Solvabilitätskoeffizienten		
Eingezahltes Kapital	200	
+ Rücklagen	100	
= **Kernkapital**	**300**	300
Genußrechtskapital	300	
= **Ergänzungskapital erster Klasse**	**300**	
+ = Anrechenbares Ergänzungskapital		300
= **Haftendes Eigenkapital brutto**		600
- Beteiligungsbuchwert an E		225
- Beteiligungsbuchwert an F		25
= **Haftendes Eigenkapital netto**		**350**

$$\text{Solvabilitätskoeffizient } s_C: \frac{\text{Haftendes Eigenkapital}}{\text{Risikoaktiva}} = \frac{350}{3.500} = 0{,}1 = \mathbf{10\%}$$

258 Bankpolitik

Aktivseite in GE		Bilanz Kreditinstitut D	Passivseite in GE
Beteiligung an F (40%)	40	Eingezahltes Kapital	200
Beteiligung an G (60%)	180	Rücklagen	200
Forderungen aus Genußrechten		Rücklagen nach § 6b EStG	250
an G (40%)*	80	Nachrangige Verbindlichkeiten	200
Risikoaktiva	5.000	Sonstige Passiva	4.650
Sonstige Aktiva	200		
	__5.500__		__5.500__

* abweichend zur Beteiligungsquote

Ermittlung des haftenden Eigenkapitals und des Solvabilitätskoeffizienten

Eingezahltes Kapital		200	
+ Rücklagen		200	
= **Kernkapital**		**400**	400
Rücklagen nach § 6b EStG		250	
= **Ergänzungskapital erster Klasse**		**250**	250
Nachrangige Verbindlichkeiten		200	
+ = **Ergänzungskapital zweiter Klasse**		**200**	200
= Ergänzungskapital			450
+ = Anrechenbares Ergänzungskapital			400
= Haftendes Eigenkapital brutto			800
− Beteiligungsbuchwert an F			40
− Beteiligungsbuchwert an G			180
− Genußrechtskapital an G			80
= **Haftendes Eigenkapital netto**			**500**

Solvabilitätskoeffizient s_D: $\dfrac{\text{Haftendes Eigenkapital}}{\text{Risikoaktiva}} = \dfrac{500}{5.000} = 0{,}1 = 10\%$

Aktivseite in GE		Bilanz Kreditinstitut E	Passivseite in GE
Risikoaktiva	4.000	Eingezahltes Kapital	200
Sonstige Aktiva	500	Rücklagen	100
		Genußrechtskapital	100
		Sonstige Passiva	4.100
	__4.500__		__4.500__

Bilanzstrukturnormen

Ermittlung des haftenden Eigenkapitals und des Solvabilitätskoeffizienten		
Eingezahltes Kapital	200	
+ Rücklagen	100	
= **Kernkapital**	**300**	**300**
Genußrechtskapital	100	
= **Ergänzungskapital erster Klasse**	**100**	
+ = Anrechenbares Ergänzungskapital		100
= **Haftendes Eigenkapital netto**		**400**
Solvabilitätskoeffizient s_E: $\dfrac{\text{Haftendes Eigenkapital}}{\text{Risikoaktiva}} = \dfrac{400}{4.000} = 0{,}1 = 10\%$		

Aktivseite in GE		Bilanz Leasinggesellschaft F	Passivseite in GE
Risikoaktiva	3.500	Eingezahltes Kapital	20
Sonstige Aktiva	500	Rücklagen	80
		Genußrechtskapital	50
		Nachrangige Verbindlichkeiten	100
		Sonstige Passiva	3.750
	4.000		**4.000**

Ermittlung des haftenden Eigenkapitals und des Solvabilitätskoeffizienten			
Eingezahltes Kapital	20		
+ Rücklagen	80		
= **Kernkapital**	**100**		**100**
Genußrechtskapital	50		
= **Ergänzungskapital erster Klasse**	**50**	50	
Nachrangige Verbindlichkeiten	100		
= **Ergänzungskapital zweiter Klasse**	**100**		
+ = Anrechenbares Ergänzungskapital zweiter Klasse		50	
= **Ergänzungskapital**		**100**	
+ = Anrechenbares Ergänzungskapital			100
= **Haftendes Eigenkapital netto**			**200**
Solvabilitätskoeffizient s_F: $\dfrac{\text{Haftendes Eigenkapital}}{\text{Risikoaktiva}} = \dfrac{200}{3.500} = 0{,}0571 = 5{,}71\%$			

Aktivseite in GE		Bilanz Kreditinstitut G	Passivseite in GE
Risikoaktiva	6.000	Eingezahltes Kapital	100
Sonstige Aktiva	200	Rücklagen	150
		Vermögenseinlage stiller Gesellschafter	50
		Genußrechtskapital	200
		Sonstige Passiva	5.700
	6.200		6.200

Ermittlung des haftenden Eigenkapitals und des Solvabilitätskoeffizienten

Eingezahltes Kapital	100	
+ Rücklagen	150	
+ Vermögenseinlagen stiller Gesellschafter	50	
= **Kernkapital**	300	300
Genußrechtskapital	200	
= **Ergänzungskapital erster Klasse**	200	
+ = Anrechenbares Ergänzungskapital		200
= **Haftendes Eigenkapital netto**		500

$$\text{Solvabilitätskoeffizient } s_G: \frac{\text{Haftendes Eigenkapital}}{\text{Risikoaktiva}} = \frac{500}{6.000} = 0{,}0833 = \mathbf{8{,}33\%}$$

Die Beurteilung der Angemessenheit des haftenden Eigenkapitals erfolgt nach altem Recht anhand einer quotalen Zusammenfassung des haftenden Eigenkapitals und der weiteren im Rahmen der Grundsätze nach Absatz 1 Satz 2 i.V.m. § 10 Abs. 1 S. 2 KWG maßgeblichen Posten. Für die quotale Zusammenfassung hat das übergeordnete Kreditinstitut seine maßgeblichen Posten mit denen der nachgeordneten Kreditinstitute jeweils in Höhe desjenigen Anteils zusammenzufassen, der seiner Kapitalbeteiligung am nachgeordneten Kreditinstitut entspricht. Von dem quotal zusammengefaßten Eigenkapital sind die bei dem übergeordneten Kreditinstitut ausgewiesenen und auf gruppenangehörige Kreditinstitute entfallenden Buchwerte der Kapitalanteile, der Vermögenseinlagen stiller Gesellschafter nach § 10 Abs. 4 S. 1 KWG, des Genußrechtskapitals nach § 10 Abs. 5 S. 1 KWG und der nachrangigen Verbindlichkeiten nach § 10 Abs. 5a S. 1 KWG sowie die bei dem übergeordneten Kreditinstitut berücksichtigten, nicht realisierten Reserven nach § 10 Abs. 4a S. 1 Nr. 4 KWG, soweit sie auf die gruppenangehörigen Kreditinstitute entfallen, abzuziehen. Bei mittelbaren Beteiligungen sind solche Buchwerte quotal abzuziehen.[277] Von welchen Eigenkapitalbestandteilen die jeweiligen

---

[277] Vgl. § 10a Abs. 3 S. 1-3 KWG.

Buchwerte abzuziehen sind, wird hier zwar nicht ausdrücklich genannt, entspricht aber der Verfahrensweise in Abbildung 4.10..[278]

Nach den Vorgaben des § 10 a Abs. 3 KWG ist für die Beurteilung der Angemessenheit des haftenden Eigenkapitals in folgenden Schritten vorzugehen:

(1) Ermittlung des konsolidierten haftenden Eigenkapitals:

Kernkapital B (100%)	700	
+ Kernkapital C (80%)	240	
+ Kernkapital D (75%)	300	
+ Kernkapital E (60%)	180	
+ Kernkapital F (50%)	50	
+ Kernkapital G (45%)	135	
- Beteiligungsbuchwert B an C	240	
- Beteiligungsbuchwert B an D	300	
- Beteiligungsbuchwert B an E (60%)	180	
- Beteiligungsbuchwert B an F (50%)	50	
- Beteiligungsbuchwert B an G (45%)	135	
= **Konsolidiertes Kernkapital**	**700**	**700**
Ergänzungskapital erster Klasse B (100%)	300	
+ Ergänzungskapital erster Klasse C (80%)	240	
+ Ergänzungskapital erster Klasse D (75%)	187,5	
+ Ergänzungskapital erster Klasse E (60%)	60	
+ Ergänzungskapital erster Klasse F (50%)	25	
+ Ergänzungskapital erster Klasse G (45%)	90	
- Genußrechtskapital D an G (30%)[279]	60	
= **Konsolidiertes Ergänzungskapital erster Klasse**	**842,5**	**842,5**
Ergänzungskapital zweiter Klasse D (75%)	150	
+ Ergänzungskapital zweiter Klasse F (50%)	50	
- Nachrangige Verbindlichkeiten B an D	110	
+ = **Konsolidiertes Ergänzungskapital zweiter Klasse**	**90**	**90**
= Konsolidiertes Ergänzungskapital	932,5	
+ Davon als haftendes Eigenkapital anrechenbar	700	700
= **Konsolidiertes haftendes Eigenkapital**		**1.400**

(2) Ermittlung der konsolidierten Risikoaktiva:

Risikoaktiva B (100%)	4.000
+ Risikoaktiva C (80%)	2.800
+ Risikoaktiva D (75%)	3.750
+ Risikoaktiva E (60%)	2.400
+ Risikoaktiva F (50%)	1.750
+ Risikoaktiva G (45%)	2.700
= **Konsolidierte Risikoaktiva**	**17.400**

---

[278] Siehe Ausführungen im dritten Kapitel.
[279] B ist am Genußrechtskapital von G über D mittelbar in Höhe von (75*40/100=) 30% beteiligt.

(3) Ermittlung des Solvabilitätskoeffizienten nach dem Verfahren der Quotenkonsolidierung:

$$\frac{\text{Haftendes Eigenkapital}}{\text{Risikoaktiva}} = \frac{1.400}{17.400} = 0,0805 = 8,05\%$$

Als Ergebnis dieser Berechnungen ist festzuhalten, daß die konsolidierten risikotragenden Aktiva angesichts des ermittelten Solvabilitätskoeffizienten in Höhe von 8,05% mit ausreichend Eigenkapital unterlegt sind und den Anforderungen des § 10a KWG über die Eigenkapitalausstattung von Kreditinstitutsgruppen somit entsprochen wird. Darüber hinaus besteht noch ein Spielraum für zusätzliche Aktivgeschäfte in Höhe von (1.400 * 12,5) - 17.400 = 100 GE.[280]

Nach den **neuen Konsolidierungsbestimmungen** sind neben den Kreditinstituten C und D auch die Kreditinstitute E und G nach dem Verfahren der Vollkonsolidierung in die Zusammenfassung einzubeziehen. Dieses ergibt sich aus der Tatsache, daß das Kreditinstitut B Mehrheitsbeteiligungen an den Instituten C und D hält, während diese wiederum mehrheitlich an den Instituten E bzw. G beteiligt sind. Lediglich bei der mittelbaren Beteiligung von B an F in Höhe von 50% handelt es sich um eine erhebliche Beteiligung, die entsprechend quotal zu berücksichtigen ist. Analog zum alten Recht ist bei der Berechnung in folgenden drei Schritten vorzugehen:

---

[280] Der Multiplikator stellt die maximal zulässige Eigenkapitalauslastung dar und errechnet sich aus dem Quotienten 100 / 8 = 12,5.

(1) Ermittlung des konsolidierten haftenden Eigenkapitals:

Kernkapital B (100%)	700	
+ Kernkapital C (100%)	300	
+ Kernkapital D (100%)	400	
+ Kernkapital E (100%)	300	
+ Kernkapital F (50%)	50	
+ Kernkapital G (100%)	300	
- Beteiligungsbuchwert B an C	240	
- Beteiligungsbuchwert B an D	300	
- Beteiligungsbuchwert C an E	225	
- Beteiligungsbuchwert C an F	25	
- Beteiligungsbuchwert D an F	40	
- Beteiligungsbuchwert D an G	180	
= **Konsolidiertes Kernkapital**	**1.040**	1.040
Ergänzungskapital erster Klasse B (100%)	300	
+ Ergänzungskapital erster Klasse C (100%)	300	
+ Ergänzungskapital erster Klasse D (100%)	250	
+ Ergänzungskapital erster Klasse E (100%)	100	
+ Ergänzungskapital erster Klasse F (50%)	25	
+ Ergänzungskapital erster Klasse G (100%)	200	
- Genußrechtskapital D an G	80	
= **Konsolidiertes Ergänzungskapital erster Klasse**	**1.095**	1.095
Ergänzungskapital zweiter Klasse D (100%)	200	
+ Ergänzungskapital zweiter Klasse F (50%)	50	
- Nachrangige Verbindlichkeiten B an D	110	
+ = **Konsolidiertes Ergänzungskapital zweiter Klasse**	**140**	140
= Konsolidiertes Ergänzungskapital	1.235	
+ Davon als haftendes Eigenkapital anrechenbar	1.040	1.040
= **Konsolidiertes haftendes Eigenkapital**		**2.080**

(2) Ermittlung der konsolidierten Risikoaktiva:

Risikoaktiva B (100%)	4.000
+ Risikoaktiva C (100%)	3.500
+ Risikoaktiva D (100%)	5.000
+ Risikoaktiva E (100%)	4.000
+ Risikoaktiva F (50%)	1.750
+ Risikoaktiva G (100%)	6.000
= **Konsolidierte Risikoaktiva**	**24.250**

(3) Ermittlung des Solvabilitätskoeffizienten nach dem Verfahren der Vollkonsolidierung:

$$s = \frac{\text{Haftendes Eigenkapital}}{\text{Risikoaktiva}} = \frac{2.080}{24.250} = 0,0858 = \mathbf{8,58\%}$$

Der ermittelte Solvabilitätskoeffizient s gibt an, daß die nach Risiko gewichteten Aktiva insgesamt mit 8,58% haftendem Eigenkapital unterlegt sind. Dieses bedeutet, daß die Unternehmen der Kreditinstitutsgruppe insgesamt ein angemessenes Eigenkapital haben. Daneben besteht noch ein ungenutztes Aktivgeschäftsvolumen in Höhe von (2.080 * 12,5) - 24.250 = 1.750 GE.

Der Vergleich der Rechnung nach neuem Recht mit der nach altem Recht zeigt eine leichte Verbesserung des Solvabilitätskoeffizienten um 8,58% - 8,05% = 0,53% an. Die Verbesserung resultiert daraus, daß die Belastung des übergeordneten Kreditinstituts aus der vollumfänglichen Zurechnung der Risikoaktiva aller Tochterunternehmen durch die Zurechnung der Anteile im Fremdbesitz zum haftenden Eigenkapital nicht nur neutralisiert, sondern überkompensiert wird. Die Zuwachsraten betragen in diesem Beispiel 39,37% bei den konsolidierten Risikoaktiva und 48,57% beim konsolidierten haftenden Eigenkapital.[281]

Die Umstellung des Konsolidierungsverfahrens führt zu einer Verbesserung des Solvabilitätskoeffizienten der bereits bestehenden Kreditinstitutsgruppe und dürfte somit für die einzelnen Kredit- und Finanzinstitute nicht mit negativen Folgen für ihre Eigenmittelausstattung und ihr Aktivgeschäftsvolumen verbunden sein.

Neben der bereits bestehenden Kreditinstitutsgruppe ist nach den neuen Konsolidierungsbestimmungen auch das Kreditinstitut X der Abb. 4.12. konsolidierungspflichtig, dem die Anlage- und Vermögensberatungsgesellschaft Y als Tochterunternehmen nachgeordnet ist und das eine erhebliche Beteiligung am Rechenzentrum Z hält. Eine Freistellung kommt für das Kreditinstitut X nicht in Betracht, weil es sich beim Mutterunternehmen nicht um ein Kreditinstitut sondern um eine Beteiligungsgesellschaft handelt.

---

[281] Die Zuwachsraten ergeben sich aus folgenden Rechnungen:

$$\frac{24.250 - 17.400}{17.400} = 0,3937 = 39,37\% \text{ bzw. } \frac{2.080 - 1.400}{1.400} = 0,4857 = 48,57\%.$$

Für die einzelnen Unternehmen seien folgende Bilanzen gegeben:

Aktivseite in GE		Bilanz Kreditinstitut X	Passivseite in GE
Beteiligung an Y (60%)	120	Eingezahltes Kapital	300
Beteiligung an Z (50%)	100	Rücklagen	200
Risikoaktiva	8.400	Rücklagen nach § 6b EStG	100
Sonstige Aktiva	380	Genußrechtskapital	200
		Sonstige Passiva	8.200
	9.000		9.000

Ermittlung des haftenden Eigenkapitals und des Solvabilitätskoeffizienten

	Eingezahltes Kapital	300	
+	Rücklagen	200	
=	**Kernkapital**	**500**	500
	Rücklagen nach § 6b EStG	100	
+	Genußrechtskapital	200	
=	**Ergänzungskapital erster Klasse**	**300**	
+	= Anrechenbares Ergänzungskapital		300
=	**Haftendes Eigenkapital brutto**		**800**
−	Beteiligungsbuchwert an Y		120
=	**Haftendes Eigenkapital netto**		**680**

$$\text{Solvabilitätskoeffizient } s_X: \frac{\text{Haftendes Eigenkapital}}{\text{Risikoaktiva}} = \frac{680}{8.500} = 0{,}08 = 8\%$$

**Bilanz
Anlage- und Vermögensberatungsgesellschaft Y**

Aktivseite in GE			Passivseite in GE
Risikoaktiva	5.000	Eingezahltes Kapital	50
		Rücklagen	150
		Sonstige Passiva	4.800
	5.000		5.000

Ermittlung des haftenden Eigenkapitals und des Solvabilitätskoeffizienten

	Eingezahltes Kapital	50	
+	Rücklagen	150	
=	**Kernkapital**	**200**	200
=	**Haftendes Eigenkapital netto**		**200**

Solvabilitätskoeffizient s_y:

$$s_y = \frac{\text{Haftendes Eigenkapital}}{\text{Risikoaktiva}} = \frac{200}{5.000} = 0{,}04 = 4\%$$

266 Bankpolitik

Aktivseite in GE		Bilanz Rechenzentrum Z	Passivseite in GE
Risikoaktiva	5.000	Eingezahltes Kapital	100
		Rücklagen	100
		Nachrangige Verbindlichkeiten	200
		Sonstige Passiva	4.600
	5.000		5.000

Ermittlung des haftenden Eigenkapitals und des Solvabilitätskoeffizienten

Eingezahltes Kapital	100	
+ Rücklagen	100	
= **Kernkapital**	200	200
Nachrangige Verbindlichkeiten	200	
= **Ergänzungskapital zweiter Klasse**	200	
+ = **Anrechenbares Ergänzungskapital**		100
= **Haftendes Eigenkapital netto**		300

Solvabilitätskoeffizient s_Z:

$$s_z = \frac{\text{Haftendes Eigenkapital}}{\text{Risikoaktiva}} = \frac{300}{5.000} = 0{,}06 = 6\%$$

Die Ermittlung des haftenden Eigenkapitals und des Solvabilitätskoeffizienten zeigt, daß lediglich Kreditinstitut X die Anforderungen des § 10 KWG-N erfüllt. Inwieweit den Erfordernissen des § 10a KWG-N bei der Gruppe entsprochen wird, demonstriert die folgende Berechnung:

(1) Ermittlung des konsolidierten haftenden Eigenkapitals:

Kernkapital X (100%)	500	
+ Kernkapital Y (100%)	200	
+ Kernkapital Z (50%)	100	
− Beteiligungsbuchwert X an Y	120	
− Beteiligungsbuchwert X an Z	100	
= **Konsolidiertes Kernkapital**	580	580
Ergänzungskapital erster Klasse X (100%)	300	
+ Ergänzungskapital zweiter Klasse Z (50%)	100	
+ = **Konsolidiertes Ergänzungskapital**	400	400
= **Konsolidiertes haftendes Eigenkapital**		980

(2) Ermittlung der konsolidierten Risikoaktiva:

Risikoaktiva X (100%)	8.400
+ Risikoaktiva Y (100%)	5.000
+ Risikoaktiva Z (50%)	2.500
= **Konsolidierte Risikoaktiva**	**15.900**

(3) Ermittlung des Solvabilitätskoeffizienten

$$s = \frac{\text{Haftendes Eigenkapital}}{\text{Risikoaktiva}} = \frac{980}{15.900} = 0{,}0616 = 6{,}16\%$$

Die risikotragenden Aktiva der gruppenangehörigen Unternehmen sind insgesamt nur mit 6,16% haftendem Eigenkapital unterlegt. Daraus ergibt sich ein nicht durch Eigenkapital gedecktes Aktivgeschäftsvolumen in Höhe von 15.900 - (980 * 12,5) = 3.650 GE bzw. ein zusätzlicher Eigenkapitalbedarf in Höhe von

$$EK_h = \frac{\text{Risikoaktiva}}{12{,}5} = \frac{15.900 \text{ GE}}{12{,}5} = 1.272 \text{ GE}$$

zusätzliches EK_h = 1.272 GE - 980 GE = 292 GE.

Dieses Ergebnis ist angesichts der geringen Eigenmittelausstattung der nachgeordneten Unternehmen, deren Risikoaktiva nur zu 4% bei Y bzw. 6% bei Z mit haftendem Eigenkapital unterlegt sind, nicht überraschend. Aus der Perspektive des konsolidierungspflichtigen Kreditinstituts X erhöht sich das haftende Eigenkapital durch die Zusammenfassung von 800 GE auf 980 GE, also um 22,5%. Das Volumen der gewichteten anrechnungspflichtigen Geschäfte steigt dagegen von 8.400 GE auf 15.900 GE, was einer Zuwachsrate von 89,29% entspricht.

Die neue Kreditinstitutsgruppe besteht aus einem Kreditinstitut und zwei Nichtbanken, die den bankaufsichtlichen Anforderungen auf individueller Basis nicht unterliegen und diesen auch nicht entsprechen. Angesichts des Solvabilitätskoeffizienten ist die Gruppe im Sinne der Bankaufsicht unterkapitalisiert. Zur Erfüllung der Anforderungen des § 10a KWG-N bedeutet das für die gruppenangehörigen Unternehmen bei der gegebenen Eigenkapitalausstattung zwangsläufig eine Verringerung ihres Aktivgeschäftsvolumens.

Dieser Maßnahme, die mit negativen Folgen für das Aktivgeschäftsvolumen der gruppenangehörigen Unternehmen verbunden ist, kann entgegengewirkt werden, indem die Kreditinstitutsgruppe zusätzliches haftendes Eigenkapital bildet. Die vorhandene Eigenmittelstruktur weist darauf hin, daß das Aufnahmepotential an anrechenbarem Ergänzungskapital nicht voll ausgeschöpft ist. Allein die maximale Ausnutzung des anrechenbaren Ergänzungskapitals, d.h. eine Erhöhung von bisher 400 GE auf 580 GE, würde den Solvabilitätskoeffizienten der Gruppe von 6,16% auf 7,3% verbessern. Neben der nominalen Reduzierung der Risikoaktiva können des weiteren auch Umschichtungsmaßnahmen durch veränderte Risikogewichtungsfaktoren eine Verbesserung des Solvabilitätskoeffizienten bewirken.

Neben der vorstehenden Konsolidierung ist das Kreditinstitut X auch für die Konsolidierung des gesamten Konzerns gegenüber der Aufsichtsbehörde verantwortlich, da es verglichen mit Kreditinstitut B eine höhere Bilanzsumme ausweist. Neben den unmittelbaren Beteiligungen an den Kreditinstituten B und X werden auch die mittelbaren Beteiligungen an den Kreditinstituten C, D, E und G sowie an der Anlage- und Vermögensberatungsgesellschaft Y durch Mehrheitsbeteiligungen vermittelt. Die entsprechenden Bilanzen sind daher mit der Bilanz der Beteiligungsgesellschaft A nach dem Verfahren der Vollkonsolidierung zusammenzufassen. Die mittelbaren Beteiligungen an der Leasinggesellschaft F und dem Rechenzentrum Z stellen hingegen nur erhebliche Beteiligungen von 40% bzw. 45% dar, die nicht über Mehrheitsbeteiligungen vermittelt werden. Diese Beteiligungen sind daher quotal zu erfassen.

Für die Beteiligungsgesellschaft A sei folgende Bilanz gegeben:

Aktivseite in GE		**Bilanz Beteiligungsgesellschaft A**	Passivseite in GE
Beteiligung an B (80%)	560	Eingezahltes Kapital	60
Beteiligung an X (90%)	450	Rücklagen	150
Risikoaktiva	250	Vermögenseinl. stiller Gesellschafter	300
Sonstige Aktiva	190	Rücklagen nach § 6b EStG	260
		Nachrangige Verbindlichkeiten	250
		Sonstige Passiva	430
	1.450		1.450

Ermittlung des haftenden Eigenkapitals und des Solvabilitätskoeffizienten		
Eingezahltes Kapital	60	
+ Rücklagen	150	
+ Vermögenseinlagen stiller Gesellschafter	300	
= **Kernkapital**	510	510
Rücklagen nach § 6b EStG	260	
= **Ergänzungskapital erster Klasse**	260	260
Nachrangige Verbindlichkeiten	250	
+ = **Ergänzungskapital zweiter Klasse**	250	250
= Ergänzungskapital		510
+ = Anrechenbares Ergänzungskapital		510
= **Haftendes Eigenkapital brutto**		1.020
- Beteiligungsbuchwert an B		560
- Beteiligungsbuchwert an X		450
= **Haftendes Eigenkapital netto**		10

$$\text{Solvabilitätskoeffizient } s_A: \frac{\text{Haftendes Eigenkapital}}{\text{Risikoaktiva}} = \frac{10}{250} = 0{,}04 = 4\%$$

Das Zusammenfassungsverfahren ist auf **Finanzholding-Gruppen** in gleicher Weise anzuwenden wie auf Kreditinstitutsgruppen, d.h. es ist in den bereits mehrfach dargestellten Schritten wie folgt vorzugehen:

(1) Ermittlung des konsolidierten haftenden Eigenkapitals:

Kernkapital A (100%)	510	
+ Kernkapital B (100%)	700	
+ Kernkapital C (100%)	300	
+ Kernkapital D (100%)	400	
+ Kernkapital E (100%)	300	
+ Kernkapital F (40%)	40	
+ Kernkapital G (100%)	300	
+ Kernkapital X (100%)	500	
+ Kernkapital Y (100%)	200	
+ Kernkapital Z (45%)	90	3.340
− Beteiligungsbuchwert A an B	560	
− Beteiligungsbuchwert A an X	450	
− Beteiligungsbuchwert B an C	240	
− Beteiligungsbuchwert B an D	300	
− Beteiligungsbuchwert C an E	225	
− Beteiligungsbuchwert C an F	25	
− Beteiligungsbuchwert D an F	40	
− Beteiligungsbuchwert D an G	180	
− Beteiligungsbuchwert X an Y	120	
− Beteiligungsbuchwert X an Z	100	-2.240
= **Konsolidiertes Kernkapital**	1.100	1.100
Ergänzungskapital erster Klasse A (100%)	260	
+ Ergänzungskapital erster Klasse B (100%)	300	
+ Ergänzungskapital erster Klasse C (100%)	300	
+ Ergänzungskapital erster Klasse D (100%)	250	
+ Ergänzungskapital erster Klasse E (100%)	100	
+ Ergänzungskapital erster Klasse F (40%)	20	
+ Ergänzungskapital erster Klasse G (100%)	200	
+ Ergänzungskapital erster Klasse X (100%)	300	
− Genußrechtskapital D an G	80	
= **Konsolidiertes Ergänzungskapital erster Klasse**	1.650	1.650
Ergänzungskapital zweiter Klasse A (100%)	250	
+ Ergänzungskapital zweiter Klasse D (100%)	200	
+ Ergänzungskapital zweiter Klasse F (40%)	40	
+ Ergänzungskapital zweiter Klasse Z (45%)	90	
− Nachrangige Verbindlichkeiten B an D	110	
+ = **Konsolidiertes Ergänzungskapital zweiter Klasse**	470	470
= **Konsolidiertes Ergänzungskapital**		2.120
+ Davon als haftendes Eigenkapital anrechenbar		1.100
= **Konsolidiertes haftendes Eigenkapital**		2.200

270 Bankpolitik

(2) Ermittlung der konsolidierten Risikoaktiva:

Risikoaktiva A (100%)	250
+ Risikoaktiva B (100%)	4.000
+ Risikoaktiva C (100%)	3.500
+ Risikoaktiva D (100%)	5.000
+ Risikoaktiva E (100%)	4.000
+ Risikoaktiva F (40%)	1.400
+ Risikoaktiva G (100%)	6.000
+ Risikoaktiva X (100%)	8.400
+ Risikoaktiva Y (100%)	5.000
+ Risikoaktiva Z (45%)	2.250
= **Konsolidierte Risikoaktiva**	**39.800**

(3) Ermittlung des Solvabilitätskoeffizienten bei Vollkonsolidierung:

$$s = \frac{\text{Haftendes Eigenkapital}}{\text{Risikoaktiva}} = \frac{2.200}{39.800} = 0{,}0553 = \mathbf{5{,}53\%}$$

Die Berechnungen zeigen, daß die Vorgaben des Grundsatzes I angesichts des Solvabilitätskoeffizienten der Gruppe in Höhe von 5,53% nicht erfüllt werden. Für den zugrundeliegenden Konzern ergibt sich daraus ein nicht durch Eigenkapital gedecktes Aktivgeschäftsvolumen in Höhe von 39.800 - (2.200 · 12,5) = 12.300 GE bzw. ein Eigenkapitaldefizit in Höhe von 984 GE.[282]

Wie die Berechnungen für die bestehende Kreditinstitutsgruppe gezeigt haben, verbessert sich ihr Solvabilitätskoeffizient durch die Umstellung des Konsolidierungsverfahrens. Sie erfüllt die bankaufsichtlichen Eigenkapitalanforderungen, so daß die Einbeziehung dieser Gruppe als Ursache für die unzureichende Eigenmittelausstattung der Finanzholding-Gruppe ausgeschlossen werden kann. Diese ist somit, wie auch schon bei der zuvor dargestellten Konsolidierung der Kreditinstitutsgruppe X, ausschließlich auf die Einbeziehung der Nichtbanken zurückzuführen, die, wie die im Anschluß an jede Bilanz durchgeführte Ermittlung des haftenden Eigenkapitals und des Solvabilitätskoeffizienten nach den für Einzelkreditinstitute geltenden Vorschriften zeigt, eine vergleichsweise geringe Eigenkapitalbasis aufweisen. Da die gruppenangehörigen Kreditinstitute angesichts der einzelnen ermittelten Solvabilitätskoeffizienten überdies nahezu ihr gesamtes haftendes Eigenkapital zur Unterlegung der risikotragenden Aktiva auf Einzelgeschäftsebene benötigen, steht kein haftendes Eigenkapital zur Verfügung, mit dem die von den Nichtbanken tatsächlich übernommenen Risiken gedeckt werden könnten.

Zur Unterlegung der vorhandenen Risikoaktiva ergibt sich für die Finanzholding-Gruppe ein zusätzlicher Eigenkapitalbedarf in Höhe von 984 GE. Ent-

---

[282] Zur Ermittlung des Betrages siehe auch drittes Kapitel.

sprechend der Kappungsvorschriften in § 10 Abs. 6b KWG-N muß dieser Betrag hälftig aus Kern- und Ergänzungskapital bestehen. Da die Finanzholding-Gruppe, wie die vorstehende Ermittlung des haftenden Eigenkapitals zeigt, über ausreichend ergänzende Eigenmittel verfügt, benötigt sie zur Unterlegung des vorhandenen Aktivgeschäftsvolumens ausschließlich zusätzliches Kernkapital in Höhe von 492 GE. Sofern es der Finanzholding-Gruppe möglich ist, ihr konsolidiertes Kernkapital um 492 GE auf 1.592 GE aufzustocken, ergibt sich bei konstanten Risikoaktiva ein Solvabilitätskoeffizient in Höhe von

$$s = \frac{\text{Haftendes Eigenkapital}}{\text{Risikoaktiva}} = \frac{3.184}{39.800} = 0,08 = \mathbf{8\%}$$

Da § 10a KWG-N keine Spezialvorschrift gegenüber dem Gesellschaftsrecht ist, darf das für die Zusammenfassung verantwortliche übergeordnete Kreditinstitut zur Erfüllung seiner Verpflichtungen auf die gruppenangehörigen Unternehmen nur innerhalb der allgemein geltenden Vorschriften des Gesellschaftsrechts einwirken (§ 10a Abs. 8 S. 2 KWG-N). Insbesondere die Vorschriften über die Grenzen für die Einflußnahme auf ein anderes Unternehmen müssen dabei unberührt bleiben.[283] Das kann im Extremfall dazu führen, daß das übergeordnete Kreditinstitut X, welches aufgrund der aufgezeigten Beteiligungsstruktur weder auf die Finanzholding- Gesellschaft noch auf ein der Kreditinstitutsgruppe B angehöriges Unternehmen Einflußmöglichkeiten hat, seine Pflichten aus der bankaufsichtlichen Zusammenfassung ausschließlich durch Handlungen im eigenen Herrschaftsbereich zu erfüllen hat. Dies würde für die betroffenen Unternehmen, namentlich das Kreditinstitut X, die Anlage- und Vermögensberatungsgesellschaft Y sowie das Rechenzentrum Z, eine erhebliche und unter Umständen nicht tragbare Belastung darstellen.

Als Ergebnis kann festgehalten werden, daß die Beaufsichtigung der vorstehenden Finanzholding-Gruppen auf konsolidierter Basis, in die auch Nichtbanken mit unzureichender Eigenkapitalausstattung einzubeziehen sind, negative Folgen für die rechnerisch ermittelte Eigenmittelausstattung erwarten läßt. Zusätzlich könnten entsprechende Maßnahmen zur Verringerung der Risikoaktiva notwendig werden, anderenfalls ist das Aktivgeschäftsvolumen der einzelnen gruppenangehörigen Unternehmen umzustrukturieren.

4.3.5 Limitierung der Großkreditvergabe

Mit der am 31.12.1995 in Kraft getretenen 5. KWG-Novelle, deren Inhalt bereits im Kapitel 3 ausführlich dargestellt wurde, wurden die Konsolidierungs-Richtlinie und die Großkredit-Richtlinie der europäischen Union in

---

[283] Vgl. Deutscher Bundestag: BT-Drucks. 10/1441, a.a.O., Begr., Bes.T., Ausf. zu Art. 1 Nr. 7.

deutsches Recht umgesetzt.[284] Für die Großkreditvergabe gelten über § 13 KWG seitdem deutlich strengere Maßstäbe, was von weiterem Interesse bei den Eigenkapitalbelastungsregeln ist. Der § 13 KWG besagt, daß der einzelne Kredit, falls dessen Betrag 10% (bisher 15%) des haftenden Eigenkapitals übersteigt, als Großkredit anzusehen ist. Dieser Kredit darf dann 25% (bisher 50%) des Eigenkapitals nicht überschreiten. Zusätzlich gilt, daß alle Großkredite und Kreditzusagen zusammen nicht mehr als das 8fache des Eigenkapitals betragen dürfen. Für diese Grenzen gilt der neue erweiterte Eigenkapitalbegriff des § 10 KWG.

Bei Krediten an Tochter-, Mutter- oder Schwesterunternehmen verringert sich die Großkreditgrenze auf 20%, es sei denn die Unternehmen sind in die Konsolidierung mit einbezogen (§ 20 Abs. 4, S. 1 KWG). Bei der Begrenzung der Großkredite auf insgesamt das 8fache des haftenden Eigenkapitals sind nunmehr auch die Kreditzusagen zu berücksichtigen (§ 13 Abs. 4 S. 1 KWG). Der erweiterte Eigenkapitalbegriff des § 10 KWG ist hierfür verbindlich. Sollte die Höchstgrenze für einen einzelnen Großkredit überschritten werden, muß der überschießende Betrag voll mit haftenden Eigenkapital abgedeckt werden, das dann für die Berechnung der Angemessenheit des haftenden Eigenkapitals (Grundsätze I und Ia) nicht mehr berücksichtigt werden kann.

Der Gesetzgeber hat allerdings die nach der EG-Richtlinie möglichen Übergangsregelungen voll ausgeschöpft und bestimmt, daß bis 31.12.1998 zum einen die alte 15%-Grenze für Großkredite weiterbesteht, und zum anderen als maximale Obergrenze für Kredite an einen Kreditnehmer ein Satz von 40% des erweiterten haftenden Eigenkapitals gelten soll, im Konzern gilt die Grenze von 30%. Ab 1.1.1999 ist für Neukredite die neue Höchstgrenze von 25% verbindlich. Bis zum 31.12.2001 müssen kündbare Kredite auf 25% zurückgeführt werden. Dieses betrifft allerdings nicht Kredite, die vor dem Inkrafttreten der Fünften KWG-Novelle gewährt wurden und aufgrund vertraglicher Bedingungen erst nach dem 31.12.2001 fällig werden.

Weiterhin sind der unveränderte § 14 KWG über die Meldung von Krediten über 3 Millionen DM an die Bundesbank als Evidenzzentrale, und die §§ 15 und 16 KWG über die Meldepflicht für Organkredite zur Risikosteuerung und Diversifikation im Sinne der Portfolio Selection Theorie wichtig. Auch für die Millionenkreditregelungen ist der ab dem 31.12.1995 geltende erweiterte

---

284 Siehe o.V.: Kreditwesengesetz / Eine Novelle jagt die nächste - Für Großkredite gelten künftig sehr viel strengere Maßstäbe, in: HB, 50. Jg., 222/17.11.1994, S. 39. O.V.: Bundestag verabschiedet die 5. Novelle zum Kreditwesengesetz, in: DSz, 57. Jg., 46/21.06.1994, S. 1. Schroeter, J./Maes, U., 1994, a.a.O., S. 370-374. Lehnhoff, J.: 5. KWG-Novelle ab 31. Dezember 1995 in Kraft, in: BI, 21. Jg., 8/1994, S. 2-3. Boos, K.-H./Klein, U., 1994, a.a.O., S. 529-535. Boos, K.-H.: Entwurf einer Fünften KWG-Novelle vorgelegt, in: Die Bank, o. Jg. 4/1994, S. 229-233.

Kreditbegriff anzuwenden. Auf diese Weise erhält die Bankenaufsicht jetzt erweiterte Informationen über das Derivatgeschäft. Auslösender Faktor für die Millionenkreditanzeigen ist allerdings nicht der Nominalbetrag der Derivatgeschäfte, sondern ein gesondert zu ermittelnder Kreditäquivalenzbetrag. Die Wertpapiere des Handelsbestandes werden nicht in das Millionenkreditanzeigeverfahren einbezogen.

4.4 Risikopolitik

Risikoübernahme und Risikotransformation sind Grundfunktionen, die jede Bank im Rahmen ihrer Geschäftstätigkeit wahrnimmt. Gegenwärtige und zukünftige Risiken sind innerhalb eines Risikomanagementprozesses erkennbar zu machen, zu bewerten, planungsmäßig zu steuern und zu kontrollieren. Aufgrund der großen Bedeutung der Risikopolitik für die Existenzsicherung und den ökonomischen Erfolg der Bank ist die Festlegung der Richtlinien für Risikomanagement und -kontrolle auf allen Ebenen der Bankorganisation als originäre Führungsaufgabe anzusehen, die der Bankleitung vorbehalten ist.

4.4.1 Risikobegriff und Bedeutung der Risikopolitik

Der entscheidungstheoretische Risikobegriff stellt auf eine Situation ab, in der dem Entscheidungsträger objektive oder subjektive Wahrscheinlichkeiten für das Eintreten unsicherer zukünftiger Umweltzustände bekannt sind.[285] Während sich objektive Wahrscheinlichkeiten aus historischen Häufigkeitsverteilungen von Ereignissen empirisch berechnen lassen, werden subjektive Wahrscheinlichkeiten aus individuellen Einschätzungen und Erfahrungen abgeleitet. Eine solchermaßen definierte Unsicherheit wird jedoch erst bei fehlender Entscheidungselastizität, d.h. bei Bindung des Entscheidungsträgers an eine einmal getroffene Entscheidung, zu einem Risiko.[286] Diese Bindung kann entweder vollständige Irreversibilität oder Reversibilität nur unter Inkaufnahme zusätzlicher Kosten bedeuten.

Der Umfang des Risikos wird durch die Differenz zwischen dem tatsächlich eingetretenen Ergebnis und dem geplanten Ergebnis gemessen. Folglich können auch positive Differenzen unter dem Begriff des Risikos subsumiert werden. Da jedoch eine positive Differenz als Chance anzusehen ist, sollen im folgenden nur die negativen Ergebnisdifferenzen als Risiken betrachtet werden. Dieses ist auch deshalb sinnvoll, weil die Risikovorsorge den unternehmensgefährdenden Abweichungen zu widmen ist.

---

[285] Vgl. Bamberg, G./Coenenberg, A.G.: Betriebswirtschaftliche Entscheidungslehre, 6. Auflage, München 1991, S. 66.
[286] Vgl. Jacob, H.: Zum Problem der Unsicherheit bei Investitionsentscheidungen, in: Zeitschrift für Betriebswirtschaft, 37. Jg., 3/1967, S. 153-187, hier S. 156f..

Die Bedeutung der Risikopolitik ergibt sich vor dem Hintergrund des tiefgreifenden Wandels der internationalen Finanzmärkte nach dem Zusammenbruch des Wechselkurssystems von Bretton Woods im Jahre 1973.[287] Kennzeichnend für die Veränderungen ist die zunehmende Verschmelzung der ehedem klar getrennten Geld,- Kredit- und Kapitalmärkte, welche zur Herausbildung neuer Chance/Risiko-Profile führte. Hinzu kommt die Entwicklung einer Vielzahl innovativer Finanzinstrumente, die einerseits zur Risikoverminderung eingesetzt werden können, andererseits jedoch aufgrund ihrer komplexen Konstruktionsprinzipien bei unsachgemäßer Anwendung z.T. bedeutende Potentiale zur Risikoentstehung und Risikoakkumulation aufweisen. Nicht zuletzt aufgrund der Risiken dieser Finanzinnovationen ist ungeachtet der international zu beobachtenden Deregulierungsbestrebungen bereits wieder ein Trend zur Reregulierung in Teilsegmenten festzustellen, bspw. auf dem deutschen Kapitalmarkt im Rahmen des Zweiten Finanzmarktförderungsgesetzes. Ansätze zur freiwilligen Selbstkontrolle bei entsprechender Berichtspflicht konnten sich in der Maßnahmendiskussion nicht durchsetzen.

4.4.2 Risikomanagementprozeß

Gegenstand der bankbetrieblichen Risikopolitik sind die möglichen Ursachen für die Nichterreichung des angestrebten Realisationsgrades der Bankziele. Angesichts der relativ geringen Ausstattung mit Kernkapital können die Risiken aber auch die Existenz einer Bank insgesamt in Frage stellen. Hieraus ergeben sich hohe Anforderungen an das Risikomanagement. Als Leitlinie ist hierbei die möglichst umfassende Immunisierung der Bank gegen die von den Risiken ausgehenden Störimpulse anzusehen. Dieses Postulat wird im Rahmen eines Risikomanagementprozesses in die Teilaufgaben Risikoerkennung, Risikobewertung, Risikosteuerung und Risikokontrolle zerlegt, wie die nachfolgende Abb. 4.13. zeigt.

Der Risikomanagementprozeß verdeutlicht die besondere Rolle, die der Bankleitung bei der Leitlinienbestimmung für die Risikopolitik zukommt.[288] In der Phase der Risikoerkennung hat die Bankleitung festzulegen, welche Informationen notwendig sind, um die Risikoquellen zu identifizieren. Auf der Grundlage einerseits der gesetzlichen Vorgaben, welche im späteren erläutert werden, sowie andererseits der Risikopräferenzen der Entscheidungsträger, der erwarteten zukünftigen Umweltlagen und der Informationsbeschaffungs-

---

[287] Vgl. Schuster, L.: Bankpolitik im Spiegel aktueller Themen, Bern und Stuttgart 1990, S. 109f..

[288] Vgl. Krümmel, H.J.: Risikopolitik als Führungsaufgabe, in: Deutscher Sparkassen- und Giroverband (Hrsg.): Die Zukunft gestalten, Stuttgart 1989, S. 135-167, hier S. 160ff. sowie Schierenbeck, H.: Ertragsorientiertes Bankmanagement, 4. Auflage, Wiesbaden 1994 (b), S. 509ff..

kosten sind die zu bewertenden von den zu vernachlässigenden Risiken zu trennen.

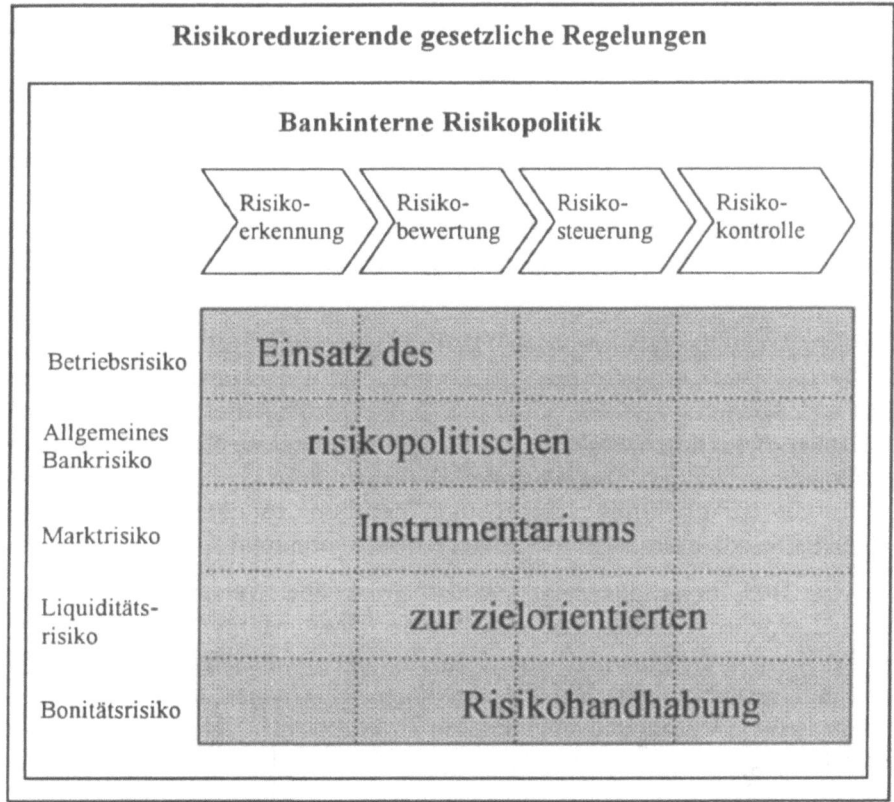

Abb. 4.13.: Risikomanagementprozeß
Quelle: Vgl. Kilgus, E.: Strategisches Bank-Management, Bern, Stuttgart und Wien 1994, S. 67

Für eine möglichst exakte Quantifizierung der Risiken sind die risikobehafteten Positionen vor Beginn der eigentlichen Risikobewertungsphase für jede Risikoart getrennt nach Kriterien des Risikogehalts zu strukturieren. Bspw. wird zur Berücksichtigung des Zinsänderungsrisikos eine Systematisierung nach der Sensitivität auf Zinsbewegungen vorgenommen. Bezüglich des Bonitätsrisikos wird eine Ordnung nach der vermuteten Ausfallwahrscheinlichkeit und Ausfallhöhe vorgenommen. Die in diesem Rahmen angewandten Verfahren werden in den nachfolgenden Punkten vorgestellt. Die Bankleitung hat sowohl die einzusetzenden Quantifizierungsverfahren als auch die anzuwendenden Parameter wie etwa Planungshorizont und zu berücksichtigende alternative Szenarien vorzugeben.

In der sich anschließenden Phase der Risikosteuerung sind von der Bankleitung Maßnahmen zu veranlassen, welche die Ablauf- und Risikobilanzen in

Abhängigkeit von den risikopolitischen Zielvorstellungen optimal strukturieren. Dieses kann im Rahmen aktiver Risikopolitik durch Risikovermeidung, Risikokompensation (Hedging) oder durch Limitvorgaben geschehen. Die passive Risikopolitik hat durch Schaffung von entsprechenden Deckungspotentialen dafür zu sorgen, daß bei Eintritt negativer Umweltlagen ein ausreichendes Deckungsvolumen zur Verfügung steht. In diesem Kontext ist es eine weitere Aufgabe der Bankleitung, den Umfang der Delegation von Risikosteuerungsaufgaben auf Linien- und Stabsstellen zu bestimmen. Diese Verlagerung hat sich bezüglich der Linieninstanzen an der Erfolgsverantwortung dieser Stellen zu orientieren, während die Stäbe als Einheiten des Risikocontrollings primär mit der Konzeption, Implementierung und Wartung von Risikoinformationssystemen beauftragt werden.

Die den Risikomanagementprozeß abschließende Phase der Risikokontrolle hat die tatsächlich eingetretenen Risikowerte mit den Planwerten zu vergleichen und Abweichungsanalysen sowohl in der Struktur des Risikos als auch im Bankergebnis durchzuführen und Nichteinhaltungen aufzudecken. Auf dieser Grundlage sind ggf. Korrekturmaßnahmen zu ergreifen. Bei latenten Risiken ist die risikopolitische Ausrichtung der Bank zu überprüfen und bei akuten Risiken das aktualisierte Bankergebnis zu ermitteln.

Die vom BAK herausgegebene „Verlautbarung über Mindestanforderungen an das Betreiben von Handelsgeschäften der Kreditinstitute" vom 23. Oktober 1995 nimmt die gesamte Bankleitung für eine ordnungsgemäße Organisation und Überwachung der Handelsaktivitäten in Derivaten, am Geldmarkt, in Wertpapieren, Devisen und Edelmetallen in die Pflicht.[289] Hierdurch wird die Einrichtung eines Systems zur Messung und Überwachung der Risikopositionen, zur Analyse des Verlustpotentials und zur Positionssteuerung verlangt. Darüber hinaus sollen risikobegrenzende Limits und Verlustmaxima sowie eine tägliche Beobachtung der Risikopositionen die Überwachung ermöglichen, die von einem handelsunabhängigen Risikocontrolling durchzuführen ist.

4.4.3 Risiken im Betriebsbereich

Die Risiken im Betriebsbereich der Bank[290] entstehen durch den Einsatz von Mitarbeitern und Betriebsmitteln im Leistungserstellungsprozeß, der Kombination dieser Produktivfaktoren im Rahmen der Aufbau- und Ablauforganisation sowie aufgrund juristischer Unwägbarkeiten, wie die nachfolgende Abb. 4.14. zeigt.

---

[289] Vgl. Höfer, B./Jütten, H.: Mindestanforderungen an das Betreiben von Handelsgeschäften, in: Die Bank, o.Jg., 1995, S. 752ff..

[290] Vgl. Büschgen, H.E.: Bankbetriebslehre: Bankgeschäfte und Bankmanagement, 4. Auflage, Wiesbaden 1993, S. 745ff..

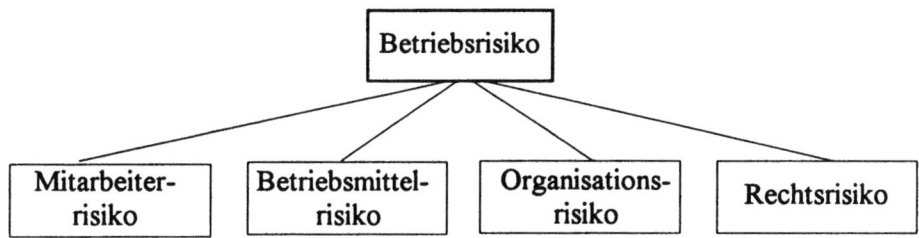

Abb. 4.14.: Risiken im Betriebsbereich der Bank

Als **Mitarbeiterrisiko** werden diejenigen Risiken bezeichnet, welche aus dem Verhalten von Bankmitarbeitern entstehen. Die Erscheinungsformen reichen von Nachlässigkeiten über mangelhafte Bearbeitung der zugewiesenen Aufgaben bis hin zu vorsätzlichen Störungen, Unterschlagungen oder Betrugsdelikten. Ihre Ursachen können, sofern von den letztgenannten Extremfällen abgesehen wird, einerseits in der fehlenden Qualifikation, andererseits aber auch in der zu hohen Arbeitsbelastung oder in unzureichender Motivation liegen. Da von Mitarbeitern die wichtigsten Einflüsse auf die Qualität der Bankleistungen, die Existenzsicherung und Prosperität der Bank ausgehen, ist dem Mitarbeiterrisiko besondere Aufmerksamkeit zu widmen. Für eine aktive Risikopolitik empfehlen sich vor allem drei Ansatzpunkte:

(1) permanente Anstrengungen zur Personalqualifikation und Weiterbildung, um das Kompetenzprofil der Mitarbeiter den immer komplexeren Produkten und den zwischen einzelnen Bankbereichen interdisziplinär vernetzten Arbeitsabläufen anzupassen,

(2) zur Vermeidung temporärer Arbeitsüberlastungen eine flexibel einsetzbare Personalreserve vorzuhalten, während bei Auftreten langfristig andauernden Personalbedarfs Rekrutierungsmaßnahmen einzuleiten sind,

(3) die Einrichtung verschiedener Kontrollmechanismen zur Korrektur und Prävention von Unregelmäßigkeiten.

Kontrollen können entweder in die Arbeitsabläufe integriert werden oder als fallweise Kontrollen durch die interne und externe Revision durchgeführt werden. Zu beachten sind allerdings die Kontrollkosten. Das optimale Kontrollniveau wird dort erreicht, wo die Gesamtkosten als die Summe aus Kontrollkosten, Kosten der Korrektur der festgestellten Fehler und Kosten der verbliebenen Fehler minimal ist.[291] Auf die Existenz eines Kontrolloptimums

---

[291] Vgl. Baetge, J.: Überwachung, in: Bitz, M. u.a., (Hrsg.): Vahlens Kompendium der Betriebswirtschaftslehre, Bd. 2, 2. Aufl., München 1990, S. 167-208, hier S. 178-180.

deutet auch die Erfahrung hin, daß zuviel Kontrolle demotivierend wirken kann, durch zuwenig Kontrolle dagegen die angesprochenen Risiken existenzgefährdende Ausmaße annehmen können.

Als **Betriebsmittelrisiko** werden die mit dem Einsatz von Betriebsmitteln, insbesondere Datenverarbeitungs- und Kommunikationsanlagen, verbundenen Risiken bezeichnet. Die hohe Abhängigkeit des Bankbetriebs von der EDV-Anlage erzwingt besondere Sorgfalt bei Entscheidungen zur Beschaffung entsprechender Anlagen und deren Vernetzung. Wegen stark schwankender Belastungen ist darauf zu achten, daß die Anlagen sowohl ausreichend dimensioniert werden (d.h. Leistungsreserven für Spitzenbelastungen aufweisen) als auch für spezifische, teilweise noch nicht vollständig bekannte Einsatzzwecke geeignet sind. Des weiteren ist dafür Sorge zu tragen, daß die Mitarbeiter für die Anlagennutzung umfassend geschult sind und dem effizienten Einsatz innovativer Techniken keine Akzeptanzprobleme im Wege stehen.

Die **Organisationsrisiken** entstehen durch Friktionen in der Aufbau- und Ablauforganisation. Diese können auf einen unzureichenden Informationsfluß zwischen den verschiedenen Ebenen bzw. auf einer Ebene der Bank zurückzuführen sein, durch unscharfe Kompetenzabgrenzungen entstehen oder auch aus Unsicherheiten bei Wechseln in der Aufbau- und Ablaufstruktur resultieren. Gerade die letztgenannte Ursache erhält im Zuge der Neuausrichtung vieler deutscher Banken im Investment Banking durch die Integration angelsächsischer Investmentbanken und durch die teilweise Übernahme ihrer Organisations- und Führungsprinzipien besondere Relevanz. Hinzu kommt, daß die Vorbereitung auf die für 1999 geplante Einführung einer gemeinsamen europäischen Währung weitere Veränderungen der Aufbau- und Ablauforganisation mit sich bringen wird. Der Maßnahmenkatalog zum Management der Organisationsrisiken umfaßt neben der exakten Zuweisung von Kompetenzen und der Institutionalisierung einer offenen Informations- und Kommunikationskultur auch ein sensibles Eingehen auf ökonomisch, soziologisch und psychologisch motivierte Bedenken der Mitarbeiter gegen Strukturveränderungen und Rationalisierungsmaßnahmen. Veränderungen zur Anpassung der Bank an globale Trends mögen in betriebswirtschaftlicher Hinsicht zwar dringend erforderlich sein, jedoch ist zu bedenken, daß Mitarbeitern, die sich hierdurch benachteiligt und/oder übergangen fühlen, vielfältige Formen der Behinderung des Wandels zur Verfügung stehen.

Die Gruppe der **Rechtsrisiken** im Betriebsbereich beinhaltet diejenigen Imponderabilien, die der nicht immer gesicherten Durchsetzbarkeit vertraglicher und/oder gesetzlicher Ansprüche entstammen. Insbesondere im Bereich individueller Vertragsgestaltung sowie im internationalen Bankgeschäft kann es fraglich sein, ob die Ansprüche der Bank auch tatsächlich befriedigt werden, wenn der Vertragspartner die Leistung verweigert oder sich bestimmte Vertragsabsprachen in ausländischen Rechtssystemen als ungültig erweisen. Selbst im Falle der prinzipiellen Durchsetzbarkeit wird die Bank oftmals gezwungen sein, z.T. erhebliche zeitliche Verzögerungen bis zum Eingang einer Forderung in die Überlegungen einzubeziehen. Mit entsprechend langen Fristen ist vor allem bei Vertragvereinbarungen mit einem Gerichtsstand im Ausland zu rechnen, wenn dessen Rechtsordnung deutlich von den deutschen Rechtsnormen abweicht. Zur Begrenzung von Rechtsrisiken tragen in entscheidendem Maße die Erfahrungen der Bank mit bestimmten Geschäftspartnern und internationalen Rechtssystemen bei. Hinzu kommt die Möglichkeit der Vereinbarung international akzeptierter Vertragsklauseln sowie das Einholen von Auskünften über Neukunden und die Beschäftigung spezialisierter Juristen.

4.4.4 Allgemeine Risikovorsorge im Wertbereich

Abhängig vom Differenzierungsgrad der risikopolitischen Vorgehensweise lassen sich im Wertbereich Maßnahmen der allgemeinen und der speziellen Risikopolitik unterscheiden.[292] Während die allgemeine Risikopolitik versucht, für den Fall des Eintritts ungünstiger Umweltzustände ausreichende Risikodeckungspotentiale zu schaffen, besteht die Zielsetzung der speziellen Risikopolitik darin, die bilanzstrukturbedingten Inkongruenzen in den Bereichen Zinsbindungen, Währungen und Liquiditätsgrade zu verringern sowie die verbliebenen Risiken durch Kreditwürdigkeitsprüfung, Besicherung, Limitierung, Diversifikation und Hedging zu minimieren. Die nachfolgende Abb. 4.15. gibt einen Überblick über die Teilbereiche der Risikopolitik im Wertbereich.

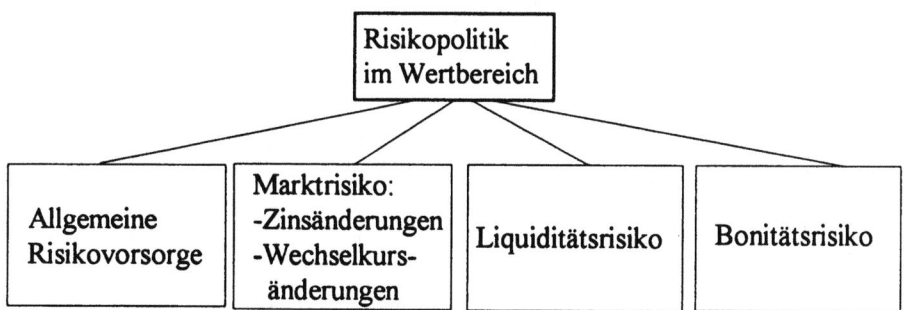

Abb. 4.15.: Risiken im Wertbereich der Bank

---

[292] Vgl. Schierenbeck, H., 1994 (b), a.a.O., S. 504ff..

Die Implikationen der allgemeinen Risikopolitik werden zunächst behandelt, bevor sich in den nachfolgenden Punkten eine Darstellung der Alternativen und Instrumente der speziellen Risikopolitik anschließt. Die der allgemeinen Risikopolitik zur Verfügung stehenden Instrumente lassen sich nach der Art des Verlustauffangs und nach der Reihenfolge der Inanspruchnahme systematisieren, wie die nachfolgende Tabelle 4.1. zeigt.

Art des Verlustauffangs	Intern						Extern
Instrumente	Risikokosten	Reingewinn	Stille Reserven	Offene Reserven	Gez. Kapital	Nachrangig haftendes Kapital	Einlagensicherungssysteme, Haftungszusagen
Reihenfolge der Inanspruchnahme	1.	2.	3.	4.	5.	6.	7.

Tabelle 4.1.: Verlustauffangpotentiale
Quelle: Vgl. Schierenbeck, H., 1994 (b), a.a.O., S. 505

Den internen Verlustauffangpotentialen werden diejenigen Instrumente zugeordnet, die auf bankeigene Ressourcen zurückgreifen, während sich die externen Instrumente aus der Existenz branchenspezifischer Absicherungskonzepte ergeben. Zur Verlustabdeckung dienen primär die in die Leistungskonditionen einkalkulierten Risikokosten sowie bei darüber hinausgehendem Bedarf der Reingewinn der Bank. Übersteigen die Verluste diese beiden Größen, so sind zur Vermeidung eines Vertrauensschadens zunächst die stillen Reserven und erst dann die offenen Reserven heranzuziehen.

Die bankpolitische Funktion der stillen Reserven ist in der Glättung ungleichmäßiger Ertragsverläufe über mehrere Perioden zu sehen. Die besondere Vertrauenssensitivität des Bankgeschäfts sowie die in Relation zum Eigenkapital großen fremdfinanzierten Bilanzpositionen sind hinreichende Begründung dafür, den Banken gegenüber der übrigen Industrie weitergehende Maßnahmen der Risikovorsorge zuzugestehen, die zudem den Adressaten des Jahresabschlusses nicht offenzulegen sind.

Die Legung dieser Reserven muß in den Geschäftsjahren erfolgen, in denen die Ertragssituation der Bank überdurchschnittlich gut ist, um in unbefriedigenden Perioden durch Reserveauflösung eine noch befriedigende Ertragskraft ausweisen zu können. Der Umfang der Reservebildung und -auflösung wird vom Anspruchsniveau der Geschäftsleitung und der Anteilseigner hinsichtlich der Gewinnausschüttung und Bilanzstruktur und von gesetzlichen Vorgaben abhängen.

Im Gegensatz zu der aktiven Legung stiller Reserven steht die Entstehung stiller Reserven aufgrund der handelsrechtlichen Vorschriften zur Bewertung von Vermögensgegenständen zu den fortgeführten Anschaffungskosten gemäß § 253 HGB. Sofern der Wert der Positionen zu nachfolgenden Bilanzstichtagen über den fortgeführten Anschaffungskosten liegt, verbietet § 252 Abs. 1 Nr. 4 HGB grundsätzlich eine Erhöhung der Wertansätze zur Vermeidung des Ausweises unrealisierter Gewinne (Realisationsprinzip). Ansatzpunkte für die Legung stiller Reserven ergeben sich über § 249 HGB aus den zahlreichen Möglichkeiten der Bildung von Rückstellungen sowie Einzel- und Pauschalwertberichtigungen. Rückstellungen sind Passivpositionen für Verpflichtungen, die am Bilanzstichtag betragsmäßig und/oder dem Grunde nach nicht sicher sind. Hierzu gehören u.a. Rückstellungen für ungewisse Verbindlichkeiten, drohende Verluste aus schwebenden Geschäften, unterlassene Instandhaltungsaufwendungen und für Gewährleistungen ohne rechtliche Verpflichtung (Kulanzleistungen). Gemäß § 249 Abs. 2 HGB dürfen Rückstellungen außerdem für genau umschriebene Aufwendungen des Geschäftsjahres oder früherer Geschäftsjahre gebildet werden, die am Bilanzstichtag wahrscheinlich oder sicher, jedoch hinsichtlich Höhe und/oder Zeitpunkt des Eintritts unsicher sind. Weitere risikopolitisch relevante Rückstellungen ergeben sich vor allem aus Bürgschaften, Garantien, Indossamentsverpflichtungen (ungewisse Verbindlichkeiten) sowie aus schwebenden Devisentermin- und Wertpapierpensionsgeschäften (drohende Verluste aus schwebenden Geschäften). Aufwandsrückstellungen nach § 249 Abs. 1 und 2 HGB werden lediglich im Bereich der Kulanzregelungen praktisch relevant sein.

Obwohl sich die Bemessung der Rückstellungen auch im Bankbetrieb an allgemein akzeptierten kaufmännischen Beurteilungsmaßstäben zu orientieren hat, verbleibt aufgrund des Informationsvorsprungs der Geschäftsleitung und bankspezifischer Besonderheiten bei der Reservebildung für externe Bilanzleser eine erhebliche Beurteilungsunsicherheit, ob eine vorsichtige oder eher eine deutlich überdimensionierte Rückstellungsdotierung zwecks Risikovorsorge betrieben worden ist.

Die Vornahme von Einzelwertberichtigungen eröffnet weitere Möglichkeiten der Risikovorsorge. Liegt der Wert einer aktiven Bilanzposition am Bewertungsstichtag unter den fortgeführten Anschaffungskosten, so ist der Position dieser niedrigere Wert beizumessen (Niederstwertprinzip gemäß § 253 Abs. 2 und 3 HGB). Diese insbesondere bei Kreditforderungen und Wertpapieren relevanten Korrekturen sind dann vorzunehmen, wenn aufgrund einer voraussichtlich dauernden Wertminderung dem Aktivposten ein niedrigerer als

282 Bankpolitik

der aktuell ausgewiesene Wert beizulegen ist. Obwohl sich die Wertberichtigung wie bei der Rückstellungsbemessung an 'vernünftigen' kaufmännischen Grundsätzen zu orientieren hat und erst dann gestattet ist, wenn die ungünstige Umweltlage eingetreten ist; lassen sich aufgrund des Gebotes vorsichtiger Bewertung stille Reserven bilden.

Zwar sind Kapitalgesellschaften, zu denen nahezu alle Banken gehören, nach § 280 Abs. 1 HGB verpflichtet, bei Wegfall der Abschreibungsgründe den Wert der abgeschriebenen Positionen wieder auf den fortgeführten Wert vor der außerplanmäßigen Abschreibung zu erhöhen. Diese Vorschrift hat jedoch aufgrund § 280 Abs. 2 HGB kaum praktische Bedeutung, da sie in denjenigen Fällen nicht angewendet werden muß, in denen der niedrigere Wertansatz steuerrechtlich anerkannt wird, sofern auch in der Handelsbilanz der niedrigere Ansatz existiert. Da dieses gemäß § 5 Abs. 1 Satz 2 EStG für alle steuerlichen Wahlrechte bei der Gewinnermittlung gilt, ist das Wertaufholungsgebot für Kapitalgesellschaften weitgehend bedeutungslos. Der Grundsatz der Maßgeblichkeit der Handelsbilanz für die Steuerbilanz wird hierdurch umgedreht, so daß von der Umkehrmaßgeblichkeit der Steuerbilanz für die Handelsbilanz gesprochen wird. Die Umkehrmaßgeblichkeit bewirkt damit eine zusätzliche Erweiterung des Ermessensspielraumes der bilanzierenden Bank zur Erreichung risikopolitischer Ziele.

Durch die Umsetzung der EG-Bankbilanzrichtlinie mit Hilfe des Bankbilanzrichtliniengesetzes vom 30. November 1990 hat der deutsche Gesetzgeber innerhalb der §§ 340 f und 340 g HGB die bis zum 31. Dezember 1992 geltenden Vorschriften zur Vorsorge für allgemeine Bankrisiken gemäß § 26 a KWG alten Rechts neu geregelt.[293] Den Kreditinstituten wird hierdurch das Sonderrecht eingeräumt, im Vergleich zu anderen Kapitalgesellschaften niedrigere Wertuntergrenzen anzusetzen und sog. Bewertungsreserven zu bilden. Diese Reservenbildung läßt sich unterscheiden in die Vorsorge für allgemeine Bankrisiken nach § 340 f HGB und in den Sonderposten für allgemeine Bankrisiken gemäß § 340 g HGB. Dem § 340 f Abs.1 Satz 1 HGB zufolge dürfen Banken

„Forderungen an Kreditinstitute und Kunden, Schuldverschreibungen und andere festverzinsliche Wertpapiere sowie Aktien und andere festverzinsliche Wertpapiere, die weder wie Anlagevermögen behandelt werden noch Teil des Handelsbestandes sind, mit einem niedrigeren als dem nach § 253 Abs. 1 Satz 1 und Abs. 3 HGB vorgeschriebenen oder zugelassenen Wert ansetzen, soweit dies nach vernünftiger kaufmännischer Beurteilung zur

---

[293] Vgl. Emmerich, G./Reus, P.: Zur Vorsorge für „allgemeine Bankrisiken"-Handelsrechtliche Gestaltungswahlrechte und ökonomische Implikationen, Studie Nr. 2/1995 des Institutes für betriebswirtschaftliche Geldwirtschaft der Universität Göttingen, Göttingen 1995 sowie die dort angegebene Literatur.

Sicherung gegen die besonderen Risiken des Geschäftszweiges der Kreditinstitute notwendig ist".

Da es den Banken hierbei freigestellt ist, von welchen der zulässigen Forderungs- und Wertpapierpositionen die stillen, steuerrechtlich nicht anerkannten Vorsorgereserven aktivisch abgesetzt werden, findet in Abweichung von den sonst üblichen Bilanzierungsregeln auch der Grundsatz der Einzelbewertung keine Anwendung.

Gemäß § 340 f Abs. 1 Satz 2 HGB darf der Betrag der stillen Reserven nach Satz 1 nicht mehr als vier Prozent der insgesamt globalabschreibungsfähigen Forderungen und Wertpapiere, bewertet nach § 253 Abs. 1 Satz 1 HGB, betragen. Durch § 340 f Abs. 1 Satz 1 HGB wird die Geltung des Wertaufholungsgebotes aufgehoben, so daß die niedrigen Wertansätze auch bei einer verbesserten Risikolage beibehalten werden können.

Nach § 340 g Abs. 1 HGB ist es den Banken neben der Vorsorgebildung mittels stiller Reserven nach § 340 f HGB ebenfalls gestattet, offene Reserven durch aufwandswirksame Dotierung eines Passivpostens 'Fonds für allgemeine Bankrisiken' zu bilden. Ohne Betragsobergrenze lassen sich nach vernünftiger kaufmännischer Beurteilung steuerrechtlich nicht anerkannte Beträge einstellen, welche nach § 340 g Abs. 2 HGB in der Gewinn- und Verlustrechnung gesondert ausgewiesen werden müssen, um bankexterne Jahresabschlußadressaten über den Bestand und seine Veränderungen zu informieren. Die gleichzeitige Zulassung stiller und offener Reservenbildung bezweckt die Erzeugung eines zunehmenden Drucks auf die Banken, von der stillen zur offenen Reservenbildung zu wechseln und sich somit den anglo-amerikanischen Rechnungslegungsstandards anzupassen.

Für den Fall, daß die offenen und stillen Reserven zur Risikoabdeckung nicht ausreichen, ist das Eigenkapital in Form des gezeichneten Kapitals und des nachrangigen haftenden Kapitals heranzuziehen. Die einzelnen Komponenten des Eigenkapitals wurden bereits in vorhergehenden Punkten dieses Kapitels erläutert, während die gesetzlichen Bestimmungen zur Berechnung des haftenden Eigenkapitals Gegenstand des dritten Kapitels waren. Die aufgrund von Bonitäts- und Marktrisiken festgelegten Eigenkapitalbestimmungen der Bankenaufsicht, insb. die Grundsätze I und Ia des BAK, werden in den nachfolgenden Punkten zur Risikopolitik im konkreten Zusammenhang vertieft erläutert. Der Rückgriff auf Einlagensicherungssysteme und Haftungszusagen ist als ultima ratio zu sehen. Diese bankexternen Risikopotentiale wurden bereits im zweiten Kapitel verdeutlicht.

4.4.5 Marktrisiko

Unter dem Oberbegriff des Marktrisikos werden das Zinsänderungsrisiko und das Währungsrisiko zusammengefaßt. Gemeinsames Merkmal dieser Risiken ist, daß sie sich aus Preisveränderungen auf den Geld- und Kapitalmärkten ergeben und deshalb auch als Preisrisiken bezeichnet werden.

4.4.5.1 Zinsänderungsrisiko

Als Zinsänderungsrisiko wird die negative Abweichung vom geplanten Niveau einer Ergebnisgröße der Bank, etwa der Bruttozinsspanne, bei einer Änderung von Marktzinssätzen bezeichnet. Hierbei ist zwischen dem Zinsspannenrisiko und dem Abschreibungsrisiko zu unterscheiden. Das Zinsspannenrisiko resultiert aus der Gefahr, daß bei steigendem Zinsniveau die Zinssätze für die Refinanzierung, also die Passivzinssätze, schneller (und im Fall einer inversen Zinsstruktur auch stärker) steigen als die korrespondierenden Zinssätze für die Mittelanlage auf der Aktivseite der Bankbilanz, etwa im Kreditgeschäft. Bei sinkendem Zinsniveau besteht ein Zinsspannenrisiko in der Möglichkeit, daß die Aktivzinsen schneller zurückgenommen werden als die Passivzinsen.

Die Ursache des Zinsspannenrisikos liegt im Zinselastizitätsungleichgewicht zwischen Aktiv- und Passivseite der Bankbilanz. Im Fall variabel verzinslicher Geschäfte bedeutet dieses, daß die Geschwindigkeit der Zinsanpassungen auf der Aktiv- und Passivseite unterschiedlich ist. Somit entsteht ein Verlustpotential dann, wenn bei steigenden Zinsen die Zinssätze der Passivpositionen schneller steigen als die Zinssätze der Aktivpositionen. Umgekehrt sind bei sinkendem Zinsniveau dann Verluste zu befürchten, wenn die Zinssätze der Aktivseite schneller sinken als die Zinssätze der Passivseite. Festverzinsliche Geschäfte bilden den Extremfall einer derartigen Inkongruenz, da hier die Zinsbindungsfrist die gesamte Laufzeit der Position umfaßt. Die Bedeutung des Zinsspannenrisikos steigt mit dem Umfang, in dem die Bank Fristentransformation betreibt. Je ausgeprägter eine Bank auf diese Möglichkeit der Ergebniserzielung setzt, desto sensibler wird die Erfolgsmaßgröße auf Zinsänderungen reagieren. Dieses ergibt sich aus der Überlegung, daß die Anzahl der Zeitpunkte, zu denen Zinssätze auf der Passivseite der Bankbilanz festgelegt werden, mit dem Ausmaß der Fristentransformation zunimmt. Hierdurch steigt auch das Risiko, daß diese Zinsanpassungen für die Bank ungünstig ausfallen.

Banken halten i.d.R. neben den für die Kunden verwalteten Wertpapieren auch umfangreiche Bestände eigener Wertpapiere. Diese Eigenbestände werden als 'Depot A' bezeichnet, während die für Kunden verwalteten Papiere im sog. 'Depot B' gehalten werden. Das Abschreibungsrisiko entspringt der bilanziellen Notwendigkeit, im Falle von Zinssteigerungen Abschreibungen auf die im Depot A gehaltenen Bestände an festverzinslichen Wertpapieren vorzunehmen, da die Kurswerte dieser Papiere bei steigendem Zinsniveau sinken. Diese unrealisierten Verluste sind gemäß § 253 Abs. 2 und 3 HGB auszuweisen.

Zur Quantifizierung des Zinsänderungsrisikos sind verschiedene Konzepte entwickelt worden. Im folgenden werden die Festzinsbilanz und die Zinselastizitätsbilanz zur Messung des Zinsspannenrisikos sowie die Durationsanalyse zur Bestimmung des Abschreibungsrisikos vorgestellt.

Die von Scholz entwickelte **Festzinsbilanz**[294] (auch Zinsbindungsbilanz genannt) beabsichtigt, den Umfang des Zinsänderungsrisikos im Zeitablauf abzubilden. Hierzu werden für eine bestimmte Anzahl von Perioden die offenen Festzinspositionen ermittelt, indem die durchschnittlichen Volumina der Festzinsaktiva einer Periode den durchschnittlichen Volumina der Festzinspassiva gegenübergestellt werden.

Als Festzinsposition gelten hierbei alle Geschäfte, deren Zinssätze für einen Mindestzeitraum, z.B. sechs Monate, fixiert sind. Dieses können sowohl Geschäfte sein, die für die gesamte Laufzeit mit einer festen Zinsvereinbarung ausgestattet sind, als auch Positionen, für die nach dem Auslaufen einer Festzinsvereinbarung eine neue Vereinbarung über den Zinssatz getroffen werden muß. Letzteres wäre im Rahmen der Gewährung von Hypothekendarlehen der Fall, welche bei einer Laufzeit von ca. 30 Jahren mit einer Zinsfestschreibung für die ersten 5 Jahre ausgestattet sein können. Die folgende Tabelle 4.2. verdeutlicht den grundsätzlichen Aufbau einer Festzinsbilanz.

Perioden	1	2	3	4	5	6	7	8	9	10
Festzinsaktiva	500	500	440	420	350	280	250	180	140	110
Festzinspassiva	450	450	400	360	340	300	250	160	150	120
Geschlossene Festzinsposition	450	450	400	360	340	280	250	160	140	110
Offene Festzinsposition: Aktiv-Überhang	50	50	40	60	10	-	-	20	-	-
Passiv-Überhang	-	-	-	-	-	20	-	-	10	10

Tabelle 4.2.: Festzinsbilanz

---

[294] Vgl. Scholz, W.: Zinsänderungsrisiken im Jahresabschluß der Kreditinstitute, in: Kredit und Kapital, 12. Jg., 4/1979, S. 517-544.

Das Beispiel in Tabelle 4.2. zeigt eine Festzinsbilanz für die kommenden zehn Perioden. Für jede Periode werden die Summen der in diesen Perioden zinsfixen Aktiva und Passiva in jeweilige Spalte eingetragen. Ein Zinsänderungsrisiko besteht jeweils lediglich in Höhe der ermittelten offenen Festzinsposition. Geschlossene Festzinspositionen sind abgesichert. Während in den ersten fünf Perioden ein Aktivüberhang existiert, d.h. Aktivpositionen nicht durch zuordenbare Passivpositionen geschlossen werden können, liegt in der sechsten, neunten und zehnten Periode ein Passivüberhang vor. Somit stehen der Bank überschüssige Passivmittel zur Verfügung, die zum Zeitpunkt der Bilanzerstellung nicht in Festzinsaktiva angelegt werden konnten. Für die siebte Periode entsprechen sich die fixen Aktiv- und Passivpositionen.

Als problematisch bei der Anwendung dieses Konzeptes erweist sich, daß der Mindestzeitraum der Zinsfestschreibung, welcher zur Trennung der fixen von den variablen Positionen herangezogen wird, bankindividuell festzulegen ist; die Vergleichbarkeit der Ergebnisse zwischen Banken ist damit nicht mehr gegeben. Darüber hinaus unterstellt dieses Verfahren, daß die variabel verzinslichen Positionen auf der Aktiv- und auf der Passivseite identische Zinselastizitäten aufweisen. Des weiteren werden lediglich die zum Zeitpunkt der Bilanzaufstellung vorhandenen Geschäfte berücksichtigt.[295] Aufgrund des letzten Aspektes umfaßt die Bilanz mit zunehmender Periodenzahl einen immer kleineren Teil der Geschäfte. Dieses ließe sich vermeiden, in dem die Festzinsbilanz als 'rollende Bilanz' ausgestaltet und durch Aufnahme des bis zum Überarbeitungszeitpunkt getätigten Neugeschäftes in kurzen Zeitabständen aktualisiert wird.

Die **Zinselastizitätsbilanz**[296] greift die Kritik an der Festzinsbilanz auf und betrachtet neben den fixen auch die variablen Positionen. Beide Positionstypen werden zu Gruppen zusammengefaßt, die jeweils als homogen hinsichtlich ihrer Zinselastizität anzusehen sind, d.h. bei einer einprozentigen Marktzinsveränderung eine Ertragsveränderung in etwa gleicher Höhe induzieren. Festzinspositionen sind als Extremfälle mit einer Elastizität von Null anzusehen. Die Elastizitäten werden aus den historischen Reaktionen der Positionszinsen auf Marktzinsveränderungen ermittelt. Auf dieser Grundlage werden Elastizitätsbilanzen mit dem Ziel einer Beurteilung des Elastizitätsprofils der Bankbilanz aufgestellt. Ein Beispiel für eine Zinselastizitätsbilanz ist der folgenden Tabelle 4.3. zu entnehmen.

---

[295] Vgl. Hein, M., 1993, a.a.O., S. 154f..
[296] Vgl. Rolfes, B.: Die Steuerung von Zinsänderungsrisiken in Kreditinstituten, Frankfurt/M. 1985 sowie Rolfes, B.: Risikosteuerung mit Zinselastizitäten, in: Zeitschrift für das gesamte Kreditwesen, 41. Jg., 5/1989, S. 196-201.

Aktiva **Passiva**

Position	Volumen in Mio. GE	Zinselastizität ε_{jk}	Ertragsveränderung bei Marktzinsanstieg um 1 % Mio. GE	Position	Volumen in Mio. GE	Zinselastizität ε_{jk}	Ertragsveränderung bei Marktzinsanstieg um 1 % Mio. GE
Spalte	1	2	3=1*2:100		4	5	6=4*5:100
Fixer Block				Fixer Block			
Hyp. darlehen	130	0	0	Sparbriefe	170	0	0
Pers. Kredite	140	0	0	Verb. ggü. KI	150	0	0
Ford. an KI	110	0	0	Sonst. Passiva	130	0	0
Wertpapiere	120	0	0				
Sonst. Aktiva	120	0	0				
Σ Fix, V_{af}	620	0	0	Σ Fix, V_{pf}	450	0	0
Variabler Block				Variabler Block			
Darlehen	130	0,8	+ 1,04	Sichteinlagen	110	0	0
Kontokorrent	120	0,9	+ 1,08	Termineinlagen	150	0,9	- 1,35
Termingelder	100	0,7	+ 0,70	Spareinlagen	260	0,3	- 0,78
Σ Variabel, V_{av}	350	0,8	+ 2,82	Σ Variabel, V_{pv}	520	0,4	- 2,13
Bilanzsumme	970	0,29	+ 2,82	Bilanzsumme	970	0,22	- 2,13

Tabelle 4.3.: Zinselastizitätsbilanz

Quelle: Vgl. Schierenbeck, H., 1994 (b), a.a.O., S. 528

Die gesamte Zinsergebnisveränderung bei einer Marktzinssteigerung um einen Prozentpunkt ergibt sich im Beispiel zu 2,82 Mio. GE - 2,13 Mio. GE = +0,69 Mio. GE. Dieses Ergebnis läßt sich aufspalten in das Festzinsüberhangrisiko und die Gewinnchance der variablen Aktiva. Das Festzinsüberhangrisiko errechnet sich aus dem Überschuß der Festzinsaktiva über die Festzinspassiva, multipliziert mit der Zinselastizität der variablen Passiva und geteilt durch Hundert. Dieser Algorithmus ergibt sich aus der Überlegung, daß der aktive Festzinsüberhang mit variablen Passiva finanziert ist und somit auch dem Ertragsrisiko dieser Passiva unterliegt. Die entsprechende Formel lautet:

Symbole:

FR = Festzinsrisiko in GE

V_{jk} = Volumen eines Bilanzblocks auf der Bilanzseite j mit der Zinsbindung k in GE

j = Index der Bilanzseite mit j = a (Aktiva) oder j = p (Passiva)

k = Index der Zinsbindung mit k = f Festzinsblock oder
k = v Variabler Block

ε_{ij} = Ertragselastizität eines Bilanzblocks ij bezüglich der Veränderung des Marktzinses in %

$$FR = \left(V_{af} - V_{pt}\right) \cdot \frac{\varepsilon_{jk}}{100}$$

Mit den Daten des Beispiels ergibt sich ein Festzinsrisiko von

$$FR = \left(620\,\text{Mio. GE} - 450\,\text{Mio. GE}\right) \cdot \frac{(-0,4)}{100} = -0,68\,\text{Mio. GE}$$

Der negative Wert für ε_{jk} ergibt sich, weil bei einem Aktivüberhang mit Zinsfestschreibung bei einer Zinserhöhung eine Zinsanpassung nicht vorgenommen werden kann. Es entsteht ein kalkulatorischer Verlust in Höhe von FR. Die Gewinnchance der variablen Aktiva kann durch Subtraktion des Zinsänderungsrisikos der variablen Aktiva von der Bruttogewinnchance der variablen Aktiva ermittelt werden. Die entsprechende Formel lautet:
Symbol:

GC = Gewinnchance der variablen Aktiva in GE

$$GC = \frac{V_{av} \cdot \varepsilon_{av} - V_{av} \cdot \varepsilon_{pv}}{100}$$

Mit den Daten des Beispiels ergibt sich eine Gewinnchance der variablen Aktiva in Höhe von

$$GC = \frac{350\,\text{Mio. GE} \cdot 0,8 - 350\,\text{Mio. GE} \cdot 0,4}{100} = 1,4\,\text{Mio. GE}.$$

Auch die Zinselastizitätsbilanz ist ein stichtagsbezogenes Konzept, welches Veränderungen im Zeitablauf vernachlässigt. Es läßt sich jedoch durch die Einbindung verschiedener Zinsszenarien und deren Auswirkungen auf den Gewinn bei den erwarteten Bilanzstrukturen erweitern. Die gleichzeitige Verwendung von Festzinsbilanz und Zinselastizitätsbilanz erscheint notwendig, um die jeweiligen Vorteile miteinander kombinieren zu können.

Die von Macaulay und Hicks entwickelte Duration läßt sich in zweierlei Weise interpretieren und anwenden. Nach Macaulay[297] ist sie ein Maß für die

---

[297] Vgl. Macaulay, F.R.: Some theoretical problems suggested by the movements of interest rates, bond yields, and stock prices in the United States since 1856, New York 1938.

durchschnittliche Bindungsdauer einer festverzinslichen Geldanlage. Sie stellt das mit den Barwerten der einzelnen Zahlungen gewogene arithmetische Mittel der Zahlungszeitpunkte dar, wobei die Zahlungen stets den Periodenenden zugerechnet werden. Es ergibt sich somit folgende Formel für die Duration:

Symbole:

D = Duration nach Macaulay in PE

t = Zahlungszeitpunkte mit t=1,...,n

Z_t = Zahlung in Periode t, dem Periodenende zugerechnet in GE

i = Marktzinssatz in GE/(GE*PE)

$$D = \frac{\sum_{t=1}^{n} t \cdot Z_t \cdot (1+i)^{-t}}{\sum_{t=1}^{n} Z_t \cdot (1+i)^{-t}}$$

Die Duration nach Macaulay wird primär zur Immunisierung festverzinslicher Geldanlagen gegen die unerwünschte Wirkung von Marktzinsschwankungen verwendet. Diese besteht in der Gefahr, den zum Anlagezeitpunkt kalkulierten Vermögensendwert nicht zu erreichen. Unter bestimmten Prämissen läßt sich eine Absicherung des Vermögensendwertes einer festverzinslichen Geldanlage gegen eine einmalige Änderung des Marktzinses erreichen, wenn die Duration der Anlage und der Planungshorizont des Anlegers übereinstimmen.[298] Im Rahmen der Quantifizierung des Zinsänderungsrisikos hat die Duration nach Hicks wesentliche Bedeutung erlangt.

Hicks[299] hat gezeigt, daß die Duration nach Macaulay zu der Elastizitätskennzahl 'Modified Duration' weiterentwickelt werden kann, welche die prozentuale Barwertänderung einer festverzinslichen Geldanlage bei einer einprozentigen Marktzinsänderung angibt. Durch Differenzieren des Barwertes einer Geldanlage nach dem Marktzinssatz läßt sich zeigen, daß die Duration auch entsprechend der folgenden Formel geschrieben werden kann:[300]

Symbol:

C_0 = Kapitalwert, Barwert einer Geldanlage in t = 0 in GE

---

[298] Vgl. hierzu ausführlich Steiner, M./ Bruns, C.: Wertpapiermanagement, 4. Auflage, Stuttgart 1995, S. 242ff..
[299] Hicks, J.R.: Value and capital, Oxford 1939.
[300] Vgl. hierzu Perridon, L./Steiner, M.: Finanzwirtschaft der Unternehmung, 7. Auflage, München 1993, S. 188ff..

$$D = \frac{\frac{dC_0}{C_0}}{\frac{di}{1+i}}$$

Damit sich die Barwertänderung auf eine einprozentige Marktzinsänderung bezieht, wird dieser Ausdruck durch (1 + i) dividiert. So entsteht die als Elastizitätskennzahl interpretierte Duration, die Modified Duration. Die Formel lautet somit:

Symbol:

MD = Modified Duration in GE/GE

$$MD = \frac{\frac{dC_0}{C_0}}{\frac{di}{1+i}} \cdot \frac{1}{1+i} = \frac{D}{1+i}$$

Die Modified Duration liefert jedoch nur für infinitesimal kleine Marktzinsänderungen exakte Werte, da sie einen linearen Verlauf der Kurswertkurve in Abhängigkeit vom Marktzinssatz unterstellt. Realiter erweist sich diese Kurve als konvex, wie Abb. 4.16. zeigt, so daß durch die zusätzliche Berücksichtigung des Konvexitätsfehlers eine Verbesserung des Prognosewertes erzielt werden kann. Bei größeren Änderungen würde die Nichtberücksichtigung der Konvexität regelmäßig zu einer Unterbewertung der Anleihe führen.[301]

Die Konvexität wird anhand des folgenden Terms berücksichtigt:

Symbol:

CON = Konvexität in PE^2

$$CON = \frac{\sum_{t=1}^{n} t \cdot (t+1) \cdot Z_t \cdot (1+i)^{-t}}{(1+i)^2 \cdot \sum_{t=1}^{n} Z_t \cdot (1+i)^{-t}}$$

---

[301] Vgl. Doerks, W./Hübner, S.: Konvexität festverzinslicher Wertpapiere, in: Die Bank, o.Jg., 2/1993, S. 103-105.

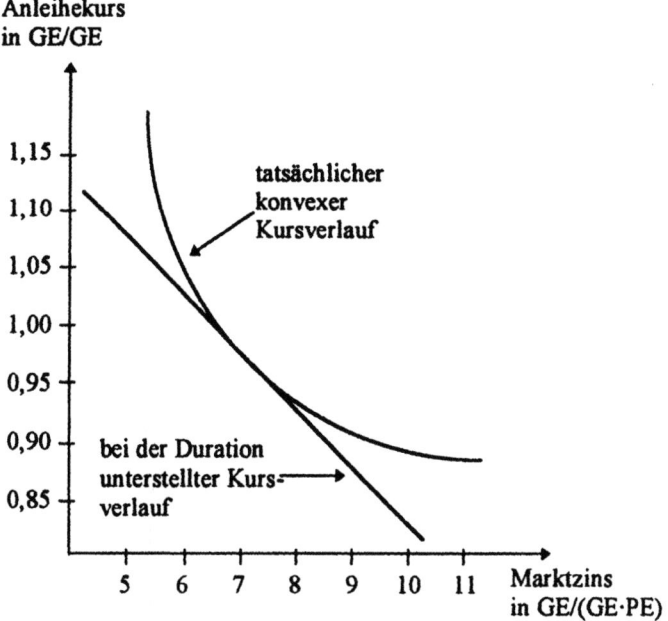

Abb. 4.16.: Beziehung zwischen Duration und Konvexität einer Anleihe

Quelle: Vgl. Steiner, M./Bruns, C.: Wertpapiermanagement, 4. Auflage, Stuttgart 1995, S. 247

Zur exakteren Ermittlung der Kursveränderung einer festverzinslichen Anlage ist die Formel für die Modified Duration nunmehr wie folgt zu erweitern:

Symbole:

ΔP = Kursveränderung in Prozentpunkten

Δi = Marktzinsänderung in Prozentpunkten

$$\Delta P = -MD \cdot \Delta i + \frac{(\Delta i)^2 \cdot CON}{2}$$

Beispiel:

Bei einem Marktzinssatz von 6 GE/(GE · PE) weist eine Anleihe folgende Konditionen auf:

Nennwert:	100 GE
Nominalverzinsung:	6 GE/(GE · PE)
Tilgungsbetrag:	101 GE
Laufzeit:	3 PE

Gemäß obiger Formeln errechnen sich folgende Werte:

$$D = \frac{1 \cdot 6 \cdot 1{,}06^{-1} + 2 \cdot 6 \cdot 1{,}06^{-2} + 3 \cdot 106 \cdot 1{,}06^{-3}}{6 \cdot 1{,}06^{-1} + 6 \cdot 1{,}06^{-2} + 106 \cdot 1{,}06^{-3}} = 2{,}8348\,\text{PE}$$

$$MD = \frac{2{,}8348}{1{,}06} = 2{,}6743\,\text{GE}/\text{GE}$$

$$CON = \frac{1 \cdot (1+1) \cdot 6 \cdot 1{,}06^{-1} + 2 \cdot (2+1) \cdot 6 \cdot 1{,}06^{-2} + 3 \cdot (3+1) \cdot 106 \cdot 1{,}06^{-3}}{1{,}06^2 \cdot \left(6 \cdot 1{,}06^{-1} + 6 \cdot 1{,}06^{-2} + 106 \cdot 1{,}06^{-3}\right)}$$

$$= 27{,}0639\,\text{PE}^2$$

Die Differenzen in der Abschätzung der Kurswertveränderung aufgrund von Marktzinsänderungen verdeutlicht die folgende Übersicht. Zur Berechnung des Schätzkurses gemäß der Duration nach Macaulay wurde die nach der prozentualen Barwertänderung aufgelöste Duration in der Interpretation von Hicks verwendet.

1	2	3	4	5
Marktzinssatz	Kurs gemäß dem Barwertkalkül	Schätzkurs gemäß der Duration	Schätzkurs unter Beachtung der Konvexität	Differenz zwischen den Spalten 3 u. 4
in GE/GE*PE	in GE/GE	in GE/GE	in GE/GE	in GE/GE
6	100,84	100,43	100,82	0,39
8	95,64	95,60	95,64	0,04
9	93,18	93,18	93,18	0,00
10	90,80	90,76	90,80	0,04
12	86,30	85,93	86,31	0,38

Tabelle 4.4.: Vergleich von durations- und konvexitätsbasierten Kurswertschätzungen

Das Beispiel zeigt, daß die Schätzung anhand der Duration zu umso größeren Fehlern führt, je größer die Marktzinsänderung ausfällt. Hierbei wird stets ein zu niedriger Kurs angenommen. Erfolgt die Kursschätzung unter Berücksichtigung der Konvexität, so ergibt sich eine sehr gute Approximation an den Anleihekurs gemäß dem investitionstheoretischen Barwertkalkül.[302]

Die Problematik der Durationsanalyse liegt u.a. in der Prämisse der Annahme einer flachen Zinsstrukturkurve, welche sich bei Zinsänderungen parallel verschiebt. Hinzu kommt, daß lediglich eine einmalige Marktzinsänderung direkt nach dem Zeitpunkt t=0 vom Grundkonzept erfaßt werden kann. Allerdings

---

[302] Vgl. zum Barwertkalkül Betge, P.: Investitionsplanung, 2. Auflage, Wiesbaden 1995, S. 28ff..

ist es möglich, durch Erweiterung des Grundkonzeptes auch mehrmalige Zinsänderungen zu berücksichtigen.[303] Insgesamt läßt sich die Duration, sofern ihre Aussagefähigkeit durch die Berücksichtigung der Konvexität verbessert wird, als praktikables Instrument zur Abschätzung des Abschreibungsrisikos verwenden.

Nachdem Zinsänderungsrisiken mit Hilfe der Festzinsbilanz, der Zinselastizitätsbilanz sowie der Durationsanalyse quantifiziert worden sind, werden die ermittelten Risikowerte mit den jeweiligen Sollwerten verglichen. Sofern sich hierbei eine inakzeptable Diskrepanz zwischen Soll und Ist ergibt, sind die betreffenden Positionen so zurückzuführen, daß die Sollwerte erreicht werden. Dieses kann entweder bilanzwirksam oder bilanzunwirksam geschehen.[304] Als bilanzwirksame Maßnahmen kommen der Abbau eines aktiven Festzinsüberhangs bspw. durch die Reduzierung der langfristigen Festzinskredite sowie die Erhöhung der Festzinspassiva, etwa durch forcierte Hereinnahme von Einlagen, in Betracht. Da die Erhöhung der Festzinspassiva von der Neigung der Bankkunden zur langfristigen Bindung ihres Geldes abhängig und diese Neigung bei steigenden Zinssätzen abnimmt, wird eine Bank ihr Augenmerk vor allem auf die Aktivseite richten müssen. Dieses verspricht eine schnellere und exaktere Bilanzstruktursteuerung.

Im bilanzunwirksamen Bereich lassen sich durch den Einsatz von Finanzinstrumenten Festzinsüberhänge reduzieren. Diese Instrumente können eingeteilt werden in die Gruppen Zinsswaps, Zinstermingeschäfte und Zinsoptionen, deren Einsatz in der Vergangenheit gemäß Tabelle 4.5. stark zugenommen hat.

Ausstehende Nominalbeträge zinsbezogener derivativer Instrumente in Mrd. US-Dollar						
Jahr	Zins-futures	Veränderung in %	Zinsoptionen Calls u. Puts	Veränderung in %	Zinsswaps-swaps außerbörslich	Veränderung in %
1989	1200,8		387,9		1502,6	
1990	1454,5	+ 21,1	599,5	+ 54,6	2311,5	+ 53,8
1991	2156,7	+ 48,3	1072,6	+ 78,7	3065,1	+ 32,6
1992	2913,0	+ 35,5	1385,4	+ 29,1	3850,8	+ 25,6
1993	4942,6	+ 69,9	2362,4	+ 70,4	6177,3	+ 8,5
1994	5757,4	+ 16,5	2622,8	+ 11,1		

Tabelle 4.5.: Wachstum von Zinsderivaten in den Jahren 1989 bis 1994
Quelle: Bank für Internationalen Zahlungsausgleich, 65. Jahresbericht 1995, S. 201

---

[303] Vgl. hierzu Uhlir, H./Steiner, P.: Wertpapieranalyse, 3. Auflage, Heidelberg 1994, S. 85ff..
[304] Vgl. Bangert, M.: Zinsrisiko-Management in Banken, Wiesbaden 1987, S. 214ff. sowie Hein, M., 1993, a.a.O., S. 156ff..

294 Bankpolitik

Zinsswaps[305] sind vertraglich fixierte Tauschgeschäfte, welche primär dem Ausnutzen komparativer Kostenvorteile dienen, die ihre Ursache in differierenden Bonitätsgraden und Zugangsmöglichkeiten zum Kapitalmarkt haben. Durch Swapgeschäfte ist es der bonitätsmäßig besser eingestuften Partei möglich, diesen Vorsprung über niedrigere Zinskonditionen auszunutzen, während der schlechter bewerteten Partei durch die Einschaltung des Swap-Partners eine günstigere Fremdkapitalaufnahme ermöglicht wird. Im Rahmen eines Zinsswaps können fixe Verbindlichkeiten in variable oder variable in fixe Verbindlichkeiten getauscht werden. Swapgeschäfte bestehen aus einer Kombination von Kassageschäft und Termingeschäft mit jeweils demselben Kontraktpartner. Hierbei fließen lediglich die jeweiligen Zinszahlungen zwischen den beiden Parteien, nicht jedoch die zugrundeliegenden Kapitalbeträge. Auf diese Weise können variable Verbindlichkeiten in Festzinspassiva geswapt werden.

Zinstermingeschäfte lassen sich unterteilen in die individuell vereinbarten Forward Rate Agreements (FRA) und die börsenmäßig gehandelten Zinsfutures. Ein FRA besteht aus der vertraglichen Verpflichtung des FRA-Verkäufers, dem FRA-Käufer für eine fiktive zukünftige Kapitalanlage dann eine Ausgleichszahlung zu leisten, wenn der Marktzins einen festgelegten Zinssatz überschreitet. Sofern der Marktzins den festgelegten Zinssatz unterschreitet, hat der FRA-Käufer eine Ausgleichszahlung an den FRA-Verkäufer zu leisten, welche diese Differenz kompensiert. Eine Bank kann ihre variablen Verbindlichkeiten durch den Kauf eines FRA gegen steigende Zinsen absichern. Bei fallenden Zinsen hat sie zwar eine Ausgleichszahlung an den FRA-Verkäufer zu leisten, jedoch verringern sich auch die Zinszahlungen an die Gläubiger der variabel verzinslichen Verbindlichkeiten.

Zinsfutures sind hinsichtlich Betrag und Fälligkeitstermin standardisierte Termingeschäfte. Sie beinhalten die vertragliche Vereinbarung, ein festverzinsliches Wertpapier mit standardisierter Verzinsung, Laufzeit und standardisiertem Nominalwert zu einem bestimmten Zeitpunkt zu einem vorab festgelegten Kurs zu kaufen (Future-Käufer) bzw. zu verkaufen (Future-Verkäufer). Die Gewinne bzw. Verluste aus der Position werden börsentäglich von der Clearingstelle der Terminbörse ermittelt und dem Konto des Marktteilnehmers gutgeschrieben bzw. belastet. In praxi erfolgt der Kauf oder Verkauf eines Futures jedoch nicht mit dem Ziel der Erfüllung, d.h. der physischen Lieferung der Anleihe vom Future-Verkäufer an den Future-Käufer. Vielmehr ist beabsichtigt, daß beide Parteien ihre Positionen durch Eingehen eines zum Ursprungsgeschäft spiegelbildlichen Gegengeschäftes glattstellen. Zinsfutures eignen sich zur Absicherung eines aktiven Festzinsüberhangs gegen steigende Zinsen. Da die Bank hofft, daß die Anleihekurse in Zukunft sinken werden, verkauft sie Futurekontrakte und kann so die erwartete Ge-

---
[305] Vgl. hierzu Perridon, L./Steiner, M., 1993, a.a.O., S. 381ff..

winnschmälerung aus steigenden Fremdkapitalbeschaffungskosten durch den Termingewinn ausgleichen.

Zinsoptionen beinhalten für den Optionskäufer das Recht, im Gegensatz zu den FRA und Zinsfutures jedoch nicht die Verpflichtung, einen bestimmten Rentenwert innerhalb einer festgelegten Laufzeit zu einem bestimmten Preis vom Optionsverkäufer zu kaufen (Kaufoption oder Call) bzw. an den Optionsverkäufer zu verkaufen (Verkaufsoption oder Put). Für dieses Recht zahlt der Optionskäufer dem Optionsverkäufer eine Prämie. Der Kauf einer Zinsoption bietet sich dann an, wenn die Bank zwar die Erfolgsrisiken einer ungünstigen Marktzinsänderung ausschließen, jedoch für den Fall einer unerwartet vorteilhaften Zinsentwicklung an dieser partizipieren möchte. Im letztgenannten Fall würden die Option und die gezahlte Optionsprämie verfallen. Die Gewinn- und Verlustmöglichkeiten von Optionsgeschäften zeigt die folgende Abb. 4.17..

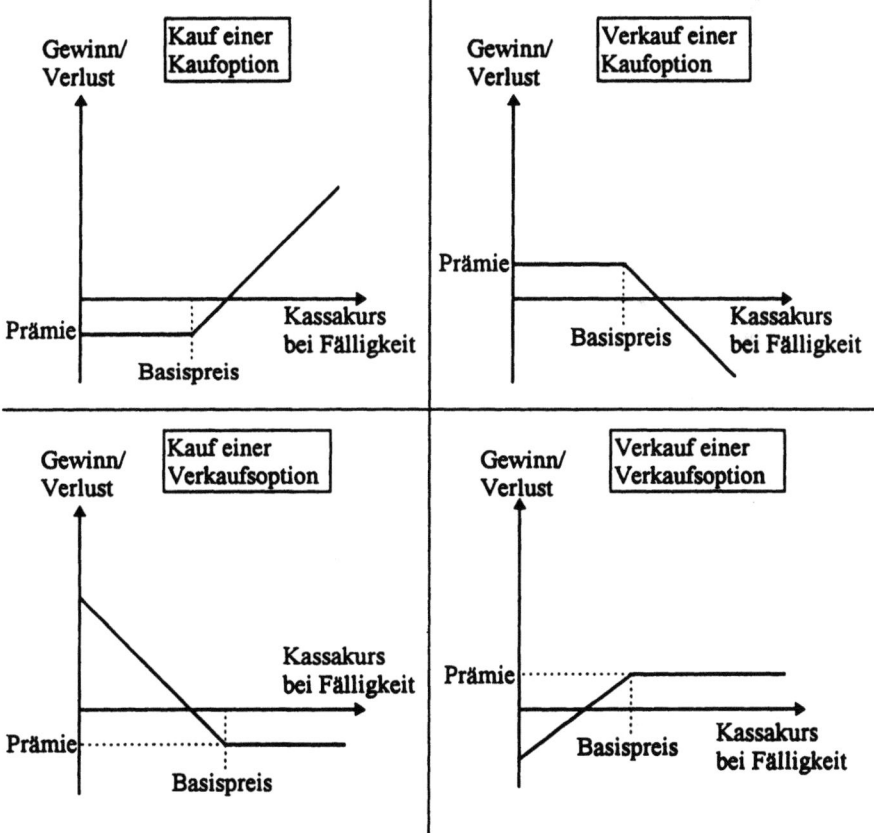

Abb. 4.17.: Gewinn- und Verlustprofile von Optionsgeschäften

4.4.5.2 Währungsrisiko

Als Währungsrisiko wird im folgenden die Gefahr verstanden, daß eine bankbetriebliche Gewinngröße aufgrund unerwarteter Wechselkursänderungen das angestrebte Niveau verfehlt. Der Wechselkurs ist das Austauschverhältnis zwischen der inländischen und einer ausländischen Währung. Die Entstehung von Währungsrisiken setzt eine offene Fremdwährungsposition voraus, die dann existiert, wenn die Fremdwährungsaktiva die korrespondierenden Fremdwährungspassiva übersteigen (Longposition) oder die Fremdwährungspassiva die Fremdwährungsaktiva übersteigen (Shortposition). Bei Vorliegen einer Longposition treten Verluste auf, wenn der Wechselkurs sinkt, da der in inländischer Währung ausgedrückte Wert der Aktiva abnimmt. Vor dem Hintergrund einer Shortposition ist dagegen bei steigenden Wechselkursen mit Gewinneinbußen zu rechnen, da sich der in inländischer Währung bezifferte Betrag der Verbindlichkeiten erhöht. Das Währungsrisiko nimmt mit der zeitlicher Dauer der Inkongruenz zwischen Währungsaktiva und -passiva sowie mit steigender Volatilität der Wechselkurse zu.

Zur zieladäquaten Behandlung des Währungsrisikos ist es erforderlich, sowohl auf Einzelgeschäftsebene als auch für die Gesamtbank die Währungspositionen zu erfassen und zu steuern. Die Steuerung erfolgt auf der Grundlage einer täglichen Disposition und hat den Vorgaben der Bankleitung hinsichtlich der anzuwendenden Kurssicherungsstrategie zu folgen.[306] Neben dem Verzicht auf Absicherungsmaßnahmen kommen eine vollkommene oder eine teilweise Wechselkurssicherung in Betracht. Ein Verzicht auf jegliche Absicherungsmaßnahmen ist bei Vorliegen fester Wechselkurse oder bei hohen, den erwarteten Absicherungsgewinn übersteigenden Kurssicherungskosten empfehlenswert. Jedoch schreibt der Grundsatz Ia des BAK eine Limitierung von Long- und Shortpositionen vor, so daß eine solche Strategie für deutsche Banken ausscheidet.

Die durch eine vollständige Absicherung dokumentierte Risikoscheu impliziert hohe Kurssicherungskosten und ist lediglich auf Einzelgeschäftsebene anwendbar, da eine exakte Justierung der Absicherungsmaßnahmen entsprechend der mitunter sehr heterogenen Einzelrisiken erforderlich ist. Die teilweise Wechselkurssicherung versucht, einen Kompromiß zwischen den soeben beschriebenen Strategien zu finden, welcher je nach Risikoeinstellung der Bankleitung Elemente der beiden Extremalternativen enthält. Je nach prognostizierter Wechselkursveränderung werden Kurssicherungsmaßnahmen umso eher eingeleitet, je ungünstiger die erwartete Wechselkursänderung, je größer die offene Position und je niedriger die Kurssicherungskosten sind.

---

[306] Vgl. hierzu Büschgen, H.E.: Internationales Finanzmanagement, Frankfurt/M. 1986, S. 186ff..

Als Instrumente zum Management des Währungsrisikos können Kurssicherungsklauseln, Währungsoptionsklauseln sowie das Hedging am Kassa- und Terminmarkt herangezogen werden. Mit Hilfe von Kurssicherungsklauseln wird für den Fremdwährungsbetrag ein bestimmter Wechselkurs zu der Heimatwährung der Bank oder einer anderen Währung, z.B. US-Dollar, fixiert. Währungsoptionsklauseln gewähren der Bank als Schuldnerin das Recht, zur Begleichung einer Währungsverbindlichkeit unter einer vertraglich festgelegten Anzahl von Währungen zu wählen. Da die jeweiligen Wechselkurse ebenfalls vereinbart werden, entfällt das Währungsrisiko dann, wenn die Heimatwährung der Bank eine der Optionswährungen ist. Ist die Heimatwährung nicht Bestandteil des Währungsspektrums, so kann durch die Auswahl einer zur Heimatwährung möglichst stabilen Währung das Währungsrisiko reduziert werden.

Der Begriff des Hedging umschreibt verschiedene Techniken zur Risikokompensation, d.h. zum Eingehen eines Geschäftes mit dem Zweck, hierdurch das Risiko eines anderen Geschäftes vollständig zu eliminieren. Dieses gelingt dann, wenn Verluste in dem einen Geschäft durch Gewinne in dem anderen Geschäft neutralisiert werden. Hedging kann sowohl am Kassamarkt als auch am Terminmarkt stattfinden. Am Kassamarkt kann bspw. eine offene Aktivposition in einer Fremdwährung durch die Aufnahme eines hinsichtlich Laufzeit, Währung und Betrag identischen Krediten geschlossen werden. Der solchermaßen aufgenommene Währungsbetrag kann von der Bank in Heimatwährung getauscht und angelegt werden. Sollte der Wechselkurs sinken, so würde dem auf der Aktivseite durch den Rücktausch in die Heimatwährung entstehenden Verlust ein gleichhoher Gewinn aus der (in Heimatwährung) nun niedrigeren Rückzahlungsverpflichtung auf der Passivseite gegenüberstehen.

Am Devisenterminmarkt kann die Bank durch den Einsatz von Währungsswaps, Outright-Geschäften, Währungsfutures und Währungsoptionen das Währungsrisiko steuern. Die Abb. 4.18. zeigt, in welchem Umfang diese Derivate seit 1989 genutzt wurden. Dabei fällt auf, daß das Volumen der Währungsswaps seit etwa 1992 und das der börsengehandelten Währungsoptionen und -futures seit 1993 bzw. 1994 deutlich schwächere Wachstumsraten aufweist bzw. sogar zurückgeht. Diese Entwicklung ist auf die relative Stabilität der Devisenmärkte nach den europäischen Währungsturbulenzen von 1992/93 zurückzuführen.

Im Rahmen von Währungsswaps werden im Unterschied zu den bereits beschriebenen Zinsswaps nicht nur die Zinszahlungen, sondern auch die zugrundeliegenden Kapitalbeträge ausgetauscht. Die Höhe der Zinszahlungen sowie der Wechselkurs des Rücktausches werden vertraglich determiniert, so daß ein Währungsrisiko ausgeschaltet werden kann. Zusätzlich eröffnet sich den beteiligten Swap-Partnern ein kostengünstiger Zugang zum jeweiligen Kapitalmarkt der Gegenseite.

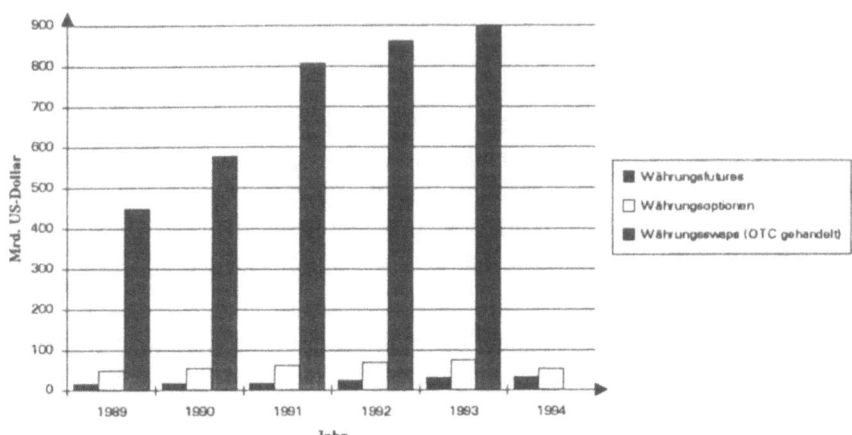

Abb. 4.18.: Wachstum von währungsbezogenen Derivaten in den Jahren 1989 bis 1994
Quelle: Bank für Internationalen Zahlungsausgleich, 65. Jahresbericht 1995, S. 201

Outright-Geschäfte haben im Gegensatz zu Swap-Geschäften lediglich ein Termingeschäft zum Inhalt, d.h. die Verpflichtung der beiden Kontraktpartner, einen bestimmten Betrag einer bestimmten Währung zu einem festgelegten Wechselkurs an einem spezifizierten Termin zu kaufen oder zu verkaufen. Da auf diese Weise die Rückzahlungsbeträge von Fremdwährungsforderungen und -verbindlichkeiten in der Heimatwährung der Bank fixiert werden können, ist auch hiermit ein Hedging möglich.

Die Konstruktionsmerkmale von Währungsfutures und Währungsoptionen entsprechen den bereits im vorherigen Unterpunkt angesprochenen Aspekten. Der Unterschied besteht lediglich darin, daß statt eines Zinstitels nunmehr eine bestimmte Währung Gegenstand des Termingeschäftes ist. Die Kompensation des Währungsrisikos erfolgt mit dem gleichen Chance/Risiko-Profil wie beim Hedging des Zinsänderungsrisikos.

4.4.5.3 Aufsichtsrechtliche Bestimmungen

Die aufsichtrechtlichen Bestimmungen zur Behandlung der Marktrisiken basieren auf der im § 10 KWG formulierten Forderung, daß jedes Kreditinstitut ein „angemessenes haftendes Eigenkapital" aufzuweisen hat. Die Beurteilung der Angemessenheit erfolgt anhand der „Grundsätze über das Eigenkapital und die Liquidität der Kreditinstitute", welche vom BAK formuliert wurden und überwacht werden. Innerhalb dieser Grundsätze, die bereits ausführlich im 3. Kapitel vorgestellt wurden, enthält der Grundsatz Ia Vorschriften zur Eigenkapitalunterlegung von marktrisikobehafteten Geschäften. Dieser Grundsatz bestimmt, daß die Marktrisiken täglich bei Geschäftsschluß insgesamt 42% (zuvor 60%) des Eigenkapitals nicht übersteigen dürfen.[307] Die Aufteilung des Gesamtlimits von 42 % in drei Teillimits zeigt, daß nicht über Geschäftsarten, sondern über Risikoarten abgegrenzt wurde. So ist es denkbar, daß ein einzelnes Geschäft in verschiedenen Bereichen angerechnet wird, wenn es mehrere Risiken in sich birgt (z.B. Fremdwährungsgeschäft mit Zinsrisiko).

Die EG-Kapitaladäquanz-Richtlinie, mit der für das Wertpapiergeschäft von Kreditinstituten und Wertpapierhäusern in der EU einheitliche Eigenkapitalvorschriften geschaffen werden, wird eine Überarbeitung des Grundsatzes Ia mit sich bringen. Sie wird dazu führen, daß künftig neben den Ausfallrisiken auch die Marktpreisrisiken mit Eigenkapital zu unterlegen sind. Die risikobehafteten Geschäfte sollen nach Geschäftszwecken abgegrenzt werden und in einem sogenannten 'Trading Book' erfaßt werden. Als ein Termin der erstmaligen Anwendung der Richtlinie in den EU-Mitgliedstaaten war der 31. Dezember 1995 vorgesehen;[308] die Umsetzung in deutsches Recht ist jedoch bis Anfang 1996 nicht erfolgt.

Seit 1990 werden im Grundsatz Ia auch Marktrisiken aus nicht bilanzwirksamen Fremdwährungs- und Edelmetallgeschäften berücksichtigt. Bei der Ermittlung der offenen Positionen werden als Aktivkomponenten Liefer- und Zahlungsansprüche, als Passivkomponenten dagegen Liefer- und Zahlungsverpflichtungen erfaßt. Bei den zugrundeliegenden Geschäften handelt es sich um Kassa- und Termingeschäfte.

Bei Optionsgeschäften wird nach Stillhalterpositionen und erworbenen Optionsrechten unterschieden. Eigene Optionsrechte, die Hedge-Zwecken (Gegengeschäfte zur Neutralisierung des Risikos) dienen, reduzieren die offene Position. Spekulationsgeschäfte werden mit der Begründung, das Risiko beschränke sich auf die zu zahlende Optionsprämie, nicht berücksichtigt. Im Falle von Stillhalterpositionen wird eine Deckungslücke ermittelt und in die offene Position eingestellt. Die Höhe der Anrechnung eines Optionsgeschäftes erfolgt entweder mit einem EDV-gestützten Optionspreismodell oder mit Hilfe folgender Anrechnungskoeffizienten:

Bei Geschäften mit eingeräumter Kaufoption gilt:

---

[307] Eine umfassende Darstellung des Grundsatzes Ia findet sich im 3. Kapitel.
[308] Vgl. Deutsche Bundesbank, Monatsbericht, 03/1993, S. 57.

Symbole:

RK = Risikokoeffizient
TK = Terminkurs in GE
BP = Basispreis in GE
RL = Restlaufzeit in Tagen

$$RK = \frac{TK - BP}{BP} \cdot \frac{360}{RL}$$

Das Risiko des Stillhalters hängt von dem möglichen Eindeckungsverlust bei Lieferung ab, der mit abnehmender Restlaufzeit steigt, weil die Wahrscheinlichkeit einer Ausübung der Option zunimmt.

Bei Geschäften mit eingeräumten Verkaufsoptionen gilt:

$$RK = \frac{BP - TK}{BP} \cdot \frac{360}{RL}$$

Das Risiko des Stillhalters besteht im Veräußerungsverlust, der seinerseits davon abhängt, inwieweit der Marktpreis ggf. unter den aufzubringenden Basispreis sinkt. Besteht eine solche Differenz, so wird die Ausübung der Option mit abnehmender Restlaufzeit wahrscheinlicher, weil der Optionsinhaber sich zunehmend gedrängt sieht, seinen Gewinn zu realisieren. Die errechneten Risikokoeffizienten werden fünf Risikogruppen zugeordnet, die in aufsteigender Folge mit Deckungsanforderungen verbunden sind. In dem Umfang, in dem eine Deckung fehlt, geht der Deckungsfehlbetrag in die offene Position ein.

Die Erfassung von Zinsänderungsrisiken im Grundsatz Ia bezieht sich nicht auf Bilanzpositionen, sondern auf außerbilanzielle Zinsgeschäfte. Die wichtigsten Geschäftsarten sind:

- Zinstermingeschäfte
  - Forward Forward Deposits (FFD)
    Einlagentermingeschäft, bei dem eine Termineinlage mit festgelegtem Zinssatz und fester Laufzeit auf Termin hereingenommen oder plaziert wird.
  - Forward Rate Agreements (FRA)
    Termingeschäft mit Zinsbetragsdifferenzausgleich; hierbei handelt es sich im Gegensatz zum FFD um eine fiktive zukünftige Kapitalanlage. Es findet lediglich eine Ausgleichszahlung für die Zinsbetragsdifferenz statt, die sich durch eine Abweichung des vereinbarten Zinssatzes vom tatsächlich eingetretenen Marktzins ergibt.
  - Interest Rate Futures (IRF)
    Standardisiertes Wertpapiertermingeschäft; ein IRF unterscheidet sich von einem FRA durch standardisierte Kontraktbedingungen. Als Erfüllungszeitpunkte kommen

vier Termine pro Jahr, als Betrag ein Vielfaches eines Standardbetrages in Betracht. Durch die Standardisierung sind IRF's börsenfähig.

- andere Wertpapiertermingeschäfte
- Zinsoptionsgeschäfte
  - kassageschäftsbezogene Zinsoptionen
    Zinsbegrenzungsvereinbarungen, Optionen auf Kassatransaktionen, z.B. Kauf eines Wertpapiers.
  - termingeschäftsbezogene Zinsoptionen
    Optionen auf Zinstermingeschäfte wie oben beschrieben.
- Swapgeschäfte
  - Forward Swaps
    Terminswaps, bei denen ein Zinsswapgeschäft, das aus einer Kombination von Zinstermin- und Kassageschäft mit demselben Kontraktpartner besteht, auf Termin abgeschlossen wird. Bei diesem Swapgeschäft werden lediglich Zinszahlungen ausgetauscht.
  - Swaptions
    Option auf ein Zinsswapgeschäft.

Eine Begrenzung derartiger Zinsgeschäfte ist nur insoweit vorgesehen, als sie das Zinsänderungsrisiko aus den Festzinspositionen der Bilanz erhöhen. In einem einheitlichen Periodenschema werden den offenen Festzinspositionen der Festzinsübersicht entsprechende Zinsgeschäftspositionen gegenübergestellt. Dabei dient die offene Festzinsposition als Referenzgröße, um den Anteil der Zinsgeschäftsposition, der risikoerhöhende Wirkung entfaltet, zu bestimmen (Back-Hedging). Die periodenweise ermittelten risikoerhöhenden Anteile werden mit Anrechnungssätzen gewichtet und miteinander verrechnet. Unter Berücksichtigung bestimmter Zuschlagswerte ergibt sich ein Anrechnungsbetrag, der das vorgeschriebene Limit nicht übersteigen darf.

Beispiel:

Gegeben sind folgende bilanzielle Festzinsposten per 31.12.1995:

Aktiva:

Wertpapiere (Nominalwert 100 GE, Buchwert 95 GE, Fälligkeit 01.01.1999)

Kredite (Nominalwert 300 GE, Buchwert 300 GE, Fälligkeit 01.12.1996)

Passiva:

Dreimonatsgeld (Nominalwert 150 GE, Buchwert 150 GE, Fälligkeit 01.04.1996)

Termingeld (Nominalwert 250 GE, Buchwert 250 GE, Fälligkeit 01.07.1998)

Am 02.01.1996 wird eine Forward Forward Deposit-Vereinbarung abgeschlossen, nach der am 02.04.1996 eine Sechsmonatseinlage (Fälligkeit 02.10.1996) in Höhe von 350 GE hereingenommen werden soll. Des weiteren wird ein Interest Rate Future-Kontrakt über 200 GE (Nominalbetrag der Wertpapiere) per 01.09.1996 gekauft. Gegenstand des Kontraktes ist ein festverzinsliches Wertpapier mit Endfälligkeit 01.07.1997. Es sollen die risikoerhöhenden Anteile dieser Geschäfte ermittelt werden.

Bei der Erstellung der Festzinsbilanz, die der Tabelle 4.6. zu entnehmen ist, sind die Festzinsposten in jeder Periode, an deren Ende die Zinsbindung noch besteht, zu erfassen. Es wurden vereinfachend die kumulierten Aktiv- und Passivkomponenten dargestellt. Das Periodenschema orientiert sich an den Bestimmungen des Grundsatzes Ia. Die Salden entsprechen den offenen Festzinspositionen.

Perioden Komponenten	I 96	II 96	III 96	IV 96	I 97	II 97	III 97	IV 97	98	99
Aktiv	+400	+400	+400	+100	+100	+100	+100	+100	+100	0
Passiv	-400	-250	-250	-250	-250	-250	-250	-250	-250	0
Saldo	0	150	150	-150	-150	-150	-150	-150	-150	0

Tabelle 4.6.: Festzinsbilanz

Zur Ermittlung der Zinstermingeschäftsposition sind die Geschäfte in ihre Aktiv- und Passivkomponenten aufzuteilen und in ein entsprechendes Schema einzustellen. Bei der Forward Forward Deposit-Vereinbarung besteht die Aktivkomponente (350 GE) im Anspruch auf Überlassung des Termingeldes, welcher bis zum Erfüllungszeitpunkt besteht. Daher ist diese Komponente für das Quartal I 96 in das in Tabelle 4.7. dargestellte Schema einzustellen. Die Passivkomponente (-350 GE), die in der Verpflichtung zur Rückzahlung der Einlage zu sehen ist, wird hingegen bis zur Fälligkeit (Quartale I 96 - III 96) erfaßt. Beim Interest Rate Future-Kontrakt endet mit dem Erfüllungstermin zuerst die Passivkomponente (-200 GE), die entsprechend für die Quartale I 96 und II 96 zu erfassen ist. Zu diesem Zeitpunkt ist die Bank verpflichtet, den Kaufpreis zu zahlen. Für die Aktivkomponente (200 GE) ist die Endfälligkeit des Wertpapiers maßgebend (Quartale I 96 - II 97). Tabelle 4.7. enthält wieder die Gesamtpositionen.

Perioden Komponenten	I 96	II 96	III 96	IV 96	I 97	II 97	III 97	IV 97	98	99
Aktiv	+550	+200	+200	+200	+200	+200	0	0	0	0
Passiv	-550	-550	-350	0	0	0	0	0	0	0
Saldo	0	-350	-150	+200	+200	+200	0	0	0	0

Tabelle 4.7.: Ermittlung der Zinstermingeschäftsposition

Da annahmegemäß keine Optionsgeschäfte getätigt wurden, stimmen Zinstermingeschäftsposition und Zinsgeschäftsposition überein. Die folgende Tabelle 4.8. zeigt, wie die risikoerhöhenden Anteile bestimmt werden. Lediglich für das Quartal II 96 wird das Zinsrisiko durch die Termingeschäfte erhöht. Das aktivische Zinsrisiko von 150 GE aus dem Festzinsgeschäft wird durch das passivische Zinsrisiko von 350 GE aus den Termingeschäften überkompensiert, so daß eine passivische Risikoposition von 200 GE verbleibt. Da die Ausrichtung für die Bewertung des Risikos keine Rolle spielt, hat sich das Gesamtrisiko gegenüber dem Festzinsgeschäft von 150 GE auf 200 GE um 50 GE erhöht.

Perioden Positionen	I 96	II 96	III 96	IV 96	I 97	II 97	III 97	IV 97	98	99
Festzinsgesch.	0	+150	+150	-150	-150	-150	-150	-150	-150	0
Zinsgeschäft	0	-350	-150	+200	+200	+200	0	0	0	0
Gesamt	0	-200	0	+ 50	+ 50	+ 50	-150	-150	-150	0
risikoerhöhend	0	- 50	0	0	0	0	0	0	0	0

Tabelle 4.8.: Ermittlung der risikoerhöhenden Anteile

Bei den Geschäften mit sonstigem Preisrisiko handelt es sich um Aktien- und Indextermingeschäfte und Stillhalterpositionen aus Optionen auf Aktien- und Aktienindizes. Auch hier werden nur die risikoerhöhenden Positionen, die nach dem beschriebenen Schema zu ermitteln sind, betrachtet. Im Gegensatz zu den Zinsgeschäftspositionen werden aber keine laufzeitbezogenen Anrechnungssätze verwendet. Stattdessen ist der Netto-Unterschiedsbetrag in die offene Position einzustellen.

4.4.6 Liquiditätsrisiko

Sämtliche Unternehmen haben ungeachtet ihrer Branche die Sicherung ihrer Liquidität zu gewährleisten, da gemäß § 102 der Konkursordnung fehlende Liquidität einen Konkursgrund darstellt. Unter dem Begriff der Liquidität wird in diesem Zusammenhang die jederzeitige Fähigkeit verstanden, berechtigte und fällige Zahlungsverpflichtungen zu erfüllen.

Für Banken stellt sich das Liquiditätsproblem aus verschiedenen Gründen als wesentlich bedeutsamer dar als für andere Wirtschaftszweige. Die Ein- und Auszahlungsstruktur einer Bank wird in weiten Teilen fremdbestimmt, d.h. die Kunden entscheiden über Zeitpunkt und Höhe von Zu- und Abflüssen. Eine Möglichkeit zur Verzögerung von fälligen Auszahlungen, wie sie andere Branchen durch das Überziehen von Zahlungszielen offensteht, scheidet bei Banken aus, da der Vertrauens- und Imageverlust fatale Folgen haben könnte. Hinzu kommt, daß eine Bank faktisch gezwungen ist, noch nicht fälligen Zahlungsbegehren nachzukommen. Dieses ergibt sich zum einen aus Kulanzaspekten, zum anderen aus dem Bestreben, Vertrauensverluste unter der Kundschaft und in der sonstigen Öffentlichkeit zu vermeiden. Das Liquiditätsrisiko läßt sich in die Bereiche Refinanzierungsrisiko, Prolongationsrisiko, Terminrisiko und Abrufrisiko unterteilen. Während es sich hier um originäre Risikoquellen handelt, können Liquiditätsrisiken auch derivativ aus Marktrisiken oder aus Bonitätsrisiken entstehen, wenn erwartete Einzahlungen entfallen und/oder unerwartete Auszahlungen notwendig werden.

Das Refinanzierungsrisiko ergibt sich aus der Fristentransformationsfunktion der Banken und besteht in der Gefahr, eine Anschlußrefinanzierung für eine Aktivposition nicht jederzeit gewährleisten zu können. Das Prolongationsrisiko bezeichnet die Möglichkeit, daß Passivpositionen vor Fälligkeit abgezogen werden. Unter dem Terminrisiko werden die Verlustgefahren subsumiert, die aufgrund unerwarteter Ausdehnung der Bindungsdauern von Aktivpositionen entstehen können. Diese Ausdehnung kann durch den zeitlich verzögerten Eingang von Zins- und Tilgungszahlungen erfolgen. Als Abrufrisiko wird die Möglichkeit unerwarteter Inanspruchnahmen von Kreditzusagen bezeichnet.

Um den Liquiditätsrisiken zu begegnen, ist es erforderlich, das finanzielle Gleichgewicht der Bank mittels kurzfristiger Steuerungsmaßnahmen zu garantieren. Das kurzfristige finanzielle Gleichgewicht ist entscheidend von der Bilanzstruktur abhängig, denn die Zusammensetzung von Aktiva und Passiva determiniert neben den außerbilanziellen Geschäften letztlich die Zahlungsstruktur der Bank. Somit ergibt sich die Notwendigkeit, zunächst die Aspekte der langfristigen Strukturierung der Bankbilanz zu betrachten, bevor die Instrumente der operativen Steuerung behandelt werden. In diesem Zusammenhang sind auch die aufsichtrechtlichen Bestimmungen sowie die bankexternen Sicherungseinrichtungen der Kreditwirtschaft anzusprechen.

Das Ziel der langfristigen oder strukturellen Sicherung des finanziellen Gleichgewichts der Bank verfolgen die sog. 'Dispositionsregeln', die Empfehlungen zur Bilanzstrukturierung geben. Hierzu sei auf die ausführliche Behandlung und die kritische Würdigung der Dispositionsregeln in diesem Kapitel verwiesen.

Das Postulat der Liquiditätssicherung kann für die kurzfristige Gelddisposition in zwei Subziele aufgeteilt werden:[309] Zum einen sind die sich täglich ergebenden Zahlungsvorgänge zu prognostizieren und hierfür das finanzielle Gleichgewicht zu gewährleisten. Zum anderen ist die Bank verpflichtet, das Mindestreserve-Soll bei der Bundesbank einzuhalten. Da die Mindestreserve als Instrument der Geldmengensteuerung der Bundesbank bereits umfassend behandelt wurde, können sich die folgenden Erläuterungen auf das erste Subziel beschränken. Die Prognose der Zahlungsvorgänge aus dem Zahlungsverkehr erfolgt auf der Grundlage bekannter Zahlungsvorgänge des Planungszeitraumes, der häufig nur den nächsten Geschäftstag umfaßt. Ergänzend sind ausreichende Liquiditätsreserven für unsichere Zahlungsvorgänge zu schaffen. Die Dotierung der Reserve kann aufgrund von Erfahrungswerten über die Zahlungsbewegungen in der Vergangenheit erfolgen. Auf der Aktivseite sorgen insb. die zugesagten, aber noch nicht in Anspruch genommenen Kontokorrentkredite, auf der Passivseite dagegen vor allem die Sichteinlagen für die Unsicherheit der künftigen Ein- und Auszahlungen, so daß für diese Positionen eine Zahlungsprognose besonders geboten erscheint. Primäre liquide Mittel sind der Kassenbestand sowie die Guthaben bei der Bundesbank und anderen Banken. Sekundäre liquide Mittel sind kurzfristig liquidierbare Aktiva (Sekundärreserve). Je nach Ergebnis der Planung wird der Disponent entweder kurzfristige Gelder z.B. bei anderen Banken aufnehmen oder kurzfristige Anlagen tätigen, um eine Rentabilitätseinbuße durch zu große Reservenhaltung zu vermeiden.

Die Vorhaltung einer Liquiditätsreserve empfiehlt sich auch für den Fall, daß die Bank die Vollauslastung der Grundsätze II und III des BAK vermeiden will. So kann auf diese Weise dafür gesorgt werden, daß z.B. ein Auslastungsgrad von 95 % nicht überschritten wird. Bei temporären Liquiditätschwierigkeiten steht die im zweiten Kapitel vorgestellte Liquiditäts-Konsortialbank (Liko-Bank) als externe Sicherungseinrichtung zur Verfügung.

---

[309] Vgl. hierzu Hein, M., 1993, a.a.O., S. 141ff..

4.4.7 Bonitätsrisiko

Unter dem Bonitätsrisiko wird im folgenden die Gefahr verstanden, daß der Bank aufgrund des teilweisen oder vollständigen Ausfalls von Forderungen infolge unzureichender Bonität des Schuldners Gewinneinbußen entstehen. Diese Gefahr besteht sowohl bei bilanziellen als auch bei außerbilanziellen Geschäften. Während sich bei bilanziellen Geschäften die maximale Höhe des Verlustes aus dem Nominalbetrag der Forderung abzüglich des Erlöses aus der Verwertung etwaiger Kreditsicherheiten ergibt, ist bei den bilanzunwirksamen Geschäften der Maximalverlust auf die Aufwendungen beschränkt, die zur Schließung der bei einem Ausfall des Kontraktpartners nunmehr wieder offenen Position notwendig sind. Dieser Aufwand ist abhängig von der Entwicklung von Zinsen, Währungsparitäten oder anderen Marktpreisen, so daß sich das Bonitätsrisiko außerbilanzieller Geschäfte im Grunde als ein Marktrisiko interpretieren läßt.

Einen Spezialfall des Bonitätrisikos bildet das Länderrisiko. Das Länderrisiko wird als der Oberbegriff für Störungen des Kapitaldienstes verwendet, die ihren Ursprung in hoheitlichen Kapitaltransferbeschränkungen anderer Staaten haben. Da das Länderrisiko zwischen den verschiedenen Ländern teilweise erheblich differiert, sind spezifische Länderanalysen notwendig. Im Rahmen der aufsichtsrechtlichen Bestimmungen werden sowohl die Länder als auch die in den jeweiligen Ländern ansässigen Schuldner in Risikoklassen eingeteilt, denen jeweils unterschiedliche Gewichtungsfaktoren zur Ermittlung der risikobehafteten Aktiva zugeordnet sind. Eine detaillierte Übersicht über die Bonitätsgewichtungsfaktoren befindet sich im 3. Kapitel.

Die Instrumente zur Steuerung des Bonitätsrisikos[310] können ursachenbezogen versuchen, die Eintrittswahrscheinlichkeit eines Forderungsausfalls zu reduzieren. Wirkungsbezogene Instrumente haben als Zielsetzung, die negativen Konsequenzen eines Forderungsausfalls zu minimieren bzw. auf ein akzeptables Niveau zu reduzieren. Andererseits erscheint auch eine Einteilung nach einzelgeschäftsbezogenen und gesamtgeschäftsbezogenen Instrumenten sinnvoll. Die folgenden Ausführungen orientieren sich an erstgenanntem Kategorisierungsraster.

Als bedeutendstes Instrument der Bonitätsrisikosteuerung ist die zugleich ursachen- und wirkungsbezogene Kreditwürdigkeitsprüfung anzusehen. Die in diesem Rahmen angewendeten Verfahren bezwecken die Abgabe eines Urteils über die künftige Kapitaldienstfähigkeit des Kreditnehmers auf der Grundlage der Auswertung einer Vielzahl von Informationen. Im Privatkundengeschäft sind insb. die Einkommens -und Vermögensverhältnisse des Antragstellers relevant. Im Geschäft mit der Firmenkundschaft werden neben

---

[310] Vgl. zum folgenden Schierenbeck, H., 1994 (b), a.a.O., S. 657ff..

den Jahresabschlüssen und den wirtschaftlichen Perspektiven des Unternehmens sowie der Branche auch Informationen über die Kompetenz der Unternehmensleitung, den Verwendungszweck des Kredites, die rechtlichen Verhältnisse und die Kreditsicherheiten eingeholt. Darüber hinaus kann die Einsicht in Finanzpläne des Unternehmens einen weiteren Anhaltspunkt zur Beurteilung der künftigen Finanzlage bieten.

Eine weitere Möglichkeit stellen die mathematisch-statistischen Verfahren des Credit Scoring im Privat- als auch im Firmenkundenbereich dar. Hierbei wird primär mit Hilfe der Diskriminanzanalyse versucht, auf der Grundlage der Erfahrungen mit historischen Kreditengagements Bonitätsindikatoren zu identifizieren, die möglichst zuverlässig die guten von den gefährdeten Kreditnehmern trennen sollen.[311] Speziell mit der Vorhersage von Unternehmenskonkursen durch die Auswertung von Jahresabschlüssen befaßt sich die konzeptionell eng mit dem Credit Scoring verwandte Insolvenzforschung. Eine Weiterentwicklung dieser mathematisch-statistischen Verfahren stellen Expertensysteme und Künstliche Neuronale Netze dar. Diese sind u.U. in der Lage, wesentlich mehr Daten in wesentlich kürzerer Zeit zu verarbeiten als ein Kreditsachbearbeiter. Darüber hinaus können sie ein weites Spektrum von Bonitätskriterien zu einem widerspruchsfreien Urteil über ein Engagement verdichten.

Für große, i.d.R. börsennotierte Unternehmen sowie zur Einschätzung von Länderrisiken bietet sich die Verwendung von Ratings an, welche von spezialisierten Rating-Agenturen erstellt werden. Ratings beinhalten die Zuordnung von Unternehmen und Ländern zu einer Bonitätsklasse je nach Ergebnis der Kreditwürdigkeitsprüfung.

Die ursachen- und gesamtgeschäftsbezogenen Instrumente versuchen, die Qualität der bankinternen Infrastruktur und der personellen Ressourcen zur Einschätzung und Steuerung des Bonitätsrisikos zu verbessern. Die herausragende Bedeutung kommt hierbei der Aus- und Weiterbildung der mit Kreditfragen befaßten Bankmitarbeiter zu. Darüber hinaus ist durch geeignete aufbau- und ablauforganisatorische Maßnahmen dafür zu sorgen, daß durch klare Kompetenzzuweisungen bei der Stellenbildung sowie durch zweckmäßige Gestaltung von Arbeitsprozessen und Informationsflüssen keine betriebsbedingte Erhöhung bzw. Neugenerierung von Risiken zu befürchten ist. Weiterhin sind die Kreditportfolios permanent von einer unabhängigen Kreditüberwachung hinsichtlich ihrer Vereinbarkeit mit dem angestrebten Chance/Risiko-Profil und den Grundsätzen zur Kreditvergabe zu überprüfen.

Wirkungs- und einzelgeschäftsbezogenen Instrumente sind Sicherheitenstellung, Syndizierung und Limitierung. Die Stellung von Kreditsicherheiten ist

---

[311] Einen umfassenden Überblick gibt Oser, P.: Einsatz der Diskriminanzanalyse bei Kreditwürdigkeitsprüfungen, in: Betriebs-Berater, 51. Jg., 7/1996, hier S. 367ff..

die gebräuchlichste Alternative. Die Bewertung der Sicherheiten ist wohl die schwierigste Aufgabe der Kreditbearbeitung, da deren zukünftiger Verwertungserlös deutlich vom Wert im Bewertungszeitpunkt abweichen kann. Gründe hierfür können der Zeitdruck bei der Verwertung, gesunkene Marktwerte des Sicherungsgutes oder Vermögensverfall bei Personalsicherheiten sein

Syndizierung ist die gemeinschaftliche Kreditvergabe durch mehrere Banken, sie ist insbesondere bei Großkrediten und bei Länderkrediten ein geeignetes Mittel der Risikoreduktion. Die Limitierung besteht in der Festlegung von Kreditobergrenzen für einzelne Kreditnehmer, sie wird neben der Risikostreuung auch als wirkungs- und gesamtgeschäftsbezogenes Instrument eingesetzt. Die Limitierung kann entweder anhand von Risikoklassen oder mittels Größenklassen erfolgen. Bei der Verwendung von Risikoklassen sind die risikobehafteteten Aktiva, zu denen in diesem Rahmen auch die bilanzunwirksamen Geschäfte zu rechnen sind, mit Hilfe verschiedener Kriterien in vorgebene Kategorien einzuordnen. Die eingeordneten Engagements sollten innerhalb einer Klasse möglichst homogen, zu den Elementen anderer Klassen dagegen möglichst heterogen sein. Merkmale zur Einordnung können bspw. aus dem Jahresabschluß gewonnene Kennzahlen sein, die sich durch eine Diskriminanzanalyse als besonders trennfähig erwiesen haben. Durch Vergabe von Punktwerten für bestimmte Merkmalsausprägungen lassen sich dann die Risikoklassen bilden. Bei zweifelhafter Bonität eines Kreditnehmers ist als ein weiteres Kriterium zur Risikoklassenbildung die Werthaltigkeit der Kreditsicherheiten heranzuziehen. Die Limitierung anhand von Größenklassen basiert auf der statistischen Gesetzmäßigkeit, daß ein Portfolio aus vielen kleinen, voneinander möglichst unabhängigen Krediten, ein geringeres Ausfallrisiko aufweist als ein Portfolio aus wenigen Großkrediten. Der Ausfall von Großkrediten kann für die Bank existenzbedrohend werden, weshalb der deutsche Gesetzgeber den Umfang dieser Geschäfte in den §§ 13 und 13a KWG beschränkt hat. Neben der obligatorischen Einhaltung dieser Normen ist es für die Bank sinnvoll, interne Grenzwerte für die Anzahl der in den jeweiligen Größenklassen befindlichen Engagements festzulegen.

Der Grundgedanke der Risikostreuung ist der von Markowitz[312] beschriebene Effekt der Risikoreduzierung durch Aufnahme solcher Anlagen in ein Portfolio, deren Marktwertänderungen nicht vollständig positiv miteinander korreliert sind. Diese Streuung oder Diversifikation kann nach verschiedenen Aspekten erfolgen. Denkbar ist eine Diversifikation nach einzelnen Kreditnehmern, Kreditnehmergruppen oder regionalen Gesichtspunkten. Auch hier

---

[312] Vgl. Markowitz, H.M.: Portfolio Selection, in: Journal of Finance, Vol. 7, 1952, S. 77ff. und Markowitz, H.M.: Portfolio Selection: Efficient Diversifikation of Investment, New York 1959.

sollten die Elemente einer Gruppe untereinander möglichst homogen sein, sich aber gleichzeitig zu anderen Gruppen deutlich abgrenzen lassen.

Eine Diversifikation nach einzelnen Kreditnehmern ist leicht erreichbar, da Kredite meistens an eine große Anzahl von Kreditnehmern vergeben werden. Die Diversifikation nach Kreditnehmergruppen fußt auf dem Gedanken, daß zwischen adäquat gebildeten Gruppen deutliche Unterschiede in der Ausfallwahrscheinlichkeit zu beobachten sind. Die Streuung kann im Privatkundengeschäft über Gruppenbildung nach Berufen, Vermögensumfang oder Einkommenssituation herbeigeführt werden. Im Firmenkundengeschäft bietet sich eine Gruppierung nach Branchen und nach der Unternehmensgröße an. Die regionale Diversifikation ist dann sinnvoll, wenn die kreditrelevanten Merkmale vom Standort des Kreditnehmers abhängen, bspw. ist in strukturstarken Regionen das Bonitätsrisiko geringer ist als in wirtschaftlich schwachen Gebieten. Regionale Diversifikation ist nur bei überregionale Tätigkeit möglich, für Sparkassen und Kreditgenossenschaften damit nur bedingt zu erreichen. Die Reduzierung des Länderrisikos steht nur international tätigen Banken offen.

Die aufsichtrechtlichen Bestimmungen zur Begrenzung des Bonitätsrisikos haben wie beim Zinsänderungsrisiko über die Forderung nach 'angemessenem haftenden Eigenkapital' in § 10 KWG ihren wichtigsten Bezugspunkt. Diese Forderung wird durch den Grundsatz I des BAK präzisiert. Ergänzend zu den früheren Ausführungen zu den bilanziellen Geschäften soll an dieser Stelle die Anwendung des Grundsatzes I für außerbilanzielle Geschäfte erläutert und anhand eines Beispiels verdeutlicht werden. Innovationen auf den Finanzmärkten lassen Lücken bei der Risikoerfassung entstehen deshalb ist auch die Steuerung der Eigenmittelauslastung schwierig. Folgende Gruppen von Finanzinnovationen können unterschieden werden:[313]

(1) neue Leistungen, insbesondere Zahlungsverkehrsformen des Electronic Banking, denen eigentlich Produktinnovationen industrieller Hersteller zugrunde liegen.

(2) individuell gestaltete Finanzierungen des Financial Engineering.

(3) standardisierte und häufig auch handelbare Finanzierungs- bzw. Geldanlage- und Geldanlage- und Sicherungsinstrumente.

Relevant für die Erfassung von Bonitätsrisiken sind im Zusammenhang mit den durch die Bankenaufsichtsbehörde zu begrenzenden Risiken Finanzinnovationen aus der zweiten und insbesondere der dritten Gruppe. Die Problematik von außerbilanziellen Geschäften betrifft alle Formen von schwebenden Geschäften und bedingten Verpflichtungen (Contingencies). Seit der Novellierung des Grundsatzes I im Jahre 1990 werden auch bilanzirrelevante Finanz-Swaps sowie Termin- und Optionsrechte als schwebende Geschäfte zu den Risikoaktiva gezählt. Ihre Erfassung beruht auf der Überlegung, daß bei

---
[313] Vgl. Süchting, J., 1992, a.a.O., S. 342ff.

einem Ausfall des Geschäftspartners das Kreditinstitut die Position ggf. (zu Hedge-Zwecken) wieder eindecken will, dieses aber im Vergleich zum Originalkontrakt nur zu ungünstigeren Konditionen erreichen kann (Risiko höherer Wiedereindeckungskosten oder von Mindererlösen).

Die Anrechnung von Finanzinnovationen im Grundsatz I wird folgendermaßen vorgenommen:

(1) Festlegung der Bemessungsgrundlage (bei Finanz-Swaps der Kapital- bzw. Nominalbetrag, bei Termingeschäften und Optionsrechten der Lieferanspruch einer Kaufoption/Call oder der Abnahmeanspruch einer Verkaufsoption/Put).

(2) Ermittlung eines Kreditäquivalenzbetrages des Eindeckungsaufwandes durch Multiplikation der Bemessungsgrundlage mit Umrechnungsfaktoren, die das Risiko aus Risikoart und Laufzeit berücksichtigen, wahlweise nach der Laufzeitmethode oder der Marktbewertungsmethode.

Für die Anwendung der Laufzeitmethode oder der Marktbewertungsmethode sind laufzeitabhängig unterschiedliche Umrechnungsfaktoren vorgegeben.

- Laufzeitmethode:

Das mit der Zeit wachsende Risiko des zunehmenden Eindeckungsaufwandes, der von den Volatilitäten der Zinsen sowie der Wechselkurse und Aktienkurse abhängt, wird wie folgt geschätzt (Original exposure-method):

Laufzeit	Zinsrisiken abhängig von Restlaufzeit	Wechselkurs- bzw. Preisrisiken abhängig von der Ursprungslaufzeit
≤ 1 Jahr	0,5 %	2,0 %
> 1 Jahr ≤ 2 Jahre	1,0 %	5,0 %
jedes weitere Jahr	1,0 %	3,0 %

Abb. 4.19.: Umrechnungsfaktoren nach der Laufzeitmethode

- Marktbewertungsmethode:

Das aktuelle Risiko ermittelt, indem darauf abgestellt wird, ob sich zum Bewertungszeitpunkt beim potentiellen Ausfall des Geschäftspartners im Vergleich mit den abgeschlossenen Kontraktbedingungen für die Wiedereindeckung am Markt ein zusätzlicher Aufwand (oder Minderbetrag) ergeben würde. Unabhängig davon, ob ein Wiedereindeckungsaufwand anfällt oder nicht, wird das restlaufzeitabhängige Risiko durch einen Zuschlag auf die Berechnungsbasis (add on) berücksichtigt, weil sich die Marktkonstellation während der Restlaufzeit ändern kann (Current exposure method).

Laufzeit	Zinsrisiken abhängig von der Restlaufzeit	Wechselkurs-bzw. Preisrisiken abhängig von der Restlaufzeit
≤ 1 Jahr	0,0 %	1,0 %
> 1 Jahr	0,5 %	5,0 %

Tabelle 4.9.: Umrechnungsfaktoren nach der Marktbewertungsmethode

(3) Ableitung des Anrechnungsbetrages beim Eigenkapital geschieht durch Gewichtung des Kreditäquivalenzbetrages mit einem Bonitätsfaktor der Risikoklasse, welcher der Geschäftspartner angehört.

Kreditinstitute mit Sitz innerhalb der Zone A werden mit 20% gewichtet. Die inländische öffentliche Hand und ausländische Zentralregierungen und -banken innerhalb derselben Präferenzzone werden mit 0% privilegiert. Die Adressengewichtung beträgt bei Finanzinnovationen höchstens 50%.

Beispiel:

Mit einer US-amerikanischen Bank wurde ein Terminverkauf von 500.000 US-$ zu einem Kurs von 1,55 DM/US-$ vereinbart. Der Kassakurs zum Meldestichtag liegt bei 1,50 DM/US-$. Die Restlaufzeit des Kontrakts beträgt 9 Monate, die Ursprungslaufzeit 15 Monate.

Symbole:

AB = Anrechnungsbetrag, Betrag an haftendem Eigenkapital, der für das jeweilige Geschäft bereitzustellen ist, in GE

BF = Bonitätsfaktor

BG = Bemessungsgrundlage in GE

KÄB = Kreditäquivalenzbetrag in GE

KK = Kassakurs in GE/GE

NW = Nominalwert in GE

TK = Terminkurs in GE/GE

UF = Umrechnungsfaktor

WEK = Wiedereindeckungskosten in GE

ZW = Zuschlagswert in GE

Gesucht ist die Berechnung des Anrechnungsbetrages. Die Rechenergebnisse sind methodenabhängig. Die Rechnung soll in drei Schritten für die Laufzeit- und die Marktbewertungsmethode durchgeführt werden.

(1) Berechnung der Bemessungsgrundlage:

BG = NW · KK

BG = 500.000 US-$ · 1,50 DM/US-$ = 750.000 DM

(2) Ermittlung des Kreditäquivalenzbetrages:

- nach der Laufzeitmethode:

KÄB = BG · UF

KÄB = 750.000 DM · 0,05 = 37.500 DM

- nach der Marktbewertungsmethode:

KÄB = WEK + ZW

ZW = BG · UF

$$WEK = \begin{cases} NW \cdot TK - BG & \text{falls } TK > KK \\ 0 & \text{sonst} \end{cases}$$

WEK = 500.000 US-$ · 1,55 DM/US-$ - 750.000 DM

775.000 DM - 750.000 DM = 25.000 DM

ZW = 750.000 DM · 0,01 = 7.500 DM

KÄB = 25.000 DM + 7.500 DM = 32.500 DM

(3) Berechnung des Anrechnungsbetrages:

AB = KÄB · BF

Nach der Laufzeitmethode:

AB = 37.500 DM · 0,2 = 7.500 DM

Nach der Marktbewertungsmethode:

AB = 32.500 DM · 0,2 = 6.500 DM

Das Devisentermingeschäft erfordert damit 6.500 DM an haftenden Eigenmitteln.

Nachdem nun die Grundlagen der Bankpolitik dargestellt worden sind, ist das Rechnungswesen anzusprechen, dessen Aufgabe es ist, weitere Informationsgrundlagen für interne bankbetriebliche Entscheidungen und für externe Interessenten bereitzustellen.

5 Rechnungswesen

Dem Rechnungswesen kommt interne und externe Bedeutung zu. Das Bankmanagement bedient sich interner Daten für die Erfolgsplanung und -kontrolle in Abhängigkeit von den unterschiedlichsten und nicht immer banktypischen Erfolgsquellen, insbesondere bei komplexeren Konzernstrukturen. Bei der Gestaltung der Datensammlung und Strukturierung für interne Zwecke ist das Kreditinstitut völlig frei. Für die von Externen vorzunehmenden Kontrollen von Risiken, erforderlicher Eigenkapitalausstattung und für die Planung der Refinanzierung vor dem Hintergrund aufsichtsrechtlicher externer Überwachung werden ebenfalls interne Daten benötigt, die einer systematischen, zweckentsprechenden Aufbereitung zu unterziehen sind. Hierbei sind schon Reglementierungen zu beachten, die aber noch Methodenwahlrechte offenlassen. Lediglich die Endform der Datenaufbereitung als extern verwertbare Überwachungsgrundlage ist streng reglementiert.

Einer noch stärkeren Normierung ist das klassische, für Kreditinstitute in einigen wesentlichen Punkten modifizierte externe Rechnungswesen unterworfen, das grundlegend vom Handelsrecht, in Ausnahmen vom Steuerrecht reglementiert wird. Aufgabe ist die Informationsbereitstellung für externe Interessenten außerhalb von Bundesbank und BAK (z.B. Kapitalmärkte, Arbeitnehmer, Gewerkschaften oder Kunden).

Die nachfolgenden Darstellungen müssen sich aus Platzgründen auf die banktypischen Grundzüge des Rechnungswesens beschränken. Der Teilbereich der Kosten- und Erlösrechnung muß einer späteren Auflage vorbehalten bleiben.

5.1 Externe Rechnungslegung

Die externe Rechnungslegung betrifft den Jahresabschluß von Einzel- und Konzernunternehmen innerhalb eines vorgegebenen Rechtsrahmens, der bei Kreditinstituten teilweise erheblich von den allgemeinen, für alle Untenehmen geltenden Vorschriften abweicht.

5.1.1 Formen und Ziele externer Dokumentation

Bezüglich aussagefähiger Unternehmensdaten besteht in der Regel ein starkes Informationsgefälle zwischen unternehmensinternen und -externen Interessenten und Analytikern. Auf der einen Seite verfügen die Unternehmenseigner und Unternehmensleitung über vollständige Informationen über das Geschehen im Unternehmen. Auf der anderen Seite steht speziell im Kreditgewerbe eine Vielzahl von externen Gläubigern, die nicht den nötigen Einfluß haben, um auf dem Wege privatrechtlicher Vereinbarung ein Unternehmen zur Rechenschaft zu verpflichten.[314] Vor diesem Hintergrund ist der gesetzliche Zwang zur handelsrechtlichen Rechnungslegung mit zahlreichen Besonderheiten für Kreditinstitute als Mittel des Interessenausgleichs zu betrachten. Dem Gesichtspunkt des Gläubigerschutzes muß eine herausragende Bedeutung zukommen.

Entscheidungsgrundlage für externe Unternehmensbeteiligte bilden zum einen jene Zahlen, die von der Unternehmensleitung aufgrund gesetzlicher Vorschriften mindestens zur Verfügung gestellt werden müssen, und zum anderen jene Angaben, die die Unternehmensleitung freiwillig publiziert.[315] Insbesondere im Bereich der Kreditinstitute besteht eine Vielzahl externer Dokumentationsformen. Die wichtigsten sind in der folgenden Abb. 5.1. zusammengestellt:

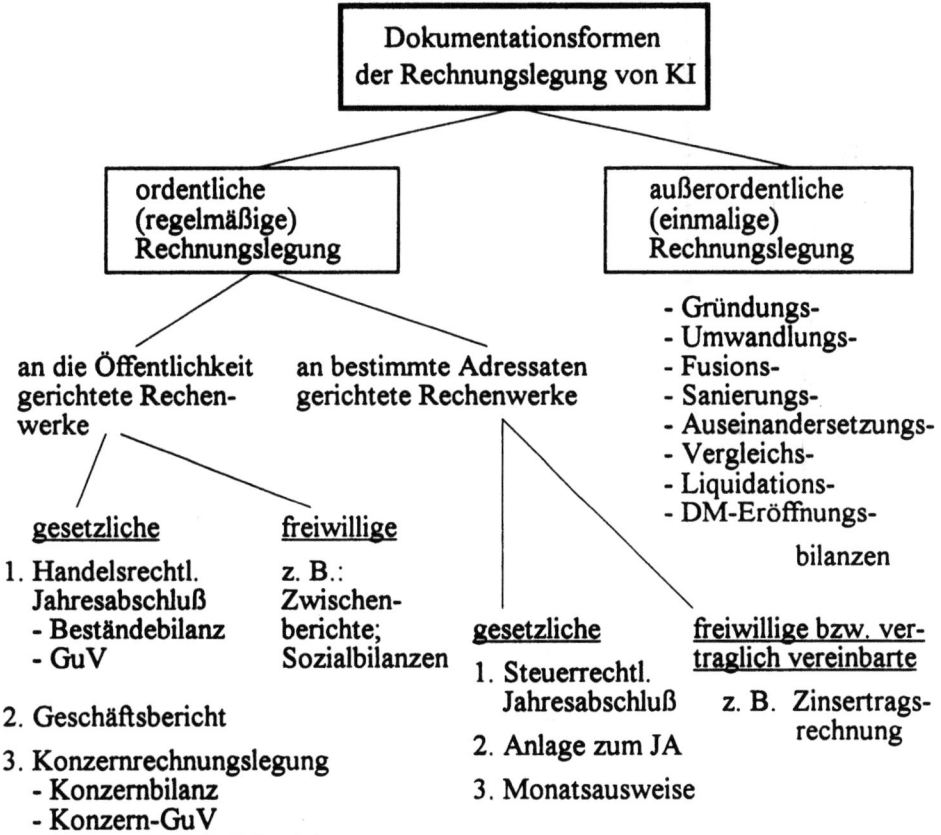

Abb. 5.1.: Dokumentationsformen
Quelle: Gerke, W./Philipp, F.: Bankbilanzen, Frankfurt am Main 1983, S. 29

---

[314] Vgl. Bieg, H.: Bankbilanzen und Bankenaufsicht, München 1983, S. 42.
[315] Vgl. ebenda, S. 46 f..

Gegenstand der folgenden Ausführungen ist jener Teil der externen Dokumentation, der im Rahmen der externen Rechnungslegung gesetzlich vorgeschrieben und geregelt ist. Nach ordnungsgemäßer, im Rahmen gesetzlicher Vorschriften erfolgter Aufzeichnung aller Geschäftsvorfälle werden durch regelmäßige Abschlüsse und Feststellung der Richtigkeit aller Angaben durch sachverständige Dritte Urkundenbeweise geschaffen.[316] Auf diesen basiert die Beweis- und Sicherungsfunktion der externen Rechnungslegung.[317]

5.1.2 Gesetzliche Grundlagen der Rechnungslegung der Kreditinstitute

Die gesetzlichen Vorschriften zur Rechnungslegung sind durch Umsetzung von EG-Richtlinien in deutsches Recht geprägt. Die vorläufig letzte für die Rechnungslegung der Kreditinstitute maßgebliche Bankbilanzrichtlinie ist mit Wirkung vom 01.01.1993 anzuwenden. Neben dieser Richtlinie sind für die Bank-Bilanzierungsvorschriften auch die 4. Richtlinie (Bilanzrichtlinie) und die 7. Richtlinie (Konzernbilanzrichtlinie) grundlegend.[318]

	4. Richtlinie	7. Richtlinie	8. Richtlinie	Bankbilanzrichtlinie
Inhalt	Rechnungslegung	Konzernrechnungslegung	Zulassungsvoraussetzungen Pflichtprüfer	branchenspez. Abweichungen
Verabschiedet	25.07.1978	13.06.1983	10.04.1984	08.12.1986
Transformation	Bilanzrichtliniengesetz vom 19.12.1985			vom 08.12.1990
Geltung für Banken	seit Jahresabschluß 1987	für Konzernabschluß seit 1990, für Kreditinstitute seit 1993		seit 1993
Ziel	Angleichung des europäischen Bilanzrechts zum Schutze der Gesellschafter sowie Dritter (Art. 54 Abs. 3 EWGV)			

Abb. 5.2.: EG-Richtlinienwerk in zeitlicher Entwicklung der Verbindlichkeit für die Rechnungslegung
Quelle: Prahl, R.: Die neuen Vorschriften des Handelsgesetzbuches für Kreditinstitute (Teil 1), in: Die Wirtschaftsprüfung, 44. Jg., 14/1991, S. 401-409, hier S. 401

---

[316] Vgl. Bieg, H., 1983, a.a.O., S. 43.
[317] Ebenda.
[318] Vgl. Windmöller, R./Busch, H.: Die Rechnungslegung der Kreditinstitute, in: Gesellschaft zur Förderung der wissenschaftlichen Forschung über das Spar- und Girowesen e.V. (Hrsg.): Aktuelle Probleme des Controlling und der Rechnungslegung, Stuttgart 1993, S. 128.

Zunächst waren die Kreditinstitute durch Ausnahmevorschriften der §§ 25a Abs. 2, 25b und 26a KWG a. F. weitgehend von der Anwendung der Bilanzrichtlinienvorschriften ausgenommen. Erst im Zuge der Umsetzung der Bankbilanzrichtlinie erlangten die neuen Bestimmungen verbindliche Geltung auch für die Rechnungslegung der Kreditinstitute.[319]

Die Umsetzung der Bankbilanzrichtlinie in deutsches Recht erfolgte über das Bilanzrichtlinie-Gesetz als Artikelgesetz und die mehr durch formelle Gesichtspunkte geprägte Verordnung über die Rechnungslegung der Kreditinstitute (RechKredV). Das Bilanzrichtlinie-Gesetz führte vor allem zu Veränderungen im Handelsgesetzbuch (HGB), in dessen drittes Buch unter der Überschrift „Ergänzende Vorschriften für Kreditinstitute" ein neuer vierter Abschnitt eingefügt wurde (§§ 340 - 340o HGB).[320]

Einen Überblick über die relevanten alten und neuen gesetzlichen Grundlagen für die Rechnungslegung der Kreditinstitute gibt Abb. 5.3..

Grundlagen nach altem Recht	Grundlagen nach neuem Recht
Handelsgesetzbuch	Handelsgesetzbuch
Kreditwesengesetz (KWG)	nur noch § 26 KWG
Hypothekenbankgesetz	/
Schiffsbankgesetz	/
Publizitätsgesetz	/
Formblatt-Verordnung	RechKredV
Bilanzierungsrichtlinien des Bundesaufsichtsamtes für das Kreditwesen	/

Abb. 5.3.: Gesetzliche Grundlagen nach altem und neuem Recht
Quelle: Windmöller, R./Busch, H., 1993, a.a.O., S. 130

Die obige Übersicht zeigt, daß eine weitgehende Vereinheitlichung stattgefunden hat. Über § 26 KWG als Generalvorschrift sind alle Kreditinstitute einheitlich zur Aufstellung des Jahresabschlusses innerhalb von drei Monaten nach Abschluß des Rechnungsjahres und zur unverzüglichen Einreichung bei Bundesbank und Bundesaufsichtsamt verpflichtet. Die Pflicht zur unverzüglichen Einreichung gilt auch für die Prüfberichte der Abschlußprüfer mit Ausnahme der Verbandsprüfstellen. Gleichgestellt werden Berichte, die ggf. auf-

---
[319] Vgl. Windmöller, R./Busch, H., 1993, a.a.O., S. 128f..
[320] Vgl. ebenda, S. 129.

grund zusätzlicher Prüfungen von Sicherungseinrichtungen eines Verbandes der Kreditinstitute erstellt werden. Auch Konzernabschlüsse fallen unter diese Regelungen.

5.1.3 Der Jahresabschluß von Kreditinstituten

Für den Jahresabschluß gelten die in den §§ 238 bis 263 HGB enthaltenen Vorschriften für alle Kaufleute uneingeschränkt. Daneben haben gemäß § 340a Abs. 1 HGB Kreditinstitute im Sinne des § 1 Abs. 1 KWG unabhängig von ihrer Rechtsform die Vorschriften für große Kapitalgesellschaften (§§ 264 bis 335 HGB) anzuwenden, soweit in den §§ 340 bis 340o HGB nichts anderes bestimmt ist.[321]

Gemäß § 340a HGB in Verbindung mit § 264 Abs. 1 HGB sind Kreditinstitute verpflichtet, eine Bilanz, eine GuV, einen Anhang und einen Lagebericht zu erstellen. Dabei weichen die Gliederungsvorschriften zu Bilanz und GuV von Kreditinstituten aufgrund der Eigenarten des Bankbetriebs wesentlich von den Gliederungsbestimmungen nach §§ 266 und 275 HGB ab.[322] Der § 340a Abs. 2 Satz 2 bestimmt, daß statt der Gliederungsvorschriften des HGB die durch Rechtsverordnung erlassenen Formblätter anzuwenden sind. Die Formblätter zur Gliederung der Bilanz und der GuV sind der auf der Grundlage des § 330 Abs. 1 HGB erlassenen[323] RechKredV angefügt. Es gelten Formblatt 1 für die Bilanz, Formblatt 2 für eine GuV in Kontoform und Formblatt 3 für eine GuV in Staffelform.[324] Die gemäß § 265 Abs. 2 HGB obligatorische Angabe der Vorjahreszahlen sowohl in der Bilanz als auch in der GuV wurde für Kreditinstitute neu eingeführt. Die Grobgliederung der Bilanzpositionen nach dem neuen Formblatt 1 zeigt in Abb. 5.4. die Besonderheiten einer Bankbilanz im Vergleich zur Handelsbilanz.

Die Bilanzgliederungsvorschriften schreiben für die Bilanzierung weiterhin einen Aufbau unter Liquiditätsgesichtspunkten vor. Banktypisch ist die absteigende Anordnung der Positionen mit zunehmender 'Geldferne', die Vermeidung einer Trennung der Vermögensgegenstände in Anlage- und Umlaufvermögen und die Begrenzung des Einblicks in die Risikostruktur des Kreditinstitutes als grundlegende Zielsetzungen.[325] Eine Beurteilung der Liquidität wird durch die ab dem 01.01.1998 vorgeschriebene Gliederung der Forde-

---

[321] Vgl. Prahl, R., 1991, a.a.O., S. 402.
[322] Vgl. Windmöller, R./Busch, H., 1993, a.a.O., S. 132.
[323] Vgl. Rixen, H.-H.: EG-Bankbilanzrichtlinie transformiert, in: Die Bank, o. Jg. 11/1990, S. 638-642, hier S. 638 und S. 642.
[324] Vgl. Verordnung über die Rechnungslegung der Kreditinstitute, Bundesgesetzblatt I vom 10. Februar 1992, S. 203-222, hier S. 215 bis 222; § 2 Abs. 1 RechKredV.
[325] Vgl. Prahl, R., 1991, a.a.O., S. 404.

rungen und Verbindlichkeiten nach **Rest**laufzeiten (§ 9 RechKredV) statt nach Ursprungslaufzeiten erleichtert.[326]

Aktivseite	Passivseite
1. Barreserve 2. Schuldtitel öffentlicher Stellen und bundesbankfähige Wechsel 3. Forderungen an KI 4. Forderungen an Kunden 5. Schuldverschreibungen und andere festverzinsliche Wertpapiere 6. Aktien und andere nicht festverzinsliche Wertpapiere 7. Beteiligungen 8. Anteile an verbundenen Unternehmen 9. Treuhandvermögen 10. Ausgleichsforderungen an die öffentliche Hand 11. Immaterielle Anlagewerte 12. Sachanlagen 13. Ausstehende Einlagen 14. Eigene Aktien/Anteile 15. Sonstige Vermögensgegenstände 16. Rechnungsabgrenzungsposten 17. Nicht durch Eigenkapital gedeckter Fehlbetrag	1. Verbindlichkeiten gegenüber KI 2. Verbindlichkeiten gegenüber Kunden 3. Verbriefte Verbindlichkeiten 4. Treuhandverbindlichkeiten 5. Sonstige Verbindlichkeiten 6. Rechnungsabgrenzungsposten 7. Rückstellungen 8. Sonderposten mit Rücklageanteil 9. Nachrangige Verbindlichkeiten 10. Genußrechtskapital 11. Fonds für allgemeine Bankrisiken 12. Eigenkapital 13. Bilanzgewinn/-verlust Bilanzvermerke: 1. Eventualverbindlichkeiten 2. Andere Verpflichtungen

Abb. 5.4.: Grobgliederung der Jahresbilanz nach Formblatt 1 RechKredV
Quelle: RechKredV vom 10.02.1992, BGBl. I, S. 203

In weitaus geringerem Umfang sind die Inhalte der einzelnen Bilanzpositionen der RechKredV auch dem HGB zu entnehmen. Ein explizites Wahlrecht, ob geforderte Angaben in der Bilanz oder im Anhang gemacht werden, begründen die §§ 3 und 4 RechKredV. So ist es einem Kreditinstitut in den in § 3 RechKredV genannten Fällen freigestellt, Unterposten in der Bilanz zu bilden, oder die entsprechenden Angaben in den Anhang einzustellen. Ebensolches gilt gemäß § 4 Abs. 2 RechKredV für den Ausweis nachrangiger Vermögensgegenstände.

Gemäß § 268 Abs. 2 HGB sind Kreditinstitute zur Aufstellung eines Anlagespiegels verpflichtet. Auch diese Vorschrift enthält eine Reihe von Ausweisvorschriften, denen Kreditinstitute mit Angaben in der Bilanz oder fakultativ im Anhang gerecht werden können.

---

[326] Vgl. Windmöller, R./Busch, H., 1993, a.a.O., S. 133; Bundesverband deutscher Banken (Hrsg.): Bankbilanzrichtlinie-Gesetz, Köln 1993, S. 66.

Bedeutende Veränderungen in den **Aktivpositionen** der Bilanz ergeben sich durch:[327]

(1) Zusammenfassung der bisherigen Posten 'Kassenbestand', 'Guthaben bei der Deutschen Bundesbank' und 'Postgiroguthaben' unter dem neuen Posten 'Barreserve'.

(2) Zuordnung des bisherigen Postens 'Schecks, fällige Schuldverschreibungen, Zins- und Dividendenscheine sowie zum Einzug erhaltene Papiere' zu den sonstigen Vermögensgegenständen.

(3) Wegfall der bisher eigenständigen Posten 'Wechsel'.

(4) Neuer Posten 'Immaterielle Anlagewerte'.

(5) Wegfall der Bilanzvermerke.

Bedeutende Veränderungen in den **Passivpositionen** der Bilanz sind:

(1) Neuer Posten 'Verbriefte Verbindlichkeiten' aus bisher eigenständigen Positionen.

(2) Anpassung der Untergliederung der Rückstellungen an das Schema des § 266 HGB durch gesonderten Ausweis von Steuerrückstellungen.

(3) Neue Position 'Fonds für allgemeine Bankrisiken'.

(4) Verpflichtung zur Saldierung von Wertberichtigungen mit den entsprechenden Aktiva in allen Fällen.

(5) Neugliederung der Bilanzvermerke.

Die Änderungen des neuen Rechts beziehen sich im wesentlichen nicht auf das Kredit- und Einlagengeschäft, sondern auf die Bilanzierung bestimmter Handelsaktivitäten von Kreditinstituten,[328] die nachfolgend dargestellt werden sollen.

Pensionsgeschäfte werden erstmals durch § 340b HGB gesetzlich kodifiziert. Materiell ergeben sich keine bedeutsamen Unterschiede gegenüber den bisher geltenden Bilanzierungsrichtlinien des Bundesaufsichtsamtes für das Kreditwesen[329], die Regelung soll im folgenden jedoch im Hinblick auf eine Abgrenzung zu Termingeschäften skizziert werden. Für diese Abgrenzung sind insbesondere drei aus § 340b HGB ableitbare Merkmale von Pensionsgeschäften bedeutsam:[330]

(1) Pensionsgeschäfte liegen nur dann vor, wenn Zahlung und Rückzahlung erfolgen (§ 340b Abs. 1 HGB).

(2) Pensionsgegenstand ist nur der hingegebene und nicht etwa ein gleichartiger Vermögensgegenstand (§ 340b Abs. 1 HGB).

(3) Sind für eine eventuelle Rückübertragung verschiedene Zeitpunkte möglich, so muß für jeden dieser Zeitpunkte bei Geschäftsabschluß ein fester Rücknahmepreis vereinbart worden sein.

---

327 Vgl. Windmöller, R./Busch, H., 1993, a.a.O., S. 140f.; Bundesverband deutscher Banken (Hrsg.), 1993, a.a.O., S. 29ff.; Prahl, R., 1991, a.a.O., S. 405.

328 Vgl. Prahl, R., 1991, a.a.O., S. 402 und 405.

329 Vgl. Windmöller, R./Busch, H., 1993, a.a.O., S. 135.

330 Vgl. Krumnow, J. et al: Rechnungslegung der Kreditinstitute: Kommentar zum Bankbilanzrichtlinie-Gesetz und zur RechKredV, Stuttgart 1994, S. 80.

Je nachdem, ob der Pensionsnehmer zum Rückgabetermin eine Rückgabepflicht oder eine Rückgabeoption hat, werden echte und unechte Pensionsgeschäfte unterschieden. Bewertung und Erfolgsausweis folgen den allgemeinen Grundsätzen.

Im Falle von echten Pensionsgeschäften wird der Pensionsgegenstand weiterhin vom Pensionsgeber bilanziert. Bei unechten Pensiongeschäften wird in der Bilanz des Pensionsgebers während der Pensionzeit der Verkaufspreis für den Pensionsgegenstand ausgewiesen. Unter dem Bilanzstrich (Bilanzvermerk) muß der höchste der vereinbarten möglichen Rückkaufwerte angesetzt werden[331], um auf diese Weise dem Risiko aus dem Pensionsgeschäft Rechnung zu tragen. Aus der Charakteristik der Pensionsgeschäfte nach § 340b HGB ergibt sich, welche Geschäfte neben Devisentermingeschäften, Börsentermingeschäften und der Ausgabe eigener Schuldverschreibungen 'ähnliche Geschäfte' im Sinne des § 340b Abs. 6 HGB sind und somit nicht als Pensionsgeschäfte gelten. Dazu zählen insbesondere Swap-Geschäfte, denen ein Tausch zugrunde liegt, Rückkaufoptionsgeschäfte, sowie Drei- oder Mehreckgeschäfte.[332]

Eine allgemeine Zuordnung von Vermögensgegenständen zu einer der Kategorien Anlage- bzw. Umlaufvermögen ist in der Bilanzgliederung weiterhin nicht vorgesehen. Wesentliche **Veränderungen in der GuV** resultieren jedoch daraus, daß alle Kreditinstitute unternehmensintern für die Wertpapiere des Eigenbestandes eine solche Zuordnung vorzunehmen haben. Je nach Zuordnung der Vermögensgegenstände greifen unterschiedliche Ergebnisausweisvorschriften.[333]

In § 340e Abs. 1 HGB werden Vermögensgegenstände, die im Regelfall wie Anlagevermögen zu bewerten sind, aufgezählt. Die Wertpapiere im Sinne des § 7 RechKredV, es gilt das Merkmal der Börsenfähigkeit, sind einer der folgenden drei Kategorien zuzuordnen:[334]

(1) Wertpapiere, die wie Anlagevermögen behandelt werden

=> Bewertung nach § 340e Abs. 1 Satz 2 HGB nach den für das Anlagevermögen geltenden Vorschriften, soweit die Wertpapiere nicht dazu "bestimmt werden, dauernd dem Geschäftsbetrieb zu dienen" (§ 340e Abs. 1 Satz 2 HGB). Es kann zu Anschaffungs- bzw. Herstellungskosten bzw. einem niedrigeren Wert gemäß dem gemilderten Niederstwertprinzip bewertet werden, was allerdings gemäß

---

331 Vgl. Krumnow, J., 1994, a.a.O., S. 88.
332 Vgl. ebenda, S. 90.
333 Vgl. dazu Bundesverband deutscher Banken (Hrsg.), 1993, a.a.O., S. 91f..
334 Vgl. Kahn, P.: Aktuelle Aspekte der Bilanzierung und Bewertung von Wertpapieren, in: Gesellschaft zur Förderung der wissenschaftlichen Forschung über das Spar- und Girowesen e.V.: Aktuelle Probleme des Controlling und der Rechnungslegung, Stuttgart 1983, S. 161-191, hier S. 170f..

§ 35 Abs. 1 Ziffer 2 RechKredV zu einer Angabeverpflichtung im Anhang führt.

(2) Wertpapiere des Handelsbestandes

⇒ Bewertung gemäß § 340e Abs. 1 Satz 2 HGB nach den für das Umlaufvermögen geltenden Vorschriften, d.h. grundsätzlich zu Anschaffungskosten/Herstellungskosten oder zu einem Wert gemäß dem strengen Niederstwertprinzip nach § 253 Abs. 3 HGB.

(3) Wertpapiere der Liquiditätsreserve

⇒ Bewertung zu Anschaffungskosten/Herstellungskosten oder zu einem Wert gemäß dem strengen Niederstwertprinzip. Darüber hinaus kann jedoch gemäß § 340f Abs. 1 HGB bei dort genannten Positionen, zu denen auch festverzinsliche Wertpapiere zählen, ein niedrigerer als der nach § 253 Abs. 1 Satz 1 und Abs. 3 HGB vorgeschriebene oder zugelassene Wert angesetzt werden. Diese zulässige Unterbewertung soll der Absicherung gegen allgemeine Bankrisiken dienen.

Diese Wertpapierkategorien, die im Bilanzausweis keine Entsprechung finden, zeichnen sich durch unterschiedlichen Ergebnisausweis in der GuV und unterschiedliche Aufrechnungsmöglichkeiten aus.[335] Der nachfolgenden Abb. 5.5. sind die geltenden Regelungen zu entnehmen.[336]

Wertpapierkategorie	GuV-Posten	Verrechnung *)
(1) Wertpapiere, die wie Anlagevermögen behandelt werden	Aufwand Nr. 8 : Abschreibungen auf ... wie Anlagevermögen behandelte Wertpapiere Ertrag Nr. 7 : Zuschreibungen aus ...wie Anlageverm. behandelten Wertpapieren	Zulässig (§ 340 c Abs. 2 HGB)
(2) Wertpapiere des Handelsbestandes	Aufwand Nr. 3 : Nettoaufwand aus Finanzgeschäften Ertrag Nr. 5 : Nettoertrag aus Finanzgeschäften	Zwingend (§ 340 c Abs. 1 HGB)
(3) Wertpapiere der Liquiditätsreserve	Aufwand Nr. 7 : Abschreibungen auf ... bestimmte Wertpapiere Ertrag Nr. 6 : Zuschreibungen zu ... bestimmten Wertpapieren	Zulässig (§ 340 f Abs. 3 HGB)

*) Eine teilweise Verrechnung ist nicht mehr zulässig.

Abb. 5.5.: Zuordnung von Wertpapierergebnissen in der GuV

---

[335] Vgl. Prahl, R., 1991, a.a.O., S. 406.
[336] Entnommen aus: Windmöller, R./Busch, H., 1993, a.a.O., S. 142.

Die neuen Formblätter für die Gliederung der GuV enthalten im Vergleich zu den bisherigen Formblättern neue Posten, während gleichzeitig Posten entfallen, deren Substanz auf andere Posten übergeht. Der Inhalt der Posten der GuV ist (wie für die Bilanz) in der RechKredV (Abschnitt 4) und teilweise in bankspezifischen Vorschriften des HGB geregelt.

Das Grobgliederungsschema einer GuV in Kontoform, wie es sich aus Formblatt 2 der RechKredV ergibt, ist nachstehend in der Abb. 5.6. enthalten.

Die Aufwendungen betreffende Veränderungen der GuV zeigt die folgende Aufstellung:[337]

(1) Auflösung des Postens 'Sonstige Aufwendungen' und zukünftiger Ausweis der bisherigen sonstigen Aufwendungen unter verschiedenen anderen Postitionen.

(2) Gesonderter Ausweis der außerordentlichen Aufwendungen im Sinne des § 277 Abs. 4 HGB.

(3) Neugliederung der Steuern in Übereinstimmung mit § 275 HGB.

(4) Ausweis der Personalaufwendungen zukünftig als den allgemeinen Verwaltungsaufwendungen untergliederte Position.

Bei der Erfassung der Erträge sind folgende Veränderungen festzustellen:

(1) Neudefinition der Zinserträge.

(2) Auflösung des Postens 'Andere Erträge einschließlich der Erträge aus der Auflösung von Rückstellungen im Kreditgeschäft'.

(3) Gesonderter Ausweis der außerordentlichen Erträge im Sinne des § 277 Abs. 4 HGB.

Größere Bedeutung gegenüber den alten gesetzlichen Vorschriften hat der **Anhang** erlangt, da nach neuem Recht vermehrt abschlußrelevante Daten im Anhang zu erläutern sind.[338]

Auf der Grundlage des HGB sind folgende Angaben vorgeschrieben:

(1) Nicht vergleichbare oder angepaßte Vorjahresbeträge (§ 265 Abs. 2 HGB).

(2) Erläuterung der außerordentlichen Aufwendungen und Erträge (§ 277 Abs. 4, Satz 2 HGB).

(3) Aus steuerlichen Gründen unterlassene Zuschreibungen (§ 280 Abs. 3 HGB).

(4) Angabe der Bilanzierungs- und Bewertungsmethoden (§ 284 Abs. 2 Nr.1 HGB).

(5) Grundlagen für die Währungsumrechnung (§ 284 Abs. 2 Nr.2 HGB).

(6) Abweichung von Bilanzierungs- und Bewertungsmethoden (§ 284 Abs. 2 Nr.3 HGB).

(7) Sonstige finanzielle Verpflichtungen, die nicht aus der Bilanz ersichtlich sind (§ 285 Nr. 3 HGB i.V.m. § 34 Abs. 1 Satz 2 RechKredV).

---

[337] Vgl. Windmöller, R./Busch, H., 1993, a.a.O., S. 143.
[338] Vgl. ebenda, S. 152f..

(8) Beeinflussung des Jahresergebnisses durch steuerliche Bewertungsmaßnahmen (§ 285 Nr. 5 HGB).

(9) Aufteilung der Ertragsteuerbelastung (§ 285 Nr.6 HGB).

(10) Fristengliederung (§ 340d HGB).

Aufwendungen	Erträge
1. Zinsaufwendungen	1. Zinserträge aus
2. Provisionsaufwendungen	a) Kredit- und Geldmarktgeschäften
3. Nettoaufwand aus Finanzgeschäften	b) festverzinslichen Wertpapieren
4. Allg. Verwaltungsaufwendungen	2. Laufende Erträge aus
5. Abschreibungen und Wertberichtigungen auf immaterielle Anlagewerte und Sachanlagen	a) Aktien und sonst. nicht festverzinslichen Wertpapieren
6. Sonstige betriebl. Aufwendungen	b) Beteiligungen
7. Abschreibungen und Wertberichtigungen auf Forderungen und bestimmte Wertpapiere	c) Anteilen an verbundenen Unternehmen
8. Abschreibungen und Wertberichtigungen auf Beteiligungen, Anteile an verbundenen Unternehmen und wie Anlagevermögen behandelte Wertpapiere	3. Erträge aus Gewinngemeinschaften, (Teil-)Gewinnabführungsverträgen
	4. Provisionserträge
	5. Nettoertrag aus Finanzgeschäften
9. Aufwendungen aus Verlustübernahme	6. Erträge aus Zuschreibungen zu Forderungen, best. Wertpapieren, Auflösung von Rückstellungen
10. Einstellungen in Sonderposten	
11. Außerordentliche Aufwendungen	7. Zuschreibungserträge aus Beteiligungen, Anteilen an verbundenen Unternehmen und wie Anlagevermögen. beh. Wertpapieren
12. Steuern vom Einkommen und vom Ertrag	
13. Sonstige Steuern	8. Sonstige betriebl. Erträge
14. Auf Grund einer Gewinngemeinschaft oder eines (Teil-)Gewinnabführungsvertrages abgeführter Gewinn	9. Erträge aus Auflösung von Sonderposten
	10. Außerordentliche Erträge
15. Jahresüberschuß	11. Erträge aus Verlustübernahme
	12. Jahresfehlbetrag

Abb. 5.6.: Grobgliederung der GuV (Kontoform) nach Formblatt 2 RechtKredV
Quelle: RechKredV vom 10.02.1992, BGBl. I, S. 219

Die Verpflichtung zu folgenden weiteren Angaben und Aufschlüsselungen ergibt sich aus der RechKredV:

(1) Ausweis von Konzernbeziehungen (§ 3 RechKredV).
(2) Aufschlüsselung von Erfolgsposten (§ 34 Abs. 2 Nr.1 RechKredV).
(3) Vorschüsse, Kredite und Haftungsverhältnisse zugunsten von Organmitgliedern (§ 34 Abs. 2 Nr.2 RechKredV).
(4) Deckungsrechnung (§ 35 Abs. 1 Nr.7 RechKredV).
(5) Aufschlüsselung der Termingeschäfte (§ 36 RechKredV).

Gemäß dem zweiten Abschnitt des HGB trifft Kapitalgesellschaften allgemein die Pflicht, mit dem Jahresabschluß einen **Lagebericht** zu erstellen (§ 264 Abs. 1 HGB). Als Mindestanforderung wird eine Darstellung des Geschäftsverlaufs und der Lage der Kapitalgesellschaft verlangt, die ein den tatsächlichen Verhältnissen entsprechendes Bild vermittelt (§ 289 Abs. 1 HGB).[339] Dabei sollen auch nach Abschluß des Geschäftsjahres eingetretene Vorgänge von besonderer Bedeutung und die voraussichtliche Entwicklung der Gesellschaft berücksichtigt werden. Ungeachtet ihrer Rechtsform haben Kreditinstitute aufgrund des § 340a HGB einen Lagebericht nach den Regelungen für Kapitalgesellschaften gemäß § 289 HGB aufzustellen.

5.1.4 Die wichtigsten Kennzahlen zur Beurteilung der Ertragskraft von Banken

Die Ertragslage der Kreditinstitute wird in den bankstatistischen Erhebungen der Deutschen Bundesbank anhand einer Reihe unterschiedlicher Kennziffern gemessen. Die nachfolgenden Betrachtungen sollen sich vorrangig auf die von der Bundesbank beachteten Kennziffern beschränken. Im Zusammenhang mit der Darstellung dieser Kennziffern kann auf ermittelte Durchschnittswerte aus der Bundesbankstatistik zurückgegriffen werden, die die üblicherweise anzustrebenden Mindestwerte für Kreditinstitute darstellen düften. Der Zinsüberschuß hat für die Beurteilung der Ertragslage herausragende Bedeutung; er wird als Gesamtbetrag aus folgender Rechnung ermittelt:

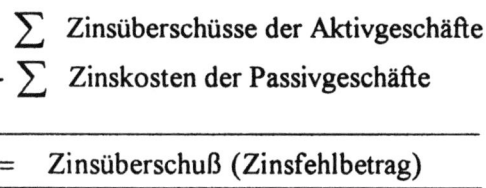

---

[339] Vgl. Beck, H.: Gesetz über das Kreditwesen; Kommentar nebst Materialien und ergänzenden Vorschriften, Heidelberg 1995, zu § 26, S. 5.

Die nachstehende Abb. 5.7. zeigt die Zinsspannenentwicklung insgesamt und für die einzelnen Banksektoren im Zeitablauf.

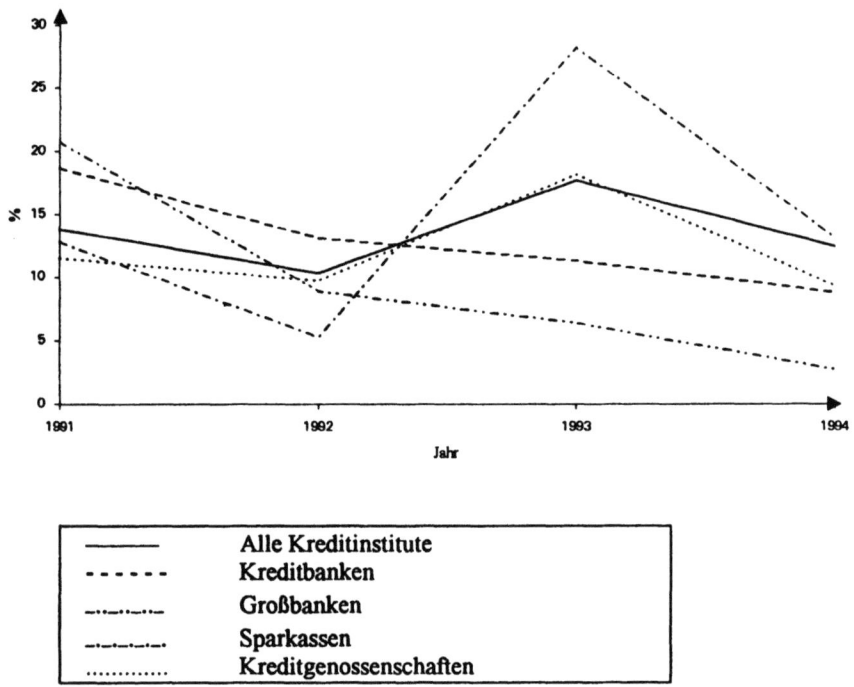

Abb. 5.7.: Veränderung der Zinsüberschüsse der Bankengruppen (in %)
Quelle: Deutsche Bundesbank, Monatsbericht 10/1995, S. 35

Wie aus der obigen Abbildung hervorgeht, verzeichneten Sparkassen und Kreditgenossenschaften 1993 und 1994 überdurchschnittlich hohe Wachstumsraten bei den Zinsüberschüssen, während die allgemeine Entwicklung in den letzten Jahren jedoch rückläufig ist.

Wie die folgende Abb. 5.8. zeigt, erwirtschaften die Kreditinstitute Zinserträge zum überwiegenden Teil, nämlich zu rund 81 % (390,5 Mrd. DM), aus Kredit- und Geldmarktgeschäften. Einen nennenswerten Umfang erreichen im zinsabhängigen Geschäft zudem die Erträge aus festverzinslichen Wertpapieren und Schuldbuchforderungen (ca. 15 % bzw. 75,4 Mrd. DM). Laufende Erträge aus Aktien und Beteiligungen sowie Erträge aus Gewinngemeinschaften trugen im betrachteten Zeitraum lediglich zu 3,6 % bzw. 0,4 % zum Gesamterfolg bei.

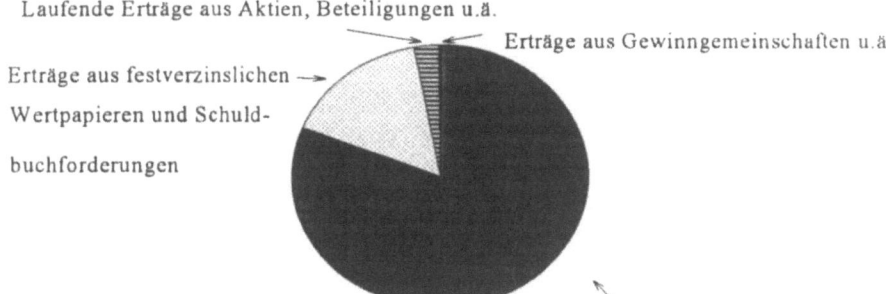

Abb. 5.8: Struktur der Zinserträge der Kreditinstitute (1994)
Quelle: Deutsche Bundesbank, Monatsbericht 10/1995, S. 22

Für einen größenunabhängigen Vergleich der Kreditinstitute ist der Zinsüberschuß aber ungeeignet, da er eine absolute Maßzahl ist. Hierzu eignet sich die **Zinsspanne** als relative Maßgröße besser, die nach folgender Formel zu ermitteln ist:

$$\text{(Brutto-)Zinsspanne} = \frac{\text{Zinsüberschuß in GE / PE}}{\text{Durchschnittsbilanzsumme in GE}} \text{ in } \frac{\text{GE}}{\text{GE} \cdot \text{PE}}$$

Die Zinsspanne, die im Sprachgebrauch der Banken auch Zinsmarge genannt wird, ermöglicht einen übersichtlichen Vergleich zwischen Kreditinstituten unterschiedlicher Größe. Sie kann ebenfalls zur Kontrolle des Betriebsergebnisses im Zeitablauf eingesetzt werden und ist in erster Linie für Unternehmensvergleiche geeignet. Die Entwicklung der Zinsspannen der deutschen Kreditinstitute zeigt folgende Abb. 5.9..

Auffallend ist, daß sich die Entwicklung der Zinsspannen sektorenübergreifend nahezu parallel vollzieht, daß sich aber die Niveaus der Zinsspannen deutlich unterscheiden. Die Kreditgenossenschaften erzielen - relativ zu ihren Geschäftsvolumina gesehen - Zinsüberschüsse, die um rund 30 % über jenen der privaten Kreditbanken liegen. Die (nicht aufgeführten) Zinsspannen der ausländischen Kreditinstitute sind erheblich niedriger und bewegen sich im betrachteten Zeitraum etwa zwischen 0,7 und 1,3 %.

328 Rechnungswesen

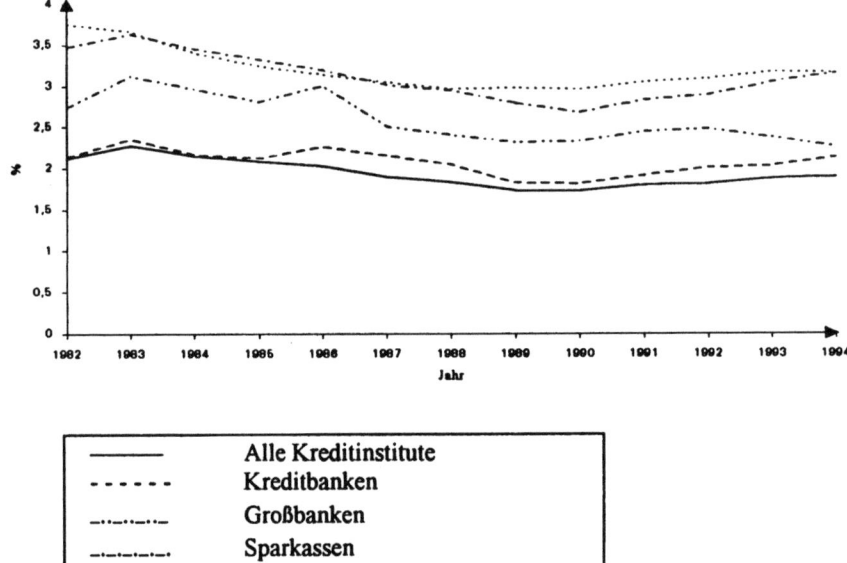

Abb. 5.9.: Entwicklung der Zinsspanne nach Bankensektoren
Quellen: Deutsche Bundesbank, Monatsberichte 8/1992, S. 41, 10/1995, S. 35

Die Entwicklung der Zinsspanne zeigt insbesondere, in welchem Ausmaß die Banken Erträge aus Fristentransformationen erwirtschaften konnten, die sich aus der Spreizung von kurz- und langfristigen Zinsen ergeben. Die Abb. 5.10. verdeutlicht den daraus resultierenden Zusammenhang von Zinsspannen und allgemeiner Zinsentwicklung. Auffallend sind die guten Ergebnisse der Kreditgenossenschaften und Sparkassen, die gegenüber den Großbanken mit relativ kleinen Betriebseinheiten erwirtschaftet wurden. Wie in letzter Zeit durchgeführte eigene Analysen des Verfassers gezeigt haben, verfügen gerade kleinere Genossenschaftsbanken auch über eine hervorragende Eigenkapitalausstattung.

Wie aus Abb. 5.10. ersichtlich wird, korreliert die Entwicklung der Zinsspannen negativ mit jenen Zinssätzen für Dreimonatsgeld. In Zinssenkungsphasen steigt der Zinsüberschuß eher, da der Anteil längerfristiger festverzinslicher Passiva in der Regel geringer ist als der entsprechende zinsgebundene Anteil auf der Aktivseite, und die Konditionen bei den zinsvariablen Anteilen auf der Passivseite zumeist elastischer angepaßt werden.[340]

---

[340] Vgl. zum Zusammenhang zwischen diesen Anpassungselastizitäten und den Zinsmargen Deutsche Bundesbank, Monatsbericht 7/1991, S. 31ff.

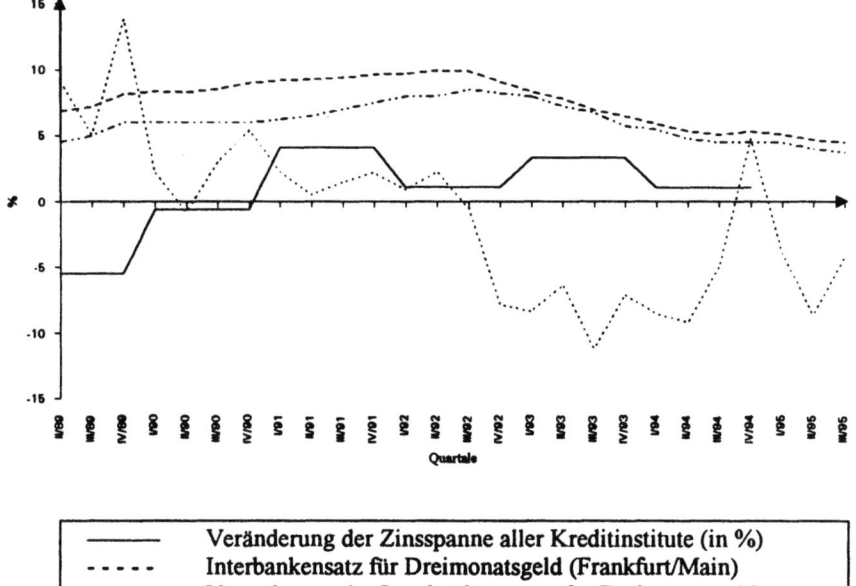

	Veränderung der Zinsspanne aller Kreditinstitute (in %)
- - - - -	Interbankensatz für Dreimonatsgeld (Frankfurt/Main)
....	Veränderung des Interbankensatzes für Dreimonatsgeld
_._._._._	Diskontsatz der Deutschen Bundesbank (Quartalsdurchschnitte)

Abb. 5.10.: Zusammenhang von Zinsspanne und Zinssätzen
Quelle: Deutsche Bundesbank, Monatsbericht 10/1994, S. 24

Der **Provisionsüberschuß** ist als gebräuchliche absolute Maßgröße für den Erfolg aus Provisionsgeschäften der Banken anzusehen:

$$\begin{array}{r} \sum \text{Provisionserträge} \\ - \sum \text{Provisionsaufwendungen} \\ \hline = \text{Provisionsüberschuß/ -fehlbetrag} \end{array}$$

Wird der Provisionsüberschuß in eine relativierte Maßgröße durch Bezug auf die durchschnittliche Bilanzsumme transformiert, so ergibt sich die wiederum für Unternehmensvergleiche besser geeignete Kennzahl 'Provisionsspanne':

$$\text{Provisionsspanne} = \frac{\text{Provisionsüberschuß in GE / PE}}{\text{Durchschnittsbilanzsumme in GE}} \quad \text{in} \quad \frac{\text{GE}}{\text{GE} * \text{PE}}$$

Aus der Tabelle 5.1. ist ersichtlich, daß dem Provisionsergebnis betriebswirtschaftlich eine geringere Bedeutung zukommt. Danach unterliegt die Entwicklung der Provisionsüberschüsse stärkeren Schwankungen, was darauf zurückzuführen ist, daß die Erträge aus dem teilweise zinsunabhängigen Geschäft u.a. von so unterschiedlichen Faktoren wie der Entwicklung der Wertpapiernachfrage, der Gebührenentwicklung sowie der allgemeinen Wettbewerbssituation im Effektengeschäft abhängen.

	Zinsüberschuß (in Mrd. DM)	Veränderung gegenüber Vorjahr	Provisionsüberschuß in Mrd. DM	Veränderung gegenüber Vorjahr
1989	73,2	+0,9 %	15,0	+16,0 %
1990	80,5	+6,2 %	18,0	+13,6 %
1991	91,6	+13,8 %	19,6	+8,7 %
1992	101,0	+10,0 %	22,4	+14,2 %
1993	118,9	+10,3 %	26,6	+16,5 %
1994	133,6	+11,3 %	27,3	+2,2 %

Tabelle 5.1.: Entwicklung der Zins- und Provisionsüberschüsse aller Kreditinstitute
Quelle: Deutsche Bundesbank, Monatsbericht 10/1995, S. 38

Eine weitere banktypische Kennzahl ergibt sich, wenn die Personalkosten und die Sachkosten zur Bruttobedarfsspanne zusammengezogen werden:

$$\text{Bruttobedarfsspanne} = \frac{\text{Personalkosten in } \frac{GE}{PE} + \text{Sachkosten in } \frac{GE}{PE}}{\text{Durchschnittsbilanzsumme in GE}} \text{ in } \frac{GE}{GE \cdot PE}$$

Wie die nachfolgende Abb. 5.11. zum hierarchischen Aufbau wichtiger Erfolgskennziffern zeigt, ergibt sich durch Addition der Bruttobedarfsspanne, der Provisionsspanne und der Zinsspanne die **Betriebsergebnisspanne** (oder Nettozinsspanne genannt).

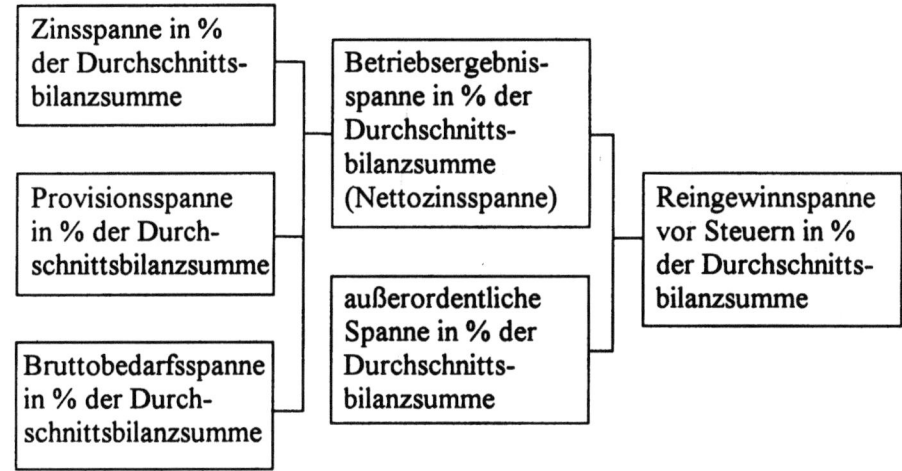

Abb. 5.11.: Erfolgskennziffernhierarchie

Im Rahmen der Gewinn- und Verlustrechnung von Kreditinstituten umfaßt das **Teilbetriebsergebnis** den Zins- und Provisionsüberschuß sowie den Verwaltungsaufwand. Werden das Nettoergebnis aus den Finanzgeschäften[341], der Bewertungsaufwand[342] und der Saldo aus sonstigen betrieblichen Erträgen und Aufwendungen (z.B. aus Immobilien- und Leasinggeschäften) hinzuaddiert, so erhält man das **Betriebsergebnis**. Nach Berücksichtigung der sogenannten „anderen und außerordentlichen Erträge und Aufwendungen" (v.a. aus Finanzanlagegeschäften[343]) ergibt sich der **Jahresüberschuß vor Steuern**.

---

[341] D.h. den Geschäften, die die Institute auf eigene Rechnung mit Wertpapieren des Handelsbestandes, Devisen, Edelmetallen und Derivaten betreiben.

[342] D.h. evtl. erforderlich gewordene Kurswertabschreibungen, von denen insbesondere Bankensektoren mit einem relativ hohen Anteil an Wertpapierkrediten betroffen sind. Dieser Anteil betrug 1994 im Durchschnitt aller Bankengruppen 16 %, bei den Sparkassen jedoch 27 % und bei den Kreditgenossenschaften 22 %. Unerwartet starke Zinsanstiege am Kapitalmarkt machten z.B. im Geschäftsjahr 1994 bei allen Kreditinstituten hohe Kurswertabschreibungen auf festverzinsliche Wertpapiere erforderlich, was das Betriebsergebnis beeinträchtigte. Es sank im Verhältnis zum Geschäftsvolumen von 0,55 % (1993) auf 0,47 % (1994).

[343] Dies betrifft den Saldo aus den Erträgen aus Zuschreibungen und Beteiligungen, Anteilen an verbundenen Unternehmen und aus wie Anlagevermögen behandelten Wertpapieren sowie den entsprechenden Aufwendungen, d.h. Abschreibungen und Wertberichtigungen.

332 Rechnungswesen

Die allgemeine Veränderung der Geschäftsvolumina und der Jahresüberschüsse im Zeitablauf veranschaulicht für die einzelnen Bankensektoren die Tabelle 5.2..

Banksektoren	Geschäftsvolumen			Jahresüberschuß vor Steuern		
Jahr:	1992	1993	1994	1992	1993	1994
Alle Kreditinstitute	+ 8,3	+ 10,9	+ 9,4	+ 3,8	+ 12,3	- 3,2
Großbanken	+ 8,3	+ 10,7	+ 7,7	+ 1,9	- 9,8	+ 9,2
Kreditbanken	+ 11,0	+ 12,8	+ 9,7	- 34,0	+ 66,4	+ 10,5
Sparkassen	+ 6,3	+ 8,9	+ 9,1	+ 12,3	+ 7,0	- 9,4
Kreditgenossenschaften	+ 8,3	+ 9,1	+ 10,0	+ 15,1	+ 7,9	- 11,8
Zweigstellen ausländischer Banken	+ 0,3	- 10,8	+ 3,8	+ 42,0	+ 0,0	- 29,6

Tabelle 5.2.: Veränderung der Geschäftsvolumina und Jahresüberschüsse vor Steuern gegenüber den Vorjahren nach Bankengruppen (in %)
Quelle: Deutsche Bundesbank, Monatsbericht 10/1995, S. 27; 8/1993, S. 39; 10/1994, S. 31

Da erfolgsorientierte Kreditinstitute i.d.R. Wachstumsziele verfolgen, kann aus dem Überblick über die Entwicklung der Geschäftsvolumina der einzelnen Bankengruppen in den vergangenen fünf Jahren ersehen werden, welche Wachstumserfolge in den einzelnen Banksektoren erzielt werden konnten. Im Vergleich zu den privaten Kreditbanken fällt die anhaltend expansive Entwicklung bei den Sparkassen und Kreditgenossenschaften auf.

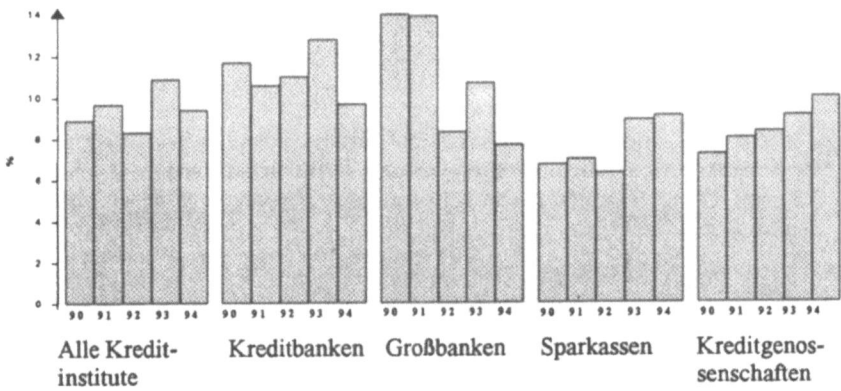

Abb. 5.12.: Jährliche Ausweitung der Geschäftsvolumina nach Bankensektoren

Aus der Abb. 5.13. kann die Entwicklung der Jahresüberschüsse vor Steuern seit 1985 ersehen werden. Auffällig ist der mit der deutschen Wiedervereinigung zusammenhängende Sprung im Geschäftsjahr 1991 und die Abflachung der Kurven ab 1994.

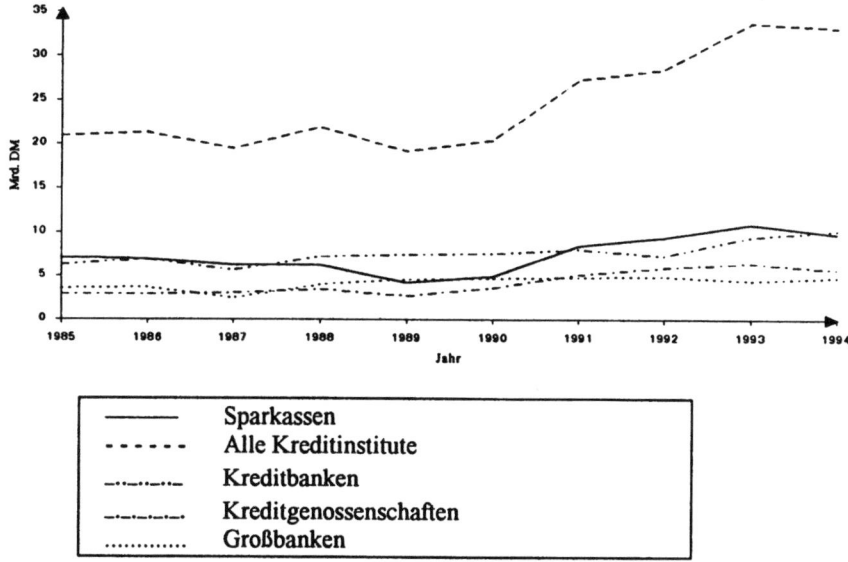

Abb. 5.13.: Entwicklung der Jahresüberschüsse vor Steuern 1985-1994
Quelle: Deutsche Bundesbank, Monatsbericht 10/1995, S. 40-43

Ein anderer Kennzahlentyp entsteht durch Bezugnahmen auf das bilanzielle Eigenkapital. Diese Kennzahlen geben Auskunft über die Ertragslage eines Kreditinstitutes oder das Erfolgspotential, das durch Eigenmitteleinsatz für Aktivgeschäfte entsteht. Wichtigste Kennzahlen hierzu sind die Eigenkapitalrentabilität und die Eigenkapitalquote:

$$\text{Eigenkapitalrentabilität} = \frac{\text{Jahresüberschuß vor Steuern in } \frac{GE}{PE}}{\text{Eigenkapital in GE}} \text{ in GE/(GE*PE) oder \%}$$

$$\text{Eigenkapitalquote} = \frac{\text{Eigenkapital in } \frac{GE}{PE}}{\text{Geschaeftsvolumen in GE}} \text{ in GE/(GE*PE) oder \%}$$

Die Abb. 5.14. soll die Entwicklung dieser Kennziffern für die verschiedenen Sektoren des Kreditwesens zeigen.

334 Rechnungswesen

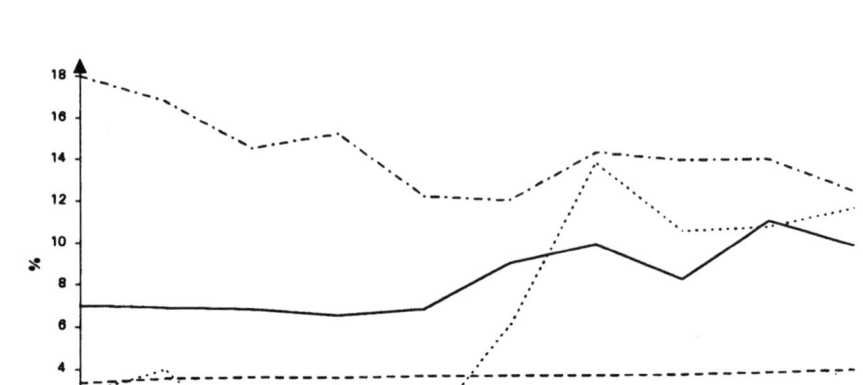

Abb. 5.14.: Ertragskennziffern aller Kreditinstitute;
Quellen: Deutsche Bundesbank, Monatsbericht 8/1992, S. 37; 8/1993, S. 39, S. 44; 10/1994, S. 31; 10/1995, S. 27, S. 32

Im Zuge der deutschen Wirtschafts- und Währungsunion 1990 verzeichneten die Kreditinstitute also einen markanten Anstieg ihrer Zinsüberschüsse und ihrer Geschäftsvolumina. Diese Entwicklung schlug sich jedoch kaum in der Eigenkapitalrentabilität nieder, deren seit Jahren abnehmender Verlauf nur kurzzeitig unterbrochen wurde, wie aus der Abb.5.14. leicht zu ersehen ist.

Weitere Kennzahlendarstellungen befinden sich im Abschnitt zur Zinsspannenrechnung.

5.1.5 Fragen der Konzernrechnungslegung

Kreditinstitute, die Mutterunternehmen eines Konzerns sind, haben für den Konzernabschluß die Vorschriften der §§ 290 bis 315 HGB anzuwenden, sofern in den §§ 340i und 340j HGB nichts anderes geregelt ist.[344] Gemäß § 340i Abs. 2 HGB sind auf den Konzernabschluß die für den Jahresabschluß maßgebenden Vorschriften der §§ 340a bis 340g HGB sowie der §§ 1 bis 36 RechKredV und des § 39 Abs. 4 und 5 RechKredV entsprechend anzuwen-

---

[344] Vgl. Ausschuß für Bilanzierung des Bundesverbandes deutscher Banken: Bankkonzernbilanzierung nach neuem Recht, in: Die Wirtschaftsprüfung, 47. Jg. 1/1994, S. 11-21, hier S. 11.

den. In § 297 Abs. 3 HGB wird gefordert, daß der Konzernabschluß den eigenständigen Abschluß einer wirtschaftlichen Einheit darstellt. Damit wird der bisherige Grundsatz der Maßgeblichkeit der Einzelabschlüsse für den Konzernabschluß aufgegeben. Die Formblätter des § 2 RechKredV für den Jahresabschluß sind die Basis für die Gliederung der Bilanz und der GuV eines Konzerns.

Durch § 18 AktG wird der Begriff des Konzerns konkretisiert. Nicht ein Beherrschungsvertrag nach § 291 AktG, sondern die Unterstellung von Unternehmen unter einheitliche Leitung begründet einen Konzern (§ 18 Abs. 2 AktG). Die unter einheitlicher Leitung zusammengefaßten Unternehmen gelten als verbundene Unternehmen im Sinne des § 15 AktG. Für den Eigenkapitalnachweis gelten die Regelungen des § 10a KWG mit anderen Kriterien, die bereits im 4. Kapitel behandelt worden sind.

Für Verbundleistungen innerhalb eines Unternehmenskreises hat der Vorstand (eines am Verbund beteiligten Unternehmens) am Ende des 'Berichtes über Beziehungen zu verbundenen Unternehmen' zu erklären, daß die Gesellschaft „bei jedem Rechtsgeschäft eine angemessene Gegenleistung erhielt und dadurch, daß die Maßnahme getroffen oder unterlassen wurde, nicht benachteiligt wurde" (§ 312 Abs. 3 Satz 1 AktG). Gesondert geregelt ist der Nachweis eines angemessenen Eigenkapitals (vgl. Kapitel 4).

5.1.6 Prüfung des Jahresabschlusses

Von besonderer aktienrechtlicher Bedeutung ist der 'Bericht über Beziehungen zu verbundenen Unternehmen' insofern, als er nach § 313 Abs. 1 AktG Bestandteil des Jahresabschlusses und somit in die Abschlußprüfung einzubeziehen ist.

Während die genannten Vorschriften des Aktiengesetzes nur für Aktiengesellschaften Anwendung finden, ist für Kreditinstitute hervorzuheben, daß der gesamte Jahresabschluß einschließlich Lagebericht des Kreditinstitutes unabhängig von der Rechtsform der Abschlußprüfung unterliegt. Gemäß § 26 Abs.1 KWG haben Kreditinstitute den festgestellten Jahresabschluß (einschl. Anlage zur Jahresbilanz) und Lagebericht dem Bundesaufsichtsamt für das Kreditwesen und der Deutschen Bundesbank einzureichen. Darüber hinaus ist der Abschlußprüfer verpflichtet, seinen Prüfbericht an ebendiese Stellen zu senden (§ 26 Abs.1 Satz 3 KWG).

Von der Prüfungspflicht nach § 26 KWG sind Ausnahmen auf der Grundlage des § 31 Abs. 2 KWG möglich. Dies betrifft gegenwärtig jedoch lediglich eingetragene Genossenschaften, deren Bilanzsumme unter 10 Mio. DM liegt. Die Prüfungspflicht richtet sich hier nach § 53 GenG.[345]

---

[345] Vgl. WP-Handbuch 1992, Band 1, 10. Auflage, Düsseldorf 1992, S. 1030.

Einzelheiten bezüglich der Prüfung des Jahresabschlusses und der Bestellung der Prüfer sind in den §§ 316 ff., 340k HGB und in den §§ 27 ff. KWG geregelt. Zudem besteht seit Juli 1994 in der Prüfberichtsverordnung (PrüfBerV)[346] ein „Regelungswerk, das im wesentlichen die Gegenstände und den Umfang der Berichterstattung in den Prüfberichten der Kreditinstitute näher bestimmt."[347]

Die Inhalte der Prüfberichte für Kreditinstitute sind gegenüber der Vorschrift des § 321 Abs. 1 HGB erweitert, da sie als Grundlage für die Bankenaufsicht auch deren Anforderungen genügen müssen.[348] Eine wichtige bankaufsichtsrechtliche Vorschrift stellt § 29 Abs. 1 KWG dar, wonach der Prüfer auch die wirtschaftlichen Verhältnisse des Kreditinstitutes zu prüfen hat.[349] Weitere Unterabschnitte des zweiten Abschnitts der Prüfberichte befassen sich mit der Darstellung der geschäftlichen Entwicklung, der Vermögenslage, dem haftenden Eigenkapital, den Grundsatzkennziffern, Währungsgeschäften, Geschäften in Derivaten, der Risikovorsorge sowie der Liquiditäts- und Ertragslage.[350] Bei der Prüfung des Jahresabschlusses ist auch festzustellen, ob das Kreditinstitut alle ihm obliegenden Anzeigepflichten erfüllt hat (§ 29 Abs. 1 Satz 1, zweiter Halbsatz). Das Ergebnis der Prüfung formuliert der Prüfer in einem sogenannten **Testat** oder **Bestätigungsvermerk**.[351]

Sieht der Prüfer Anlaß zu Einwendungen, so trifft ihn nach § 29 Abs. 2 KWG eine Redepflicht gegenüber dem Bundesaufsichtsamt und der Deutschen Bundesbank.

Wird ein uneingeschränkter Bestätigungsvermerk erteilt, so findet die gesetzliche Kernfassung/Standardformulierung des § 322 HGB Anwendung:

> "Die Buchführung und der Jahresabschluß entsprechen/ Der Konzernabschluß entspricht nach meiner / unserer pflichtgemäßen Prüfung den gesetzlichen Vorschriften. Der Jahresabschluß/ Konzernabschluß vermittelt unter Beachtung der Grundsätze ordnungsmäßiger Buchführung ein den tatsächlichen Verhältnissen entsprechendes Bild der Vermögens-, Finanz- und Ertragslage der Kapitalgesellschaft/ des Konzerns. Der Lagebericht/ Konzernlagebericht steht im Einklang mit dem Jahresabschluß/ Konzernabschluß."

Bei Einwendungen des Prüfers kann der Bestätigungsvermerk eingeschränkt oder ganz versagt werden.[352] Nach § 322 Abs.1 Satz 2 HGB können in einem

---

346 BGBL. I, S. 1803; Prüfberichtsverordnung vom 21. Juli 1994.
347 Seitz, J.: Die Verordnung über den Inhalt der Prüfberichte zu den Jahresabschlüssen und Zwischenabschlüsse der Kreditinstitute, in: Die Wirtschaftsprüfung, 47. Jg., 15-16/1994, S. 489-499, hier S. 489.
348 Vgl. ebenda.
349 Vgl. ebenda.
350 Vgl. ebenda, S. 490.
351 Vgl. Beck, H., 1995, a.a.O., S. 8.
352 Vgl. ebenda.

frei formulierbaren Ergänzungsteil Bemerkungen angefügt werden, wenn diese erforderlich erscheinen, um einen falschen Eindruck über den Inhalt der Prüfung und die Tragweite des Bestätigungsvermerkes zu vermeiden.[353]

Da der Wortlaut des Bestätigungsvermerkes nach § 328 Abs. 1 Nr.1 HGB offenzulegen ist, dient er allen Adressaten der Rechnungslegung, die kein Recht zur unmittelbaren Einsichtnahme in den Prüfbericht haben, um sich ein Bild über die wirtschaftliche Lage der Gesellschaft zu verschaffen. Ein testierter Jahresabschluß mit Lagebericht gibt dabei insoweit Hilfestellung, als „nach der Wertung des Abschlußprüfers die wirtschaftliche Lage im Rahmen der gesetzlichen Vorschriften und der Grundsätze ordnungsmäßiger Buchführung zutreffend zum Ausdruck kommt."[354] Es gibt Ausnahmen, bei denen begrenzte Anpassungen der Kernfassung des Bestätigungsvermerkes im Wortlaut des § 322 HGB zugelassen werden. Dies gilt insbesondere, wenn aufgrund anderer Vorschriften ähnliche Formulierungen bestehen, die zu übernehmen sind. Als Beispiel sei auf landesgesetzliche Regelungen über Kreditinstitute in der Rechtsform einer Sparkasse hingewiesen. Im Sparkassengesetz von Nordrhein-Westfalen wird in § 26 der Text des § 322 HGB wiedergegeben und gefordert, daß eine ausdrückliche Bestätigung über die Prüfung der wirtschaftlichen Verhältnisse hinzutritt.[355]

Bei Kreditinstituten in der Rechtsform der eingetragenen Genossenschaft und bei Volksbanken, die von einem genossenschaftlichen Prüfungsverband geprüft werden, sind bei den betreffenden Abschnitten des Prüfberichtes Vergleichswerte anzugeben, die für die Darstellung und Beurteilung der Vermögens-, Liquiditäts- und Ertragslage von Bedeutung sind. Bei Genossenschaften ist auch auf die Besonderheiten bei der Berechnung des Haftsummenzuschlages einzugehen.[356] Solche Ausnahmen aufgrund der Rechtsform eines Kreditinstituts beziehen sich vornehmlich auf den Inhalt der Prüfberichte; an der Kernfassung des Bestätigungsvermerkes nach § 322 HGB ist jedoch, soweit möglich, festzuhalten.[357]

Unabhängig von aufsichtsrechtlichen Bestimmungen des KWG wird im Handelsrecht durch § 321 Abs. 2 HGB eine sogenannte **Redepflicht** des Abschlußprüfers begründet. Er hat über Tatsachen, die den Bestand des Unternehmens gefährden oder seine Entwicklung wesentlich beeinträchtigen, sowie über schwerwiegende Verstöße der gesetzlichen Vertreter gegen Gesetz, Gesellschaftsvertrag oder Satzung zu berichten. Der Kreis berichtspflichtiger Sachverhalte ist jedoch gegenüber den bankaufsichtsrechtlichen Bestimmun-

---

[353] Vgl. WP-Handbuch 1992, a.a.O., S. 968.
[354] Vgl. ebenda, S. 969.
[355] Vgl. Mombaur, P. (Hrsg.): Sparkassengesetz Nordrhein-Westfalen mit Kommentar von Heinevetter, K., 2. Auflage, Stand Dezember 1988.
[356] Vgl. WP-Handbuch 1992, a.a.O., S. 1039.
[357] Vgl. ebenda, S. 1037.

gen eingeschränkt. Die Formulierung des § 321 Abs. 2 HGB stellt nicht konkret auf Einzelabschlüsse ab, so daß sich die Frage stellt, ob sich im Falle einer Konzernabschlußprüfung die Redepflicht auf einzelne Konzernunternehmen oder auf den Gesamtkonzern bezieht.[358] Da ein Konkursverfahren nur über ein Einzelunternehmen, nicht aber über den Gesamtkonzern eröffnet werden kann, gibt es für den Konzern ungleich größere Interpretationsspielräume darüber, welche Entwicklungen als bestandsgefährdend anzusehen sind.[359] Infolgedessen muß bei dem Einzelabschluß der Redepflicht größere Bedeutung beigemessen werden.

5.2 Schichtenbilanzen

In Anlehnung an die liquiditätstheoretischen Grundlagen des 4. Kapitels wurden Schichtenbilanzverfahren entwickelt, die zunächst eher der Kosten- und Erlösrechnung zuzurechnen waren. Ziele waren interne Erfolgsrechnung und Gewinnung von Informationen für die Betriebsergebnismaximierung unter Verwendung von Zinsspannen. Die Einlagen sollten beispielsweise bei strenger Einhaltung der goldenen Bankregel (fristenkongruente Finanzierung der Aktivgeschäfte unter Verwendung von Elementen der Bodensatztheorie) als kostenmäßige Grundlage der Erlöserzielung über Geldanlagen und Kreditvergaben für die Erfolgskalkulation dienen. Weil die Art und Weise der Schichtenbildung willkürbehaftet und der zwingende Zusammenhang einzelner Passivgeschäfte mit betrags- und laufzeitverschiedenen Aktivgeschäften in der Praxis nicht gegeben ist, konnten die ermittelten kalkulatorischen Geschäftsergebnisgrößen als betriebswirtschaftlich relevante Informationen nicht befriedigen. Deshalb ist die Bedeutung der Schichtenbilanzen allgemein zurückgegangen. Da bei Kostenrechnungsverfahren aber ein willkürfreier Erfolgsausweis angestrebt wird, lag es nahe, auf am Markt objektivierte Ausgangsgrößen als Grundlage der Erfolgskalkulation zurückzugreifen. Opportunitätskosten oder andere Wertansätze, wie sie beispielsweise auch vom HGB zur Zurückdrängung von Willküreinflüssen für die Bewertung von Vermögensgegenständen vorgeschrieben werden, sind vom Markt her abzuleiten, wobei der Geld- und Kapitalmarkt durch seine Informationsstruktur und die Vielzahl der (häufig duplizierbaren) Geschäfte beste Voraussetzungen für die Bereitstellung willkürfreier Bezugspunkte für die Erfolgskalkulation bietet. Da die aufsichtsrechtlich bedeutsamen Liquiditätsgrundsätze aber Aktiv- und Passivgeschäfte unverändert in eine enge Verknüpfung zwingen, bieten die Schichtenbilanzen trotz weiter Verbreitung der Marktzinsmethode zur Messung kurzfristiger Geschäftserfolge auch weiterhin interessante Möglichkeiten für die global angelegte Erfolgsquellenanalyse zur Ausrichtung zu-

---

[358] Vgl. Küting, K.; Weber, C.-P.: Handbuch der Konzernrechnungslegung, Stuttgart 1989, S. 641.
[359] Ebenda, S. 642.

künftiger Geschäftstätigkeit oder zur Abweichungsanalyse. Die Schichtenbilanzverfahren sind den traditionell im Bankenbereich vorzufindenden Zinsspannenrechnungen zuzuordnen.

5.2.1 Verfahren der Zinsspannenrechnung

Bei Anwendung der goldenen Bankregel kann eine Bankbilanz als aus drei Schichten bestehend angesehen werden, wie die Abb. 5.15. zeigt.

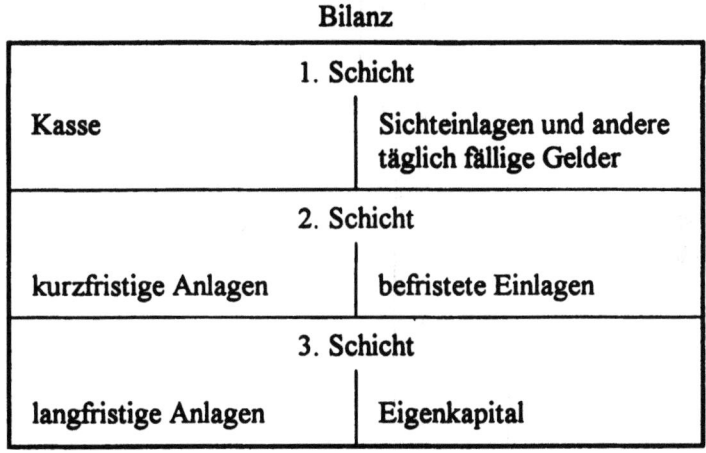

Abb. 5.15.: Stuktur einer Schichtenbilanz unter Anwendung der goldenen Bilanzregel

Die vorstehende Bilanz entspricht einer Schichtenbilanz, bei deren Schichtenbildung die fristenkongruente Finanzierung als Schichtungsprinzip diente. Schichtenbilanzen werden üblicherweise so ausgestaltet, daß sie gemäß Abb. 5.16. der Errechnung einer Gesamtzinsspanne oder mehrerer Teilzinsspannen dienen können.

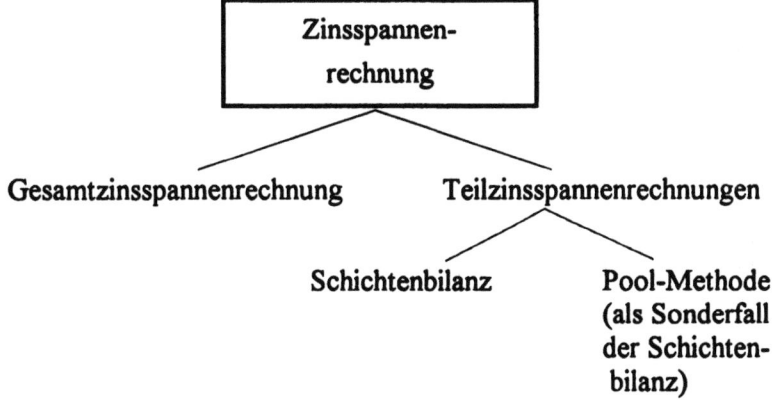

Abb. 5.16.: Arten von Zinsspannenrechnungen

Für die Schichtenbildung können verschiedene Prinzipien angewendet werden, von denen die wesentlichen aus der nachfolgenden Abb. 5.17. ersehen werden können.

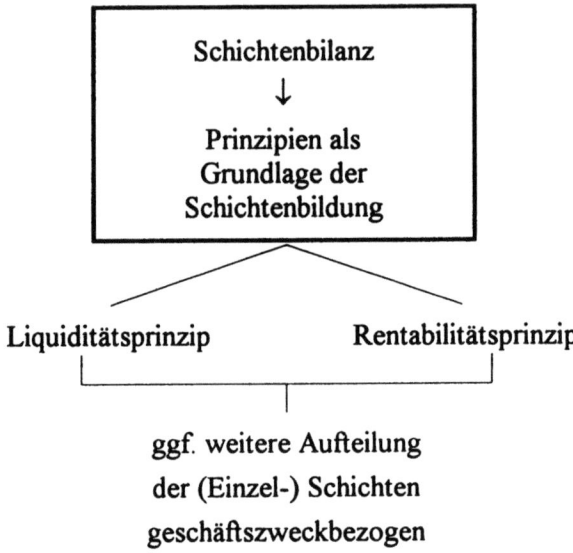

Abb. 5.17.: Prinzipien der Schichtenbildung

Die Schichtenbildung erfolgt in der Praxis individuell. Bei bankenspezifisch vorgenommener Schichtenbildung ist jeder Erfolgsausweis willkürbehaftet. Vorschriften oder Grundsätze für die Erstellung von Schichtenbilanzen, die denen der externen Rechnungslegung vergleichbar wären, existieren nicht. So ist das Instrument der Schichtenbilanz von den Gestaltungsmöglichkeiten her dem internen Rechnungswesen zuzuordnen.

5.2.2 Gesamtzinsspannenrechnung

Im Gegensatz zu Erfolgsrechnungen für den Gesamtbetrieb, die einen Erfolg als absolute Größe ausweisen, werden bei den Gesamtzinsspannenrechnungen Erfolge in relativierter Form durch Bezugnahme auf die Bilanzsumme berechnet. Aufgrund der Relativierung können Erfolge in Form von Zinsspannen unabhängig von absoluten Bilanzgrößen und unternehmensunabhängig interpretiert und deshalb auch für Betriebs-, Sparten-, Geschäftsstellen- und Schichtenvergleiche verwendet werden.

Die Berechnung der **Brutto- oder Nettozinsspanne** wird nach folgendem Schema vorgenommen:

1. Zinserlöse in GE/(GE·PE) oder %
- 2. Zinskosten in GE/(GE·PE) oder %

= 3. Bruttozinsspanne in GE/(GE·PE) oder %
- 4. Bedarfsspanne in GE/(GE·PE) oder %

= 5. Nettozinsspanne in GE/(GE·PE) oder %

Die **Bedarfsspanne** dient der kalkulatorischen Berücksichtigung der Betriebskosten einer Bank (Personalkosten und Sachmittelkosten) für Zwecke der Zinsspannenrechnung:

$$\text{Bedarfsspanne} = \frac{\text{Betriebskostenbetrag}}{\text{Bilanzsumme}} \text{ in GE/(GE·PE) oder \%}$$

Die Bedarfsspanne ist der in Form einer Zinsspanne im Planzeitraum ausgewiesene Betriebskostenanteil je einer Geldeinheit Geschäftsvolumen, der durch die Bruttozinsspanne abzudecken ist.

Die Nettozinsspanne ist der relativierte Unternehmenserfolg nach Abzug der Betriebskosten vom Bruttoerfolg oder von der Bruttozinsspanne in Form der Bedarfsspanne. Die Gesamtbilanz einer Bank wird hier als eine **einzige** Schicht angesehen, so daß die Gesamtzinsspanne eine hochaggregierte Erfolgsgröße darstellt, die keine Aussage über die Erfolgsquellen beinhaltet.

5.2.3 Teilzinsspannenrechnung

Eine differenziertere Form der Zinsspannenberechnung baut auf der aus **mehreren** Schichten bestehenden Schichtenbilanz auf. Für jede Schicht einer Bankbilanz kann eine (Teil-) Zinsspanne ermittelt werden, so daß hier schichtenspezifische Erfolgsbeiträge von nach besonderen Kriterien gruppierten Einzelgeschäften ausgewiesen werden können. Die traditionellen Verfahren der Schichtenbilanz unterstellen den Zusammenhang zwischen Aktiv- und Passivgeschäften. Finanzierungsmittel der Passiv-Seite erfordern einen bestimmten Zinsaufwand. Die durch Passiv-Posten ermöglichten Aktivgeschäfte erbringen Zinserlöse. Die erwirtschafteten Zinserlöse sind primär zur Abdeckung des Zinsaufwandes aus Geschäften derselben Schicht heranzuziehen; damit entsteht zwangsläufig die Frage nach dem Zinsüberschuß der gruppierten Aktiv- und Passivgeschäfte.

Tatsächlich ist der in Schichtenbilanzen unterstellte strenge Zusammenhang zwischen Aktiv- und Passivgeschäften nur in einigen Ausnahmefällen gegeben. Ein Beispiel für eindeutige Zusammenhänge zwischen Aktiv- und Passivgeschäften ist die Hereinnahme von Spareinlagen auf ein 'goldenes Sparbuch' zur Verwendung für Ausleihungen als 'goldener Kredit'. So wird die Kreditvergabe ausschließlich gespeist aus dieser speziellen Einlage (SSK Osnabrück). Ein anderes Beispiel sind durchlaufende Kreditgeschäfte, bei der das Kreditinstitut in Wahrnehmung der Hausbankfunktion tätig wird (Vergabe von ERP-Mitteln).

Der Ausweis von Zinsspannen nach der 'Schichtenbilanz-Methode'- dient der Erfolgsermittlung bei unterstelltem Einsatz bestimmter Finanzierungsmittel für bestimmte Anlagen (Gruppierung auf der Aktivseite). Um eine Teilzinsspannenrechnung beispielhaft zu erläutern, soll von der in Abb. 5.18. dargestellten Zinsertragsbilanz ausgegangen werden.

Aktivposition a	DSZ_a %	V_a GE	Passivposition p	DHZ_p %	V_p GE
Barreserve	0,5	22,5	Verb. < 48 Mon.	3	144
Ford. < 48 Mon.	12	45	dav. Sichteinlagen 30 Termineinlagen 39		
Ford. ≥ 48 Mon.	9	180	Spareinlagen 75		
Wertpapiere	6	52,5	Verb. ≥ 48 Mon.	5	51
			Schuldverschr.	7	105
B		300	B		300

Abb. 5.18.: Zinsertragsbilanz

Die Berechnung der Bruttozinsspanne kann nach folgendem Schema erfolgen:

Symbole:

$\quad$ BZS $\quad$ = Bruttozinsspanne in GE/(GE·PE) oder %

$\quad$ DHZ_s = durchschnittlicher Habenzins einer Schicht s
$\qquad$ in GE/(GE·PE) oder %

$\quad$ DSZ_s = durchschnittlicher Sollzins einer Schicht s
$\qquad$ in GE/(GE·PE) oder %

$\quad$ VA_s $\quad$ = Volumen Aktivseite einer Schicht s in GE

$\quad$ VP_s $\quad$ = Volumen Passivseite einer Schicht s in GE

$$BZS = \frac{\sum_s (VA_s \cdot DSZ_s - VP_s \cdot DHZ_s)}{B}$$

Eine geringfügige Modifikation der als Gesamtrechnung konzipierten Formel zeigt, daß auch getrennte Rechnungen für die Aktiv- und Passivseite möglich sind:

$$BZS = \frac{\sum_s VA_s \cdot DSZ_s}{B} - \frac{\sum_s VP_s \cdot DHZ_s}{B}$$

Aus dem letzten Ausdruck wird ersichtlich, daß die Bruttozinsspanne die Differenz aus den über die Schichten summierten gewichteten Durchschnittszinserlösen und den summierten gewichteten Durchschnittszinsaufwendungen ist:

$$BZS = \text{gewichtete Durchschnitts-Zinserlöse} \; ./. \; \text{gewichtete Durchschnitts-Zinsaufwendungen}$$

$$BZS = \frac{22,5 \cdot 0,005 + 45 \cdot 0,12 + \ldots - 51 \cdot 0,05 - 105 \cdot 0,07}{300}$$

$$= \frac{24,86 - 14,22}{300}$$

$$BZS = 0,0829 - 0,0474 = 0,0355 \; \frac{GE}{GE \cdot PE}$$

Eine relativ simple Zinsspannenberechnung kann nach dem **Poolverfahren**, der ältesten Methode der Zinsspannenrechnungen, vorgenommen werden. Die Aussagefähigkeit der Ergebnisse dieser Art von Zinsspannenrechnung ist als entsprechend eingeschränkt anzusehen. Den gedanklichen Ansatz enthält in schematischer Darstellung die nachfolgende Abb. 5.19.. Die Passivmittel fließen in einen Pool, aus dem die Aktivgeschäfte gespeist werden.

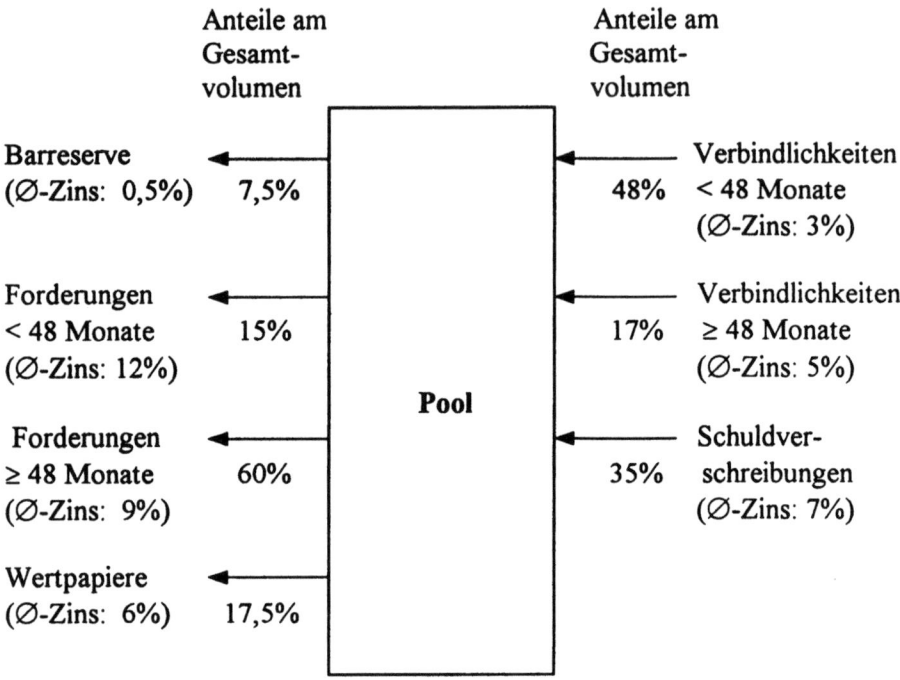

Abb 5.19.: Ermittlung der Zu- und Abflüsse im Rahmen der Pool-Methode mit den Zahlenwerten der Zinsertragsbilanz aus Abb. 5.18.

In dem nachfolgenden Zahlenbeispiel soll eine Teilzinsspanne für die Aktiv-Position 'Wertpapiere' (WP) bei **voller** Erfolgszurechnung berechnet werden. Dabei gelten die folgenden Symbole:

DSZ_a = durchschnittlicher Sollzins für Aktivposition a in GE/(GE·PE) bzw. %

DHZ_p = durchschnittlicher Habenzins für Passivposition p in GE/(GE·PE) bzw. %

DZA = Durchschnittszins für gesamte Aktiv-Seite, durchschnittlicher Zinserlös in GE/(GE·PE) bzw. %

DZP = Durchschnittszins für gesamte Passiv-Seite, durchschnittlicher Zinsaufwand in GE/(GE·PE) bzw. %

TZS_{WP}= Teilzinsspanne für Position WP in GE/(GE·PE) bzw. %

$$TZS_{WP} = DSZ_{WP} - DZP$$
$$= (0{,}06 - 0{,}0474) \text{ GE}/(\text{GE} \cdot \text{PE})$$
$$TZS_{WP} = 0{,}0126 \frac{\text{GE}}{\text{GE} \cdot \text{PE}} \text{ bzw. } 1{,}26\%$$

Für die Erfolgszurechnung stellt sich die Frage, ob die Wertpapierabteilung die Zinsspanne erwirtschaftet hat oder die Einlagenabteilung. Früher für kalkulatorische Zwecke üblich, heute gelegentlich noch für die Erarbeitung von Ergebnisvorgaben praktiziert, wird die 'Hälftelung' der Zinsspanne als Erfolgsaufteilung vorgenommen. Dieses als "Hälftelungsmethode" bezeichnete Verfahren existiert in zwei Versionen.

Für Positionen der Aktiv-Seite werden bei **halber** Erfolgszurechnung vom differenzierten Zinserlös die durchschnittlichen Zinskosten abgezogen:

$TZSH_a$ = 'hälftig' aufgeteilte Teilzinsspanne für Position a
   in GE/(GE · PE)

Version (1): $TZSH_a = \dfrac{DSZ_a - DZP}{2}$ für alle a

oder

Version (2): $TZSH_a = (DSZ_a - DZP) - \dfrac{BZS}{2}$ für alle a

Schichten Aktiv-Seite	"Hälftelungsmethode"	
	Version (1)	Version (2)
Barreserve	$\dfrac{0{,}5 - 4{,}74}{2} = -2{,}12\%$	$(0{,}5 - 4{,}74) - \dfrac{3{,}55}{2} = -6{,}015\%$
Ford.< 48 Mon.	$\dfrac{12 - 4{,}74}{2} = 3{,}63\%$	$(12 - 4{,}74) - \dfrac{3{,}55}{2} = 5{,}485\%$
Ford.≥ 48 Mon.	$\dfrac{9 - 4{,}74}{2} = 2{,}13\%$	$(9 - 4{,}74) - \dfrac{3{,}55}{2} = 2{,}485\%$
Wertpapiere	$\dfrac{6 - 4{,}74}{2} = 0{,}63\%$	$(6 - 4{,}74) - \dfrac{3{,}55}{2} = -0{,}515\%$

Tabelle 5.3.: Berechnung von Teilzinsspannen für Aktivgeschäfte nach dem Poolverfahren

346 Rechnungswesen

Für Positionen der Passiv-Seite werden wiederum bei halber Erfolgszurechnung umgekehrt von den durchschnittlichen Zinserlösen die differenzierten Zinskosten subtrahiert.

Version (1): $\text{TZSH}_p = \dfrac{\text{DZA} - \text{DHZ}_p}{2}$ für alle p

oder

Version (2): $\text{TZSH}_p = (\text{DZA} - \text{DHZ}_p) - \dfrac{\text{BZS}}{2}$ für alle p

Schichten	"Hälftelungsmethode"	
Passiv-Seite	Version (1)	Version (2)
Verb. < 48 Mon.	$\dfrac{8,29-3}{2} = 2,645\,\%$	$(8,29-3) - \dfrac{3,55}{2} = 3,515\,\%$
Verb. ≥ 48 Mon.	$\dfrac{8,29-5}{2} = 1,645\,\%$	$(8,29-5) - \dfrac{3,55}{2} = 1,515\,\%$
Schuldverschreibungen	$\dfrac{8,29-7}{2} = 0,645\,\%$	$(8,29-7) - \dfrac{3,55}{2} = -0,485\,\%$

Tabelle 5.4.: Berechnung von Teilzinsspannen für Passivgeschäfte nach dem Poolverfahren

Werden die Ergebnisse der Erfolgsaufteilung zwischen Aktiv- und Passivgeschäft bei den beiden Versionen der Hälftelungsmethode betrachtet, so zeigt die 'Hälftelung' nach Version (2) eine stärkere Streuung um den Mittelwert 3,55/2 = 1,775 %, der als Durchschnittserfolg angesehen werden kann. Das entspricht einer Verstärkung überdurchschnittlich erfolgreicher Positionen bzw. Schichten (→ Sichteinlage) und der Verstärkung weniger erfolgreicher Positionen (→ Barreserve). Die Hälftelungsmethode der Version (2) kann ggf. als Grundlage für Erfolgsbeteiligungsmodelle dienen.

Die Berechnung von DZA bzw. DZP führt bei beiden Methoden zu demselben Ergebnis; sie ist also unabhängig von Version (1) oder (2):

$\text{DZA}_{(1)}$ = - 2,12 % · 0,075 + 3,63 % · 0,15 + 2,13 % · 0,6 + 0,63 · 0,175

= 1,77 %

$$DZA_{(2)} = -6{,}015\,\% \cdot 0{,}075 + 5{,}485\,\% \cdot 0{,}15 + 2{,}485\,\% \cdot 0{,}6 - 0{,}515 \cdot 0{,}175$$
$$= \underline{\underline{1{,}77\,\%}}$$

Die Durchschnittszinsspanne DZA könnte als derselbe Erwartungswert bei unterschiedlicher Streuung der Teilzinsspannen interpretiert werden.

Zur Berechnung von Teilzinsspannen gibt es verschiedene Möglichkeiten, eine Schichtenbildung vorzunehmen, wie der Abb. 5.20. als Überblicksdarstellung zu entnehmen ist.

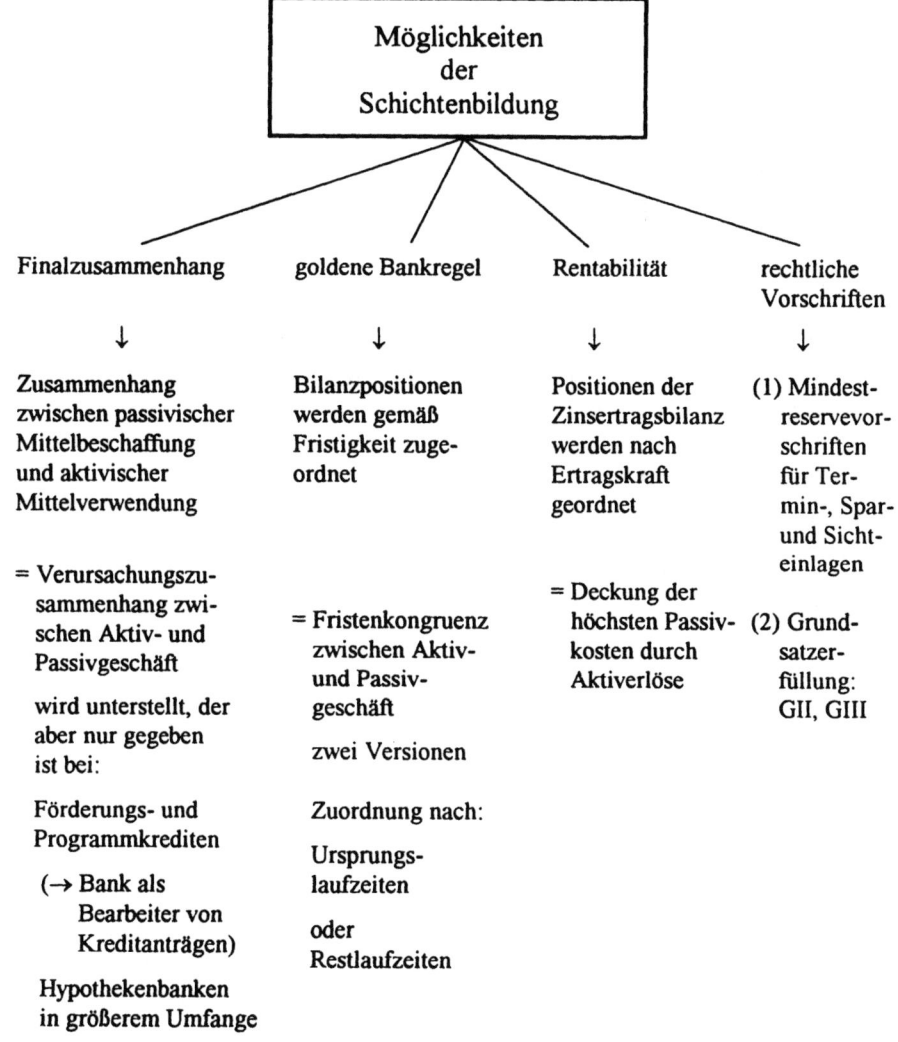

Abb. 5.20.: Ansatzpunkte für die Schichtenbildung

Zur Veranschaulichung verschiedener Schichtenbilanzverfahren soll eine erste Teilzinsspannenberechnung dienen, deren Grundlage die Schichtenbildung nach Rentabilität ist.

Die Positionen der Zinsertragsbilanz werden nach der Höhe der durchschnittlichen Verzinsung in absteigender Folge geordnet und in horizontalen Schichten einander gegenübergestellt. Auf diese Weise kann festgestellt werden, ob die Zinsaufwendungen teurer Passiva durch entsprechende ertragskräftige Aktivgeschäfte gedeckt werden.

Bei der Berechnung der Teilzinsspannen sind Schichtenüberhänge zu berücksichtigen, die unterschiedlich hoch ausfallen, je nachdem ob von der Aktiv- oder Passivseite ausgehend geschichtet wird. Daraus ergeben sich Differenzen bei den Teilzinsspannen.

Nach dem Gliederungsprinzip 'Rentabilität' erfolgt die Zuordnung der gesetzlich vorgeschriebenen Mindestreserven zu den unverzinslichen Mitteln. Verursachungsgemäß wären sie aber den entsprechenden höherverzinslichen Einlagenarten zuzurechnen, so daß hier gelegentlich vom strengen Schichtungsprinzip abgewichen wird.

Beispiel 1:

Die Schichtenbildung soll beispielhaft anhand der Zinsertragsbilanz aus Abb. 5.18. erfolgen, deren Bruttozinsspanne BZS = 3,55% bereits ermittelt wurde. Es wird von der Aktivseite ausgehend mit der höchsten Aktiv-Zinsposition 'Forderungen < 48 Monate' begonnen. Dem Zinserlös von 12% steht die teuerste Refinanzierung zu 7% gegenüber. Die Mindestreserven sollen der Schicht der unverzinslichen Mittel zugeordnet werden, wobei folgende Mindestreservesätze angenommen werden:

Mindestreservesätze:

$$\text{Sichteinlagen:} \quad MRS_1 = 0{,}12 \, \frac{GE}{GE}$$

$$\text{Termineinlagen:} \quad MRS_2 = 0{,}09 \, \frac{GE}{GE}$$

$$\text{Spareinlagen:} \quad MRS_3 = 0{,}06 \, \frac{GE}{GE}$$

Es wird unterstellt, daß die Position 'Verbindlichkeiten ≥ 48 Monate' ausschließlich aus Termineinlagen zusammengesetzt ist. In folgenden Schritten wird die Schichtenbildung als Grundlage für die Zinsspannenberechnung genutzt:

(1) Bildung von Schicht 1:

Aktivseite			Schicht 1		Passivseite
	DSZ_a %	V_a GE		DHZ_p %	V_p GE
Ford. < 48 Mon.	12	45	Schuldverschr.	7	105
	12	45		7	105

$TZS_1 = 5\%$

60 GE Überschuß

$$TZS_s = \sum_a \frac{V_{as}}{VA_s} \cdot DSZ_a - \sum_p \frac{V_{ps}}{VP_s} \cdot DHZ_p \qquad \forall\, s$$

Zinserlös von s — Zinsaufwand von s

V_{as} = Volumen Aktivposition a der Schicht s in GE
V_{ps} = Volumen Passivposition p in GE
VA_s = Schichtsumme gesamte Aktivseite Schicht s in GE
VP_s = Schichtsumme gesamte Passivseite Schicht s in GE

$$TZS_1 = \frac{45}{45} \cdot 0{,}12 - \frac{105}{105} \cdot 0{,}07 = 0{,}12 - 0{,}07$$

$$TZS_1 = 0{,}05 \; \frac{GE}{GE \cdot PE} \;\rightarrow\; \text{entspricht } 5{,}0\%$$

(2) Bildung von Schicht 2:

Aktivseite			Schicht 2		Passivseite
	DSZ_a %	V_a GE		DHZ_p %	V_p GE
Ford. ≥ 48 Mon.	9	180	Finanzierungsüberschuß Schicht 1	7	60
			Verb. ≥ 48 Mon.	5	51
			Verb. < 48 Mon.	3	144
	9	180		4,34	255

$TZS_2 = 4{,}66\%$

75 GE Überschuß

$$TZS_2 = \frac{180}{180} \cdot 0{,}09 - \left(\frac{60}{255} \cdot 0{,}07 + \frac{51}{255} \cdot 0{,}05 + \frac{144}{255} \cdot 0{,}03\right)$$

$$TZS_2 = 0{,}09 - 0{,}0434 = 0{,}0466 \; \frac{GE}{GE \cdot PE} \;\rightarrow\; \text{entspricht } 4{,}66\,\%$$

(3) Bildung von Schicht 3:

Aktivseite — Schicht 3 — Passivseite

	DSZ_a %	V_a GE		DHZ_p %	V_p GE
Wertpapiere	6	52,5	Finanzierungsüber-schuß Schicht 2	4,34	75
	6	52,5		4,34	75

$TZS_3 = 1{,}66\,\%$

22,5 GE Überschuß

$$TZS_3 = \frac{52{,}5}{52{,}5} \cdot 0{,}06 - \frac{75}{75} \cdot 0{,}0434 = 0{,}06 - 0{,}0434$$

$$TZS_3 = 0{,}0166 \; \frac{GE}{GE \cdot PE} \;\rightarrow\; \text{entspricht } 1{,}66\,\%$$

(4) Berücksichtigung der Mindestreserve:

$MR = \sum_p MRS_{p'} \cdot V_{p'}$ p' = mindestreservepflichtige Passivpositionen

$MR = 0{,}12 \cdot 30 + 0{,}09 \cdot 39 + 0{,}06 \cdot 75 = 3{,}6 + 3{,}51 + 4{,}5$

$\underline{MR = 11{,}61\;GE}$, wird als Teil der unverzinslichen Barreserve der Schicht 4 zugerechnet.

Ergebnisse: Barreserve = 22,5 GE lt. Aufgabe,
                 davon MR = 11,61 GE
      ungebundene Barmittel = 10,89 GE

(5) Bildung von Schicht 4:

Aktivseite   Schicht 4   Passivseite

| | DSZ_a | V_a | | DHZ_p | V_p |
	%	GE		%	GE
MR	0,5	11,61	Finanzierungsüber-	4,34	22,5
			schuß Schicht 3		
ungeb. Barmittel	0,5	10,89			
	0,5	22,5		4,34	22,5

$TZS_4 = -3{,}84\,\%$

$$TZS_4 = \frac{11{,}61}{22{,}5} \cdot 0{,}005 + \frac{10{,}89}{22{,}5} \cdot 0{,}005 - \frac{22{,}5}{22{,}5} \cdot 0{,}0434$$

$$= 0{,}005 - 0{,}0434$$

$$\underline{TZS_3 = -0{,}0384 \; \frac{GE}{GE \cdot PE}} \quad \rightarrow \text{entspricht } 3{,}84\,\%$$

Zur Kontrolle der Schichten-Ergebnisse soll anhand der Teilzinsspannen die Bruttozinsspanne ermittelt werden:

$$BZS = \sum_s \frac{VA_s}{B} \cdot TZS_s$$

$$= \frac{45}{300} \cdot 0{,}05 + \frac{180}{300} \cdot 0{,}0466 + \frac{52{,}5}{300} \cdot 0{,}0166 + \frac{22{,}5}{300} \cdot (-0{,}0384)$$

$$\underline{BZS = 0{,}0355 \; \frac{GE}{GE \cdot PE}} \quad \rightarrow \text{entspricht } 3{,}55\,\%$$

Neben dem Rentabilitätsprinzip besteht eine weitere Möglichkeit zur Schichtenbildung in der Orientierung an rechtlichen Vorschriften. Hier kommen Liquiditätsvorschriften, die beispielsweise durch die gesetzlichen Regelungen zur Mindestreservehaltung gegeben sind, in Frage.

Eine weitere Teilzinsspannenberechnung anhand einer Schichtung nach den Finanzierungsregeln des Bundesaufsichtsamtes für das Kreditwesen soll im folgenden dargestellt werden.

In einer ersten Schicht werden den langfristigen Anlagen die langfristigen Finanzierungsmittel gemäß Grundsatz II gegenübergestellt. Eine zweite Schicht enthält die kurz- und mittelfristigen Positionen des Grundsatzes III. Um die verbleibenden Positionen, die vom Bundesaufsichtsamt implizit als liquide Mittel angesehen werden, zu erfassen, ist eine dritte Schicht erforderlich.

Wie bei der Schichtung nach dem Rentabilitätsprinzip werden Schichtenüberhänge an die nachfolgenden Schichten weitergegeben. Aktivüberhänge können hier allerdings nur dann auftreten, wenn die Grundsätze nicht eingehalten werden; Passivüberhänge entsprechen einem Finanzierungsüberschuß bei den Grundsätzen.

Beispiel 2:

Zur beispielhaften Erläuterung soll wieder die Zinsertragsbilanz aus Abb. 5.18. dienen. Es wird davon ausgegangen, daß sämtliche Schuldverschreibungen eine Laufzeit von mindestens 4 Jahren haben. Es ergeben sich die folgenden Rechenschritte:

(1) Bildung von Schicht 1:

Aktivseite   Schicht 1 (Grundsatz II)   Passivseite

	DSZ_a %	V_a GE		DHZ_p %	V_p GE
Ford. ≥ 48 Mon.	9	180	Schuldverschr. (100%)	7	105
			Termineinlagen		
			≥ 48 Mon. (100%)	5	51
			< 48 Mon. (10%)	3	3,9
			Spareinlagen (60%)	3	45
			Sichteinlagen (10%)	3	3
	9	180		5,51	207,9

$TZS_1 = 3,49\%$

27,9 GE Überschuß

$$TZS_1 = \frac{180}{180} \cdot 9\% - \left(\frac{105}{207,9} \cdot 7\% + \frac{51}{207,9} \cdot 5\% + \frac{3,9+45+3}{207,9} \cdot 3\%\right)$$

$$= 9\% - (3,5354\% + 1,2266\% + 0,7489\%)$$

$$TZS_1 = 9\% - 5,51\% = 3,49\%$$

(2) Bildung von Schicht 2:

Aktivseite　　　　　　Schicht 2 (Grundsatz III)　　　　　　Passivseite

	DSZ_a %	V_a GE		DHZ_p %	V_p GE
Ford. < 48 Mon.	12	45	Spareinlagen (20%)	3	15
			Termineinlagen < 48 Mon. (60%)	3	23,4
			Sichteinlagen (60%)	3	18
			Finanzierungsüberschuß Schicht 1	5,51	27,9
	12	45		3,83	84,3

└──────── $TZS_2 = 8,17\%$ ────────┘

39,3 GE Überschuß

$$TZS_2 = \frac{45}{45} \cdot 12\% - \left(\frac{15+23,4+18}{84,3} \cdot 3\% + \frac{27,9}{84,3} \cdot 5,51\% \right)$$

$$TZS_2 = 12\% - (2,01\% + 1,82\%) = 12\% - 3,83\% = 8,17\%$$

(3) Bildung von Schicht 3:

A　　　　　　　　Schicht 3 (liquide Mittel)　　　　　　　　P

	DSZ_a %	V_a GE		DHZ_p %	V_p GE
Barreserve	0,5	22,5	Spareinlagen (20%)	3	15
Wertpapiere	6	52,5	Termineinlagen < 48 Mon. (30%)	3	11,7
			Sichteinlagen (30%)	3	9
			Finanzierungsüberschuß Schicht 2	3,83	39,3
	4,35	75		3,44	75

└──────── $TZS_3 = 0,91\%$ ────────┘

$$TZS_3 = \frac{22,5}{75} \cdot 0,5\% + \frac{52,5}{75} \cdot 6\% - \left(\frac{15+11,7+9}{75} \cdot 3\% + \frac{39,3}{75} \cdot 3,83\%\right)$$

$$= 0,15\% + 4,2\% - (1,43\% + 2,01\%)$$

$$TZS_3 = 4,35\% - 3,44\% = 0,91\%$$

(4) Kontrolle:

Die Berechnung der Bruttozinsspanne bestätigt insgesamt wieder die Korrektheit der Schichten-Ergebnisse:

$$BZS = \frac{180}{300} \cdot 0,0349 + \frac{45}{300} \cdot 0,0817 + \frac{75}{300} \cdot 0,0091$$

$$BZS = 0,0355 \frac{GE}{GE \cdot PE} \quad \rightarrow \text{ entspricht } 3,55\,\%$$

Eine **Untersuchung der Schichtenbilanzmethoden** zeigt neben einigen Nachteilen auch Vorteile. Als gravierendste Nachteile dieser Verfahren sind die willkürbehafteten Ergebnisse, die die Verfahren für Unternehmensvergleiche i.d.R. uninteressant machen, und die Annahme horizontaler Zusammenhänge zwischen Aktiv- und Passivgeschäften zu nennen. Volumina, Laufzeiten und Zinssätze werden auf beiden Seiten der Bilanz jeweils große Unterschiede aufweisen, so daß die üblichen Durchschnittsbildungen allenfalls Globalinformationen für dispositive Zwecke liefern können; es lassen sich Tendenzaussagen zu Geschäftsverlauf und Ertragssituation machen, die nur die grobe Richtung für die Einzelgeschäftstätigkeit angeben können. Die notwendigerweise anzustellenden Zeitpunktbetrachtungen können von Ergebnissen der Schichtenbilanzverfahren nicht gestützt werden.

Positiv ist zu vermerken, daß sehr einfache und anschauliche Verfahren für Grobplanungen Ergebnisse in der Weise liefern, daß Aussagen zu den Ertragsmöglichkeiten des Bankgeschäftes in Abhängigkeit von der Fristigkeit gewonnen werden können. Auf diese Weise gewonnene Erkenntnisse zeigen, in welchen Marktsegmenten grundsätzlich Aktivitäten verstärkt oder zurückgenommen werden müßten. Die daran anschließende Feinplanung der Geschäftstätigkeit kann somit gezielter ausgerichtet werden. Die Schichtenbilanzverfahren sind somit kein Ersatz für differenziertere Planungsansätze, sondern eine Ergänzung, ggf. in einem hierarchisch strukturierten Planungsablauf. Als Kontrollinstrument für größere, in erster Linie an der Fristigkeit ausgerichtete Überlegungen sind Schichtenbilanzen geeignet, wenn Soll- und Istwerte ermittelt werden und Abweichungsanalysen erste Hinweise für Neuorientierungen liefern sollen. Von Vorteil wäre hier, daß die Durchschnittsberechnungen für eine gewisse Glättung sorgen, so daß nicht bereits jede kleine Kapitalmarktveränderung zu neuen Überlegungen zur Geschäftsausrichtung führt.

Um die genannten Willküreinflüsse auf den Erfolgsausweis zu eliminieren, wurde die Marktzinsmethode von der Praxis gerne aufgegriffen. Dieses Verfahren ist bei einfacheren einperiodigen Problemen der Erfolgsermittlung leicht anwendbar. Insbesondere bei mehrperiodig angelegten Bewertungsproblemen müssen sich Zweifel ergeben, ob dieses Verfahren in der Bankpraxis anwendbar ist. Der Darstellung und Analyse des Marktzinsverfahrens dienen die nachfolgenden Ausführungen.

5.3 Marktzinsmethode

Im Gegensatz zur Schichtenbilanzmethode werden bei der Erfolgsrechnung nach der Marktzinsmethode[360] die Wertkosten und die Werterlöse für jedes einzelne Geschäft separat ermittelt. Damit wird der bei der Schichtenbilanz unterstellte Erlöszusammenhang zwischen Kreditgewährung und Refinanzierung aufgelöst.

Die in Bankbetrieben übliche Aufspaltung des Betriebsergebnisses als zentraler Ergebnisgröße orientiert sich an den Bereichen der Ergebnisentstehung für die Gesamtbank gemäß Abb. 5.21.:

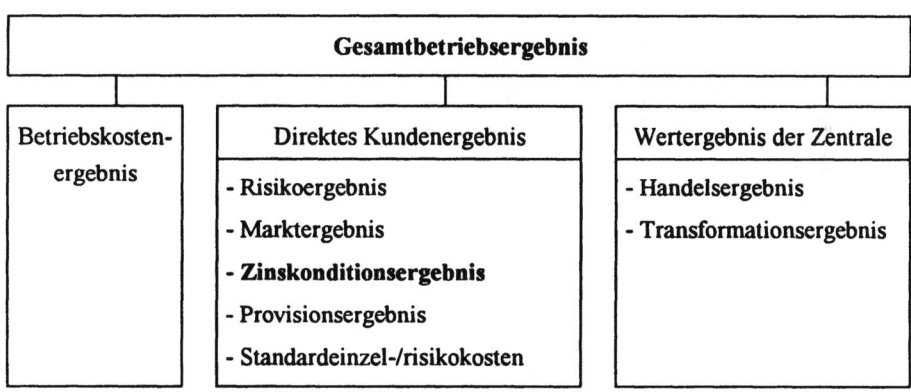

Abb. 5.21.: Aufspaltung des Betriebsergebnisses nach primären Ergebnisquellen[361]

---

[360] Erstmals beschrieben durch Droste, K. D., u.a.: Falsche Ergebnisinformation - häufige Ursache für Fehlinformation in Banken, in: Die Bank, o. Jg., 7/1983, S. 313-323. Eine umfassende Darstellung und Analyse der Marktzinsmethode findet sich bei Banken, R.: Die Marktzinsmethode als Instrument der pretialen Lenkung in Kreditinstituten, Frankfurt a. M. 1987.

[361] Erstellt in Anlehnung an: Schierenbeck, H./Villiez v., C.: Zur Systematisierung bankbetrieblicher Ergebnisbereiche, in: B, o. Jg., 6/1989, S. 310-313, hier S. 311; Echter-

Als Opportunitätskosten oder -erlöse gelten der Geld- und Kapitalmarktzinssatz (GKM-Zinssatz) für Geschäfte gleichen Volumens, gleicher Laufzeit und gleicher Zinsanpassungscharakteristika. Der GKM-Zinssatz kann als durch den Markt bestimmte Trennlinie angesehen werden, die im Marktzinsmodell für jedes Einzelgeschäft zu einer Aufspaltung in mehrere Ergebnisbestandteile führt. Es wird unterschieden zwischen dem Konditionsbeitrag einerseits, der den Mehrerlös aus dem Kundengeschäft im Vergleich zum GKM-Geschäft der gleichen Bilanzseite widerspiegelt, und dem Fristentransformationsbeitrag andererseits, der daraus entsteht, daß die tatsächliche Refinanzierung eines Aktivgeschäftes eben nicht durch die mit umgekehrtem Vorzeichen versehene Opportunität erfolgt.[362]

Der aktivische Konditionsbeitrag bestimmt sich unmittelbar aus der Differenz zwischen Kundenzins (KDZ_a) und dem GKM-Zins der Opportunität ($GKMZ_a$). Der Strukturbeitrag, der sich im Gegensatz zum Konditionsbeitrag auf beide Bilanzseiten bezieht, stellt gemäß Abb. 5.22. die Differenz zwischen GKM-Zins und Tagesgeldzins (TGZ) dar.

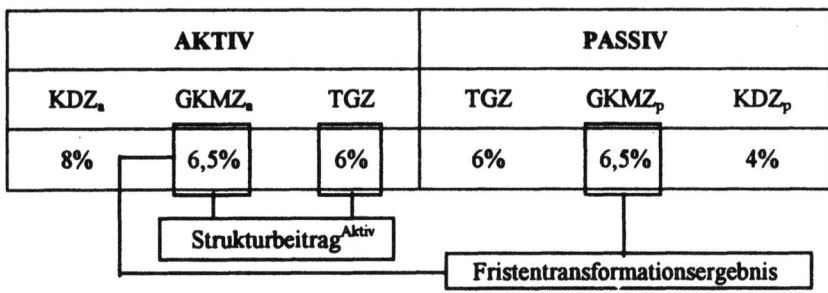

Abb. 5.22.: Strukturbeitrag und Fristentransformationsergebnis

Diese aus der Zinsstrukturkurve resultierende Zinsdifferenz zwischen dem Tagesgeldzins, der in objektivierter Form den Zins für die kürzeste Laufzeit angibt und gegenüber dem GKM-Zins als Opportunität dient, kann als Laufzeitprämie oder als Fristentransformationsprämie interpretiert werden.

Mit der im ersten Kapitel ausführlich dargestellten Bestimmung von Strukturbeiträgen unterbleibt auf der Einzelgeschäftsebene die Zuordnung zwischen Aktiv- und Passivpositionen. Angenommen, die oben dargestellten Positionen seien die einzigen in der Bilanz, so kommt auf zentraler Ebene das Fristen-

---

beck, H.: Marktzinsorientierte Ergebnisspaltung des Eigenhandels von Kreditinstituten, Frankfurt am Main 1991, S. 172.

[362] Vgl. Danne, M.: Außensteuerung und -controlling in privaten Hypothekenbanken, Frankfurt a. M. 1989, S. 109f..

transformationsergebnis durch Saldierung der Positionszinsen der Geld- und Kapitalmarktzinssätze beider Bilanzseiten zustande:[363]

Fristen-Transformationsergebnis = $(GKMZ_a - TGZ) + (TGZ - GKMZ_p)$

$\qquad\qquad\qquad\qquad\quad = GKMZ_a \quad - GKMZ_p$

Bei tatsächlich laufzeitkongruenter Refinanzierung eines jeden Einzelgeschäftes, gleichbedeutend mit betragsgleichem GKM-Zinssatz für Aktiv- und Passivposition, werden keine Laufzeitinkongruenzen in der Bilanz wirksam und somit entsteht ein Transformationsergebnis in Höhe von Null. Zugleich wird die Eignung von Zinsgrößen des Geld- und Kapitalmarktes zur Erfolgsaufspaltung erkennbar, denn ein Fristentransformationsergebnis kann ohne Kundengeschäft allein durch Fristeninkongruenzen beim Abschluß von GKM-Geschäften realisiert werden, z.B. bei normaler Zinsstruktur durch Kauf langfristiger Schuldverschreibungen, die kurzfristig refinanziert werden.[364]

5.3.1 Marktzinsmethode im Rahmen der Pretialen Lenkung

Unter Pretialer Lenkung wird die Abstimmung des Verhaltens und der Ausgleich der Leistungsnachfrage und des Leistungsangebots dezentraler Unternehmenseinheiten über ein System von Verrechnungspreisen verstanden.[365] Vor einer ergebnisorientierten Beurteilung von Einzelgeschäften ist zunächst zu klären, welcher Hierarchieebene das zu ermittelnde Ergebnis zuzuordnen ist.

Das Profit Center-Konzept stellt im folgenden den organisatorischen Rahmen zur Umsetzung des Erfolgsspaltungskonzeptes der Marktzinsmethode dar. Profit Center-Organisationen können nach verschiedenen Kriterien aufgebaut sein. Regionalorientierte Profit Center von Banken sind deren Filialen.[366] Wichtiger als die Bezeichnung ist jedoch die weitgehende abrechnungstechnische Verselbständigung der Leistungseinheit, die die Ermittlung eines in dezentraler Verantwortung stehenden Periodengewinns auf der Grundlage einer Profit Center-Rechnung ermöglicht. Hinzu kommt die mit der Übertragung von Gewinnverantwortung auf diese Einheiten verbundene Dezentralisierung

---

[363] Vgl. Schierenbeck, H./Marusev, A.W.: Margenkalkulation von Bankprodukten im Marktzinsmodell, in: Zeitschrift für Betriebswirtschaft, 60. Jg., 8/1990, S. 789-814, hier S. 792; bei dieser Rechnung bleibt auch eine Geld-/Briefspanne aufgrund der Annahme eines vollkommenen Geld- und Kapitalmarktes unberücksichtigt.
[364] Vgl. Schulte, H.W.: Controlling in Kreditgenossenschaften, Berlin 1988, S. 124.
[365] In diesem Sinne soll die Pretiale Lenkung zu einem Konkurrenzgleichgewicht im Unternehmen führen; vgl. Winter, R.: Pretiale Lenkung bei sicheren und unsicheren Erwartungen, Frankfurt am Main, Bern, New York 1986, S. 48f..
[366] Vgl. Krumnow, J.: Deckungsbeitragsrechnung, Geschäftsstellen- und Kundenkalkulation in der Bank, in: Reichmann, Th.: Controlling-Praxis, München 1988, S. 366-378, hier S. 367.

358 Rechnungswesen

von Kompetenzen, vor allem bezüglich der Konditionengestaltung.[367] Der Leistungsaustausch zwischen den Profit Centern und der Zentrale ist über Verrechnungspreise abzugelten. Sind die Verrechnungspreise wie im Falle der Marktzinsmethode Marktpreise, so gilt für die Erfolgsspaltung zwischen Profit Center und Zentrale die Idee der marktsimulierenden Pretialen Lenkung.[368]

In der Marktzinsmethode kommen Pretiale Lenkung und Profit Center-Konzept zur Überschneidung. Das Profit Center-Konzept bildet die Basis für die Erfolgszurechnung, während über die Marktpreise die Steuerungsfunktion der Verrechnungspreise[369] in der Marktzinsmethode wirkt und ihrerseits Einfluß auf das Verhalten der Profit Center und die Konditionengestaltung nimmt.

Mit Marktpreisen als Verrechnungspreisen ist im Profit Center-Konzept das Ziel der Gewinnmaximierung implementiert. Im Rahmen der Marktzinsmethode wird über eine kalkulatorische Ergebnisspaltung nach dem Verursacherprinzip derjenige Teil des gesamten Markterfolges den Profit Centern zugerechnet, den sie im Rahmen ihrer Kompetenzen beeinflussen konnten und somit zu vertreten haben.

Aufgrund ihrer dezentralen Verhandlungskompetenz tragen die Profit Center nur die Verantwortung für die Konditionsbeiträge.[370] Die Fristentransformationsentscheidung liegt in der Hand der Zentrale und ist seitens des Profit Centers nicht beeinflußbar.[371] Dieser strikten Abgrenzung der Verantwortungsbereiche entspricht die Vorstellung, daß zunächst ein Profit Center des Marktbereiches ein Kundengeschäft abschließt. Es bekommt einen Ertrag gemessen am Alternativgeschäft gutgeschrieben und reicht das Kundengeschäft sodann an die Zentrale weiter.

---

[367] Vgl. Süchting, J.: Verrechnungspreise im Bankbetrieb, in: Krumnow, J./Metz, M. (Hrsg.): Rechnungswesen im Dienste der Bankpolitik, Stuttgart 1987, S. 199-208, hier S. 201.

[368] Vgl. Schimmelmann v., W./Hill, W.: Banksteuerung über ein System von Verrechnungszinsen, in: Schierenbeck, H./Wielens, H. (Hrsg.): Bilanzstrukturmanagement in Kreditinstituten, Frankfurt am Main 1984, S. 47-65, hier S. 58.

[369] Die Steuerung ist nur eine von mehreren Verrechnungspreisfunktionen, die im Rahmen der Pretialen Lenkung jedoch im Vordergrund steht; vgl. Coenenberg, A.G.: Verrechnungspreise zur Steuerung divisionalisierter Unternehmen, in: WiSt, 2. Jg. 8/9/1973, S. 373-382, hier S. 374.

[370] Vgl. Kremin-Buch, B.: Profit Center-Rechnung in Banken - ein entscheidungsorientiertes Konzept, Wiesbaden 1992, S. 73.

[371] Fristentransformation allein durch die Filialen wäre auch nicht sinnvoll, da ein Verlust von Synergieeffekten einträte; vgl. Bangert, M.: Zinsrisiko-Management in Banken, Wiesbaden 1987, S. 123; Zugleich wird mit dieser klaren Abgrenzung ausgeschlossen, daß die Profit Center etwa Limite erhalten, innerhalb derer sie selbst Fristentransformation betreiben können; vgl. Kremin-Buch, B., 1992, a.a.O., S. 73f..

Zwei Gründe sprechen im wesentlichen für die Zurechnung eines im Abschlußzeitpunkt feststehenden Konditionsbeitrages[372] zum Profit Center. Zum einen erfolgt bei normalem Geschäftsverlauf keine Änderung der Kundenkonditionen. Zum anderen hatte das abschließende Profit Center nur im Kalkulationszeitpunkt die Möglichkeit, mit seiner Verhandlungskompetenz auf das Kundengeschäft einzuwirken, so daß sich aus dieser Perspektive auch seine Gewinnverantwortung für das Kundengeschäft auf diesen Zeitpunkt beschränkt.

5.3.2 Vorteilhaftigkeitsbestimmung im Grundmodell der Marktzinsmethode am Beispiel des Effektivzinskonzeptes

In der vorangegangenen Darstellung wurde der Konditionsbeitrag als die relevante Erfolgsgröße zur Beurteilung eines Einzelgeschäftes gekennzeichnet und dem Verantwortungsbereich des abschließenden Profit Centers zugeordnet. Bei verschiedenen Verfahren wird versucht, über die Konstruktion einer GKM-Opportunität einen Konditionsbeitrag zu ermitteln. Die Betrachtung konzentriert sich mit dem Effektivzins- und dem Barwertmodell auf die beiden grundlegenden Konzepte zur Formulierung einer Opportunität. Um die Anwendung der Marktzinsmethode für den mehrperiodigen Fall darzustellen, soll auf der Basis gegebener Konditionen die Ergebnisbeurteilung eines Kundengeschäftes durchgeführt werden. Als Maß für die Vorteilhaftigkeit eines Kundengeschäftes dient der Bruttozinsüberschuß über die Opportunität, der entweder als relative Marge oder als absoluter Konditionsbeitrag angegeben wird.[373] Anhand eines Zahlenbeispiels soll das Effektivzinskonzept verdeutlicht werden.

5.3.2.1 Problemstellung des Standardbeispiels

Für den mehrperiodigen Fall der Anwendung der Marktzinsmethode sollen der Struktur- und der Konditionsbeitrag bestimmt werden. Als Standardbeispiel wird in den folgenden Ausführungen von nachstehendem Kundenkreditgeschäft mit variabler Kapitalbasis ausgegangen:

---

[372] Vgl. Akmann, M.: Ergebnissteuerung in Kreditinstituten, Frankfurt/Main 1994, S. 50. Diese Ansicht ist allerdings nicht unwidersprochen. So sieht Krumnow darin eine schädliche „Abkoppelung der Zinsverrechnungsergebnisse von der tatsächlichen Entwicklung der Bank insgesamt", Krumnow, J., 1988, a.a.O., S. 368.

[373] Dies entspricht dem Charakter der Marktzinsmethode als Partialmodell; vgl. Schneider, D.: Investition, Finanzierung und Besteuerung, 7. Auflage, Wiesbaden 1992, S. 86.

360 Rechnungswesen

- Kreditbetrag nominal 200.000 GE; Auszahlung zu 92%;
- Nominalzins 7% - fest für eine Laufzeit von 4 Jahren; jährliche Zinszahlungen;
- Tilgung in vier gleichen Raten.

Dem Kreditbeispiel liegt folgender (Nominal-) Tilgungsplan der Tabelle 5.5. zugrunde:

	Buchsaldo	Tilgung	Zinsleistung	Zahlbetrag
t=0	200.000			
t=1	150.000	50.000	14.000	64.000
t=2	100.000	50.000	10.500	60.500
t=3	50.000	50.000	7.000	57.000
t=4	0	50.000	3.500	53.500

Tabelle 5.5.: Tilgungsplan

Aus diesen Daten läßt sich die Zahlungsreihe des Kredites, wie sie sich aus Sicht der Bank darstellt, ermitteln:[374]

Zeitpunkt t	t=0	t=1	t=2	t=3	t=4
Zahlungsreihe	-184.000,-	+64.000,-	+60.500,-	+57.000,-	+53.500,-

Tabelle 5.6.: Kreditzahlungsreihe

Des weiteren sollen für die Bank zum Kalkulationszeitpunkt t=0 die folgenden Zins-Sätze einer normal verlaufenden Zinsstrukturkurve[375] gelten:

- 1-Jahres-Zins: 5,2 %
- 2-Jahres-Zins: 5,5 %
- 3-Jahres-Zins: 5,85 %
- 4-Jahres-Zins: 6,10 %

Entsprechend dem Postulat eines vollkommenen Geld- und Kapitalmarktes kann die Bank zu diesen Zinssätzen Geld in beliebiger Höhe anlegen und aufnehmen.[376]

---

[374] Bearbeitungsgebühren und Provisionen bleiben außer Betracht, sofern sie nicht Teil des Disagios sind. Wenn im folgenden von Zeitpunkten gesprochen wird, so wird dabei stets von einer Betrachtung am Periodenende ausgegangen.
[375] Vgl. o.V.: Zinsstruktur in Deutschland, in: Handelsblatt, 49. Jg., 04.08.1994, S. B5d.
[376] Zur Kennzeichnung eines vollkommenen Marktes siehe Punkt 2.3.3, S. 11.

5.3.2.2 Konzept der Kapitalstrukturkongruenz

Kreditinstitute sind bei Kreditangeboten an private Endverbraucher dazu verpflichtet, einen Effektivzins gemäß Preisangabenverordnung (PAngV) anzugeben.[377] In ihr sind preisbestimmende Faktoren sowie eine Effektivzinsmethode auf der Basis der internen Zinsfußmethode vorgegeben.[378]

Neben der Erfüllung der externen Angabeverpflichtung ist der Effektivzins auch als interne Rentabilitätskennzahl für Einzelgeschäfte verwendbar. Die Effektivverzinsung in einer Periode entspricht den gezahlten Zinsen der Periode, dividiert durch das durchschnittlich gebundene Restkapital der Vorperiode.[379]

5.3.2.2.1 Konstruktion der Opportunität

Das Effektivzinskonzept stellt auf einen direkten Vergleich zwischen Kundengeschäft und GKM-Geschäft in bezug auf die Effektivverzinsung bzw. auf einen Vergleich der einzelnen Beträge der beiden Zahlungsreihen ab. Sowohl Margen- als auch Zahlungsreihenbetrachtung bauen auf der Effektivzinsbestimmung für Kundengeschäft und Opportunität auf, die im folgenden zunächst durchgeführt wird.

Nur im Falle von Krediten mit 100%iger Auszahlung und über die Laufzeit konstanter Kapitalbasis sind keine besonderen Berechnungen erforderlich. Der Effektivzins des Kredites entspricht dem angebotenen Nominalzins und ist direkt und ohne Wiederanlageprämissen mit dem Zinssatz des laufzeit- und auszahlungsgleichen GKM-Geschäftes vergleichbar, da beide Geschäfte zu jedem zukünftigen Zeitpunkt identische Kapitalbindung aufweisen.[380]

Anders dagegen ist die Situation bei sich im Zeitablauf verändernder Kapitalbasis[381]. Hier ist zunächst der Effektivzins des Kundengeschäftes derart zu

---

[377] Vgl. Gimbel, W./Boest, R.: Die neue Preisangabenverordnung, München 1985, S. 38.
[378] Vgl. Wimmer, K.: Die aktuelle und zukünftige Effektivzinsangabeverpflichtung von Kreditinstituten, in: BB, 48. Jg., 14/1993, S. 950-955, hier S. 951f.; dort wird vermutet, daß der Effektivzins nach PAngV „spätestens ab 1.1.96 aufgrund der EG-Verbraucherkreditrichtlinie durch die sog. AIBD-Methode abgelöst" wird (S. 950). Der wesentliche Unterschied beider Methoden liegt in der Behandlung von unterjährigen Zahlungen: PAngV unterjährig lineare Zinsverrechnung; AIBD unterjährig exponentiell.
[379] Vgl. Schneider, D., 1992, a.a.O., S. 86.
[380] Vgl. Schierenbeck, H./Rolfes, B.: Entscheidungsorientierte Margenkalkulation, Frankfurt a.M. 1988, S. 79/104/130; Bitz, M.: Der interne Zinsfuß in Modellen zur simultanen Investitions- und Finanzplanung, in: ZfbF, 29. Jg., 1977, S. 146-162, hier S. 148.
[381] Die Kapitalbasis bezeichnet das zum Betrachtungszeitpunkt im Kredit gebundene Restkapital.

bestimmen, daß sich über Zins- und Tilgungszahlungen am Laufzeitende des Kredites ein Restkapital von Null ergibt.[382] Für die Zahlungsreihe des Standardbeispiels gilt ein Effektivzinssatz von 10,91614 %, der nach der Methode des Internen Zinsfußes ermittelt wurde:

$$C_0 = -a_0 + \sum_{t=1}^{4} \frac{z_t}{1+r} \stackrel{!}{=} 0$$

$$C_0 = -184.000 + \frac{64.000}{1.1091614} + \frac{60.500}{1.1091614^2} + \frac{57.000}{1.1091614^3} + \frac{53.500}{1.1091614^4} = 0$$

Die folgende Tabelle beweist die Korrektheit des Effektivzinssatzes.

Symbole:

K = Kapitalbasis, Restkapitalbestand in GE, DM o.ä.

R = Rückzahlung, Tilgungsbetrag in GE, DM o.ä.

Z = Zinsen in GE/(GE·PE), DM/(DM·Jahre) oder % p.a.

t=0	t=1	t=2	t=3	t=4
-184.000,-	+64.000,-	+60.500,-	+57.000	+53.500,-
* 0,1091614	20.085,698 (Z)			
	43.914,302 (R)			
	-140.085,7 (K)	15.291,951 (Z)		
		45.208,049 (R)		
		-94.877,651 (K)	10.356,977 (Z)	
			46.643,023 (R)	
			-48.234,628 (K)	5.265,3595 (Z)
				48.234,641 (R)
				0 (K)

Tabelle 5.7.: Zins- und Tilgungsrechnung der Kreditvereinbarung

Um, wie im Falle der konstanten Kapitalbindung, unmittelbare Vergleichbarkeit der Internen Zinsfüße von Kundengeschäft und GKM-Opportunität zu erreichen, muß die Opportunität kapitalbasiskongruent zum Kredit konstruiert werden. Als Vorgabe für die Konstruktion der Zahlungsreihe der Opportunität bestehen somit die durch die Kreditzahlungsreihe gegebenen Restkapitalbestände (K) und Tilgungsbeträge (R). Diese reichen aber allein zur Kon-

---

[382] Vgl. Bitz, M., 1977, a.a.O., S. 146.

struktion der Opportunität nicht aus. Zu lösen ist zunächst ein lineares Gleichungssystem, um den Effektivzins (r_{opp}) zu bestimmen. Die Tabelle 5.8. enthält das dafür notwendige Gleichungssystem. Die Konstanten entsprechen den im Zeitpunkt t = 0 geltenden Kapitalmarktzinssätzen einer normal verlaufenden Zinsstrukturkurve.

t=0	-X1	-	X2	-	X3	-	X4	=	-184.000
t=1	1,052 X1	+	0,055 X2	+	0,0585 X3	+	0,061 X4	=	184.000 * r_{opp} + 43.914,302
t=2			1,055 X2	+	0,0585 X3	+	0,061 X4	=	140.085,7 * r_{opp} + 45208,049
t=3					1,0585 X3	+	0,061 X4	=	94.877,651 * r_{opp} + 46.643,023
t=4							1,061 X4	=	48.234,628 * r_{opp} + 48.234,641

Tabelle 5.8.: Gleichungssystem zur Bestimmung des Effektivzinssatzes der Opportunität

X1 bis X4 stellen die Nominalbeträge der Geld- und Kapitalmarkttranchen dar, aus denen sich die Opportunität zusammensetzt. Auf der linken Seite werden für jede Periode die Zinszahlungen und der Rückzahlungsbetrag des jeweils fälligen Papiers summiert. Die rechte Seite der Gleichung für eine Periode t wird aus der Zins- und Tilgungsleistung aus dem Kundengeschäft gebildet, wobei der zu ermittelnde Effektivzinssatz r_{opp} zugrunde gelegt wird.

Durch das Gleichungssystem werden folgende GKM-Tranchen ermittelt, die in der Summe die Auszahlung der Opportunität in Höhe von -184.000 GE darstellen:

X1 = 44.175,986; X2 = 45.213,039; X3 = 46.505,648; X4 = 48.105,311.

Für die kapitaleinsatzkongruente Opportunität beträgt der errechnete Effektivzins (r_{opp}) 5,81552 %. Für die Anwendung der Methode des Internen Zinsfußes auf Zahlungsreihen von Krediten ist zu berücksichtigen, daß ein Polynom n-ten Grades vorliegt. Im Falle einer Normalinvestition kann die Eindeutigkeit des Effektivzinssatzes unterstellt werden.[383]

Die Opportunität stellt ein Anlagegeschäft am Geld- und Kapitalmarkt dar, für das sich mit den vorgegebenen Tilgungen und Restkapitalbeständen folgende Zahlungsreihe der Abb. 5.23. ergibt:

---

[383] Vgl. Bitz, M., 1977, a.a.O., S. 147; Schneider, D., 1992, a.a.O., S. 89; Schirmeister, R.: Theorie finanzmathematischer Investitionsrechnungen bei unvollkommenem Kapitalmarkt, München 1990, S. 12.

t=0	t=1	t=2	t=3	t=4
-184.000,-	+54.614,866	+53.354,766	+52.160,652	+51.039,736
* 0,0581552 →	10.700,564 (Z)			
	43.914,302 (R)			
	-140.085,7 (K) →	8146,7174 (Z)		
		45.208,049 (R)		
		-94.877,651 (K) →	5517, 6325 (Z)	
			46.643,023 (R)	
			-48.234,628 (K) →	2805,096 (Z)
				48234,63 (R)
				0 (K)

Abb. 5.23.: Zins- und Tilgungsrechnung der Opportunität

5.3.2.2.2 Bestimmung der Konditionsbeiträge im Effektivzinskonzept

Die relative Vorteilhaftigkeit des Kredites gegenüber der Opportunität spiegelt sich in der Marge, die durch Bildung der Effektivzinsdifferenz zwischen Kunden- und Opportunitätsgeschäft zu ermitteln ist[384], wider. Die absolute Vorteilhaftigkeit des Kundengeschäftes bemißt sich im Marktzinsmodell danach, um wieviel der Ertrag höher ausfällt als bei Durchführung des Opportunitätsgeschäftes am Geld- und Kapitalmarkt.[385] Dieser Mehrertrag des Kredites wird als Konditionsbeitrag bezeichnet.

Die erste Möglichkeit zur Bestimmung der Konditionsbeiträge liegt in der Margenbetrachtung. Die Marge als Differenz der Effektivzinsen des Kredites und der Opportunität beträgt 5,10062%. Gibt der Effektivzins die Verzinsung des in der Vorperiode gebundenen Kapitals an, so ist die Marge Ausdruck dafür, um wieviel sich das gebundene Vorperiodenkapital bei Durchführung des Kreditgeschäftes höher verzinst als bei Anlage am Geld- und Kapitalmarkt. Diese periodisierten Konditionsbeiträge bilden entsprechend Tabelle

---

[384] Vgl. Schierenbeck, H./Rolfes, B., 1988, a.a.O., S. 140; Kotissek, N./Marusev, A.W.: Die GuV-synchrone Abschöpfung der Konditionsbeiträge, in: OR Spektrum, Bd. 13, 1991, S. 45-54, hier S. 48.
[385] Vgl. Marusev, A.W.: Das Marktzinsmodell in der bankbetrieblichen Einzelgeschäftskalkulation, Frankfurt am Main 1990, S. 97.

5.9. den im Kundengeschäft mit Hilfe der Preispolitik erwirtschafteten Zinsüberschuß ab:

	t=0	t=1	t=2	t=3	t=4
gebundenes Kapital * Marge (0,0510062)	184.000	140.085,7	94.877,651	48.234,628	0
= Konditionsbeiträge	0	+9385,141	+7145,239	+4839,348	+2460,265

Tabelle 5.9.: Konditionsbeitragsermittlung auf Basis einer Margenbetrachtung

Die zweite Möglichkeit zur Bestimmung der Konditionsbeiträge liegt in einem direkten Zahlungsreihenvergleich. Durch Subtraktion der für die Opportunität errechneten Periodenzahlungen von der Zahlungsreihe des Kredites lassen sich die periodenbezogenen Konditionsbeiträge ermitteln:[386]

	t=0	t=1	t=2	t=3	t=4
Kreditzahlungsreihe	-184.000	+64.000,00	+60.500,00	+57.000,00	+53.500,00
Opportunitätszahlungen	-184.000	+54.614,87	+53.354,77	+52.160,65	+51.039,74
Konditionsbeiträge	0	+9385,13	+7145,23	+4839,348	+2460,264

Tabelle 5.10.: Konditionsbeitragsermittlung auf Basis einer Differenzbetrachtung

Für den zugrundeliegenden Fall des Festzinskredites mit jährlich nachschüssigen Zahlungen führen, wie gezeigt, Margen- und Zahlungsreihenbetrachtung im Effektivzinskonzept zu derselben Verteilung der Konditionsbeiträge auf die Perioden.

5.3.2.2.3 Vergleich von Opportunität und Kundengeschäft

Nachfolgend soll geprüft werden, ob Kundengeschäft und Opportunität, abgesehen von den Konditionsbeiträgen, ansonsten vollständig vergleichbare Geschäfte darstellen. Zu diesem Zweck werden Tilgungsbeträge als Kapitalanteil einer Zahlung bezeichnet und gegenüber Zinszahlungen abgegrenzt. Tilgungsanteile sind im Falle der Opportunität allerdings anders zu interpretieren, als im Kreditfall. Den Tilgungszahlungen des Krediten entsprechen bei der Opportunität Rückzahlungen des in t=0 angelegten Kapitals, dessen Laufzeit im Rückzahlungszeitpunkt endet. Die aus der Durchführung des Anlagegeschäftes am GKM resultierenden Zahlungen, die den Summanden der lin-

---
[386] Vgl. Schierenbeck, H./Rolfes, B., 1988, a.a.O., S. 140f..

ken Seite des linearen Gleichungssystems (Tabelle 5.8.) entsprechen, werden den Kundenzahlungen gegenübergestellt. Auf der Basis dieser Gegenüberstellung wird in der Tabelle 5.11. die Differenz (Δ) der Kapital- und Zinsanteile beider Zahlungsreihen gebildet:

t=0		t=1	t=2	t=3	t=4
	x_1	+2.297,151 (Z)			
	x_2	+2.486,717 (Z)	+2.486,717 (Z)		
	x_3	+2.720,58 (Z)	+2.720,581 (Z)	+2.720,58 (Z)	
	x_4	+2.934,42 (Z)	+2.934,424 (Z)	+2.934,424 (Z)	+2.934,424 (Z)
Zinsanteile		+10.438,87	+8.141,72	+5.655,00	+2.934,42
Kapitalanteile		+44.175,986	+45.213,039	+46.505,648	+48.105,311
Opportunität		**+54.614,859**	**+53.354,761**	**+52.160,652**	**+51.039,735**
Zinsanteile		+20.085,7 (Z)	+15.291,95 (Z)	+10.356,98 (Z)	+5.265,36 (Z)
Kapitalanteile		+43.914,3 (R)	+45.208,05 (R)	+46.643,02 (R)	+48.234,64 (R)
Kredit		**+64.000**	**+60.500**	**+57.000**	**+53.500**
Δ-Zinsanteile		+9.646,8252	+7.150,2295	+4.701,9726	+2.330,9355
Δ-Kapitalanteile		- 261,684	- 4,99	+137,375	+129,33
Konditionsbeitrag		**+9.385,1412**	**+7.145,2395**	**+4.839,3476**	**+2.460,2655**

Tabelle 5.11.: Zins- und Tilgungsvergleich

Die als Kapitalanteil bezeichneten Zahlungsbeträge entfalten direkte Wirkung auf Bilanzbestände, während die Zinsanteile als Ertrag in die Erfolgsrechnung eingehen. Über diese Differenzierung wird die in den einzelnen Perioden unterschiedliche Ergebniswirkung von Kredit und Opportunität offenbar.[387]

In t=1 entsteht aus dem Kredit beispielsweise ein Zinsüberschuß von 9.646,8252 GE gegenüber der Opportunität. Die um 261,684 GE höhere Kapitalbindung des Kredites wird kalkulatorisch verrechnet. Damit stellen

---

[387] Es soll betont werden, daß hier ein Vergleich der Erfolgswirkungen zweier Aktivgeschäfte vorgenommen wird. Die Darstellungen in der Literatur gehen einheitlich von der Opportunität als Refinanzierung aus; vgl. Schierenbeck, H./Rolfes, B., 1988, a.a.O., S. 144f.; Breuer, R./Skaruppe, M.: Bankkalkulation als Marktproblem - Die konsequente Duplizierung als Ausgangspunkt für die Weiterentwicklung der Marktzinsmethode, Mitteilungen aus dem Institut für das Spar-, Giro- und Kreditwesen an der Universität Bonn, Nr. 40, Bonn 1992, S. 16.

sich die periodisierten Konditionsbeiträge als Summe aus Kapitaleinsatzdifferenz und Zinsüberschuß des Krediteß gegenüber der Opportunität dar.[388]
Eine Erklärung der festgestellten Differenzen erhält man gemäß Tabelle 5.12. über eine Aufschlüsselung der Zahlungen bei kalkulatorischer und tatsächlicher Durchführung des Vergleichsgeschäftes als Opportunität:

	t=1	t=2	t=3	t=4
kalkulatorisch (nach PAngV)	+10.700,56 (Z) +43.914,3 (R)	+8.146,716 (Z) +45.208,72 (R)	+5.517,633 (Z) +46.643,02 (R)	+2.805,1 (Z) +48.234,63 (R)
tatsächlich	+10.438,87 (Z) +44.175,99 (R)	+8.141,722 (Z) +45.213,04 (R)	+5.655,007 (Z) +46.505,65 (R)	+2.934,424 (Z) +48.105,31 (R)
Differenz	0	0	0	0

Tabelle 5.12.: Kalkulation der Opportunität nach PAngV

Es zeigt sich, daß die Betragsdifferenzen, die oben als Kapitaleinsatzdifferenzen zwischen Kreditgeschäft und Opportunität auftraten, bei ausschließlicher Betrachtung der Opportunität eine entsprechende Differenz zwischen tatsächlichem und kalkulatorischem Zinsertrag darstellen. Der Grund für die Verschiebung der Zins- und Kapitalanteile liegt in der Kalkulation der Opportunität nach Preisangabenverordnung (PAngV) auf der Basis eines einheitlichen Effektivzinses.[389] Durch den laufzeiteinheitlichen Zins wird die ursprünglich in das Gleichungssystem einbezogene, nicht-flache Zinsstrukturkurve geglättet.[390] Da die Summe der Zinsüberschüsse und die Summe der Konditionsbeiträge übereinstimmen, findet ein Ausgleich der Differenzen aus den entstandenen Erfolgswirkungen über die gesamte Laufzeit statt.[391]

5.3.2.2.4 Folgerungen aus der Effektivzinsbetrachtung

Die Effektivverzinsung des Kreditgeschäftes ist nur im Vergleich zum Effektivzins der Opportunität aussagekräftig.[392] Mit der aus der Differenz beider Internen Zinsfüße bestimmten Konditionsmarge ist ein Maß zur ergebnisorientierten Beurteilung eines Kundengeschäftes aufgrund preispolitischer Maß-

---

[388] Vgl. Breuer, R.; Skaruppe, M., 1992, a.a.O., S. 21.
[389] Vgl. Echterbeck, H., 1991, a.a.O., S. 183f..
[390] Vgl. Uhlir, H.; Steiner, P.: Wertpapieranalyse, 2. Auflage, Heidelberg 1991, S. 32.
[391] Vgl. Breuer, R.; Skaruppe, M., 1992, a.a.O., S. 23. Ihrer Argumentation über die Opportunität als tatsächlicher Refinanzierung wird mit Blick auf die Grundlagen der Marktzinsmethode allerdings nicht gefolgt.
[392] Vgl. Schmidt, R.H.: Grundzüge der Investitions- und Finanzierungstheorie, 2. Auflage, Wiesbaden 1986, S. 75.

nahmen gewonnen. Über die Marge als relativem Beurteilungsmaßstab können periodenbezogene, absolute Konditionsbeiträge ermittelt werden. Die Ausführungen des letzten Abschnitts zeigen jedoch, daß in die periodenbezogenen Konditionsbeiträge die Periodendurchschnittsbildung der Effektivzinsrechnung eingeht. Kundengeschäft und kapitalstrukturkongruente Opportunität weisen dadurch u.U. selbst bei gleicher Effektivverzinsung unterschiedliche Ergebniswirkung in den einzelnen Perioden auf. Es zeigt sich, daß sich kein zwingender Grund für die implizit vorgenommene Verteilung des gesamten Konditionsbeitrags auf die Perioden ergibt.

Die periodenbezogene Abbildung des Einzelgeschäftserfolges über das Effektivzinskonzept trägt somit den Charakter einer nicht objektivierbaren unternehmensinternen Rechnung. Darüber hinaus muß festgestellt werden, daß die Konditionsmarge allein als Vorteilhaftigkeitskriterium nicht immer ausreicht. Verschwindet die Konditionsmarge im Falle von identischen Effektivzinssätzen für Kundengeschäft und Opportunität, so würde die Opportunität auch dann als lediglich gleichwertig angesehen, wenn Zinsüberschüsse gegenüber dem Kundengeschäft in den Anfangsperioden durch Zinsdefizite in den letzten Perioden ausgeglichen werden. Da mit den Überschüssen aus den ersten Perioden gearbeitet werden kann, ist diese Bewertung nur unter der unrealistischen Annahme korrekt, daß Rückflüsse aus dem getätigten Geschäft nicht sofort wieder angelegt werden.

Zur Beurteilung der Vorteilhaftigkeit müßte zusätzlich der Verlauf der Zinsstrukturkurve berücksichtigt werden. Bei progressiv steigendem Verlauf ergeben sich in den ersten Perioden zu niedrige Konditionsbeiträge, die in den späteren Perioden ausgeglichen werden. Dadurch wird die Vorteilhaftigkeit des Kundengeschäftes systematisch unterschätzt. Dieser Fall kann anhand des vorstehenden Beispiels nachvollzogen werden, obwohl die angenommene Zinsstrukturkurve nicht uneingeschränkt progressiv steigt. Eine degressiv steigende Zinsstrukturkurve führt hingegen zu entgegengesetzten Ergebnissen, wodurch die Vorteilhaftigkeit des Kundengeschäftes systematisch überschätzt wird. Lediglich bei linearem Verlauf kommt es zu keinen Verschiebungen und das Effektivzinskonzept liefert korrekte Konditionsbeiträge, die auch die Vorteilhaftigkeit korrekt wiedergeben.

Einen zum Effektivzinskonzept alternativen Bewertungsansatz verfolgt das Barwertkonzept der Marktzinsmethode. Wurden im Effektivzinskonzept zwei unterschiedliche Zahlungsreihen mit gleichem Auszahlungsbetrag gegenübergestellt, so findet im Barwertmodell ein Vergleich von Auszahlungsbeträgen, die zum Erwerb identischer Zahlungsreihen führen, statt. Das Problem der Wiederanlage von Konditionsbeiträgen stellt sich nicht, denn mit dem Konditionsbeitragsbarwert wird ein zeitpunktbezogener Erfolgsbeitrag aus dem Kundengeschäft ermittelt, bei dem die Vorteilhaftigkeitsaussage im Vordergrund steht. Das Barwertkonzept soll jedoch an dieser Stelle nicht vertieft werden.

6 Organisation

Ausgangspunkt jeder Unternehmensorganisation, auch der Bankenorganisation, ist die betriebliche Gesamtaufgabe. Aus ihr ergeben sich Sachziele sowie die Art und Weise, in der die Gesamtaufgabe gelöst werden soll, woraus sich wiederum die Formalziele ableiten lassen. Die Unternehmensziele bilden die Rahmenvorgaben für die Organisation. Die Aufgabe der Organisation besteht darin, einen Beitrag zur effizienten Erreichung der Unternehmensziele zu leisten.[393] Eine Optimierung bei Organisationsproblemen scheitert jedoch zumeist daran, daß kein eindeutiges Optimierungsverfahren angewendet werden kann.[394]

Der Begriff der Organisation ist je nach Sichtweise unterschiedlich definiert. Es ist grundsätzlich zu trennen zwischen tätigkeitsorientierter und ergebnisorientierter Betrachtung. Aus dieser Trennung leiten sich drei wesentliche Organisationsbegriffe ab:

- **Institutioneller Organisationsbegriff**: Ergebnisorientierte Betrachtungsweise, die Unternehmung mit Organisation gleichsetzt.

- **Funktionaler Organisationsbegriff**: Tätigkeitsorientierte Fassung des institutionellen Organisationsbegriffs, die inhaltlich mit dem Begriff der Unternehmensführung identisch ist.

- **Instrumenteller Organisationsbegriff**: Organisation verstanden als Mittel, das zur effizienteren Zielerreichung eingesetzt wird. Unter Einbezug von nicht planmäßigen Strukturveränderungen ergibt sich dieser am häufigsten verwendete Organisationsbegriff.

Unabhängig von dem Organisationsbegriff lassen sich Organisationsentscheidungen nur treffen über

(1) die Zerlegung der Gesamtaufgabe in Teilaufgaben (= Aufgabenanalyse) und

(2) die Bestimmung der Teilaufgabenbewältigung durch Personen und Sachmittelansätze.

Insgesamt dienen die weiteren Ausführungen der Darstellung grundlegender Gestaltungsprinzipien, die auch für die Bankorganisation relevant sind. Die zunächst in idealtypischer Ausprägung vorgestellten Organisationsformen

---

[393] Vgl. Stein von, J.H.: Organisationstheoretische Grundlagen für die Bankorganisation, in: Stein von, J.H./Terrahe, J. (Hrsg.): Handbuch Bankorganisation, Wiesbaden, 1991, S. 5-25, hier S. 7.

[394] Vgl. Stein von, J.H., 1991, a.a.O., S. 7; Müller-Merbach, H.: Ansätze zur Optimierung der Aufbauorganisation, in: Grochla, E. (Hrsg.): HWO, Stuttgart 1980, Sp. 187-195, hier Sp. 189.

sind für das Verständnis der in der Praxis realisierten kombinierten Formen Voraussetzung.

6.1 Aufgaben und Systemgestaltung

Die Zerlegung einer hinreichend spezifizierten Gesamtaufgabe in Teilaufgaben wird als Aufgabenanalyse bezeichnet. Die anschließende Aufgabensynthese fügt nach Gesichtspunkten der Zweckmäßigkeit Verrichtungsart, gleiches Verrichtungsobjekt, gleiche Verrichtungsart usw. zu Teilfunktionen einer Unternehmung zusammen. Durch die Bildung kleinster Unternehmenseinheiten entstehen Stellen, die hinsichtlich Kompetenz, Weisungsabhängigkeit, Verantwortung, Kommunikation und Kooperation in einen Beziehungszusammenhang zu bringen sind. Die Aufgabenanalyse führt hin zur Systemgestaltung. Eine Stelle ist die kleinste leistungsfähige Organisationseinheit, die durch Zuordnung von Teilaufgaben, Aufgabenträgern und Sachmittelausstattung entsteht.

Werden Kompetenzen einer Stelle zugewiesen, so lassen sich mehrere Kompetenzarten unterscheiden, wie Abb. 6.1. zeigt.

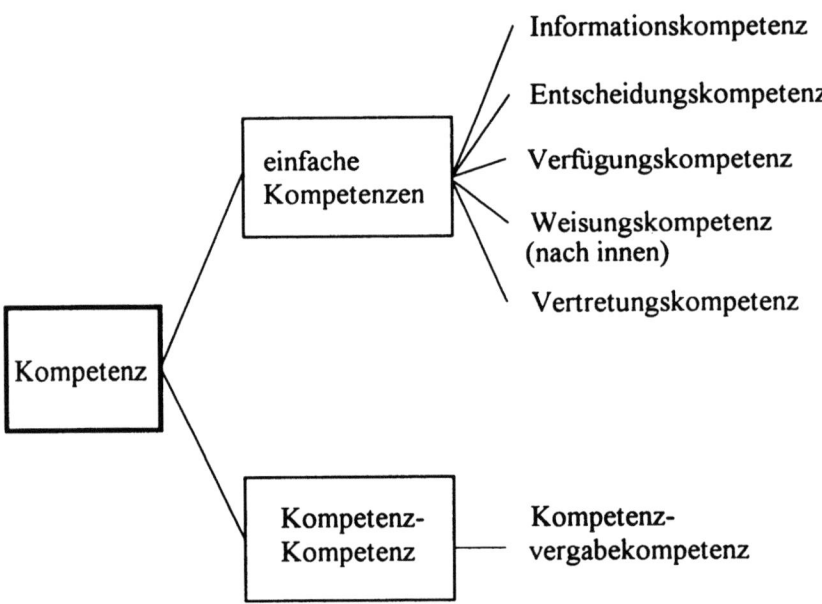

Abb. 6.1.: Möglichkeiten der Kompetenzzuweisung und Kompetenzarten im Überblick

Leitungsstellen sind aufgrund eines größeren Anteils an dispositiver Tätigkeit mit größeren Kompetenzzuweisungen versehen als in der Hierarchie darunterliegende Stellen. Ausführungstätigkeiten nehmen mit abnehmender Hierarchieebene anteilmäßig zu.

6.2 Aufbau- und Ablauforganisation

Die Organisation läßt sich in zwei große Bereiche gliedern.[395] Zum einen in die Ablauforganisation, die die Strukturierung von Arbeitsabläufen und damit die Gestaltung von Prozessen zum Gegenstand hat. Dieser Bereich ist dynamischer Natur und betrifft zeitliche sowie räumliche Festlegungen, die in der Regel nicht lagerfähige Produkte mit kunden- und auftragsorientierten Produktionsprozessen betreffen.

Zum anderen umfaßt der Bereich der Aufbauorganisation die Bildung von Hierarchien, innerhalb derer sich der Betriebsablauf vollzieht.[396] Dieses entspricht einer statischen, sachbezogenen Sichtweise, die insbesondere auf die Regelung von Zuständigkeiten für bestimmte Aufgaben abstellt. Aus der Verknüpfung beider Organisationsbereiche ergeben sich als allgemeine Merkmale einer Organisation die Aufgabenorientierung und die auf Dauer angelegte Bildung von Strukturen.

Die Darstellung einer Aufbauorganisation erfolgt häufig in Form eines Organigramms. Diese Organisationsschemata bilden entweder Ist- oder Soll-Zustände ab, wobei die Darstellungen in der Regel keine vollständige Wiedergabe der Organisationsstruktur gewährleisten. Allein die simultane Erfassung von Kommunikations- und Weisungswegen macht die Darstellung schnell unübersichtlich. Dem wird vielfach durch die Beschränkung auf Weisungsstrukturen begegnet.

Mit der üblichen Darstellung der Aufbauorganisation in einem Organigramm ist demnach eine Festlegung auf den instrumentellen, ergebnisorientierten Organisationsbegriff verbunden. Betrachtet wird eine tatsächliche oder fiktive Unternehmensstruktur, die auf Dauer angelegt ist. Kurzfristige organisatorische Erweiterungen, wie beispielsweise die Einrichtung von Ausschüssen, erscheinen in Organigrammen nicht.

---

[395] Vgl. Schmidt, G.: Organisation im Bankbetrieb, Gießen 1987, S. 28-30.
[396] Vgl. Büschgen, H.E.: Prinzipien, Aufgaben und Teilbereiche der Organisation, in: Stein von, J.H./Terrahe, J. (Hrsg.): Handbuch Bankorganisation, Wiesbaden 1991, S. 29-59, hier S. 35f..

6.3 Aufbauorganisation

Die Aufbauorganisation besteht aus der Gesamtheit von Leitungs- und Ausführungsstellen unterschiedlicher Wertigkeit, die durch ein Beziehungsnetz miteinander verbunden sind. Eine Abgrenzung der Leitungsstellen von den Ausführungsstellen ist schwierig, weil sich der Übergang von den Leitungsaufgaben zu den Ausführungsaufgaben unternehmensspezifisch und mit abnehmender Hierarchieebene fließend gestaltet. Leitungsfunktionen werden in geringem Umfange i.d.R. auch noch von Stelleninhabern der unteren Ebenen des operativen Bereiches wahrgenommen. Grundkonzepte zur Gestaltung von Leitungssystemen zeigen die grundsätzlichen Gestaltungsmöglichkeiten von Bankorganisationen. Abgrenzungsfragen sollen nicht weiter vertieft werden.

6.3.1 Leitungsstellen

Leitungsstellen sind häufig Stabsstellen, in jedem Falle aber Ausführungsstellen zugeordnet. Einen ersten Überblick über die Stellenarten gibt die Abb. 6.2..

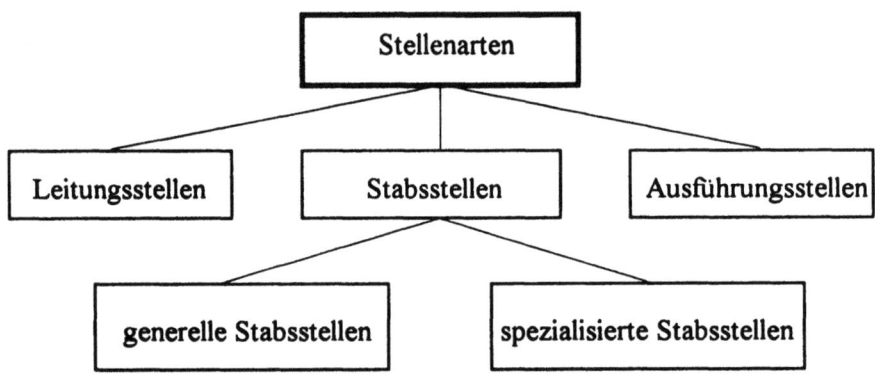

Abb. 6.2.: Stellenarten im Überblick

Die Leitungsstellen sind an bestimmte Organisationsformen gebunden, was gemäß Abb. 6.3. die Entscheidungsbefugnis und die weitere Kompetenzverteilung betrifft.

Die Kompetenzverteilung kann in Abhängigkeit von der Wichtigkeit des Entscheidungsobjektes oder den möglichen Konsequenzen für die Erreichung wichtiger Unternehmensziele unterschiedlich geregelt sein. So kann bei geringem Umfang von zum Kauf anstehenden Unternehmensbeteiligungen eine Singularentscheidung zugelassen werden, während der Kauf von wesentlichen

Beteiligungen nur auf der Grundlage einer Entscheidung der Gesamtkollegialität erfolgen kann. Somit sind in der Praxis Singular- und Pluralinstanz je nach Größe und Reichweite eines Entscheidungsobjektes häufig bis in höchste Leitungsebenen an dieselbe Stelle gebunden.

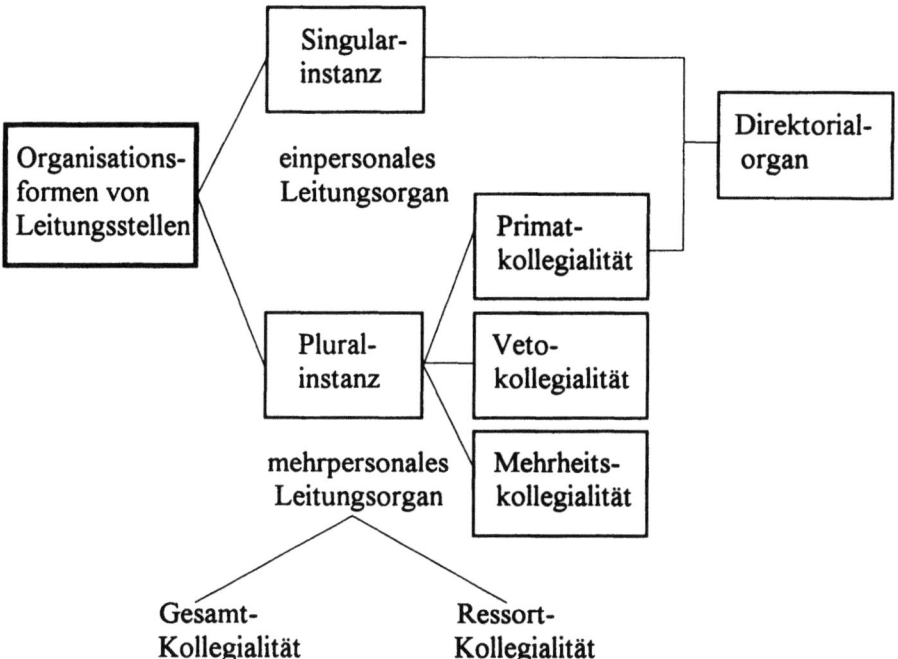

Abb. 6.3.: Verteilung von Entscheidungsbefugnissen und weiteren Kompetenzen auf Leitungsstellen

6.3.2 Grundkonzepte von Leitungssystemen

Nach Festlegung der Weisungsbefugnisse und Verantwortlichkeiten entsteht ein Leitungsgefüge. Aus der Kombination von Idealformen eines Leitungsgefüges lassen sich Mischformen bilden. Die weitere Verfeinerung durch Einführung entscheidungsunterstützender Stabsstellen führt zu den Stabliniensystemen der Abb. 6.4.. Bei einem Liniensystem liegt ein Leitungsgefüge vor, bei dem jede Stelle nur Weisungen von einer übergeordneten Stelle erhält.

374 Organisation

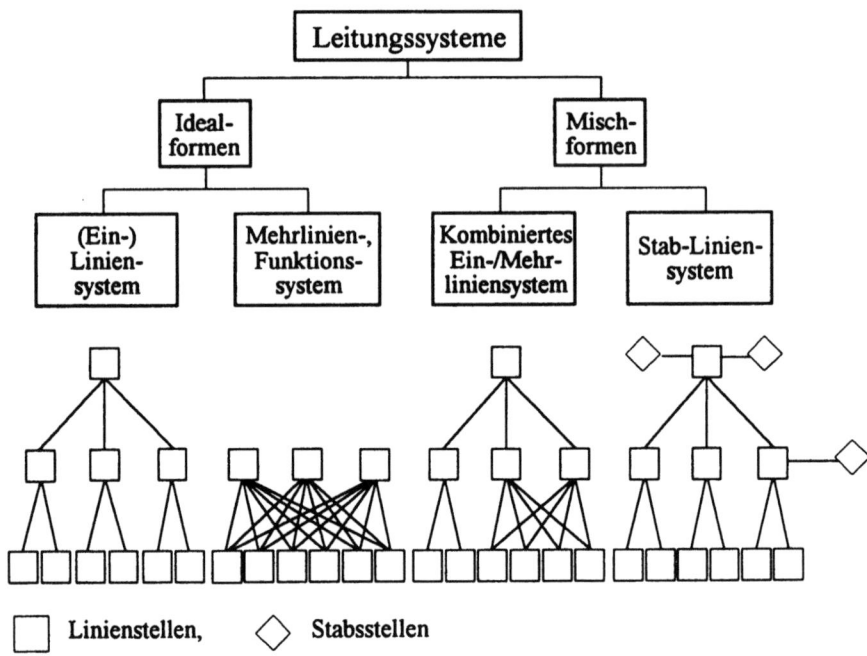

Abb. 6.4.: Überblick über die Arten von Leitungssystemen

Das Einliniensystem hat grundsätzlich den Vorteil straffer, übersichtlicher und eindeutiger Führung. Als mögliche Nachteile sind lange Anweisungswege und Schwerfälligkeiten aufgrund langer Instanzenwege in beiden Richtungen zu nennen. Die letztgenannten Mängel könnten durch die dargestellten Mehrliniensysteme beseitigt werden. Eine Instanz kann hier aus ihrem Fachbereich Weisungen an mehrere untergeordnete Stellen geben, so daß diese von mehreren Leitungsstellen Anweisungen zu befolgen haben. Die damit verbundene Mehrfachunterstellung führt jedoch in der Praxis zu Kompetenz-, Verantwortungs- und Koordinationsproblemen. Ein Stabliniensystem ordnet den linienmäßig verbundenen Leitungsstellen Stabsabteilungen zu, die selbst zwar keine Weisungsbefugnisse erhalten, im Rahmen ihrer Unterstützungsarbeit aber die von den Leitungsstellen zu erteilenden Weisungen stark beeinflussen.

6.3.3 Eindimensionale Organisationsstrukturen

Üblicherweise werden bei den eindimensionalen Systemen die Funktionalorganisation, die Spartenorganisation und die Regionalorganisation genannt. Sie stellen die Grundtypen einer Aufbauorganisation dar. Die funktionale Aufbauorganisation orientiert sich, was das Gestaltungskriterium betrifft, an den klassischen betrieblichen Funktionen der Abb. 6.5. (Forschung und Entwicklung, Produktion, Finanzierung, Allgemeine Verwaltung, Verkauf/Marketing, Personalwesen). Bei der Ausführung der einzelnen Tätigkeiten wird ein hoher Spezialisierungsgrad erreicht. Deshalb wird von einer verrichtungsorientierten Organisation gesprochen.

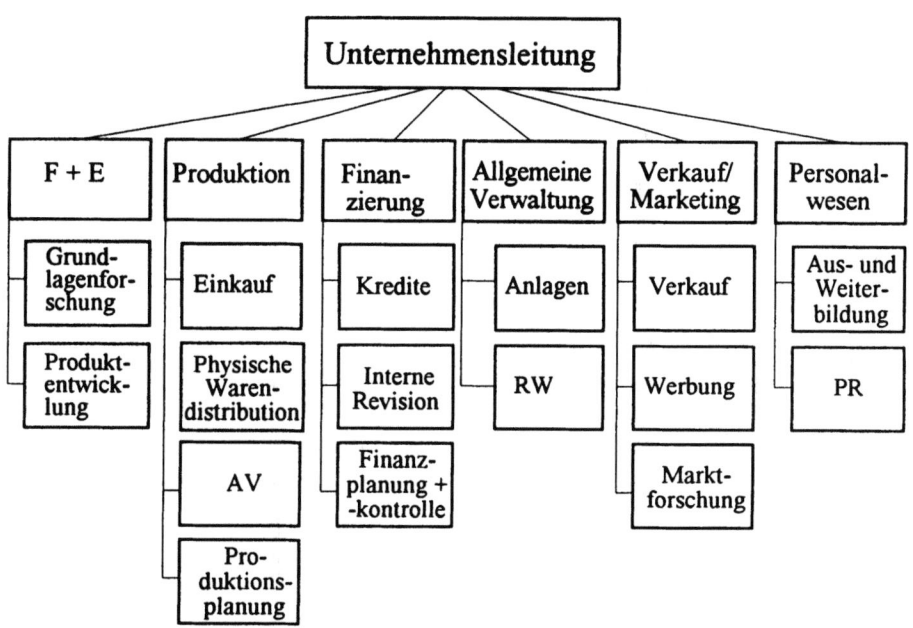

Abb. 6.5.: Nach dem Funktionalmodell organisiertes Produktionsunternehmen

Bei der Objektorientierung werden Produkte/Produktgruppen bzw. Kunden/Kundengruppen als Gliederungskriterium benutzt. Es entsteht eine Spartenorganisation, die häufig auch als Organisation nach dem Divisionalmodell bezeichnet wird. Die Abb. 6.6. gibt ein Divisionalmodell in einfachster Form wieder. Derartige Organisationsformen dienen der Schaffung kleinerer Unternehmensteile, für die auch die Erfolgszurechnung erleichtert wird.

Bei derart strukturierten Organisationsmodellen steht die Marktbearbeitung im Vordergrund. Die Spezialisierung betrifft vorrangig die Kenntnis von Märkten oder Marktsegmenten. Im anderen Falle der kundenorientierten Organisation, für die das obige Schema analog gilt, erfolgt der Aufbau von Spezialkenntnissen über die Kunden als Abnehmer von Gütern und Dienstleistungen (Bedarfsstruktur, Kaufverhalten, Zahlungsverhalten, Vertragstreue usw.) Die Divisionalorganisation erfordert i.d.R. Zentralabteilungen zur Erledigung gleichartiger Aufgaben und zur Konfliktlösung.

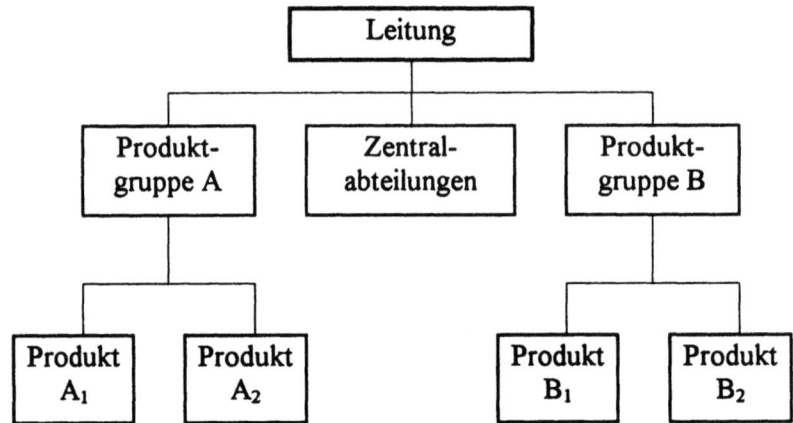

Abb. 6.6.: Divisionale Aufbauorganisation, produktorientierte Organisation

Die dritte eindimensionale Möglichkeit der Strukturierung von Leitungssystemen ist die Raum- oder Regionalorganisation. Hierbei werden Verrichtungen/Funktionen oder Produkte und Produktgruppen/Objekte für eine Region zusammengefaßt. Dieses kann ein nationaler Teilmarkt, ein Land oder ein ganzer Kontinent sein. Die Abb. 6.7. soll diesen Organisationstyp abschließend noch einmal veranschaulichen. Diese Organisation wird vorwiegend gewählt, um kleinere anpassungsfähigere Teileinheiten einer Unternehmung zu schaffen, mit deren Hilfe nationale oder internationale Besonderheiten der Kaufgewohnheiten, Bedürfnisstrukturen, rechtliche und mentale Unterschiede besser berücksichtigt werden können.

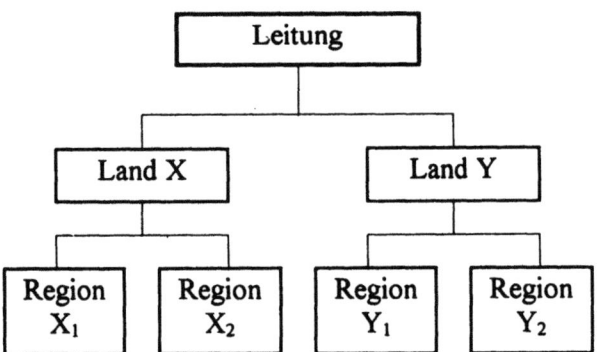

Abb. 6.7.: Regionale Aufbauorganisation

6.3.4 Mehrdimensionale Organisationsstrukturen

Aus den Vor- und Nachteilen der eindimensionalen Strukturen ergab sich fast zwangsläufig der Versuch aufgetretene Probleme (mangelnde Produkt- und Marktkenntnis im Funktionalmodell und fehlende Spezialisierung bei den Verrichtungen im Divisionalmodell) durch Kombination beider Modelltypen zu beseitigen. Die nachfolgende Abb. 6.8. zeigt eine Matrixorganisation als zweidimensionales Leitungssystem.

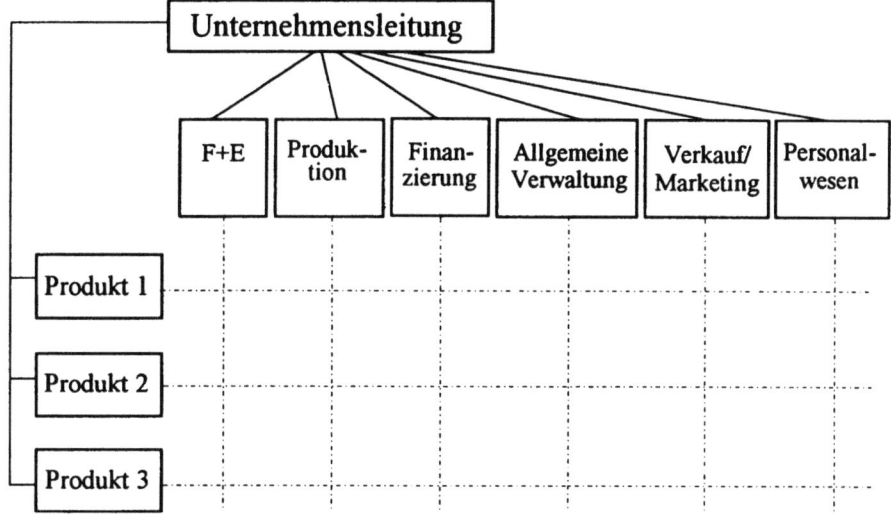

Abb. 6.8.: Matrixorganisation als Kombination von Verrichtungs- und Objektorientierung

Auch andere Kombinationsformen sind bei zweidimensionalem Aufbau möglich (z.B. Produktorientierung und Regionalorientierung). Da immer zwei Instanzen auf dieselbe untergeordnete Stelle zugreifen können, sind Entscheidungen überwiegend das Ergebnis von mehr oder weniger aufwendigen Verhandlungsprozessen. Die Qualität der Entscheidung könnte allerdings dadurch verbessert werden, daß zwei Spezialisten mit unterschiedlicher Orientierung an der Entscheidungsfindung beteiligt sind - aus Machtfragen resultierende Probleme seien hier ausgeklammert.

Die nächste Stufe der Verbindung unterschiedlicher Gliederungskriterien ist die Tensororganisation als dreidimensionale Organisationsform. Hierbei lassen sich beispielsweise verrichtungs-, objekt- und regionalorientierte Organisationsformen verbinden. Um diese in der Abb. 6.9. dargestellte Organisationsform erfolgreich anwenden zu können, müssen Kooperationsbereitschaft und Konfliktlösungsvermögen weiter erhöht werden. Auf diesem Wege kann die Entscheidungs- und Problemlösungsqualität durch die sich aus der Zusammenführung von Länder-, Funktions- und Produktspezialisten ergebenden Möglichkeiten erhöht werden.

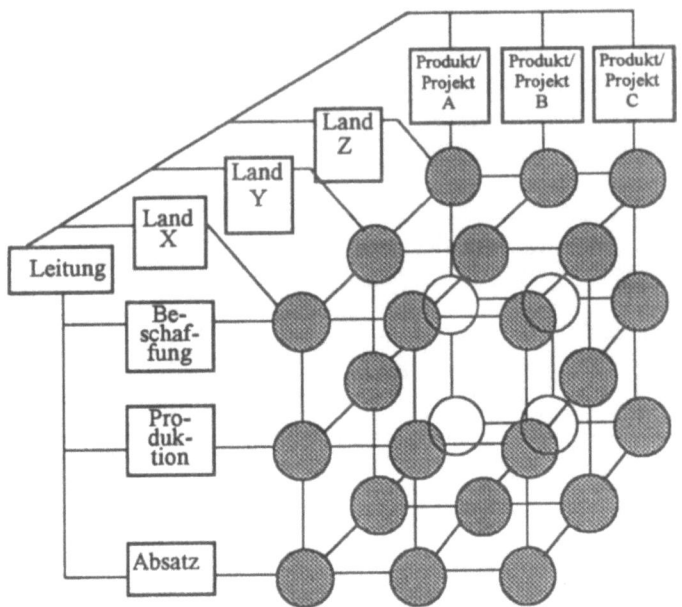

Abb. 6.9.: Tensororganisation als dreidimensionale Organisationsform

Übertragen auf den Bankbetrieb stellt die Tensororganisation eine Organisationsalternative für ein international tätiges Kreditinstitut dar. Die klassischen Funktionen eines Produktionsbetriebs (Produktion, Beschaffung, Absatz) können ersetzt werden durch: Verwaltung, Kredite, Inland, Ausland, Zahlungsverkehr usw.

Aus der Erhöhung der Dimensionsanzahl ergeben sich (theoretisch) weitere Organisationskonzepte (vier-, fünfdimensional usw.), deren Behandlung der Speziallitteratur zur Unternehmensorganisation vorbehalten bleiben soll.

6.4 Besonderheiten der Aufbauorganisation bei Kreditinstituten

Nachdem nun die allgemeinen Gestaltungsgrundtypen bekannt sind, sollen typische Realisierungen, die den besonderen Bedürfnissen und der Leistungsstruktur des Kreditgewerbes entsprechen, behandelt werden. Auch die Banken mußten sich auf den Wandel von Verkäufermärkten auf Käufermärkte einstellen. Dieses war u.a. die Folge einer verstärkten Wettbewerbsintensität, die mit der Abschaffung der Zinsverordnung 1967 und der Aufhebung des Wettbewerbsabkommens 1968 einsetzte. Seitdem hat die Anzahl der Kreditinstitute deutlich abgenommen, die Anzahl der Bankstellen ist dagegen stark angestiegen. Die verbesserte Versorgung der Kunden spiegelt sich in der letzten Spalte der Tabelle 6.1. wieder.

Jahr [a]	Kreditinstitute	Zweigstellen	Bankstellen [b] insgesamt	Bevölkerung (in 1.000)	Einwohner je Bankstelle
1957	13.359	12.974	26.333	53.656	2.038
1967	10.859	26.258	37.117	59.148	1.594
1977	5.997	37.764	43.761	61.419	1.404
1987	4.543	39.913	44.456	61.077	1.374
1990 [c]	4.710	44.342	49.052	79.365	1.618
1991	4.451	44.862	49.313	79.984	1.622
1992 [d]	4.191	48.650	52.841	80.975	1.532

a) Stand jeweils am Jahresende.
b) Bankstellen (insgesamt) = Kreditinstitute + Zweigstellen.
c) Ab 1990 einschließlich der neuen Bundesländer.
d) Lt. Auskunft Statistisches Bundesamt (08.03.94).

Quelle: Deutsche Bundesbank (Hrsg.): Monatsbericht April 1994, Statistischer Teil, S. 55; Statistisches Bundesamt (Hrsg.): Statistisches Jahrbuch 1993 für die Bundesrepublik Deutschland, Wiesbaden 1993, S. 50; eigene Berechnungen.

Tabelle 6.1.: Entwicklung des inländischen Zweigstellennetzes

Der Wettbewerb auf den Finanzdienstleistungsmärkten wird zudem durch die Aktivitäten der sog. Non- und Nearbanks[397] verschärft, die in die angestammten Märkte der Kreditinstitute drängen. Außerdem sind immer mehr ausländische Banken erfolgreich in den nationalen Markt eingetreten, wie sich aus der Tabelle 6.2. entnehmen läßt.

Wie aus der Tabelle 6.2. hervorgeht, ist der Anteil der Auslandsbanken auf dem deutschen Bankenmarkt, gemessen am Geschäftsvolumen, seit 1987 beinahe konstant. Von 4,21 % (1987) stieg er auf 4,43 % (Juli 1995). Während die aggregierten Geschäftsvolumina aller Kreditinstitute von Ende 1987 bis Juli 1995 um insgesamt 188,3 % wuchsen, verzeichnet die Statistik für die Geschäftsvolumina der Auslandsbanken in diesem Zeitraum einen Zuwachs von 198,3 %. Wird der Zeitraum von Ende 1991 bis Juli 1995 herangezogen, so liegt die Wachstumsrate des Auslandsbankensektors mit 146,3 % allerdings deutlicher über jener des Gesamtbankenmarktes (126 %), was auf steigendes Interesse am deutschen Markt und eine Veränderung der Konkur-

---

[397] Unter Nonbanks werden z.B. Industrie- und Handelsunternehmen, unter Nearbanks z.B. Versicherungsgesellschaften und Bausparkassen verstanden.

renzsituation hindeutet. Die zunehmende Konkurrenz durch weitere Marktteilnehmer führt zu sinkenden Marktanteilen der inländischen Banken.

Jahr	rechtl. unselbständige Zweigstellen ausländischer Banken	Kreditinstitute im Mehrheitsbesitz ausländischer Banken	Auslandsbanken gesamt	Geschäftsvolumen der Auslandsbanken in Mrd. DM	Veränderung gegenüber Vorjahr in %	Vergleich: Preissteigerungsrate[398] in %	Anteil am Gesamtgeschäftsvolumen der Kreditinstitute in %	Kredite der Auslandsbanken an Nichtbanken[399]
1980	56							
1987	59		110	157,8			4,21	66,9
1988	58	56	114	175,1	+ 9,9	+ 1,3	4,40	74,8
1989	60	65	125	197,3	+ 11,2	+ 2,8	4,61	79,8
1990	60	79	139	205,4	+ 4,0	+ 2,7	3,92	90,5
1991	60	83	143	213,8	+ 3,9	+ 3,5	3,84	96,9
1992	56	88	144	263,3	+ 19,2	+ 4,0	4,43	125,8
1993	57	89	146	295,5	+ 10,9	+ 4,2	4,48	136,2
1994	63	95	158	306,6	+ 3,6	+ 2,7	4,41	155,1
1995 Juli	66	90	156	312,9	+ 2,0	+ 2,3	4,43	154,3

Tabelle 6.2.: Ausländische Banken in Deutschland[400]

Die Abb. 6.10. zeigt die Struktur der Marktteilnehmer. Außerhalb des Bankensektors haben insbesondere Versicherungsgesellschaften und große Industrieunternehmen durch gut ausgebaute Finanzabteilungen hohe Reserven an liquiden Mitteln und somit große Bedeutung für die Geld- und Kapitalmärkte erlangt. Bei großen Industrieunternehmen stammen mitunter 30% der erwirtschafteten Überschüsse und mehr aus Finanzerträgen, die entweder direkt an den Kapitalmärkten oder indirekt unter Einschaltung der Banken erzielt werden.

---

[398] Veränderung des Preisindizes für die Lebenshaltung aller privaten Haushalte; Basisjahr 1985 = 100; Daten nur für die alten Bundesländer.
[399] Einschließlich Bausparkassen.
[400] Ab 1990: einschließlich neue Bundesländer; Quellen: Deutsche Bundesbank, Monatsberichte, 3/1981, S. 28; 3/1988, S. 32; 3/1989, S. 32; 3/1990, S. 32; 3/1991, S. 32; 3/1992, S. 32; 3/1993, S. 46; 3/1994, S. 46; 3/1995, S. 20; 9/1995, S. 20, 66.

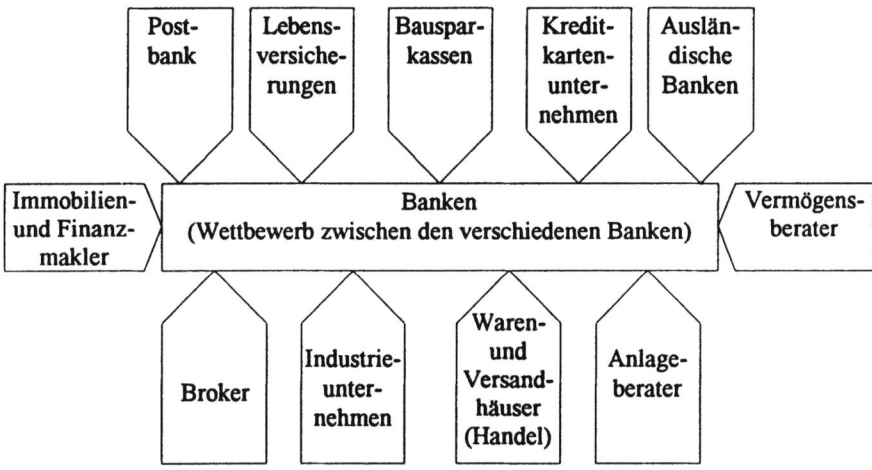

Abb. 6.10.: Die Banken im Wettbewerb
Quelle: In Anlehnung an Stracke, G.: Services in Deutschland (V): Marktstrategien der Banken, in: Die Bank, o. Jg., 11/1988, S. 590-599, hier S. 593

6.4.1 Grundtypen als Einliniensysteme

Unter den Einliniensystemen ist wegen der Intensivierung des Wettbewerbs eine Tendenz zum Wandel von der produktorientierten Spartenorganisation der Abb. 6.11. zur kundengruppenorientierten Spartenorganisation der nachfolgenden Abb. 6.12. zu beobachten.

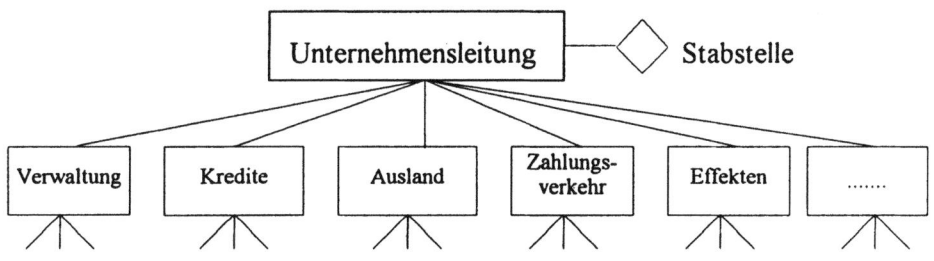

Abb. 6.11.: Produktorientierte Spartenorganisation

Da hier Produktspezialisten sehr unterschiedliche Kunden betreuen, mit deren speziellen Bedürfnisstrukturen sie weniger vertraut sind, und kaum Bereitschaft bestehen dürfte, umfassendere Produktangebote auszuarbeiten, entstehen allenfalls Kundenbeziehungen mit eingeschränkter Stabilität. Auch eine kundengruppenspezifische Ansprache dürfte bei einer derartigen Organisationsform nur schwer zu realisieren sein. Würden dann noch vorwiegend die

382 Organisation

eigenbetreuten Produkte zur Erhöhung des Produkterfolges offeriert werden, käme eine Auslastung der Kundenbeziehung zustande, die völlig an den Kundenbedürfnissen vorbeigehen könnte. Um Abstimmungsprobleme zwischen den Produktsparten zu verringern und Ressortegoismus aus der Kundenbeziehung weitestgehend herauszuhalten, werden zunehmend kundengruppenorientierte Aufbauorganisationen realisiert, die vom Idealtyp her der Abb. 6.12. entsprechen.

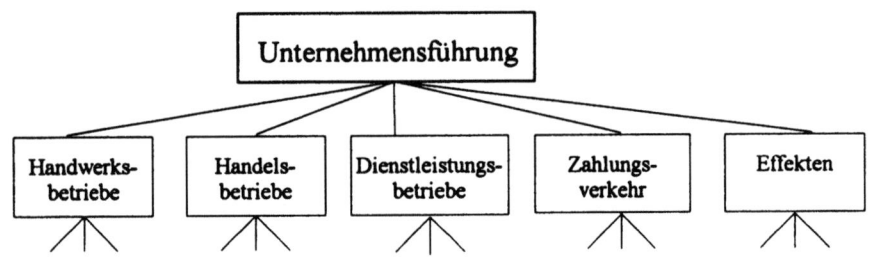

Abb. 6.12.: Kundengruppenorientierte Aufbauorganisation

Kundengruppenorientierte Aufbauorganisationen zeichnen sich durch größere Marktnähe aus als produktorientierte Organisationsformen. Bei erheblichen regionalen Unterschieden in den Kundenbedürfnissen, unterschiedlichen Mentalitäten, Konkurrenzsituationen usw. bieten sich insbesondere für Kreditinstitute mit großen Filialnetzen Aufbauorganisationen nach dem Regionalprinzip an. Bei der in der Abb. 6.13. gezeigten Aufbauorganisation wird im Unterschied zum vorangegangenen Organisationsschema versucht, die Kundenorientierung über die räumliche Nähe zum Kunden zu erreichen.

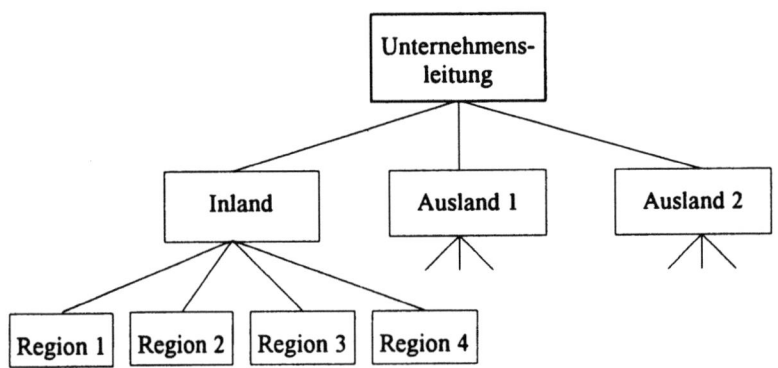

Abb. 6.13.: Aufbauorganisation nach dem Regionalprinzip

Die Grundtypen der Einliniensysteme können durch Kombination beispielsweise von Regionalprinzip und kundengruppenorientierter Spartenorganisation im eindimensionalen Mehrliniensystem oder über einen zweidimensionalen Unternehmensaufbau in Form von Matrixorganisationen verwirklicht realisiert werden, um möglicherweise bessere Problemlösungen zu erreichen. Ein weiterer Baustein zur Erarbeitung institutsspezifischer Problemlösungen ist durch den Typ einer Bankfiliale gegeben.

6.4.2 Bankfilialtypen

Noch in der jüngeren Vergangenheit wurde häufig in sämtlichen Bankfilialen das gesamte Leistungsspektrum für alle Kunden angeboten. Dem Zwang zur Reduzierung der Kosten folgend und aufgrund der stärkeren Gewichtung der Kundennähe wurden spezialisierte Filialtypen entwickelt, um bestimmte Marktsegmente erfolgreicher und weniger kostenintensiv bearbeiten zu können. Einen Überblick über die unterschiedlichen Filialgrundtypen, die vorstellbar sind, bietet die nachstehende Abb. 6.14..

Finanzdienstleistungsangebot / Sortimentsbreite	Universalfiliale	Zielgruppenfiliale
hoch	Produkt- und Zielgruppenuniversalist	Produktuniversalist und Zielgruppenspezialist
	Spezialfiliale	Produktgruppenfiliale
gering	Produktspezialist und Zielgruppenuniversalist	Produkt- und Zielgruppenspezialist
	gering	hoch

Zielgruppenspezifischer Zuschnitt der Finanzdienstleistungen

Abb. 6.14.: Bankfilialtypen

> Quelle: Bühler, W.: Modelltypen der Aufbauorganisation von Kreditinstituten, in: Stein von J.H./Terrahe, J. (Hrsg.): Handbuch der Bankorganisation, Wiesbaden 1991, S. 104-141, hier S. 114

Es ist zu erwarten, daß um eine Bankzentrale herum ein Netz unterschiedlichster Filialtypen installiert wird. Anfänge hierzu zeigt die Deutsche Bank, ausgeprägter ist diese Tendenz schon bei dem Filialnetz der Bayerischen Hypotheken- und Wechselbank AG, dessen Umstrukturierung im Zeitablauf von der Abb. 6.15. ansatzweise wiedergegeben wird.

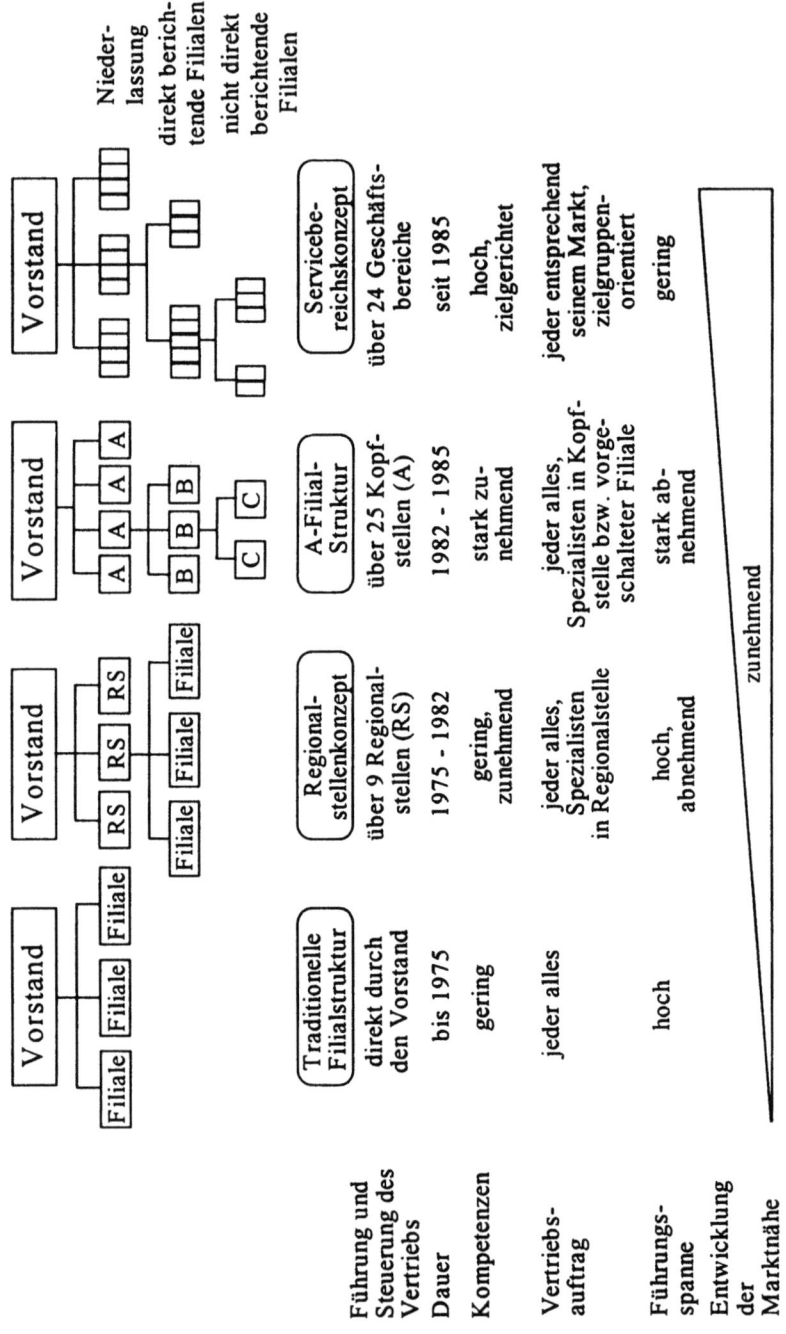

Abb. 6.15.: Entwicklung der Filialstruktur der Bayerischen Hypotheken- und Wechselbank AG

Mit zunehmender Zweigstellenzahl und geänderten Rahmenbedingungen am Bankenmarkt erkannte die Hypo-Bank Anfang der siebziger Jahre, daß die bisherige Filialstruktur geändert werden mußte. Ein neu entwickeltes Regionalstellen-Konzept wurde daraufhin 1974/75 eingeführt. Der Vertriebsauftrag „Jede Filiale bietet die gesamte Produktpalette jedem Kunden an" [401] wurde zunächst beibehalten. Die Kundenberater konnten nun allerdings bei ihrem Beratungsgeschäft auf Spezialisten zurückgreifen, die in den Regionalstellen angesiedelt waren. Durch die Bildung der Regionalstellen als zweite Berichtsebene wurde die vorher relativ große Führungs-/Kontrollspanne des zuständigen Vorstandsmitgliedes erheblich verkleinert. Aufgrund von Überlegungen zur Führungsspanne und zum Zwecke einer größeren Marktpräsenz vor Ort stockte die Hypo-Bank die zweite Berichtsebene von 9 auf 25 Kopfstellen (A-Filialen) auf. Außerdem bildete sie eine zweite und dritte Filialebene. Die Marktpräsenz konnte auf diese Weise bei unverändertem Vertriebsauftrag ausgebaut werden. Weiterhin wurden die Kompetenzen in der Linie erheblich erweitert.

Seit 1985 ist die A-Filialstruktur weiterentwickelt worden. Das Geschäft der Hypo-Bank wurde in fünf Servicebereiche eingeteilt:

- Kundenservice (Mengengeschäft),

- Privatkundengeschäft,

- Firmenkundengeschäft mit kleineren Firmenkunden,

- Firmenkundengeschäft mit mittleren und größeren Firmenkunden,

- Unternehmen der Baubranche.[402]

Jeder der 24 Geschäftsbereiche umfaßt sämtliche Servicebereiche. Welche Servicebereiche in den einzelnen Zweigstellen vertreten sind, hängt von der jeweiligen Kundenstruktur und vom jeweiligen Marktpotential ab. Die Filialen unterscheiden sich folglich hinsichtlich ihres Leistungsangebotes untereinander. Die Kundenberater in den Filialen sind jeweils einem der Servicebereiche, die in der jeweiligen Filiale vertreten sind, zugeordnet. Bei Bedarf z.B. im Wertpapier- oder Auslandsgeschäft wird der Kundenberater durch Spezialisten unterstützt. Alle Zweigstellen der Hypo-Bank werden als Profit-Center geführt.

Bei dem Ausbau ihrer Geschäfte in den neuen Bundesländern gründete die Hypo-Bank 1991 die Hypo Service-Bank AG (HSB). In den Filialen der Tochterbank wird den Privatkunden „eine auf den täglichen Bedarf zuge-

---

[401] Martini, E.: Zweigstellenpolitik und Zweigstellenführung in einer großen Geschäftsbank - das Beispiel Hypo-Bank, in: BM, 18. Jg., 10/1989, S. 16.
[402] Vgl. ebenda, S. 16.

schnittene, gestraffte Produktpalette von Bankdienstleistungen"[403] angeboten. Das Angebot beschränkt sich vor allem auf Girokonten, einfache Kredite und Sparbücher, beinhaltet aber auch Lebensversicherungen und Bausparverträge. Die vermögenden Privatkunden werden in den neuen Bundesländern nicht von der Hypo Service-Bank, sondern in den Filialen der Hypo-Bank betreut.[404]

Im Geschäftsbericht 1993 schildert die Hypo-Bank ihre Absicht, ihre bisherige Organisation bis Ende 1994 neu auszurichten. Mit der Umsetzung des neuen Konzeptes wurde in der Geschäftsregion Franken bereits im zweiten Halbjahr 1993 begonnen. Die neue Struktur umfaßt fünf Kundenressorts (Unternehmensbereiche), die sog. **Divisionen**, die als Profit-Center geführt jeweils eigene Ergebnisverantwortung tragen:

(1) Privatkunden und Service,

(2) Vermögensanlage,

(3) Geschäftskunden und freie Berufe,

(4) Immobilienkunden,

(5) Firmenkunden und Banken.[405]

Die Kundenressorts (1) bis (3) sind in acht, die beiden anderen in zehn regionalen Geschäftsbereichen zusammengefaßt. Wieviele Kundenressorts es in einer Filiale geben wird, hängt vom jeweiligen Marktpotential ab. Das Ressort 'Privatkunden und Service' deckt als Basiseinheit der Filialen 80 % des finanziellen Bedarfs der Privatkunden ab.[406] Die Hypo-Bank wendet sich somit von der bisherigen Matrixorganisation gemäß Abb. 6.16. einer divisionalen Organisation nach Unternehmensbereichen zu.[407]

Ein Vorstandsmitglied der Hypo-Bank gab anläßlich einer Pressekonferenz des Geschäftsbereichs für die Region Franken bekannt, daß das mit dem neuen Konzept verfolgte vorrangige Ziel die Verbesserung der Qualität im Kundenservice sei. Damit verbunden sei für die Bank eine bessere Ausschöpfung des vorhandenen Kundenpotentials. Außerdem sei mit den Umstrukturierungsmaßnahmen kein Mitarbeiterabbau verbunden.

---

[403] Bayerische Hypotheken- und Wechsel-Bank AG: Geschäftsbericht 1992, München 1993, S. 81.
[404] Vgl. Burgmaier, S.: Bankenservice: Tief in die Tasche, in: Wirtschaftswoche, 48. Jg., 46/1993, S. 109.
[405] Vgl. Bayerische Hypotheken- und Wechsel-Bank AG: Geschäftsbericht 1993, München 1994, S. 20f..
[406] Vgl. ebenda, S. 20.
[407] Vgl. Hoch, P.: Vertriebshierarchien der Universalbank: Von Stufe zu Stufe..., in: BM, 22. Jg., 11/1993, S. 5-10, hier S. 8; Huber, F.: Rede anläßlich der Pressekonferenz des Geschäftsbereichs Franken, Bayerische Hypotheken- und Wechsel-Bank AG, Nürnberg 22.11.1993, unveröffentlicht, S. 3.

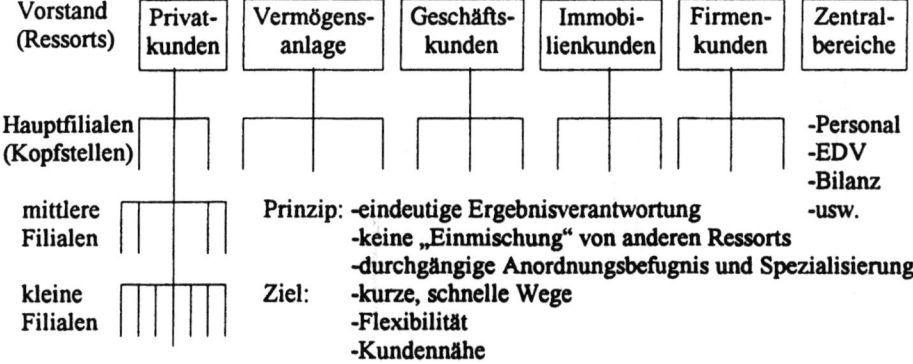

Abb. 6.16.: Divisionale Struktur der Bayerischen Hypotheken- und Wechsel-Bank AG, Prinzip-Darstellung
Quelle: In Anlehnung an Hoch, P., 1993, a.a.O., S. 8

Bisher hatte **ein** Filialleiter alle Mitarbeiter der verschiedenen Servicebereiche geführt. In Zukunft werden **mehrere** Filialleiter jeweils für bestimmte Kundensegmente eigenverantwortlich sein. Diese 'Teil-Filialen' sind jeweils einer eigenständigen Außenorganisation eines Unternehmensbereiches zugeordnet. Jeder Unternehmensbereich hat für sich zu entscheiden:[408]

- In welchen Filialen, d.h. an welchen Standorten er tätig sein wird,
- wie sich das Produktangebot für die jeweiligen Zielgruppen zusammensetzen wird,
- welche Vertriebswege eingesetzt werden,
- wie die zugeteilten Filialräume gestaltet werden,
- wie Auswahl, Ausbildung und Führung des Personals abzulaufen hat.

Um die Qualität des Services zu verbessern und insbesondere um Wartezeiten zu vermeiden, werden Bearbeitungsvorgänge und administrative Aufgaben systematisch aus dem Filialbetrieb ausgegliedert und in regionale Zentren verlegt.[409]

Ein anderer Ansatz wäre, die Standardisierung von Bankleistungen zum Ausgangspunkt für die konzeptionelle Gestaltung von Filialsystemen zu machen. Aus der fortlaufenden Erhöhung der Produktvielfalt, die generell bei weitgehender Personalausstattung zu Lasten der Produktivität gehen muß, ergibt sich anschließend zwangsläufig, daß Maßnahmen zur Produktivitätssteigerung notwendig werden. So wie Normungen, Typenbildungen und Modulsysteme in der Industrie Rationalisierungspotentiale schaffen, kann auch bei der Standardisierung von Bankleistungen von ähnlichen Effekten ausgegangen werden. Dieses muß, da die Produktvielfalt weitgehend erhalten wird (ggf. werden sogar Produktneuentwicklungen initiiert), nicht zu Lasten der Kun-

---

[408] Vgl. Hoch, P., 1993, a.a.O., S. 8f..
[409] Vgl. ebenda, S. 10; Huber, F., 1993, a.a.O., S. 6.

dennähe gehen. Weil aber bei komplexen Produkten nicht zu vermeiden ist, daß die Standardisierung auch die Individualität (Finanzanlagen, Finanzierungsprogramme) einschränkt, sind Grenzen zu beachten, deren Überschreitung gerade im Firmenkunden- und gehobenen Privatkundengeschäft zu erheblichen Marktanteilverlusten führen würde. Anderenfalls müßte vermehrt mit Sonderkonditionen gearbeitet werden.

Standardisierung ist auch eine der Voraussetzungen für die automatisierte Selbstbedienung als Rationalisierungsmaßnahme. Wegen der Heterogenität der Kundenbedürfnisse müssen aus obengenannten Gründen unterschiedliche Filialtypen entwickelt werden. Die Konzeptionsentwicklung wird i.d.R. auf der Basis einer Kundenbedürfnisstrukturanalyse und der jeweiligen Unternehmensphilosophie bzw. -ziele geschehen. Grundsätzlich bietet sich ein mehrstufiges Zweigstellenkonzept an. Ausgegangen wird dabei von einem bereits bestehenden Filialsystem. Die Umstrukturierung der Filialsysteme im Sinne einer Kundenorientierung greift tief in die bisherigen Strukturen bestehender Zweigstellennetze ein, was aus der Abb. 6.17. ersehen werden kann.

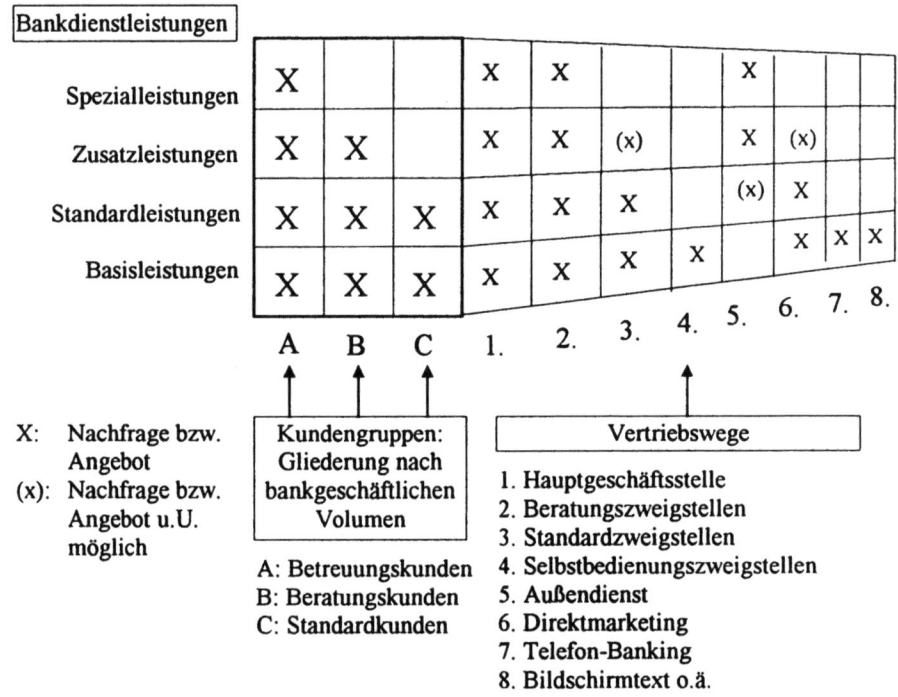

Abb. 6.17.: Vertriebskonzept der Zukunft

Quelle: In Anlehnung an Betsch, O.: Entwicklungsschritte beim Vertrieb von Finanzdienstleistungen, in: Betsch, O./Otto, K.-F. (Hrsg.): Vertriebshandbuch für Finanzdienstleistungen, Frankfurt am Main 1989, S. 11-27, hier S. 24

Bisher hatte es den Anschein, daß viele Banken im Rahmen ihrer Produktpolitik versuchten, fast jedes denkbare Kundenbedürfnis durch eine möglichst individuelle Ausgestaltung der einzelnen Bankprodukte zu befriedigen. Die Anzahl der verschiedenen Produkte bei den Kreditinstituten ist in letzter Zeit so stark gestiegen, daß das Leistungsspektrum einer Bank für das Bankpersonal und die Kunden kaum noch überschaubar bleibt. Für die Kundenberater bzw. Außendienstmitarbeiter[410] ist es kaum noch möglich, das gesamte Leistungsangebot einer Universalbank zu überblicken.[411]

Der bei vielen Privatkunden vorhandene Wunsch nach einem umfassenden, aber auch überschaubaren Angebot und einer schnellen Abwicklung ihrer Transaktionen mit der Bank dürfte künftig standortabhängig zu einer Zurücknahme der Produktpalette durch eine Straffung der Angebotsformen bzw. eine Standardisierung der Leistungsinhalte führen. Durch eine gestraffte, bedarfsgerechte Sortimentspolitik können erhebliche Rationalisierungserfolge mit entsprechenden Kostenreduzierungen[412] und auch Zeitersparnissen[413] erreicht werden. Eine solche Produktpalette ist einerseits für den innerbetrieblichen Ablauf (Verwaltung) leichter zu handhaben (z.B. bietet sich der Einsatz von technischen Hilfsmitteln an). Andererseits werden, da diese standardisierten Leistungen i.d.R. nicht sehr beratungsintensiv sind, die Verhandlungsgespräche mit dem Kunden vereinfacht. Somit wird weniger Beratungskapazität gebunden. Ferner kann die Preisgestaltung vereinfacht und die Werbung effektiver gestaltet werden.[414]

Die Gestaltung bzw. die Ausrichtung des Leistungssortiments bezogen auf unterschiedliche Filialtypen und hinsichtlich der verschiedenen Kundengruppen müßte im Zeitablauf regelmäßig überprüft werden. Hierbei gilt es vor

---

[410] Sämtliche Produkte sollen im Rahmen eines „Cross Selling" aktiv vertrieben werden, worauf in der Folge häufig eine kognitive Überlastung des Mitarbeiters resultiert. Badde charakterisiert diese Tatsache vor allem im Hinblick auf die Einführung des Allfinanzkonzeptes bezeichnenderweise als die Vereinigung dreier Berufsbilder, denen des Bank-, Bausparkassen- und Versicherungskaufmanns; vgl. Badde, C.: Möglichkeiten und Grenzen des Außendienstes, in: BM, 17. Jg., 5/1988, S. 18 u. S. 20.

[411] Vgl. Schütte, M.: Anforderungen an die Entwicklung von Kundenbetreuung, in: Süchting, J./van Hooven, E. (Hrsg.): Handbuch des Bankmarketing, 2. Auflage, Wiesbaden 1991, S. 220; Wieck, H.-A./Wünsche, G.: Lean-Banking für das Filialnetz, in: Die Bank, o. Jg., 8/1993, S. 444.

[412] Meist können so (indirekte) Kosten bei der Entwicklung und Pflege von Anwendungsprogrammen, bei der Mitarbeiterschulung, bei der Verkaufsförderung eingespart werden; vgl.: Bierer, H. et al: Auf dem Weg zur „schlanken Bank", in: Die Bank, o. Jg., 9/1992, S. 503; Wieck, H.-A./Wünsche, G., 1993, a.a.O., S. 444.

[413] Dieses gilt bspw. dann, wenn eine kürzere Beratungszeit erforderlich ist und auch die innerbetriebliche Auftragsabwicklung schneller erfolgt.

[414] Vgl. Bierer, H. et al, 1992, a.a.O., S. 502-504; Hein, M., 1993, a.a.O., S. 237f.; Wieck, H.-A./Wünsche, G., 1993, a.a.O., S. 444f.; Hoch, P., 1993, a.a.O., S. 9f..

allem festzustellen, ob und inwieweit sich die Bedürfnisse der einzelnen Kundengruppen geändert haben.

Das Leistungsangebot einer Universalbank kann für die Entwicklung von Filialtypen zur Nutzung von Standardisierungen folgendermaßen aufgeteilt werden:[415]

- **Basisleistungen:** Bankleistungen, die den Bedürfnissen aller Kundengruppen weitgehend entsprechen. Hierbei handelt es sich vor allem um die automatisierbaren Routineleistungen des Zahlungsverkehrs.
- **Standardleistungen:** Hierunter können die Leistungen subsumiert werden, die i.d.R. von den meisten Kunden nachgefragt werden, wie z.B. Spareinlagen, Bausparverträge und einfache Kreditprodukte. Eine komplexe Beratung ist meist aber nicht erforderlich und wird von vielen Kunden auch nicht gewünscht.
- **Zusatzleistungen:** Diese beratungsintensiven Produkte (z.B. Baufinanzierung, Wertpapiergeschäft) betreffen den qualifizierten Anlage- und Finanzierungsbereich und werden von vielen der vermögenden Privatkunden in Anspruch genommen.
- **Spezialleistungen:** Hierbei handelt es sich um sehr betreuungsintensive Leistungen, die nur von einigen der vermögenden Privatkunden beansprucht werden. Von der Bank wird hier nicht eine Einzelleistung erbracht, sondern es wird von ihr eine umfassende Problemlösung erwartet. In diesen Leistungsbereich fallen komplexere Anlageberatungen und Vermögensverwaltungen.

Eine derartige Gruppierung von Leistungsangeboten ist Grundlage des Aufbaus unterschiedlicher Filialtypen. Die effiziente Kundenausrichtung erfordert eine Zielgruppenbildung, damit die differenzierten Anforderungen der unterschiedlichen Kunden/Kundengruppen optimal befriedigt werden können und eine neue an diesen Zielgruppen ausgerichtete Gesamtorganisation der Bank entstehen kann. Um eine den Anforderungen aller Kundengruppen gerecht werdende Service- und Beratungsqualität zu gewährleisten, sind auch qualitativ und personell unterschiedlich ausgestattete Zweigstellen nötig. Dieses bedeutet aber nicht unbedingt, daß eine Filiale an nur einer einzigen Kundengruppe auszurichten ist.

Bei den Überlegungen hinsichtlich mehrstufiger Zweigstellenkonzeptionen wird davon ausgegangen, daß der Kunde für qualifizierte Beratung bei nicht alltäglichen Bankgeschäften bereit ist, weitere Wege in Kauf zu nehmen, wenn er gleichzeitig seine Routinegeschäfte schnell, bequem und kostengünstig abwickeln kann.[416]

Zukünftig sind folgende vier Filialtypen der Abb. 6.18. denkbar:

---

[415] Vgl. dazu Morgen, K.: Der Bankkunde bestimmt den Grad der Automation, in: Die Bank, o. Jg., 7/1985, S. 332; Betsch, O.: Strukturwandel und Wettbewerb am Bankenmarkt, Stuttgart 1988, S. 111f.; Krakow, P./Minz, R.: Neue Strategien für die Leipziger Sparkasse, in: B.Bl., 41. Jg., 7/1992, S. 356.

[416] Vgl. Oehler, A.: Die Akzeptanz der technikgestützten Selbstbedienung im Privatkundengeschäft von Universalbanken, Stuttgart 1990, S. 285.

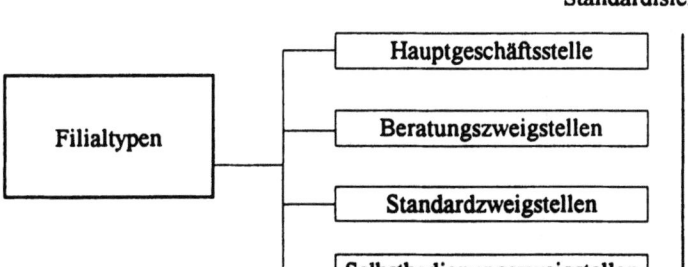

Abb. 6.18.: Unterschiedliche Filialtypen in Abhängigkeit vom Umfang des Angebotes standardisierter Bankleistungen

Typ 1: Hauptgeschäftsstelle mit Beratungszentrum:

In der Hauptgeschäftsstelle wird die komplette Leistungspalette der Gesamtbank angeboten. Hier werden in erster Linie hochqualifizierte und beratungsintensive Leistungen für die vermögenden Privatkunden und Firmenkunden erbracht. Zur Abwicklung der Routinegeschäfte ist ergänzend ein SB-Bereich eingerichtet, der für Kunden auch außerhalb der Schalteröffnungszeiten zugänglich ist. In dieser Geschäftsstelle haben der Vorstand und die zentralen Abteilungen ihren Sitz.

Typ 2: Beratungszweigstellen:

Die Beratungszweigstellen entsprechen hinsichtlich ihres Leistungsangebotes weitgehend der Hauptgeschäftsstelle. Auch hier wird die gesamte Leistungspalette einer Universalbank für alle Kundengruppen bereitgehalten.

Die Kundenzone, d.h. der Ort des direkten Kontakts zwischen Bank und Kunden, kann in der Hauptgeschäftsstelle bzw. in einer Beratungszweigstelle z.B. folgendermaßen räumlich - zielgruppengerecht - strukturiert sein:[417]

- SB-Bereich, Kassenbereich und Informationsschalter für alle Kundengruppen,

- Beratungsbereich für das Privatkundengeschäft,

- Beratungsplätze für die vermögenden Privatkunden in einer abgeschirmten Zone im Privatkundenbereich oder in einer anderen Etage,

- Firmenkundenbereich z.B. im zweiten Stockwerk.

---

[417] Vgl. dazu Halak, G.: Selbstbedienung in Kreditinstituten: Situationsanalyse und künftige Strategien, Wien 1990, S. 132f..

In der Hauptgeschäftsstelle und in den Beratungszweigstellen findet eine Konzentration insbesondere auf die Geschäfte statt, die anspruchsvollere Beratungs- und Betreuungsleistungen (=Zusatz- und Spezialleistungen) betreffen. Die vermögenden Privatkunden, d.h. die sog. Betreuungs- und Beratungskunden, werden jeweils einem Kundenbetreuer zugeordnet, der für diese Geschäftsbeziehung eigenverantwortlich ist. In diesen Zweigstellen ist es sehr empfehlenswert, die Öffnungszeiten kundenfreundlicher zu gestalten, d.h. in die Abendstunden auszudehnen und den Außendienst zu intensivieren. Die Vertriebswege Außendienst und Direktmarketing werden aus diesen Filialen heraus betrieben.

Die Kundenbetreuung aus einer Hand, d.h. durch einen bestimmten Bankmitarbeiter, ist zwar erstrebenswert, jedoch wenig praktikabel. Deshalb bietet es sich für die Banken vor allem in größeren Zweigstellen an, Betreuungsteams[418] zu bilden, die jeweils für eine Kundengruppe verantwortlich sind.

Typ 3: Standardzweigstellen:

Die Kunden haben auch hier die Möglichkeit, ihre alltäglichen Bankgeschäfte in einem räumlich abgetrennten Bereich (im Foyer) über SB-Automaten zu erledigen. Der SB-Bereich ist für die Kunden 24 Stunden täglich zugänglich. Ansonsten wird ein meist standardisiertes Leistungsangebot (z.B. Einlagen, einfache Kreditprodukte, Bausparverträge) angeboten. Hinsichtlich dieser eingeschränkten Leistungspalette stehen qualifizierte Mitarbeiter zu Beratungsgesprächen zur Verfügung. Bei Bedarf an komplexeren Produkten muß der Kunde ggf. an eine größere Zweigstelle verwiesen werden.[419]

Typ 4: Selbstbedienungszweigstellen:

SB-Geschäftsstellen werden vor allem an solchen Standorten errichtet, an denen großer Publikumsverkehr herrscht (z.B. Bahnhöfe, Einkaufszentren[420]), d.h. möglichst nahe bei der potentiellen Nachfrage. Die Eingangstür ist mit Hilfe einer ec- bzw. Kundenkarte zu öffnen.[421]

---

[418] Vgl. zur Realisierung der Teamkonzeption: Bühler, W., 1991, a.a.O., S. 137-141; Benölken, H.: Lean Management und die Konsequenz für die Bankorganisation, in: Sparkasse, 110. Jg., 6/1993, S. 269.

[419] Vgl. Betsch, O., 1988, a.a.O., S. 43; Lindauer, H.: Geschäftsstellen unter Kosten- und Vertriebsaspekten, in: BI, 19. Jg., 11/1992, S. 39-44, hier S. 43.

[420] An Standorten mit großen Passantenfrequenzen kann zusätzlich eine Werbewirkung erzielt werden.

[421] Vgl. ausführlich zur Bedeutung und Funktion der Zutrittskontrolle: Fries, E.: Mit Plastikchips zum Foyer und Verwaltungsbereich, in: B.Bl., 42. Jg., 8/1993, S. 403-407.

In diesen Geschäftsstellen werden i.d.R. die Standardautomaten, Kontoauszugsdrucker, Geldausgabeautomat und Mehrfunktionsterminal installiert. Zweckmäßig ist es, Standorte dieser Automatenzweigstellen im Einzugsbereich einer größeren Geschäftsstelle zu wählen. Im Bedarfsfalle kann der Kunde seine anderen Bankgeschäfte, die nicht selbstbedienungsfähig sind, in dieser Geschäftsstelle abwickeln.[422]

Die Akzeptanz der Selbstbedienung wird dadurch erhöht, daß während der üblichen Geschäftszeiten dem Kunden die Möglichkeit gegeben wird, telefonisch mit einem Bankmitarbeiter in Kontakt zu treten. Dieser Mitarbeiter gibt Hilfestellung bei der Bedienung der SB-Geräte und beantwortet auftretende Fragen.

Je nach Zahl und Art der installierten SB-Geräte zur automatisierten Abwicklung von Standardleistungen und den vorhandenen Räumlichkeiten kann eine SB-Zweigstelle mit einem oder mehreren Bankmitarbeitern besetzt werden. Dieses Personal steht aber auch für einfachere Informations- und Beratungsgespräche (z.B. für Kontoeröffnungen) zur Verfügung. Die Geschäftsstelle ist nur zu bestimmten Zeiten mit Personal besetzt. In den Nachtstunden sind die Filialen geschlossen, das Gebäude kann jedoch mit Hilfe der Kundenkarte betreten werden. Auch während der Nachtstunden besteht die Möglichkeit, in der Filiale ein Telefon zu benutzen, um einen Kundenbetreuer, der für mehrere SB-Zweigstellen Ansprechpartner ist, um Rat zu fragen.[423]

Die SB-Zweigstellen werden einer größeren Geschäftsstelle unterstellt, die die Führungsaufgabe übernimmt und u.a. für die Wartung und laufende Betreuung der SB-Automaten verantwortlich ist.

Für die Aufgabenteilung zwischen der Zentrale und den Zweigstellen gilt bei diesem unter dem Gesichtspunkt Standardisierung gebildeten Filialsystem:

- Die Zentrale verwirklicht Zielgruppenstrategien durch Produktentwicklung, Planung und Leistungssteuerung, sie bietet fachliche Unterstützung durch Spezialisten usw..

- Die Geschäftsstellen sind für die Ausführung des Bankgeschäfts mit dem einzelnen Kunden, d.h. die Pflege der Geschäftsbeziehungen und die Akquisition, die Entscheidung über Kredite, den Absatz von Dienstleistungen usw. zuständig.[424]

- Die Zweigstellen werden von administrativen Vorgängen freigehalten. Diese Vorgänge werden in regionalen Servicezentren oder der Zentrale erledigt.

---

[422] Vgl. Betsch, O., 1988, a.a.O., S. 43; Lindauer, H., 1992, a.a.O., S. 43.
[423] Vgl. Halak, G., 1990, a.a.O., S. 124-128, der von solchen Zweigstellen der Schweizer Bankgesellschaft berichtet.
[424] Vgl. Endres, M.: Entwicklungslinien der Bankorganisation, in: Die Bank, o. Jg., 1/1994, S. 4-9, hier S. 8.

Die durch diese Maßnahmen freiwerdenden Flächen werden als Beratungs- oder SB-Zonen genutzt. Die Mitarbeiter gewinnen durch diese Entlastung zusätzliche Zeit für die Beratungsgeschäfte.[425]

Aus wievielen Zweigstellen und aus welchen Zweigstellentypen sich das Filialsystem letztendlich zusammensetzt, hängt u.a. von der Marktstruktur und von der Größe der zu betreuenden Region ab. In einer Kleinstadt wird es neben der Hauptstelle einige Standardzweigstellen und SB-Zweigstellen geben. In größeren Städten werden mehr Beratungszweigstellen erforderlich sein, um den anspruchsvolleren Kunden die räumliche Nähe zur Bank zu bieten. Vereinzelt ergänzen Zielgruppenfilialen das Standardisierungskonzept. Einige Banken haben zur Neukunden-Akquisition Jugendfilialen errichtet. Zum Zwecke einer gerichteten Zielgruppenansprache werden auch universitätsnahe Studentenzweigstellen eröffnet. Im Vordergrund des Geschäfts der Universitätsfilialen steht als Einstiegsleistung in erster Linie der Zahlungsverkehr.

6.4.3 Traditionelle Linienorganisation und neuere Organisationsansätze

In den für Kreditinstitute üblichen Aufbauorganisationen sind Sparten-, Funktions- und Kundengruppenabteilungen parallel vorhanden, meistens auf derselben Hierarchieebene. Hierdurch entstehen Mehrliniensysteme (Funktionen und Sparten). Ausgangspunkte waren traditionell häufig die produktorientierten Spartenorganisationen, denen eine sehr begrenzte Kundengruppenorientierung beigefügt wurde. Die Dienstleistungen werden üblicherweise als Zentralbereich geführt, wie aus der Abb. 6.19. zu ersehen ist.

Dem Organigramm ist zu entnehmen, daß Marktorientierung und Marketinggesichtspunkte allenfalls eine untergeordnete Rolle spielen.

Eine Mehrlinienkonzeption mit ausgeprägterer Marktnähe enthält im Vergleich zur Abb. 6.19. das nachfolgende Schema 6.20.. Die mit der Allgemeinbezeichnung 'Berater I', 'Berater II' usw. bezeichneten Stellen können Kundengruppen oder Regionen zugeordnet sein. Zeitgemäßer wäre eine Kundengruppenzuordnung, die zu einer Mehrfach-Weisungsunterstellung für den Stelleninhaber führt. Hieraus können sich allerdings die bereits angesprochenen Konflikte bei Problemen in der Zusammenarbeit der Vorgesetzten ergeben, wie sie in der Praxis häufig zu beobachten sind. Konflikte zwischen Vorgesetzten werden auf die unteren Ebenen, die weisungsabhängig arbeiten müssen, weitergegeben.

---

[425] Vgl. Hoch, P., 1993, a.a.O., S. 10; Menezes, V.J.: Privatkundengeschäft: Standards in Europa, in: BM, 22. Jg., 7/1993, S. 9.

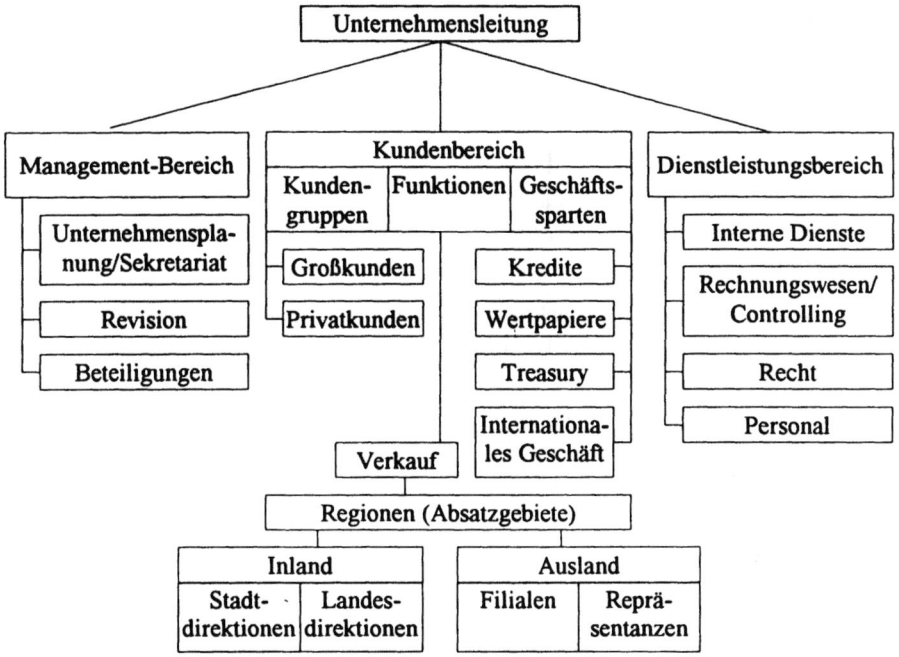

Abb. 6.19.: Linienorganisation traditioneller Art

Quelle: in geringfügig veränderter Form entnommen aus: Bühler, W., 1991, a.a.O., S. 119

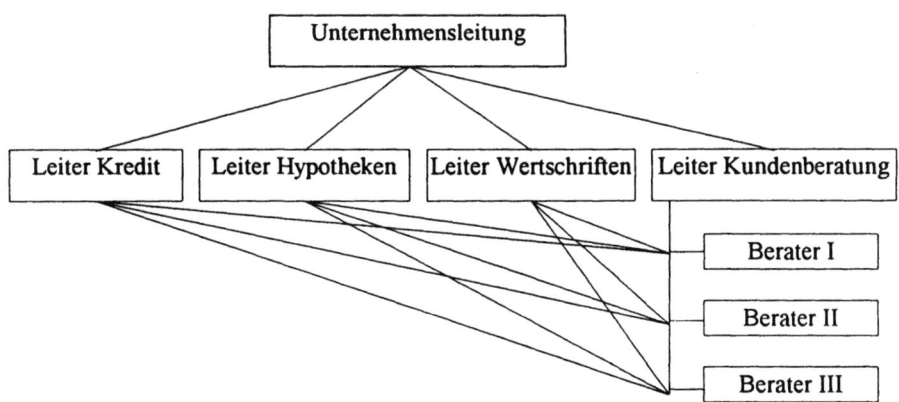

Abb. 6.20.: Mehrliniensystem einer Bankorganisation mit Kundengruppen- oder Regionalorientierung

Quelle: Schmidt, G., 1987, a.a.O., S. 92

Bei diesem Organisationssystem lassen sich höhere Spezialisierungsgrade bei Wahrung der Einheitlichkeit von Fach- und Entscheidungskompetenz erzielen. Dem möglichen Vorteil verbesserter Entscheidungsqualität können Nachteile gegenüberstehen, die sich aus unklarer Kompetenzabgrenzung und konfliktären Weisungen ergeben.[426]

Eine Ordnung der Geschäftsbereiche unter Verbindung von Regionalprinzip und Kundengruppenorientierung zeigt ein auf den nachfolgenden Seiten zu behandelndes vereinfachtes Diagramm der Abb. 6.21. am Beispiel der Deutschen Bank AG.

Weil mehr Gewicht auf eine durchgehende, kundenorientierte Ausrichtung mit stärkerer Ergebnisorientierung gelegt werden sollte, wurden drei Geschäftsbereiche gebildet:[427]

(1) der Geschäftsbereich 'Privatkunden',

(2) der Geschäftsbereich 'Privates Anlage-Management' für die vermögende Privatkundschaft und

(3) der Geschäftsbereich 'Firmen und Körperschaften' für das Firmenkundengeschäft.

Diese drei Unternehmensbereiche sind teilautonom, d.h. es handelt sich um Unternehmenseinheiten mit eigenem Vertrieb, Marketing, gesonderter Verarbeitung und eigener Ergebnisverantwortung. Somit erhalten die für die einzelnen Kundengruppen Verantwortlichen einen größeren Einfluß auf die verschiedenen Komponenten von Kosten und Ertrag. Die Geschäftsbereiche sind nicht vollautonom, da z.B. der sog. Servicebereich[428] nicht auf die einzelnen Bereiche aufgeteilt wurde, sondern weiterhin die Gesamtbank betreut. Auf die Zentrale fallen Aufgaben wie Ressourcenallokation, Strategieentwicklung, Koordination und Controlling.[429]

Der Geschäftsbereich 'Privatkunden' ist zuständig für die privaten Kunden einschließlich der wirtschaftlich Selbständigen (Freiberufler, Gewerbetreibende) und entsprechender kleiner Unternehmen. Ausgenommen sind die

---

[426] Vgl. auch Büschgen, H.E., 1991, a.a.O., S. 40; Hill, W./Fehlbaum, R./Ulrich, P.: Organisationslehre, 5. Auflage, Bern 1994, S. 210.

[427] Vgl. Endres, M.: Lean Production im Bankgeschäft?, in: BM, 22. Jg., 3/1993, S. 6-8.

[428] Im Servicebereich hat die Deutsche Bank „alle die Prozesse zusammengefaßt, die nicht am Kunden stattfinden und nicht kundenspezifisch sind (Endres, M., 1993, a.a.O., S. 8)". Hierzu gehören z.B. die Software-Erstellung, die Rechenzentren und das Daten- und Fernsprechnetz, vgl. Endres, M., 1993, a.a.O., S. 8.

[429] Vgl. o.V.: Mit einer neuen Struktur für die Zukunft gerüstet - Die neue Struktur der Inlandsbank, in: Forum, Mitarbeiterzeitschrift der Deutschen Bank AG, 8/1990, S. 21; Endres, M., 1993, a.a.O., S. 8f; Endres, M.: Entwicklungslinien der Bankorganisation, in: Die Bank, o. Jg., 1/1994, S. 8.

Privatkunden, die einen besonders hohen Bedarf auf dem Gebiet der Vermögensanlage haben. Diese werden vom Geschäftsbereich 'Privates Anlage-Management' betreut. Der Geschäftsbereich 'Privatkunden' trägt zugleich die Verantwortung für das Geschäftsstellennetz.[430] Als Basisleistungen werden im Geschäftsbereich 'Privatkunden' vorwiegend standardisierte Dienstleistungen angeboten. Einhergehend mit dieser Kundensegmentierung wurde das gesamte Geschäft z.B. hinsichtlich neuer Konzepte der Weiterbildung, Datenverarbeitung und Raumgestaltung neu geordnet.[431]

Im Rahmen der Umstrukturierung ist auch die Filialstruktur geändert worden. In Abb. 6.21. ist der Aufbau der neuen Struktur schematisch dargestellt.

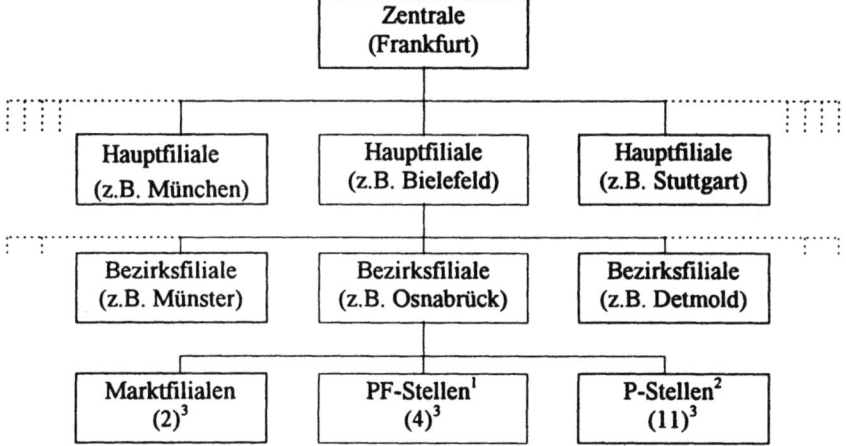

1: Geschäftsstelle ist zuständig für das Privatkunden- und das Firmenkundengeschäft.
2: Geschäftsstelle ist in erster Linie für Privatkunden, aber auch für kleinere Unternehmen zuständig.
3: Die Zahlen in Klammern geben die Zahl der jeweiligen Geschäftsstellen im Bezirk Osnabrück an.

Abb. 6.21.: Die Filialstruktur der Deutschen Bank AG

In den Haupt-, Bezirks- und Marktfilialen sind alle drei Geschäftsbereiche vertreten. Für die vermögende Privatkundschaft werden individuelle Beratungsleistungen in speziell für diesen Zweck eingerichteten Anlage-Zentren, die sich in den Filialen befinden, bereitgestellt.[432] Diese Maßnahme zielt auf

---

[430] Vgl. o.V., 1990, a.a.O., S. 22.
[431] Vgl. Deutsche Bank AG: Geschäftsbericht 1992, Frankfurt/Main 1993, S. 15f.; Boehm-Bezing, C.L. von: Wettbewerb um Privatvermögen - wer wird ihn gewinnen?, in: BM, 23. Jg., 4/1994, S. 12f..
[432] Vgl. Deutsche Bank AG, 1993, a.a.O., S. 16.

eine effizientere Beratung und Betreuung der Individualkunden ab. Im Jahre 1993 waren im Geschäftsbereich 'Privates Anlage-Management' 2.200 Mitarbeiter beschäftigt, die 210.000 Kunden und ein Wert- und Depotvolumen von 84 Milliarden DM betreuten. Im Durchschnitt haben diese Kunden jeweils etwa 400.000 DM angelegt. Die Deutsche Bank hat geplant, rund 275 Anlage-Zentren im Inland zu errichten. Bis Ende 1994 sollen etwa 90 % am Markt etabliert sein.[433]

In den PF-Stellen werden sowohl Geschäfte mit Privatkunden als auch mit Firmenkunden abgewickelt. In der P-Stelle liegt der Schwerpunkt bei Geschäften mit der Privatkundschaft, aber auch mit kleineren Unternehmen. In diesen kleineren Filialen ist der Geschäftsbereich 'Privates Anlage-Management' nicht vorhanden. Fragen Kunden in diesen Filialen komplexere Dienstleistungen nach, die z.B. das Wertpapier- oder das Auslandsgeschäft betreffen, werden sie an eine größere Geschäftsstelle (Bezirks- bzw. Marktfiliale) verwiesen. Nach einem Jahr mit dieser neuen Organisationsstruktur stellte die Deutsche Bank u.a. fest, daß die Beratungs- und Servicequalität gestiegen ist und daß für die Entwicklung neuer Produkte und den Abstimmungsprozeß weniger Zeit beansprucht wird als vorher.[434]

Mit einem konsequent auf die gegenwärtigen, deutlich veränderten Marktverhältnisse zugeschnittenen Organisationsplan kann auch ein regional begrenzt tätiges Kreditinstitut über eine als Ein-Linien-System aufgebaute Organisation eine deutliche Marktorientierung erreichen. Mit dem weiteren Praxisbeispiel kann gezeigt werden, daß Regionalorientierung, Kundengruppen- und Produktorientierung auch parallel organisiert werden können. Bei diesem regional begrenzt tätigen Kreditinstitut werden die langen Instanzenwege dadurch vermieden, daß Produktspezialisten und kundengruppenspezialisierte Berater jeweils direkt miteinander in Verbindung treten. Der Kundenkontakt entsteht über die Kundengruppenbetreuer, die die weitere Geschäftsabwicklung mit den Produktspezialisten gemeinsam betreiben. Gegebenenfalls übernimmt auch der Produktspezialist im Rahmen des speziellen Einzelgeschäftes die weitere Beratung, bis wieder der Standardbereich erreicht wird, in dem der ursprüngliche Kundenbetreuer die Kundenberatung fortsetzen kann. Der besseren Übersichtlichkeit wegen soll im Organigramm der Abb. 6.22. zunächst die Aufbauorganisation der Hauptstelle gezeigt werden.

Der gesamte Zentralbereich ist dem Vorstandssekretariat untergeordnet. Das Vorstandssekretariat ist einem der Vorstandsmitglieder direkt unterstellt; es kann hierdurch bei entsprechender personeller Besetzung sehr weitreichende Kompetenzen erhalten, die das gesamte Rechnungswesen einschließlich Re-

---

[433] Vgl. o.V.: Privatkunden: Den VIPs entgegen, in: BM, 22. Jg., 7/1993, S. 10; Boehm-Bezing, C.L. von, 1994, a.a.O., S. 13.
[434] Vgl. Endres, M., 1993, a.a.O., S. 8.

vision, Organisation und Personal sowie die Marketingaktivitäten umfassen. Die zusätzliche Berücksichtigung der Regionalorientierung zeigt das Organigramm der Abb. 6.23..

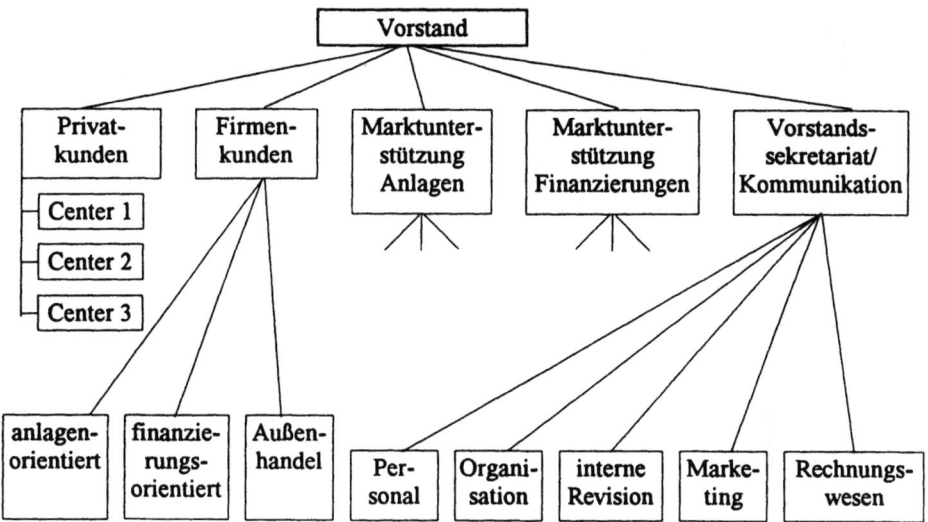

Abb. 6.22.: Organigramm einer Hauptstelle ohne Regionalorganisation

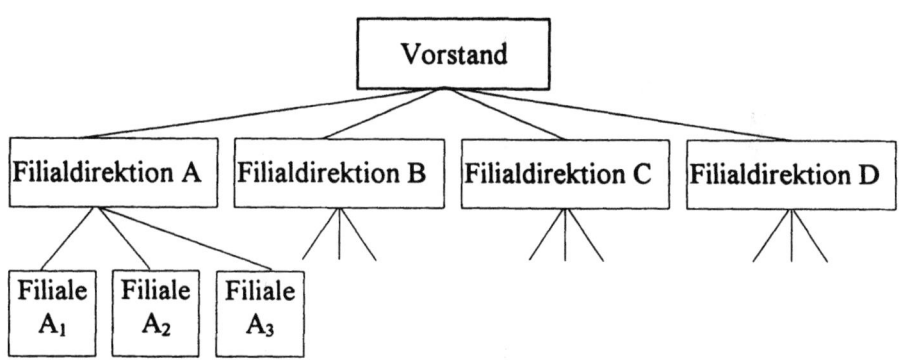

Abb. 6.23.: Regionalorganisation der Filialbereiche außerhalb der Hauptstelle

Die Unterstützung der Filialen erfolgt von der Hauptstelle aus. Anspruchsvollere Marktsegmente werden von der Hauptstelle entweder direkt betreut oder in Kooperation mit den Kundenbetreuern in der Filialdirektion/Filiale/Geschäftsstelle bedient.

Nachdem nun ein Überblick über neuere Organisationslösungen gezeigt hat, daß viele Kombinationsmöglichkeiten der Organisationsgrundtypen gegeben sind, um Problemlösungen zu finden, soll eine allgemeine Darstellung der Grundlagen zur Ablauforganisation das Kapitel zur Bankorganisation abrunden.

6.5 Ablauforganisation

Zur Ablauforganisation soll zunächst mit allgemeingültigen Ausführungen in der Weise begonnen werden, daß Grundlagen im Sinne einer Allgemeinen Betriebswirtschaftslehre dargestellt werden. Bankspezifische Besonderheiten werden nur am Rande angesprochen, sie sind dem nachfolgenden Punkt 6.6 vorbehalten.

Gegenstand der Ablaufplanung ist die Gestaltung von Arbeitsabläufen innerhalb von Produktions- und Dienstleistungssystemen, zu denen auch die Kreditinstitute zu zählen sind. Es existieren folgende Zielsetzungen:

(1) Durchlaufzeitminimierung unter Beachtung ablaufmäßiger und fertigungstechnischer Restriktionen (teilweise zwingend notwendige Bearbeitungsreihenfolgen, Engpaßsituationen u.a.).

(2) Ausgleich von Produktionsschwankungen aufgrund von Ausfallzeiten bei einzelnen Bearbeitungsstationen u.a. durch Bildung von Zwischenlagern oder Reservebearbeitungskapazitäten.

(3) Einhaltung vorgegebener Produktionsleistung oder Leistungsmaximierung.

Als Produktion wird damit auch die Erstellung von Dienstleistungen, insbesondere von Bankleistungen, angesehen. Formal weicht die Bearbeitung eines Krediates, beginnend mit Anfrage und Beratung, die Bearbeitung des Kreditantrages bis zur Auszahlung, die Verwaltung von Sicherheiten, ggf. die Überprüfung der vertragsgemäßen Verwendung der Gelder bis hin zur Überwachung der Zins- und Tilgungszahlungen, nicht von der Auftragsfertigung eines Industriebetriebes ab.

Bei standardisierten oder standardisierbaren Bankleistungen können Ablaufplanungen und Ablaufoptimierungen analog zur **Fließfertigung** erfolgen. Die Lösung der Ablaufprobleme geschieht nur einmalig **vor** Beginn der Fertigung einer größeren Anzahl gleichartiger (Bank-)Produkte. Es liegen lineare Fertigungsprozesse vor. Für Individualleistungen ist eine Bearbeitung analog zur traditionellen Werkstattfertigung möglich, die durch nichtlineare Fertigungsprozesse gekennzeichnet ist. Häufig sind hierbei im Zuge des Fortschreitens eines Produktionsprozesses, also **während** der Produktion, in kurzen Zeitabständen neue Planungen notwendig. Beispiel für die Erstellung von Individualleistungen ist die Erarbeitung von Finanzierungsprogrammen für Firmenkunden in Abhängigkeit von deren erwarteter Geschäftsentwicklung. Als Problem stellt sich in der Werkstattfertigung meistens heraus, daß als Ziele nicht gleichzeitig erreichbar sind:

(1) die Minimierung der Durchlaufzeiten von Aufträgen **und**
(2) die Maximierung der Produktionskapazitäten bei geringsten arbeitsablaufbedingten Leerzeiten.

In diesem Zusammenhang wird von dem allgemein bekannten Dilemma der Ablaufplanung gesprochen. Lösungsansätze reichen von kompliziertesten Verfahren des Operations Research bis zu einfachen Entscheidungsregeln unter Einbeziehung der intuitiv kombinatorischen Fähigkeiten von Mitarbeitern einzelner Betriebseinheiten.

Werden größere Projekte geplant, z.B. die Börseneinführung eines Unternehmens, bieten sich Planungs- und Organisationsverfahren an, die für die Verarbeitung komplexer, zeitaufwendiger Bearbeitungsstrukturen geeignet sind; traditionell wird hier von Auftragsfertigung gesprochen, die mit Hilfe von Netzplantechniken ablaufmäßig optimal gestaltet und organisiert werden kann.

6.5.1 Prinzip der Fließfertigung

Ziel der Gestaltung eines Arbeitsablaufes nach dem Prinzip einer Fließfertigung ist es, einen kontinuierlichen und unterbrechungsfreien 'Materialfluß' oder einen Fluß von Einzelvorgängen herzustellen. Es handelt sich i.d.R. um lineare Fertigungsabläufe gemäß Abb. 6.24..

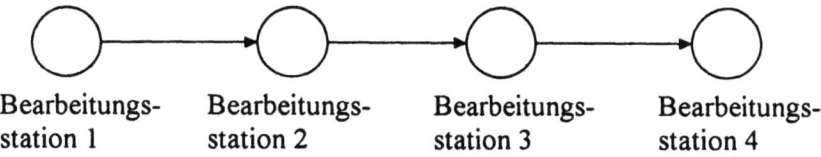

| Bearbeitungs- | Bearbeitungs- | Bearbeitungs- | Bearbeitungs- |
| station 1 | station 2 | station 3 | station 4 |

Abb. 6.24.: Linearer Fertigungsablauf

Geeignet ist dieser Typ von Ablauforganisation für gleiche Anzahlen von Vorgängen, die eine bestimmte Anzahl von Bearbeitungsstationen zu durchlaufen haben, in denen jeweils genau definierte, dem Bearbeitungsfortschritt dienende Tätigkeiten zu verrichten sind. Für den Bankbetrieb sind dieses ggf. intermittierend wechselnde Massenvorgänge im Back-Office-Bereich. Problemlösungen können hier analog zur Lösung von Bandabstimmungs- und Austaktungsproblemen in Fertigungsbetrieben in mehreren Schritten erarbeitet werden:

(1) Planung der Operationszeiten t für das Arbeitselement i (= t_i); der Zeitbedarf ist u.a. abhängig von der Verfahrenswahl, der Produktgestaltung und der Intensität,

(2) Bestimmung der möglichen oder zulässigen Bearbeitungsreihenfolgen unter Berücksichtigung technisch realisierbarer Kombinationsmöglichkeiten von Arbeitselementen,

(3) Bestimmung der durch Zusammenfassung von Arbeitselementen i alternativen Operationen,

(4) Bestimmung der Taktzeiten ggf. unter Berücksichtigung vorgegebener Mindestproduktionsleistungen.

Arbeitsabläufe sind so zu gestalten, daß bei vorgegebener Leistung die Kapazitätsnutzung (Maschinen- und/oder Personalkapazität) maximiert wird; Abstimmungsverluste und Leerzeiten in den einzelnen Bearbeitungsstationen sind folglich zu vermeiden.

Zwischen Taktzeit, Bearbeitungszeit und Abstimmungsverlust existieren die folgenden zeitlichen Zusammenhänge:

Symbole:

I_s = Menge der Arbeitselemente i, die einer Bearbeitungsstation s zugewiesen werden

s = Bearbeitungsstation, Stationsindex s = 1,..., $\bar{s}$

t_i = Operations-/Bearbeitungszeit für Arbeitselement i in ZE/ME

t_s = Operations-/Bearbeitungszeit in Station s in ZE,

$$t_s = \sum_{i \in I_s} t_i$$

u_s = Abstimmungsverlust in Bearbeitungsstation s in ZE/ME (entspricht Wartezeit eines Auftrages)

V = Abstimmungsverlust in ZE/ME

C = Taktzeit in Minute/ME, ZE/ME

(1) $u_s = C - t_s = C - \sum_{i \in I_s} t_i$

(2) $V = \sum_s u_s = \sum_s (C - t_s)$

V ist ein Qualitätsmerkmal für die Abstimmung von Bearbeitungsfolgen, die nach dem Prinzip der Fließfertigung organisiert sind. Bei minimaler Durchlaufzeit ist auch der Abstimmungsverlust minimal.

Weiterhin sind bei der Ablauforganisation zeitliche Zusammenhänge zwischen Kapazitätsauslastung und Bearbeitungszeiten zu beachten.

Zusätzliche Symbole:

T = Gesamtbearbeitungszeit des Produktes bei festgelegter Bearbeitungsreihenfolge in ZE

l_s = Leerzeit in der Bearbeitungsstation s in ZE

n = Anzahl der Bearbeitungsstationen

(3) $\quad T = \sum_s t_s = \sum_i t_i$

(4) $\quad V = n \cdot C - T$

bzw. als Zielfunktion formuliert:

$\quad V = n \cdot C - T \rightarrow \min!$

Als Zusammenhänge zwischen Durchlaufzeit, Taktzeit und Ausbringung treten auf:

Zusätzliches Symbol:

D = Durchlaufzeit eines Auftrages in ZE/ME

(5) $\quad D = C \cdot n$,

damit sind C und n Aktionsparameter zur Erreichung der Zielsetzung $D \longrightarrow \min!$

für C gilt: $C = t_s + l_s$ für alle s

(6) $\quad D = \sum_{s=1}^{S} (t_s + l_s)$

Als vorerst letzte wichtige Abhängigkeiten sind Zusammenhänge zwischen Ausbringung und Produktionsleistung zu beachten:

Zusätzliche Symbole:

M = Produktionsleistung in ME/ZE bzw. ME/h

h = Stunde als Zeiteinheit

f = Umrechnungsfaktor = $\dfrac{60 \min}{h}$

(7) $C = \dfrac{f}{M}$ $\quad$ d.h. C = C(M) ergibt eine Hyperbelfunktion:

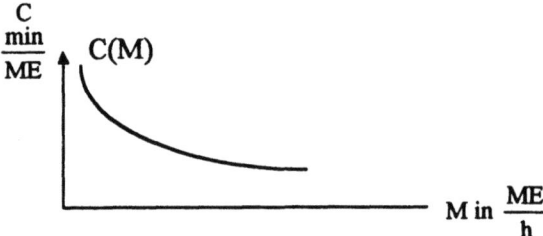

Zur Verdeutlichung der Zusammenhänge soll ein kurzes Rechenbeispiel zur Bearbeitung von Massenvorgängen nach dem Fließprinzip dienen. Zur besseren Anpassung an wechselnde Bearbeitungsmengen soll in einer Bearbeitungsstation eine begrenzte intensitätsmäßige Anpassung vorgesehen werden. Das Anpassungsintervall für die Produktionsleistung M soll betragen:

$$10 \frac{ME}{h} \leq M \leq 16 \frac{ME}{h}$$

$$C = \frac{f}{M}$$

$$C_1 = \frac{60 \frac{min}{h}}{10 \frac{ME}{h}} = 6 \frac{min}{ME} = C_{max}$$

$$C_2 = \frac{60}{16} = 3{,}75 \frac{min}{ME} = C_{min}$$

Als alternativ mögliche ganzzahlige Taktzeiten könnten aufgrund der Rechenergebnisse für C_1 und C_2 (aufgerundet) festgelegt werden:

$$C = 4, 5 \text{ und } 6 \frac{min}{ME}$$

Bei der Organisation von Massenvorgängen nach dem Fließprinzip sind sehr häufig alternativ mögliche Bearbeitungsreihenfolgen realisierbar.

Eine Bearbeitungsfolge mit begrenzt vorhandenen Freiheitsgraden läßt sich durch eine Halbordnung als Vorrang-Graph darstellen, wie sie die nachfolgende Abb. 6.25. zeigt.

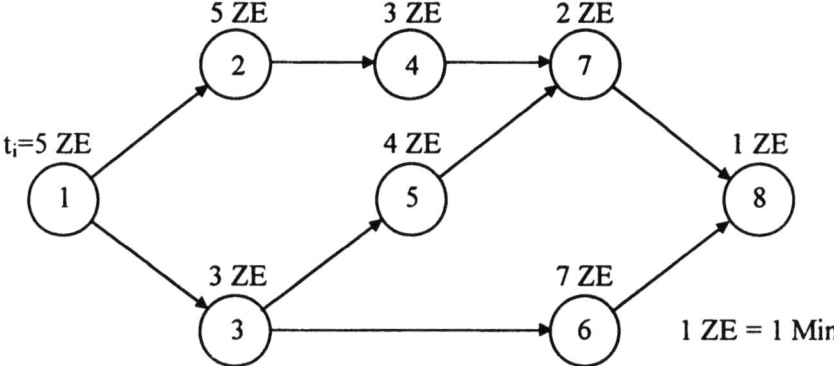

Abb. 6.25.: Vorrang-Graph als Vorgangsknotendarstellung

Daß der obenstehende Vorrang-Graph die Arbeitselemente noch nicht in eindeutiger Reihenfolge ausweist, zeigt die nachfolgende Abb. 6.26.. In der Darstellung sind alle Entscheidungsmöglichkeiten enthalten, die sich aus obigem Vorrang-Graphen ableiten lassen. Aus allen technisch zulässigen Folgen der Entscheidungsbaum-Abbildung ist die betriebswirtschaftlich optimale Folge zu ermitteln. Grundlage sind Investitionsplanungen, die in den nachfolgenden Übungsaufgaben vernachlässigt sind, Überlegungen zur Kapitalbindung und zur angestrebten Leistung/Kapazität von Bearbeitungslinien/linearen Fertigungsstrukturen.

Die Auswertung der technisch oder organisatorisch möglichen Alternativen der Bildung von Bearbeitungsreihenfolgen erfolgt aber auch unter zeitlichen Aspekten. Werden mehrere Bearbeitungselemente einer Organisationseinheit oder Bearbeitungsstation übertragen, so sind diese so zu gruppieren, daß die geringstmöglichen Wartezeiten summiert über alle Organisationseinheiten entstehen. Kommt es dagegen auf die hohe Bearbeitungsleistung im Sinne eines hohen Durchsatzes von Bearbeitungsaufträgen an, so ist eine möglichst geringe Anzahl von Arbeitselementen einer Organisationseinheit oder Bearbeitungsstation zuzuordnen. Wird eine hohe Leistung angestrebt, ist eine starke Zerlegung der Arbeitsinhalte je Gesamtauftrag erforderlich, damit viele Bearbeitungsstationen gebildet werden können.

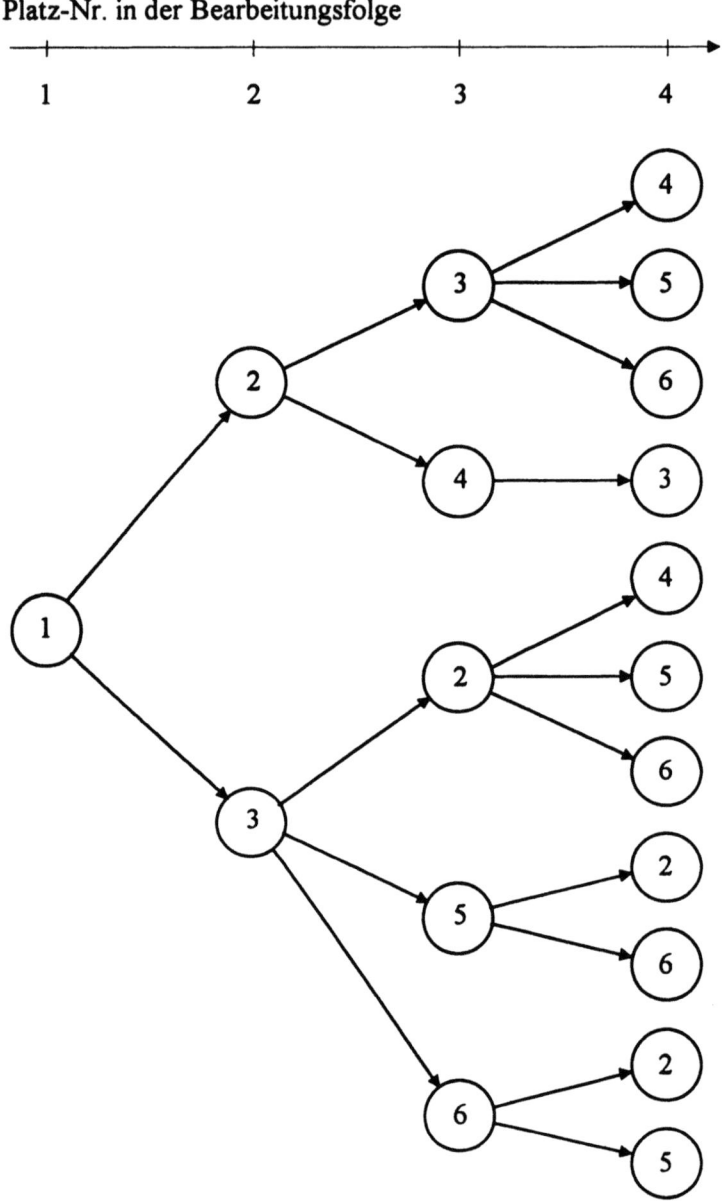

Abb. 6.26.: Darstellung der Entscheidungsmöglichkeiten bei der Festlegung zulässiger Bearbeitungsreihenfolgen

Für die ersten vier Entscheidungsstufen zeigt der obenstehende Entscheidungsbaum, welche zulässigen Bearbeitungsfolgen bei eindeutiger Reihung möglich sind. Werden die Reihenfolgen als Grundlage der Organisationsgestaltung in Tabellenform dargestellt, ergibt sich auszugsweise die Tabelle 6.3., die eine Ableitung einiger alternativer Bearbeitungsreihenfolgen aus dem Vorrang-Graphen enthält:

Reihenfolge	Arbeitselemente
A	1 2 3 4 5 6 7 8
B	1 3 2 5 6 4 7 8
C	1 3 2 4 6 5 7 8
D	1 3 2 6 5 4 7 8

Tabelle 6.3.: Auszug aus den zulässigen Bearbeitungsfolgen des Vorrang-Graphen

Eine andere Möglichkeit der Abbildung von Vorrangbeziehungen wäre die Vorrang-Matrix auf deren Darstellung hier verzichtet werden soll. Die Vorrang-Matrix ist wesentlich weniger anschaulich als der Vorrang-Graph.

Übungsaufgabe 6.1.: Entscheidungsbaumentwicklung bei alternativen Auftragsbearbeitungsmöglichkeiten

Gesucht ist die Ableitung eines vollständigen Entscheidungsbaumes aus dem gegebenen Vorrang-Graphen:

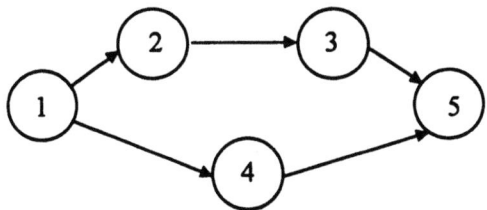

Lösung:

Der Entscheidungsbaum für die Festlegung aller alternativ möglichen Reihenfolgen hat gemäß Abb. 6.27. die folgende Form:

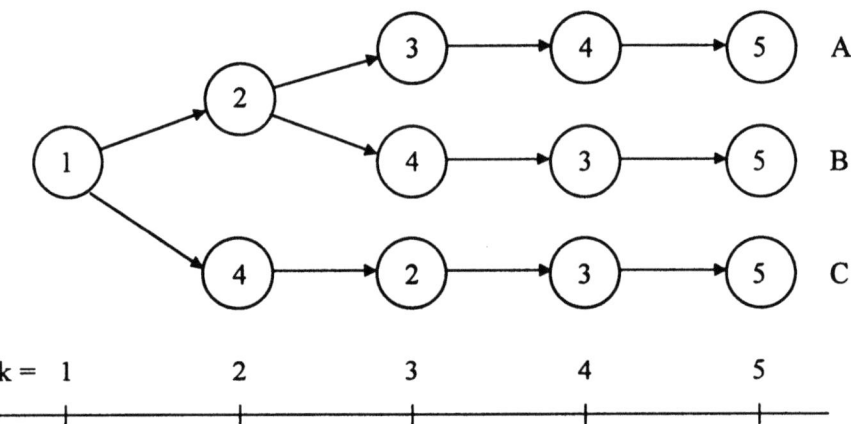

Abb. 6.27.: Vollständiger Entscheidungsbaum zur Festlegung zulässiger Bearbeitungsreihenfolgen

Die vollständige Darstellung der zulässigen Bearbeitungsfolgen in Tabellenform enthält die Tabelle 6.4..

Reihenfolge	Arbeitselemente
A	1 2 3 4 5
B	1 2 4 3 5
C	1 4 2 3 5

Tabelle 6.4.: Aus dem Vorrang-Graphen abgeleitete zulässige Bearbeitungsfolgen

Die gesamtoptimale Folge von Arbeitselementen ist i.d.R. die Reihenfolge mit der geringsten Bearbeitungsdauer, die sich bei Minimierung der Abstimmungsverluste in den vorgegebenen Bandstationen ergibt.

Dem Prinzip der Fließfertigung folgt das im Anschluß dargestellte Beispiel einer Kreditantragsbearbeitung. Es handelt sich hier um einen Verbundablauf vom Typ der Linienfertigung unter möglichem Einsatz paralleler Bearbeitungsstationen.

Überwiegendes Ziel der Organisation von Arbeitsabläufen in Kreditinstituten ist es, die Gesamtdurchlaufzeit eines Auftrags durch alle Arbeitsplätze zu minimieren. Mit Hilfe eines Arbeitsdiagramms sind Transport-, Warte- und Bearbeitungszeiten aufeinander abzustimmen. Die Beschleunigung des Arbeitsablaufes kann an den Engpässen ansetzen, d.h. dort, wo die durchschnittliche Wartezeit eines Transport- bzw. Arbeitsvorganges vor einer Bearbeitungsstation am größten ist. Hier könnte eine Anpassung an Beschäftigungsschwankungen durch intensitätsmäßige Anpassung oder Einrichtung einer Parallelstation vorgenommen werden. Um die termingerechte Fertigstellung der Bearbeitung zu sichern, genügt es daher, die Engpaßplätze flexibel zu beschäftigen.

Eine Kapazitätsauslegung entsprechend den erwarteten Spitzenbelastungen ist i.d.R. wirtschaftlich nicht optimal. Die Wirtschaftlichkeit der Arbeitsplätze hängt außerdem auch davon ab, in welchem Maße es gelingt, die anfallende Arbeit entsprechend der Kapazitätsbemessung der einzelnen Arbeitsplätze zu steuern. Dieses setzt die Analyse von Arbeitsabläufen in einer Bank voraus, die standardisiert erfolgen kann. Die Abb. 6.28. stellt beispielhaft einen sachbezogenen Arbeitsablaufplan dar, der mehrere Arbeitsplätze umfaßt.

Die Abbildung zur Bearbeitung eines Kreditantrages zeigt schon, daß sich die nachfolgend dargestellte Analyse nur auf gleichartige Vorgänge oder Bearbeitungsaufträge beziehen kann. Hierunter fallen alle standardisierbaren Bankleistungen. Komplexere Auftragsstrukturen wie Börseneinführungen von Unternehmen sind individuell zu planen. Die Ablaufplanung bedient sich hierbei verschiedener Verfahren der Netzplantechnik. Die Planungstechnik ist im weiteren Verlauf dieses Kapitels einführend dargestellt.

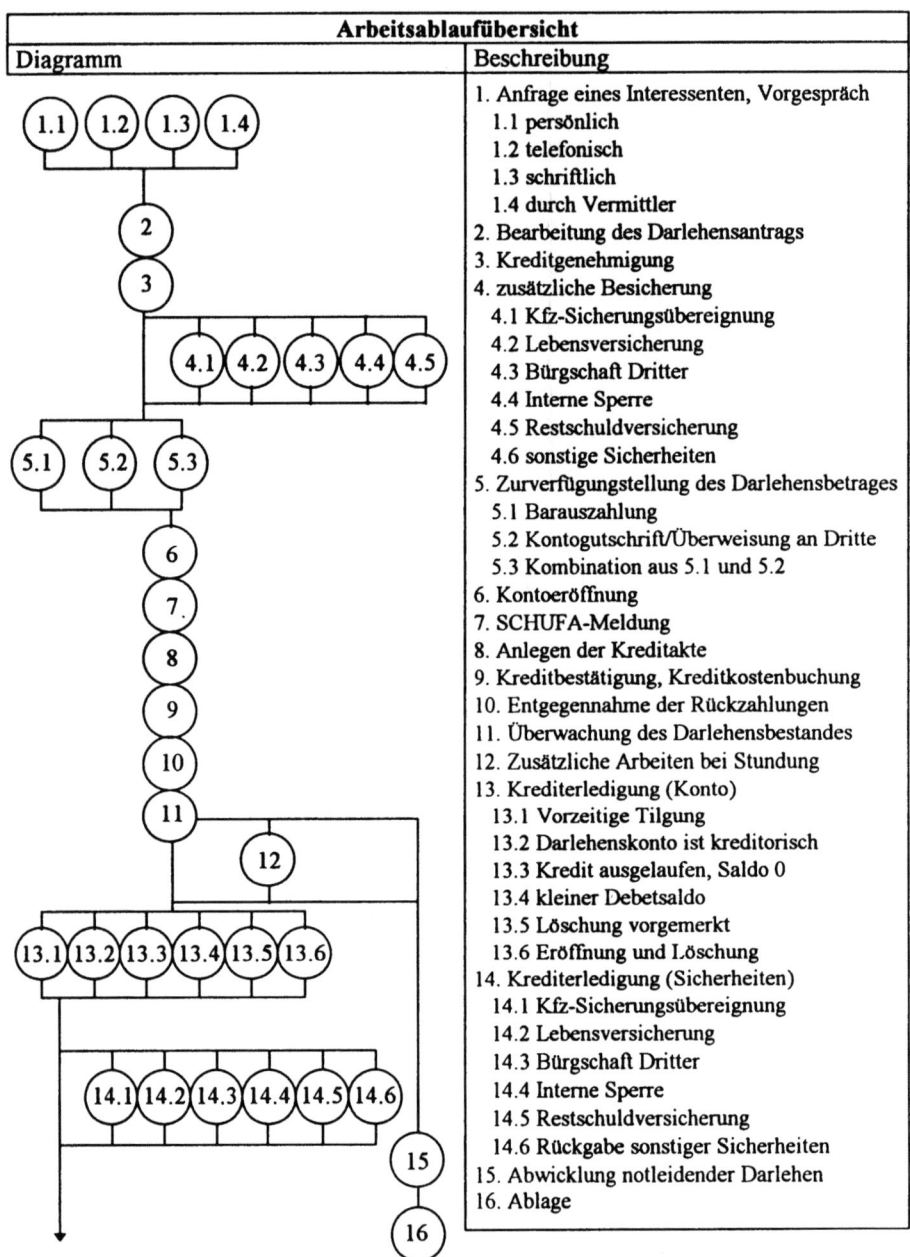

Abb. 6.28.: Beispiel eines sachbezogenen, arbeitsplatzübergreifenden Ablaufsplanes zur Bearbeitung eines Kreditantrages

Quelle: Hagemüller, K.F./Diepen, G.: Der Bankbetrieb - Lehrbuch und Aufgabensammlung, 13. Auflage, Darmstadt 1993, S. 110

Entstehen vor einer Bearbeitungsstation Warteschlagen, so ist ggf. nach Ausschöpfung anderer Anpassungsmaßnahmen über die in dem nachfolgenden Abschnitt dargestellten Prioritätsziffernverfahren eine Reihung der Aufträge vorzunehmen, um näherungsweise eine Minimierung der Gesamtdurchlaufzeit für alle Aufträge zu erreichen.

6.5.2 Prinzip der Werkstattfertigung

Übertragen auf eine Unternehmensgesamtheit oder eine größere Abteilung mit heterogener Auftragsstruktur würde eine Auftragsbearbeitung nach dem Werkstattprinzip bedeuten, daß **während** eines Bearbeitungsprozesses in kürzeren Zeitabständen neue Planungen notwendig sind. Innerhalb komplexer und ständig wechselnder Bearbeitungsaufträge werden in bestimmter Reihenfolge Spezialisten damit beauftragt, die für den Bearbeitungsfortschritt notwendigen (Spezial-)Leistungen zu erbringen. Es liegen nichtlineare Fertigungsabläufe gemäß Abb. 6.29. vor.

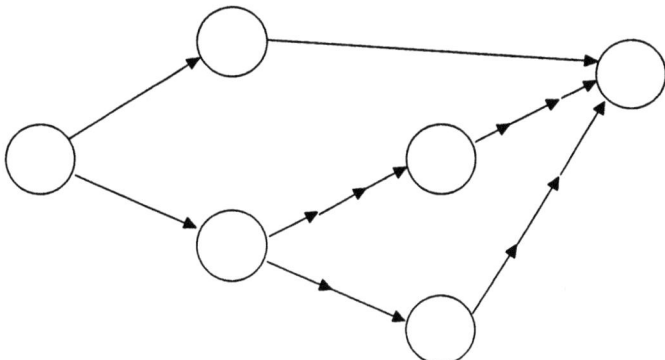

Abb. 6.29.: Schema eines nichtlinearen Fertigungsprozesses

Das hier zu behandelnde Organisationsprinzip zeichnet sich durch hohe Flexibilität aus. Abhängig von der jeweiligen Auftragsstruktur in vorab festzulegender Reihenfolge und in Abhängigkeit von den zeitlichen Möglichkeiten (Verfügbarkeit, Auslastung usw.) sind die entsprechenden Spezialisten mit der Bearbeitung und dem Einsatz der technischen Hilfsmittel befaßt. Wie die Abb. 6.29. zeigt, entstehen häufig insbesondere bei der Endbearbeitung der Arbeitselemente einzelner Aufträge durch Warteschlagenbildung Wartezeiten für die Aufträge, so daß betriebswirtschaftlich sinnvolle Kriterien gefunden werden müssen, um die Bearbeitungsreihenfolgen zieladäquat festlegen zu können. Geeignet ist diese Organisationssystematik in besonderer Weise für Individualleistungen, deren Komplexitätsgrad noch nicht so groß ist, daß mit einem Netzplan gearbeitet werden muß. Zu Problemen führt hier das bereits angesprochene Dilemma der Ablaufplanung (Minimierung der Durchlaufzeiten bei gleichzeitiger Maximierung der Kapazitätsauslastung). Abgeleitet von der Zielsetzung 'langfristige Gewinnmaximierung' müssen operable Unterziele formuliert werden, die Grundlage der Herstellung optimaler Bearbeitungsfolgen sind:

Symbole:

D = Durchlaufzeit in ZE/ME

j = Auftragsindex, $j = 1,..., J$

m = Maschinenindex, $m = 1,... M$

t_{jm} = Bearbeitungszeit des Auftrags j auf Maschine/ Kapazität m in ZE

w_{jm} = Wartezeit des Auftrags j vor Maschine/Kapazität m in ZE

W = Gesamtwartezeit für eine Auftragsgesamtheit in ZE

Häufigste Zielsetzung ist die Minimierung der Durchlaufzeit (einschließlich daraus abzuleitender weiterer Ziele):

$$D = \sum_{j=1}^{J} \sum_{m=1}^{M} (t_{jm} + w_{jm}) \to \min!$$

im folgenden verkürzt geschrieben als (1) und mit anderen Zielgrößen alternativ (2) und (3):

$$(1) \quad D = \sum_{jm} (t_{jm} + w_{jm}) \to \min!$$

bei bekannten (und nicht weiter beeinflußbaren) Bearbeitungszeiten t_{jm}:

$$(2) \quad W = \sum_{jm} w_{jm} \to \min!$$

bei bekannten (und vorgegebenen) Lieferterminen:

FV = Fertigungsverzögerung in ZE

Z_j = Liefertermin des Auftrags j in ZE definiert als Bearbeitungszeitraum

$$(3) \quad FV = \sum_{jm} (t_{jm} + w_{jm}) - Z_j \to \min!$$

in Abhängigkeit von dem Vorzeichen von FV können sich
Verspätungen oder Zeitreserven ergeben:

FV > 0 ⟶ Verspätung (= Lieferverzug)

FV < 0 ⟶ Pufferzeit (= Zeitreserve)

Die Zielsetzungen (1), (2), (3) bewirken Minimierung der Kapitalbindungskosten durch schnellen Produktionsfluß.

Die Praxis sieht bei vertraglich fixierten Lieferterminen Konventionalstrafen vor. Damit formal gleichzusetzen ist ein Vertrauensverlust, der zu Geschäftsreduzierungen infolge verzögerter Auftragsabwicklung führt. Daraus ergibt sich als Zielsetzung die Verspätungskostenminimierung:

Zusätzliche Symbole:

q_j = Verspätungskostensatz in GE/ZE, d.h. proportional zur Zeit ansteigende Verspätungskosten für Auftrag j

KV = Verspätungskosten in GE bezogen auf Planzeitraum

(4) $KV = \sum_{jm} \left[(t_{jm} + w_{jm}) - Z_j \right] q_j \rightarrow \min!$

d.h. die Verspätungskosten, auch in Form von Konventionalstrafen, sollen für den gesamten Auftragsbestand minimiert werden.

Ist die Gesamtbearbeitungszeit unabhängig von der Maschinenwahl und sind nur Wartezeiten entscheidungsrelevant (z.B. ausschließlich Kapitalbindungskosten oder Wartezeit = Terminüberschreitung):

Zusätzliche Symbole:

V_{jm} = Verzögerungskostensatz für Auftrag j bei Maschine m in GE/ZE, $V_{jm} = q_j \forall m$, wenn die Wartezeitverkürzung = Terminüberschreitungsverringerung ist.

$KW = \sum_{jm} w_{jm} \cdot V_{jm} \rightarrow \min!$

Maximierung der Kapazitätsauslastung:

Maßgröße ist der Nutzungsgrad. Er ist zeitlich definierbar und ggf. als Maß für die Planungsqualität anzusehen.

Zusätzliche Symbole:

CM = Nutzungsgrad für die gesamte Maschinenkapazität in ZE/ZE

l_{jm} = ablaufbedingte Maschinenleerzeit bei Auftrag j und Maschine m in ZE

$$CM = \frac{\sum_{jm} t_{jm}}{\sum_{jm} t_{jm} + \sum_{jm} l_{jm}} \to max!$$

oder über die Maschinennutzungsdauer definiert:

DM = Maschinennutzungsdauer in ZE für gegebenen Auftragsbestand (nur sinnvoll bei einheitlichen Maschinenkostensätzen!)

$$DM = \sum_{jm} (t_{jm} + l_{jm}) \to min!$$

bzw. bei belegungsunabhängigen Bearbeitungszeiten:

LM = Maschinenleerzeit in ZE

$$LM = \sum_{jm} l_{jm} \to min!$$

Bewertung der Leerzeiten, vermeidbare (= abbaufähige) Leerzeiten werden mit Opportunitätskosten, Personalkostensätzen o.ä. bewertet:

Zusätzliche Symbole:

KL = Leerzeitkosten für gegebenen Auftrags- und Maschinenbestand in ZE

L_{jm} = Kostensatz der Maschine bei Nichteinsatz (Wartezeit für Personal) oder entgangenem Deckungsbeitrag (→ Auftragsplanung) in GE/ZE; ggf. bei nicht auftragsabhängigem Kostensatz L_m in GE/ZE

$$KL = \sum_{jm} l_{jm} \cdot L_{jm} \to min!$$

Einer Problemlösung sollte auch in der betrieblichen Ablaufplanung immer eine Prämissenanalyse vorangestellt werden. Wie die Betrachtung der nachfolgenden Prämissen zeigt, sind die Problemlösungsmöglichkeiten vorstehender Ansätze leider als begrenzt anzusehen, denn

- die Entscheidung über das Produktionsprogramm ist getroffen; eine Ausnahme bilden Simultanansätze in der Auftragsplanung,[435]
- das Programm besteht aus bekannten Aufträgen (Anzahl und Größe sind gegeben),
- die Fertigungsprozesse sind linear, d.h. es liegen technisch determinierte Bearbeitungsreihenfolgen (nicht Parallelfertigungen oder variable Reihenfolgen) vor,
- die vorgegebenen Bearbeitungszeiten sind unabhängig von der Auftragsfolge (→ Rüstzeiten sind i.d.R. abhängig von der Auftragsart),
- die Maschinenfolge ergibt sich aus der Bearbeitungsreihenfolge (umkehrbar eindeutige Zuordnung),
- die Bearbeitungszeiten enthalten Sortenwechsel-, Rüst- und Kontrollzeiten.

Die kurze Prämissenanalyse weist somit auf die starke Einschränkung der Problemlösungsmöglichkeiten hin. Für den Haupteinsatzbereich der Ablaufplanung in der Maschinenbaubranche wäre eine geringe Realitätsnähe festzustellen. Für die im Grundsatz einfacher strukturierten Bankprodukte ist demgegenüber die Realitätsnähe als deutlich größer einzuschätzen.

Würde die ganzzahlige Programmierung als Lösungsverfahren eingesetzt werden (nichtganzzahlige Optimierungen liefern keine brauchbaren Optimallösungen), so sind schon bei kleineren Problemumfängen mehrere hundert Variablen und Nebenbedingungen zu formulieren. Auch kombinatorische Verfahren liefern so große Auftragsfolgen, daß diese nur in Ausnahmefällen die Ermittlung von Optimallösungen gestatten. Aus diesem Grunde werden auch in DV-gestützten Ablaufplanungen weiterhin heuristische Verfahrensweisen genutzt. Ein einfaches Hilfsmittel zur Darstellung und Planung von Abläufen ist das Gantt-Diagramm. Es ist:

- ein graphisches Instrument der (heuristischen) Ablaufplanung,
- eine Dokumentation/Darstellung von zeitlichen Abläufen, Bearbeitungsreihenfolgen und Kapazitätszuordnungen sowie ggf.
- eine Gegenüberstellung von geplantem und realisiertem Bearbeitungsfortschritt.

Ein einfaches Beispiel zeigt:

(1) Zuordnungs-, Reihenfolge- und Zeitbedarfsaufstellung und

---

[435] Vgl. z.B. Jacob, H.: Zur optimalen Planung des Produktionsprogramms bei Einzelfertigung, in: ZfB, 41. Jg., 8/1971.

(2) Diagrammbeispiele

Demnach sind zwei Arten von Gantt-Diagrammen möglich:

- das Maschinendiagramm, welches Produktions- und Stillstandszeiten zeigt, oder
- das Auftragsdiagramm, das Bearbeitungs- und Wartezeiten zeigt.

Auftrag	Bearbeitungskapazität m	1	2	3
A	t_{jm} in ZE	4	2½	3½
B	m	1	2	3
	t_{jm}	3½	1½	3½
C	m	1	2	3
	t_{jm}	2	2	3
D	m	1	2	3
	t_{jm}	3	2	2

Tabelle 6.5.: Bearbeitungsreihenfolgen und -zeiten für ein Beispiel mit vier Bearbeitungsaufträgen

Aus der Tabelle 6.5. ergeben sich zwei Möglichkeiten der Ablaufdarstellung über Gantt-Diagramme gemäß Abb. 6.30..

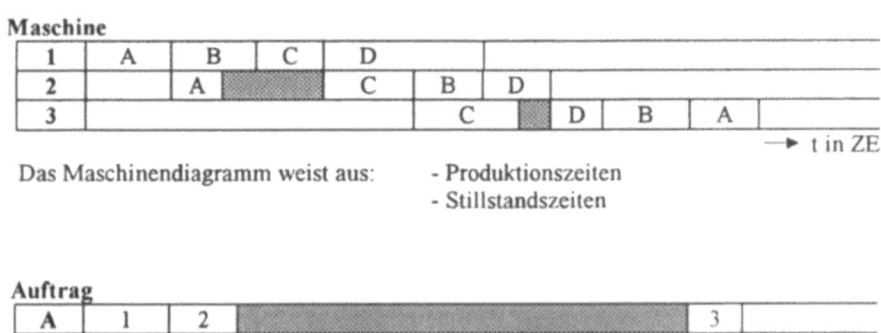

Abb. 6.30.: Gantt-Diagramme in Form eines Maschinen- und eines Auftragsdiagrammes

Wie die vorstehende Abbildung zeigt, lassen sich in sehr übersichtlicher Form entweder eine Kapazitätsauslastung durch verschiedene Aufträge oder die Auftragsbearbeitungsfolge unter Einsatz verschiedener Kapazitätseinheiten darstellen. Als heuristisches Planungsinstrument sind die Diagramme dezentral ohne weitergehende Kenntnisse des Planers jeweils nach Bedarf nutzbar. Nachteilig ist allerdings, daß keine Optimierung im mathematischen Sinne stattfindet. Die Minimierung von Gesamtdurchlaufzeiten ist im 'Probierverfahren' möglich. Bei Warteschlangenbildung wird in der Praxis auf einfachste Weise eine Reihung von Auftragsbearbeitungen unter Zuhilfenahme von Prioritätsregeln vorgenommen. Prioritätsregeln sind also Regeln, welche die Bearbeitungsreihenfolgen von Aufträgen in Abteilungen, auf Maschinen usw. bestimmen. An dieser Stelle sollen nur einfache Regeln behandelt werden, kombinierte Regeln werden vernachlässigt. Reihenfolgekriterium ist die zu errechnende Prioritätsziffer.

Eine Unterscheidung der Regeln kann wie folgt vorgenommen werden:

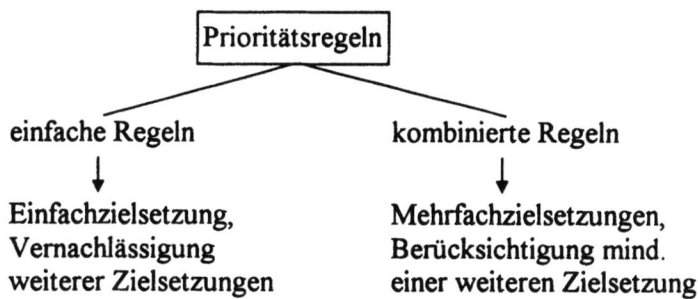

Auch die Prioritätsregeln sind heuristische Lösungsverfahren. Es handelt sich um Vorgehensregeln zur Lösungsfindung hinsichtlich anzustrebender Ziele bei der Kapitalbindung, der Termineinhaltung oder der Kapazitätsauslastung. Sie wurden für die Maschinenbau-Praxis entwickelt, bei der z.B. bei 100 Maschinen und 5000 Bearbeitungen/Woche Reihenfolgeprobleme aufgeworfen werden, die nicht mehr operationsanalytisch zu behandeln sind. Die Anwendung der Prioritätsregeln erfolgt überwiegend dezentral. Sie ist nicht auf den Maschinenbau beschränkt. Leichte Anwendbarkeit auf Büro- und Verwaltungsarbeitsgänge ist gegeben, so daß die Prioritätsregeln auch Relevanz für die Betriebsorganisation im Bankbetrieb besitzen. Eine Kurzübersicht über Auftragsstrukturen und Reihungsprobleme gibt die Abb. 6.31.:

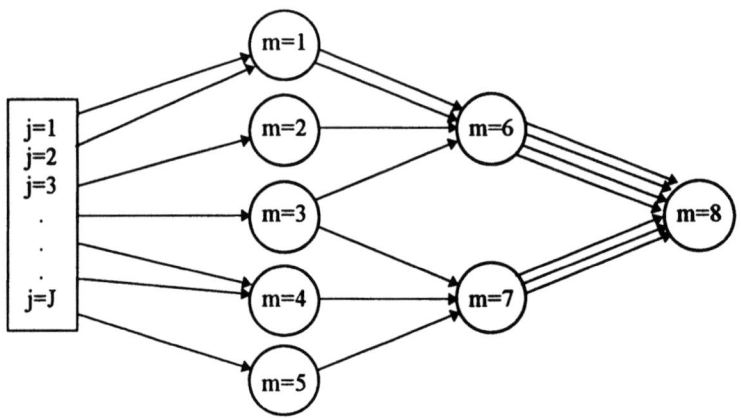

Abb. 6.31.: Netzwerk von Warteschlangen

Zu den einfachen Prioritätsregeln gehören u.a. die folgenden, am häufigsten verwendeten Regeln:

- Kürzeste-Operationszeit-Regel (KOZ):

  Symbole:

  P_{jm} = Prioritätsziffer für Auftag j auf Maschine m

  t_{jm} = Bearbeitungszeit für Auftag j auf Maschine m in ZE

  $$P_{jm} = \frac{1}{t_{jm}} \qquad \forall\ j,m;$$

  es gilt:

  $$P_{1m} > P_{2m} > P_{3m} > P_{jm},$$

  wenn

  $$t_{1m} > t_{2m} > t_{3m} > t_{jm} \quad \forall\ m$$

Vor der Maschine/Kapazität m wartende Aufträge j werden entsprechend den numerischen Werten ihrer Prioritäten (= reziproken Bearbeitungszeiten) geordnet und dieser Ordnung entsprechend bearbeitet.

Zielsetzung ist der schnelle Durchlauf der Auftragszusammensetzung, D → min.

Die Zielerreichung ist bei Durchlaufzeitminimierung gut und bei der Kapazitätsnutzung ebenfalls gut, weil die Warteschlangen durch die schnellstmögliche Verteilung der Aufträge auf die Kapazitätseinheiten frühzeitig 'entflochten' werden.

- Fertigungsrestzeitregel:

Die Regel weist demjenigen Auftrag die höchste Priorität zu, dessen Bearbeitungszeit von noch nicht ausgeführten Arbeitsoperationen ab dem Entscheidungszeitpunkt e bis zur Maschine M minimal ist.

Symbol: e = im Entscheidungszeitpunkt einzusetzende Maschine

$$P_{jm} = \frac{1}{\sum_{m=e}^{M} t_{jm}} \qquad \forall\, j,m$$

Entscheidungskriterien für die Bildung von Bearbeitungsreihenfolgen:

$$P_{1m} > P_{2m} > \ldots > P_{jm} \qquad \forall\, m$$

wenn

$$\sum_{m=e}^{M} t_{1m} < \sum_{m=2}^{M} t_{2m} < \ldots < \sum_{m=e}^{M} t_{jm}$$

Ergebnis der Verfahrensanwendung ist die Auftragsbeschleunigung mit zunehmendem Fertigungsfortschritt.

- Wertregeln

Die Wertregeln existieren in zwei Versionen, als statische und als dynamische Wertregel.

(1) Statische Wertregel

Symbol:

W_j = Produktendwert von Auftrag j in GE

$$P_{jm} = W_j \qquad \forall\, j,m$$

Entscheidungskriterien:

$$P_{1m} > P_{2m} > \ldots > P_{jm}$$

wenn

$$W_1 > W_2 > \ldots > W_j$$

(2) Dynamische Wertregel

Die Errechnung von Prioritätsziffern geschieht unter Berücksichtigung des jeweiligen Auftragswertes **vor** Ausführung der Arbeitsoperation.

Zusätzliche Symbole:

A_j = Materialwert des Auftrages j in GE

f_l = Fertigungslohnsatz in GE/ZE

m_s = Maschinenstundensatz in GE/ZE

e = im Entscheidungszeitpunkt freiwerdende Maschine

k_{jm} = Kostensatz für die Bearbeitung des Auftrages j auf Maschine m in GE/ZE

$$P_{jm} = A_j + (m_s + f_l) \sum_{m=1}^{e-1} (t_{jm} + W_{jm}) \qquad \forall\, j, m$$

Zielsetzung bei den Wertregeln ist die Minimierung der Kapitalbindungskosten. Dieser Effekt wird aufgrund zunehmender Beschleunigung mit ansteigendem Auftragswert oder durch schnelleren Durchlauf bei hohem Auftragswert bei der statischen Wertregel erreicht.

Die Zielerreichung ist durch eine hohe Varianz der Verteilungen der Kapazitätsausnutzung, der Durchlaufzeit und der Terminabweichungen gekennzeichnet.

Eine kurze Übungsaufgabe soll die vorangegangene Problemsituation und den Gang einer einfachen heuristischen Problemlösung verdeutlichen.

Übungsaufgabe 6.2.: Dezentrale Ablaufplanung mit Hilfe von Gantt-Diagrammen

Ein Unternehmen möchte Arbeitsabläufe effizienter gestalten. Für die Produktions- und Organisationseinheiten soll bei stark wechselndem Auftragsbestand der Arbeitsfortschritt ablaufmäßig jeweils **dezentral** geplant werden.

Nach dem Prinzip einer Werkstattfertigung sind 2 Aufträge in 5 Betriebsabteilungen m zu bearbeiten. Die Bearbeitungsreihenfolgen sind technisch determiniert und die Bearbeitungszeiten vorkalkuliert:

Auftrag j=1

Bearbeitungsreihenfolge	m=1	m=2	m=4	m=3	m=5
Bearbeitungszeiten in ZE	2	6	3	6	4

Auftrag j=2

Bearbeitungsreihenfolge	m=1	m=2	m=3	m=5	m=4
Bearbeitungszeiten in ZE	2	3	5	3	6

Materialwert der Aufträge:

    j=1: 2500 GE

    j=2: 2800 GE

Die kalkulatorischen Bearbeitungsstundensätze sollen für sämtliche Betriebsabteilungen einschließlich der Lohnkosten 80 GE/ZE betragen. Wartezeiten für die Aufträge sollen kalkulatorisch nicht angesetzt werden.

Aufgabe 1:

Errechnen Sie die Prioritätsziffern nach der KOZ-Regel und der dynamischen Wertregel.

Lösung:

Für den Auftrag j=1 ergibt sich:

Abteilung	1	2	4	3	5
P_{jm} nach KOZ-Regel	0,5	0,17	0,33	0,17	0,25
P_{jm} nach dyn. Wertregel	2500	2660	3140	3380	3860

Für den Auftrag j=2 ergibt sich:

Abteilung	1	2	3	5	4
P_{jm} nach KOZ-Regel	0,5	0,33	0,2	0,33	0,17
P_{jm} nach dyn. Wertregel	2800	2960	3200	3600	3840

Aufgabe 2:

Stellen Sie mit Hilfe von Gantt-Diagrammen zwei Abteilungsbelegungspläne auf, die ggf. unter Berücksichtigung der angegebenen Prioritätsregeln zu erstellen sind. Ermitteln Sie die jeweiligen Endtermine der Aufträge, die ablaufbedingten Abteilungs-Leerzeiten und die Wartezeiten der Aufträge.

Lösung:

Nach der KOZ-Regel ergeben sich zwei Möglichkeiten zur Erstellung eines Gantt-Diagramms. Die zweite Möglichkeit ist hierbei mit der Lösung nach der dynamischen Wertregel identisch.

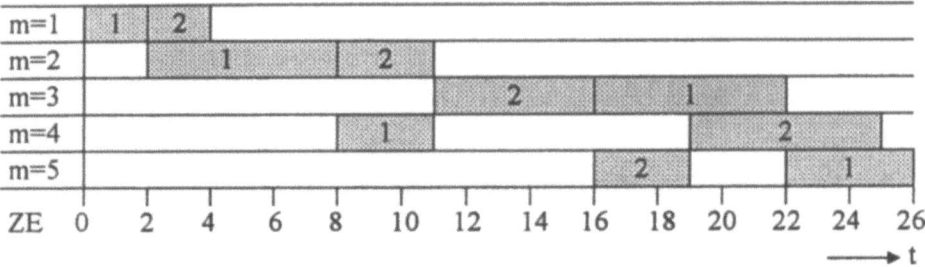

Abb. 6.32.: Gantt-Diagramm nach der KOZ-Regel

Aus dem Gantt-Diagramm der Abbildung 6.32. ergeben sich die folgenden Termine und Zeiten:

Endtermine:	j=1:	26 ZE	j=2:	25 ZE
Leerzeiten:	m=4:	8 ZE	m=5:	3 ZE
Wartezeiten:	j=1:	5 ZE	j=2:	4 ZE

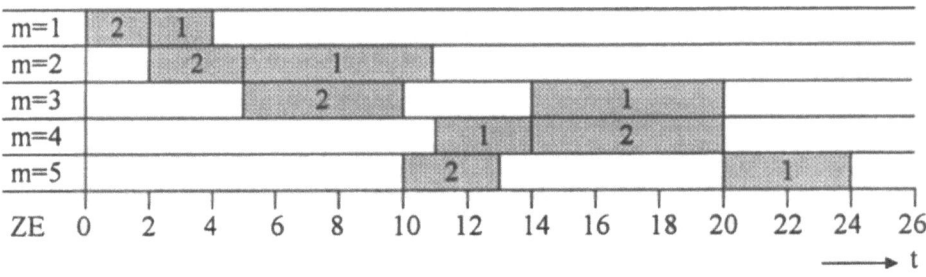

Abb. 6.33.: Gantt-Diagramm nach der dynamischen Wertregel

Aus dem Gantt-Diagramm der Abb. 6.33. ergeben sich die folgenden Termine und Zeiten:

Endtermine:	j=1:	24 ZE	j=2:	20 ZE
Leerzeiten:	m=3:	4 ZE	m=5:	7 ZE
Wartezeiten:	j=1:	1 ZE	j=2:	1 ZE

6.5.3 Ablaufplanung bei komplexen Auftragsstrukturen

Weil die Ablaufplanung als isolierte Teilplanung aufgrund ihres Komplexitätsgrades mathematischen Planungs- und Optimierungsverfahren nur unzureichend zugänglich ist (vgl. Ablaufplanung im Prinzip der Werkstattfertigung, Belegungsplanung), muß die Auftragsplanung vorgelagert werden. Der Planungsprozeß läuft zweistufig ab. Die Auftragsplanung ist vorwiegend eine Grobplanung und als solche Grundlage der nachfolgenden Feinplanung. Unter Beachtung verfügbarer Kapazitäten wird in der Auftragsplanung die Auftragszusammensetzung festgelegt. Im Anschluß daran oder parallel hierzu erfolgen zum Zwecke der Durchführbarkeitsprüfung Analysen der Bearbeitungsstrukturen der Aufträge in der speziellen Form von Struktur- und Zeitanalysen.

Die Bearbeitung komplexer (Groß-)Auftragsstrukturen sollte in mehreren Schritten erfolgen:

(1) Die optimale Auftragszusammensetzung kann durch mathematische Modellrechnungen bestimmt werden. Eine weitere Möglichkeit sind Alternativrechnungen.

(2) Die Auftrags- bzw. Bearbeitungsstrukturen der Aufträge werden betriebsintern ermittelt (Struktur- und Zeitanalysen).

(3) Die Ergebnisse der Struktur- und Zeitanalysen werden in Netzplänen dargestellt. Somit sind Netzpläne, neben den Modellrechnungen der ersten Planungsstufe, Planungsinstrumente zur Gestaltung und Kontrolle der Bearbeitung komplexer Großaufträge.

Die Netzplantechnik ist damit als wichtigstes Instrument zur Darstellung und Planung komplexer Abläufe anzusehen. Sie dient der Ablaufplanung nichtlinearer Fertigungsprozesse vom Typ der Auftragsfertigung. Nach Gutenberg ist das Ziel einer Ablaufplanung der Entwurf einer Ordnung für das zeitliche und räumliche Fortschreiten betrieblicher Leistungserstellung.[436]

Den Netzplan als Instrument zur Darstellung von Abläufen zeigt die Abb. 6.34. beispielhaft als Ereignis-Knoten-Plan.

Nach der Definition der Netzplantechnik nach DIN 69900 handelt es sich hier um ein Verfahren zur Analyse, Beschreibung und Steuerung von Abläufen auf der Grundlage der Graphentheorie, wobei Zeit, Kosten, Einsatzmittel und weitere Einflußgrößen berücksichtigt werden können. Netzpläne sind u.a. für folgende Branchen oder Auftragsarten geeignet:

Finanzierungsprojekte, Börseneinführung von Unternehmen, Forschungsprojekte, Raumfahrt, strategische Systeme, Organisationsveränderungen in Großunternehmen u.a., DV-Organisation, Aufbauorganisation, Eingliederung von

---

[436] Vgl. Gutenberg, E.: Grundlagen der Betriebswirtschaftslehre, Erster Band, Die Produktion, 24. Auflage, Berlin/Heidelberg/New York 1983, S. 148f..

Tochtergesellschaften, Großreparaturen, Herstellung von Fertigungsanlagen/Anlagenbau, Schiffbau, Hochbau (Wohn- und Geschäftshäuser), Planungsabläufe (Produktentwicklung und Markteinführung), u.a..

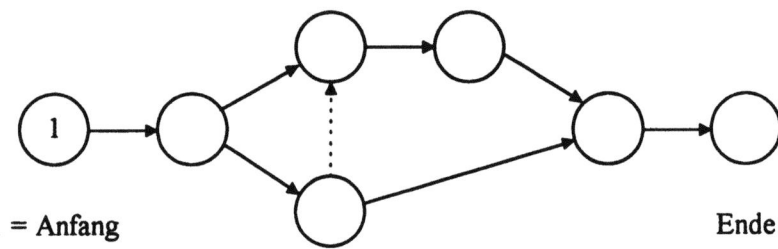

1 = Anfang　　　　　　　　　　　　　　　　　　　　　　　　　Ende

Abb. 6.34.: Ereignis-Knoten-Plan

6.5.3.1 Grundlagen der Netzplantechnik

Folgende Vorarbeiten und Daten sind Voraussetzung für die Aufstellung eines Netzplanes:

(1) Zerlegung des Projektes in Teileinheiten mit bekanntem Arbeitsumfang,

(2) Zeitliche und kostenmäßige Kalkulation (→ Zeitbedarf der Vorgänge, Kostenplanung),

(3) Erstellung einer detaillierten Projektspezifizierung,

(4) Erfassung von Kapazitätsbedarfen und vorhandener Kapazitätsauslastung in den Bearbeitungs- oder Fertigungsstufen,

(5) Ermittlung u.U. notwendiger Reservekapazitäten,

(6) Erstellung technischer Unterlagen, Organigramme, Erfassung gesetzlicher Grundlagen, Zeichnungen.

Die hauptsächlich mit der Anwendung der Netzplantechnik verfolgten Zielsetzungen sind die Terminplanung und Terminüberwachung, die Kapazitätsplanung- und überwachung sowie die Mehrprojektplanung.

Elemente der Netzplantechnik sind in Anlehnung an die Definitionen nach DIN 69900 Vorgänge, Ereignisse, Anordnungsvorgänge und Scheinvorgänge:

Der Vorgang: zeiterforderndes Geschehen mit definiertem Anfang und Ende

Das Ereignis: das Entstehen eines definierten Zustandes im Ablauf, z.B. die Fertigstellung eines Vorganges, der Beginn eines Vorganges.

Die Anordnungsbeziehungen (AOB): Die quantifizierbare Abhängigkeit zwischen Ereignissen und Vorgängen; die Gesamtheit der AOB des Netzplanes bildet die Ablaufstruktur. Bei den Anordnungsbeziehungen kann unterschieden werden zwischen

(1) logischen AOB **ohne** Angabe des Zeitabstandes zwischen den Vorgängen oder Ereignissen (sie ergeben sich aus der Strukturanalyse) und

(2) logisch-zeitlichen AOB **mit** Angabe des Zeitabstandes, die sich aus der Zeitanalyse ergeben.

Die Scheinvorgänge: Tätigkeiten ohne Zeitbedarf im Sinne der Fertigung, Vorgänge, die aber für die Reihenfolge anderer Tätigkeiten bestimmend sind.

Eine starke oder eine geringe Projektzerlegung führt zu unterschiedlichen Vorgängen. Es gibt verschiedene Vor- und Nachteile:

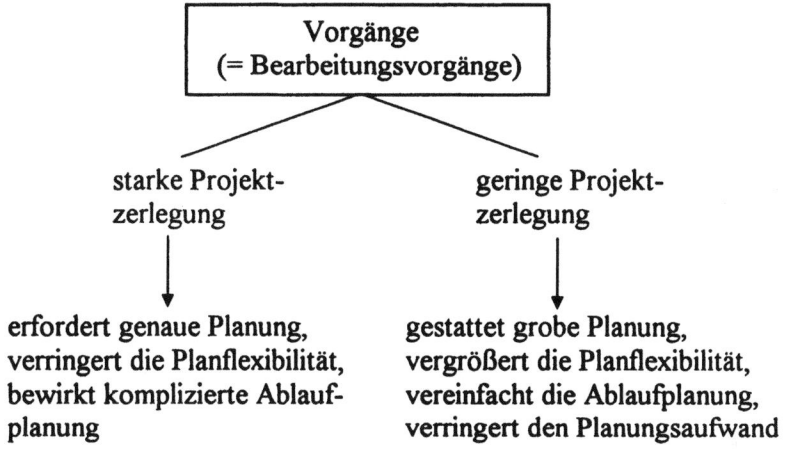

Zwei Beispiele zur Gegenüberstellung der Verfahren 'Tätigkeitsgraph' und 'Ereignisgraph' sind mit den Abbildungen 6.35. und 6.36. an den allgemein bekannten Hausbau angelehnt:

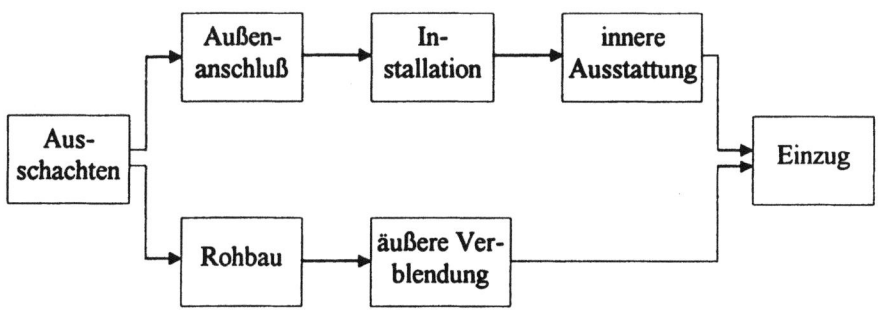

Abb. 6.35.: Hausbau als Tätigkeitsgraph/Vorgangsknotennetz

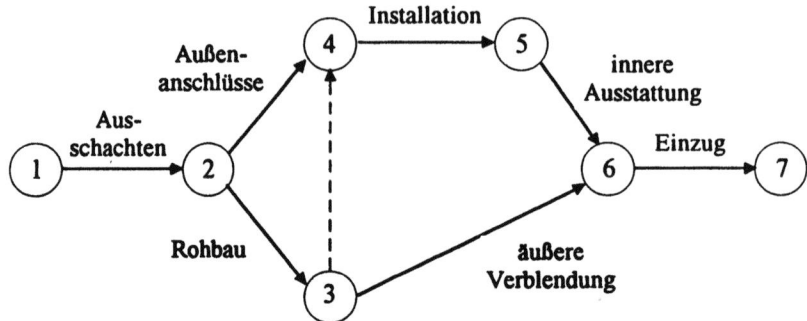

Abb. 6.36.: Hausbau als Ereignisgraph/Vorgangspfeilnetz

Die Unterscheidung der Netzplanverfahren erfolgt entsprechend der formalen Darstellung seiner Elemente:

(1) **Tätigkeitsgraphen** = Vorgangsknotennetze: im Mittelpunkt der Analyse stehen Vorgänge, die als Knoten dargestellt werden. Die Anordnungsbeziehungen sind Pfeile als Verbindung der Knoten in Richtung Projektfortschritt. Verfahren mit dieser Darstellungsform sind z.B.:

MPM = Metrapotentialmethode

PDM = Precedence Diagram-Method

PPS = Projektplanungs- und Steuerungssystem

Wesentliche Unterschiede ergeben sich nur bei Darstellung zeitlicher Verknüpfungen.

(2) **Ereignisgraphen** = Vorgangspfeilnetze: sie sind tätigkeitsorientierte Netzplan-Darstellungen. Die Vorgänge sind als Pfeile, die Ereignisse als Knoten dargestellt. Wichtigstes Verfahren ist das CPM-Verfahren (= Critical Path Method). Ein Gegenstück hierzu ist das PERT-Verfahren (= Program Evaluation and Technique) als ereignisorientierter Netzplan, bei dem Ereignisse als Knoten dargestellt werden.

6.5.3.2 Strukturanalyse

Die Strukturanalyse zielt auf die Darstellung logischer Anordnungsbeziehungen zwischen Vorgängen und Ereignissen ohne Angabe des Zeitabstandes ab. Die Vorgangsliste dient der Ermittlung und Auflistung der Vorgänger und Nachfolger der einzelnen Vorgänge. **Vorgänger** eines Vorganges X sind alle die Vorgänge, die abgeschlossen sein müssen, damit X beginnen kann. **Nachfolger** eines Vorganges X sind diejenigen Vorgänge, die nach X beginnen können und für die die Beendigung von X zwingend notwendig ist.

Der **Abschluß** der Strukturanalyse ist die graphische Darstellung in Form des Netzplanes. Das Ergebnis der Strukturanalyse ist genau eine Möglichkeit der Realisierung des Projektablaufes. Für eine CPM-Netzplankonstruktion soll nun die nachfolgende Vorgangsliste der Tabelle 6.6. benutzt werden.

Vorgang (Tätigkeit)	Vorgänger	Nachfolger
1	-	6
2	-	3, 4
3	2	9
4	2	5, 7, 8
5	4	6
6	1, 5	-
7	4	10
8	4	9
9	3, 8	10
10	7, 9	-

Tabelle 6.6.: Vorgangsliste

Für die Aufstellung eines Netzplanes sollten folgende allgemeine Regeln beachtet werden:

(1) Es gibt nur **einen** Anfang und nur **ein** Ende.

(2) Vorgänge mit den wenigsten Nachfolgern selektieren.

(3) Auf kürzesten Wegen zum Ende finden.

(4) Systematisches Zeichnen und Aneinanderreihen der Vorgänge.

Aus der Vorgangsliste der Tabelle 6.6. ergibt sich der Netzplan der Abb. 6.37..

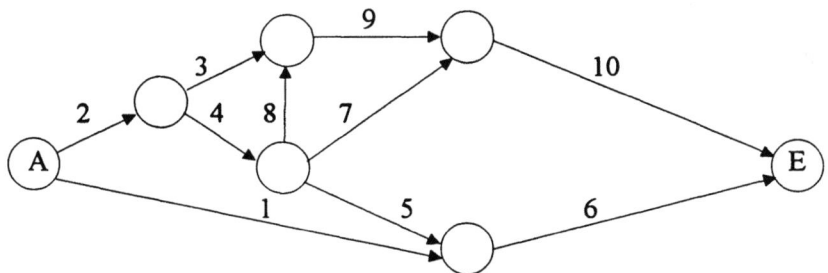

Abb. 6.37.: Netzplankonstruktion auf der Basis der Vorgangsliste in Tabelle 6.6.

Folgende Verfahrensweise ist bei manueller Netzplanerstellung angebracht:

- eingezeichnete Vorgänge unterstreichen,
- nächster Vorgang = Vorgang mit unterstrichenem oder keinem Vorgänger,
- Kontrolle aller Knoten über Vorgänger und Nachfolger.

Scheinvorgänge werden mit einem unterbrochenen Pfeil dargestellt, sie haben eine Vorgangsdauer von Null und verlaufen nur von Knoten zu Knoten. Die Notwendigkeit der Verwendung von Scheinvorgängen ergibt sich aus der Erfassung zeitlicher Abhängigkeiten und bei Existenz von zwei oder mehr Vorgängen, die zwischen demselben Knotenpaar liegen. Die folgende Darstellung ist unzulässig:

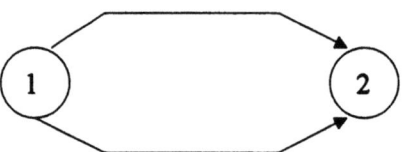

Bei Umwandlung der obigen Darstellung in eine zulässige Darstellungsform muß ein zusätzlicher Knoten eingefügt werden. Es ergeben sich gemäß Abb. 6.38. vier Darstellungsmöglichkeiten.

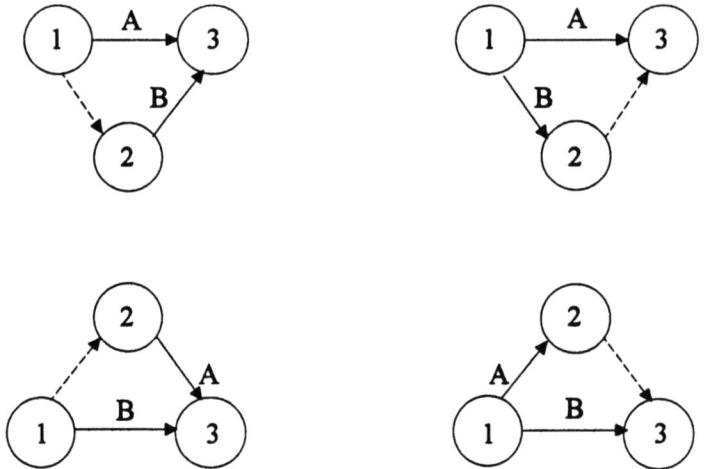

Abb. 6.38.: Darstellungsmöglichkeiten von Scheinvorgängen

Wie ein Scheinvorgang zur Erfassung zeitlicher Abhängigkeiten genutzt wird, zeigt die folgende Darstellung in Abb. 6.39..

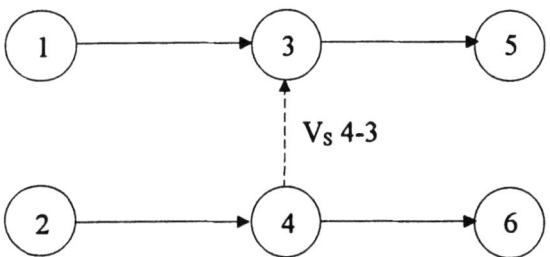

Abb. 6.39.: Scheinvorgang zur Erfassung zeitlicher Abhängigkeiten

Der Vorgang 3-5 kann beginnen, wenn 1-3 **und** 2-4 abgeschlossen sind, für 4-6 ist nur 2-4 Voraussetzung.

Die Verkürzung der Projektdurchlaufzeiten kann durch eine Überlappung von Vorgängen bewirkt werden. Es erfolgt die Aufspaltung des Gesamtvorganges in mehrere Teilvorgänge bei gleichzeitiger Einführung von Scheinvorgängen.

      Konstruktionsarbeiten K: Schiffbau und Maschinenbau

      Baumaßnahmen B: Schiffbau und Maschinenbau

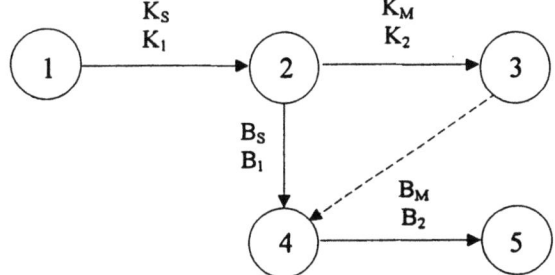

Der Gesamtvorgang K wird in vier oder mehr Teilvorgänge aufgespalten:

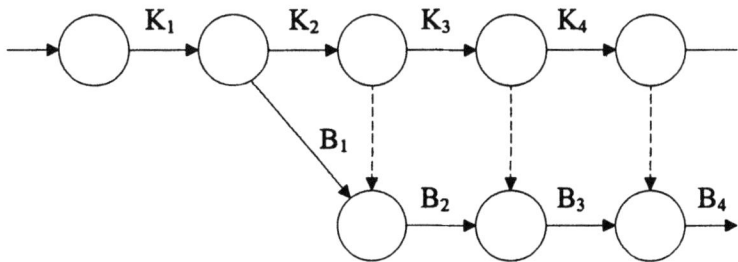

Der Nachfolger B wird dem Abschluß von K vorgezogen, der Beginn von B wird über B_1 auf den Abschluß des Teilvorganges K_1 vorgezogen, so daß Parallelarbeiten möglich sind.

Nach der Netzplan-Fertigstellung sind Fehlerkontrolle und gegebenenfalls Fehlerkorrekturen durchzuführen.

6.5.3.3 Zeitanalyse

Die Zeitanalyse dient der Ermittlung der Ereigniszeitpunkte. Aussagen der Zeitanalyse bestehen in den Angaben frühestmöglicher und spätestmöglicher Zeitpunkte. Außerdem werden Angaben über zeitliche Verschiebungsmöglichkeiten von Vorgängen ohne Überschreitung der Plan-Projektdauer gewonnen.

Die Zeitanalyse benutzt als notwendige Informationen die Ergebnisse der Strukturanalyse, wobei die Zeitangaben auf bekannten Vorgangsdauern als Basis von Berechnungen basieren. Ein wesentlicher Teil der Zeitangaben befindet sich in den Ereignisknoten, von denen hier nur die meistverwendeten behandelt werden sollen.

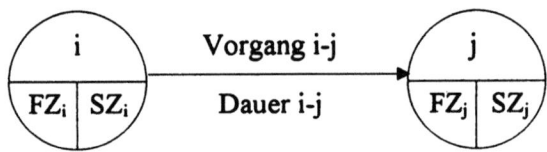

Symbole:

FZ_i = frühester Zeitpunkt des Ereignisses i, zeitliche Länge des **längsten** zu i führenden Weges im Netzplan, falls diese Länge nicht negativ ist. Ereignisse, zu denen kein Pfeil führt, erhalten $FZ_i = 0$.

Die Zeitgrößen FZ_j werden auf dem Wege der Hinrechnung ermittelt.

SZ_i = spätester zulässiger Zeitpunkt eines Ereignisses i, liegt um die zeitliche Länge des längsten von i ausgehenden Weges vor dem Zeitpunkt des Projektendes ($\rightarrow$ Rückrechnung).

Für die Berechnung der genannten Zeitpunkte ergibt sich:

$$FZ_j \geq FZ_i + D_{ij}$$

$$SZ_j \geq SZ_i + D_{ij}$$

Die Bestimmung der frühesten Termine kann auf dem Wege der Hinrechnung folgendermaßen vorgenommen werden.

Zusätzliche Symbole:

FA_{i-j} = frühester Anfangszeitpunkt des Vorgangs i-j in ZE

FE_{i-j} = frühester Endzeitpunkt des Vorgangs i-j in ZE

SE_{i-j} = spätester Endzeitpunkt des Vorgangs i-j in ZE

SA_{i-j} = spätester Anfangszeitpunkt des Vorgangs i-j in ZE

- vorgangsbezogen:

$FA_{i-j} = FZ_i$

$FE_{i-j} = FA_{ij} + D_{ij}$

- knotenbezogen (mehrere Vorgänge münden in einen Knoten ein):

$$FZ_i = \max_{h \in V_i} (FE_{h-i})$$

$$= \max_{h \in V_i} (FZ_h + D_{h,i})$$

V_i = Menge aller Knoten, von denen ein Pfeil zu i verläuft

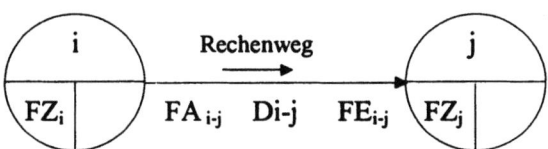

Gegebene Vorgangsdauern:

D_{1-2} = 5 ZE D_{3-5} = 8 ZE

D_{2-3} = 7 ZE D_{4-5} = 13 ZE

D_{2-4} = 9 ZE D_{5-6} = 4 ZE

D_{2-5} = 11 ZE

Der nachfolgende Netzplan der Abb. 6.40. enthält alle Zeiteintragungen aus der Hinrechnung.

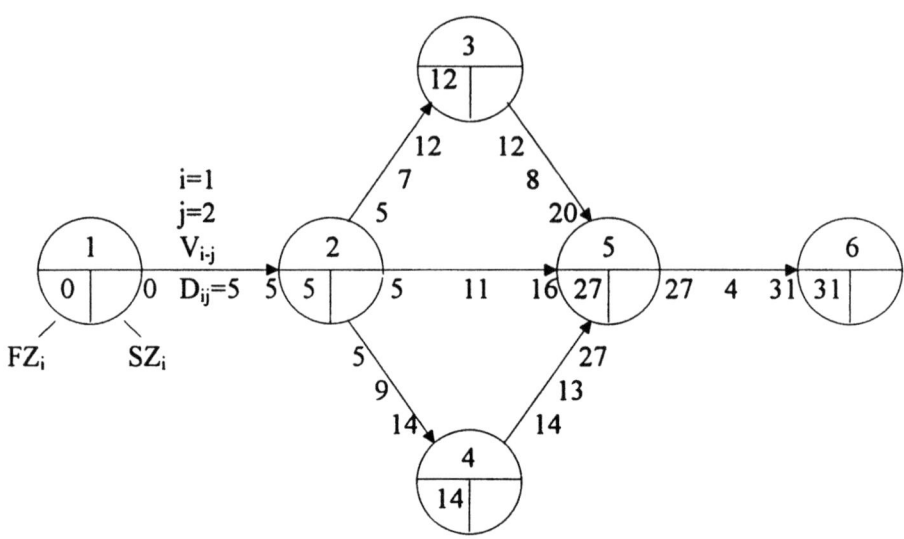

Abb. 6.40.: Netzplan mit frühesten Zeitangaben aus der Hinrechnung

Die Rückrechnung dient der Bestimmung der spätestzulässigen Zeitpunkte SZ_i. Hierbei wird davon ausgegangen, daß die Bearbeitung aller Vorgänge in den spätesten Zeitpunkten begonnen wird. Damit beginnen die Bearbeitungen so spät, daß gerade noch der vereinbarte Fertigstellungstermin eingehalten werden kann.

Die Systemvervollständigung kann auf zweierlei Weise vorgenommen werden:

- vorgangsbezogen:

$$SE_{i\text{-}j} = SZ_j$$

$$SA_{i\text{-}j} = SE_{ij} - D_{ij}$$

- knotenbezogen:

$$SZ_i = \min_{j \in N_i} (SZ_j - D_{ij}) = \min_{j \in N_i} (SA_{i\text{-}j})$$

N_i = Menge aller Knoten, zu denen ein Pfeil von j verläuft

Insgesamt liegt nun in Abb. 6.41. der vollständige Netzplan mit allen wesentlichen Zeitangaben vor.

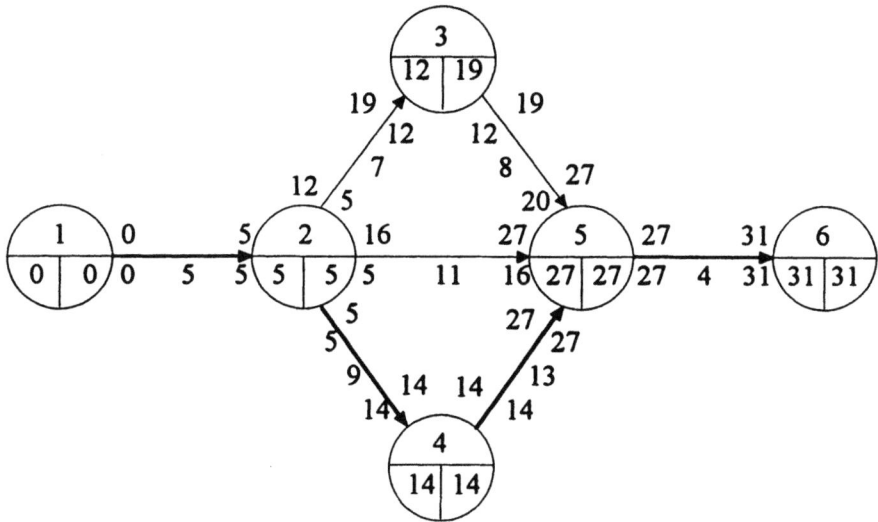

Abb. 6.41.: Netzplan mit vollständigen Zeitangaben nach Ausführung der Rückrechnung

Zu entnehmen ist dem Plan der kritische Weg. Es ist der Weg, auf dem ein späterer Anfang oder die Verlängerung einer der Vorgangsdauern die Projektverlängerung bewirkt. Die Verbindung kritischer Vorgänge zeigt den **kritischen Weg** an:

$$\text{Kennzeichnung:} \quad FZ_i \stackrel{!}{=} SZ_i \qquad \forall\, i$$

Nach DIN 69900 besteht der Weg ausschließlich aus solchen Anordnungsbeziehungen, Ereignissen bzw. Vorgängen, deren gesamte Pufferzeiten ein Minimum ergeben.

Die Auswertung des Beispiels zeigt

- **Knoten 3:** Die Verschiebungsmöglichkeiten für V_{2-3} und V_{3-5} betragen insgesamt 7 ZE.
- **Vorgang 2-5:** Die Spanne beträgt 27 - 16 = 11 ZE.

Daraus ergibt sich, daß zeitliche Spielräume vorhanden sind, deren Nutzung für die Ablaufplanung und gegebenenfalls die Planung der Kapazitätsbelegung in Abteilungen ohne Beeinflussung der Vorgangsdauern oder Projektzeiten möglich ist. Es werden Dispositionsräume für die Lösung von Ablaufplanungsproblemen bei konstanter Projektdauer (T_{min} = 31 ZE) ausgewiesen.

Zeitliche Dispositionsräume werden als Pufferzeiten bezeichnet. Es handelt sich dabei um Zeitreserven. Die genaue Definition lautet: Pufferzeiten von

434 Organisation

Vorgängen sind Zeitspannen, um die der Anfang eines Vorganges und damit der ganze Vorgang gegenüber einem definierten Zeitpunkt bzw. einer definierten Lage bei bestimmter zeitlicher Lage der Vorgänger und Nachfolger bzw. bei bestimmter Beeinflussung der Vorgänger und Nachfolger verschoben werden kann. Es lassen sich auszugsweise folgende Arten von Pufferzeiten unterscheiden:

(1) Gesamte Pufferzeit GP = Zeitspanne zwischen frühester und spätester Lage eines Ereignisses bzw. Vorganges in ZE

- vorgangsbezogen:

$GP_{i-j} = SA_{ij} - FA_{ij}$ = maximaler Dispositionsspielraum für den zu disponierenden Anfang von V_{i-j} in ZE

für den kritischen Vorgang gilt:

$GP_{i-j} = 0 \rightarrow SA_{ij} = FA_{ij}$

oder

$GP_{i-j} = SE_{i-j} - FE_{i-j}$

$= SZ_j - FZ_i - D_{i-j}$

$= SZ_j - (FZ_i + D_{i-j})$

- knotenbezogen:

$GP_i = SZ_i - FZ_i \qquad \forall\, i$

Die **vorgangsbezogene** Auswertung des Beispiels zur Ermittlung der gesamten Pufferzeit GP zeigt für die Pfeile folgende Werte in Tabelle 6.7.:

Vorgang i - j	D_{i-j} in ZE	FA_{i-j} = FZ_i in ZE	SA_{i-j} = $SZ_j - D_{i-j}$ in ZE	FE_{i-j} = $FZ_j + D_{i-j}$ in ZE	SZ_j = SE_{ij} in ZE	GP_{i-j} = $SZ_j - FZ_i - D_{i-j}$ in ZE
1 - 2	5	0	0	5	5	0
2 - 3	7	5	12	12	19	7
2 - 4	9	5	5	14	14	0
2 - 5	11	5	16	16	27	11
3 - 5	8	12	19	20	27	7
4 - 5	13	14	14	27	27	0
5. - 6	4	27	27	31	31	0

Tabelle 6.7.: Zeitberechnung vorgangsbezogen

Die Vorgänge auf dem kritischen Weg sind demnach: 1-2, 2-4, 4-5 und 5-6. Die **knotenbezogenen**, d.h. für die Ereignisse berechneten Pufferzeiten führen zu folgendem Ergebnis in Tabelle 6.8.:

Ereignis	FZ_i	SZ_i	$GP_i = SZ_i - FZ_i$
1	0	0	0
2	5	5	0
3	12	19	7
4	14	14	0
5	27	27	0
6	31	31	0

Tabelle 6.8.: Zeitberechnung knotenbezogen

Die Ereignisse auf dem kritischen Weg sind: 1, 2, 4, 5 und 6. Üblicherweise wird auf Vorgänge abgestellt. Es sind allerdings mehrere kritische Wege parallel möglich. Damit zeigt die vorgangsbezogene Betrachtung:

    GP = Gesamt-Pufferzeit, die den Zeitraum anzeigt, um den ein Vorgang maximal verschoben werden kann, ohne daß die Projektdauer beeinflußt wird, in ZE

    GP = SE - FE = SA - FA

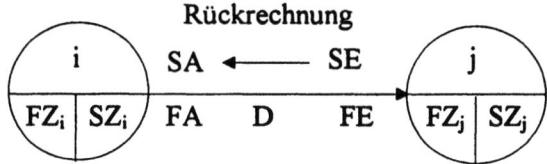

Hiervon zu unterscheiden sind FP und FRP:

    FP = Freie Pufferzeit in ZE

        = Zeitspanne, um die ein Ereignis/Vorgang gegenüber seiner frühesten Lage verschoben werden kann, ohne die früheste Lage anderer Ereignisse zu beeinflussen. Damit steht hier wiederum die Vorgangsbetrachtung im Vordergrund.

DIN 69900 → 'Vorgänge'

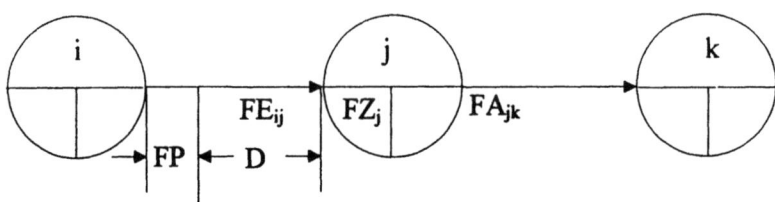

$FP_{i-j} = FZ_j - FE_{i-j}$

$FP \quad = FA_{jk} - FE_{i-j}$

$\quad\quad = $ FA des Nachfolgers - FE des Vorgängers

FRP = Freie Rückwärtspufferzeit in ZE

= Zeitspanne, um die ein Vorgang gegenüber seiner spätesten Lage verschoben werden kann, ohne die spätesten Lagen anderer Vorgänge zu beeinflussen.

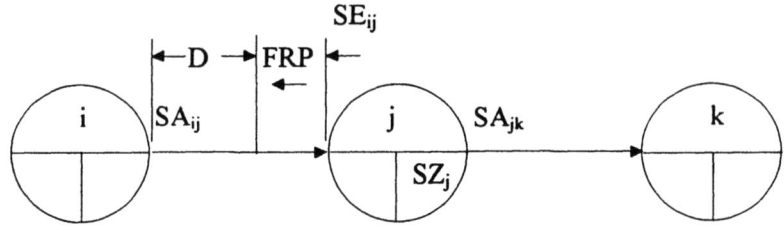

$FRP = SZ_j - D_{i-j} - SA_{ij}$

$FRP = SA_{jk} - SE_{i-j}$

UP = Unabhängige Pufferzeit in ZE

= Zeitspanne, um die ein Vorgang verschoben werden kann, wenn sich seine Vorgänger in spätester und seine Nachfolger in frühester Lage befinden.

$UP_{i-j} = \max\{ FZ_j - SZ_i - D_{i-j} ; 0 \}$

= 0, falls sich ein negativer Wert ergibt.

Die unabhängige Pufferzeit gibt an, wieviel Zeitreserve dem Vorgang i-j noch bleibt, wenn der Nachfolger im frühestmöglichen Zeitpunkt FZ_j beginnt und die Vorgänger zum spätesterlaubten Zeitpunkt SZ_i enden.

Auf die bedingt verfügbare Pufferzeit soll hier nur der Vollständigkeit halber am Rande hingewiesen werden:

BP = Bedingt verfügbare Pufferzeit in ZE

= Differenz aus GP und FP als Zeitreserve, die entsteht, wenn alle nachfolgenden Vorgänge so spät wie möglich beginnen; d.h. BP gibt an, um wieviel ein Vorgang nach rückwärts verschoben oder ausgedehnt werden kann, wenn die nachfolgenden Vorgänge erst zum spätesterlaubten Zeitpunkt beginnen.

Aus Platzgründen soll an dieser Stelle auf ein Anwendungsbeispiel verzichtet und auf die einschlägige Literatur zur Bankbetriebslehre verwiesen werden.[437]

6.5.3.4 Projektsteuerung

Die als Projektsteuerung bezeichnete Tätigkeit dient der zeitlichen Gestaltung der Auftragsbearbeitung. Voraussetzungen dafür sind:

(1) Die Festlegung des Starttermins,

(2) die Umwandlung der Zeitpunkte in Termine (Betriebskalender, Projektkalender) unter Berücksichtigung von

- saisonalen Einflüssen
- Wochenenden usw.,

(3) die Belegungs- und Ablaufplanung, Verteilung der Pufferzeiten nach bestimmten Regeln oder heuristisch,

(4) ein Informationssystem zur Erhebung von Daten über den Projektfortschritt,

(5) eine Projektfortschreibung und Netzplanaktualisierung, gegebenenfalls wöchentlich, monatlich oder bedarfsweise. Der ursprüngliche Netzplan ist Basisinformation zur 'Erhaltung der Information über die Projektvergangenheit' und

(6) die Zeichnung bzw. der Ausdruck eines Balkendiagrammes.

---

[437] Siehe hierzu u.a.: Ohmstedt, H.: Technisch-organisatorische und finanzielle Abwicklung von Wertpapieremissionen mit Hilfe der Netzplantechnik, in: Deppe, H.-D. (Hrsg.): Bankbetriebliches Lesebuch, Stuttgart 1978, S. 633-654, hier S. 633ff..

Beispielhaft für die Aufarbeitung der Grundlagen einer Projektsteuerung soll der Netzplan für das folgende Projekt sein, das zunächst in Tabelle 6.9. nur in Form einer Vorgangstabelle dargestellt ist.

Vorgang	Vorgänger	Nachfolger	Dauer
A	–	C, D	10
B	–	C, F	7
C	A, B	E	12
D	A	E, H	6
E	C, D	G, I	16
F	B	G	3
G	E, F	–	11
H	D	I	8
I	E, H	–	5

Tabelle 6.9.: Vorgangsliste, Ergebnis der Strukturanalyse eines Projektes

Aus der Vorgangsliste läßt sich die nachfolgend in Abb. 6.42. dargestellte Netzplanstruktur[438] entwickeln. Der Plan zeigt sehr übersichtlich, welche Bearbeitungsvorgänge abgeschlossen worden sein müssen, damit ein neuer, nachfolgender Bearbeitungsvorgang begonnen werden kann. Die Zeiteintragungen geben Hinweise darauf, wann bei planmäßigen Bearbeitungsdauern mit den nachfolgenden Vorgängen frühestens oder bei spätesten Lagen der Vorgänger spätestens mit den Arbeitsvorgängen begonnen werden muß, damit die Projektbearbeitung termingerecht abgeschlossen werden kann. Ergänzend sei auf den kritischen Weg hingewiesen, auf den zwecks Termineinhaltung besonders zu achten ist. Jede Verlängerung einer Bearbeitungsdauer bei den auf dem kritischen Weg liegenden Vorgängen führt zu einer um die Zeitdauer der Verlängerung verspäteten Auftragsfertigstellung, durch die Verspätungskosten in Form von Konventionalstrafen, Verlust an Goodwill oder anderweitigen Ertragsmöglichkeiten entstehen können.

Die in dem nachfolgenden Netzplan vorgenommenen Zeiteintragungen ergeben sich aus Hin- und Rückrechnung der Zeitanalyse.

---

[438] Netzplanstruktur entnommen aus Altrogge G.: Netzplantechnik, 2. Auflage, München und Wien 1994, S. 514ff.; Jacob, H. (Hrsg.): Industriebetriebslehre, Bank II Planung und Planungsrechnungen, Wiesbaden 1972.

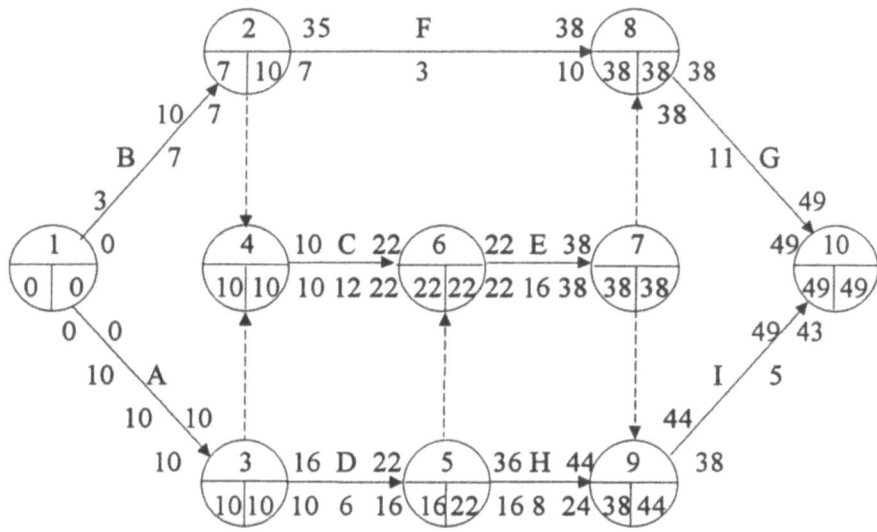

Abb. 6.42.: Netzplan aus Vorgangsliste der Tabelle 6.9.

Die Ergänzung eines Netzplanes für die zeitliche Projektsteuerung bildet das Balkendiagramm der Abb. 6.43..

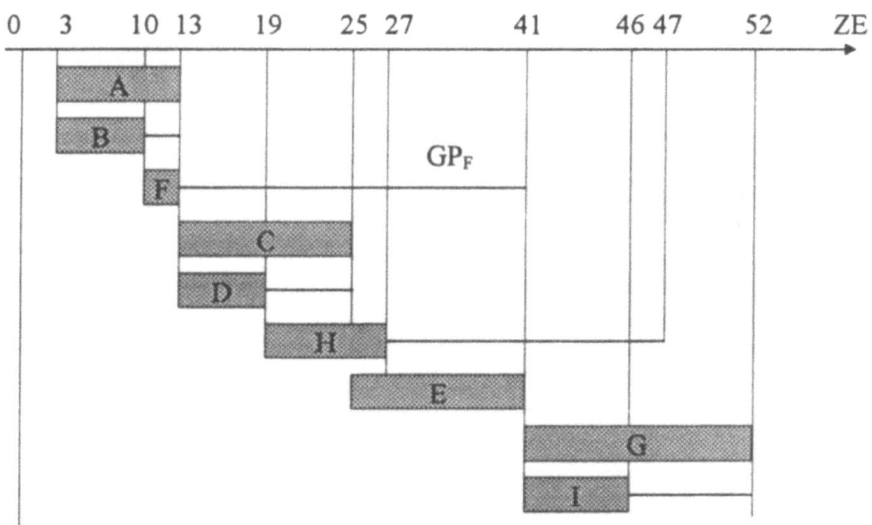

Alle Zeitpunkte sind früheste Termine;
Beginn: 3.Woche;
Pufferzeiten: GP

Abb. 6.43.: Balkendiagramm zum Netzplan der Abb. 6.42.

Die Ermittlung von Planterminen zur Projektsteuerung wäre der nächste Schritt. Alternativ sind folgende Plantermine möglich, deren Wahl jeweils aber Vor- und Nachteile aufweisen kann. Die Wahl der frühesten Anfangstermine FA ist bei Unsicherheit bezüglich der Vorgangsdauern sinnvoll. Anfällig wird ein Ablaufplan über die Vorgänger, denn ein späteres Ende der Vorgänger würde zu Wartezeiten bei Nachfolgern führen, deren Bearbeitung ebenfalls zum frühestmöglichen Zeitpunkt beginnen soll. Es entstehen höchste Kapitalbindungskosten, wenn alle Vorgangsbearbeitungen innerhalb ihrer frühesten Lagen stattfinden. Werden dagegen die spätesten Endtermine SE als Plantermine gewählt, ist es günstig, daß keine Wartezeiten entstehen; die Kapitalbindung ist bei sicheren Vorgangsdauern minimal. Empfindlich reagiert ein Projektplan bei Verlängerung von Vorgangsdauern, die Projektverlängerungen bewirken.

Der Vollständigkeit halber soll abschließend noch auf die Möglichkeiten der kostenoptimalen Gestaltung der Projektdauer hingewiesen werden. Die Planung des Projektablaufes erfolgt auf der Grundlage der Kostenanalyse.

Voraussetzungen sind:

- bekannte Projektstruktur,

- abgeschlossene Zeitanalyse,

- bekannte Kostensätze in den Kostenstellen, in denen Vorgänge bearbeitet werden,

- gegebene Zusatzkosten, entscheidungsrelevante Kosten der Vorgangsverkürzungen,

- ermittelte Minimaldauern der einzelnen Vorgänge (z.B. verfahrensspezifische Bearbeitungszeiten, Zeiten, die ohne Unterschreitung qualitativer Mindestanforderungen realisierbar sind).

Die Vorgehensweise erfordert es, die im Projekt gebundenen Kosten für die Kostenanalyse bei frühester Lage der Vorgänge und bei spätester Lage der Vorgänge zu errechnen. Sie dient der Ermittlung der zeitlichen Struktur von Projektkosten. Bei nachfolgender Betrachtung wird nicht nur die Höhe der Kapitalbindung angezeigt. Auch die Zeitpunkte notwendiger Kapitalbereitstellung im Sinne einer Liquiditätszufuhr als notwendige Voraussetzung einer Projektrealisierung werden ersichtlich. Grundlage der Projektdaueroptimierung sind die Daten von Tabelle 6.10..

Vorgang	D_{norm} ZE	FAZ ZE	SAZ ZE	beschäftigungs-variable Kosten der Kostenstelle GE/ZE	beschäftigungs-variable Kosten des Vorgangs GE
A	10	0	0	20	200
B	7	0	3	25	175
C	12	10	10	15	180
D	6	10	16	40	240
E	16	22	22	10	160
F	3	7	35	20	60
G	11	38	38	35	385
H	8	16	36	20	160
I	5	38	44	25	125
	Kosten für das Projektmanagement 20 GE/ZE · 49 ZE (Projektdauer) =				Σ= 1685 GE + 980 GE
	Gesamtkosten des Projektes:				2665 GE

Tabelle 6.10.: Vorgangsliste mit Kosten-, Zeitdauer- und Zeitpunktangaben

Die Ermittlung der Projektkosten in Abhängigkeit von der Zeit ist auch Grundlage der Liquiditäts- und Finanzierungsplanung. Abb. 6.44. zeigt die Kumulation der Projektkosten in Abhängigkeit von den gewählten zeitlichen Lagen der Vorgänge. Die Möglichkeiten der Ablaufplanung liegen dann in der Beeinflussung der einzelnen Planzeitpunkte zur Glättung von Liquiditätsbeanspruchungen, insbesondere bei der Mehrprojektplanung und in der Abstellung der Projektablaufplanung auf vertraglich vereinbarte Zahlungstermine zur Risikominimierung. Ebenfalls auf der Grundlage der nachfolgenden Abbildung sind die Kapitalbindungskosten, die in Abhängigkeit vom Realisierungsstand des Projektes entstehen und bis zum tatsächlichen Zahlungsmitteleingang anfallen, leicht zu kalkulieren.

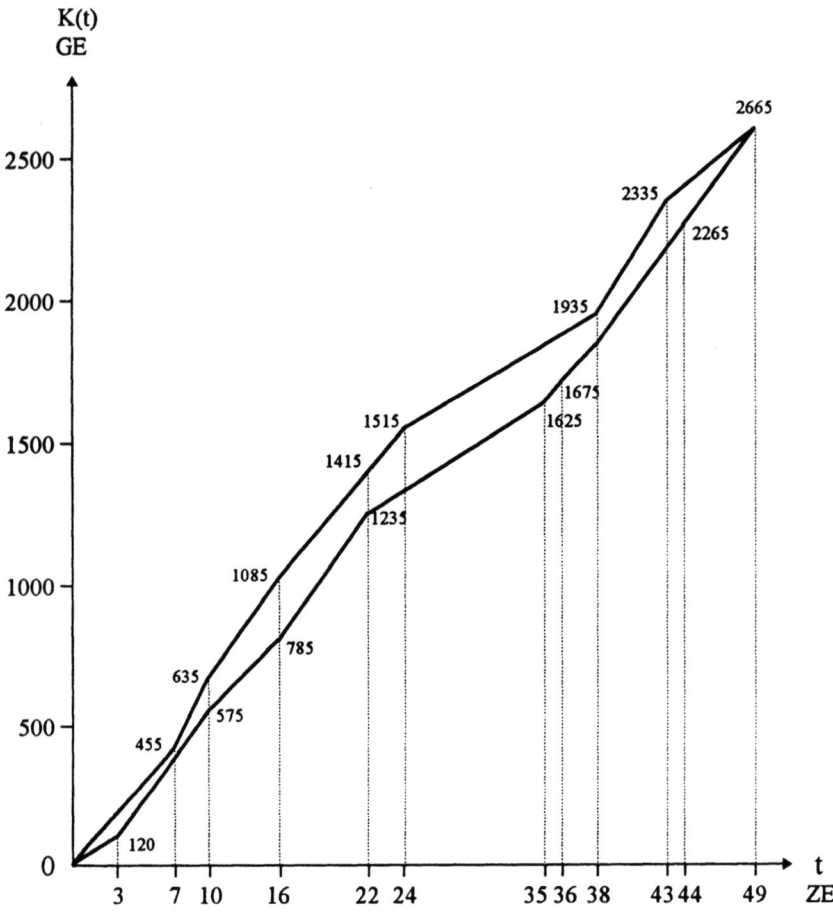

Abb. 6.44.: Kumulierte Projektkosten K(t) bei frühesten und spätesten Lagen der Vorgänge

Die Beeinflussung der Projektdauer durch Verkürzungen geschieht unter Erfassung der entscheidungsrelevanten Kosten, d.h. aller Kosten der Projektverkürzung. Folgender Ablauf für die Festlegung der Verkürzungsschritte ist notwendig:

(1) Ordnung der verkürzungsfähigen Vorgänge nach der Höhe der Verkürzungskosten in aufsteigender Folge,

(2) Anfang mit dem Vorgang, der die geringsten Verkürzungskosten aufweist,

(3) Verkürzung fortschreitend mit aufsteigenden Beschleunigungskosten bis alle Verkürzungsmöglichkeiten ausgeschöpft sind,

(4) Ende: Ausschöpfung aller Verkürzungsmöglichkeiten.

Nach dieser eher allgemeinen Darstellung von Ablaufplanungstechniken soll nun stärker auf die Besonderheiten bei Bankbetrieben eingegangen werden.

6.6 Besonderheiten der Ablauforganisation bei Kreditinstituten

Die Ablauforganisation strukturiert und regelt die Gestaltung bankbetrieblicher Arbeitsprozesse. Die organisatorischen Elemente (Funktionsträger, Tätigkeiten, Sachmittel etc.) sollten hinsichtlich des zeitlichen und räumlichen Ablaufs so gestaltet werden, daß die operativen Arbeitsvorgänge lückenlos aufeinander abgestimmt sind. Diese Gestaltung wird in Kreditinstituten durch die Notwendigkeit der Beachtung verschiedener Grundsätze beeinflußt.[439]

6.6.1 Grundsätze Sicherheit, Schnelligkeit, Wirtschaftlichkeit

Bankleistungen sind vorwiegend auf das **Objekt Geld** gerichtet. Daraus folgt eine besondere Vertrauensempfindlichkeit gegenüber Kreditinstituten. Mit Hilfe des Kreditwesengesetzes und verschiedener Einlegerschutzeinrichtungen der Verbände der Kreditwirtschaft wird dieser Vertrauensempfindlichkeit zwar bereits Rechnung getragen. Es gilt aber das **Prinzip der Sicherheit**, das besagt, daß alle Geschäftsvorfälle nachvollziehbar, kontrollierbar und fehlerfrei abgewickelt werden müssen, schon um den aufsichtsrechtlichen Regelungen zu entsprechen.

Die Bandbreite der Sicherheitsvorkehrungen im Verwaltungsbereich der Banken ist größer als in anderen Industriezweigen. Einige Beispiele dokumentieren die Vielfalt der Maßnahmen zur Sicherung der Bankleistungserbringung:

- Bewachung von Geldtransporten,
- Beschaffung von diebstahlsicheren Einrichtungen,
- Maßnahmen der Innenrevision, die fallweise und überraschend die Einhaltung allgemeingültiger Organisationsrichtlinien überprüft,
- Kontrolleinrichtungen zur Feststellung und Korrektur von Dateneingaben, -verarbeitung und -speicherung im Innenbereich der Bank,
- Nutzung von Scheckheften in Verbindung mit der Scheckkarte,
- Individuell vereinbarte Codes und Geheimnummern für Kunden für die Abhebung von Sparkonten, Benutzung von Schließfächern, Geldausgabeautomaten und Kontoauszugsdruckern.

---

[439] Vgl. Süchting, J., 1992, a.a.O., S. 46-63 sowie von Trotha, U.I.: Systemorientierte Ablauforganisation, in: von Stein, J.H./Terrahe, J. (Hrsg.): Handbuch Bankorganisation, Wiesbaden 1991, S. 305-325.

Da Bankleistungen wegen ihres abstrakten Charakters in der Regel in taggenauer Fertigung abzuwickeln sind, ist in Kreditinstituten auch das **Prinzip der Schnelligkeit** für die Ablauforganisation von hervorragender Bedeutung. Beispielsweise gelten besondere Fristenregelungen für die Rückgabe von nicht eingelösten Schecks, Lastschriften und Wechseln. Schecks, die vom bezogenen Kreditinstitut mangels Deckung nicht eingelöst werden, sind gemäß Abschnitt 2, Nr. 1 des Scheckabkommens an dem auf den Eingangstag folgenden Geschäftstag an die erste Inkassostelle zurückzuleiten.

Ein Zusammenhang zwischen dem Prinzip der Schnelligkeit und dem Prinzip der Sicherheit besteht insofern, als daß die Verkürzung von Transportweg und -zeit bei der Bearbeitung beispielsweise von Schecks nicht nur erstgenanntem Prinzip genügt, sondern gleichfalls auch die Eingriffsmöglichkeiten aus betrügerischen Motiven verringert.

Neben den Prinzipien von Schnelligkeit und Sicherheit muß mit Hilfe der Maßnahmen der Ablauforganisation auch dem **Prinzip der Wirtschaftlichkeit** Rechnung getragen werden. Es entspricht weitestgehend der Aussage des ökonomischen Prinzips, das die Erledigung der Aufgaben eines Kreditinstitutes mit dem geringstmöglichen Aufwand verlangt. Wirtschaftlichkeitsprobleme treten deshalb auf, weil Banken ihre Leistungen taggenau bereitstellen oder ihre Berichtspflichten regelmäßig taggenau erfüllen müssen. Hinzu kommen seit 1996 tägliche Informationspflichten für Geschäftsführer über die Risikosituation der Bank.[440] Personal- und Sachmittelkapazitäten werden deshalb grundsätzlich an dem zu erwartenden Spitzenanfall ausgerichtet. Der Bankbetrieb zeigt als Charakteristikum sowohl im täglichen Arbeitsprozeß als auch kalendermäßig eine sehr ungleichmäßig anfallende Arbeitsbelastung. Sie resultiert im wesentlichen aus Terminvereinbarungen im Kundenverkehr, aber auch aus Börsenterminen, Abrechnungsterminen der Landeszentralbanken sowie der o.g. Rückgabefristen im Scheck-, Lastschrift- und Wechselverkehr.

Die Kosten von Sachmittel- und Personalkapazitäten sind für jeweils eine Planperiode weitgehend fix. Vom Ausmaß der Beschäftigungsschwankungen hängt es deshalb ab, wie sich im Fixkostenblock Nutzkosten und Leerkosten zueinander verhalten. Da hohe Beschäftigungsschwankungen zu hohen Leerkosten und damit bei Vollkostenbetrachtung zu hohen Stückkosten pro Geschäftsvorfall führen, besteht aus Wirtschaftlichkeitsüberlegungen heraus ein Interesse daran,

(1) entweder die Teilkapazität einer Abteilung in Grenzen zu halten, indem Einfluß auf die Beschäftigungsschwankungen in Richtung auf ihre Nivellierung (Emanzipationsproblem) genommen wird,

---

[440] Vgl. Bundesaufsichtsamt für das Kreditwesen: Verlautbarungen über Mindestanforderungen an das Betreiben von Handelsgeschäften der Kreditinstitute, Pkt. 4.4., Abs. a.

(2) bei unterschiedlichen Beschäftigungslagen in einzelnen Abteilungen durch **Austausch von** personellen und sachlichen **Einsatzfaktoren** die Gesamtkapazität zu beschränken

(3) und/oder möglichst kostengünstige Anpassungsmaßnahmen an schwankende Beschäftigungslagen zu suchen.

Die Möglichkeiten zu (1) sind begrenzt. Sie sind dort gegeben, wo es gelingt, durch Setzung attraktiver Preise z.B. Firmenkunden zum Wechsel von Überweisungsbelegen auf Magnetbänder zu bewegen. Das Direktbankensystem ist ein weiterer Ansatz hierzu. Der Anwendungsbereich von Maßnahmen der Ablauforganisation zu (2) und (3) ist weiter gesteckt. Er betrifft die Anpassungsfähigkeit insbesondere in den personellen Beziehungen zwischen den Abteilungen und innerhalb einer Abteilung.

Schwankungen der Beschäftigung treten in Kreditinstituten außer im Konjunktur- und Saisonverlauf in monatlichem, wöchentlichem, vor allem aber im Tages-Rhythmus auf. Bei Beschäftigungsschwankungen, die im Vergleich zum Durchschnitt an den Kassenschaltern 100% und mehr betragen können, stellt sich das Problem einer kostengünstigen Anpassung im Personalbereich. Zur Lösung dieses ablauforganisatorischen Problems sind Wartezeitmodelle entwickelt worden, in denen die Bedienungskosten an den Schaltern den Opportunitätskosten gegenübergestellt werden, die dann entstehen, wenn Kunden aufgrund der zu langen Wartezeiten unzufrieden werden und mit ihren Geschäften zur Konkurrenz abwandern. Ein Wartezeitmodell für den Bankschalter dokumentiert die folgende Abb. 6.45.. Das Wartezeitmodell ist in seiner sehr einfachen Struktur den bekannten Ansätzen zur Ermittlung der optimalen Bestellmenge oder zur optimalen Losgröße auffallend ähnlich.

Symbole:

K = Gesamtkosten in GE/ZE

K_B = Bedienungskosten in GE/ZE

W = durchschnittliche Wartezeit in ZE

W_{opt} = optimale Wartezeit in ZE

K_o = Opportunitätskosten, nichtrealisierte Erträge aufgrund von Abwanderung als Folge von Wartezeiten in GE/ZE

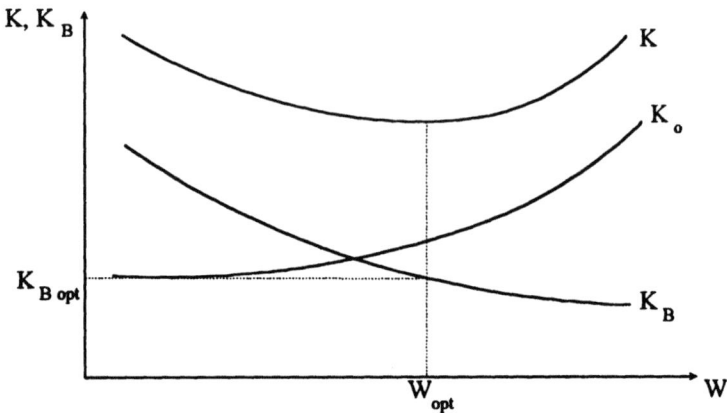

Abb. 6.45.: Wartezeitmodell für den Bankschalter

Quelle: verändert aus Süchting, J., 1992, a.a.O., S. 50

Je weniger Schalter besetzt sind, um so geringer sind die Bedienungskosten einer Abteilung. Damit steigen aber auch die durchschnittlichen Wartezeiten der Kunden vor den Schaltern; die Gefahr, daß es zur Abwanderung unzufriedener Kunden und damit zum Verlust von Geschäften und Erlösen kommt, die als Opportunitätskosten anzusetzen sind, nimmt zu.

Die optimale Schalterbesetzung ergibt sich im obigen Modell im Minimum der Gesamtkosten bei Bedienungskosten K_{Bopt} und einer durchschnittlichen optimalen Wartezeit W_{opt}. Das vorgestellte Modell führt zu mathematisch exakten Ergebnissen, bietet aber keine praktische Lösung. Zwar wird ein Optimalbereich ausgewiesen, in dem sich die benötigten Angestelltenzahlen bewegen müßten, aber folgende Aspekte bleiben weitgehend unberücksichtigt:

- Auf der Grundlage von Leistungsstatistiken und Zeitaufschreibungen sind die für den Planungstag und einzelne Planungsstunden erwartete Kundenzahl, die durchschnittlichen Bedienungszeiten und damit die Wartezeiten nur über Schätzungen zu ermitteln. Gleichzeitig ist zu berücksichtigen, daß die Reizschwellen, bei denen eine Abwanderung zur Konkurrenz stattfindet, bei verschiedenen Kundenpersönlichkeiten und Kundengruppen unterschiedlich sind.

- Die Bestimmung der Geschäfte, die von der Abwanderung betroffen sind, ist schwierig. Infolgedessen lassen sich auch die entfallenden Erlöse und damit die Opportunitätskosten nicht ermitteln.

Trotzdem kann der Optimierungsansatz in vereinfachter Form praktiziert werden. Üblicherweise werden die Schalterbesetzung und damit die Bedienungskosten unter der Nebenbedingung minimiert, daß eine maximale Wartezeit der Kunden von z.B. 10 Minuten auch bei extremem Kundenverkehr nicht überschritten wird.

Der zusätzliche Einsatz von Personal an den Schaltern oder der Abzug von Personal von den Schaltern entsprechend den dort auftretenden Beschäftigungsschwankungen setzt voraus, daß gegenüber anderen Abteilungen gegenläufige Beschäftigungsschwankungen entstehen oder Personalreserven gebildet werden. Diese Voraussetzung ist gegeben, wenn die verschiedenen Abteilungen unterschiedliche Beschäftigungsverläufe aufweisen.

Eine Eignung des Personals für Maßnahmen zur Beschäftigungsglättung kann in Abteilungen mit weitgehenden Routinetätigkeiten wie in der Scheck- und der Wechselabteilung angenommen werden. Problematisch sind gleiche Beschäftigungsverläufe gegen Jahresende und am Jahresbeginn. In der Praxis behelfen sich Kreditinstitute mit der Beschäftigung einer universell ausgebildeten Personalreserve. In anderen Industriezweigen werden die Personen der Personalreserve als 'Springer' bezeichnet. Eine andere Möglichkeit besteht im Einsatz von Teilzeitbeschäftigten oder Aushilfskräften. Die Kosten solcher Personalreserven sind niedriger als die Kosten, die bei einer Kapazitätsausrichtung jeder Abteilung an der Spitzenbelastung entstehen.

Im Rahmen der Kapazität einer Abteilung kommen für die Leistungsanpassung von Mitarbeitern und Maschinen an Veränderungen der Beschäftigung die üblichen Maßnahmen der quantitativen, zeitlichen und intensitätsmäßigen Anpassung zum Einsatz.[441] Die Kombination mehrerer der genannten Anpassungsarten wird als kombinierte Anpassung bezeichnet. Dabei ist zur optimalen Gestaltung der Ablauforganisation bei vorgegebenem Absatzprogramm diejenige Anpassungsart bzw. Kombination von Anpassungsarten zu wählen, bei der die variablen Kosten minimiert werden; an den Bereitschaftskosten ändert sich nichts. Ein bewußtes Abweichen vom Kostenoptimum ist vor allem aus Gründen der taggenauen Bearbeitung und der sicheren Erledigung der Geschäftsvorfälle notwendig.

Die **quantitative Anpassung** ist nur möglich, wenn bei der Planung der Kapazität Kapazitätsreserven berücksichtigt werden. Solche Kapazitätsreserven sind bei Maschinen, Personal, Computern usw. üblich. Variable Kosten bestehen vor allem aus nutzungsbedingten Maschinenkosten wie dem Energieverbrauch. Bei der zusätzlichen Einbeziehung von Büromaschinen, die lediglich als Reservekapazität vorgehalten werden, in den Arbeitsprozeß stellt sich das Problem der qualitativen Zuordnung von Personalkapazität zur Maschinenkapazität bei Einsatz unterschiedlicher Technik. Demnach enthält die rein quantitative Anpassung ein Zuordnungsproblem, weshalb auch von selektiver Anpassung gesprochen werden kann. Unter Kostenaspekten ist aus einer Reihe funktionsgleicher Aggregate jeweils die Kapazitätseinheit mit den niedrigsten variablen Kosten für den Einsatz auszuwählen. Die quantitative An-

---

[441] Vgl. Gutenberg, E., 1983, a.a.O., S. 354ff..

passung bei Mitarbeitern ist im Rahmen einer Abteilung bei Vollzeitbeschäftigten möglich; 'Stillegung' und 'Inbetriebnahme' entfallen hier. Bei Teilzeitbeschäftigten treten vergleichbare Kostenelemente auf. Reservecharakter haben aus Sicht der Abteilung nur Springer und Aushilfskräfte. Bei der Gesamtkostenermittlung indessen ist zu berücksichtigen, daß solche Aushilfskräfte auch zusätzliche variable Kosten verursachen. Da der weitgehend fixe Einsatzfaktor Personal im Bankbetrieb bislang denjenigen der Maschinen kostenmäßig um ein Mehrfaches überwiegt, kommt der quantitativen und selektiven Anpassung im Bankbetrieb geringere Bedeutung zu.

Auch die **zeitliche Anpassung** muß im Gegensatz zum Industriebetrieb in üblichen Kreditinstituten zunächst als Einschichtbetrieb gesehen werden, Ausnahmen bilden das Rechenzentrum und automatisierte Service-reduzierte Bankbetriebe wie die 'Bank 24' als Direkt-Bank-Tochterunternehmen der Deutschen Bank AG. Die Einsatzzeit des Personals läßt sich bei höherer Beschäftigung leichter durch Überstunden, kaum aber bei einem Beschäftigungsrückgang variieren, weil Kurzarbeit und wechselnde Ansprechpartner insbesondere bei kundengruppenorientierten Aufbauorganisationen im Absatzbereich einen Vertrauensschwund bei Kunden zur Folge haben. Die zeitliche Anpassung an eine hohe Beschäftigung ist relativ teuer. Die Begründung hierfür liegt weniger in den meistens linear ansteigenden Maschinenkosten, sondern in der progressiv ansteigenden Überstundenentlohnung.

Deshalb ist die **intensitätsmäßige Anpassung**, d.h. das schnellere oder langsamere Arbeiten von Mensch und Maschine je nach Beschäftigungsanfall eigentlich bislang die wichtigste Anpassungsart im Bankbetrieb. Im Hinblick auf die Maschinenauslastung ist hierunter eher die intensitätsmäßige Anpassung von Maschinen nach unten zu verstehen. Eine Anpassung nach oben, jenseits der Normalbeschäftigung, kann durch zunehmende Verschleißerscheinungen, steigenden Verbrauch von Formularen und höhere Fehlerquoten die notwendigen Standards bei der Zuverlässigkeit nicht mehr gewährleisten. Bei den Mitarbeitern bietet sich die Variation der Arbeitsgeschwindigkeit an. Die Grenzen nach oben liegen in der physiologischen (Arbeitspausen) und psychologischen (Unzufriedenheit) Belastbarkeit determiniert. In Anbetracht dessen, daß in Kreditinstituten Zeitentlohnung vorherrscht, bleiben die Personalkosten auch bei stark erhöhter Beschäftigung konstant. Da die durch intensitätsmäßige Anpassung entstehenden zusätzlichen variablen Kosten (= Grenzkosten) im Vergleich zu den fixen Kosten ausgesprochen niedrig sind, ergibt sich daraus, daß bei Vollkostenbetrachtung die Stückkosten je Geschäftsvorfall bei zusätzlicher Beschäftigung und intensitätsmäßiger Anpassung erheblich sinken.

Zusammenfassend darf angenommen werden, daß für die ablauforganisatorische Optimierung der Arbeitsprozesse bei schwankenden Beschäftigungslagen die intensitätsmäßige Anpassung von herausragender Bedeutung ist. Ihre

Grenzen liegen in der Leistungsfähigkeit und -willigkeit des Personals und in der sicheren Erledigung der Geschäftsvorfälle.

6.6.2 Räumliche Ablaufgestaltung

Die Prinzipien Sicherheit, Wirtschaftlichkeit und Schnelligkeit sollten auch bei der Raumplanung der Kreditinstitute Beachtung finden. Wirtschaftlichkeit und Schnelligkeit manifestieren sich besonders im 'Grundsatz der kürzesten Wege'. Diesem Grundsatz wurde in der Industrie über die Fließbandfertigung schon früh mit höchster Perfektion entsprochen. Fließbandstationen wurden mit kürzesten Abständen in der Reihenfolge technisch determinierter Arbeitsschritte angeordnet, so daß das zu fertigende Gut auf kürzestem Wege an jedem Mitarbeiter vorbeigeführt wird.

Im Bankbetrieb ist nicht der Transport von Halbfertig- oder Fertigfabrikaten Gegenstand der Betrachtung, sondern der Transfer von Informationen oder Informationsträgern der kaufmännischen Verwaltung, wie z.B. Akten oder Belegen, oder die weiterführende Verrichtung an einem Arbeitsobjekt, das mehrere Bearbeitungsstufen zu durchlaufen hat. Auch hierbei sollten die Wege zwischen zusammenarbeitenden Mitarbeitern, oder zwischen Mitarbeiter und direktem Vorgesetzten minimiert werden. Im Interesse der Kundenfreundlichkeit verdient der Grundsatz der kürzesten Wege im Kundenbereich besondere Beachtung, was an einem Beispiel dargestellt werden soll. Ein Schalterraum muß neu gestaltet werden.[442] Er soll einen Geldautomaten und einen Kontoauszugsdrucker enthalten. Desweiteren ist jeweils ein Schalter und ein Beratungsbereich einerseits für Geschäftskunden und andererseits für Privatkunden vorgesehen.

Eine im Sinne der oben beschriebenen Ablaufplanung beispielhafte Raumaufteilung ist in der Abb. 6.46. dargestellt.

Grundlage der Einrichtungsplanung ist die Wege - Analyse:

(1) Der Schalterkunde begibt sich nach dem Eintreten in die Bank entweder nach rechts zum Privatkundenschalter oder nach links zum Firmenkundenschalter.

(2) Hat ein Kunde nicht vor, mit Hilfe des Geldautomaten Geld abzuheben oder sich Kontoauszüge ausdrucken zu lassen, so verläßt er den Raum direkt vom betreffenden Schalter aus.

(3) Ist auch Automatenbenutzung vorgesehen, so führt der jeweils kürzeste Weg zur Mitte, dem Automatenstandort bzw. Selbstbedienungszentrum.

(4) Vom Selbstbedienungszentrum führt der Weg in der Mitte zum Ausgang.

---

[442] Vgl. Ahlswede, R.: Organisation und Datenverarbeitung für Bank- und Sparkassenkaufleute, Rinteln 1987, S. 66f..

450 Organisation

(5) Im Falle von Beratungsbedarf führt der jeweils kürzeste Weg zum außen danebenliegenden Beratungstisch.

(6) Ein Kunde, der ausschließlich eine Selbstbedienungsleistung in Anspruch nehmen will, kann auf direktem Wege das in der Mitte liegende Selbstbedienungszentrum aufsuchen und den Raum ebenso direkt wieder verlassen

(7) Geldtransporte zwischen den Schaltern mit den automatischen Kassentresoren und dem Tresor erfolgen direkt nach hinten, gleichfalls die Informationsflüsse bzw. Mitarbeiterbewegungen zur Verwaltung.

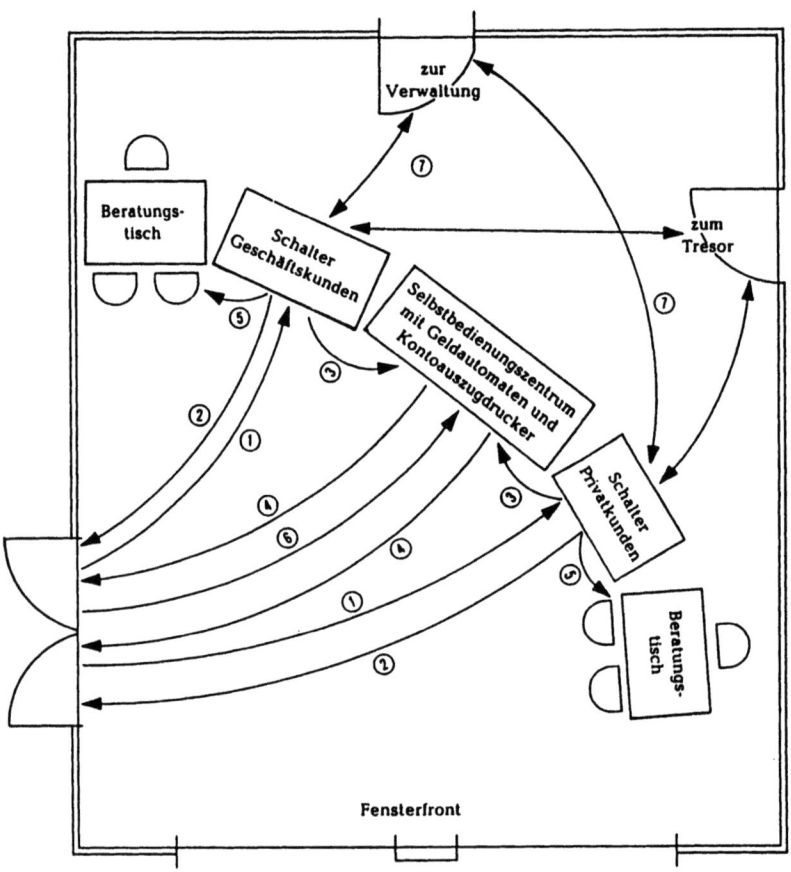

Abb. 6.46: Raumaufteilung der Schalterhalle

Quelle: Ahlswede, R., 1987, a.a.O., S. 67

Die aufgezeichneten Wege können jeweils in beiden Richtungen gegangen werden. Es ist darauf zu achten, daß möglichst alle Wege kreuzungsfrei geführt werden.

Das Prinzip der Sicherheit hat in der räumlichen Ablaufplanung den Rang einer strengen Nebenbedingung. Einerseits behandeln die Dienstleistungen der Bank Werte, besonders Bargeld, Konnossemente und andere Wertpapiere, die vor Veruntreuung und Diebstahl zu schützen sind und an deren Transportwege somit besondere Sicherheitsanforderungen zu stellen sind. Andererseits sind im Kunden- und Mitarbeiterinteresse alle Wege auch vor dem Hintergrund der Arbeitssicherheit und Unfallverhütung zu untersuchen.

6.6.3 Technisierung der Bankorganisation

Eine der wichtigsten Tendenzen in der modernen Bankorganisation ist die fortschreitende Technisierung und Automatisierung.[443] Sowohl im Innenbetrieb der Bank als auch an der Kontaktstelle Bank-Kunde vollziehen sich bedeutende Umwälzungen der organisatorischen Strukturen. Die deutlichen Veränderungen auf diesen beiden Gebieten lassen sich am Beispiel des Zahlungsverkehrs besonders gut verdeutlichen.[444] Im **Innenbetrieb** erfolgt die Zahlungsverkehrsabwicklung (Überweisungen, Schecks und Lastschriften) in zunehmenden Maße durch **automatisierte Beleglese-Verfahren**, sofern ein Zahlungsverkehrsbeleg erstellt wurde, sowie im **beleglosen Verfahren**, sofern ein Datenträgeraustausch oder eine Datenfernübertragung zwischen Bank und Kunde stattgefunden hat. Die Weiterleitung der Daten zwischen den beteiligten Banken geschieht i.d.R. ebenfalls mittels Datenträgeraustausch oder Datenfernübertragung. Geschäftsvorfälle am Schalter werden oftmals von den Mitarbeitern direkt in **Schalterterminals** eingegeben, welche mit dem Zentralrechner der Bank verbunden sind. Durch **Automatische Kassentresore (AKT)** wird eine dezentrale Abhebung und Auszahlung von Bargeld am Schalter ermöglicht und somit die Hauptkasse entlastet.

Da eine scharfe Abgrenzung von Innenbetrieb und **Kontaktstelle Bankkunde** nicht möglich ist, betreffen die gerade skizzierten Entwicklungen zum großen Teil sowohl den Innenbetrieb als auch die Kontaktstelle. Primär dem Kundennutzen dienen jedoch die Selbstbedienung in der Bank, das Electronic Banking sowie die Point of Sale-Systeme. Die **Kundenselbstbedienung** nahm ihren Anfang mit der Installation von Geldausgabeautomaten und Kontoauszugsdruckern zu Beginn der 80er Jahre. Diese Geräte wurden inzwischen zu **Multifunktionsterminals** weiterentwickelt, welche zusätzlich die direkte Erteilung von Aufträgen im Zahlungsverkehr sowie die Inan-

---

[443] Siehe hierzu auch Punkt 7.3.3.
[444] Vgl. Becker, H.P.: Bankbetriebslehre, 2. Auflage, Ludwigshafen 1994, S. 137-144.

spruchnahme standardisierter Bankleistungen aller Art ermöglichen. Darüber hinaus bieten viele Banken ihren Kunden das **Telefon-Banking** an, d.h. die Abwicklung standardisierter Bankgeschäfte per Telefon auch außerhalb der Banköffnungszeiten.

Im Jahre 1973 wurde für den Auslandszahlungsverkehr die Society for Worldwide Interbank Financial Telecommunication (S.W.I.F.T.) gegründet. Über das von dieser Gesellschaft betriebene Datenübertragungsnetz wird weltweit ein belegloser Datenaustausch abgewickelt. Die überbetriebliche Rationalisierung in der Kreditwirtschaft hat über den Zahlungsverkehr hinaus inzwischen auch den **Wertpapierbereich** einbezogen, indem über die Börsendatenzentralen ein **maschinelles Clearing der getätigten Börsengeschäfte** vorgenommen wird.[445]

Im Rahmen des **Electronic Banking** bieten die Banken denjenigen Kunden, die über einen Anschluß an T-Online (den früheren BTX- oder Datex-J-Dienst der Deutschen Telekom) verfügen oder über das Direct Banking nach demselben Prinzip mit quasi derselben Software ohne den BTX-Anschluß, die Inanspruchnahme verschiedener Bankdienstleistungen von zu Hause aus an. Als Ein-/Ausgabegerät fungieren neben speziellen BTX-Terminals zunehmend Personal Computer (PC), die mit einem Modem (Modulator/Demodulator) ausgerüstet sind.

Point of Sale-Systeme ersparen den Kunden die Mitführung größerer Bargeldbeträge beim Kauf von Waren oder der Inanspruchnahme von Dienstleistungen. Zwei Systeme lassen sich unterscheiden: Im **Electronic Cash Verfahren** erfolgt die Zahlung durch Eingabe einer Eurocheque- oder Bankkarte in ein Lesegerät, welches an einen Zentralrechner angeschlossen ist. Nach Eingabe eines PIN-Codes (Persönliche Identifizierungs-Nummer) überprüft der Zentralrechner die Rechtmäßigkeit der Verfügung und belastet das Konto des Karteninhabers. Da dieses Verfahren mit Provisionszahlungen der Verkaufsstellen an die Banken verbunden ist, wählen einige Unternehmen das **Lastschriftverfahren**, bei dem die Zahlung durch Erteilung einer einmaligen Lastschrifteinzugsermächtigung an das Unternehmen erfolgt. Die Legitimation des Kunden wird hier durch die Eurocheque-Karte und die Unterschrift sichergestellt.

Die moderne Informationstechnologie ermöglicht den direkten Anschluß an alle bedeutenden internationalen Börsenplätze. Hierdurch stehen sowohl Devisen- und Wertpapierkurse als auch Zinssätze und Renditen global innerhalb kürzester Zeit und aufgrund der Auslandstützpunkte rund um die Uhr zur Verfügung.[446] Darüber hinaus können z.B. Wertpapierorders mit Hilfe elek-

---

[445] Vgl. Süchting, J., 1992, a.a.O., S. 58-59.
[446] Vgl. ebenda, S. 58.

tronischer Ordersysteme direkt an die Börsen weitergeleitet werden. Von hier aus erfolgt wenige Sekunden nach der Orderausführung die weltweite Veröffentlichung der Kurse und die Versendung der Wertpapierabrechnungen an die beauftragende Stelle.

Ein Praxisbeispiel für weitgehende DV-Unterstützung von Kunden und Kundenberatern liefert die Zuger Kantonalbank. Neben einer Verbesserung der Kundennähe war es ihr Ziel, die hohen Kosten, die im Mengengeschäft entstehen, zu senken.[447] Ausgangspunkt für den verstärkten DV-Einsatz war ein von der Marketingabteilung entwickeltes Geschäftsstellenkonzept, das vier unterschiedliche Geschäftsstellentypen, siehe Tabelle 6.11., beinhaltet. Ihr neues Konzept nennt die Zuger Kantonalbank 'Futura 2000'. Der Typ einer Zweigstelle in einem bestimmten Marktgebiet wird durch die vorhandenen Kundenstrukturen in diesem Marktgebiet bestimmt.[448]

Geschäftsstellen- typen Kundengruppen	Futura I	Futura II	Futura III (mit regionaler Bedeutung)	Futura IV (Hauptsitz)
Privatkunden	X	X	X	X
Immobilienkunden		X	X	X
Zuger Unternehmen		X	X	X
Finanzkunden				X
Consulting Steuer- und Rechtsberatung				X

Tabelle 6.11.: Geschäftsstellentypen und Kundengruppen der Zuger Kantonalbank. Quelle: Vgl. Röthlein, A., 1993, a.a.O., S. 29

Hierbei werden interaktive multimediale Kundeninformationssysteme eingesetzt. Dieses sog. 'Infovision-System' dient auf der einen Seite der Informationsselbstbedienung[449]. Anhand von z.B. Videos, Texttafeln und Grafiken kann dem Kunden Auskunft über die einzelnen Bankprodukte und die Mög-

---

[447] Vgl. Röthlein, A.: Futura 2000 - die neue Geschäftsstellenstrategie einer Schweizer Bank, in: BM, 22. Jg., 4/1993, S. 27-31, hier S. 27f..
[448] Vgl. ebenda, S. 29.
[449] Die Bedienung des Systems erfolgt durch einfaches Berühren verschiedener Auswahlmöglichkeiten am Bildschirm ('Touch-Screen-Technik'); vgl. Röthlein, A., 1993, a.a.O., S. 31.

lichkeit individueller Berechnungen gegeben werden. Auf der anderen Seite wird das System vor allem als Hilfsmittel für die Kundenberatung eingesetzt. Am Bildschirm kann der Kundenberater den Kunden multimedial informieren. Durch Simulationsmöglichkeiten, Grafiken und Vergleiche kann der Kundenberater sehr detailliert auf die individuellen Kundenbedürfnisse eingehen.[450]

Im Interesse einer besseren Anlagennutzung haben die Kundenberater flexible Arbeitszeiten, die i.d.R. nach den Kundenfrequenzen ausgerichtet werden. Die Futura-Geschäftsstellen sind täglich in der Zeit von 5.00 bis 22.00 Uhr geöffnet. Wenn kein Bankpersonal mehr anwesend ist, hat der Kunde mit seiner ec- bzw. Kundenkarte Zutritt zur Bank[451] und damit Zugang zu den automatisierten Bankleistungen.

Die Zuger Kantonalbank unterhält im Kanton Zug, der eine Bevölkerung von etwa 88.000 Einwohnern aufweist, einschließlich der Hauptstelle 18 Geschäftsstellen.[452] In Tabelle 6.12. sind weitere Zahlen, die die Zuger Kantonalbank betreffen, wiedergegeben.

	1990	1991	1992	1993
Mitarbeiter	505	502	492	459
Privatkonten	33.587	33.967	34.516	36.534
Bartransaktionen	2.149.559	2.213.159	2.403.618	2.546.490
davon an SB-Automaten	548.829	624.083	811.014	1.050.499
Gehälter in Schweizer Franken	keine Angaben	34.708.582	36.866.378	37.649.191

Tabelle 6.12.: Zahlen zur Zuger Kantonalbank
    Quelle: Zuger Kantonalbank: Geschäftsbericht 1991, Zug 1992, S. 5 und S. 36; Geschäftsbericht 1992, Zug 1993, S. 5 und S.42; Geschäftsbericht 1993, Zug 1994, S. 5 und S. 54

Die Zahlen lassen erkennen, daß die neuausgerichtete Geschäftspolitik, einschließlich DV-Unterstützung, der Zuger Kantonalbank erfolgreich zu sein scheint. Zahlen über die Gesamtmarktentwicklung in der Zuger Region liegen leider nicht vor. Die Zahl der Mitarbeiter hat im Zeitverlauf abgenommen, die Zahl der Privatkonten hat sich erhöht und die Nutzung von SB-Automaten

---

[450] Vgl. Röthlein, A., 1993, a.a.O., S. 30f..
[451] Vgl. ebenda, S. 31.
[452] Vgl. ebenda, S. 28.

hat erheblich zugenommen. Die Zunahme der Gehälter kann durch den Mehrbedarf an qualifizierten Kundenberatern und DV-Spezialisten erklärt werden.

Die umrissene Technisierung der Bankorganisation verändert das Verhältnis Kunde-Bank nachhaltig. Eine generelle Beurteilung dieses Trends ist nicht möglich: Jede Bank muß vor dem Hintergrund ihrer Kundenstruktur und ihrer Strategien für sich entscheiden, ob sie eher auf die persönliche Betreuung der Kunden setzt oder die Möglichkeiten der neuen Techniken ausnutzen möchte. Die Risiken einer offensiven Automatisierungsstrategie resultieren vor allem aus dem Abbau persönlicher Kontakte zu den Kunden. Tendenziell ist mit einer Verschlechterung der cross selling-Rate sowie erhöhtem und permanentem Investitionsbedarf für Hard- und Software zu rechnen.

Die Reduzierung der persönlichen Kundenkontakte wird in dem Maße weiter zunehmen, wie über die Nutzung firmeneigener und von Kreditkartengesellschaften (Visa, Eurocard usw.) vertriebener Kreditkarten die Nutzung von Point of Sale-Terminals zunimmt. Diese Dateneingabestationen für Zahlungen der Konsumenten werden dort installiert, wo eine Konzentration von Menschen und Zahlungstransaktionen auftritt, also in Einkaufszentren, Kaufhäusern, Tankstellen, an Verkehrsknotenpunkten wie U-Bahn-Stationen und Flugplätzen; Wege zur Bank und Kontakte zu Bankmitarbeitern werden weitgehend überflüssig.[453]

6.6.4 Kontrolle durch die interne Revision

Die interne Revision befaßt sich mit Überwachungstätigkeiten.[454] Überwachung läßt sich definieren als Vergleich von Objekten mit dem Ziel, Abweichungen bzw. Übereinstimmungen festzustellen und die aus dem Vergleich gewonnenen Informationen für entsprechende Konsequenzen zu nutzen.[455] Damit dieses Ziel erreicht werden kann, müssen die einzelnen Überwachungsmaßnahmen insgesamt ein System, d.h. eine geordnete Gesamtheit bilden. Ein solches internes Überwachungssystem besteht aus dem internen Kontrollsystem (d.h. Kontrollen, welche in alle Arbeitsabläufe der Bank einzubauen sind) sowie aus fallweisen Prüfungen, welche von der internen Revision durchgeführt werden. Da die unternehmerischen Aufgaben im Bankbetrieb durch endogene und exogene Faktoren zunehmend komplexer werden, delegiert die Bankleitung wesentliche Teile der Überwachungsfunktion an die

---

[453] Vgl. Süchting, J., 1992, a.a.O., S. 63.
[454] Vgl. Baetge, J.: Überwachung, in: Bitz, M. u.a. (Hrsg.): Vahlens Kompendium der Betriebswirtschaftslehre, Bd. 2, 2. Auflage, München 1990, S. 167ff. sowie Hofmann, R.: Interne Revision, Aufgaben, in: Coenenberg, A.G./Wysocki, K.v. (Hrsg.): Handwörterbuch des Revisionswesens, 2. Auflage, Stuttgart 1992, Sp. 855-864.
[455] Vgl. Baetge, J, 1990, a.a.O., S. 167.

interne Revision. Die interne Revision nimmt somit eine unabhängige Prüffunktion zur Überwachung aller Bankaktivitäten im Auftrag der Bankleitung wahr.

Qualitative Ziele, deren Erreichung für die Bank mit Hilfe der internen Revision verbessert werden soll, lassen sich in Ordnungsmäßigkeit, Zweckmäßigkeit, Wirtschaftlichkeit und Zukunftssicherung gliedern. Ordnungsmäßigkeit ist dann gegeben, wenn die Ergebnisse einer Tätigkeit, die aufgrund konkreter Vorgaben entstanden sind, die bankinternen und bankexternen Ordnungsprinzipien einhalten. Bankinterne Ordnungsprinzipien sind die Vorgaben für die Aufbau- und Ablauforganisation sowie die Revisionsgrundsätze.

Von besonderer Bedeutung sind in diesem Zusammenhang die bankexternen Ordnungsprinzipien in Gestalt der aufsichtsrechtlichen Bestimmungen zur internen Revision, welche in zwei Schriftsätzen des BAK dokumentiert sind. In den 'Anforderungen an die Ausgestaltung der Innenrevision' vom 28. Mai 1976 werden Mindeststandards für die grundsätzliche Gestaltung des bankinternen Revisionswesens hinsichtlich des Prüfungsumfangs, der Arbeitsweise und der Verwendung der Prüfungsergebnisse formuliert. Diese Mindeststandards werden für Geld-, Kapital- und Derivatgeschäfte sowie für den Handel mit Devisen und Edelmetallen durch die 'Verlautbarung über Mindestanforderungen an das Betreiben von Handelsgeschäften der Kreditinstitute' des BAK vom 23. Oktober 1995[456] für die erwähnten Geschäfte konkretisiert. Diese Verlautbarung fordert von der internen Revision eine Überprüfung der Einhaltung der Mindestanforderungen in unregelmäßigen, angemessenen Abständen von höchstens drei Jahren; die wesentlichen Prüfungsfelder sind jedoch mindestens jährlich zu prüfen. Als wesentliche Prüfungsfelder gelten:

- Limitsystem,
- Positions- und Ergebnisermittlung bzw. Abstimmung,
- Veränderungen bei den EDV-Systemen,
- Vollständigkeit, Richtigkeit und Zeitnähe des internen Berichtswesens,
- Funktionstrennung,
- Marktgerechtigkeit der Bedingungen und
- Bestätigungen und Gegenbestätigungen.

Geschäfte mit neuen (derivativen) Produkten oder auf neuen Märkten dürfen nur nach vorheriger Genehmigung der Geschäftsleitung und nach absolvierter Testphase aufgenommen werden. Hierbei ist die Revisionsabteilung einzuschalten. Sie hat den erfolgreichen Abschluß der Testphase, die Existenz aller notwendigen internen Arbeitsanweisungen, die ausreichende Personalqualifi-

---

[456] Siehe hierzu auch Kapitel 4.

kation, die Angemessenheit und Funktionsfähigkeit der technischen Ausstattung und die Exaktheit der Risikokontrollsysteme festzustellen.[457]

In Ersatzvornahme für die Geschäftsleitung hat für die interne Revision eine Aufgabenerweiterung auch dahingehend stattgefunden, daß die Gehaltspolitik in wesentlichen Teilbereichen der Bank zu überprüfen ist, weil über eine ausreichende Entlohnung die Beschaffung qualifizierten Personals im Risikomanagement und im Risiko-Controlling sowie in der Geschäftsabwicklung neben Kontinuität im Mitarbeiterbereich sicherzustellen ist.[458] Weiter wäre zu überprüfen, ob Geschäfte zu nicht marktgerechten Bedingungen abgeschlossen wurden, was als grundsätzlich unzulässig anzusehen ist.[459] Hinzu kommt die Kontrolle der Handelssysteme, der Systeme der Risikoquantifizierung, der Ordnungsmäßigkeit der Organisation der Handelstätigkeiten und der Pflichten zur Berichterstattung gegenüber der Geschäftsleitung.

Da für die Einhaltung der Anweisungen des BAK alle Geschäftsleiter der Bank verantwortlich sind, kann auf dieser Basis auch die als Grundlage der Erlaubnis zum Bankgeschäftsbetrieb geforderte Zuverlässigkeit der Bankleitung gemäß § 33 Abs. 1 Nr. 2 KWG geprüft werden. Sollte die Revisionsarbeit hierbei schwerwiegende Verstöße feststellen, so kann dieses die Abberufung der verantwortlichen Geschäftsleiter oder sogar die Entziehung der Erlaubnis zur Ausübung von Bankgeschäften zur Folge haben.

Zur Erreichung des zweiten Ziels 'Zweckmäßigkeit' wird überprüft, ob und wieweit ein Instrument oder eine Maßnahme geeignet ist, einen vorgegebenen Zweck zu erfüllen. Beurteilt wird hier die Effektivität bzw. der Zielerreichungsgrad. Das dritte Ziel 'Wirtschaftlichkeit' ist dann erreicht, wenn ein angestrebtes Ergebnis mit dem geringsten Aufwand oder bei gegebenem Aufwand das bestmögliche Ergebnis realisiert wird. Das vierte Ziel 'Zukunftssicherung' verlangt eine möglichst exakte Einschätzung des Wandels sowohl in der gesamtwirtschaftlichen Entwicklung als auch in der Geschäftsentwicklung der Bank. Hier wird ein besonderer Schwerpunkt künftiger Revisionstätigkeit liegen.

Die interne Revision sollte unmittelbar der Bankleitung unterstellt und mit uneingeschränkten Informationsrechten ausgestattet werden. Als essentielle Voraussetzung für eine sowohl objektive als auch sachlich fundierte Auftragserfüllung muß die Unabhängigkeit von den Arbeitsprozessen der zu prüfenden Stellen angesehen werden. Dieses heißt konkret, daß die interne Revision keine Linienaufgaben erfüllen und mit keinerlei Weisungsbefugnis

---

[457] Vgl. BAK, Verlautbarung über Mindestanforderungen an das Betreiben von Handelsgeschäften der Kreditinstitute, Punkt 2.3.
[458] Vgl. ebenda, Punkt 2.4.
[459] Vgl. ebenda, Punkt 2.5.

ausgestattet werden sollte. Das klassische Prüfungsgebiet umfaßt alle Bankbereiche mit Ausnahme der Bankleitung in ihrer Funktion als Auftraggeber. Im Konzern sollten alle Unternehmen, an denen eine Mehrheitsbeteiligung besteht, in die Revisionstätigkeit einbezogen werden, u.a. weil die Muttergesellschaft die ausreichende Eigenkapitalausstattung der Tochtergesellschaften regelmäßig nachzuweisen hat. Im Rahmen von Geschäftsführungsprüfungen kann auch das Top-Management von Konzernunternehmen geprüft werden. Die Aufgaben der internen Revision umfassen die Prüfungsplanung, Prüfungsdurchführung, Berichterstattung und die Erfolgskontrolle. Bei einer Aufgabenerweiterung in Richtung Maßnahmenentwicklung und -optimierung bei unbefriedigender Erreichung von Bankzielen wird die interne Revision faktisch zur Controllinginstanz.

Die Aufgabenschwerpunkte der internen Revision haben sich im Zeitablauf vom 'Financial Auditing' über das 'Operational Auditing' hin zum 'Management Auditing' entwickelt. Als Financial Auditing wird die vergangenheitsorientierte, unabhängige Beurteilung von finanziellen Daten hinsichtlich Korrektheit und Verläßlichkeit bezeichnet. Hier dominiert das Ziel der Ordnungsmäßigkeit. Das Operational Auditing ist eine Weiterentwicklung des Financial Auditing zu anspruchsvolleren Prüfungsobjekten. Es befaßt sich mit der zukunftsorientierten Beurteilung operativer Verfahrensweisen in ihrer Beziehung zu den Bankzielen. Somit werden hier primär die Revisionsziele 'Zweckmäßigkeit' und 'Wirtschaftlichkeit' angesprochen. Das Management Auditing entwickelt das Operational Auditing weiter zur Untersuchung der Aktivitäten aller Managementebenen mit dem Zweck, den Zielerreichungsgrad der Bankziele zu erhöhen. Damit korrespondiert vor allem das Revisionsziel 'Zukunftssicherung'. Wesentliche Quellen für die Feststellungen sind die angewandten operativen Verhaltensweisen und die Management-Entscheidungen in ihren Beziehungen zu den Bankzielen. Im Rahmen des Management Auditing wird sowohl retrospektive Ursachenforschung (ex post-Analyse von Abweichungen) als auch Schwachstellenforschung (ex ante-Analyse von Chancen und Risiken) betrieben.

Die soeben skizzierte Entwicklung verdeutlicht, daß sich der Schwerpunkt der Prüfungsobjekte von Einzelfunktionen ausgehend hin zu verknüpften Prozeßketten und der Überprüfung strategischer Zielsetzungen verlagert. Prüfungen zur Risikominimierung und Risikobegrenzung werden um Untersuchungen der Chancenmaximierung erweitert. Diese zeitgemäßere Sichtweise interpretiert die interne Revision als eine bankinterne Beratungsabteilung, ggf. als Controlling-Abteilung und als Mittel der Qualitätskontrolle im Bankbetrieb.

7 Bankmanagement

Zur zielgerechten Koordination und Steuerung der Entscheidungsfelder einer Bank sind vielfältige Strukturen, Maßnahmen und Entscheidungen notwendig, welche unter dem Begriff 'Bankmanagement' zusammengefaßt werden können. Als oberste Maxime des Bankmanagement ist die Gewährleistung der Zielsystemadäquanz des bankbetrieblichen Leistungserstellungsprozesses zu sehen. Voraussetzung dafür ist, daß ein brauchbares Zielsystem vorhanden ist.

7.1 Zielsysteme von Kreditinstituten und deren bankpolitische Umsetzung

Vor dem Hintergrund der wachsenden Komplexität relevanter Umweltbedingungen und der Verschärfung des Wettbewerbs im Bankgewerbe erfordert die langfristige Existenzsicherung eines Kreditinstituts eine systematische, immer leistungsfähigere Unternehmensplanung. Im Rahmen der Unternehmensplanung legt die Geschäftsleitung ausgehend von generellen Unternehmenszielvorgaben langfristige Strategien und Maßnahmen bzgl. der Entwicklung des Unternehmens unter Berücksichtigung alternativer Handlungsmöglichkeiten fest, ehe Teilziele für einzelne Funktionsbereiche definiert werden.

Grundlage der Unternehmensplanung sind demnach auch die Ziele des Unternehmens. Unter Zielen werden normative Aussagen über einen zukünftigen Zustand der Realität verstanden. Wenn nun Ziele in Umsetzung subjektiver Wertvorstellungen lediglich ein qualitatives Sollen vorgeben, können sie empirisch weder verifiziert noch falsifiziert, sondern nur als Werturteil angenommen oder abgelehnt werden. Infolge von Bewußtseins- oder Umweltveränderungen lassen sie sich jederzeit revidieren, so daß die Zielbildung als fortwährender Prozeß zu charakterisieren ist, in dem Individuen und Gemeinschaften Handlungsanweisungen mit begrenzter Gültigkeit gegeben werden. Als Handlungsanweisungen können Ziele den Individuen und Gemeinschaften allerdings nur dann dienen, wenn sie bzgl. ihres Inhalts, Ausmaßes und Zeitbezugs operational determiniert sind. Ein Ziel ist operational, sofern bzgl. eines konkreten Zielobjekts meßbare, überprüfbare Zielwerte in Kardinal-, Ordinal- oder Nominalgrößen vorgegeben werden, anhand derer zum Zeitpunkt bzw. im Laufe des Zeitraums der Zielrealisierung geplante und tatsächliche Zielerreichungsgrade festgestellt werden können.[460]

Aufgrund des Erfordernisses einer operationalen Formulierung von Zielen empfiehlt es sich, ausgehend vom Unternehmenszweck als genereller Unternehmenskonzeption langfristige Ziele bzgl. Richtung, Ausmaß und Struktur

---

[460] Vgl. Büschgen, H.E.: Bankbetriebslehre: Bankgeschäfte und Bankmanagement, 4. Auflage, Wiesbaden 1993, S. 443ff..

der Entwicklung des Unternehmens in einem Grobentwurf zu bestimmen. Diese Oberziele oder Unternehmensziele, die einer mehrperiodigen Gesamtplanung zugrundegelegt werden, dienen der Ableitung von Teilzielen für Periodenplanungen oder als Teilziele für Funktionsbereiche, so daß ein Zielsystem aus mehreren gleichzeitig verfolgten Zielen mit vertikalen und horizontalen Beziehungen entsteht.[461] Während vertikale Beziehungen als Konsequenz der Zerlegung übergeordneter Ziele in operative Zwischen- und Unterziele unmittelbare Zweck-Mittel-Relationen begründen, sind horizontale Beziehungen angesichts möglicher Zielneutralität, -komplementarität oder -konkurrenz nicht eindeutig zu charakterisieren. Entgegen der Zielneutralität, bei der sich Ziele in ihrem Erreichungsgrad nicht beeinflussen, ist die Erreichung eines Ziels bei Zielkomplementarität und -konkurrenz von der Erreichung eines anderen Ziels abhängig. Bei Zielkomplementarität wird die Erreichung eines Ziels durch die Erreichung eines anderen Ziels unterstützt, bei Zielkonkurrenz dagegen beeinträchtigt. Ist die Zielkonkurrenz so groß, daß sich beide Ziele gegenseitig ausschließen, liegt Zielantinomie vor.

Zur Lösung von Problemen der Zielkonkurrenz und -antinomie bieten sich mit der Nutzwertanalyse und dem Nebenbedingungskonzept verschiedene Verfahren an. Im Rahmen der Nutzwertanalyse werden konträre Ziele über Scoring-Verfahren in ein übergeordnetes Ziel transformiert, dessen Extremum die optimale Problemlösung widerspiegelt, sofern kein Zielelement absoluten Vorrang genießt. Genießt ein Zielelement absoluten Vorrang, müssen nach dem Nebenbedingungskonzept Mindestvorgaben oder Grenzwerte bzgl. des vorrangigen Ziels festgelegt werden, mit deren Erreichung auf eine fortschreitende Erfüllung des betrachteten Ziels verzichtet wird, um weitere negative Wirkungen auf konkurrierende Ziele zu vermeiden.[462]

Bei der Entscheidung über den Vorrang eines Zielelements gegenüber anderen Zielelementen müssen Unternehmen verschiedene externe und interne Einflußfaktoren berücksichtigen, wobei schon der betriebswirtschaftliche Zielsetzungsprozeß eines Kreditinstituts in außergewöhnlicher, mit anderen Branchen nicht vergleichbarer Weise **extern** vor allem durch gesetzliche Normen beeinflußt wird. Abgesehen von handelsrechtlichen Regelungen, die alle Unternehmen binden, schränken Bestimmungen des Kreditwesengesetzes, des Gesetzes über die Deutsche Bundesbank sowie verschiedene weitere bankspezifische Gesetze den Entscheidungsspielraum eines Kreditinstituts ein. Neben diesen wirtschaftspolitisch bedingten Regelungen, die ihre Recht-

---

[461] Vgl. Hahn, D.: Zweck und Entwicklung der Portfolio-Konzepte in der strategischen Unternehmungsplanung, in: Hahn, D./Taylor, B. (Hrsg.): Strategische Unternehmensplanung-Strategische Unternehmensführung, 5. Auflage, Heidelberg 1990, S. 3ff.; Kilgus, E.: Bank-Management in Theorie und Praxis, 2. Auflage, Bern, Stuttgart 1985, S. 94ff..
[462] Vgl. Büschgen, H.E., 1993, a.a.O., S. 444f..

fertigung regelmäßig im gesamtwirtschaftlichen Interesse an der Funktionsfähigkeit der Kreditwirtschaft finden, müssen im Zielbildungsprozeß eines Kreditinstitutes ebenso sozialpolitisch motivierte Bestimmungen berücksichtigen werden, mittels derer die Kreditnachfrage oder das Sparverhalten der Volkswirtschaft verändert werden sollen.[463] Ob Kreditnachfrage und Sparverhalten der Kunden des Kreditinstituts durch staatliche Förderungen nachhaltig verändert werden können, dürfte aber nicht zuletzt auch von den Erwartungen der Bankkunden bzgl. der gesamtwirtschaftlichen Entwicklung und der Konditionen des Kreditinstituts abhängen, so daß in subjektiven Vorstellungen der Bankkunden als Abnehmer der Bankleistungen ebenfalls ein externer Einflußfaktor zu sehen ist. Inwieweit diesen Vorstellungen von Seiten des Kreditinstituts entsprochen werden muß, bestimmt sich aufgrund der relativ großen Markttransparenz im Bankensektor aus dem Verhalten der Konkurrenzinstitute. Das Verhalten der Konkurrenzinstitute sollte allerdings nicht nur auf der Ebene der Beziehungen zu Kunden, sondern auch auf der Ebene der Beziehungen zu Konkurrenten als Verhaltensmaßstab dienen, um Störeinflüsse, wie Konditionenunterbietungen oder Ausschluß im Konsortialgeschäft zu vermeiden. Von den Sanktionen der Konkurrenzinstitute angesichts der Mißachtung genereller Geschäftsvorstellungen zu unterscheiden sind Reaktionen der Öffentlichkeit bei Konflikten zwischen allgemeinen Wertvorstellungen und bankbetrieblichen Zielsetzungen. Ungeachtet der Probleme, die bzgl. der Konkretisierung von Sanktionen der Öffentlichkeit ohne Zweifel bestehen, sind ihre Erwartungen als weiterer externer Einflußfaktor zu berücksichtigen.[464]

Neben externen Einflußfaktoren bestimmen Interessen der Gesellschafter und der Unternehmensleitung des Kreditinstituts als **interne Einflußfaktoren** den Zielbildungsprozeß des Unternehmens. Wenngleich die Gesellschafter, abgesehen von Privatbanken mit überschaubarem Eigentümerkreis, mangels Einflußmöglichkeiten auf Geschäftsführungsangelegenheiten in den Zielbildungsprozeß unmittelbar nicht eingreifen können, dürfen ihre Interessen von der Unternehmensleitung nicht vernachlässigt werden, da dem Kreditinstitut bei verstärkten Verkäufen von Gesellschaftsanteilen oder spektakulären Anträgen in der Gesellschafterversammlung infolge des Verzichts auf angemessene Berücksichtigung der Gesellschafterinteressen erhebliche Eigenkapitalschwierigkeiten erwachsen würden. Somit ist es aus finanzierungspolitischen Gründen unerläßlich, bei der Festlegung der Unternehmensziele auch monetäre Interessen der Gesellschafter über angemessene Gewinnausschüttungen zu beachten. Dem Streben nach angemessenen Gewinnausschüttungen stehen

---

[463] Vgl. Büschgen, H.E., 1993, a.a.O., S. 456; Kupitz, R.: Die Kreditwirtschaft als wettbewerbspolitischer Ausnahmebereich, Thun und Frankfurt/Main 1983; Süchting, J.: Bankmanagement, 3. Auflage, Stuttgart 1992, S. 320ff..
[464] Vgl. Büschgen, H.E., 1993, a.a.O., S. 457; Kilgus, E., 1985, a.a.O., S. 52ff..

die Interessen der Unternehmensleitung und Kontrollorgane entgegen, denen ausgehend von persönlichen Einkommens- und Prestigezielen an Gewinnthesaurierung und Reservebildung zur Sicherung der langfristigen Existenz des Unternehmens gelegen ist. Entsprechende Zielsetzungen werden von Bankmitarbeitern aus dem Interesse an der Sicherung des Arbeitsplatzes verfolgt. Daneben besteht bei den Mitarbeitern der Wunsch, an den Überschüssen des Unternehmens zu partizipieren. Um die Berücksichtigung entsprechender Interessen zu sichern, wurden den Arbeitnehmern im Mitbestimmungs- und Betriebsverfassungsgesetz verschiedene Möglichkeiten der Einflußnahme auf die Geschäftsführung eingeräumt. Ungeachtet der gesetzlichen Regelungen erscheint es vor dem Hintergrund dezentraler Entscheidungsverantwortung in modernen Organisationsformen aber schon aus betriebswirtschaftlichen Gründen sinnvoll, Interessen der Arbeitnehmer zu beachten, da Zielerreichungsgrade bei zunehmender Übereinstimmung der Unternehmensziele mit den Vorstellungen der Arbeitnehmer steigen.[465]

Infolge derart verschiedener Einflußfaktoren sind Zielsysteme von Kreditinstituten zwangsläufig nicht zwingend determiniert. Vielmehr konkurrieren Individualziele (z.B. Ziele von Aktionären oder Mitarbeitern) und Ziele für die Gesamtbank um die Anerkennung als Ziel des Bankbetriebs. Obgleich Zielbildungsprozesse in ihrer Struktur fast ausschließlich multipersonale Entscheidungsprozesse sind, bleibt es doch letztlich Aufgabe der von der Satzung des Kreditinstituts legitimierten Führungsorgane, die Unternehmensziele in unternehmensindividuellen Zielbildungsprozessen zu entwickeln.[466]

Bei der Festlegung der Unternehmensziele sind der Unternehmensleitung durch den Grundauftrag des Kreditinstituts Grenzen gesetzt. Da der Grundauftrag für einzelne Banksektoren unterschiedlich ist, ist in Abhängigkeit von der Organisationsform des Kreditinstituts de jure von verschiedenen Oberzielen auszugehen. Während private Geschäftsbanken nach dem erwerbswirtschaftlichen Prinzip unter Berücksichtigung der Ansprüche der Gesellschafter auf eine angemessene Gewinnausschüttung eine langfristige Gewinnmaximierung anstreben, sind Sparkassen über landesrechtliche Sparkassengesetze und einschlägige Satzungsbestimmungen zur Förderung der Vermögensbildung und zur Kreditversorgung einkommensschwächerer Bevölkerungsgruppen verpflichtet. Wenngleich entsprechende gemeinnützige Zwecke dem Ziel langfristiger Gewinnmaximierung formal entgegenstehen, können Sparkassen ihre Aufgaben doch lediglich unter Beteiligung am allgemeinen Branchenwachstum erfüllen, da mangels Grund- oder Stammkapital das Eigenkapital der Sparkassen ausschließlich über Bildung von Sicherheitsrücklagen oder anderen Reserven erhöht werden kann. Infolge dieses Zwangs zur Gewinn-

---

[465] Vgl. Büschgen, H.E., 1993, a.a.O., 1993, a.a.O., S. 458ff.; Kilgus, E., 1985, a.a.O., S. 62ff..
[466] Vgl. Büschgen, H.E., 1993, a.a.O., S. 452.

einbehaltung müssen Sparkassen letztlich ebenfalls auf Gewinnerzielung ausgerichtet sein. Entsprechende Überlegungen lassen sich für Genossenschaftsbanken anstellen, die ungeachtet des Ziels der Mitgliederförderung über gemeinschaftlichen Geschäftsbetrieb nach § 1 GenG mangels stabilen Basiskapitals überwiegend durch Rücklagenbildung ausreichende Eigenkapitalkapazitäten schaffen müssen. Obwohl der Grundauftrag der Kreditinstitute unterschiedliche Unternehmensziele vermuten läßt, ist damit die Gewinnmaximierung letztlich vornehmliches Unternehmensziel aller Kreditinstitute.[467]

Neben der Gewinnmaximierung werden nach klassischer Bankbetriebslehre im Liquiditäts- und Sicherheitsstreben unabhängig von ihrer aufsichtsrechtlichen Reglementierung weitere Oberziele eines Kreditinstituts gesehen, wobei bzgl. der Gewichtung der Ziele unterschiedliche Vorstellungen bestehen. Trotz unterschiedlicher Auffassungen über den Stellenwert von Rentabilitäts-, Liquiditäts- und Sicherheitszielsetzungen ist angesichts des Konkurstatbestandes der Insolvenz nicht zu bestreiten, daß die Sicherung der Liquidität unerläßliche Voraussetzung für die Existenz des Kreditinstituts ist. Vor dem Hintergrund der besonderen Bedeutung des Liquiditätsproblems wurden in der bankwirtschaftlichen Literatur verschiedene Liquiditätsregeln entwickelt, deren Ausgangspunkt die Goldene Bilanzregel ist. Da aber alle Liquiditätstheorien nicht als allgemeingültige Gesetze und Regeln zur Sicherung der Liquidität, sondern lediglich als Grundkonzepte zu verstehen sind, bleibt es Aufgabe des Bankmanagements, unter Berücksichtigung jeweiliger Liquiditätsentwicklungen im Einzelfall geeignete Dispositionsregeln zur Aufrechterhaltung der Zahlungsfähigkeit aus den Liquidititätstheorien abzuleiten. Selbst detaillierte Liquiditätsbeobachtungen sind allerdings weitgehend nutzlos, wenn keine Maßnahmen zur Bekämpfung der Risiken getroffen werden. In Übereinstimmung mit der Risikostruktur anderer Unternehmenszweige unterliegen Kreditinstitute abgesehen vom allgemeinen Konjunktur- und Branchenrisiko verschiedenen Unternehmensrisiken, die auf organisatorischer, finanzieller oder geschäftspolitischer Ebene angesiedelt sind. Während Risiken auf organisatorischer Ebene als **vermeidbare Risiken** über den Einsatz von Kontroll- und Informationssystemen im Rahmen einer vorbeugenden Risikopolitik bestimmt und begrenzt werden können, ist den **unvermeidbaren Risiken** auf finanzieller und geschäftspolitischer Ebene lediglich mit der Schaffung finanzieller Rücklagen im Wege allgemeiner Risikoverteilungs-, Risikoabwälzungs- und Risikokompensationsmaßnahmen zu begegnen. So lassen sich Ausfallrisiken bezogen auf einzelnene Kredite über eine Kreditfähigkeits- und Kreditwürdigkeitsprüfung zwar begrenzen, aber nicht ausschließen. Folglich verbleibt bei Betrachtung des gesamten Kreditgeschäfts ein Restrisiko, das durch eine Streuung der Kredite nach Fristigkeiten, Geschäftsarten, Kredithöhen oder anderen Kriterien verteilt werden muß. Im Lichte vorge-

---

[467] Vgl. Süchting, J., 1992, a.a.O., S. 313ff..

nannter Überlegungen zur Bedeutung von Liquiditäts- und Sicherheitsproblemen für das Zielsystem eines Kreditinstituts erscheint es sinnvoll, entsprechende Vorgaben nicht als eigenständige Zielvariablen, sondern als Nebenbedingungen aufzufassen und folglich vom Gewinn als alleiniger Extremvariablen auszugehen; man spricht insofern auch vom magischen Dreieck der Bankpolitik mit den Eckpunkten Rentabilität, Liquidität und Sicherheit.[468]

In der neueren Bankbetriebslehre ist die Auffassung von der Gewinnmaximierung als übergreifender bankbetrieblicher Zielsetzung relativiert worden, indem neben dem Gewinn andere Zielgrößen Berücksichtigung fanden. In diesem Zusammenhang sind die Pflege des Standings, die Erhöhung von Marktanteilen oder die Erreichung eines vorgegebenen Bilanzsummenwachstums als mögliche Oberziele zu nennen; auch der Eigenkapitalquote wird regelmäßig die Bedeutung eines Oberziels zuerkannt. Die Hervorhebung des Eigenkapitals als selbständiges Zielobjekt liegt ausgehend von der Risikoausgleichsfunktion des Eigenkapitals als Haftungsmasse den Gläubigern gegenüber in den gesetzlichen Anforderungen bzgl. der Mindesteigenkapitalausstattung eines Kreditinstituts begründet. Im Gegensatz zur Erreichung einer angemessenen Eigenkapitalquote, die das Gewinnziel als komplementäres Ziel fördert, steht die Erhöhung von Marktanteilen bei kurzfristiger Betrachtung in Zielkonkurrenz zur Gewinnmaximierung, da der Gewinn durch marktpolitische Maßnahmen, wie Werbekampagnen oder Gewährung günstigerer Konditionen, gemindert wird. Wenngleich nicht übersehen werden darf, daß finanzielle, personelle und technische Kapazitäten des Unternehmens zur Vermeidung von organisatorischen Störungen ausgenutzt werden müssen, finden marktbezogene Zielsetzungen angesichts der Kosten der Zielrealisierung ihre Begründung mehr in langfristigen strategischen, denn in kurzfristigen operationalen Rentabilitätsüberlegungen.[469]

Von den ökonomischen Zielen sind Sozialziele, etwa die Sicherung von Arbeitsplätzen oder das Streben nach Unabhängigkeit, als eigenständige Bestandteile des bankbetrieblichen Zielsystems zu unterscheiden. Obwohl Sozialziele in offiziellen Zielkatalogen angesichts des Vorrangs ökonomischer Ziele und der begrenzten Operationalisierbarkeit selten aufgeführt sind, gewinnen sie angesichts weitreichender Delegation in modernen Organisationsstrukturen zunehmend an Bedeutung.[470]

Infolge der aufgezeigten Vielfalt bankpolitischer Zielsetzungen erscheint es sinnvoll, das bankunternehmerische Zielsystem in verschiedene Subsysteme zu zerlegen. Neben den regionalen und produktspezifischen Systemgliederun-

---

[468] Vgl. Büschgen, H.E., 1993, a.a.O., S. 448f.; Kilgus, E., 1985, a.a.O., S. 78ff.; Priewasser, E.: Bankbetriebslehre, 4. Auflage, München, Wien, Oldenburg 1994, S. 173ff.; Süchting, J., 1992, a.a.O., S. 313ff. und 324ff..
[469] Vgl. Büschgen, H.E., 1993, a.a.O., S. 449f.; Priewasser, E., 1994, a.a.O., S. 172f..
[470] Vgl. Büschgen, H.E., 1993, a.a.O., S. 448.

gen, die im Bankenbereich angesichts des gegenüber Industriebetrieben homogeneren Produktprogramms nur geringen Erfolg versprechen, gilt die Gliederung nach Funktionsbereichen als drittes klassisches Organisationsprinzip. Nach der einfachsten funktionalen Gliederung ist das Gesamtsystem Bank in folgende Bereiche zu untergliedern:

- Absatzbereich, der Beziehungen zu vorhandenen und potentiellen Kunden umfaßt,

- Interbanken- und Subordinationsbereich, in dem das Verhalten gegenüber Konkurrenzinstituten und Kontrollbehörden erfaßt wird, und

- interner Bereich, in dem Beziehungen zwischen den Produktionsfaktoren eines Kreditinsituts beschrieben werden.[471]

Um die Erreichung des Gesamtziels des Unternehmens ungeachtet der Subsystembildung zu gewährleisten, müssen alle Systembeziehungen in den Funktionsbereichen mit Hinblick auf die Erreichung des übergeordneten Unternehmensziels gestaltet werden, wobei hinsichtlich der Richtung des Prozesses analog den Planungsüberlegungen zwei Hauptprozeßtypen unterschieden werden, der Top-down-Ansatz und der Bottom-up-Ansatz. Die Kombination beider Formen bildet das Gegenstrom-Prinzip.[472] Daneben sind Mischformen innerhalb des Spektrums autoritärer und kollegial-demokratischer Zielbildungsformen zu berücksichtigen. Einen Überblick über den Zusammenhang zwischen Zielen des Kreditinstituts und Zielen der Funktionsbereiche gibt die Abb. 7.1..

Werden Gewinn- und Marktziele als vornehmliche Oberziele eines Kreditinstituts angesehen, dann sind infolge der Differenzierung des Zielobjekts nach interner und externer Leistungssphäre Erlössteigerungs- und Kostensenkungsvorgaben zu unterscheiden. Unter Rückgriff auf Größen der Kosten- und Erlösrechnung läßt sich die globale Zielsetzung der Erlössteigerung bzw. Kostensenkung nachfolgend für jedes Subsystem operationalisieren, so daß ein Zielsystem mit vertikalen und horizontalen Beziehungen entsteht.[473] Zu beachten sind bei den zahlreichen Interdependenzen zwischen den der strategischen, der taktischen und der operativen Ebene zugeordneten Zielen auch einseitige oder gegenseitige Abhängigkeiten hinsichtlich der Maßnahmen und Ressourcen. Deshalb sind regelmäßig Konsistenzprüfungen durchzuführen, die die üblichen Abstimmungs- und Anpassungsprozesse zu ergänzen haben.

---

[471] Vgl. Büschgen, H.E., 1993, a.a.O., S. 450; Siewert, K.-J.: Bankbetriebliche Marktpolitik, Berlin 1983, S. 29.
[472] Weitere Ausführungen hierzu siehe Betge, P., 1995, a.a.O., S. 14ff..
[473] Vgl. Büschgen, H.E., 1993, a.a.O., S. 450f..

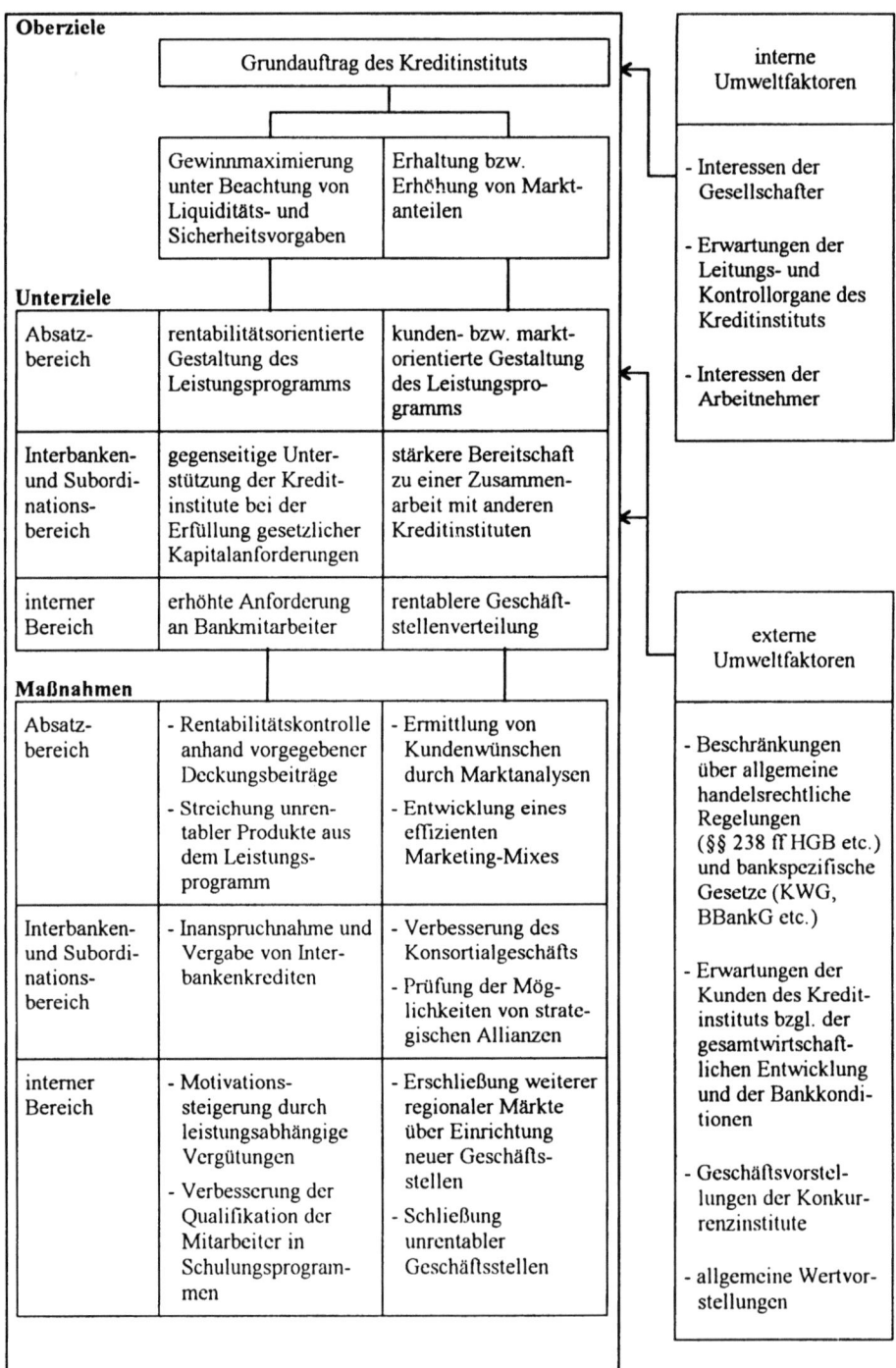

Abb. 7.1.: Zielsystem eines Kreditinstituts

Neben den typischen Zielsetzungen können Kreditinsitute bei der konkreten Ausgestaltung ihrer Geschäftspolitik weitere, institutsspezifische Ziele verfolgen. Da institutsspezifische Ziele im Vergleich zu typischen Zielsetzungen ungleich stärker von gegebenen Umweltbedingungen abhängig sind, lassen sie sich letztlich nur im Einzelfall festlegen. Insofern zeigen Zielsysteme von Kreditinstituten grundsätzlich erhebliche Unterschiede; ein generell gültiges Zielsystem existiert nicht.[474]

Die Zielbildungsprozesse in Bankbetrieben sind in ihrer Struktur fast ausschließlich multipersonale Entscheidungsprozesse. Individualziele (z.B. Ziele von Aktionären oder Mitarbeitern) und Ziele für die Gesamtbank konkurrieren um die Autorisierung als Ziel des Bankbetriebes. Die von der Verfassung (Satzung) des Bankbetriebes legitimierten Führungsorgane haben dann über die Autorisierung zu entscheiden. Analog zu den Planableitungen können bankbetriebliche Zielbildungsprozesse hinsichtlich der Richtung des Prozesses auf die beiden Hauptprozeßtypen zurückgeführt werden: Top-down-Ansatz und Bottom-up-Ansatz. Das Spektrum autoritärer und kollegial-demokratischer Zielbildungsformen entsteht aus Mischformen, die die Praxis entwickelt hat. Einen Überblick hierüber gibt die Abb. 7.2. im nachfolgenden Punkt.

7.2 Begriffsbestimmung

Das Bankmanagement läßt sich sowohl als Institution als auch als Funktion auffassen und kennzeichnen. **Bankmanagement als Institution** umfaßt alle mit Entscheidungs- und Weisungsbefugnissen ausgestatteten Hierarchieebenen der Bank. Üblicherweise wird das so verstandene 'Management' in drei Ebenen gegliedert: Das Top-Management als oberste Instanz gibt den Handlungs- und Orientierungsrahmen für die nachgelagerten Instanzen vor und trifft primär strategische Entscheidungen. Diese Ebene der Bankführung ist gleichbedeutend mit dem Begriff des Geschäftsleiters i.S.v. §1 Abs. 2 KWG. Das KWG definiert in §1 Abs. 2 i.V.m. §33 Abs.1 Nr. 2 und 3 sowie Abs. 2 Kriterien für die fachliche und persönliche Eignung von Personen, als Geschäftsleiter zu fungieren. Darüber hinaus wird die Verantwortung für die Erfüllung eines umfangreichen Kataloges von Aufgaben und Pflichten, wie etwa die Meldung von Groß-, Millionen- und Organkrediten (§§13-15 KWG) oder die Gewährung von Auskünften an das BAK (§44 KWG), den Geschäftsleitern zugewiesen.

Während sich das Middle-Management vor allem mit dispositiven (d.h. fallweisen) Entscheidungen und Anordnungen befaßt, welche den vom Top-Management gesetzten Bezugsrahmen ausfüllen, ist das Aufgabenspektrum des Lower-Management durch ein Gleichgewicht von Anordnungen und ausfüh-

---

[474] Vgl. Büschgen, H.E., 1993, a.a.O., S. 452, Kilgus, E., 1985, a.a.O., S. 89.

renden Tätigkeiten geprägt. Die problemadäquate Kommunikation zwischen den verschiedenen Stufen erweist sich insbesondere in hierarchisch tief gegliederten Banken als notwendige Voraussetzung für die möglichst friktionslose Umsetzung einer Entscheidung vom Top-Management bis zu den ausführenden Organisationseinheiten. Der Gesamtzusammenhang zwischen hierarchischem Unternehmensaufbau und Planungsaufgaben ist der Abb. 7.2. zu entnehmen.

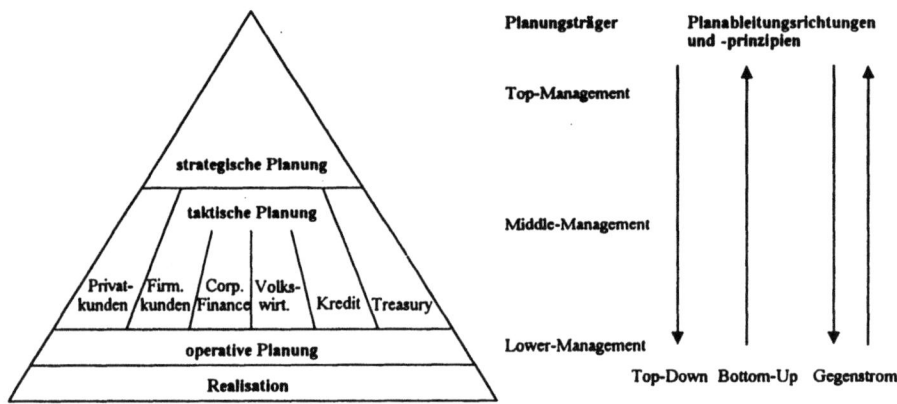

Abb. 7.2.: Planungsträger, Planableitung und Hierarchie der Planungsstufen

Quelle: Vgl. Wild, J.: Grundlagen der Unternehmungsplanung, 4. Auflage, Opladen 1982, S. 167

Die konkrete Ausgestaltung der Führungsstruktur hängt neben der individuell wählbaren Aufbau- und Ablauforganisation[475] auch von der Rechtsform der Bank ab.[476] Die im privaten Bankgewerbe vorherrschende Aktiengesellschaft zeichnet sich durch einen die Bank leitenden Vorstand aus, der vom Überwachungsorgan Aufsichtsrat kontrolliert wird und die Beschlüsse der Hauptversammlung der Aktionäre zu beachten hat. Eine ähnliche Struktur weisen die kommunalen Sparkassen auf. Auch sie werden vom Vorstand geleitet, während der Verwaltungsrat unter dem Vorsitz des Verwaltungsleiters des Gewährträgers die Überwachungsfunktion wahrnimmt. Bei den Kreditgenossenschaften ist die Leitung in Vorstand, Aufsichtsrat und Mitgliederversammlung bzw. Vertreterversammlung unterteilt. Die Aufgabenverteilung ist wiederum der bei Aktiengesellschaften anzutreffenden Konzeption vergleichbar.

---

[475] Siehe hierzu sechstes Kapitel.
[476] Vgl. Büschgen, H.E.: Bank-Unternehmensführung, Frankfurt/Main 1981, S. 19ff.. Hinsichtlich einer ausführlichen Darstellung der Rechtsformen im Kreditgewerbe siehe Punkt 2.2.

Bankmanagement als Funktion bezeichnet die Summe der zur Steuerung des sozio-technischen Systems 'Bank' erforderlichen Maßnahmen. Diese werden durch die erwähnten drei Managementebenen wahrgenommen und beziehen sich sowohl auf Sachentscheidungen als auch auf die zur Realisation der Sachentscheidungen notwendige Mitarbeiterführung. Insofern bildet das institutionelle Management ein Führungssystem, welches die Entscheidungsfelder der jeweils untergeordneten Hierarchieebenen entsprechend dem Zielsystem der Bank wesentlich beeinflußt.[477] Die funktionelle Dimension des Bankmanagements steht im Vordergrund des nachfolgenden Punktes 7.3, in welchem die Phasen des Managementprozesses verdeutlicht werden.

7.3 Der Managementzyklus im Bankbetrieb

Das Treffen von Managemententscheidungen ist i.d.R. kein einmaliges und punktuelles Phänomenen, sondern ein in mehrere Teile gegliederter sowie kontinuierlich wiederkehrender Prozeß. Der zyklische Charakter entspringt zum einen der Unsicherheit zukünftiger Datensituationen, zum anderen resultiert er aus der Multipersonalität und der Vielzahl von Interdependenzen zwischen den Entscheidungsfeldern der Bank. Diese Einflußfaktoren bedingen die Notwendigkeit von Rückkopplungen sowohl zwischen den einzelnen Phasen als auch zwischen End- und Anfangsphase. Spätestens die Ergebnisse von Soll-Ist-Vergleichen lösen Rückkopplungen aus, wie sie die Abb. 7.3. zeigt. Dieses führt dann zu einem nochmaligen Durchlaufen des Prozesses auf der Basis modifizierter Daten.

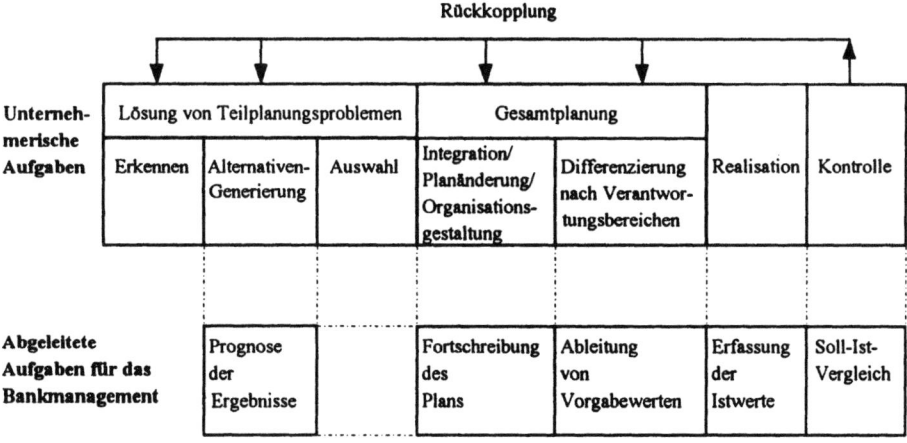

Abb. 7.3.: Bankmanagementzyklus

---

[477] Vgl. Kirsch, W.: Betriebswirtschaftliche Logistik, Wiesbaden 1973, S. 65.

7.3.1 Bankbetriebliches Zielsystemdesign

Ziele sind anzustrebende Vorzugszustände, welche von den hierzu legitimierten Entscheidungsträgern formuliert werden. Je nach Rechtsform eines Kreditinstitutes können bei der Festlegung von Zielen unterschiedliche gesetzliche Vorgaben zu beachten sein. Öffentlich-rechtliche Sparkassen unterliegen den jeweiligen Sparkassengesetzen der Bundesländer und haben insbesondere den öffentlichen Auftrag der Versorgung der Bevölkerung und des Gewährträgers mit Bankleistungen zu beachten. Kreditgenossenschaften ist durch das Genossenschaftsgesetz die Förderung ihrer Mitglieder aufgetragen, während die übrigen Bankengruppen in der Festlegung ihrer Zielsysteme frei sind.

Ziele sind hinsichtlich Inhalt, Ausmaß und Zeitbezug zu definieren.[478] In inhaltlicher Sichtweise können **Sachziele** und **Formalziele** unterschieden werden. Sachziele lassen sich wiederum in Leistungsziele (wie etwa Marktanteile und die Zusammensetzung des Bankleistungsprogramms) und Finanzziele (wie z.B. die Bilanzstruktur und die Gewinnthesaurierung) differenzieren. Formalziele beziehen sich auf den wirtschaftlichen Erfolg der Banktätigkeit und bestehen bspw. in absoluten Größen wie der Gewinnhöhe und dem Geschäftsvolumen oder in relativen Größen, welche dann als Rentabilitäten, Zinsspannen o.ä. zu interpretieren sind. Die Festlegung des Zielausmaßes und des zeitlichen Bezuges gewährleistet ex post die Möglichkeit einer Erfolgskontrolle. Weitere Klassifizierungsmöglichkeiten ergeben sich aus der Unterscheidung in **monetäre und nichtmonetäre Ziele**. Monetäre Ziele[479] werden i.d.R. in Geldgrößen ausgedrückt, während nichtmonetäre Ziele dies nicht zulassen. Die Unterscheidung in **quantitative und qualitative Ziele** hebt darauf ab, ob die Zielerreichungsgrade einer zahlenmäßigen Messung zugänglich sind oder ob es sich um artmäßige Handlungsmaximen wie etwa die Steigerung des Kundennutzens, Imageziele oder sozialökonomische Postulate wie etwa die Sicherstellung leistungsgerechter Mitarbeiterentlohnung handelt. Da die genannten Abgrenzungskriterien nicht in jedem Fall eine überschneidungsfreie Zuordnung ermöglichen, kann ein Ziel durchaus mehreren Kategorien zuzuordnen sein.

Die dominante Position innerhalb des bankbetrieblichen Zielsystems wird i.d.R. dem als Formalziel einzuordnenden Gewinnziel zukommen, da es einerseits die Basis für die Erreichung vieler anderer Ziele darstellt (bspw. kann nur eine ökonomisch erfolgreiche Bank langfristig Arbeitsplatzsicherheit bieten), andererseits ist die Erzielung von Gewinnen notwendige Vorbedingung

---

[478] Vgl. Hauschildt, J.: Zielsysteme, in: Grochla, E., (Hrsg.): Handwörterbuch der Organisation, Enzyklopädie der Betriebswirtschaftslehre, Bd. 2, 2. Auflage, Stuttgart 1980, Sp. 2419-2429, hier Sp. 2419ff..

[479] Vgl. hierzu ausführlich Eilenberger, G.: Bankbetriebswirtschaftslehre, 5. Auflage, München und Wien 1993, S. 352f..

für die Eigenkapitalbildung durch Selbstfinanzierung. Das Eigenkapital übernimmt im Rahmen seiner Verlustausgleichsfunktion die Rolle eines Risikopuffers; es beeinflußt darüber hinaus aufgrund der besonderen Vertrauenssensitivität des Bankensektors als wichtiger Imagefaktor die Stellung der Bank im Wettbewerb. Des weiteren werden Eigentümer und Kapitalmärkte einer Bank nur dann zusätzliches Eigenkapital zur Verfügung stellen, wenn hierfür eine angemessene Rendite erwarten werden kann.

Die Dominanz des Gewinnziels schließt nicht aus, daß verschiedene Ziele gleichzeitig verfolgt werden. Vielmehr wird i.d.R. ein Zielbündel existieren, welches in eine bestimmte Ordnung zu bringen ist. Die somit notwendige Bildung eines **Zielsystems** erfordert die Analyse der Zielbeziehungen, wobei **horizontale und vertikale Zielbeziehungen** unterschieden werden können.[480] Horizontale Zielbeziehungen sind zwischen hierarchisch gleichrangigen Zielen zu beobachten und treten auf als **Zielneutralität** (die Verfolgung eines Zieles tangiert die Erreichung eines anderen Zieles nicht), als **Zielkonkurrenz** (die zunehmende Erreichung eines Zieles verringert die Erfüllung eines anderen Zieles), als **Zielinkompatibilität** (zwei Ziele können nicht gleichzeitig erreicht werden) oder als **Zielkomplementarität** (die fortschreitende Realisierung eines Zieles bedingt simultan die Förderung eines anderen Zieles).

Lediglich im Falle der Komplementarität aller verfolgten Ziele ergeben sich keine Probleme. Dieser Fall wird im allgemeinen dann eintreten, wenn keine Extremierungsziele (z.B. Gewinnmaximierung), sondern Satisfizierungsziele (Erreichung bestimmter Zielniveaus) angestrebt werden. Bei Vorliegen der anderen Beziehungstypen ist die Bildung einer Rangfolge der Ziele erforderlich. Von entscheidender Bedeutung für die Rangfolgebildung und damit die Zielkonzeption sind die relativen Machtpositionen der **internen und externen Einflußgruppen der Bank**. Prinzipiell kann davon ausgegangen werden, daß das Top-Management die Oberziele festlegt und die Konkretisierung dieser Vorgaben zu operationalen Subzielen durch die nachgeordneten Instanzen (Middle- und Lower-Management) bspw. im Rahmen von Bereichs- oder Geschäftsfeldzielen erfolgt. Durch diesen Vorgang werden die vertikalen Zielbeziehungen zwischen den Zielhierarchieebenen determiniert. Die Formulierung der Ziele wird jedoch durch eine Vielzahl unterschiedlicher Interessen mitbestimmt, so daß die Zielbestimmung letzlich einen Verhandlungsprozeß darstellt, in welchem die Einflußgruppen versuchen, ihre Ziele als Ziele der Bank zu installieren.

Als bankinterne Gruppen sind hier vor allem die Anteilseigner, das institutionelle Management sowie die Mitarbeiter zu nennen, während gesetzliche

---

[480] Vgl. Heinen, E.: Grundlagen betriebswirtschaftlicher Entscheidungen-Das Zielsystem der Unternehmung, 3. Auflage, Wiesbaden 1976, S. 133ff..

Aufsichtsinstitutionen wie das BAK oder die Deutsche Bundesbank, die Kunden, die sonstige Öffentlichkeit oder auch die Wettbewerber einen bankexternen Einfluß geltend machen können. Die größte Gestaltungskraft kann in diesem Zusammenhang sicherlich den Anteilseignern und dem institutionellen Management zugeschrieben werden, welche im Rahmen der gesetzlichen Vorgaben sowie unter Beachtung der Vertrauenssensitivität der Öffentlichkeit das Zielsystem entscheidend prägen können.

7.3.2 Planungsfelder des Bankmanagements

Nach der Gestaltung des Zielsystems der Bank sind in der nächsten Phase des Managementzyklus die einzelnen bankbetrieblichen Entscheidungsfelder zu planen und zu koordinieren. Um Überschneidungen mit anderen Teilen dieses Buches zu vermeiden, konzentrieren sich die folgenden Ausführungen darauf, diese Entscheidungsfelder als Instrumente des Bankmanagements zu charakterisieren.

7.3.2.1 Organisation

Im Kontext des Bankmanagements ist Organisation[481] als konsequente Ausrichtung sowohl der Aufbau- wie auch der Ablauforganisation auf das Zielsystem der Bank zum Zwecke der Zielerreichung zu interpretieren.[482] Hierzu ist es erforderlich, daß die Ziele und die zu ihrer Realisierung zu ergreifenden Mittel in **operationale Handlungsmaximen** für die Mitarbeiter umgesetzt werden, die es erst ermöglichen, konkrete organisatorische Konzepte zu erarbeiten. Bspw. könnte das Ziel 'Verdopplung des Marktanteils im Marktbereich X innerhalb der nächsten drei Jahre' in die Handlungsmaximen 'Ausbau des Filialnetzes', 'Konzentration der akquisitorischen Bemühungen auf bestehende ertragversprechende Kundenbeziehungen' und 'Förderung der Mitarbeiterkompetenz durch Weiterbildung' überführt werden. Um die Zielorientierung gewährleisten zu können, hat die den Handlungsmaximen entspringende Struktur bestimmte **organisatorische Grundsätze** einzuhalten: klar definierte Kompetenzen, Homogenität der Aufgaben von Mitarbeitern zur Nutzung persönlicher Leistungs- und Neigungsprofile sowie die Förderung der Mitarbeitermotivation und der Identifikation mit der Bank.

Des weiteren ist ein hohes Maß an **soziologischer Sensibilität** auf allen Managementebenen erforderlich, um zu verhindern, daß die Zielorientierung durch Nichtbeachtung der individuellen Einstellungen und Werthaltungen der

---

[481] Siehe hierzu auch Punkt 5.
[482] Vgl. Schimmelmann, W.v.: Bankorganisation, in: Kloten, N./von Stein, J.H., (Hrsg.): Obst, G./Hintner, O.: Geld, Bank- und Börsenwesen, 39. Auflage, Stuttgart 1993, S. 940ff., hier S. 940ff..

Mitarbeiter scheitert. Die Führungskräfte müssen die Zielorientierung zwar von ihren Mitabeitern einfordern, jedoch kann dieses nur mit dem notwendigen 'situationsspezifischen Fingerspitzengefühl' geschehen.

7.3.2.2 Rechnungswesen

Dem Rechnungswesen[483] der Bank kommt die Aufgabe zu, den Managementebenen quantitative Informationen bereitzustellen. Diese Informationen dienen der Analyse vergangener Zeiträume, der Überprüfung von Zielerreichungsgraden und der sich anschließenden eventuellen Abweichungsanalyse sowie der Entscheidungsunterstützung im Rahmen zukunftsorientierter Bankplanungen. Das Rechnungswesen hat sowohl den bankinternen Leistungserstellungsprozeß als auch die Beziehungen der Bank zu ihrer Umwelt nach Inhalt und Wert zu dokumentieren. Darüber hinaus gehört die Erstellung anwendungsindividueller Auswertungen zu den primären Aufgaben des Rechnungswesens aus der Sicht des Bankmanagements. Diese Auswertungen sollen die zunächst vergleichsweise unspezifisch gesammelten, möglichst zweckneutralen Daten zur Abstützung einer konkreten Entscheidung verdichten sowie zweckentsprechend verknüpfen und somit eine effektive Steuerung und Kontrolle ermöglichen.

7.3.2.3 Personalmanagement

Personalmanagement bedeutet hier vor allem Mitarbeiterführung, deren zentrale Aufgabe die zielorientierte Überwindung des Spannungsfeldes zwischen den Interessen der Bank und den Interessen der Mitarbeiter ist.[484] Die so verstandene Führung impliziert hinsichtlich des ersten Aspekts die Beeinflussung der Mitarbeiter zur Erreichung der Ziele der Bank. Im Hinblick auf die Interessen der Mitarbeiter ist jedoch zu beachten, daß diese nur dann zur Erreichung der Bankziele beitragen werden, wenn sie hierdurch auch eigene Ziele erreichen können. Diese Feststellung ist konsistent mit den Aussagen der Anreiz-Beitrags-Theorie, die davon ausgeht, daß sich eine Unternehmung genau dann im Gleichgewicht befindet, wenn die Anreize für jeden Unternehmungsteilnehmer die von ihm zu entrichtenden Beiträge in Form der Arbeitsleistung gerade übersteigen.

Neben dem Zusammenhang zwischen Arbeitsleistung und Zufriedenheit mit den Arbeitsbedingungen kann auch die Berücksichtigung mitarbeiterorientierter Ziele, die im Punkt 7.3.1 angesprochen wurden, zur Konfliktlösung, welche beide Interessensphären zu berücksichtigen versucht, beitragen. Hierfür ist eine situationsspezifische Auswahl des Führungsverhaltens geboten, wel-

---

[483] Siehe hierzu auch Kapitel 5.
[484] Vgl. hierzu Ulrich, P./Fluri, E.: Management, 5. Auflage, Stuttgart 1988.

che abhängig von den Eigenschaften der beteiligten Personen und organisatorischen Prädispositionen eine aufgabenadäquate Auswahl des anzuwendenden Führungsstils vornimmt.

7.3.2.4 Marketing

Die Planung der Marktaktivitäten der Bank mit den Teilbereichen Kontrahierungspolitik, Produkt- und Sortimentspolitik, Distributionspolitik und Kommunikationspolitik hat sich an den strategischen Vorgaben zur Erreichung der Ziele für die jeweiligen Geschäftsfelder der Bank zu orientieren. Eine eingehende Erörterung der hiermit zusammenhängenden Sachverhalte und die Betrachtung der strategischen Bankplanung ist dem Punkt 7.4 vorbehalten.

7.3.2.5 Controlling

Obwohl keine einheitliche Definition des Controlling existiert, läßt sich der zentrale Gegenstand des Controlling im Bankbetrieb als "der systematische Ausbau des bestehenden Rechnungswesens zum Informationszentrum für das gesamte Kreditinstitut oder einen Bankkonzern, die Verbindung der Planungsaufgaben mit diesem Informationssystem und die Durchführung der zielorientierten Unternehmenssteuerung"[485] kennzeichnen. Bestimmend für das Controlling ist somit zum einen die **Steuerungsfunktion** zur ertrags- und risikoorientierten Lenkung sowohl der Gesamtbank als auch von Geschäftsbereichen und Einzelgeschäften sowie zum anderen die **Koordinationsfunktion** zur Synchronisation der einzelnen Aktivitäten im Hinblick auf das übergeordnete Zielsystem.[486] Um diese Funktionen gewährleisten zu können, ist es zunächst notwendig, das Controlling auf allen Managementebenen zu verankern und die **infrastrukturellen Voraussetzungen** zu schaffen, insb. generelle Ertragsorientierung, Implementierung zyklischer Systeme als Regelkreise sowie Aufbau von Informationssystemen auf der Grundlage einer entsprechenden Ausrichtung des Rechnungswesens. Der Managementprozeß beinhaltet darüber hinaus **controlling-typische Fachfunktionen**, die in der Vorbereitung von Entscheidungsvorlagen, der Interpretation von Kontrollinformationen und in der prospektiven Ziel- und Mittelplanung liegen.

Als weiterer Aspekt wird die **Einflußnahme durch Controllinginformationen** gesehen. Da das Controlling häufig über Stabsstellen ohne Weisungsbefugnis organisiert wird, hat es sein Augenmerk auf die rentabilitäts- und risikoorientierte Ausrichtung von Entscheidungen des Bankmanagements zu

---

[485] Adam, K.G.: Controlling in Kreditinstituten, in: Zeitschrift für das gesamte Kreditwesen, 35. Jg., 20/1982, S. 922-928, hier S. 924.
[486] Vgl. zum folgenden insb. Schierenbeck, H.: Ertragsorientiertes Bankmanagement, 4. Auflage, Wiesbaden 1994 (b), S. 3ff..

richten. Hierdurch erbringt es einen wichtigen Beitrag zur langfristigen Existenzsicherung und zur Koordination der verschiedenen Managementebenen.

7.3.3 Entscheidung, Durchsetzung und Realisation

Nachdem für die einzelnen Bereiche des Bankmanagements Teilplanungsprobleme aufbereitet worden sind, erfolgt im nächsten Schritt mit der Auswahl der als zielkonform einzustufenden Alternativen die **Entscheidung**. Entscheidungen können nicht nur als endgültige Auswahlakte (**Finalentscheidungen**) auftreten, sondern auch als **Teilentscheidungen** erst über mehrere Stufen zu einer solchen Finalentscheidung führen. Echte Führungsentscheidungen, die den Bestand und die Entwicklung der Bank determinieren, sind allerdings **nicht** delegierbar und somit auch aufgrund der aufsichtrechtlich gegebenen Verantwortung ausschließlich dem Top-Management vorbehalten.

Auf der Ebene des Top-Managements herrschen üblicherweise **Kollegialentscheidungen** vor, deren Kennzeichen die Entscheidungsfindung durch ein Gremium ist. Diese Art von Entscheidungen kann gegenüber der lediglich von einem einzelnen Entscheidungsträger getroffenen **Individualentscheidung** den Vorteil größerer Objektivität und besserer Entscheidungsqualität durch Einbezug der Erfahrungen und des Wissens mehrerer Führungskräfte aufweisen.

Nach der Entscheidung stellt sich die Aufgabe der Realisation bzw. **Durchsetzung** der Entscheidung, da die Entscheidungsträger i.d.R. nicht identisch sind mit den die Entscheidung vollziehenden Personen. Als wichtige Instrumente zur Durchsetzung sind die Einbeziehung der von der Entscheidung betroffenen Personen in den Entscheidungsprozeß (bspw. durch Anhörungen), die Erläuterung und Anordnung der Entscheidungsausführung, die Bildung und Besetzung von Organisationseinheiten und die Mitarbeitermotivation anzusehen.

Zur erfolgversprechenden **Realisation**[487] sind die umzusetzenden Aktionen und Maßnahmen detailliert zu dokumentieren. Für die Implementierung ist ein Zeitplan zu erstellen. Darüber hinaus sind die Kompetenzen für die im Rahmen der Realisation notwendigen Anordnungen und Konkretisierungen zweifelsfrei festzulegen.

7.3.4 Kontrolle und Abweichungsanalyse

Die **Kontrolle** als letzte Phase des Managementzyklus stellt einen Vergleich des tatsächlich realisierten Ist-Zustandes mit dem angestrebten Soll-Zustand dar (Soll-Ist-Vergleich). Von der Behandlung von Plan-Plan-Vergleichen zur

---

[487] Vgl. Eilenberger, G., 1993, a.a.O., S. 390.

Aufdeckung von Planungsfehlern und Inkonsistenzen soll aus Gründen der Beschränkung auf die betrieblichen Hauptaufgaben der Unternehmensführung an dieser Stelle abgesehen werden, obwohl auch diese Art von Abweichungen zu analysieren wäre. Sollten Differenzen zwischen Soll- und Ist-Werten auftreten, so sind mit Hilfe einer **Abweichungsanalyse** die Ursachen hierfür festzustellen. Allgemein werden drei Arten von Kontrollen unterschieden:

- **Prämissenkontrollen** sollen feststellen, ob die Planungsgrundlagen mit dem tatsächlichen Zustand im Zeitpunkt der Kontrolle kompatibel sind.

- **Verfahrenskontrollen** überprüfen die Ordnungsmäßigkeit von Prozessen und Mitarbeiterverhalten.

- **Ergebniskontrollen** vergleichen den beobachtbaren Zielerreichungsgrad mit der vorgegebenen Zielgröße.

Die Durchführung der Abweichungsanalyse ist nur dann sinnvoll, wenn ein Feedback an diejenige Prozeßstufe erfolgt, auf der eine Korrektur notwendig erscheint. Dies kann zu einem erneuten Durchlaufen des gesamten Managementzyklus oder von Teilbereichen des Zyklus führen.

Die Bedeutung der Kontrolle für die Erreichung des Zielsystems der Bank besteht einerseits in der möglichst guten Annäherung der Planungsgrundlagen an die tatsächlichen Gegebenheiten, zum anderen sollen Planabweichungen präventiv vermieden bzw. ihre negativen Auswirkungen auf das Zielsystem minimiert werden. Zu beachten sind allerdings die Kontrollkosten. Das optimale Kontrollniveau wird dort erreicht, wo die Gesamtkosten als Summe aus Kontrollkosten, Kosten der Korrektur und Kosten der verbliebenen Fehler minimal sind.[488] Auf die Existenz eines Kontrolloptimums deutet auch die Erfahrung hin, daß zuviel Kontrolle demotivierend wirken kann, zuwenig Kontrolle dagegen der Erreichung geplanter Erfolge eher entgegenwirkt.

7.4 Portfolio-Management

Ein Bankbetrieb hat ebenso wie jeder Unternehmer oder Kapitalanleger die Möglichkeit, Finanzmittel entweder zum Erwerb einer einzigen Anlage bzw. Investition zu verwenden oder den verfügbaren Betrag auf mehrere Alternativen aufzuteilen. Empirische Beobachtungen deuten darauf hin, daß selbst private Kapitalanleger die letztgenannte Möglichkeit wählen. Wird ein Kapitalbetrag aufgespalten und auf mehrere Anlagemöglichkeiten verteilt, dann läßt sich bei gleichbleibender Rendite bzw. gleichbleibendem Gewinn eine Risiko-

---

[488] Vgl. Baetge, J.: Überwachung, in: Bitz, M. u.a., (Hrsg.): Vahlens Kompendium der Betriebswirtschaftslehre, Bd. 2, 2. Auflage, München 1990, S. 167-208, hier S. 178-180.

reduktion erzielen oder bei gleichbleibendem Risiko eine Rendite- oder Gewinnsteigerung realisieren. Hierin liegt eine Möglichkeit, den Risikotransformationsprozeß zu gestalten, der bereits in Kapitel 1 angesprochen wurde.

7.4.1 Grundlagen und strategischer Kontext

Für die betriebswirtschaftliche Gestaltung der Risikosituation stehen im Rahmen des Portfolio-Managements die Portefeuille-Theorie, die Erfahrungskurve und die Lebenszyklus-Analyse in einem engen Zusammenhang.

7.4.1.1 Portefeuille-Theorie

Die von Markowitz[489] entwickelte Portefeuille-Theorie bildet eine der wesentlichen Grundlagen sowohl der modernen Kapitalmarkttheorie als auch des Portfolio-Managements im Bankbetrieb. Der Kerngedanke der Portefeuille-Theorie besteht darin, durch Zusammenstellung eines Portefeuilles aus risikobehafteten Kapitalanlagen (= Aktivgeschäften), deren Renditen nicht vollständig positiv miteinander korreliert sind, eine Risikominderung zu erreichen. Diese Risikominderung durch Diversifikation beruht auf der μ,σ-Regel. Nach dieser Regel bilden Investoren das optimale Portefeuille in Abhängigkeit von nur zwei Parametern, z.B. 'Rendite' oder 'Gewinn' (gemessen durch ihren Erwartungswert μ) und 'Risiko', gemessen durch die beobachtete historische Abweichung der Renditen vom Mittelwert in Form der Standardabweichung σ bzw. der Varianz σ^2 als Streuungsmaß.

Die erwartete Rendite eines Portefeuilles entspricht der gewichteten Summe der Einzelrenditen. Die Risikoreduktion ergibt sich, weil das Portefeuillerisiko kleiner ist als das gewichtete Mittel der einzelnen Standardabweichungen, da außer den Einzelrisiken auch die Abhängigkeit der Renditen untereinander zu beachten sind.[490] Von dem Sonderfall vollkommen positiv korrelierter Renditen soll hier abgesehen werden. Somit lassen sich bei vorgegebener Rendite risikoeffiziente Portefeuilles konstruieren, sofern der Investor risikoavers, d.h. bereit ist, für eine Risikominderung eine Minderung der Rendite hinzunehmen. Risikoeffizienz bedeutet, daß kein anderes Portefeuille zusammengestellt werden kann, das bei gleicher bzw. höherer Rendite ein niedrigeres Risiko oder bei gleichem Risiko eine höhere Rendite aufzuweisen hat. Weiterhin ist bei einem effizienten Portefeuille der Anteil des anlagespezifischen oder unsystematischen Risikos am Gesamtrisiko der Kapitalanlage vollkommen be-

---

[489] Vgl. Markowitz, H.M.: Portfolio Selection, in: Journal of Finance, Vol. 7, 1952, S. 77ff. und Markowitz, H.M.: Portfolio Selection: Efficient Diversifikation of Investment, New York 1959.
[490] Vgl. Perridon, L./Steiner, M.: Finanzwirtschaft der Unternehmung, 7. Auflage, München 1993, S. 242f..

seitig und nur noch der marktinduzierte oder systematische Risikoteil zu tragen. Die Menge dieser effizienten Portefeuilles läßt sich graphisch als sogenannte Effizienzkurve darstellen. Die Effizienzkurve bezeichnet den risikoeffizienten Bereich der Portefeuillelinie, welche der geometrische Ort aller zulässigen Kombinationen der risikobehafteten Kapitalanlagen ist.

Analytisch ergibt sich die Rendite eines Portefeuilles aus folgendem Rechenansatz:

Symbole:

μ_P = erwartete Rendite des Portefeuilles P in GE/(GE · PE)

x_i = Anteil der Kapitalanlage i am Portefeuille

μ_i = erwartete Rendite der i-ten Kapitalanlage in GE/(GE · PE)

n = Anzahl der im Portefeuille enthaltenen Kapitalanlagen

$$\mu_P = \sum_{i=1}^{n} x_i \mu_i$$

Das minimale Risiko eines Portefeuilles läßt sich durch die Minimierung der folgenden Zielfunktion unter Beachtung von drei Nebenbedingungen berechnen:

Symbole:

σ_P^2 = Varianz der Portefeuillerendite

σ_{ij} = Kovarianz zwischen den Kapitalanlagen i und j

Zielfunktion:

$$\sigma_P^2 = \sum_{i=1}^{n} \sum_{j=1}^{n} x_i x_j \sigma_{ij} \to \min !$$

Nebenbedingungen:

$$\mu_P = \sum_{i=1}^{n} x_i \mu_i, \quad \sum_{i=1}^{n} x_i = 1, \quad x_i \geq 0$$

Die Kovarianz σ_{ij} zwischen Kapitalanlage i und Kapitalanlage j dient als Maß für die Bestimmung des Gleichlaufs der beiden Renditen und kann wie folgt ermittelt werden:

Symbole:

r_{it} = erwartete Rendite der i-ten Kapitalanlage in t in GE/(GE · PE)

r_{jt} = erwartete Rendite der j-ten Kapitalanlage in t

$$\sigma_{ij} = \frac{1}{n}\sum_{t=1}^{n}(r_{it} - \mu_i)(r_{jt} - \mu_j)$$

Neben der Ermittlung des minimalen Portefeuillerisikos ist es möglich, das zugehörige Portefeuillerisiko durch die Vorgabe eines Mindestrenditeniveaus zu bestimmen, indem anhand der Portefeuillelinie das dem Mindestrenditeniveau zugehörige Portefeuillerisiko abgelesen wird. Das maximale Portefeuillerisiko entspricht dem Risiko der risikoreichsten Kapitalanlage und wird dann übernommen, wenn der gesamte Anlagebetrag in diese eine Anlage fließt.

Zur Bestimmung des für den jeweiligen Investor optimalen Portefeuilles ist es erforderlich, daß der Investor seine individuelle Risikoneigung mit Hilfe einer Nutzenfunktion ermittelt und anschließend dasjenige auf der Effizienzkurve liegende Portefeuille P* bestimmt, welches seinen Nutzen maximiert. Nutzenfunktionen bauen gedanklich auf dem Bernoulli-Prinzip auf und lösen ein Entscheidungsproblem in zwei Stufen:[491] In der ersten Stufe wird anhand einer entscheidungsträgerspezifischen Risikonutzenfunktion N(G) jeder möglichen Ergebnisausprägung G_{ij} einer Entscheidungsalternative i in der Datensituation j ein Nutzenwert $N(G_{ij})$ zugeordnet. In der zweiten Stufe werden die Nutzenwerte $N(G_{ij})$, gewichtet mit der Eintrittswahrscheinlichkeit w_j der Datensituation j, zum Erwartungswert des Nutzens N_i einer Entscheidungsalternative i summiert:

Symbole:

N(G) = entscheidungsträgerspezifische Risikonutzenfunktion

G_{ij} = Ergebnisausprägung einer Entscheidungsalternative i in der Datensituation j

$N(G_{ij})$ = Nutzenwert einer Entscheidungsalternative i in der Datensituation j

w_j = Eintrittswahrscheinlichkeit der Datensituation j

N_i = Erwartungswert des Nutzens einer Entscheidungsalternative i

$$N_i = \sum_{j=1}^{n} w_j \cdot N(G_{ij})$$

Bei graphischer Ermittlung entsprechend Abb. 7.4. ist die Nutzenfunktion in Form einer Schar von Isonutzenkurven in das μ, σ-Diagramm einzutragen und das Optimal-Portefeuille als Tangentialpunkt einer Isonutzenkurve mit der Effizienzkurve zu bestimmen. Eine Isonutzenkurve bezeichnet ein be-

---

[491] Vgl. Bitz, M.: Entscheidungstheorie, München 1981, S. 153f..

stimmtes Nutzenniveau, welches durch unterschiedliche μ, σ-Kombinationen erreichbar ist. Je weiter oben im Diagramm die Kurven positioniert sind, desto höher ist das entsprechende Nutzenniveau. Ein Rechenbeispiel hierzu ist in den Punkt 7.4.4 eingearbeitet.

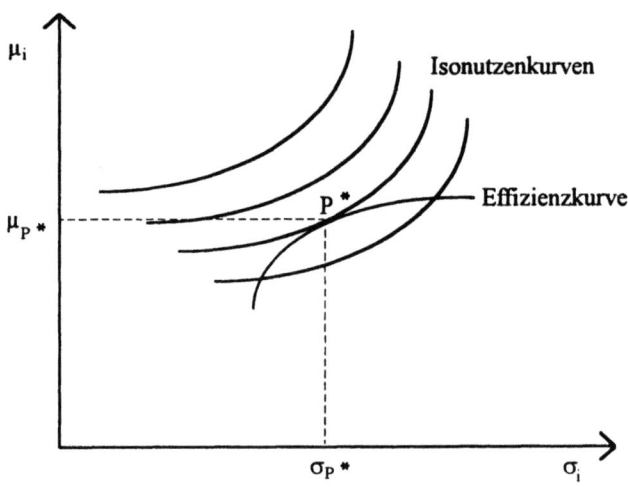

Abb. 7.4.: Graphische Bestimmung des optimalen Portefeuilles P*

7.4.1.2 Erfahrungskurve und Lebenszyklus-Analyse

Ein weiterer Ansatzpunkt für das Portfolio-Management ergibt sich aus allgemeinen Praxiskonzepten zur strategischen Unternehmensplanung, die sich analog auf den Bankbetrieb und seine Geschäftszusammensetzung anwenden lassen.

Das von der Boston Consulting Group (BCG) entwickelte Konzept der Erfahrungskurve besagt, daß die realen Stückkosten eines Produktes um einen konstanten Betrag abnehmen können, sobald sich die in der kumulierten Produktionsmenge ausgedrückte Produktionserfahrung verdoppelt.[492] Unternehmensinterne Voraussetzung hierfür ist die konsequente Ausschöpfung sämtlicher Kostensenkungspotentiale, die sich aufgrund von Lerneffekten (Auswei-

---

[492] Vgl. Henderson, B.D.: Perspectives on Experience, Boston Consulting Group, Boston 1968 und Henderson, B.D.: Die Erfahrungskurve in der Unternehmensstrategie, 2. Auflage, Frankfurt/Main und New York 1986.

tung der Fertigkeiten arbeitender Menschen), Größendegressionseffekten (durch economies of scale und Fixkostendegression bei steigender Ausbringungsmenge), Produkt- und Verfahrensinnovationen (die die Produktionsfunktion und damit auch die Kostenfunktion nach unten verschieben) sowie Rationalisierungsmaßnahmen (Verbesserung der Wirtschaftlichkeit betrieblicher Prozesse und Strukturen) ergeben.[493]

Als unternehmensexterne Voraussetzungen zur Realisierung des Erfahrungskurveneffektes sind die folgenden Aspekte zu nennen:[494]

- Wichtigste Vorbedingung für eine hohe Rendite ist die Erreichung und Sicherung eines hohen relativen Marktanteils (im Vergleich zum jeweils stärksten Konkurrenten)
- Die Anstrengungen zur Erreichung hoher relativer Marktanteile sind auf diejenigen Märkte zu konzentrieren, auf denen mit hohen Wachstumsraten zu rechnen ist.

Formal ergibt sich die durch zahlreiche empirische Erhebungen gestützte Erfahrungskurve als Hyperbel-Funktion:

Symbole:

K_n = Stückkosten der n-ten Produkteinheit in GE/ME

K_1 = Stückkosten der ersten Produkteinheit, n = 1 in GE/ME

n = kumulierte Produktionsmenge in ME

d = durch die Erfahrungsrate determinierter Degressionsfaktor

$K_n = K_1 \cdot n^{-d}$

Im Rahmen der Lebenszyklus-Analyse wird die Zeitspanne vom Markteintritt eines Produktes bis zu seinem Ausscheiden aus dem Markt idealtypisch in verschiedene Phasen eingeteilt, wobei im deutschsprachigen Raum üblicherweise in Einführungs-, Wachstums-, Reife-, Sättigungs- und Degenerationsphase differenziert wird.[495] Das amerikanische Konzept sieht jedoch nur einen vierphasigen Lebenszyklus vor: Entstehung, Wachstum, Reife und Alter.

Je nach Phase, in der sich ein Produkt zur Zeit befindet, sind unterschiedliche Umsatzrenditen zu erwarten und situationsbedingt unterschiedliche strategische Entscheidungen zu treffen. Nach einem raschen Anstieg in der Wachstumsphase erreicht die Umsatzrendite beim Wechsel von der Wachstums- zur

---

[493] Vgl. Kreikebaum, H.: Strategische Unternehmensplanung, 4. Auflage, Stuttgart 1991, S. 76ff..
[494] Vgl. Hahn, D., 1990, a.a.O., S. 226.
[495] Vgl. Meffert, H.: Marketing, 7. Auflage, Wiesbaden 1991, S. 62ff..

Reifephase ihr Maximum und fällt anschließend allmählich ab. Während in der Einführungsphase das Marktsegment und die Intensität des Markteintritts festzulegen ist, muß in der Wachstumsphase entschieden werden, ob die erreichte Marktposition bei den bestehenden Nachfragern ausgebaut oder zusätzliche Nachfragergruppen gewonnen werden sollen. Die Reifephase ist durch Überlegungen zur Verteidigung der Marktposition gekennzeichnet. In der Sättigungsphase sind Strategien zur Behauptung im für diese Phase typischen harten Konkurrenzkampf unter den Anbietern zu implementieren, bevor in der Degenerationsphase der optimale Ausstiegszeitpunkt zu bestimmen ist.

7.4.1.3 Portfolio-Management als Instrument strategischer Bankplanung

Für die strategische Bankplanung sind sowohl die Ausgangssituation als auch die zukünftigen Chancen und Risiken umfassend bankintern und bankumweltbezogen zu analysieren. Auf der Grundlage der Analyseergebnisse sind diejenigen Ziele und Strategien festzulegen, die es der Bank selbst ermöglichen, langfristig die von ihr angestrebte Position im Wettbewerbsumfeld einzunehmen oder ihre Produkte zu positionieren. Die Strategie fixiert somit die Art und Weise, wie die Bank ihre aktuellen und potentiellen Stärken einsetzt, um unter Beachtung interner und externer Restriktionen ihre Ziele langfristig und dauerhaft zu erreichen.

Ausgangspunkt der strategischen Überlegungen ist die Aufteilung sämtlicher Bankgeschäftsaktivitäten in strategische Geschäftsfelder (SGF), die Elemente der strategischen Planung sind. Diese SGF sollten nach außen möglichst heterogen, nach innen dagegen möglichst homogen sein, d.h. sich einerseits deutlich von anderen SGF abheben und andererseits weitgehend einheitliche Strukturen in den hier zusammengefaßten Aktivitäten aufweisen. Als konstitutive Merkmale eines SGF lassen sich die Kriterien 'Marktaufgabe', 'Eigenständigkeit' und 'Erfolgsbeitrag' nennen. Ein strategisches Geschäftsfeld zeichnet sich demnach dadurch aus, daß es

- eine auf die Lösung kundenrelevanter Probleme gerichtete und von anderen SGF unabhängige Marktaufgabe besitzt,

- die Formulierung und Implementierung selbständiger Strategien erlaubt sowie

- einen originären Beitrag zum Erfolg der Bank leistet.[496]

---

[496] Vgl. Kreilkamp, E.: Strategisches Management und Marketing, Berlin und New York 1987, S. 317; Neubauer, F.F.: Portfolio-Management, 3. Auflage, Neuwied 1989, S. 17; Hinterhuber. H.H.: Strategische Unternehmensführung, II. Strategisches Handeln, 5. Auflage, Berlin und New York 1992, S. 142.

Für Banken kommen prinzipiell Produktgruppen, Kundengruppen und regionale Aspekte als Abgrenzungsmerkmale in Betracht.[497] Da es unter cross-selling-Gesichtspunkten schwierig sein kann, SGF aufgrund von Produktgruppen zu bilden, empfiehlt sich eine Kundengruppen-Regionalmarkt-Kombination. Dieses ergibt sich aus der Überlegung, daß die Erfolgsfaktoren je nach Kundengruppe i.d.R. deutlich voneinander abweichen, während gleichzeitig Marktposition und Intensität der Konkurrenzbeziehungen auf den jeweiligen Regionalmärkten z.T. sehr unterschiedlich sind. Somit ließen sich bspw. die SGF 'Firmenkunden in Großstädten' oder 'Vermögende Privatkunden in mittleren Städten' abgrenzen. Zu beachten ist hierbei, daß die SGF nicht als bloßes Spiegelbild der Aufbauorganisation der Bank konstruiert werden können, da etwa die Grenzen von Filialbereichen selten zugleich einen homogenen Markt definieren.[498]

An die Abgrenzung von SGF schließt sich die Identifikation und Bewertung strategischer Erfolgsfaktoren an. Dieses sind bankinterne und bankexterne Faktoren, die Wachstum und Ertrag einer Bank maßgeblich beeinflussen. Zu nennen wären in diesem Zusammenhang z.B. Marktanteil und Marktvolumen, Wettbewerbssituation, Kundenbedürfnisse, das Vertriebssystem und dessen Aquisitionskraft sowie ordnungspolitische Prädispositionen (z.B. das KWG und das Bundesaufsichtsamt für das Kreditwesen). Die in diesem Zusammenhang erkannten gegenwärtigen Stärken und Schwächen der SGF sind im Rahmen einer Prognose den zukünftigen Umweltbedingungen gegenüberzustellen, um Chancen und Risiken zu erkennen. Chancen ergeben sich, wenn eine mögliche Umweltentwicklung auf eine Stärke eines SGF trifft. Risiken treten dagegen dort zutage, wo Schwächen des SGF angesprochen werden. Diese Prognose kann bspw. anhand von Szenario-Techniken, ökonometrischen Modellen oder der Delphi-Methode erfolgen.[499]

Nachdem diese Faktoren als solche erkannt sind, erfolgt deren Bewertung zunächst auf der Ebene der einzelnen SGF und anschließend die Aggregation der Einzelurteile zu einem Gesamturteil für die Bank. Zu diesem Zweck lassen sich sowohl qualitative Verfahren (z.B. Scoring-Modelle) als auch quantitativ ausgerichtete Instrumente (z.B. Rentabilitätsrechnungen) heranziehen.

Der nunmehr abgeschlossenen Analyse der Ausgangssituation schließt sich die Entwicklung alternativer strategischer Optionen an, welche die Zielkonzeption der Bank umsetzen sollen. Auch hierfür ist eine Prognose der bankrelevanten Umweltfaktoren unerläßlich, da die zu formulierenden Strategien Antworten auf zukünftige Strukturen zu geben haben.

---

[497] Vgl. Schierenbeck, H., 1994 (b), a.a.O., S. 416.
[498] Vgl. Schimmelmann, W.v.: Strategische Geschäftsfeldkonzeptionen in Banken, in: Krümmel, H.-J./Rudolph, B., (Hrsg.): Strategische Bankplanung, Frankfurt/Main 1983, S. 165ff., hier S. 174.
[499] Vgl. Büschgen, H.E., 1993, a.a.O., S. 587.

Als ein Beispiel für die Strategieformulierung auf der Basis von SGF kann die geschäftspolitische Neuorientierung der Berliner Handels- und Frankfurter Bank (BHF-Bank) herangezogen werden.[500] Vereinzelte Analysen deuteten darauf hin, daß einerseits bedeutende Teile des Mengengeschäftes unrentabel waren, dieses andererseits jedoch immer mehr knappe Ressourcen wie etwa Management- und EDV-Kapazität gebunden hatte. Darüber hinaus ließ die technische Entwicklung einen zukünftig hohen Investitionsbedarf vermuten, so daß auf der Grundlage einer Kalkulation aller Kundenbeziehungen ermittelt wurde, welche Geschäftsbeziehungen für die Bank attraktiv waren und wie die Wachstumsaussichten vor dem Hintergrund des internen und externen Aquisitionspotentials zu beurteilen waren. Die SGF 'Zielkunden', 'Potentielle Zielkunden', 'Wichtige Kleinkunden' und 'Sonstige Kleinkunden' wurden primär anhand der aktuellen oder zu erwartenden Intensität der Geschäftsbeziehung und sekundär anhand der individuellen Finanzkraft der Kunden und potentiellen Kunden gebildet.

Der Handlungsspielraum wurde ermittelt, indem man bspw. Möglichkeiten zur Rentabilitätssteigerung unattraktiver Marktsegmente, die Bedeutung dieser Segmente für die Bilanzstruktur oder die Verbindungen zwischen rentablen und unrentablen Marktsegmenten feststellte. Die aufgrund der geschilderten Vorarbeiten entwickelte Strategie zielte auf die konsequente Aufgabe unrentabler Segmente sowie auf die Konzentration der Ressourcen auf nur wenige Filialen ab. Dieses bedeutete den Abbau der Geschäftsbeziehungen zu den 'Sonstigen Kleinkunden' sowie die Bereinigung der Produktpalette von typischen Mengengeschäftsprodukten zugunsten von Produkten für die gehobenen Kunden. Darüber hinaus wurde der gewünschte Strukturwandel sowohl durch den Einsatz der Kontrahierungspolitik (an den Bedürfnissen der gehobenen Kundschaft orientierte Konditionsgestaltung) als auch durch zielgruppenadäquate Kommunikation (Begründung der Neuausrichtung gegenüber den Kunden und der Öffentlichkeit) unterstützt. Die überwiegend im Mengengeschäft tätigen Filialen wurden geschlossen und Akquisition bzw. Betreuung an den angestrebten Zielkunden orientiert.

Das Portfolio-Management läßt sich als ein Modell zur strategischen Planung qualifizieren, welches auf der Basis der in den beiden vorangegangenen Kapiteln umrissenen Konzepte das Ziel verfolgt, die strategische Ausgangssituation zu analysieren sowie situations- und objektspezifische Strategien abzuleiten. Am deutlichsten tritt der Grundgedanke der Portefeuille-Theorie hervor: Die bankgeschäftlichen Aktivitäten werden zu SGF zusammengefaßt und analog zu den risikobehafteten Kapitalanlagen in der Portefeuille-Theorie unter Rendite- und Risikoaspekten in einer zweidimensionalen Matrix positio-

---

[500] Vgl. Gömmel, M.: Erfahrungen mit der Bildung strategischer Geschäftsfelder in einer mittelgroßen Bank, in: Krümmel, H.-J./Rudolph, B., (Hrsg.): Strategische Bankplanung, Frankfurt/ Main 1983, S. 182ff..

niert, welche das Ist-Portfolio darstellt. In dieser Matrix wird eine der Achsen von bankinternen Faktoren (z.B. relativer Marktanteil, relativer Wettbewerbsvorteil), die andere von bankexternen Faktoren (z. B. Marktwachstum, Marktattraktivität) determiniert. Je nach Position der SGF in der Matrix werden unterschiedliche Normstrategien (Investition und Wachstum, Abschöpfung oder Desinvestition, selektive Strategien) vorgeschlagen, um das Soll-Portfolio und damit die optimale Mischung von SGF zu erreichen.

Die Erfahrungskurve und das Lebenszyklus-Konzept finden insbesondere bei dem in Kapitel 7.4.2.1 vorzustellenden Marktwachstums-Marktanteils-Portfolio Berücksichtigung. Das zentrale Postulat der Erfahrungskurve, durch hohe Marktanteile eine hohe Produktionsmenge und damit niedrige Stückkosten zu realisieren, läßt sich von der Planungseinheit 'Gesamtunternehmen' auf die Planungseinheit 'SGF' übertragen. Es ist ebenso Bestandteil des gedanklichen Grundgerüstes des Portfolio-Managements wie die der Lebenszyklus-Analyse zugrundeliegende Vorstellung des unterschiedlichen Einsatzes der Marketing-Mix-Instrumente und im Zeitablauf variierender cash flows während der begrenzten Marktanwesenheitszeit eines verschiedene Entwicklungsphasen durchlaufenden Produktes.

7.4.2 Darstellung und Kritik alternativer Portfolio-Konzepte

Die bekanntesten Portfolioansätze wurden aus der Praxis heraus von amerikanischen Unternehmensberatungsgesellschaften entwickelt. Die größte Bekanntheit haben die Ansätze von McKinsey und der Boston Consulting Group erlangt. Ihr Ziel ist es, allgemeine Handlungsanweisungen aus standardisiert erfaßten Sachverhalten abzuleiten. Diese Portfolio-Ansätze haben den Vorteil, der strategischen Unternehmensplanung eine allgemein bekannte Strukturierung vorzugeben.

7.4.2.1 Marktwachstums-Marktanteils-Portfolio

Das von der BCG entwickelte Marktwachstums-Marktanteils-Portfolio ist der klassische Ansatz zur Portfolio-Analyse.[501] Als strategische Erfolgsfaktoren werden hier das Wachstum desjenigen Marktes, auf dem das zu positionierende SGF tätig ist, sowie dessen Marktanteil im Vergleich zum Hauptkonkurrenten der Unternehmung identifiziert. Diese Faktoren werden als Achsen eines Koordinatensystems verwendet, um daraus eine Matrix zu entwickeln. Die jeweiligen Ausprägungen der Faktoren werden in 'hoch' und 'niedrig' unterschieden, wodurch eine Vier-Felder-Matrix entsteht, wie der Abb. 7.5. zu entnehmen ist.

---

[501] Vgl. Hedley, B.: Strategy and the Business Portfolio, in: Long Range Planning, Vol. 10, 1977, S. 9ff..

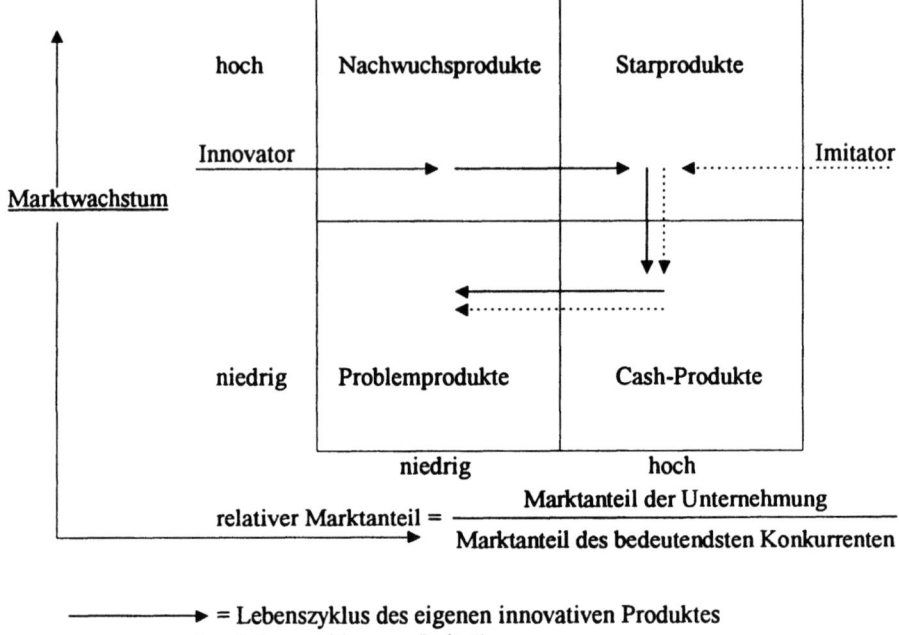

Abb. 7.5.: Marktwachstums-Marktanteils-Portfolio

Quelle: Vgl. Hahn, D., 1990, a.a.O., S. 227

Der Positionierung von SGF in der Matrix liegt einerseits die Hypothese zugrunde, daß ein hoher Marktanteil zu hohen kumulierten Produktionsmengen und damit aufgrund des Erfahrungskurveneffektes zu niedrigen Stückkosten, einer hohen Gewinnspanne und einem hohen cash flow führt. Andererseits wird davon ausgegangen, daß die Beteiligung an einem hohen Marktwachstum aufgrund der notwendigen Investitionen in erheblichem Maße Finanzmittelbedarf erzeugt. Hinzu kommt die allgemeine Erkenntnis, daß stark wachsende Märkte grundsätzlich Erfolgschancen beinhalten, während niedrige Wachstumsraten auf wenig attraktive Märkte hindeuten.

Aus diesen Zusammenhängen ergibt sich die Klassifizierung von Produkten in Abhängigkeit von den Feldern der Matrix:

- **Starprodukte** sind SGF mit hohem Marktwachstum und starker relativer Marktposition. Ihren hohen cash flow-Bedarf decken sie weitgehend selbst.

- **Cash-Produkte** sind SGF mit starker relativer Marktposition auf kaum wachsenden oder stagnierenden Märkten. Sie stellen die entscheidende Quelle zur finanziellen Alimentierung von Nachwuchsgeschäften dar und erfordern kaum noch Investitionen.

- **Nachwuchsprodukte** erlauben keine eindeutige Beurteilung. Da es sich um SGF mit hohem Marktwachstum handelt, haben sie einen hohen Investitionsbedarf, den sie aufgrund ihrer schwachen relativen Marktposition nicht selbst decken können. Jedoch eröffnen sich auch Chancen, wenn es gelingt, den Marktanteil auszuweiten.

- **Problemprodukte** werden die SGF genannt, die weder hinsichtlich des Marktwachstums noch bezüglich der Marktposition überzeugen können. Investitionen in diese Bereiche sind i.d.R. nicht sinnvoll, da es einen nicht vertretbaren Finanzmittelbedarf verursachen würde, die Position dieser SGF entscheidend zu verbessern.

Im Hinblick auf das Ziel einer finanziell ausgewogenen Mischung von SGF (d.h. ausgeglichener cash flow des Gesamtportfolios), auch im Zeitablauf, ergeben sich aus der Analyse des Portfolios unter Berücksichtigung von Produkt- oder Marktsegment-Lebenszyklen folgende Strategieempfehlungen: Nutzung der Finanzmittel, die durch die Cash-Produkte sowie durch die Liquidation von Nachwuchsprodukten und Problemprodukten freigesetzt werden, zur Finanzierung der Starprodukte und derjenigen Nachwuchsprodukte, welche die Chance zur Ausweitung des relativen Marktanteils bieten. Zur Umsetzung dieser Empfehlung sind für Starprodukte Investitionsstrategien, für Cash-Produkte Abschöpfungsstrategien, für Nachwuchsprodukte Investitions- oder Desinvestitionsstrategien und für Problemprodukte Desinvestitionsstrategien anzuwenden.

7.4.2.2 Marktattraktivitäts-Wettbewerbsvorteils-Portfolio

Das von McKinsey & Co. entwickelte Marktattraktivitäts-Wettbewerbsvorteils-Portfolio basiert im Unterschied zum BCG-Portfolio nicht auf einer inhaltlichen Hypothese über den Zusammenhang zwischen bestimmten Variablen.[502] Es orientiert sich eher an qualitativen Aspekten. Verwendet wird die bankexterne Dimension 'Marktattraktivität' und die bankinterne Dimension 'Wettbewerbsvorteil'. Da eine Vielzahl von Einflußgrößen für den Erfolg eines SGF verantwortlich ist, findet hier eine Zerlegung der beiden Haupterfolgsfaktoren in eine große Zahl getrennt zu bewertender Subfaktoren statt, welche anschließend anhand eines Punktbewertungsverfahrens zu einer einzelnen Größe aggregiert werden.

In der für Banken modifizierten Form dieses Portfolios wird die Marktattraktivität in die Faktoren 'Markt' (z.B. Marktvolumen und Marktwachstum), 'Kunden' (z.B. Anzahl und Struktur von Abnehmern der Bankleistungen), 'Ertrag' (z.B. erzielbare Nettomargen und zukünftige Ertragsstabilität), 'Res-

---

[502] Vgl. Eybl, D.: Instrumente und Orientierungsgrundlagen zur Planung wettbewerbsorientierter Unternehmensstrategien, Frankfurt/Main 1984, S. 133f..

sourcen' (z.B. Verfügbarkeit von Personal und von EDV-Anlagen) sowie 'Synergiepotential' (z.B. hinsichtlich der gemeinsamen Ressourcennutzung durch mehrere SGF) disaggregiert. Der Wettbewerbsvorteil ergibt sich aus den Elementen 'Marktposition' (z.B. Marktanteil und Image), 'Infrastruktur' (z.B. Qualität von Personal und Organisationsstruktur) sowie 'Ertrag' (z.B. Ergebnishöhe und -dynamik).[503]

Durch Einteilung der Merkmalsausprägungen der beiden Haupterfolgsfaktoren in die Klassen 'gering', 'mittel' und 'hoch' entsteht die Neun-Felder-Matrix der Abb. 7.6..

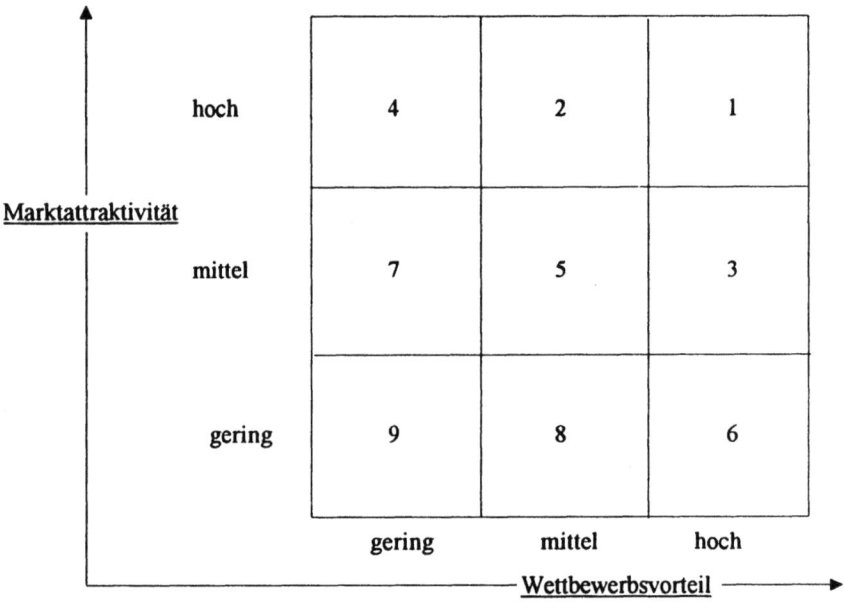

Abb. 7.6.: Marktattraktivitäts-Wettbewerbsvorteils-Portfolio

Als Standard-Empfehlung gilt, daß die SGF der Felder 1, 2 und 3 mit Hilfe von Wachstums- und Investitionsstrategien bearbeitet werden sollten, um somit das sich hier aufgrund großer Wettbewerbsvorteile und hoher Marktattraktivität bietende Ertragspotential zu nutzen. Selektive Strategien auf der Grundlage weiterer Analysen sind für die Felder 4, 5 und 6 zu ergreifen, da die entsprechenden SGF entweder hohe Wettbewerbsvorteile und geringe Marktattraktivität, hohe Marktattraktivität und geringe Wettbewerbsvorteile oder in beiden Disziplinen nur mittlere Werte aufweisen. Für die SGF, die in den Feldern 7, 8 und 9 positioniert werden, empfehlen sich Abschöpfungs-

---

[503] Vgl. ausführlich hierzu Schierenbeck, H., 1994 (b), a.a.O., S. 420f..

oder Desinvestitionsstrategien, d.h. sie werden nur noch solange im Portfolio belassen, wie sie einen Deckungsbeitrag erwirtschaften. Diese Strategieempfehlungen verdeutlicht Abb. 7.7..

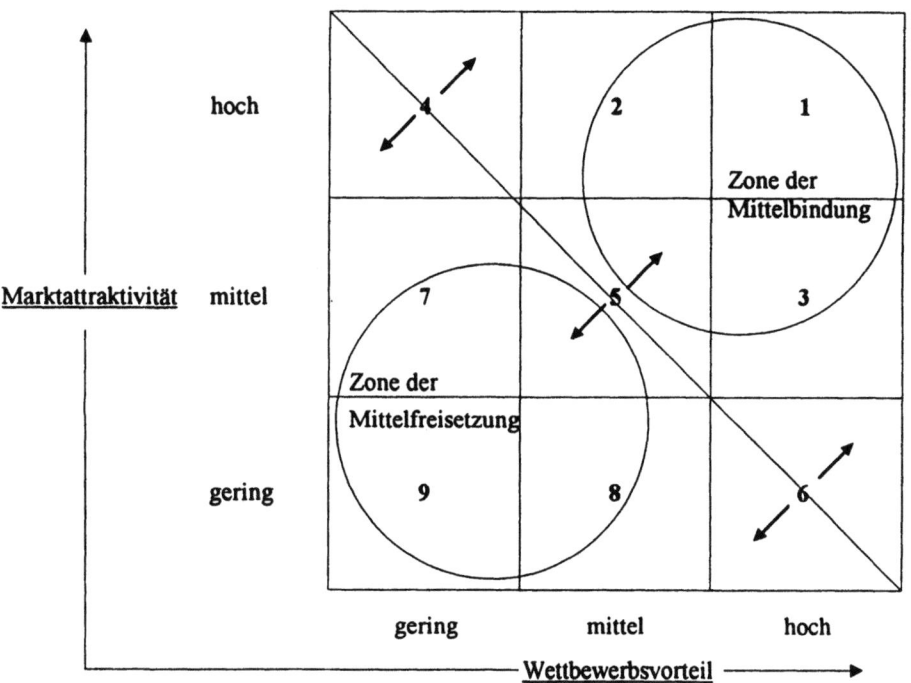

Abb. 7.7.: Strategien im Marktattraktivitäts-Wettbewerbsstärken-Portfolio
Quelle: Vgl. Hinterhuber, H.H., 1992, , S. 109

7.4.2.3 Kritische Würdigung der Konzepte

Die vorgestellten Portfolio-Modelle lassen sich als heuristische Investitionsplanungsmodelle bei Sicherheit und Kapitalrationierung qualifizieren, wobei die Rationalität der Modellergebnisse, d.h. der Normstrategien, nicht generell nachgewiesen werden kann.[504] Negativ zu vermerken ist weiterhin, daß die prinzipiell unendlich große Menge künftiger Bankumweltzustände zu einem

---

[504] Vgl. Rudolph, B.: Instrumente der strategischen Bankplanung: Stand und Entwicklungstendenzen, in: Krümmel, H.-J./Rudolph, B., (Hrsg.): Strategische Bankplanung, Frankfurt/ Main 1983, S. 47ff., hier S. 67f..

einzigen Wert zusammenschrumpft und somit diesbezüglich eine Risikokompensation (der Kernaspekt der Portefeuille-Theorie) nicht stattfinden kann.

Erfahrungskurve und Lebenszyklus-Analyse bieten ebenfalls Ansatzpunkte zur Kritik. Diese besteht hinsichtlich der Erfahrungskurve im nur generell nachgewiesenen Zusammenhang zwischen Produktionsmenge und Stückkosten, der sich nicht auf jeden Einzelfall übertragen läßt. Im Hinblick auf die Lebenszyklus-Analyse ist vor allem der nur in Ausnahmefällen realitätsgerechte Verlauf der Zykluskurve zu nennen. Darüber hinaus ist die Anpassung von Erfahrungskurve und Lebenszyklus-Analyse an die bankbetrieblichen Besonderheiten z.Zt. noch unbefriedigend.[505]

Insbesondere beim Marktattraktivitäts-Wettbewerbsvorteils-Portfolio ist die Abhängigkeit der Modellergebnisse von den subjektiven Einschätzungen der Planungsträger zu beachten. Die gewählten Beurteilungskriterien sind nur selten fein genug, um ein SGF umfassend beschreiben und bewerten zu können. Es besteht somit die Gefahr, daß relevante Informationen keine Berücksichtigung finden. Auch die Normstrategien, die sich an den beiden Kategorien 'Mittelbindung' und 'Mittelfreisetzung' orientieren, liefern oftmals nicht hinreichend detaillierte und auf die Spezifika einer Bank nur teilweise abgestimmte Handlungsempfehlungen. Hinzu kommt, daß das Postulat eines ausgeglichenen cash flows innerhalb des Portfolios eine insbesondere für Banken unrealistische Abkoppelung von den Geld- und Kapitalmärkten impliziert.

Positiv zu vermerken ist jedoch, daß die Situation der Gesamtbank ebenso transparent wird wie die relative Position der SGF und die Interdependenzen zwischen diesen beiden Bezugsgrößen der strategischen Planung. Des weiteren bietet die Portfolio-Analyse die Möglichkeit, systematisch und in kommunikationsfreundlicher Form die Diskussion strategischer Aspekte in dafür vorgesehenen Führungskreisen zu unterstützen. Damit wird vermieden, daß das strategische Denken zugunsten des bei oberflächlicher Betrachtung dringlicher erscheinenden operativen Geschäftes vernachlässigt wird.

Die Eigenschaft des Portfolio-Konzeptes, für jedes SGF vollständige Ziele und Aktionen zu formulieren und diese im Hinblick auf die Gesamtbankplanung mit anderen SGF zu synchronisieren, gewährleistet die Einheitlichkeit der Planung bei gleichzeitiger Komplexitätsreduktion durch die vorgelagerte Dekomposition der Bezugsgröße der strategischen Planung. Das Portfolio-Management wird in die Lage versetzt, auf für alle Beteiligten leicht nachvollziehbare Weise, die für jede strategische Planung geforderte Generierung und Sicherung von Erfolgspotentialen vorzunehmen. Die bei strenger Betrachtung fehlende Exaktheit der Portfolio-Ansätze ist als nachrangiger Aspekt zu werten.

---

[505] Vgl. Büschgen, H.E., 1993, a.a.O., S. 590ff..

7.4.3 Entscheidungsparameter zur Implementierung strategischer Optionen

Die im Rahmen der Portfolio-Analyse abgeleiteten Strategien sind mit Hilfe von Marketinginstrumenten auf den jeweiligen Teilmärkten umzusetzen. Als Marketinginstrumente werden in diesem Zusammenhang alle Aktionen und Handlungen bezeichnet, welche die Marktpartner und die Bankumwelt zugunsten der Bank beeinflussen sollen. Durch die Orientierung der Marketingaktivitäten an den Geschäftsfeldstrategien wird der Gefahr eines lediglich kurzfristig optimalen Einsatzes der marktgerichteten Maßnahmen vorgebeugt und die Konsistenz mit der übergeordneten Zielhierarchie der Bank gewährleistet.

Das hier vorzustellende Marketing-Mix läßt sich in die Bereiche Kontrahierungspolitik, Produkt- und Sortimentspolitik, Distributionspolitik sowie Kommunikationspolitik gliedern, welche sowohl im Hinblick auf die jeweiligen Ziele für die einzelnen SGF als auch bezüglich der Einhaltung rendite- und risikopolitischer Vorgaben koordinierte und operationale Handlungsanweisungen vorzugeben haben. Hierbei ist zu beachten, daß Banken abstrakte und insbesondere für die Mengenkundschaft erklärungsbedürftige Produkte anbieten, welche die Kunden zudem i.d.R. für einen bestimmten oder unbestimmten Zeitraum vertraglich binden. Da diese Bindung stets in irgendeiner Form mit dem Leistungsobjekt 'Geld' verbunden ist, ergibt sich die Notwendigkeit einer sehr sensiblen Überwindung von Marktwiderständen durch den Einsatz des Marketing-Mix.

7.4.3.1 Kontrahierungspolitik

Mit Hilfe der Kontrahierungspolitik werden Preisentscheidungen für Bankleistungen getroffen, es werden Zinsen, Gebühren, Provisionen und Wertstellungsregelungen festgelegt. Hierzu ist primär die spezifische Marktsituation heranzuziehen, da die traditionelle Bankkalkulation aufgrund des hohen Anteils fixer Gemeinkosten nur bei bestimmten Leistungen (etwa im Zahlungsverkehr) hinreichend genaue Informationen über die Selbstkosten eines Produktes als dessen Preisuntergrenze bereitstellen kann.

Die für Banken relevanten Märkte sind i.d.R. auf der Angebotsseite oligopolistisch, auf der Nachfrageseite dagegen eher atomistisch strukturiert und durch zahlreiche Unvollkommenheiten gekennzeichnet, die insbesondere auf unzureichende Markttransparenz sowie die Existenz von Präferenzen zurückzuführen ist. Die Vielzahl denkbarer Preisbezugsbasen sowie die Möglichkeiten der Preisspaltung machen es den Nachfragern schwer, sich innerhalb angemessener Zeit und mit akzeptablen Kosten einen Marktüberblick zu verschaffen. Darüber hinaus sind Präferenzen sowohl in örtlicher Hinsicht (z.B.

Nähe einer Geschäftsstelle) als auch in persönlicher Hinsicht (z.B. Sympathie für einen bestimmten Kundenbetreuer) zu beobachten. Dieses führt dazu, daß die Preis-Absatz-Funktion einer Bankleistung im allgemeinen doppelt geknickt ist, d.h. einen preisautonomen Bereich aufweist. In diesem Bereich kann die Bank ihre Preise ohne starke Mengenreaktion bei den Nachfragern variieren und festlegen. In den oligopolistischen Bereichen der Preis-Absatz-Funktion entscheiden dagegen vor allem die Reaktionen der Konkurrenz über den Erfolg preispolitischer Maßnahmen.

Das Instrumentarium der Kontrahierungspolitik umfaßt die Festlegung von Preisbezugsbasis und Preiszähler, die Preisspaltung und Preisdifferenzierung sowie die ganzheitliche Berücksichtigung einer Kunde-Bank-Beziehung im Rahmen einer Ausgleichspreisstellung.[506]

Als **Preisbezugsbasen** kommen sowohl Bestandsgrößen als auch Stromgrößen in Betracht. Als Bestandsgröße wäre etwa die tatsächliche Inanspruchnahme einer Kreditlinie und als Stromgröße die Anzahl der Buchungsposten je Konto zu nennen. Nach der Festlegung der Bezugsbasis bestimmt der Preiszähler den Preis pro Einheit dieser Basis. Bspw. kann der Preiszähler 0,1 DM pro Buchungsposten eines Girokontos betragen. Bei der Bestimmung der Preisbezugsbasen ist insbesondere darauf zu achten, daß den Kunden die Proportionalität zur erbrachten Leistung verdeutlicht werden kann. Gelingt dieses, so kann durch die Wahl einer möglichst umfassenden Preisbezugsbasis und eines kleinen Preiszählers ein aus Kundensicht optisch günstiger Gesamtpreis konstruiert werden. Die große Menge der Kombinationsmöglichkeiten der beiden Komponenten kann für die Kunden eine erhebliche Einschränkung der Marktübersicht zugunsten der Bank bedeuten.

Als **Preisspaltung** wird die Aufteilung des Preises für eine Bankleistung auf mehrere Teilpreise bezeichnet. Bspw. können statt eines Nettozinssatzes dem Kunden Zinsen auf den in Anspruch genommenen Kredit, eine Bereitstellungsprovision auf den eingeräumten, jedoch noch nicht in Anspruch genommen Kredit sowie Kredit- und Umsatzprovision berechnet werden. Durch die sog. 'Politik der kleinen Mittel' ist es dann möglich, dem Kunden je nach dessen Verhandlungsmacht bei Teilpreisen entgegenzukommen und seine Verhandlungsenergie somit schneller zu erschöpfen, als wenn um einen Nettopreis verhandelt würde. Ziel ist es hierbei, dem Kunden Verhandlungserfolge lediglich in den Bereichen zuzugestehen, die für ihn zwar wichtig, für die Bank jedoch relativ unbedeutend sind.

Im Rahmen der **Preisdifferenzierung** werden unterschiedliche Preiselastizitäten der Bankkunden in den verschiedenen SGF ausgenutzt, um durch unterschiedliche Preise für die gleichen Produkte die hinsichtlich der jeweiligen Kundenstruktur optimale Preisstellung zu erreichen. Die Aspekte, nach denen

---

[506] Vgl. Krümmel, H.-J.: Bankzinsen, Köln 1964.

eine solche Differenzierung vorgenommen werden kann, reichen von der Bonität des Kunden über die Abnahmemenge der Produkte bis hin zu regionalen Merkmalen.

Die ganzheitliche Betrachtung der Kundenbeziehung fordert das Konzept der 'customer relationship'.[507] Folgt man diesem Ansatz, so ist nicht das einzelne Produkt, sondern die gesamte Geschäftsbeziehung zu einem Kunden rentabel zu gestalten. Dieses bedeutet, daß defizitäre Produkte durch **Ausgleichspreise** lukrativer Geschäfte kompensiert bzw. überkompensiert werden sollen, wenn dadurch Kunden gewonnen und/oder gehalten werden können. Obwohl die Preispolitik hierdurch deutlich flexibilisiert wird, sind die Nachteile dieses Ansatzes gravierend.[508] Die Preisstellung baut auf dem prognostizierten Verhalten des Kunden auf. Somit ist es möglich, daß dieser zwar die für ihn günstigen Produkte in großem Umfang nachfragt, die für die Bank günstigen Produkte dagegen weitgehend ignoriert. Darüber hinaus zeigt die Diskussion um die Einführung unterschiedlicher Gebührenmodelle für Girokonten, daß es schwierig sein kann, die Preise der defizitären Leistungen zu erhöhen.

7.4.3.2 Produkt- und Sortimentspolitik

Ausgangspunkt der Produkt- und Sortimentspolitik ist die Grundsatzentscheidung der Bankleitung, ob eine Universalbank oder eine Spezialbank angestrebt wird.[509] Eine Spezialbank ist in der Lage, durch die Konzentration auf bestimmte Kernkompetenzen bei eingeschränktem Leistungsprogramm ein überlegenes Know-how und qualitativ hochwertige Leistungen zu spezialisierungsbedingt günstigen Konditionen anzubieten. Da sie jedoch sehr stark von der Entwicklung nur eines Marktes oder weniger Märkte abhängig ist, ergibt sich ein gegenüber der Universalbank höheres Geschäftsrisiko. Eine Universalbank kann auf ein breites Leistungsspektrum zurückgreifen, ihr Absatzrisiko ist somit deutlich geringer. Im Idealfall sind die Gewinnverläufe der einzelnen SGF derartig miteinander korreliert, daß die Gewinnerwartung der Gesamtbank weitgehend unabhängig von den jeweiligen Konjunkturzyklen der SGF auf einem konstanten Niveau verharrt. Als weitere Vorteile einer Universalbank sind die Fähigkeit zur Ausgleichspreisstellung und zum cross selling sowie die gleichmäßigere Kapazitätsauslastung im Vergleich zur Spezialbank aufgrund der innerbetrieblichen Ressourcenallokation zwischen den SGF zu nennen.

---

[507] Vgl. Hodgman, D.R.: Commercial Bank Loan and Investment Policy, Champaign 1963.
[508] Vgl. Büschgen, H.E., 1993, a.a.O., S. 540f..
[509] Vgl. Süchting, J.: Marketing, in: Kloten, N./Stein, J.H.v., (Hrsg.): Obst, G./Hintner, O.: Geld-, Bank- und Börsenwesen, Stuttgart 1993, S. 991ff., hier S. 1002ff..

Ist die Entscheidung hinsichtlich der grundsätzlichen marktlichen Ausrichtung gefallen, so ist im Rahmen der Produktpolitik das Design der einzelnen Bankleistungen festzulegen. Diese Aufgabe umfaßt neben der Festlegung des Produktinhalts auch den Entwurf der innerbetrieblichen Abwicklungsmodalitäten für ein Produkt. Nach der Markteinführung ist der tatsächlich mit einem Produkt erzielte Ist-Ergebnisbeitrag dem angestrebten Sollwert gegenüberzustellen. Mittels Abweichungsanalyse sind ggf. die Ursachen für unbefriedigende Zielerreichungsgrade zu bestimmen.

Da Bankleistungen fast ausnahmslos direkt für die Kunden i.S.v. Endabnehmern erbrachte Dienstleistungen sind, ist die Orientierung an den aktuellen und für die Zukunft erwarteten Kundenbedürfnissen hierbei in den Vordergrund zu stellen. Das einmal gewählte Leistungsdesign ist vor dem Hintergrund sich wandelnder Bedürfnisstrukturen der Kunden permanent auf seine Kongruenz mit den Erfordernissen des Marktes zu untersuchen. Des weiteren ist die Produktpolitik im Einklang mit den jeweiligen SGF-Zielen zu gestalten, welche bspw. in der Gewinnung neuer Kunden auf bestehenden Märkten, der Erschließung neuer Märkte mit Hilfe attraktiver neuer Produkte oder der Verbesserung der Wettbewerbsposition gegenüber den Konkurrenten bestehen können.

Aufgrund der Verflechtungen zwischen den einzelnen Produkten kommt der Sortimentspolitik als der marktgerechten Gestaltung des Leistungsprogramms im Bankbetrieb eine besondere Stellung zu. Die Relevanz dieses Marketinginstrumentes entspringt zum einen der Möglichkeit zum cross selling, zum anderen der Steigerung der Bankloyalität mit zunehmender Inanspruchnahme der verschiedenen Produkte. Die in den letzten Jahren vermehrt zu beobachtenden Bestrebungen vieler Banken, ihr Leistungsspektrum zum Allfinanzangebot auszubauen, um dem Kunden die Gesamtheit aller Finanzdienstleistungen (Bank-, Versicherungs- und Bausparleistungen) aus einer Hand anbieten zu können, läßt sich als eine Weiterentwicklung der Grundgedanken der Zielgruppenerweiterung und der Erhöhung des akquisitorischen Potentials mit Hilfe der Sortimentspolitik interpretieren.

Die produkt- und sortimentspolitischen Optionen lassen sich in die Bereiche Innovation, Imitation, Variation, Elimination und Diversifikation gliedern.[510] Als Innovation ist die Neuentwicklung eines Bankproduktes für einen bestimmten Markt zu bezeichnen, während die Imitation die Aufnahme eines bereits von der Konkurrenz angebotenen Produktes (evtl. unter geringfügiger Modifikation) in das Sortiment bezeichnet. Sowohl die Innovation als auch die Imitation führen ceteris paribus zu einer Sortimentsverbreiterung, während die Variation in eine Sortimentsvertiefung mündet. Die Variation ist gekennzeichnet durch die Differenzierung eines bereits im Sortiment befindli-

---

[510] Vgl. Meffert, H., 1991, a.a.O., S. 364ff. sowie die dort angegebene Literatur.

chen Produktes. Die Motivation für eine Variation kann z.B. in dem Wunsch liegen, bestimmten Kundenbedürfnissen noch genauer zu entsprechen und dadurch zur intensiveren Inanspruchnahme der Bankleistungen anzureizen.

Erscheint es bspw. aufgrund von Nachfrageverschiebungen, unzureichender Rentabilität, Änderung gesetzlicher Rahmenbedingungen oder induziert durch geänderte strategische Vorgaben nicht mehr vorteilhaft, eine bestimmte Bankleistung im Sortiment zu belassen, so ist eine Sortimentsbereinigung mittels einer Produktelimination geboten.

Eine Diversifikation ist gekennzeichnet durch das Anbieten eines neuen Produktes auf einem neuen Markt.[511] Diese Variante erlangt besonders im Lichte von Allfinanzstrategien große Bedeutung. Zu unterscheiden sind drei mögliche Vorgehensweisen: Die neuen Produkte können selbst entwickelt werden, sie lassen sich mit Hilfe eines Kooperationspartners (etwa im Rahmen einer strategischen Allianz[512]) entwerfen oder sie finden durch Beteiligungserwerb an einem anderen Finanzdienstleister und Übernahme seiner Produkte den Eingang in das Sortiment der Bank. Die beiden letztgenannten Vorgehensweisen bieten sich immer dann an, wenn entweder die personellen Ressourcen und/oder das vorhandene Know-how zur Eigenentwicklung nicht ausreichen oder exogene (bspw. gesetzliche) Restriktionen zu beachten sind.

7.4.3.3 Distributionspolitik

Die Formulierung der bankbetrieblichen Distributionspolitik als Gesamtheit aller Entscheidungen und Maßnahmen, die den Weg eines Produktes vom Produzenten (der Bank) zum Konsumenten (dem Kunden) zum Gegenstand haben, ist fundamental dadurch geprägt, daß zur Erbringung von Bankleistungen die Mitwirkung der Kunden erforderlich ist. Der somit notwendige direkte Absatz ist aufgrund der bereits angesprochenen Vertrauensempfindlichkeit des Bankgeschäftes in besonderem Maße von den akquisitorischen Fähigkeiten der Bankmitarbeiter abhängig. Vor diesem Hintergrund eröffnet sich der Bankleitung ein breiter Fächer distributionspolitischer Gestaltungsmöglichkeiten.

Der 'klassische' Absatzweg besteht im Aufbau eines Filialnetzes, d.h. wirtschaftlich und rechtlich unselbständiger Betriebseinheiten, welche geographisch von der Zentrale getrennt sind. Die Entscheidung über die anzustre-

---

[511] Vgl. Ansoff, H.I.: Strategies for Diversification, in: Harvard Business Review, Vol. 35, 1957, S. 113ff., hier S. 114.
[512] Als strategische Allianz bezeichnet man eine dauerhafte und vertraglich abgestützte Kooperation zweier oder mehrerer Partner auf bestimmten Gebieten bei Aufrechterhaltung der jeweiligen wirtschaftlichen und rechtlichen Selbständigkeit zur Ausnutzung individueller Stärken. Vgl. hierzu Gahl, A.: Die Konzeption strategischer Allianzen, Berlin 1991, S. 9ff..

bende Dichte und das Leistungsangebot der Filialen hat eine Vielzahl von Parametern zu berücksichtigen: Die innerhalb des SGF verfolgte Strategie ist sowohl auf die Nachfragegewohnheiten der aktuellen und potentiellen Kunden als auch auf das Marktpotential und die Wettbewerbssituation abzustimmen. Auch die Verfügbarkeit personeller Ressourcen sowie die wirtschafts- und ordnungspolitischen Rahmenbedingungen sind in das Kalkül einzubeziehen.

Ein Filialsystem kann auch durch den Beteiligungserwerb bzw. durch Fusionen im In- und Ausland erworben werden. Dieses bietet den Vorteil, Marktanteile nicht unter hohem Zeit- und Investitionsbedarf selbst erkämpfen zu müssen. Hierbei könnte jedoch zum Problem werden, daß die unterschiedlichen Unternehmenskulturen sowie das Produktprogramm nicht zueinander passen. Soll eine Unternehmensbeteiligung vermieden werden, so bietet sich eine strategische Allianz an. Obwohl der erforderliche Kapitaleinsatz bei einer strategischen Allianz wesentlich geringer ist als bei einem Beteiligungserwerb, resuliert aus den evtl. hohen Koordinationskosten sowie der Schwerfälligkeit der Entscheidungsfindung und der unzureichenden gegenseitigen Identifikation mit den Partnersortimenten eine latente Instabilität der Kooperationsbeziehung.

Das Leistungsangebot der Filialen kann auf einem Kontinuum von der betreuungsintensiven Vollsortimentfiliale bis hin zur reinen Selbstbedienungsfiliale variiert werden, wie sie etwa die Citibank in jüngster Zeit eingerichtet hat. Der generell zu beobachtende Trend zur Automatisierung der Routinedienstleistungen im Mengengeschäft wie z.B Überweisungen, Daueraufträgen und Scheckbestellungen wird in Selbstbedienungsfilialen am konsequentesten umgesetzt. Hier finden sich nicht nur Kontoauszugsdrucker und Geldausgabeautomaten; den Kunden wird über diese in nahezu jeder Filiale anzutreffenden Geräte hinaus die Möglichkeit gegeben, unabhängig von den für Berufstätige restriktiven Schalteröffnungszeiten bspw. Überweisungen zu initiieren, Daueraufträge zu erteilen bzw. zu ändern oder sogar standardisierte Kreditleistungen nachzufragen.

Die Automatisierung über die Selbstbedienungsfilialen ebenso wie über das Telefonbanking der Citibank oder der Bayerischen Vereinsbank, dem von vielen Banken angebotenen electronic banking per Telekom online (dem früheren BTX-System) oder electronic cash bietet zwar die Chance, personelle Ressourcen für beratungsintensive Tätigkeiten freizusetzen, insb. den Zahlungsverkehr zu rationalisieren und zu beschleunigen sowie der Bank ein progressives Image vor allem bei der jüngeren Kundschaft zu verschaffen. Es sind jedoch ebenfalls die Risiken zu beachten, die primär aus dem Abbau persönlicher Kontakte resultieren. Tendenziell ist mit einer Verschlechterung der cross selling-Rate sowie erhöhtem und permanentem Investitionsbedarf für Hard- und Software zu rechnen.

Eine weitere Alternative zu den traditionellen Filialsystemen stellt die Distribution über eine Außendienstorganisation dar, welche die Bankleistungen unabhängig von den Filialöffnungszeiten durch spezialisierte Mitarbeiter vertreibt. Als Beispiele wären hier die Bausparkassen oder die Financial Consultants der Privatbankiers wie etwa Grunelius zu nennen.

Die Vorteile liegen zum einen in den eingesparten Kosten für Filialen und dem flexiblen Einsatz entsprechend den individuellen Kundenbedürfnissen vor allem bei beratungsintensiven Produkten des Privatkundengeschäftes sowie im Firmenkundengeschäft, zum anderen im zielsicheren Bündeln der akquisitorischen Bemühungen durch den sehr persönlichen Kontakt. Nachteilig zu vermerken ist allerdings, daß einerseits nicht jeder Kunde bereit sein wird, die Außendienstleistungen entsprechend den Rentabilitätsvorstellungen der Bank zu vergüten. Andererseits kann nicht in jedem Fall davon ausgegangen werden, daß die bisher in den Filialen eingesetzten Mitarbeiter ohne weiteres bereit und in der Lage sein werden, in den Außendienst zu wechseln, dessen Vergütung i.d.R. zumindest teilweise erfolgsabhängig gestaltet ist und der eine andere Mentalität als der Filialeinsatz erfordert. Die Einstellung und Ausbildung neuer Mitarbeiter für den Außendienst ist jedoch zeit- und kostenintensiv. Zur Umgehung der Probleme mit der Implementierung einer eigenen Außendienstorganisation bietet sich die Kooperation mit solchen Finanzdienstleistern an, die bereits über einen schlagkräftigen Außendienst verfügen. Zu nennen wären in diesem Zusammenhang insb. Versicherungen und Finanzmakler. Bei der Kooperation mit Versicherungen, Bausparkassen und Hypothekenbanken können die Produkte des einen Partners in das Sortiment des jeweils anderen Partners aufgenommen und somit das akquisitorische Potential erhöht werden. Nachteile dieser Strategie können jedoch aus den unterschiedlichen Unternehmenskulturen, Entlohnungssystemen sowie der Integration der jeweiligen Sortimente auftreten.[513]

Bedingt durch den jüngsten Erfolg der Gründungen von Direktbanken und Discount-Brokern tritt das Direktmarketing zunehmend in den Vordergrund der Diskussion. Hierbei handelt es sich um die unmittelbare Kundenansprache mittels brieflicher, telefonischer oder elektronischer Kommunikation. Erfolgversprechend ist dieses Instrument vor allem bei standardisiertem Leistungsangebot und weitgehend homogener Bedürfnisstruktur auf Seiten der Kundschaft, da die Investitionen für ein Filialsystem entfallen und diese Kostenvorteile mittels niedriger Produktpreise an die Kunden weitergegeben werden können. Problematisch erscheint die vor allem bei brieflichem Kontakt sehr breite Streuung sowie das in Deutschland herrschende Verbot der Erstkontaktaufnahme per Telefon durch die Bank.

---

[513] Vgl. Süchting, J., 1993, a.a.O., S. 1025ff..

7.4.3.4 Kommunikationspolitik

Die Kommunikationspolitik befaßt sich mit der Übertragung bank- oder produktbezogener Informationen an die aktuellen und potentiellen Kunden. Sie läßt sich gliedern in die Bereiche Werbung, Verkaufsförderung und Öffentlichkeitsarbeit.

Die **Werbung** umfaßt alle Maßnahmen zur Generierung oder Verstärkung von Kundenpräferenzen zugunsten der Bank sowie zur Auslösung der Kontaktaufnahme durch den Kunden. Dieses kann entweder als Produktwerbung durch Informationen über bestimmte Bankleistungen oder als Imagewerbung mittels positiver Gesamtdarstellung der Bank geschehen. Die Produktwerbung wird sich aufgrund der Abstraktheit der Bankleistungen oftmals auf die Verdeutlichung der mit dem Produkt verbundenen Bedürfnisbefriedigung beschränken müssen, während die Imagewerbung die Schaffung eines bestimmten Leistungsprofils in den Augen der Kunden intendiert. Als Werbemedien kommen je nach Werbebudget und Zielgruppe Zeitungen und Zeitschriften, das Fernsehen oder der Rundfunk in Frage. Das Direktmarketing scheint an Bedeutung zu gewinnen. Hierbei werden Zielgruppenmitglieder ausgewählt und direkt mündlich oder schriftlich auf neue oder bestimmte Produkte aufmerksam gemacht (Kreditkarten, Direktbanken, persönliche Anlageberatung).

Die **Verkaufsförderung** besteht in der direkten abschlußorientierten Beeinflussung der Kunden am Ort der Bankleistungserbringung bspw. durch Prospekte, Plakate oder persönlicher Ansprache durch die Bankmitarbeiter.

Diese Maßnahmen sind bankintern zu unterstützen, etwa durch Verkaufsschulungen, Abschlußprämien und Verkaufswettbewerbe unter den Mitarbeitern. Hinzu kommen die üblichen zentralen Vorgaben von Verkäufen für verschiedene Bankprodukte für die Filialen in Abhängigkeit von den Kundenpotentialen.

Besonderes Gewicht kommt der **Öffentlichkeitsarbeit** zu. Sie beschäftigt sich mit der Vertrauensbildung in der Bankumwelt, um hierdurch die gerade für Banken essentiell wichtige gesellschaftliche Akzeptanz sowie ein positives Image zu gewährleisten. Hierdurch unterstützt sie indirekt die Werbung der Bank. Hauptansatzpunkte sind Kontakte zu den Meinungsführern der Gesellschaft wie etwa Journalisten vor allem der Massenmedien, Politikern oder Sportlern. Darüber hinaus wird ein Abbau der in der breiten Öffentlichkeit zu beobachtenden Vorurteile und Vorbehalte, die dem Bankensektor entgegengebracht werden, durch sachfragenorientierte Informationen über das Tätigkeitsfeld und die volkswirtschaftliche Rolle der Banken angestrebt. Abgerundet durch kulturelles, soziales oder gesellschaftspolitisches Engagement soll somit nachteiligen Eingriffen vorgebeugt werden, um die Existenz und Prosperität der Bank langfristig zu sichern.

7.4.4 Optimierung von Bankgeschäftsaktivitäten unter Rendite- und Risikoaspekten

Auf der Grundlage der vorangegangenen Ausführungen des Kapitels 7.4.1 soll die Vorgehensweise zur analytischen Bestimmung des optimalen Portefeuilles anhand des folgenden Rechenbeispiels verdeutlicht werden. Zur besseren Veranschaulichung soll das Anlageproblem auf zwei Wertpapiere beschränkt werden.

Übungsaufgabe 7.1: Rechnerische Ermittlung eines optimalen Anlage-Portefeuilles

In Aktien anzulegender Kapitalbetrag: DM 100.000,-. Jahresschlußkurse und Dividendenzahlungen der beiden zur Verfügung stehenden Titel über einen Zeitraum von fünf Jahren:

	1990	1991	1992	1993	1994
Aktie A					
Jahresschlußkurs in GE/ME	306,-	325,-	348,-	371,-	312,-
Bardividende in GE/ME	9,-	10,-	10,-	11,-	9,-
Aktie B					
Jahresschlußkurs in GE/ME	272,-	284,-	269,-	293,-	278,-
Bardividende in GE/ME	8,-	8,-	8,-	9,-	9,-

Tabelle 7.1.: Kurs- und Dividendenentwicklung von zwei Aktien

Angaben zu den Dividendenzahlungen:

Die Auszahlung der Dividende zuzüglich Steuergutschrift erfolgte jeweils zum 31. Dezember des darauffolgenden Jahres. Anfang Januar 1992 erfolgte bei Aktie A eine Kapitalerhöhung mit einem Bezugsverhältnis von 5:1 und einem Bezugskurs von DM 300,- für die voll dividendenberechtigte junge Aktie. Der Kurs der Altaktie betrug zu diesem Zeitpunkt DM 348,-. Es soll angenommen werden, daß im Rahmen der Kapitalerhöhung eine opération blanche durchgeführt worden ist, d.h. daß der Erwerb der jungen Aktien aus dem Verkauf von Bezugsrechten finanziert wurde und somit der Investor keine eigenen Mittel eingesetzt hat. Des weiteren wird unterstellt, daß die angegebenen historischen Daten den jeweiligen Wahrscheinlichkeitsverteilungen der zukünftigen Renditen entsprechen (Zeitstabilitätshypothese).

Aufgabe 1:

Gesucht ist die Funktionsvorschrift für die Portefeuillelinie, welche die möglichen Rendite/Risiko-Kombinationen beschreibt.

Lösung:

Zunächst sind die Jahresrenditen der beiden Papiere vor individueller Einkommensteuer des Investors zu ermitteln. Hierbei ist der Körperschaftsteuersatz für ausgeschüttete Gewinne von Kapitalgesellschaften in Höhe von 36 % des Unternehmensgewinns zu berücksichtigen. Die Bardividende beträgt somit 64 % des je Aktie ausgeschütteten Betrages. Um diesen Betrag zu ermitteln, ist die Bardividende mit 100/64 oder 25/16 zu multiplizieren. Hieraus ergibt sich der zu berücksichtigende Dividendenertrag vor Einkommensteuer als 25/16 der Bardividende.

Allgemein ergibt sich die Rendite der beiden Papiere nach folgender Formel:

Symbol:

r_{it} = Rendite der Aktie i im Zeitpunkt t in GE/(GE * PE)

$$r_{it} = \frac{Kurs_{it} + Bardividende_{it-1} \cdot \frac{25}{16}}{Kurs_{it-1}} - 1$$

Die Renditen für 1990 sind nicht berechenbar, da die Schlußkurse für 1989 fehlen.

Renditeberechnung für Aktie A:

$$r_{A\ 1991} = \frac{325 + 9 \cdot \frac{25}{16}}{306} - 1 = 0{,}10805 \frac{DM}{DM \cdot Jahr} \cong 10{,}805\%$$

Im Rahmen der Renditeberechnung für 1992 ist die Kapitalerhöhung zu berücksichtigen. Der rechnerische Wert des Bezugsrechts läßt sich wie folgt ermitteln:

Symbol:

BR_i = rechnerischer Wert des Bezugsrechts der Aktie i in GE

$$BR_i = \frac{Kurs\ Altaktie_i - (Kurs\ junge\ Aktie_i - Dividendennachteil)}{Bezugsrechtsverhaeltnis + 1}$$

Somit ergibt sich:

$$BR_A = \frac{348 - (300 - 0)}{5 + 1} = 8\,DM$$

Die Anzahl der Aktien von A nach Durchführung der opération blanche ergibt sich aus folgender Überlegung: Mit Hilfe der Bezugsrechtsgewährung soll gewährleistet werden, daß sich die Vermögensposition des Aktionärs nach der Kapitalerhöhung nicht verschlechtert. Diese Verschlechterung könnte dadurch eintreten, daß der Aktienkurs sinkt, weil der unveränderte Unternehmensgewinn auf die größere Aktienzahl verteilt werden muß oder die Aktie wegen der geringeren Stimmrechtsmacht auf der Hauptversammlung an Wert verliert. Da der Aktionär im hier vorliegenden Fall keine eigenen Mittel einsetzten will, muß seine Vermögensposition unverändert bleiben, d.h. der Verlust, der ihm aus dem sinkenden Aktienkurs nach Bezugsrechtabschlag entsteht, muß durch die höhere Anzahl der Aktien nach dem Bezug der jungen Aktien genau ausgeglichen werden. Deshalb muß die Anzahl der Aktien nach der opération blanche gleich dem Verhältnis des Kurses der Altaktie vor Bezugsrechtabschlag zum Kurs der Aktie ex Bezugsrecht sein. Der Aktienkurs ex Bezugsrecht ergibt sich als Differenz des Altaktienkurses und des rechnerischen Bezugsrechtswertes.

Mit den Daten des Beispiels errechnet sich die Aktienanzahl nach der opération blanche folgendermaßen:

$$\text{Aktienanzahl} = \frac{\text{Kurs Altaktie}}{\text{Kurs Altaktie} - \text{BR}}$$

Somit ergibt sich:

$$\text{Aktienanzahl A} = \frac{348}{348 - 8} = 1,02353$$

Das bedeutet, daß der Aktienbestand von A bei unveränderter Vermögensposition Ende 1992 das 1,02353-fache des Bestandes am Jahresanfang betragen muß und auch die Dividende für 1991 auf diese erhöhte Aktienanzahl ausgeschüttet wurde. Hieraus folgt eine Modifikation der oben verwandten Formel zur Renditeberechnung:

$$r_{A\ 1992} = \frac{1,02353\left(348 + 10 \cdot \frac{25}{16}\right)}{325} - 1 = 0,14517\frac{\text{DM}}{\text{DM} \cdot \text{Jahr}} \triangleq 14,517\%$$

Die weiteren Renditen errechnen sich nach obigem Ansatz:

$$r_{A\ 1993} = \frac{371 + 10 \cdot \frac{25}{16}}{348} - 1 = 0,11099\frac{\text{DM}}{\text{DM} \cdot \text{Jahr}} \triangleq 11,099\%$$

$$r_{A\ 1994} = \frac{312 + 11 \cdot \frac{25}{16}}{371} - 1 = -0,11270\frac{\text{DM}}{\text{DM} \cdot \text{Jahr}} \triangleq -11,270\%$$

Renditeberechnung für Aktie B:

$$r_{B\,1991} = \frac{284 + 8 \cdot \frac{25}{16}}{272} - 1 = 0{,}09007 \frac{DM}{DM \cdot Jahr} \triangleq 9{,}007\%$$

$$r_{B\,1992} = \frac{269 + 8 \cdot \frac{25}{16}}{284} - 1 = -0{,}00880 \frac{DM}{DM \cdot Jahr} \triangleq -0{,}880\%$$

$$r_{B\,1993} = \frac{293 + 8 \cdot \frac{25}{16}}{269} - 1 = 0{,}13569 \frac{DM}{DM \cdot Jahr} \triangleq 13{,}569\%$$

$$r_{B\,1994} = \frac{278 + 9 \cdot \frac{25}{16}}{293} - 1 = -0{,}00320 \frac{DM}{DM \cdot Jahr} \triangleq -0{,}320\%$$

Im nächsten Schritt sind die Mittelwerte, Varianzen, Standardabweichungen und Kovarianzen zu berechnen.

Die üblichen Formeln für die Berechnung von Mittelwert μ_i, Varianz σ_i^2, Standardabweichung σ_i und die Kovarianz σ_{ij} lauten:

Symbol:

n = Anzahl der Renditen der Zeitreihe

$$\mu_i = \frac{1}{n} \sum_{t=1}^{n} r_{it}$$

$$\sigma_i^2 = \frac{1}{n-1} \sum_{t=1}^{n} (r_{it} - \mu_i)^2$$

$$\sigma_i = \sqrt{\sigma_i^2} = \sqrt{\frac{1}{n-1} \sum_{t=1}^{n} (r_{it} - \mu_i)^2}$$

$$\sigma_{ij} = \frac{1}{n} \sum_{t=1}^{n} (r_{it} - \mu_i)(r_{jt} - \mu_j)$$

Die Ergebnisse für den Rentabilitätserwartungswert und die Varianz als Rentabilitätsstreuungsmaß ergeben sich somit wie folgt:

$$\mu_A = \frac{10{,}805 + 14{,}517 + 11{,}099 - 11{,}270}{4} = 0{,}06288 \frac{DM}{DM \cdot Jahr} \triangleq 6{,}288\%$$

$$\mu_B = \frac{9{,}007 - 0{,}880 + 13{,}569 - 0{,}320}{4} = 0{,}05344 \frac{DM}{DM \cdot Jahr} \cong 5{,}344\%$$

$$\sigma_A^2 = \frac{(10{,}805 - 6{,}288)^2 + (14{,}517 - 6{,}288)^2}{3}$$

$$+ \frac{(11{,}099 - 6{,}288)^2 + (-11{,}270 - 6{,}288)^2}{3}$$

$$\sigma_A^2 = 139{,}850 \left(\frac{DM}{DM \cdot Jahr}\right)^2$$

$$\sigma_B^2 = \frac{(9{,}007 - 5{,}344)^2 + (-0{,}880 - 5{,}344)^2}{3}$$

$$+ \frac{(13{,}569 - 5{,}344)^2 + (-0{,}320 - 5{,}344)^2}{3}$$

$$\sigma_B^2 = 50{,}629 \left(\frac{DM}{DM \cdot Jahr}\right)^2$$

$$\sigma_A = \sqrt{139{,}850 \left(\frac{DM}{DM \cdot Jahr}\right)^2} = 11{,}826 \frac{DM}{DM \cdot Jahr}$$

$$\sigma_B = \sqrt{50{,}629 \left(\frac{DM}{DM \cdot Jahr}\right)^2} = 7{,}115 \frac{DM}{DM \cdot Jahr}$$

Als Kovarianz läßt sich berechnen:

$$\sigma_{ij} = \frac{(10{,}805 - 6{,}288)(9{,}007 - 5{,}344) + (14{,}517 - 6{,}288)(-0{,}880 - 5{,}344)}{4}$$

$$+ \frac{(11{,}099 - 6{,}288)(13{,}569 - 5{,}344) + (-11{,}270 - 6{,}288)(-0{,}320 - 5{,}344)}{4}$$

$$\sigma_{ij} = 26{,}087 \left(\frac{DM}{DM \cdot Jahr}\right)^2$$

Mit Hilfe der Formeln für die Portefeuillerendite, das Portefeuillerisiko sowie der Nebenbedingung, daß der verfügbare Anlagebetrag genau auf die beiden Papiere A und B aufgeteilt wird, läßt sich nun die Funktionsvorschrift für die Portefeuillelinie ermitteln.

Die Zielfunktion des Optimierungsproblems sowie zwei Nebenbedingungen lauten:

Zielfunktion:

$$\sigma_P^2 = \sum_{i=1}^{n}\sum_{j=1}^{n} x_i x_j \sigma_{ij} \to \min$$

Nebenbedingungen:

$$\mu_P = \sum_{i=1}^{n} x_i \mu_i$$

$$\sum_{i=1}^{n} x_i = 1$$

Mit den Werten des Beispiels ergibt sich:

(1) $\mu_P = x_A \cdot 6{,}288 + x_B \cdot 5{,}344$

(2) $\sigma_P^2 = x_A^2 \cdot 139{,}850 + x_B^2 \cdot 50{,}629 + 2 \cdot 26{,}087 \cdot x_a \cdot x_B$

(3) $1 = x_A + x_B$

(3') $x_B = 1 - x_A$

(3') in (1): $\mu_P = x_A \cdot 6{,}288 + 5{,}344 - 5{,}344 \cdot x_A$
$= 5{,}344 + 0{,}944 \cdot x_A$

(1') $x_A = \dfrac{\mu_P - 5{,}344}{0{,}944}$

(3') in (2): $\sigma_P^2 = 139{,}850 \cdot x_A^2 + \left(1 - 2 \cdot x_A + x_A^2\right) \cdot 50{,}629$
$+ 2 \cdot 26{,}087 \cdot x_A \cdot (1 - x_A)$

(2') $\sigma_P^2 = 138{,}305 x_A^2 - 49{,}084 x_A + 50{,}629$

(1') in (2'): $\sigma_P^2 = 138{,}305 \cdot \left(\dfrac{\mu_P - 5{,}344}{0{,}944}\right)^2 - 49{,}084 \cdot \left(\dfrac{\mu_P - 5{,}344}{0{,}944}\right) + 50{,}629$

(2'') $\sigma_P^2 = 155{,}201\mu_P^2 - 1710{,}782\mu_P + 4760{,}770$

Formel (2'') stellt die gesuchte Funktionsvorschrift der Portefeuillelinie dar, deren aufsteigender Parabelbereich (die sog. Effizienzkurve) die Menge der effizienten Portefeuilles kennzeichnet. Die Effizienzkurve beginnt im Minimum der Funktion.

Aufgabe 2

Gesucht sind die Renditen, die sich aufgrund der unter Aufgabe 1 ermittelten Portefeuillelinie aus einem einjährigen Engagement bei minimalem Risiko (unter Ausnutzung des risikomindernden Diversifikationseffektes) und bei maximalem Risiko erzielen ließen sowie die hierfür jeweils erforderlichen Aufteilungen des verfügbaren Anlagebetrages auf die Aktien A und B.

Lösung:

Das vom Investor zu tragende minimale Risiko wird im Minimum der Portefeuillelinie erreicht. Die Funktionsvorschrift der Portefeuillelinie lautet:

(2'') $\sigma_P^2 = 155{,}224\mu_P^2 - 1711{,}035\mu_P + 4761{,}394$

Erste Ableitung des Portefeuillerisikos nach der Portefeuillerendite:

$$\dfrac{\delta\sigma_P^2}{\delta\mu_P} = 310{,}402\mu_P - 1710{,}782 = 0 \Rightarrow \mu_{P\,min} = 5{,}512\%$$

Zweite Ableitung zur Einordnung des Extremwertes als Maximum oder Minimum:

$$\dfrac{\delta^2\sigma_P^2}{\delta\mu_P^2} = 310{,}448 > 0 \Rightarrow \text{Minimum}$$

$$\sigma_{P\,min}^2 = 46{,}279 \left(\dfrac{DM}{DM \cdot Jahr}\right)^2$$

Unter Zuhilfenahme der Gleichungen (1') und (3') lassen sich die zugehörigen Aufteilungen des Anlagebetrages ermitteln:

(1') $x_{A\mu_P \text{ min}} = \dfrac{5{,}512 - 5{,}344}{0{,}944} = 0{,}178$

(3') $x_{B\mu_P \text{ min}} = 1 - x_A = 0{,}822$

Bei Übernahme des minimalen Risikos von 46,207 (DM/DM·Jahr)² ist somit eine Portefeuillerendite von 5,512% p.a. zu erzielen. Hierzu sind 17.800,- DM in Aktie A und 82.200,- DM in Aktie B zu investieren.

Anmerkung:

Das maximale Risiko wird bei ausschließlicher Investition in Aktie A übernommen ($x_A = 1$, $x_B = 0$), da sie eine höhere Varianz aufweist als Aktie B. Die erwartete Portefeuillerendite entspricht somit der erwarteten Rendite von Aktie A in Höhe von 6,288% p.a..

Aufgabe 3:

Gesucht ist das optimale Portefeuille, welches sich aufgrund der Berücksichtigung der Nutzenfunktion des Investors ergibt.

Die ermittelte Nutzenfunktion des Investors hat folgende Form:

Symbol:

Φ = Nutzen des Investors

$$\Phi = \mu - 0{,}03 \cdot \left(\sigma^2 + \mu^2\right)$$

Lösung:

Das optimale Portefeuille ergibt sich über den Tangentialpunkt der Isonutzenlinien mit der Effizienzkurve. In diesem Punkt wird einerseits eine effiziente Portefeuillestruktur gewährleistet, andererseits kann dem Postulat der Nutzenmaximierung entsprochen werden. Durch Einsetzen der Funktion der Portefeuillelinie in die Nutzenfunktion des Investors läßt sich der Nutzen allein in Abhängigkeit von der erwarteten Portefeuillerendite ausdrücken und anschließend durch Differenzieren nach der erwarteten Portefeuillerendite die nutzenmaximale Portefeuillestruktur bestimmen.

$$\Phi = \mu - 0{,}03\sigma^2 + 0{,}03\mu^2$$

$$\Phi_{\mu_P} = \mu_P - 0{,}03\left(155{,}224\mu_P^2 - 1711{,}035\mu_P + 4761{,}394\right) + 0{,}03\mu_P^2$$

$$= -4{,}627\mu_P^2 + 52{,}331\mu_P - 142{,}842$$

Erste Ableitung der Nutzenfunktion nach der Portefeuillerendite zwecks Ermittlung des Nutzenmaximums:

$$\frac{\delta \Phi}{\delta \mu_P} = 52{,}331 - 9{,}254 \mu_P \overset{!}{=} 0 \implies \mu_{P_{opt}} = 5{,}655\%$$

Zweite Ableitung zur Einordnung des Extremwertes als Maximum oder Minimum:

$$\frac{\delta^2 \Phi}{\delta \mu_P^2} = -9{,}254 < 0 \implies \text{Maximum}$$

$$\sigma^2_{P \mu_{P_{opt}}} = 49{,}403 \left(\frac{DM}{DM \cdot Jahr}\right)^2$$

Wiederum lassen sich mit Hilfe der Gleichungen (1') und (3') die zugehörigen Aufteilungen des Anlagebetrages ermitteln:

(1') $\quad x_{A \mu_{P_{opt}}} = \dfrac{5{,}655 - 5{,}344}{0{,}944} = 0{,}329$

(3') $\quad x_{B \mu_{P_{opt}}} = 1 - x_A = 0{,}671$

Es zeigt sich, daß das optimale Portefeuille durch Anlage von 32.900,- DM in Aktie A und von 67.100,- DM in Aktie B gekennzeichnet ist. Dieses Portefeuille weist eine erwartete Rendite von 5,655% p.a. und ein erwartetes Risiko von 49,403 (DM/DM·Jahr)² auf.

Der Vergleich der Ergebnisse aus Aufgabe 2 und 3 zeigt, daß der Investor durch die Portefeuillestrukturierung gemäß Aufgabe 3 eine um 0,143% p.a. höhere Rendite als bei Übernahme des minimalen Risikos erwarten kann. Gleichzeitig steigt das zu erwartende Risiko um 3,196 (DM/DM·Jahr)² an. Gegenüber der Anlageentscheidung mit maximalem Risiko ist eine Renditeeinbuße von 0,633% p.a. und eine Risikoverminderung um 90,447 (DM/DM·Jahr)² zu erwarten.

Nur die Aufteilung gemäß der Nutzenfunktion des Investors kann sicherstellen, daß die individuell optimale Entscheidung getroffen wird. Da der Investor im betrachteten Beispiel als risikoavers einzustufen ist, d.h. der Nutzen des Erwartungswertes der Portefeuillerendite über dem Erwartungswert des Nutzens der Portefeuillerendite liegt, befindet sich die für ihn optimale Aktienkombination näher an der Lösung für das Risikominimum als an der Lösung für das Risikomaximum.

8 Symbolverzeichnis

A_D	=	Bestand an bundesbankfähigen Wechseln in GE
A_{it}	=	Bestand einer Kreditart i im Zeitpunkt t in GE
A_j	=	Materialwert des Auftrages j in GE
A_L	=	Lombardfähige Wertpapiere in GE
a	=	Index für Aktivposition a
a_t	=	Auszahlungsverpflichtungen im Zeitpunkt t in GE
AB	=	Anrechnungsbetrag, Betrag an haftendem Eigenkapital, der für das jeweilige Geschäft bereitzustellen ist, in GE
ANF_k	=	Anrechnungsfaktor für die Passivposition k gemäß Grundsatz III in GE/GE
ANF_l	=	Anrechnungsfaktor Grundsatz II für langfristige Aktivposition l in GE/GE
ANF	=	Anrechnungs- bzw. Gewichtungsfaktor in GE/GE
ANFA	=	gewichteter durchschnittlicher Anrechnungsfaktor für die gesamten Risikoaktiva in GE/GE oder in %
$ANFA^{Plan}$	=	gewichteter durchschnittlicher Anrechnungsfaktor für die gesamten Risikoaktiva als Planwert in GE/GE oder in %
ANF_a	=	Anrechnungsfaktor für Risikoaktivposition a in GE/GE oder in %
ANS	=	Anrechnungssaldo, Finanzierungsfehlbetrag für mittelfristige Finanzierungsmittel im Grundsatz III in GE
B	=	Bilanzsumme in GE/PE
B^{Ist}	=	Bilanzsumme als Istwert in GE/PE
B^{Plan}	=	Bilanzsumme als Planwert in GE/PE
b	=	Anteil der angerechneten Risikoaktiva an der Bilanzsumme in GE/GE
b^{Plan}	=	Anteil der angerechneten Risikoaktiva an der Bilanzsumme als Planwert in GE/GE
BF	=	Bonitätsfaktor
BG	=	Bemessungsgrundlage in GE

Symbolverzeichnis 509

BP	=	Basispreis in GE
BP	=	Bedingt verfügbare Pufferzeit in ZE
BR_i	=	rechnerischer Wert des Bezugsrechts der Aktie i in GE
BRA	=	Summe der Risikoaktiva in der Bilanz in GE
BRA^{Plan}	=	Summe der Risikoaktiva als Planwert in der Bilanz in GE
BZS	=	Bruttozinsspanne in GE/(GE * PE) oder %
CON	=	Konvexität in PE^2
C	=	Taktzeit in ZE/ME
C_0	=	Kapitalwert, Barwert einer Zahlungsreihe im Zeitpunkt 0 in GE
CM	=	Nutzungsgrad für die gesamte Maschinenkapazität in ZE/ZE
D	=	Duration nach Macaulay in PE
D	=	Durchlaufzeit eines Auftrages in ZE/ME
d	=	Diskontfaktor in GE/GE
d	=	durch die Erfahrungsrate determinierter Degressionsfaktor
DM	=	Maschinennutzungsdauer in ZE für gegebenen Auftragsbestand
DHZ_p	=	durchschnittlicher Haben-Zins für Passivposition p in GE/(GE * PE) oder in %
DHZ_s	=	durchschnittlicher Habenzins einer Schicht s in GE/(GE * PE) oder %
DHZ_p^{korr}	=	korrigierter durchschnittlicher Haben-Zins (Einlagenzins) für Passivposition p in GE/(GE * PE) oder in %
DSZ_a	=	durchschnittlicher Soll-Zins für Aktivposition a in GE/(GE * PE) oder in %
DSZ_s	=	durchschnittlicher Sollzins einer Schicht s in GE/(GE * PE) oder %
DZA	=	Durchschnittszins für gesamte Aktiv-Seite bei gegebener Bilanzstruktur in GE/(GE * PE) bzw. in %
DZP	=	Durchschnittszins für gesamte Passiv-Seite bei gegebener Bilanzstruktur in GE/(GE * PE) bzw. in %
DHZP	=	durchschnittlicher Haben-Zins für die gesamte Passivseite in GE/(GE * PE) bzw. in % (2. Kapitel)

DSZA	=	durchschnittlicher Soll-Zins für die gesamte Aktivseite in GE/(GE * PE) bzw. in % (2. Kapitel)
E(t)	=	Einlagenbestand in Zeitpunkt t in GE
$E(t)_{min}$	=	minimaler Einlagenbestand in GE
$E(t)_{max}$	=	maximaler Einlagenbestand in GE
e	=	im Entscheidungszeitpunkt einzusetzende (freiwerdende) Maschine
e_t	=	Einzahlungen im Zeitpunkt t in GE
ε_{ij}	=	Ertragselastizität eines Bilanzblocks ij bezüglich der Veränderung des Marktzinses in %
EK	=	Eigenkapital allgemein in GE
EK_{anr}	=	anrechenbare Eigenmittel in GE
EK_{bil}	=	bilanzielles Eigenkapital (Kernkapital) in GE
EK_h	=	haftendes Eigenkapital, Kernkapital + Ergänzungskapital in GE
EK^{Ist}	=	Eigenkapital als Istwert in GE
EK^{Plan}	=	Eigenkapital als Planwert in GE
EK_{bil}^{Plan}	=	bilanzielles Eigenkapital (Kernkapital) als Planwert in GE
EKA	=	Eigenkapitalanforderung in GE
EKQ	=	Eigenkapitalquote in GE/GE oder in %
EKQ^{Ist}	=	Eigenkapitalquote als Istwert in GE/GE oder in %
EKQ^{Plan}	=	Eigenkapitalquote als Planwert in GE/GE oder in %
ErgK	=	Ergänzungskapital in GE
F	=	Anrechnungsfaktor für mittel- und kurzfristige Finanzierungsmittel im Grundsatz III in % oder GE/GE
F_k	=	anrechenbare Passivposition k (= kurzfristig) gemäß Grundsatz III in GE
f	=	Zulässiger Faktor (im Falle eines erlaubten Wachstums der Kredite um 5 % beträgt entsprechend f = 1,05)
f	=	Umrechnungsfaktor = $\dfrac{60 \text{ min}}{h}$

f_l	=	Fertigungslohnsatz in GE/ZE
FA_{i-j}	=	frühester Anfangszeitpunkt des Vorgangs i-j in ZE
FE_{i-j}	=	frühester Endzeitpunkt des Vorgangs i-j in ZE
FP	=	Freie Pufferzeit in ZE
FR	=	Festzinsrisiko in GE
$FÜ^{II}$	=	Finanzierungsüberschuß oder -fehlbetrag für langfristige Finanzierungsmittel im Grundsatz II in GE
FV	=	Fertigungsverzögerung in ZE
FZ_i	=	frühester Zeitpunkt des Ereignisses i
FRP	=	Freie Rückwärtspufferzeit in ZE
G_{ij}	=	Ergebnisausprägung einer Entscheidungsalternative i in der Datensituation j
GC	=	Gewinnchance der variablen Aktiva in GE
GE	=	Geldeinheiten
GP	=	Gesamt-Pufferzeit in ZE
GZÜ	=	Gesamtzinsüberschuß absolut in GE/PE
$GKMZ_a$	=	Geld- und Kapitalmarktzins für Aktivposition a in GE/(GE * PE) oder in %
$GKMZ_p$	=	Geld- und Kapitalmarktzins von Passivposition p in GE/(GE * PE) oder in %
$GKMZ_p^{korr}$	=	korrigierter Geld- und Kapitalmarktzins für Passivposition p in GE/(GE * PE) oder in %
GKMZA	=	Geld- und Kapitalmarktzins für die gesamte Aktivseite in GE/(GE * PE) bzw. in %
GKMZP	=	Geld- und Kapitalmarktzins für die gesamte Passivseite in GE/(GE * PE) bzw. in %
h	=	Anteil des bilanziellen Ergänzungskapitals am Kernkapital in GE/GE
h	=	Stunde als Zeiteinheit
h^{Plan}	=	Anteil des bilanziellen Ergänzungskapitals am Kernkapital als Planwert in GE/GE
I_s	=	Menge der Arbeitselemente i, die einer Bearbeitungsstation s zugewiesen werden

Symbolverzeichnis

i	=	Marktzinssatz in GE/(GE * PE)
Δi	=	Marktzinsänderung in Prozentpunkten
j	=	Index der Bilanzseite mit j = a (Akiva) oder j = p (Passiva)
j	=	Auftragsindex, j = 1,..., J
K	=	Gesamtkosten in GE/ZE
K	=	Kapitalbasis, Restkapitalbestand in GE
K_B	=	Bedienungskosten in GE/ZE
K_D	=	Rediskontkontingent (= Normkontingent) einer Bank in GE
K_L	=	Lombardkontingent in GE
K_n	=	Stückkosten der n-ten Produkteinheit in GE/ME
K_o	=	Opportunitätskosten in GE/ZE
K_1	=	Stückkosten der ersten Produkteinheit in GE/ME
k	=	Index der Zinsbindung mit k = f Festzinsblock oder k = v Variabler Block
k_{jm}	=	Kostensatz für die Bearbeitung des Auftrages j auf Maschine m in GE/ZE
KB	=	Konditionenbeitrag, Ergebnis aus der Konditionenpolitik absolut in GE/PE
KB_a	=	Konditionenbeitrag der Aktivposition a in GE/PE
KB_p	=	Konditionenbeitrag der Passivposition p in GE/PE
KB_p^{korr}	=	korrigierter Konditionenbeitrag der Passivposition p in GE/PE
KF_p	=	Korrekturfaktor für Passivposition p in GE/GE
KK	=	Kassakurs in GE
KL	=	Leerzeitkosten für gegebenen Auftrags- und Maschinenbestand in ZE
KM	=	Konditionsmarge, Zinsspannenergebnis aus der Konditionenpolitik in GE/(GE * PE) bzw. in %
KM_a	=	Konditionsmarge von Aktivposition a in GE/(GE * PE) bzw. %

Symbolverzeichnis 513

KM_p	=	Konditionsmarge von Passivposition p in GE/(GE * PE) bzw. %
KM_p^{korr}	=	korrigierte Konditionsmarge von Passivposition p in GE/(GE * PE) bzw. in %
KV	=	Verspätungskosten in GE bezogen auf Planzeitraum
KW	=	Kosten der Wartezeit in ZE
KÄB	=	Kreditäquivalenzbetrag in GE
KBA	=	Konditionenbeitrag für die gesamte Aktivseite in GE/PE
KBP	=	Konditionenbeitrag für die gesamte Passivseite in GE/PE
KDZ_a	=	Kundenzins für Aktivposition a in GE/(GE * PE) bzw. %
KMA	=	Konditionsmarge für die gesamte Aktivseite in GE/(GE * PE) bzw. in %
KMP	=	Konditionsmarge für die gesamte Passivseite in GE/(GE * PE) bzw. in %
L_D	=	Maximalrahmen der Refinanzierungsmöglichkeiten auf Wechselbasis bei der Deutschen Bundesbank in GE
L_{jm}	=	Kostensatz der Maschine bei Nichteinsatz oder entgangenem Deckungsbeitrag in GE/ZE
L_L	=	Einzahlungsstrom in GE
L_p	=	Laufzeit der Passivposition p in ZE
L_t	=	Anfangsbestand an Zahlungsmitteln im Zeitpunkt t in GE
l	=	Lombardfaktor in GE/GE
l_{jm}	=	ablaufbedingte Maschinenleerzeit bei Auftrag j und Maschine m in ZE
l_s	=	Leerzeit in der Bearbeitungsstation s in ZE
LF	=	Anrechnungsfaktor für langfristige Finanzierungsmittel im Grundsatz II in % bzw. GE/GE
LF_l	=	anrechenbare Passivposition l (= Langfristig) gemäß Grundsatz II in GE
LM	=	Maschinenleerzeit in ZE
M	=	Produktionsleistung in ME/ZE
m	=	Maschinenindex, m = 1,..., M

m_s	=	Maschinenstundensatz in GE/ZE
μ_i	=	erwartete Rendite der i-ten Kapitalanlage in GE/(GE * PE)
μ_P	=	erwartete Rendite des Portefeuilles P in GE/(GE * PE)
MD	=	modifizierte Duration (Modified Duration) in GE/GE
ME	=	Mengeneinheiten
MR	=	Mindestreserve-Soll in GE/PE
MR_p	=	Mindestreserve-Soll der Passivposition p in GE/PE
MRS_p	=	Mindestreservesatz für Position p in GE/GE bzw. %
N(G)	=	entscheidungsträgerspezifische Risikonutzenfunktion
$N(G_{ij})$	=	Nutzenwert einer Entscheidungsalternative i in der Datensituation j
N_i	=	Menge aller Knoten, zu denen ein Pfeil von j verläuft
N_i	=	Erwartungswert des Nutzens einer Entscheidungsalternative i
n	=	Anzahl der Bearbeitungsstationen
n	=	Anzahl der im Portefeuille enthaltenen Kapitalanlagen, Renditen der Zeitreihe S. 502
n	=	kumulierte Produktionsmenge in ME
NW	=	Nominalwert in GE
P_{jm}	=	Prioritätsziffer für Auftrag j auf Maschine m
ΔP	=	Kursveränderung in Prozentpunkten
p	=	Index für Passivposition p
PE	=	Periodeneinheiten, i.d.R. 1 Jahr; sonst Monat, Quartal, Jahr u.a.
Φ	=	Nutzen des Investors
q_j	=	Verspätungskostensatz in GE/ZE
R	=	Rückzahlung, Tilgungsbetrag in GE
r_{it}	=	erwartete Rendite der Kapitalanlage (z.B. Aktie) i im Zeitpunkt t in GE/(GE * PE)
r_{opp}	=	Effektivzins in GE/(GE * PE) oder %

RG_{red}	= notwendige Reduzierung eines Ringgeschäftes zur Einhaltung von Grundsatz III in GE
RK	= Risikokoeffizient
RL	= Restlaufzeit in Tagen
RVA	= Risikovolumen der gesamten Aktivseite in GE
RVA^{Plan}	= Risikovolumen der gesamten Aktivseite als Planwert in GE
RV_a	= Risikovolumen der Aktivposition a in GE
s	= Solvabilitätskoeffizient in GE/GE oder in %
s	= Bearbeitungsstation, Stationsindex s = 1,..., $\bar{s}$
s^{Plan}	= Solvabilitätskoeffizient als Planwert in GE/GE oder in %
σ_P^2	= Varianz der Portefeuillerendite
σ_{ij}	= Kovarianz zwischen den Kapitalanlagen i und j
SA_{i-j}	= spätester Anfangszeitpunkt des Vorgangs i-j in ZE
SB	= Strukturbeitrag, Ergebnis aus der Fristentransformation absolut in GE/PE
SB_a	= Strukturbeitrag der Aktivposition a in GE/PE
SB_p	= Strukturbeitrag der Passivposition p in GE/PE
SE_{i-j}	= spätester Endzeitpunkt des Vorgangs i-j in ZE
SM	= (Bilanz-) Strukturmarge, Zinsdifferenz aufgrund Fristentransformation, bewertet mit GKM-Zinsen in GE/(GE * PE) bzw. %
SM_a	= Strukturmarge, Zinsspanne von Aktiv-Position a in GE/(GE * PE) oder %
SM_p	= Strukturmarge, Zinsergebnis von Passivposition p in GE/(GE * PE) bzw. %
SZ_i	= spätester zulässiger Zeitpunkt eines Ereignisses i
SBA	= Strukturbeitrag für die gesamte Aktivseite in GE/PE
SBP	= Strukturbeitrag für die gesamte Passivseite in GE/PE
SMA	= Strukturmarge der Aktivseite in GE/(GE * PE) bzw. %
SMP	= Strukturmarge der Passivseite in GE/(GE * PE) bzw. %

516   Symbolverzeichnis

T	=	Gesamtbearbeitungszeit des Produktes bei festgelegter Bearbeitungsreihenfolge in ZE
t	=	Zahlungszeitpunkte mit t = 1,...,n
t_i	=	Operations-/Bearbeitungszeit für Arbeitselement i in ZE/ME
t_{jm}	=	Bearbeitungszeit des Auftrags j auf Maschine/ Kapazität m in ZE
t_s	=	Operations-/Bearbeitungszeit in Station s in ZE
TK	=	Terminkurs in GE
TGZ	=	Tagesgeldzins in GE/(GE * PE) oder in %
TZS_s	=	Teilzinsspanne für Schicht s in GE/(GE * PE) bzw. %
TZS_{WP}	=	Teilzinsspanne für Position WP in GE/(GE * PE) bzw. %
$TZSH_a$	=	'hälftig' aufgeteilte Teilzinsspanne für Position a in GE/(GE * PE)
u_s	=	Abstimmungsverlust in Bearbeitungsstation s in ZE/ME
UF	=	Umrechnungsfaktor
UP	=	Unabhängige Pufferzeit in ZE
V	=	Abstimmungsverlust in ZE/ME bzw. Fertigungsverzögerung in ZE
V_a	=	Volumen, Betrag von Aktivposition a in GE/PE
V_a	=	angerechnete Risikoaktiva der Position a in GE
$V_{a'}$	=	im Grundsatz I anzurechnendes Aktivum der Risikoaktivposition a' in GE
V_i	=	Menge aller Knoten, von denen ein Pfeil zu i verläuft
V_k	=	Volumen der anrechenbaren Aktivposition k in GE
V_l	=	Volumen der anrechenbaren langfristigen Aktivposition l gemäß Grundsatz II in GE
V_p	=	Volumen, Betrag von Passivposition p in GE/PE
V_{as}	=	Volumen Aktivposition a der Schicht s in GE
V_{jk}	=	Volumen eines Bilanzblocks auf der Bilanzseite j mit der Zinsbindung k in GE
V_{jm}	=	Verzögerungskostensatz für Auftrag j bei Maschine m in GE/ZE

Symbolverzeichnis 517

V_{ps}	=	Volumen Passivposition p der Schicht s in GE
V_p^{korr}	=	korrigiertes, durch die Mindestreserve reduziertes Volumen von Passivposition p in GE/PE
VA_s	=	Volumen gesamte Aktivseite einer Schicht s in GE
VP_s	=	Volumen gesamte Passivseite einer Schicht s in GE
Vol_{RG}	=	Volumen von mittelfristigen Interbankengeldern im Grundsatz III in GE
W	=	durchschnittliche Wartezeit in ZE
W	=	Gesamtwartezeit für eine Auftragsgesamtheit in ZE
W_j	=	Produktendwert von Auftrag j in GE
W_{opt}	=	optimale Wartezeit in ZE
w	=	Wachstumsrate der Bilanzsumme in GE/GE
w_j	=	Eintrittswahrscheinlichkeit der Datensituation j
w_{jm}	=	Wartezeit des Auftrags vor Maschine/Kapazität m in ZE
$WB_{a'}$	=	Wertberichtigung der Aktivposition a' in GE
WEK	=	Wiedereindeckungskosten in GE
x_i	=	Anteil der Kapitalanlage i am Portefeuille
Z	=	Zinsen in GE/(GE * PE) oder %
Z_j	=	Liefertermin des Auftrags j in ZE definiert als Bearbeitungszeitraum
Z_t	=	Zahlung in Periode t, dem Periodenende zugerechnet in GE
$ZA_p^{Einl.}$	=	Zinsaufwand für die Einlage in Passivposition p in GE/PE
$ZA_p^{Ref.}$	=	Zinsaufwand für die alternative Kapitalmarktrefinanzierung der Passivposition p in GE/PE
ZE	=	Zeiteinheiten; Stunden, Tage, Monate o.ä.
ZW	=	Zuschlagswert in GE
ZÜA	=	Zinsüberschuß der Aktivseite in GE/PE
ZÜP	=	Zinsüberschuß der Passivseite in GE/PE

Literatur

Zeitschriftenabkürzungen:

B	Die Bank
B.Bl.	Betriebswirtschafliche Blätter
BB	Der Betriebs-Berater
BFuP	Betriebswirtschaftliche Forschung und Praxis
BI	Bankinformation
BM	Bank und Markt
DB	Der Betrieb
EuZW	Europäische Zeitschrift für Wirtschaftsrecht
FLF	Finanzierung-Leasing-Factoring
WiSt	Wirtschaftswissenschaftliches Studium
WISU	Das Wirtschaftsstudium
WM	Wertpapiermitteilungen
ZBB	Zeitschrift für Bankrecht und Bankwirtschaft
ZfgK	Zeitschrift für das gesamte Kreditwesen
ZfhF	Zeitschrift für handelswissenschaftliche Forschung

Adam, K.G.: Controlling in Kreditinstituten, in: Zeitschrift für das gesamte Kreditwesen, 35. Jg. (1982), Heft 20, S. 922-928.

Ahlswede, R.: Organisation und Datenverarbeitung für Bank- und Sparkassenkaufleute, Rinteln 1987.

Akmann, M.: Ergebnissteuerung in Kreditinstituten, Frankfurt/ Main 1994.

Altrogge, G.: Investition, München 1988.

Altrogge, G.: Netzplantechnik, 2. Auflage, München und Wien 1994.

Ansoff, H.I.: Strategies for Diversification, in: Harvard Business Review, Vol. 35 (Sep./ Oct. 1957), S. 113-124.

Arnold, W./Boos, K.-H.: Vierte KWG-Novelle schafft Basis für gemeinsamen EG-Bankenmarkt, in: Die Bank, o. Jg. (1991), Heft 7, S. 364-368.

Ausschuß für Bilanzierung des Bundesverbandes deutscher Banken: Bankkonzernbilanzierung nach neuem Recht, in: Die Wirtschaftsprüfung, 47. Jg. (1994), Heft 1, S. 11-21.

Baas, V./Bolck, C.H.: US-Bankreform vor weiteren Hürden, in: Die Bank, o. Jg. (1991), Heft 8, S. 421-424.

Badde, Ch.: Möglichkeiten und Grenzen des Außendienstes, in: BM, 17. Jg. (1988), Heft 5, S. 18-21.

Baetge, J.: Überwachung, in: Bitz, M. u.a. (Hrsg.): Vahlens Kompendium der Betriebswirtschaftslehre, Bd. 2, 2. Auflage, München 1990, S. 167-208.

Bamberg, G./Coenenberg, A.G.: Betriebswirtschaftliche Entscheidungslehre, 6. Auflage, München 1991.

Bangert, M.: Zinsrisiko-Management in Banken, Wiesbaden 1987.

Banken, R.: Die Marktzinsmethode als Instrument der pretialen Lenkung in Kreditinstituten, Frankfurt/Main 1987.

Bankrecht: 21. neuüberarbeitete Auflage, München 1993.

Bayerische Hypotheken- und Wechsel-Bank AG: Geschäftsbericht 1992, München 1993.

Bayerische Hypotheken- und Wechsel-Bank AG: Geschäftsbericht 1993, München 1994.

Beck, H. : Gesetz über das Kreditwesen; Kommentar nebst Materialien und ergänzenden Vorschriften, Heidelberg 1995.

Becker, H.P.: Bankbetriebslehre, 2. Auflage, Ludwigshafen 1994.

Benölken, H.: Lean Management und die Konsequenz für die Bankorganisation, in: Sparkasse, 110. Jg. (1993), Heft 6, S. 264-269.

Bernicken, H. : Bankbetriebslehre, Stuttgart 1926.

Betge, P.: Absatzförderung durch Finanzierungsmaßnahmen, in: WISU, 19. Jg. (1990), Heft 1, S. 38-43.

Betge, P.: Konsumentenkredite, in: Diller, H. (Hrsg.): Vahlens großes Marketinglexikon, München 1994, S. 561.

Betge, P.: Investitionsplanung, 2. Auflage, Wiesbaden 1995.

Betsch, O.: Strukturwandel und Wettbewerb am Bankenmarkt, Stuttgart 1988.

Betsch, O.: Entwicklungsschritte beim Vertrieb von Finanzdienstleistungen, in: Betsch, O./Otto, K.-F. (Hrsg.): Vertriebshandbuch für Finanzdienstleistungen, Frankfurt/Main 1989, S. 11-27.

BGBl. I : Verordnung über die Rechnungslegung der Kreditinstitute vom 10. Februar 1992, S. 203 (RechKredV).

BGBl. I : Prüfberichtsverordnung vom 21. Juli 1994, S. 1803 (PrüfBerV).

Bieg, H.: Bankbilanzen und Bankaufsicht, München 1993.

Bieg, H.: Bankbetriebslehre in Übungen, München 1992.

Bierer, H. et al: Auf dem Weg zur „schlanken Bank", in: Die Bank, o. Jg. (1992), Heft 9, S. 500-506.

Bitz, M.: Der interne Zinsfuß in Modellen zur simultanen Investitions- und Finanzplanung, in: ZfbF, 29. Jg. (1977), S. 146-162.

Bitz, M.: Entscheidungstheorie, München 1981.

Boehm-Bezing, C.L. von: Wettbewerb um Privatvermögen - wer wird ihn gewinnen?, in: BM, 23. Jg. (1994), Heft 4, S. 5-13.

Boos, K-H.: EG-Richtlinien über die Beaufsichtigung von Kreditinstituten auf konsolidierter Basis, in: EuZW, 3. Jg. (1992), Heft 13, S. 406-407.

Boos, K-H.: Entwurf einer Fünften KWG-Novelle vorgelegt, in: Die Bank, o. Jg. (1994), Heft 4, S. 229-233.

Boos, K-H./Höfer, B.: Kapitaladäquanz-Richlinie, in: Die Bank, o. Jg. (1995), S. 285-291.

Boos, K-H./Klein, U.: Die neuen Bestimmungen des KWG, in: Die Bank, o. Jg. (1994), Heft 9, S. 529-535.

Boos, K-H./Klein, U.: Die neuen Großkredit- und Millionenkreditbestimmungen, in: Die Bank, o. Jg. (1995), S. 535-541.

Boos, K.-H./Schulte-Mattler, H.: Neuer Eigenkapitalgrundsatz I festgelegt, in: Die Bank, o. Jg. (1992), Heft 11, S. 639-643.

Boos, K.-H./Schulte-Mattler, H.: Neuregelung des Eigenkapitalgrundsatzes I, in: Die Bank, o. Jg. (1993), Heft 6, S. 358-363.

Brandt, H.-D.: Wem gehören die Sparkassen ?, in: Sparkasse, 110. Jg. (1993), Heft 2, S. 54-55.

Breuer, R./Skaruppe, M.: Bankkalkulation als Marktproblem - Die konsequente Duplizierung als Ausgangspunkt für die Weiterentwicklung der Marktzinsmethode, Mitteilungen aus dem Institut für das Spar-,

Giro- und Kreditwesen an der Universität Bonn, Nr. 40, Bonn 1992, S. 16.

Bühler, W.: Modelltypen der Aufbauorganisation von Kreditinstituten, in: Stein von, J.H./Terrahe, J. (Hrsg.): Handbuch Bankorganisation, Wiesbaden 1991, S. 104-141.

Büschgen, H.E.: Bank-Unternehmensführung, Frankfurt/Main 1981.

Büschgen, H.E.: Internationales Finanzmanagement, Frankfurt/Main 1986.

Büschgen, H.E.: Prinzipien, Aufgaben und Teilbereiche der Organisation, in: Stein von, J.H./Terrahe, J. (Hrsg.): Handbuch Bankorganisation, Wiesbaden 1991, S. 29-59.

Büschgen, H.E.: Bankbetriebslehre: Bankgeschäfte und Bankmanagement, 4. Auflage, Wiesbaden 1993.

Büschgen, H.E.: Bankbetriebslehre, 3. Auflage, Stuttgart 1994.

Bundesverband deutscher Banken (Hrsg.): Bankbilanzrichtlinie-Gesetz, Köln 1993.

Burgmaier, S.: Bankenservice: Tief in die Tasche, in: Wirtschaftswoche, 48. Jg. (1993), Heft 46, S. 108-120.

Clausen, C.: Das neue Insiderrecht, in: DB, 47. Jg. (1994), Heft 1, S. 27-32.

Claussen, B.: Teilprivatisierung kommunaler Sparkassen?, Baden-Baden 1990.

Coenenberg, A.G.: Verrechnungspreise zur Steuerung divisionalisierter Unternehmen, in: WiSt, 2. Jg. (1973), Heft 8/9, S. 373-382.

Danne, M.: Außensteuerung und -controlling in privaten Hypothekenbanken, Frankfurt/Main 1989.

Deutsche Bundesbank: Geschäftsberichte 1981: S. 92, 1991: S. 81, 1992: S. 15f., 1993: S. 126-128, 1994: S. 136-139.

Deutsche Bundesbank: Kapitalmarktstatistik, März 1995, S. 52-57.

Deutsche Bundesbank: Bankenstatistik, April 1995.

Deutsche Bundesbank: Die Neuordnung der Bundesbankstruktur, in: Monatsbericht August 1992, S. 48-54.

Deutsche Bundesbank: Abteilung Ausbildung und Prüfung, P3.

Deutsche Bundesbank: Monatsberichte: 8/1980; 3/1981; 7/1987; 3/1988; 3/1989; 3/1990; 3, 6 und 7/1991; 3, 8 und 10/1992; 1 und 3/1993; 3, 5 und 11/1994; 3, 5, 8 und 9/1995.

Deutsche Bundesbank: Pressenotiz vom 12.9.1974, in: ZfgK, 27.Jg. (1974), Heft 19, S. 86f.

Deutsche Bundesbank: Sonderdruck Nr. 7: Die Deutsche Bundesbank, Frankfurt/Main 1985, 3. Auflage, S. 47.

Doerks,W./Hübner, S.: Konvexität festverzinslicher Wertpapiere, in: Die Bank, o. Jg. (1993), Heft 2, S. 103-105.

Droste, K. D. et al: Falsche Ergebnisinformation - häufige Ursache für Fehlinformation in Banken, in: Die Bank, o. Jg. (1983), Heft 7, S. 313-323.

Echterbeck, H.: Marktzinsorientierte Ergebnisspaltung des Eigenhandels von Kreditinstituten, Frankfurt/Main 1991.

Eilenberger, G.: Bankbetriebswirtschaftslehre, Grundlagen - internationale Bankleistungen, Bankmanagement, 5. Auflage, München 1993.

Eilenberger, G.: Bankbetriebslehre, 4. Auflage, München 1990.

Emmerich, G./Reus, P.: Zur Vorsorge für „allgemeine Bankrisiken" - Handelsrechtliche Gestaltungswahlrechte und ökonomische Implikationen, Studie Nr. 2/1995 des Institutes für betriebwirtschaftliche Geldwirtschaft der Universität Göttingen, Göttingen 1995.

Emmerich, V.: Die 4. KWG-Novelle Teil 1, in: FLF, 40. Jg. (1993), Heft 2, S. 46-49.

Emmerich, V.: Die 5. KWG-Novelle, in: FLF, 41. Jg. (1994), Heft 1, S. 22-24.

Endres, M.: Lean Production im Bankgeschäft?, in: BM, 22. Jg. (1993), Heft 3, S. 4-9.

Endres, M.: Entwicklungslinien der Bankorganisation, in: Die Bank, o. Jg. (1994), Heft 1, S. 4-9.

Engels, W. (Hrsg.): Organisation der Banken und des Bankmarktes, Frankfurt/Main 1988.

EWG-Richtlinien: -Richtlinie 89/646/EWG des Rates vom 15.12.1989 zur Koordinierung der Rechts- und Verwaltungsvorschriften über die Aufnahme und Ausübung der Tätigkeit der Kreditinsitiute und zur Änderung der Richtlinie 77/780/EWG, ABl Nr. L 386/1-13.

-Richtlinie 89/299/EWG des Rates vom 17.4.1989 über die Eigenmittel von Kreditinstituten, ABl Nr. L 124/16-20; Richtlinie 91/633/EWG des Rates vom 3.12.1991 zur Durchführung der Richtlinie 89/299/EWG über die Eigenmittel von Kreditinstituten, ABl Nr. L 399/33-34

-Richtlinie 92/16 EWG des Rates vom 16.3.1992 zur Änderung der Richtlinie 89/299/EWG über die Eigenmittel von Kreditinstituten, ABl Nr. L 75-50.

-Richtlinie 89/647/EWG des Rates vom 18.12.1989 über einen Solvabilitätskoeffizienten für Kreditinstitute, ABl Nr. L 386/14-22.

-Richtlinie 92/121/EWG des Rates vom 5.2.1993 über die Überwachung und Kontrolle der Großkredite von Kreditinstituten, ABl Nr. L 29/1-8

-Richtlinie 92/30/EWG des Rates vom 28.4.1992 über die Beaufsichtigung von Kreditinstituten auf konsolidierter Basis, ABl Nr. L 110/52-58.

-Richtlinie 93/6/EWG des Rates vom 15.3.1993 über die angemessene Eigenkapitalausstattung von Wertpapierfirmen und Kreditinstituten, Abl Nr. L 141/1-26.

-Richtlinie 93/22/EWG des Rates vom 10.5.1993 über Wertpapierdienstleistungen, Abl Nr. L 141/27-46.

Eybl, D.: Instrumente und Orientierungsgrundlagen zur Planung wettbewerbsorientierter Unternehmensstrategien, Frankfurt/Main 1984.

Fischer, O.: Funktion und Wirkungsweise der Liquiditäts- und Konsortialbank GmbH, in: Österreichisches Bankarchiv, 23. Jg. (1975), Heft 1, S. 3.

Fischer, R.: Einlagensicherung - Institutssicherung, in: Deutscher Sparkassenverlag GmbH (Hrsg.): Handwörterbuch der Sparkassen, Bd. 2, Stuttgart 1982.

Fries, E.: Mit Plastikchips zum Foyer und Verwaltungsbereich, in: B.Bl., 42. Jg. (1993), Heft 8, S. 403-407.

Gahl, A.: Die Konzeption strategischer Allianzen, Berlin 1991.

Geiger, H.: Die deutsche Sparkassenorganisation, Frankfurt/Main 1991.

Geiger, W.: Die 4. KWG-Novelle und der neue Grundsatz I, in: Sparkasse, 109. Jg. (1992), Heft 12, S. 562 - 563.

Gerke, W./Philipp, F.: Bankbilanzen, Frankfurt/Main 1983.

Gimbel, W./Boest, R.: Die neue Preisangabenverordnung, München 1985.

Gömmel, M.: Erfahrungen mit der Bildung strategischer Geschäftsfelder in einer mittelgroßen Bank, in: Krümmel, H.-J./Rudolph, B. (Hrsg.): Strategische Bankplanung, Frankfurt/Main 1983, S. 165ff.

Gramlich, L.: Bundesbankgesetz, Währungsgesetz, Münzgesetz, Köln, Bonn und München 1988.

Gröschel, U.: Von der 4. zur 7. KWG-Novelle, in: Sparkasse, 110. Jg. (1993), Heft 5, S. 225-230.

Gutenberg, E.: Grundlagen der Betriebswirtschaftslehre, Bd, I, Die Produktion, 24. Auflage, Berlin/Heidelberg/New York 1983.

Härle, D.: Finanzierungsregeln und ihre Problematik, Wiesbaden 1961.

Hafke, H. C.: „Freie" und öffentlich-rechtliche Sparkassen, in: Zfgk, 38. Jg. (1988), Heft 5, S. 174-180.

Hagemüller, K.F./Diepen, G.: Der Bankbetrieb - Lehrbuch und Aufgabensammlung, 13. Auflage, Darmstadt 1993.

Hahn, D.: Zweck und Entwicklung der Portfolio-Konzepte in der strategischen Unternehmungsplanung, in: Hahn, D./Taylor, B. (Hrsg.): Strategische Unternehmensplanung-Strategische Unternehmensführung, 5. Auflage, Heidelberg 1990, S. 221ff.

Hahn, L.A.: Volkswirtschaftliche Theorie des Bankkredits, 3. Auflage, Tübingen 1930.

Hahn, O.: Die Postbank, Ihre Stellung in der Bankwirtschaft, Wiesbaden 1978.

Hahn, O.: Struktur der Bankwirtschaft, Bd.1, S. 96 ff., Bd.2, 2. Auflage, Berlin 1981.

Halak, G.: Selbstbedienung in Kreditinstituten: Situationsanalyse und künftige Strategien, Wien 1990.

Hartmann, F./Härter, G.: Allgemeine Wirtschaftslehre für kaufmännische Auszubildende, Rinteln 1980.

Hartmann, F./Härter, G.: Allgemeine Wirtschaftslehre, Rinteln 1992.

Hauschildt, J.: Zielsysteme, in: Grochla, E. (Hrsg.): Handwörterbuch der Organisation. Enzyklopädie der Betriebswirtschaftslehre, Bd. 2, 2. Auflage, Stuttgart 1980, S. 2419-2429.

Hedley, B.: Strategy and the Business Portfolio, in: Long Range Planning, Vol. 10, 1977, S. 9-15.

Hein, M.: Einführung in die Bankbetriebslehre, 2. Auflage, München 1993.

Heinen, E.: Grundlagen betriebswirtschaftlicher Entscheidungen - Das Zielsystem der Unternehmung, 3. Auflage, Wiesbaden 1976.

Heinrich, S.: Versicherungsaufsicht und Wettbewerb, in: Versicherung und Risikoforschung, Wiesbaden 1991.

Henderson, B.D.: Perspectives on Experience, Boston Consulting Group, Boston 1968.

Henderson, B.D.: Die Erfahrungskurve in der Unternehmensstrategie, 2. Auflage, Frankfurt/Main und New York 1986.

Herling, E./Krapf, W.: Spezielle Betriebslehre Banken, Köln 1991.

Hicks, J.R.: Value and capital, Oxford 1939.

Hill, W./Fehlbaum, R./Ulrich, P.: Organisationslehre, 5. Auflage, Bern 1994.

Hinterhuber, H.H.: Strategische Unternehmensführung, II. Strategisches Handeln, 5. Auflage, Berlin und New York 1992.

Hirte, H./Otte, K.: Die Rechtsentwicklung im Bankrecht in den Vereinigten Staaten im Jahre 1994, in: ZBB, 7. Jg. (1995), Heft 3, S. 312-314.

Hoch,P.: Vertriebshierarchien der Universalbank: Von Stufe zu Stufe..., in: BM, 22. Jg. (1993), Heft 11, S. 5-10.

Hodgman, D.R.: Commercial Bank Loan and Investment Policy, Champaign 1963.

Höfer, B./Jütten, H.: Mindestanforderungen an das Betreiben von Handelsgeschäften, in: Die Bank, o. Jg. (1995), S. 752-756.

Hofmann, R.: Interne Revision, Aufgaben, in: Coenenberg, A.G./Wysocki, K.v. (Hrsg.): Handwörterbuch des Revisionswesens, 2. Auflage, Stuttgart 1992, Sp. 855-864.

Hoppenstedt Verlag GmbH: Handbuch der Großunternehmen 1994, Frankfurt/Main 1994.

Hopt, K.J.: Insiderwissen und Interessenkonflikte im europäischen und deutschen Bankrecht, in: Festschrift für Heinsius, Berlin 1991, S. 289-322.

Hopt, K.J.: Rechtsprobleme des europäischen und deutschen Insiderrechts, in: BFuP, 46. Jg. (1994), Heft 2, S. 85-98.

Huber, F.: Rede anläßlich der Pressekonferenz, des Geschäftsbereichs Franken, Bayerische Hypotheken- und Wechsel-Bank AG, Nürnberg 22.11.1993, unveröffentlicht.

Hübner, O.: Die Banken, unveränderter Neudruck der Ausgabe Leipzig 1854, Frankfurt/Main 1968.

Hütz, G.: Die Bankenaufsicht in der Bundesrepublik Deutschland und in den USA, Berlin 1990.

Jacob, H.: Zum Problem der Unsicherheit bei Investitionsentscheidungen, in: Zeitschrift für Betriebswirtschaft, 37. Jg. (1967), Heft 3, S. 153-187.

Jacob, H.: Zur optimalen Planung des Produktionsprogramms bei Einzelfertigung, in: ZfB, 41. Jg. (1971), Heft 8, S. 495-516.

Jacob, H. (Hrsg.): Industriebetriebslehre, Bank II Planung und Planungsrechnungen, Wiesbaden 1972.

Kahn, P.: Aktuelle Aspekte der Bilanzierung und Bewertung von Wertpapieren, in: Gesellschaft zur Förderung der wissenschaftlichen Forschung über das Spar- und Girowesen e.V. (Hrsg.): Aktuelle Probleme des Controlling und der Rechnungslegung, Stuttgart 1993, S. 161-191.

Kaiser, R. H.: Bundesbankautonomie - Möglichkeiten und Grenzen einer unabhängigen Politik, Frankfurt/Main 1980.

Keller, C.-A.: Strategische Grundlagen zur Einlagensicherung durch den Garantieverbund der deutschen Kreditbanken, Diss., Göttingen 1991.

Kessel, H.: Das neue Bankaufsichtsrecht, in: Genossenschafts-Kurier, o. Jg. (1993), Heft 1, S. 10-12.

Ketzel, E./Köser, R./Pfisterer, H.: Die Notenbank, 2. Auflage, Stuttgart 1976.

Kilgus, E.: Strategisches Bank-Management, Bern, Stuttgart und Wien 1994.

Kirsch, W.: Betriebswirtschaftliche Logistik, Wiesbaden 1973.

Könneker, W.: Die Deutsche Bundesbank, 2. Auflage, Frankfurt/Main 1973.

Kotissek, N./Marusev, A.W.: Die GuV-synchrone Abschöpfung der Konditionsbeiträge, in: OR Spektrum, Bd. 13 (1991), S. 45-54.

Krakow, P./Minz, R.: Neue Strategien für die Leipziger Sparkasse, in: B.Bl., 41. Jg. (1992), Heft 7, S. 354-357.

Kreikebaum, H.: Strategische Unternehmensplanung, 4. Auflage, Stuttgart 1991.

Kreilkamp, E.: Strategisches Management und Marketing, Berlin und New York 1989.

Kremin-Buch, B.: Profit Center-Rechnung in Banken - ein entscheidungsorientiertes Konzept, Wiesbaden 1992.

Krumnow, J.: Deckungsbeitragsrechnung, Geschäftsstellen- und Kundenkalkulation in der Bank, in: Reichmann, T. (Hrsg.): Controlling-Praxis, München 1988, S. 366-378.

Krumnow, J. et al: Rechnungslegung der Kreditinstitute - Kommentar zum Bankbilanzrichtlinie-Gesetz und zur RechKredV, Stuttgart 1994.

Krümmel, H.-J.: Bankzinsen, Köln 1964.

Krümmel, H.-J.: Risikopolitik als Führungsaufgabe, in: Deutscher Sparkassen- und Giroverband (Hrsg.): Die Zukunft gestalten, Stuttgart 1989, S. 135-167.

Kupitz, R.: Die Kreditwirtschaft als wettbewerbspolitischer Ausnahmebereich, Thun und Frankfurt/Main 1983.

Küting, K./Weber, C.-P.: Handbuch der Konzernrechnungslegung, Stuttgart 1989.

Langschied, J.: Der Sparkassenverbund, Wiesbaden 1993.

Lehnhoff, J.: Kreditwesengesetz ist jetzt europäisch ausgerichtet, in: Handelsblatt, 47. Jg. (1993), Nr. 10 vom 15./16.01.1993, S. 15.

Lehnhoff, J.: 5. KWG-Novelle ab 31. Dezember 1995 in Kraft, in: BI, 21. Jg. (1994), Heft 8, S. 2-3.

Lindauer, H.: Geschäftsstellen unter Kosten- und Vertriebsaspekten, in: BI, 19. Jg. (1992), Heft 11, S. 39-44.

Link, Th.J./Hartung, A.R.: Vorstoß der US-Regierung zur Bankreform, in: Die Bank, o. Jg. (1991), Heft 3, S. 132-137.

Link, Th.J.: US-Reform benachteiligt Auslandsbanken, in: Die Bank, o. Jg. (1991), Heft 6, S. 300-303.

Link, Th.J.: Allfinanz in den USA durch Gerichtsbeschluß, in: Die Bank, o. Jg. (1992), Heft 3, S. 175-176.

Macaulay, F.R.: Some theoretical problems suggested by the movements of interest rates, bond yields, and stock prices in the United States since 1856, New York 1938.

Maes, U.: Inhaltliche Regelungen der Kapitaladäquanz-Richtlinie, in: Die Sparkasse, 109. Jg. (1992), Heft 11, S. 27-530.

Markowitz, H.M.: Portfolio Selection, in: Journal of Finance, Vol. 7, 1952, S. 77-91.

Markowitz, H.M.: Portfolio Selection: Efficient Diversifikation of Investment, New York 1959.

Martini, E.: Zweigstellenpolitik und Zweigstellenführung in einer großen Geschäftsbank - das Beispiel Hypo-Bank, in: BM, 18. Jg. (1989), Heft 10, S. 16-18.

Marusev, A.W.: Das Marktzinsmodell in der bankbetrieblichen Einzelgeschäftskalkulation, Frankfurt/Main 1990.

Meffert, H.: Marketing, 7. Auflage, Wiesbaden 1991.

Menezes, V.J.: Privatkundengeschäft: Standards in Europa, in: BM, 22. Jg. (1993), Heft 7, S. 5-11.

Möller, A.: Das neue Insiderrecht - Eckpfeiler funktionsfähiger Wertpapiermärkte, in: BFuP, 46. Jg. (1994), Heft 2, S. 99-113.

Mombaur, P. (Hrsg.): Sparkassengesetz Nordrhein Westfalen mit Kommentar von Klaus Heinevetter, 2. Auflage, Stand Dezember 1988.

Morgen, K.: Der Bankkunde bestimmt den Grad der Automation, in: Die Bank, o. Jg. (1985), Heft 7, S. 328-334.

Moulton, H.G.: Commercial banking and capital formation, in: Journal of Political Economy, Vol. 26, 1918, S. 484-508, 638-663, 705-731 und insbesondere S. 849-881.

Mülhaupt, L.: Umsatz-, Kosten- und Gewinnplanung einer Kreditbank, in: ZfhF, 8. Jg. (1956), Heft 1, S. 7-74.

Müller-Merbach, H.: Ansätze zur Optimierung der Aufbauorganisation, in: Grochla, E. (Hrsg.): HWO, Stuttgart 1980, Sp. 187-195.

Neubauer, F.F.: Portfolio-Management, 3. Auflage, Neuwied 1989.

Niedersächsisches Sparkassengesetz

Oehler, A.: Die Akzeptanz der technikgestützten Selbstbedienung im Privatkundengeschäft von Universalbanken, Stuttgart 1990.

Ohmstedt, H.: Technisch-organisatorische und finanzielle Abwicklung von Wertpapieremissionen mit Hilfe der Netzplantechnik, in: Deppe, H.-D. (Hrsg.): Bankbetriebliches Lesebuch, Stuttgart 1978, S. 633-654.

Oser, P.: Einsatz der Diskriminanzanalyse bei Kreditwürdigkeitsprüfungen, in: Betriebs-Berater, 51. Jg. (1996), Heft 7, S. 367-375.

o.V.: Mit einer neuen Struktur für die Zukunft gerüstet - Die neue Struktur der Inlandsbank, in: Forum, Mitarbeiterzeitschrift der Deutschen Bank AG (1990), Heft 8, S. 20-23.

o.V.: EG-Vorhaben zum Bankaufsichtsrecht, in: Die Bank, o. Jg. (1993), Heft 4, S. 250-251.

o.V.: Privatkunden: Den VIPs entgegen, in: BM, 22. Jg. (1993), Heft 7, S. 10.

o.V.: Zinsstruktur in Deutschland, in: Handelsblatt, 49. Jg. (1994) vom 04.08.1994, S. B5d.

o.V.: „Survey on Wall Street". in: The Economist, 15.4.1995.

Perridon, L./Steiner, M.: Finanzwirtschaft der Unternehmung, 7. Auflage, München 1993.

Prahl, R.: Die neuen Vorschriften des Handelsgesetzbuches für Kreditinstitute (Teil I), in: Die Wirtschaftsprüfung, 44. Jg. (1991), Heft 14, S. 401-409.

Priewasser, E.: Bankbetriebslehre, 4. Auflage, München und Wien 1994.

Reischauer, F./Kleinhans, J.: Kreditwesengesetz (KWG) - Kommentar, bearb. von Becker, E./Lehnhoff, J./Meyer, H.E., Bd. I, Berlin, Stand: September 1993, Kza 115, § 45, Rn. 6.

Rixen, H.-H.: EG-Bankbilanzrichtlinie transformiert, in: Die Bank, o. Jg. (1990), Heft 11, S. 638-642.

Röthlein, A.: Futura 2000 - die neue Geschäftsstellenstrategie einer Schweizer Bank, in: BM, 22. Jg. (1993), Heft 4, S. 27-31.

Rohmann, H.V.: Aspekte der Umsetzung der EG-Konsolidierungsrichtlinie im Rahmen der 5. Novelle des Kreditwesengesetzes, in: FLF, 40. Jg. (1993), Heft 6, S. 214-217.

Rolfes, B.: Die Steuerung von Zinsänderungsrisiken in Kreditinstituten, Frankfurt/Main 1985.

Rolfes, B.: Risikosteuerung mit Zinselastizitäten, in: Zeitschrift für das gesamte Kreditwesen, 41. Jg. (1989), Heft 5, S. 196-201.

Rudolph, B.: Instrumente der strategischen Unternehmensplanung: Stand und Entwicklungstendenzen, in: Krümmel, H.-J./Rudolph, B. (Hrsg.): Strategische Bankplanung, Frankfurt/Main 1983, S. 47ff.

Rudolph, B.: Kapitaladäquanz-Richtlinie: Zielsetzung und Konsequenzen der bankaufsichtrechtlichen Regulierung im Wertpapierbereich, in: ZBB, 6. Jg. (1994), Heft 2, S. 117-130.

Samm, C.-T.: Zur Novellierung des Kreditwesengesetzes, in: Österreichisches Bankarchiv, 24. Jg. (1976), Heft VIII, S. 311.

Schäfer, A.: Meinungen zum Thema Insider-Regelungen im Spannungsfeld der Praktikabilität, in: BFuP, 46. Jg. (1994), Heft 2, S. 136-151.

Schieber, H.: Die Zentralnotenbank, in: Kloten, N./Stein von, J.H. (Hrsg.): Obst, G./Hintner, O.: Geld-, Bank- und Börsenwesen, 39. Auflage, Stuttgart 1993, S. 201-215.

Schierenbeck, H.: Institutionelle Bankbetriebslehre, Eine Einführung in die institutionellen Grundlagen des Geld-, Finanz- und Bankwesens, Stuttgart 1987.

Schierenbeck, H.: Ertragsorientiertes Bankmanagement, Fallstudien mit Lösungen, Wiesbaden 1992.

Schierenbeck, H. (Hrsg.): Bank- und Versicherungslexikon, 2. Auflage, München 1994 (a).

Schierenbeck, H.: Ertragsorientiertes Bankmanagement, 4. Auflage, Wiesbaden 1994 (b).

Schierenbeck, H./Marusev, A.W.: Margenkalkulation von Bankprodukten im Marktzinsmodell, in: Zeitschrift für Betriebswirtschaft, 60. Jg. (1990), Heft 8, S. 789-814.

Schierenbeck, H./Rolfes, B.: Entscheidungsorientierte Margenkalkulation, Frankfurt/Main 1988.

Schierenbeck, H./Villiez v., Ch.: Zur Systematisierung bankbetrieblicher Ergebnisbereiche, in: Die Bank, o. Jg. (1989), Heft 6, S. 310-313.

Schimmelmann, W.v.: Strategische Geschäftsfeldkonzeptionen in Banken, in: Krümmel, H.-J., Rudolph, B., (Hrsg.), Strategische Bankplanung, Frankfurt/Main 1983, S. 165ff.

Schimmelmann, W.v.: Bankorganisation, in: Kloten, N./Stein von, J.H. (Hrsg.): Obst, G./Hintner, O.: Geld-, Bank- und Börsenwesen, 39. Auflage, Stuttgart 1993, S. 940-956.

Schimmelmann, W.v./Hill, W.: Banksteuerung über ein System von Verrechnungszinsen, in: Schierenbeck, H./Wielens, H. (Hrsg.): Bilanzstrukturmanagement in Kreditinstituten, Frankfurt/Main 1984, S. 47-65.

Schirmeister, R.: Theorie finanzmathematischer Investitionsrechnungen bei unvollkommenem Kapitalmarkt, München 1990.

Schmidt, G.: Organisation im Bankbetrieb, Gießen 1987.

Schmidt, O.: Das DSL-Bank-Modell, Berlin 1992.

Schmidt, R.H.: Grundzüge der Investitions- und Finanzierungstheorie, 2. Auflage, Wiesbaden 1986.

Schneider, D.: Investition, Finanzierung und Besteuerung, 7. Auflage, Wiesbaden 1992.

Schneider, E.: Einführung in die Wirtschaftstheorie, III. Teil, Geld, Kredit, Volkseinkommen und Beschäftigung, 8. Auflage, Tübingen 1964.

Scholz, W.: Zinsänderungsrisiken im Jahresabschluß der Kreditinstitute, in: Kredit und Kapital, 12. Jg. (1979), Heft 4, S. 517-544.

Schroeter, J./Maes, U.: Die wichtigsten Neuerungen durch die 5. KWG-Novelle, in: Sparkasse, 111. Jg. (1994), Heft 8, S. 370-374.

Schütte, M.: Anforderungen an die Entwicklung von Kundenbetreuung, in: Süchting, J./Hooven van, E. (Hrsg.): Handbuch des Bankmarketing, 2. Auflage, Wiesbaden 1991, S. 211-230.

Schulte, H.W.: Controlling in Kreditgenossenschaften, Berlin 1988.

Schulte-Mattler, H.: Preisrisiken im Mittelpunkt der 6. KWG-Novelle, in: WM, 48. Jg. (1994), Heft 2, S. 1412-1417.

Schulte-Mattler, H.: Kapitaladäquanz-Richtlinie schafft neue Aufsichtsregeln, in: Die Bank, o. Jg. (1995), S. 460-467.

Schuster, L.: Bankpolitik im Spiegel aktueller Themen, Bern und Stuttgart 1990.

Seitz, J.: Die Verordnung über den Inhalt der Prüfberichte zu den Jahresabschlüssen und Zwischenabschlüsse der Kreditinstitute, in: Die Wirtschaftsprüfung, 47. Jg. (1994), Heft 15-16, S. 489-499.

Siewert, K.-J.: Bankbetriebliche Marktpolitik, Berlin 1983.

Spindler, J.: Die Deutsche Bundesbank - Grundzüge des Notenbankwesens und Kommentar zum Gesetz über die Deutsche Bundesbank, Stuttgart 1957.

Stammer, K.: Nichtbanken als Substitutionskonkurrenten auf dem Bankleistungsmarkt - Eine vergleichende Analyse für das deutsche und das US-amerikanische Bankensystem, Frankfurt/Main 1987.

Starke, O.-E.: Bankaufsichtsnovelle 1976. Eilreform als Teilreform, in: Wertpapiermitteilungen IV: Zeitschrift für Wirtschafts- und Bankrecht, 30. Jg. (1976), Heft 15, S. 367.

Stein von, J.H.: Organisationstheoretische Grundlagen für die Bankorganisation, in: Stein von, J.H./Terrahe, J. (Hrsg.): Handbuch Bankorganisation, Wiesbaden 1991, S. 5-25.

Steiner, M./Bruns, C.: Wertpapiermanagement, 4. Auflage, Stuttgart 1995.

Stracke, G.: Services in Deutschland (V): Marktstrategien der Banken, in: Die Bank, o. Jg. (1988), Heft 11, S. 590-599.

Stützel, W.: Bankpolitik - heute und morgen, 3. Auflage, Frankfurt/Main 1983.

Süchting, J.: Verrechnungspreise im Bankbetrieb, in: Krumnow, J./Metz, M. (Hrsg.): Rechnungswesen im Dienste der Bankpolitik, Stuttgart 1987, S. 199-208.

Süchting, J.: Bankmanagement, 3. Auflage, Stuttgart 1992.

Süchting, J.: Marketing, in: Kloten, N./Stein von, J.H. (Hrsg.): Obst, G./Hintner, O.: Geld-, Bank- und Börsenwesen, 39. Auflage, Stuttgart 1993, S. 991-1043.

Süchting, J.: Finanzmanagement, Theorie und Politik der Unternehmensfinanzierung, 6. Auflage, Wiesbaden 1995.

Trotha von, U. I.: Systemoriente Ablauforganisation, in: Stein von, J.H./Terrahe, J. (Hrsg.): Handbuch Bankorganisation, Wiesbaden 1991, S. 305-325.

Uhlir, H./Steiner, P.: Wertpapieranalyse, 3. Auflage, Heidelberg 1994.

Ulrich, P./Fluri, E.: Management, 5. Auflage, Stuttgart 1988.

Viti de Marco de, A.: Die Funktion der Bank, übersetzt von Franz Ried, Wien 1935, Original: Rom 1898.

Wagner, A.: Beiträge zur Lehre von Banken, Leipzig 1857.

Wasserman, H.: Factoring in Deutschland 1994, in: FLF, 42. Jg. (1995 a), Heft 5, S. 175-181.

Wasserman, H.: Leasing 1994, in: FLF, 42. Jg. (1995 b), Heft 3, S. 83-88.

Werner, W.: Späte Reform der amerikanischen Filialgesetzgebung, in: Die Bank, o. Jg. (1994), Heft 12, S. 712-716.

Wiebke, H.: Internationale Aktivitäten zur Harmonisierung bankaufsichtlicher Eigenkapitalvorschriften: Eine Zwischenbilanz (Teil 1), in: Kredit und Kapital, 25. Jg. (1992), Heft 3, S. 428-457.

Wiek, H.-A./Wünsche, G.: Lean-Banking für das Filialnetz, in: Die Bank, o. Jg. (1993), Heft 8, S. 442-446.

Wild, J.: Grundlagen der Unternehmungsplanung, 4. Auflage, Opladen 1982.

Willgerodt, H.: Eigentumsordnung, in: Handwörterbuch der Wirtschaftswissenschaften, Bd. 2, Stuttgart, Tübingen, Göttingen 1980, S. 175-189.

Wimmer, K.: Die aktuelle und zukünftige Effektivzinsangabeverpflichtung von Kreditinstituten, in: BB, 48. Jg. (1993), Heft 14, S. 950-955.

Windmöller, R./Busch, H.: Die Rechnungslegung der Kreditinstitute, in: Gesellschaft zur Förderung der wissenschaftlichen Forschung über das Spar- und Girowesen e.V. (Hrsg.): Aktuelle Probleme des Controlling und der Rechnungslegung, Stuttgart 1993.

Winter, R.: Pretiale Lenkung bei sicheren und unsicheren Erwartungen, Frankfurt/Main, Bern und New York 1986.

WP-Handbuch 1992: Band 1, 10. Auflage, Düsseldorf 1992.

Stichwortverzeichnis

A

Abwicklungs- und Adressenausfallrisiko 185, 194
Abzahlungsgeschäfte
  -Gesetz betreffend die...200
AGB-Gesetz 123, 200 ff.
AKA Ausfuhrkreditgesellschaft mbH 93
Aktienkursrisiko 185, 192 ff.
Aktiv-Geschäft 4, 18 ff.
Anpassung
  -intensitätsmäßige...448
  -quantitative...447 f.
  -zeitliche...448
Anstaltslast 112
Anteilseignerkontrolle 131
Arbeitsablaufplan 409 f.
Aufgaben-
  -...analyse 370
  -...synthese 370
Aufsicht (siehe Bankenaufsicht)
Auslandsbank 76, 129, 163
Außenwert (einer Währung) 42 ff., 67
Außenwirtschaftsgesetz 68, 214
Auszahlungsverfahren 111

B

Bankenaufsicht 68 f., 71, 126 ff., 137 f., 205 ff., 215 f., 229
  -Harmonisierung der europäischen...(siehe Richtlinien)
Bankensystem 34 ff.
Bankenwettbewerb 129 ff.
Bankfilialtypen 383 ff.
Bank Holding Act 118
Bankmanagement 459 ff.
  -Lower-...467 f.
  -Middle-...467
  -Top-...467
  -...zyklus 469

Bankpolitik 209 ff.
Bankregel
  - 'goldene'...231, 337
Baukastenprinzip 184 ff.
Bausparkassen 103
Bedarfsspanne 341
Beteiligung(en) (siehe auch Konsolidierung)
  -Aufsicht über...131 f.
  -Begriff der...127
Betriebsergebnis
  -Gesamt-...356
  -...spanne 330 f.
  -Teil-...331
Bilanz 319 f.
  -Gliederungsvorschriften 318 ff.
Bilanzaktiva
  -Bonitätsgewichtungsfaktoren für...139 ff.
Bilanzregel
  - 'goldene'...463
Bilanzstrukturnormen 229 ff.
Binnenwert (einer Währung) 42
Bodensatztheorie 219
Bonität
  -Gewichtungsfaktoren der...139 ff.
  -...(s)risiko 306 ff.
Bottom-up-Ansatz 467 ff.
Bretton Woods 274
Bürgschaftsbanken 110
Bundesbankgesetz 36, 69 ff., 123

C

Commercial Banks 121

D

Daten
  -interne...209
  -externe...209

Derivative Geschäfte
-Eigenkapitalunterlegung
  von...147, 183 ff.
-Risikoumrechnungsfaktoren
  für...143 ff.
-Zinsbezogene...179
Deutsche Ausgleichsbank 100 f.
Deutsche Bau- und Bodenbank 93
Deutsche Bundesbank 36 ff., 38
-Aufgabe 210
-Direktorium 41
-Funktionen 42 ff.
-geldpolitische Instrumente
  der...215
-Gesetz über die...214 f.
-Organisation 39 ff.
-Rechtsverhältnis 70 f.
-Unabhängigkeit 71
Deutsche Genossenschaftsbank 79
Deutsche Girozentrale 86 f.
Deutsche Postbank AG 91 f.
Deutsche Siedlungs- und Landes-
  rentenbank 90, 98
Deutsche Verkehrsbank AG 93 f.
Devisenhandel 125
Devisenmarktinterventionen 66f.,
  125
Devisenreserven 67
Dienstleistungsgeschäfte 4
Distributionspolitik 495 ff.
Diskont
-...absatzpolitik 213
-...politik 211
-...satz 43 f., 50
Dispositionsregel 217 f.
Diversifikation 308 f.
Divisionalmodell 375
Duration 288 ff.

E
Effektivzins 361
-...konzept 359 ff.

Eigenkapital
-...ausstattung 126 f., 132 ff., 145
  ff.
-...quote 333 f.
-...rentabilität 333 f.
-Begriff des...132 f.
-...belastungsregeln 233 f.
Einflußfaktoren
-externe...460 f.
-interne...461 f.
Einlagekategorien 221 ff.
Einlagenpolitik 63 f.
Einlagensicherung 110 ff., 126,
  137
Einleger
-...ansprüche 116 f.
-...schutzbilanz 227
Entscheidungsbaum 407 f.
Entscheidungsbeschränkungen
-Existenzsicherung über...216 ff.
-institutionelle...209 ff.
Erfahrungskurve 480 ff.
Ergänzungskapital 133, 138
-...erster Klasse 234 f.
-...zweiter Klasse 235
Ertragslage 325
Europäische Gemeinschaft, Euro-
  päische Union
-Richtlinien des Rates der...(siehe
  auch Richtlinien) 126 ff.
Europäischer Paß 129 f., 183, 207
Europäisches Währungssystem 67

F
Factoring-Wirtschaft 109 f.
Federal Reserve System 36
Fertigung
-Fließ-...400 ff.
-Werkstatt-...401, 411 ff.
Festzinsbilanz 285 f.
Finanzierungsregeln 231 ff.
Finanzinstitute 3, 34, 131
Finanzmarkt 12 ff.

Fremdwährungspositionen 147
Funktionen der Kreditinstitute 1 ff.

G
Gantt-Diagramm 416 f., 421 ff.
Garantiefonds 114 f.
Geldarten 45
Geldmenge 45 f.
Geldpolitik
-Instrumente der...49 ff.
Geldschöpfung 45 f.
Geldvermittlung
-Theorie der reinen...6
Geldversorgungsapparat 214
Geldwertstabilität 38
Genußrechtskapital 134
Geschäftsarten (von Kredit- und Finanzinstituten) 34 f.
Geschäftsstellendichte 73
Gesetz über das Kreditwesen 34, 71, 123 ff., 197 ff.
-Novellen des...125 ff.
Gewährträgerhaftung 112
Glass-Steagall-Act 117
Großbanken 73 ff.
Großkredit(e) 125, 127, 175, 178 ff., 197 f.
-...vergabe 271 ff.
Grundkreditanstalten, öffentlich-rechtliche 104 f.
Grundsatz der kürzesten Wege 449
Grundsätze (siehe Eigenkapitalausstattung, Liquidität)

H
Habenzinsen 14
Haftungsverbund 113 f.
Hälftelungsmethode 345 ff.
Handelsbuch 184 ff.
Hedging 297
Herkunftslandprinzip 129 ff.
Hypothekenbanken 104

I
Industriekreditbank AG 94
Insidergeschäfte 201 ff.
Insolvenz 117
-...theorie 226 ff.
Interbankenkredite 139, 172 ff.
Interne Revision 455 ff.
Investitionsbanken 102
Investment Banks 121 f.

J
Jahresabschluß
-Anhang 323 ff.
-Bilanz (siehe auch Bilanz) 319 f.
-GuV 321 ff.
-...von Kreditinstituten 318 ff.
-Lagebericht 325 ff.
-...prüfung 335 ff.

K
Kapitaladäquanzrichtlinie 299
Kapitalanlagegesellschaften 108
Kapitalbeteiligungsgesellschaften 110
Kapitalmarkt 12 ff.
Kapitalverkehrspolitik 68 f.
Kaufkraft 42, 67
Kernkapital 132 f., 234
Kommunikationspolitik 498
Kompetenz-
-...arten 370
-...zuweisung 370
Konditionenpolitik 24 ff.
Konditionsbeitrag 24 ff., 364 f.
Konditionsmarge 26 ff.
Konsolidierung(s) 127, 175 ff., 183, 206 f., 239 ff.
-...kreis 241 f.
-...pflicht 241 f.
-Quoten-...242 f.
-...verfahren 242 ff., 254

-Voll-...242 f., 254
-...vorschriften 244
Kontingentierung 211
Kontrahierungspolitik 491 ff.
Konzern 335
-...rechnungslegung 334 f.
Kreditanstalt für Wiederaufbau 99 f.
Kreditbegriff 178 ff.
Kreditgenossenschaften 73 f., 76 ff.
Kreditgewerbe 213 f.
Kreditinstitute 214
-...mit Sonderaufgaben 92
Kreditinstituts
-...begriff 131
-...gruppe 239 ff.
Kreditnehmer 180 ff., 198
Kreditplafonds 213
Kreditpyramiden 176, 206
Kredittheorie 7
Kreditversorgung 44
Kreditwesengesetz (siehe Gesetz über das Kreditwesen)
Kreditwirtschaft 213 ff.

L
Landesbanken 82 ff.
Landeszentralbank(en) 36, 39, 41 f., 69
Landwirtschaftliche Rentenbank 101 f.
Laufzeitmethode 143 f.
Leasing-Gesellschaften 108 f.
Lebenszyklusanalyse 480 ff.
Leitungsstellen 372 f.
Leitungssysteme 373 f.
-Einliniensystem 373
-Mehrliniensystem 373
Leitzinspolitik 42 f.
Liquidität 216
-Grundsätze über die...126, 135 f., 145, 160 ff.

Liquiditäts
-...ausgleichsfunktion 7
-...bedingungen 218
-...formen 8
-...grundsätze 231 f.
-...quelle 217
-...risiko 226, 304 f.
-...sicherung 218
-...theorie 216
-...vorsorge 221
Liquiditäts-Konsortialbank GmbH 94 ff., 126
Lombard
-...kontingent 212
-...satz 50
Longposition 296

M
Marktbewertungsmethode 143 f.
Marktzinsmethode 55 ff., 357 ff.
Maximalbelastungstheorie 216 ff.
Mengentender 60 f.
Mindestreserve 46, 48
-...politik 51 ff.
Monetäre Indikatoren 45
Motive 219
-Sicherheits-...219
-Spekulations-...219
-Transaktions-...219
Moulton, Theorie von 224 ff.

N
Near banks 3
Netzplan 423 ff.
Nicht bilanzwirksame Geschäfte
-Risikoklassen für...141 ff.
Non banks 3
Normensystem 229 ff.

O
Offenmarkt 213
-...geschäfte 41, 48 f.
-...politik 59 ff.

Organisation(s) 369 ff.
-Ablauf-...371, 400 ff., 443 ff.
-Aufbau-...371 ff.
-...des Bankgeschäfts 124 f.
-Linien-...394 ff.
-...sparten 381
-...struktur 274, 381 ff.
-eindimensional...374 ff.
-mehrdimensional...377 f.
Organkredite 127, 198
Outright-Geschäfte 298

P
Passiv-Geschäfte 4, 18 ff.
Pensionsgeschäfte 320 ff.
Personalmanagement 473
Pfandbriefe 103 f.
Plantermine 440
Point of Sale-Systeme 451 f.
 -Electronic Cash Verfahren 452
 -Lastschriftenverfahren 452
Poolverfahren 342 f.
Portefeuille
 -optimales Anlagen-...499 ff.
 -...rendite 499 ff.
 -...risiko 479
 -...Theorie 477 ff.
Portfolio-
 -...Konzepte, alternative...485 ff.
 -...Management 476 ff.
Positionsrisiko 185 ff.
Preis
 -Ausgleichs-...493
 -...bezugsbasen 492
 -...differenzierung 492 f.
 -...spalten 492
Pretiale Lenkung 357 ff.
Prinzip
 -...der Schnelligkeit 444, 449
 -...der Sicherheit 443, 449
 -...der Wirtschaftlichkeit 444, 449
Prioritätsregeln 417 ff.
Privatbankiers 73 ff., 125

Privatdiskont AG 97 f.
Produktpolitik 493 ff.
Projektsteuerung 437 ff.
Prolongation 14, 223 ff.
Provisionsspanne 329
Provisionsüberschuß 329
Pufferfunktion 226
Pufferzeit 433 ff.

R
Realisationstheorie 224 ff., 232, 475
Realkreditinstitute 73 f., 103 ff.
Rechnungslegung
 -externe...314 ff.
 -Dokumentationsvorschriften 315
 -Gesetzliche Grundlagen der...316 f.
Redepflicht des Abschlußprüfers 337 f.
 -Vorschriften zur...198 ff.
Rechtsgrundlagen für Kreditinstitute 123 ff.
Rechnungswesen 473
Rediskont-Kontingentpolitik 210
Refinanzierungspolitik 49 f.
Regionalbanken 73 ff.
 -...prinzip (USA) 119 f.
Reserven
 -Primär...225 f., 232
 -Sekundär...225 f., 232
Richtlinien (EG-)
 -Bankbilanzrichtlinie 316 f.
 -Eigenmittel-...132 ff., 138
 -Großkredit-...175, 178 ff.
 -Kapitaladäquanz-...130, 182 ff.
 -Konsolidierungs-...175 ff.
 -Solvabilitäts-...128 f., 138, 184
 -Wertpapierdienstleistungs-...128, 137, 182 ff.
 -Zweite Bankrechtskoordinierungs-...128 ff., 137
Risiko 31 ff., 126 f., 143 ff., 273 f.

-Betriebs-...279
-...klassen (I - V) 235 ff.
-...managementprozeß 274 ff.
-unvermeidbares...463
-vermeidbares...463
Risikopolitik 273 ff.
-aktive...275 f.
-passive...276
Rückstellungen 281

S
Schichtenbilanzen 338 ff.
Shiftability-Theory 224 ff.
Shortposition 296
Sicherungsreserve 113
Solvabilitätskoeffizient 135 f.
Sondergesetze 35 f.
Sonderkreditinstitute, öffentlich-rechtliche 98 ff.
Spareinlagen 137
Sparkassen 73 f., 79 ff.
-...gesetze 81 f.
Spezialbanken 11, 34 f., 72, 102 ff., 129 f.
-USA 122
Stabilitätsgesetz 38, 42, 214
Stille Reserven 133 f., 138
Strategische Geschäftsfelder 482 ff.
Strukturanalyse 426 ff.
Strukturbeitrag 15, 23 ff.
Strukturmarge 15, 22 ff.
Substitutionen 14, 223
Subsysteme 464 f.
Swapgeschäfte 301
Swapsatzpolitik 64 ff.

T
Teilzahlungsbanken 105 ff.
Teilzinsspannenrechnung 341 ff.
Thrift Institutions 121
Tilgungsanteile 365
Top-down-Ansatz 467 ff.

Transformation
-Fristen-...14 ff.
-Losgrößen-...13 f.
-Risiko-...30 ff.
Transformations-
-...funktionen 12 ff.
-...lehre 7

U
Übernahmeverfahren 111 f.
Universalbanken 11, 72 ff., 129
-...system 34 f.
Unternehmensplanung 459
US-Trennbankensystem 35 f., 73, 117 ff.

V
Verbindlichkeiten
-nachrangige...134 f.
Verlustauffangpotentiale 280
Versicherungen 108, 208
Vorrang-Graph 404 ff.

W
Währungsrisiko 296 ff.
Währungsswaps 297
Wechselkurs 42, 296
-...politik 49, 64 ff.
-...system 42
Wertpapierhandelsgesetz 201 ff.
Wertpapierkategorien 321 f.

Z
Zeitanalyse 430 ff.
Zentralbank
-...geldmenge 215
-genossenschaftliche...79
-...rat 39, 215
-...system 36 ff.
Ziele der Wirtschaftspolitik 38 ff.
Ziel-
-...systeme 459 ff.
-...systemdesign 470 ff.

Zins (siehe auch Habenzinsen)
 -Geld- und Kapitalmarkt-...14 ff.
Zinsänderungsrisiko 185 ff., 284 ff.
Zinselastizitätsbilanz 286 f.
Zinsertragsbilanz 342
Zinsfuture 294
Zinsoption(en) 295
 -...geschäft 301
Zinsparität 67
Zinsspanne(n) 327 f.
 -...rechnung 339 f., 340 f.
 -...aus Fristentransformation 26
 -...aus Konditionenpolitik 26
 -Brutto-...19 ff., 340 f.
 -Netto-...340 f.
 -...risiko 284
Zinsstruktur 15
Zinsswap 294
Zinstermingeschäft 294, 300 f.
Zinstender 60 ff.
Zinsüberschuß 325 f.
Zwischenziele 45

M. Lehmann, H. Moog
Betriebswirtschaftliches Rechnungswesen
Band 1: Real-, wert- und rechenökonomische Grundlagen

1996. XX, 529 S. 54 Schemata. Brosch.
DM 55,-; öS 401,50; sFr 48,50
ISBN 3-540-60500-2

Statt der üblichen Aufteilung in Investitions-, Kosten- und Jahresabschlußrechnung wird eine Gesamtschau des betriebswirtschaftlichen Rechnungswesens entlang den Phasen Rechnen, Planen, Planentscheidung, Vollzugsüberwachung und Abrechnung in seiner sachlich-zeitlichen Struktur vorgestellt.

H.-J. Hoitsch
Kosten- und Erlösrechnung
Eine controllingorientierte Einführung

1995. XV, 380 S. 79 Abb. Brosch. DM 38,-; öS 277,40; sFr 34,- ISBN 3-540-60278-X

Dieses Lehrbuch liefert einen Überblick über den derzeitigen Stand des Gebietes Kosten- und Erlösrechnung und zeigt zukünftige Weiterentwicklungen auf.

U. Götze, J. Bloech
Investitionsrechnung
Modelle und Analysen zur Beurteilung von Investitionsvorhaben

2. überarb. u. erw. Aufl. 1995. XIII, 459 S. 69 Abb., 89 Tab. Brosch. DM 49,80; öS 363,60; sFr 44,50 ISBN 3-540-60000-0

R. Ewert, A. Wagenhofer
Interne Unternehmensrechnung
2., überarb. Aufl. 1995. XXI, 658 S. 40 Abb. Brosch. DM 65,-; öS 507,-; sFr 57,50
ISBN 3-540-58947-3

Dieses Lehrbuch stellt die drei Hauptfunktionen der internen Unternehmensrechnung in den Vordergrund: 1. Entscheidungsrechnungen bei Sicherheit und bei Unsicherheit. 2. Kontrollrechnungen. 3. Koordinationsrechnungen.

G. Franke, H. Hax
Finanzwirtschaft des Unternehmens und Kapitalmarkt
3., neu bearb. Aufl. 1994. XVII, 576 S. 72 Abb. Brosch. DM 55,-; öS 429,-; sFr 48,50
ISBN 3-540-58280-0

Das Buch vermittelt einen Überblick über die moderne Kapitalmarkttheorie und verdeutlicht deren Bedeutung für unternehmerische Entscheidungen im Investitions- und Finanzierungsbereich.

F. Eisenführ, M. Weber
Rationales Entscheiden
2., verb. Aufl. 1994. XIII, 370 S. 92 Abb., 52 Tab. Brosch. DM 39,80; öS 310,50; sFr 35,50 ISBN 3-540-58302-5

Hier werden die Methoden vermittelt, die geeignet sind, Entscheidungen in verschiedenen Lebensbereichen, wie Wirtschaft, Politik, Medizin oder Privatsphäre, mit einem höheren Grad an Rationalität zu treffen.

■■■■■■■■■■

Preisänderungen vorbehalten.

R. Berndt

Marketing 1

Käuferverhalten, Marktforschung und Marketing-Prognosen

3., vollst. überarb. Aufl. 1996. XV, 378 S. 176 Abb., 6 Tab. Brosch. DM 39,80; öS 290,60; sFr 35,50 ISBN 3-540-60812-5

Band 1 liefert die absatzwirtschaftlichen Verhaltens- und Informationsgrundlagen: das Käuferverhalten, die Marktforschung und Marketing-Prognosen. Die grundlegenden Inhalte dieser drei Bereiche werden anhand von Beispielen illustriert. Die dritte Auflage ist vollständig überarbeitet und erweitert.

R. Berndt

Marketing 2

Marketing-Politik

3. Aufl. 1995. XIX, 594 S. 295 Abb. Brosch. **DM 49,80**; öS 363,60; sFr 44,50 ISBN 3-540-60182-1

Das Kernstück des Gesamtwerkes ist Band 2. Hier werden die Teilbereiche der Marketing-Politik umfassend und entscheidungsorientiert dargestellt. Dabei sind neue Kommunikationsinstrumente wie Product-Placement und Sponsoring aufgenommen.

R. Berndt

Marketing 3

Marketing-Management

2. Aufl. 1995. XVI, 253 S. 100 Abb. Brosch. **DM 29,80**; öS 232,50; sFr 27,- ISBN 3-540-58748-9

Im Band 3 werden Marketing-Planung, -Organisation uns -Führung behandelt. Das methodische Instrumentarium wird durchweg anhand von Beispielen erörtert.

K. Backhaus, B. Erichson, W. Plinke, R. Weiber

Multivariate Analysemethoden

Eine anwendungsorientierte Einführung

8., verb. Aufl. 1996. XXXIV, 591 S. 144 Abb., 205 Tab. Brosch. **DM 59,-**; öS 430,70; sFr 52,- ISBN 3-540-60917-2

Dieses Lehrbuch behandelt die wichtigsten multivariaten Analysemethoden, nämlich Regressionsanalyse, Varianzanalyse, Faktorenanalyse, Clusteranalyse, Diskriminanzanalyse, Kausalanalyse (LISREL), Multidimensionale Skalierung und Conjoint-Analyse.

U. Koppelmann

Beschaffungsmarketing

2., überarb. u. erw. Aufl. 1995. X, 416 S. 212 Abb. Brosch. **DM 55,-**; öS 401,50; sFr 48,50 ISBN 3-540-60376-X

In diesem Buch wird der Begriff Beschaffungsmarketing nicht einfach Bekanntem übergestülpt. Vielmehr wird der Beschaffungsbereich an das theoretische Niveau des Absatzes herangeführt. Dabei geht es um Strukturen, Instrumente und Methoden.

Preisänderungen vorbehalten.

Springer-Verlag, Postfach 31 13 40, D-10643 Berlin, Fax 0 30 / 8 27 87 - 301 / 448 e-mail: orders@springer.de   BA96.06.07

MIX
Papier aus verantwortungsvollen Quellen
Paper from responsible sources
FSC® C105338

If you have any concerns about our products,
you can contact us on
ProductSafety@springernature.com

In case Publisher is established outside the EU,
the EU authorized representative is:
**Springer Nature Customer Service Center GmbH
Europaplatz 3, 69115 Heidelberg, Germany**

Printed by Libri Plureos GmbH
in Hamburg, Germany